El Gran Reformador

Francisco, retrato de un Papa radical

EL GRAN REFORMADOR

Francisco, retrato de un Papa radical

Austen Ivereigh

Traducción de Juanjo Estrella

GRUPO ZETA

Barcelona • Madrid • Bogotá • Buenos Aires • Caracas • México D.F. • Miami • Montevideo • Santiago de Chile

Título original: *The Great Reformer: Francis and the Making of a Radical Pope*
Traducción: Juanjo Estrella
1.ª edición: mayo 2015

© Austen Ivereigh, 2015
© Ediciones B, S. A., 2015
 Consell de Cent, 425-427 - 08009 Barcelona (España)
 www.edicionesb.com

Printed in Spain
ISBN: 978-84-666-5628-3
DL B 9350-2015

Impreso por LIBERDÚPLEX, S.L.
Ctra. BV 2249, km 7,4
Polígono Torrentfondo
08791 Sant Llorenç d'Hortons

A Linda

Prólogo

Este libro nace de un encuentro con el Papa Francisco de apenas un minuto que tuvo lugar en la plaza de San Pedro en el mes de junio de 2013. A un colega y a mí nos habían proporcionado unas muy codiciadas entradas de primera fila para la audiencia del miércoles, día en que cabe la posibilidad de saludar al pontífice mientras este avanza y se detiene a conversar brevemente con miembros de delegaciones y otros invitados. Ese día tardó dos horas en llegar hasta donde nos encontrábamos porque, tras su alocución —esa combinación tan suya de humor cotidiano y sorprendentes metáforas—, desapareció durante lo que nos pareció una eternidad entre aquellos a quienes él llama «el santo Pueblo fiel de Dios». Ellos, los *anawin*, los pobres de Dios, y no nosotros, los que teníamos entradas de primera fila, eran su prioridad.

El sol era inclemente ese día, y el esfuerzo había hecho mella en él: cuando llegó frente a nosotros, Francisco, que había cumplido ya setenta y seis años, se veía sudoroso, acalorado y casi sin aliento. Pero lo que más me llamó la atención era la energía que desprendía: una mezcla bíblica de serenidad y júbilo travieso. El arzobispo de Canterbury, Justin Welby, la describió muy bien tras su encuentro con Francisco pocos días después. «El Papa argentino —dijo— es de una extraordinaria humanidad, ardiente de Cristo.» Si la alegría fuera una llamarada, uno tendría que estar hecho de amianto para no quemarse.

La fascinación que sentía por Francisco no había dejado de crecer desde la noche de su elección, el 13 de marzo de 2013.

Desde mi lugar en la plataforma elevada dispuesta para las transmisiones televisivas, con vistas a la plaza de San Pedro, ofrecía comentarios en directo para un canal de noticias británico. La fumata blanca había aparecido hacía ya una hora, y todos los medios de comunicación del mundo aguardaban el más mínimo movimiento de las cortinas del balcón. Minutos antes de que el cardenal Jean-Louis Tauran saliera a anunciar el nombre del nuevo Papa, me había llegado un rumor de quien había sido mi jefe, el cardenal arzobispo jubilado de Westminster Cormac Murphy-O'Connor, que había participado en las conversaciones previas al cónclave pero a quien su edad impedía formar parte del cónclave mismo. Él le había dicho a mi emisario que, dado que el cónclave había sido corto, el nuevo Papa podría ser perfectamente Jorge Mario Bergoglio.

«¿Bergoglio?» Era un nombre de mi pasado. Yo conocía su país, que comenzaba entre loros en húmedas selvas, se extendía entre inmensos rebaños de ganado y caballos por vastas praderas, encajado entre el mar y las montañas, y terminaba con pingüinos sobre bloques de hielo, entre ballenas. En otro tiempo había sido una nación rica, que se veía a sí misma como una avanzadilla de Europa varada en América Latina. Después se había convertido en un ejemplo paradigmático de promesa fallida, en una advertencia de cómo las profundas polarizaciones políticas paralizan a la sociedad. Recordé un viaje a Argentina en 2002 para escribir un artículo sobre el hundimiento económico del país, en que la gente alababa a su reservado y austero cardenal. Pero también regresó a mi memoria un tiempo más remoto, el de los inicios de la década de 1990, cuando me instalé en Buenos Aires para preparar mi tesis doctoral sobre Iglesia y política en la historia argentina. En el transcurso de sucesivas visitas, en medio de intentos de golpes de Estado y crisis monetarias, había llegado a adorar aquella ciudad seductora: al haber vivido allí durante muchos meses seguidos, mi español se había impregnado de las inflexiones y expresiones del porteño. Aquello había sido «allá lejos y hace tiempo», parafraseando el título de las memorias sobre Argentina que escribió W. H. Hudson. Ahora, Bergoglio me lo devolvió todo al presente.

En ese instante también regresó a mi recuerdo el cónclave de abril de 2005 en el que se había elegido Papa a Benedicto XVI, cuando me encontraba en Roma con el cardenal Murphy-O'Connor. Algunos cardenales apostaban por encontrar una alternativa pastoral a Joseph Ratzinger y volvían los ojos hacia América Latina, la nueva esperanza de la Iglesia. Pocos meses después, el diario secreto de un cardenal anónimo revelaba que Bergoglio, de Buenos Aires, había sido el otro contrincante en aquella elección. Pero, después de aquello, parecía haberse esfumado, hasta el punto de que casi nadie, en 2013, lo consideraba «papable». Por eso, precisamente, agradecí tanto aquel rumor: el cardenal argentino no figuraba en mi lista, ni en la de prácticamente nadie. Como mínimo, cuando las cortinas del balcón se descorrieron y se anunció la identidad del nuevo Papa, pude explicar quién era, y aportar algunos datos sobre su persona. A los comentaristas de los demás canales no les fue tan bien.

Posteriormente, el consenso general parecía indicar que Bergoglio había sido elegido sin más, que ningún grupo de cardenales había trabajado para lograr su elección. Pero si ello era así, ¿por qué mi antiguo jefe parecía tan seguro, antes del cónclave, de que sería él? Intuí que había algo más, que Bergoglio no se había esfumado, en absoluto, sino que había resultado invisible a nuestro radar eurocéntrico, y que había existido un grupo que buscó su elección.

Sin embargo, no era ese el motivo principal de mi curiosidad. Lo que a mí, en realidad, me interesaba saber era quién era, cómo pensaba, cómo lo había moldeado su condición de jesuita, cómo se posicionaba en relación con todas aquellas controversias que yo había estudiado hacía tanto tiempo. En aquellos primeros cien días del electrizante pontificado de Francisco, había sumido al Vaticano, y al mundo, en una tormenta, y le había «dado la vuelta a la tortilla», como a él mismo le gustaba decir. La gente intentaba encasillarlo en unos marcos que no tenían sentido en América Latina, y aún menos en Argentina, donde el peronismo había hecho estallar las categorías de «izquierda» y «derecha». Aquellos malentendidos habían dado origen a afirmaciones contradictorias: ¿Un obispo de barrio marginal que se había acomodado a la dictadura militar? ¿Un jesuita retrógrado que se transformó en obispo progresista? Había quien pretendía asegurar que era ambas cosas, y que su «conversión» se había producido durante su exilio en Córdoba a principios de la década de 1990. Quienes en Argentina lo conocían bien, decían, sencillamente, que no fue cierto. Pero ¿qué relato alternativo existía?

Las primeras biografías argentinas, redactadas a toda prisa por periodistas que llevaban años informando sobre él, estaban salpicadas de anécdotas fascinantes y de datos, y este libro ha contraído una gran deuda con ellas. Pero, lógicamente, su enfoque se centraba en los años posteriores de Bergoglio como cardenal, sobre los cuales existía abundante información en papel y vía internet, y dejaba prácticamente inexplorados sus treinta años como jesuita, la época de las controversias, así como el periodo en que se habían conformado su espiritualidad y su visión del mundo. ¿Qué pasó exactamente entre Bergoglio y los jesuitas? Presentí que, si llegara a comprenderlo, todo lo demás me resultaría mucho más claro.

Al conocer a Francisco durante ese breve minuto en la plaza, bajo aquel sol de justicia, la mano que apoyó con fuerza en mi brazo me transmitió valor. No pretendo que él quería que yo escribiera esta biografía (detesta la idea de que se escriban libros sobre él: quiere desviar la atención hacia arriba), pero esa firmeza al tocarme me dio ánimo: en tanto que extranjero que había lidiado largamente con la complejidad de Argentina y que conocía a los jesuitas, tal vez estaba bien situado para ayudar a quienes, desde fuera, quisieran comprender el enigma de Francisco.

En octubre de 2013 partí rumbo a Buenos Aires con la intención de pasar cinco semanas intensas entrevistando y documentándome, obteniendo copias de la mayor parte de lo que el Papa había escrito, que en su mayoría se encontraba agotado. Una vez allí, seguí los pasos de Bergoglio más allá de la capital, y visité San Miguel, Santa Fe, Córdoba y Entre Ríos, y sobrevolé los Andes para recalar en Santiago de Chile.

Realicé otros viajes en el transcurso de la redacción de este libro, uno de ellos a Río de Janeiro, Brasil, para asistir a la Jornada Mundial de la Juventud de 2013; y dos a Roma, en una ocasión para presenciar el nombramiento de cardenales que tuvo lugar en febrero de 2014, y en otra para ser testigo, en abril del mismo año, de la canonización de Juan XXIII y de Juan Pablo II. En numerosas entrevistas con jesuitas, exjesuitas y otras personas cercanas a él durante sus veinte años como obispo, arzobispo y cardenal, el relato que faltaba empezó a tomar forma. Me di cuenta de que muchas de las historias importantes sobre Francisco todavía no se habían contado, y que solo comprendiendo ese pasado profundo —de Argentina, de la Iglesia, de los jesuitas—, podría comprenderse el pensamiento y la visión del Papa Francisco. *El Gran Reformador* es, necesariamente, no solo la historia de Bergoglio, sino también esas otras historias.

Normalmente, las biografías se escriben después de que su protagonista haya muerto o se haya retirado de su actividad. En los cinco meses que duró la redacción de la presente obra —de diciembre de 2013 a junio de 2014—, el sujeto se ha convertido en un fenómeno mundial. Ha resultado imposible no tener en cuenta los vínculos que existen entre Bergoglio y Francisco, ni pretender que el lector no pensaría en este mientras leyera sobre aquel. Sabía que el retrato debía de abarcar más que la historia más remota de Bergoglio; que el pontificado de Francisco, que ya iba desarrollándose a toda velocidad, se vería a través de su biografía. Aun así, llevar constantemente al lector hacia delante, hacia el Papa Francisco, no solo me obligaría a alterar el relato, sino a cometer el crimen de la hagiografía al leer el pasado a través de los ojos del presente, como si su vida anterior hubiera sido un acto de calentamiento con vistas a su papado. Mi solución pasa por iniciar cada capítulo con un episodio importante (un viaje, un documento) del pontificado de Francisco para que el lector lo tenga fresco en la mente: de ese modo pueden establecerse conexiones interesantes —en ocasiones provocadoras— con el pasado sin forzar el flujo o la integridad de la narración. En el epílogo confluyen los dos cauces: analizo su primer año y sugiero hacia dónde está llevando a la Iglesia su notable papado.

El Gran Reformador es, pues, una biografía cronológica, aunque de cronología no rigurosa: se fija en historias que ponen de relieve el objeto de la misma para, acto seguido, alejar el plano e incluir la tierra y la historia que le han dado forma. En los primeros capítulos, en los que me refiero a él como «Jorge», hasta el momento de su ordenación, se viaja a las divisiones y tensiones de la historia política y eclesiástica de Argentina que resultan esenciales para comprender su visión. La historia de los jesuitas, a nivel mundial y en su país, y tanto su pasado como su presente, tiene mucha presencia: tanto los *Ejercicios Espirituales* de San Ignacio, que con tanto peso han conformado el pensamiento, la espiritualidad y el liderazgo de Bergoglio, como las luchas en el seno de la Compañía de Jesús (los jesuitas) ante su necesidad de renovación tras el Concilio Vaticano II, juegan un papel principal en la primera mitad del libro. En toda su extensión, *El Gran Reformador* se toma en serio la espiritualidad jesuita de Bergoglio, en la que el discernimiento es la clave para su toma de decisiones. Él no solo ha elaborado y elabora juicios sobre la base de la información y los intereses, sino allí donde ve la voluntad de Dios, y de su oponente: la tentación del «mal espíritu».

Mientras escribía el libro he leído miles de palabras de Bergoglio: desde su primer artículo, publicado en 1969, hasta sus meditaciones para los retiros y sus homilías como cardenal. (Es un escritor nato, vívido, preciso.) La mayor parte de sus primeros textos y casi todas sus homilías están publicados solo en español, y las traducciones son casi siempre mías, incluso en los casos en los que existe otra versión, a menos que se especifique lo contrario. Lo mismo puede decirse de las entrevistas que, en casi todos los casos, tuvieron lugar en español, y han sido heroicamente transcritas en Argentina por Inés San Martín (actualmente corresponsal en Roma del *Boston Globe*) y traducidas por mí. A fin de evitar un exceso de notas, debe asumirse que las citas provienen de los entrevistados (enumerados al final), a menos que se especifique lo contrario. En las Notas sobre las fuentes figura una lista detallada de los escritos, entrevistas y otros recursos de los que ha bebido esta obra.

En *El Gran Reformador* aparecen historias que llamarán la atención por la nueva luz que arrojan sobre zonas de controversia o episodios importantes en la vida de Francisco. Pero existe un hilo narrativo, que el título captura, y que las relaciona a todas: el de un líder eclesiástico que, desde una edad temprana, se sintió llamado a ser un reformador, y al que se ha concedido la autoridad para serlo. Esta es la historia no solo del hombre, sino también de sus tres reformas: de la provincia jesuita de Argentina, de la Iglesia argentina, y ahora de la Iglesia universal. Sus dos guías, sus dos faros, han sido dos teólogos franceses, Yves Congar y Henri de Lubac, que le enseñaron a unir al Pueblo de Dios mediante una reforma radical destinada a santificarlo. Si el lector llega a captar la existencia de ese hilo conductor y, como consecuencia de ello, a comprender mejor este papado, este libro habrá cumplido su propósito.

Algunas de las mejores anécdotas e ideas que figuran en estas páginas se me ocurrieron gracias a encuentros fascinantes, de gran calidez e intensidad humanas, que se produjeron en Argentina, en Roma y en otros lugares. En las Notas sobre las fuentes habrá espacio para darles las gracias a todos individualmente. Pero aquí quiero agradecer en general a aquellos —incluidos jesuitas, cardenales y confidentes de Jorge Bergoglio que, en algunos casos, no han querido ser mencionados— por adentrarse en territorios tensos y complejos a petición mía, además de a otros que compartieron conmigo confidencias que fácilmente podrían usarse indebidamente. Espero que, incluso en aquellos casos en que llegue a conclusiones con las que puedan no estar de acuerdo, *El Gran Reformador* esté a la altura de la confianza que depositaron en mí.

Entre los entrevistados que mayor confianza me demostraron, y que más me motivaron, estuvo el obispo Tony Palmer, uno de los hijos espirituales del Papa Francisco al que nos lo encontramos en el capítulo 9 y, de nuevo, en el Epílogo. Palmer, un infatigable trabajador por la unidad de las Iglesias, fue la fuerza motriz tras un gran acuerdo que empezó a perfilarse, con el apoyo del Papa, entre católicos y evangélicos, y cuya historia oculta se desvela en estas páginas. Tony me había estado poniendo al corriente de aquellas novedades históricas mientras el libro estaba a punto de entrar en imprenta, cuando me llegó la noticia de su muerte en el accidente de moto que sufrió el 20 de julio de 2014. Estoy convencido de que su muerte no pondrá fin a la labor que él y Francisco han iniciado.

1

Allá lejos y hace tiempo
(1936-1957)

Para su primer viaje apostólico fuera de Roma, el primer Papa nacido de migrantes en el Nuevo Mundo optó por una pequeña isla italiana a cuyas bellísimas playas habían llegado a lo largo de los años miles de cadáveres abotagados, traídos por las corrientes. Francisco había leído en los periódicos poco después de su elección, consumada el 13 de marzo de 2013, que más de veinticinco mil norteafricanos habían perdido la vida de ese modo —muchos más que los seis mil que habían muerto en los desiertos de Estados Unidos tras cruzar la frontera mexicana. ¿Quién lo supo? Escandalizado al pensar que fueran tan pocos quienes estuvieran al corriente de ello y a quienes pareciera importarles, decidió hacer de Lampedusa —a 113 kilómetros de las costas africanas— su primera visita papal a la periferia de Europa.

La misa que celebró en el estadio deportivo de la isla fue una eucaristía de penitencia en la que suplicó el perdón. Durante la homilía, tomando la conocida pregunta de Dios a Caín que figura en el Génesis: «¿Dónde está tu hermano? —preguntó—: ¿Quién es responsable de esta sangre?» Dirigiéndose a los presentes tras un altar construido con madera de una de las barcas naufragadas, sujetándose el solideo blanco con una mano para que el viento no se lo llevara, dijo que en esos momentos se acordaba del personaje llamado el Innominado, que aparecía en *Los novios*, la novela de Alessandro Manzoni: un tirano sin nombre y sin rostro. Después pasó a la parábola del Buen Samaritano, comparándonos a nosotros (en todo momento se incluía a sí mismo) con el levita y el sacerdote que pasaron «dando un rodeo»: «Vemos a nuestro hermano medio muerto junto al camino y tal vez digamos para nuestros adentros: "Pobre hombre...", pero seguimos nuestro camino», apuntó. Pero la puntilla la dio al denunciar lo que llamó una «cultura del bienestar, que nos lleva a pensar solo en nosotros mismos, nos hace insensibles al grito de los otros». Nos hace vivir en «pompas de jabón». Así, dijo, acabamos con una «globalización de la indiferencia».

El nuevo Papa venía para molestar a los cómodos. Había ligado a aquellos que vivían bien con los migrantes pobres que morían en el mar. Pero sabía que la culpa, por sí sola, no funcionaba.

Francisco era jesuita, miembro de la Compañía de Jesús, y aunque llevaba mucho tiempo siendo obispo y, por tanto, dispensado del cumplimiento de sus votos, seguía anteponiendo las iniciales SJ a su nombre. Estaba profundamente imbuido de la espiritualidad de su fundador, san Ignacio de Loyola, creador de los célebres *Ejercicios Espirituales* y que había instado a la gente que rezaba a pedir al Espíritu Santo (o, como él decía, «a pedir la gracia de») sentir lo que hacía falta —regocijo al ver a Jesús, por ejemplo; o respeto ante la visión de las multitudes; o tristeza a los pies de la Cruz—. Ahora, en Lampedusa, el primer Papa jesuita dirigió al mundo entero en un ejercicio espiritual, instando a todo el que escuchara a «pedir la gracia de llorar por nuestra indiferencia, de llorar por la crueldad del mundo, por nuestra crueldad, y también por la crueldad de aquellos que, de manera anónima, toman decisiones que producen dramas como este». Estaba invitando al mundo a sentir, porque a menos que se implicara el corazón, nada cambiaría.

De pronto Lampedusa, y la tragedia que esta simbolizaba, aparecía en los informativos, en los que sus presentadores informaban cómo unas barcas inestables y sobrecargadas por culpa de traficantes de seres humanos se hundían muy a menudo durante las travesías, y cómo aquellas naves de la esperanza se convertían en trampas mortales flotantes. Algo parecido a un resultado llegó tres meses después de la visita papal, cuando 366 somalíes y eritreos murieron después de que se declarara un incendio en el barco en el que viajaban, frente a las costas de Lampedusa. De una vez, el mundo se sobresaltó y tomó nota. Un año después todavía fue noticia cuando unos buceadores encontraron la embarcación, con los cadáveres en el lugar del naufragio, abrazados en el fondo del mar.

Francisco, a su llegada a Asís un día después de dicho incendio, declaró un «día de lágrimas» por las víctimas. Políticos y directores de periódicos, percibiendo una nueva conciencia de incomodidad, empezaron a decir que tal vez las políticas de inmigración no pasaban solo por mantener a la gente fuera de un territorio, sino que también debían pasar por permitir la entrada de personas. Un senador italiano pidió la creación de un «corredor humanitario» para poner coto al poder de los traficantes. Francisco había hecho estallar una pompa de jabón.

Ese mismo año el Papa se desplazó hasta otra isla situada también en la periferia de Europa, y celebró una misa en Cerdeña, en el santuario de Nuestra Señora de Bonaria, la virgen que había dado nombre a la capital de Argentina. Allí habló a los mineros desempleados, diciéndoles que sabía qué era eso de sufrir por las crisis económicas, pues sus padres habían vivido durante la Depresión mundial y a menudo hablaban de ella. Él había aprendido que, «donde no hay trabajo, no hay dignidad», les dijo, y añadió que era «un sistema económico el que causa esta tragedia, un sistema económico que tiene su centro en un ídolo llamado dinero».

Emigración y empleo: esos fueron los temas con los que Francisco inició su papado, los temas que preocupan a los pobres.

Él sabía lo que implicaba dejar una tierra para ir a otra, «esa fortaleza, así como el gran dolor, que nace del desarraigo», como declaró en una ocasión en referencia a su abuela Rosa. Francisco nació en un país de América forjado a partir de millones de desarraigos similares. La nostalgia —palabra derivada de la raíz griega *«nostos»* (regreso) y de la desinencia -*«algia»*, dolor—, es decir, el anhelo por regresar al lugar de origen, corría por sus venas. «Cuando la perdemos —dijo en 2010—, abandonamos a nuestros mayores: ocuparnos de la gente mayor significa honrar nuestro pasado, el lugar del que provenimos.»

En Lampedusa se había montado en un barco y había depositado una corona de flores sobre las olas del mar. Como había declarado durante la homilía que pronunció en la isla, no era casual que el destino de los inmigrantes de la isla le doliera «como una espina clavada en el corazón». Tal vez le recordaran a aquella ocasión, muchos años antes de que él naciera, en que quinientos pasajeros, casi todos de tercera clase, se habían ahogado en las costas del noroeste de Brasil.

Ocurrió en octubre de 1927, cuando un barco de pasajeros italiano que navegaba hacia Buenos Aires se hundió después de que el aspa dañada de un propulsor rasgara el casco. El *Principessa Mafalda* era uno de los transatlánticos más rápidos y lujosos de su tiempo, el preferido de famosos como el cantante de tangos Carlos Gardel. Fue el «*Titanic* de Italia», un desastre fruto de la arrogancia y la incompetencia humanas.

Los abuelos de Jorge Mario, Giovanni Angelo Bergoglio y Rosa Margarita Vasallo di Bergoglio, junto con sus seis hijos —entre ellos Mario, el padre de Francisco—, habían adquirido billetes de tercera en ese barco. Pero como los trámites de la venta de su cafetería de Turín se habían demorado más de lo previsto, en el último momento cambiaron sus pasajes por otros en el transatlántico *Giulio Cesare*, que zarpó un mes después.

Aquel golpe de suerte formaba parte de la leyenda familiar de los Bergoglio.

Al emigrar a Argentina, los Bergoglio seguían una senda que, antes que ellos, habían recorrido centenares de miles de italianos.

Según un chiste latinoamericano, mientras que los mexicanos descienden de los aztecas, y los peruanos de los incas, los argentinos descienden de los barcos. En el periodo de la emigración masiva a Argentina, entre 1880 y 1930, eran tantas las embarcaciones que llegaban procedentes de Italia que el escritor Jorge Luis Borges solía bromear que no podía ser argentino puro, pues no tenía sangre italiana. Un vistazo a la guía telefónica de Buenos Aires nos cuenta la misma historia, como también la lista de los cardenales arzobispos del siglo XX. Solo uno de ellos (Aramburu) era de origen español; los demás —Copello, Caggiano, Quarracino, Bergoglio— eran todos «tanos», como se los conoce en argot argentino. Los italianos dieron a las ciudades argentinas no solo *trattorie*, pizzas y unos helados exquisitos, además de la costumbre de comer ñoquis (*gnocchi*) los últimos viernes de cada mes, sino que aportaron a los argentinos una entonación inconfundible al hablar, así como esa gesticulación enfática suya tan característica.

Como suelen hacer los inmigrantes, los recién llegados iban al encuentro de otros familiares. A los tres hermanos de Giovanni Angelo Bergoglio les había ido bien en Paraná, provincia de Entre Ríos, desde su llegada, hacía siete años, a aquel boyante puerto fluvial situado río arriba desde Buenos Aires. Con los beneficios derivados de su empresa de pavimentación, los tíos abuelos del futuro Papa habían erigido una impresionante mansión de cuatro plantas con un bello torreón, la única dotada de ascensor. La familia la llamaba el «Palazzo Bergoglio».

Para Giovanni Angelo y Rosa, ese era su segundo gran traslado en pocos años. Se habían casado y habían criado a sus seis hijos en la localidad de Portacamaro —donde el apellido Bergoglio es bastante común—, perteneciente a la provincia de Asti y, por tanto, a la región del Piamonte, en el noroeste de Italia. Eran de origen campesino pero, como muchos otros en su época, accedían a la clase media a través de la educación de sus hijos. En 1920 se habían trasladado unos cincuenta kilómetros al oeste y se habían instalado en Turín, donde la cafetería que regentaban apenas les daba para la escolarización de sus hijos. El padre del futuro Papa, Mario (su único hijo varón), era *raggionere*, es decir, contable, y trabajaba en la Banca di Italia.

Cuando, tras la travesía de cinco semanas, en enero de 1928 los Bergoglio desembarcaron en Buenos Aires, el modelo de crecimiento del país, basado en unas exportaciones que lo habían convertido en la octava potencia económica mundial, más afín a Canadá y a Australia que a los demás países latinoamericanos, estaba a punto de llegar a su fin. El desplome de Wall Street el año siguiente, que desencadenó la Gran Depresión, acabaría dejándolos sin blanca y los obligaría a volver a empezar de nuevo. Aquella recesión, y la guerra mundial que la siguió un decenio después, supondrían un cambio en la posición que Argentina ocupaba en el mundo, y desencadenaría nuevas turbulencias en su economía y su política.

Pero al descender del *Giulio Cesare* y pisar por primera vez un Buenos Aires sumido en el calor tórrido del verano austral, aquel nuevo horizonte todavía resultaba invisible para los padres y los hermanos de Mario. Rosa se aferraba a su abrigo de piel de zorro, como si fuera pleno invierno, pues cosidos en el interior del forro llevaba los ahorros de la venta de la cafetería de Turín. Los Bergoglio apenas tuvieron tiempo de admirar las grandes avenidas y los edificios señoriales de la *belle époque* de la capital, conocida como «el París de Sudamérica», e iniciaron a toda prisa el viaje, río arriba, que los llevaría a su nueva vida en Entre Ríos.

Aunque Argentina se había independizado de España en 1816, durante bastantes décadas posteriores fue una nación-Estado solo en el sentido técnico. En ausencia de una autoridad central, la idea de una nación unida gobernada desde Buenos Aires por abogados y comerciantes —la ambición de los autodenominados «unitarios»— no provocó más que caos. Desde la década de 1830 a la de 1860 el país fue una confederación de provincias autogobernadas dirigidas por caudillos, propietarios de ganado al mando de ejércitos formados por vaqueros o gauchos. Los más importantes de ellos fueron Juan Manuel de Rosas, en la provincia de Buenos Aires, Estanislao López, en Santa Fe, y Facundo Quiroga, en La Rioja. Sus inmensas estancias dedicadas a la cría de ganado vacuno y ovino, algunas de las cuales del tamaño de naciones europeas, albergaban en su época la mayor parte del poder y la riqueza del país. De los tres, el que obtuvo mayores éxitos, el que duró más y el que acumuló más riquezas fue Rosas, el «restaurador de las leyes», que gobernó entre 1835 y 1852 como un Napoleón criollo. A pesar de su temible fama de autoritario, se trataba de un hombre ilustrado, buen gestor y líder pragmático, cuya fuerza política se basaba en su estrecha relación con los gauchos. Comprendía bien las necesidades de estos, su cultura y la importancia de discernir el momento adecuado para actuar. Posteriormente, Bergoglio extraería de una carta que Rosas escribió a Quiroga sus propios principios para el buen gobierno, entre ellos uno muy importante: «La realidad es superior a la idea.»

Solo tras la derrota de Rosas en 1852 —el «Tigre de Palermo» se retiró con su esposa, sorprendentemente, a una casa de campo de Southampton, Inglaterra—, los artífices del proyecto liberal se vieron libres para revertir aquel principio. Lo que siguió fue el intento de injertar una nueva idea de nación, una idea que era moderna, liberal, ilustrada y cosmopolita, en el pie de una colonia católica española.

La emergente economía basada en la exportación llevaba el poder y la riqueza hacia las ciudades, donde mandaban los abogados y comerciantes unitarios. Aun así, y a pesar de acordar la aprobación de una Constitución nacional, se sucedieron más años de levantamientos de caudillos contra el Gobierno central, hasta que, en la década de 1870, la guerra de la Triple Alianza contra la vecina Paraguay, contribuyó a zanjar la cuestión. El Ejército nacional, que regresó victorioso del conflicto, podría empezar, a partir de entonces, a imponer la voluntad del Estado.

Se construyeron líneas férreas y escuelas, y empezaron a llegar emigrantes. La ambición del presidente Domingo Faustino Sarmiento era europeizar la Argentina. Soñaba con que europeos protestantes del norte llenaran los vastos espacios despoblados del país, convirtiendo lo que él consideraba actitudes bárbaras de caudillos y gauchos en cosa del pasado, e inaugurando una civilización de modernidad y progreso, en la que Argentina ocupaba cada vez más un puesto en la economía internacional. Los espejos en los que se miraba ese proyecto, económica, política y culturalmente, eran Inglaterra y Francia; viajando en su dirección, el progreso anunciado sacaría a la Argentina liberal de su pasado atrasado, hispánico, colonial y mestizo.

En ese choque entre la modernidad y el pasado, entre lo extranjero y lo nacional, entre lo viejo y lo nuevo, se originan las guerras culturales argentinas del siglo XX.

La clase dirigente argentina, en su mayor parte criolla —es decir, formada por españoles nacidos en América Latina— tenía una mentalidad que no difería mucho de los Jefferson y los Washington de Estados Unidos. Pero la religión de la élite liberal argentina no era el deísmo ni el unitarismo, sino la francmasonería, que proporcionaba a sus seguidores una base institucional con la que oponerse a la Iglesia católica. La suya era una mentalidad modelada por las ideas sociales darwinistas en relación con la ciencia y la superioridad de la cultura blanca (preferentemente protestante). Sarmiento y otros presidentes de finales del siglo XIX se sintieron decepcionados al constatar que la mayoría de los emigrantes que llegaban eran sobre todo italianos y españoles, más que suizos y alemanes. Además, veían la derrota de los salvajes de las llanuras como un triunfo inevitable del progreso racial.

Según esa concepción ilustrada y liberal, la Iglesia católica —y toda la religión— era del pasado, una afrenta a la razón, el credo del mundo rural y mestizo que la Argentina moderna quería dejar atrás. Pero la intención no era erradicar la Iglesia, sino controlarla. La población no estaba lista para tanto avance científico, declaró el estatista dominante de la época, Juan Bautista Alberdi (muerto en 1884) y, entretanto, la sanción divina de la moralidad religiosa «es el mecanismo más poderoso disponible para moralizar y civilizar a nuestro pueblo».

Del mismo modo que, en Estados Unidos, el mundo de los vaqueros en los territorios fronterizos fue objeto de una lectura romántica justo en el momento en que empezaba a desaparecer, en la Argentina de la década de 1870 comenzaron a popularizarse los relatos de la vida de los gauchos en la pampa. El poema épico de José Hernández, *El gaucho Martín Fierro*, uno de los favoritos de Bergoglio, y considerado el clásico argentino por antonomasia, es a la vez una protesta ante el maltrato recibido por los pobres en el mundo rural a manos de terratenientes y militares, y una celebración de un estilo de vida que se desvanecía por culpa de la instalación de alambradas y la llegada de extranjeros. Así, Fierro se lamenta de la presencia de emigrantes italianos: «Yo no sé por qué el gobierno /nos manda aquí a la frontera / gringada que ni siquiera / se sabe atracar a un pingo. / ¡Si creerá al mandar un gringo / que nos manda alguna fiera! / No hacen más que dar trabajo, / pues no saben ni ensillar; / no sirven ni pa carniar, / y yo he visto muchas veces / que ni voltiadas las reses / se les querían arrimar.» Los sacerdotes de Buenos Aires aseguran que Bergoglio era capaz de recitar, de memoria, varios pasajes de Martín Fierro. Como cardenal, en 2002, usó el poema en plena crisis devastadora, para ayudar a imaginar de nuevo la nación que Argentina estaba llamada a ser.

Hacia 1880, el federalismo se había agotado como fuerza y el proyecto liberal —centralizador, modernizador, capitalista— no tenía rivales. Buenos Aires se convirtió en la capital federal, y la ciudad de La Plata en capital de la provincia de Buenos Aires. Se celebraban elecciones nacionales: los presidentes cumplían mandatos de seis años, y los sucedían otros presidentes elegidos en las urnas. Como democracia, distaba mucho de ser perfecta: hasta 1912, solo los ciudadanos nacionalizados que fueran también propietarios de tierras podían votar, y un solo partido, el Partido Autonomista Nacional (PAN), formado de una coalición de fuerzas provinciales, se aseguraba la perpetuación en el poder tanto por medios lícitos como ilícitos. Pero el sistema aportó estabilidad, y se sucedieron cinco décadas de rápido crecimiento: los bienes financieros e industriales entraron a espuertas, y con ellos millones de inmigrantes del sur de Europa, mientras que las exportaciones, principalmente trigo, carne de ternera y lana, no dejaban de crecer. En esa primera era de la globalización, propiciada por grandes reducciones en los costes —la máquina de vapor y los propulsores de barcos tuvieron el mismo efecto en su época que el microchip en la nuestra—, Argentina fue el «tigre económico» de su tiempo, lo que, según sus defensores, era prueba de las bondades del sistema capitalista de libre mercado.

Los economistas lo denominan «ventaja comparativa»: lo que Argentina producía bien y a buen precio era lo que los países europeos necesitaban, y viceversa. A medida que la demanda de las exportaciones argentinas se aceleraba, los territorios de frontera se iban ampliando; en 1879 la llamada Conquista del

Desierto arrebató ocho millones de hectáreas de tierra a los indios tehuelches y araucanos y se las entregó a apenas cuatrocientos terratenientes. A medida que inmensas extensiones de terreno se abrían a la producción, Argentina enviaba cada vez más alimentos y materias primas a las industrias europeas en expansión, y a sus poblaciones urbanas, al tiempo que usaba los ingresos obtenidos de sus exportaciones para adquirir los bienes industriales y la tecnología que faltaban para desarrollarse. Gran Bretaña, a la sazón potencia industrial del mundo y proveedor de capital, era el principal mercado de Argentina, su primer inversor, así como su principal suministrador de bienes industriales. Los capitalistas británicos invertían, o gestionaban, el ferrocarril, el telégrafo, el gas para el alumbrado de las calles, el servicio postal y los tranvías de Buenos Aires, así como el primer metro subterráneo de América Latina, la línea A del «subte» de la capital que, decenios más tarde, tendría en el cardenal Bergoglio a uno de sus pasajeros más fieles.

Junto con Nueva York —y durante algunos años superándola—, Buenos Aires fue el principal destino de la gran emigración que llegaba a América en transatlántico. En la década de 1880, un millón y medio de personas entró en Argentina, cifra que se eleva a los 4,3 millones si se considera el periodo comprendido entre 1890 y 1914. Más de un millón de italianos y unos 800.000 españoles emprendieron una nueva vida en el país, así como comunidades muy numerosas de polacos judíos y de sirios musulmanes, de galeses dedicados a la cría de ovejas (que se instalaron en el sur, en la Patagonia), y de suizos protestantes (que se ubicaron en Santa Fe). Solo la ciudad de Buenos Aires pasó de una población de 180.000 personas en 1869 a otra de un millón y medio en 1914. Los inmigrantes, en general, tenían educación y cierta movilidad social: se trataba de personas especialmente aptas para poner en marcha pequeñas empresas, y no tardaron en desbancar numéricamente a los propietarios de industrias locales nacidos en el país. Eso fue así sobre todo a partir de 1930, cuando las exportaciones y las importaciones argentinas disminuyeron de manera brusca, y la gente empezó a fabricar en el país lo que hasta entonces había importado.

Los principales beneficiarios de la edad de oro argentina fueron las familias de abogados, terratenientes y comerciantes con tierras y capitales que los argentinos agrupan bajo el término «oligarquía». Estos abandonaron el centro histórico de Buenos Aires —húmedo y lleno de mosquitos— y se construyeron suntuosas mansiones de estilo afrancesado en la zona septentrional de la ciudad, refrescada por el Río de la Plata, conocida como Barrio Norte. El sur, por el contrario, con su fétido Riachuelo, se convirtió en el lugar al que los pobres del interior acudían a iniciar una nueva vida, y se amontonaban en unas casas baratas conocidas como «conventillos», que se convirtieron en nidos de delincuencia y enfermedades, y en lugar de nacimiento de una música voluptuosa conocida como «tango». A finales del siglo XIX, era allí donde se construían la mayoría de las «villas miseria», o barrios de construcciones precarias.

A los inmigrantes europeos les iba mejor que a los que llegaban desde el interior. Aquellos lo hacían, como los Bergoglio, con acceso a capital y a formación y, en conjunto, se instalaban en la parte central de la ciudad, en áreas que iban desde el barrio obrero a la zona pequeñoburguesa. En este sentido, Jorge, nacido en el seno de una familia de inmigrantes italianos residentes en el barrio bonaerense de Flores (por entonces de clase media-baja), situado en el corazón de la ciudad, era un caso de lo más común y corriente. A causa de aquella gran emigración europea de trabajadores cualificados Argentina, igual que Estados Unidos, se convirtió en un país con una gran clase media, que concedía gran importancia al trabajo duro y al progreso; y también en eso los Bergoglio eran una familia argentina clásica.

Los abuelos de Jorge y sus hijos llevaban apenas dos años en Paraná cuando empezaron a sentirse los efectos de la recesión mundial. La muerte, a causa de una leucemia, del hermano mayor, Giovanni Lorenzo, que dirigía la empresa familiar de pavimentos, sumada a la crisis económica, que alcanzó su peor momento en 1932, acabaron con el negocio. El Palacio Bergoglio se malvendió, lo mismo que el panteón familiar de mármol. El hermano menor se trasladó a Brasil, mientras que Giovanni Angelo y el hermano que le quedaba se dirigieron con sus respectivas familias a Buenos Aires.

Una vez allí, recurrieron a la ayuda de un sacerdote a quien Mario, el hijo de Giovanni (y padre del futuro Papa), había conocido durante anteriores visitas a la capital. Se trataba del padre Enrico Pozzoli, que pertenecía a los salesianos de Don Bosco, una orden italiana dedicada a la docencia que fue muy conocida entre la clase trabajadora urbana tanto en Italia como en las Américas. Mario ya había entrado en contacto con los salesianos en Turín, y se había dirigido a ellos en los meses inmediatamente posteriores a su llegada a Argentina, alojándose en su residencia siempre que se trasladaba a Buenos Aires. Allí había conocido a Don Enrico, que, a partir de 1929, se convirtió en su confesor, su mentor, consejero y director espiritual.

Tras la llegada de los Bergoglio, arruinados, a la capital en 1932, Don Enrico dispuso que les prestaran 2.000 pesos, con los que la familia adquirió una confitería en la que se servían café y dulces. Mario ayudaba repartiendo tartas en su bicicleta, hasta que, con la mejora de la economía doméstica, consiguió empleo como contable a tiempo parcial en varias empresas pequeñas. La Iglesia de Buenos Aires fue, en esa época, un asidero para Mario, igual que para muchas otras familias, pues movilizaba lazos de solidaridad y tejía redes de apoyo, como haría setenta años después en tiempos del cardenal Bergoglio, durante la crisis brutal de 2002-2003.

Mario había empezado a formar parte de un círculo de jóvenes que, en torno a la figura de Don Enrico, se reunían en la iglesia salesiana de San Antonio de Padua, situada en el barrio obrero de Almagro. Formaban parte de él los dos hermanos Sívori Sturla, que presentaron a Mario a su hermana Regina en aquella misma iglesia un domingo de 1934. Fue la hija de un argentino descendiente de inmigrantes italianos de origen genovés, y de una mujer piamontesa, Francisco y María Sívori Sturla, que vivían a pocas cuadras de la iglesia. Uno de los tíos de Regina era amigo íntimo de Don Enrico, con el que compartía su pasión por la fotografía; otros de sus tíos eran miembros activos del Círculo Católico de Obreros. Ese fue el mundo dinámico, enteramente italiano y católico de clase trabajadora que conformó la infancia de Jorge. Esta giraba en torno a los padres salesianos, conocidos maestros y confesores. A los niños se les enseñaba a pedir la bendición de María Auxiliadora de los Cristianos, cada vez que se despedían de un salesiano.

Mario Bergoglio se casó con Regina Sívori el 12 de diciembre de 1935. Tuvieron cinco hijos, de los que Jorge fue el mayor. Hasta su muerte en 1961, Don Enrico siguió siendo el confesor tanto de la familia Bergoglio como de la de Sívori. «Si, en mi familia, vivimos como cristianos serios, es gracias a él», escribió posteriormente Jorge. Don Enrico bautizó a este el día de Navidad de 1936, en la basílica de María Auxiliadora de Almagro, ocho días después de su nacimiento, que había tenido lugar el 17 de diciembre. Su madrina fue su abuela paterna, Rosa, y su padrino, su abuelo materno, Francisco. Aunque el salesiano estuviera ausente durante el nacimiento y la ceremonia de bautismo del segundo hijo, Enrico sí administró el primer sacramento a los tres que siguieron.

Por entonces, Mario llevaba los libros de varias empresas pequeñas del barrio de Flores. Al principio, Regina y él alquilaron una casa humilde de dos plantas, que no tardaron en comprar. Fue una «casa chorizo» típica de la época, denominada así porque los ambientes estaban unidos uno tras otro, como los chorizos en una ristra; la de los Bergoglio tenía la cocina y el salón en la planta baja y los dormitorios en la primera. Fue allí, en la calle Membrillar número 531, donde nació Jorge Mario, y pronto le siguieron dos hermanos y dos hermanas: Oscar, Marta, Alberto y María Elena, la menor, nacida en 1948. Sus abuelos paternos, Giovanni y Rosa Angelo Bergoglio, vivían cerca, en su mismo barrio de Flores. Sus abuelos maternos, Giovanni y María Sívori, seguían residiendo en Almagro, a cuatro calles de la iglesia en la que se habían conocido sus padres.

Cuando Jorge era niño todavía eran visibles los restos de los fértiles jardines que habían dado origen al nombre del barrio: Flores. Los más viejos del lugar recordaban que el dictador Juan Manuel de Rosas poseía allí una quinta, y que Flores había sido la primera y la única parada durante el primer trayecto del primer ferrocarril argentino, allá por el año 1857. La estación improvisada para la ocasión se hallaba, por aquel entonces, a las afueras de Buenos Aires, y aún en la década de 1940, durante la infancia de Jorge, quedaba muy lejos del centro. Dado que, actualmente, la ciudad cuenta con más de diez millones de habitantes, hoy resulta mucho más céntrico y de clase media de lo que habría parecido entonces; ahora, sus calles están flanqueadas por bonitas «casonas» de fachadas ornamentadas, con trabajos de forja en los balcones, patios recónditos o pequeños jardines. Pero en aquella época las casas eran sencillas, de una o dos plantas, y cuando llovía las calles polvorientas se convertían en lodazales.

Jorge pasó sus primeros veinte años en aquella casa de la calle Membrillar, y su vida transcurrió sobre todo entre los barrios de Flores y Almagro. Incluso después de dejar su casa, nunca andaba muy lejos. Durante sus treinta y tres años como jesuita, desarrolló su actividad, principalmente, en San Miguel, en la provincia de Buenos Aires, a poco más de una hora de allí. Y, cuando ya había cumplido cincuenta años, regresó a Flores en calidad de obispo auxiliar. Ya a los sesenta, como obispo, residía en la plaza de Mayo, a una media hora al este de Flores en autobús o metro. Antes de ser nombrado vicario de Cristo en la Tierra, su intención era vivir los años que le quedaran en Flores, concretamente en la habitación 13 de la planta baja de la residencia para religiosos situada en la calle Condarco 581, que ya tenía reservada.

A siete cuadras de la casa de los Bergoglio se encontraba su parroquia, la impresionante basílica de San José de Flores, donde se había celebrado el funeral del primer gobernador de Buenos Aires, Manuel Dorrego. Fue allí, a los diecisiete años, donde Jorge, durante una confesión, vivió una experiencia que despertó su vocación, y cada vez que, ya como obispo, regresaba al templo, besaba el ornamentado confesonario de madera donde Dios lo había sorprendido.

La basílica se encuentra en la avenida Rivadavia, que en tiempos coloniales era el Camino Real que conectaba Buenos Aires con el Alto Perú. Posteriormente se convirtió en la principal arteria de este a oeste, y marcaba la frontera entre el norte de Buenos Aires, adinerado, y su mitad sur, más pobre. A lo largo de Rivadavia, bajo tierra, circula el metro que va a la plaza de Mayo.

Pocas cuadras al norte de Membrillar se encuentra el convento de las Hermanas de la Misericordia, en cuya pequeña capilla los Bergoglio solían oír misa. El convento ocupa todo un lado de la plaza que lleva su nombre. Allí, cuando iba al jardín de infantes, Jorge detestaba permanecer en el interior del aula; siempre quería salir al exterior. Actualmente, las monjas se ríen al pensar que esa fue la primera muestra de lo que el Papa busca hacer hoy con la Iglesia.

Una de las monjas del convento de la Misericordia fue una de las tres mujeres clave de su infancia. La hermana Dolores Tortolo lo preparó para la Primera Comunión («de ella recibí una formación catequética equilibrada, optimista, alegre y responsable», más tarde recordaría él mismo) que recibió a los ocho años. Sería para él una fuente de fortaleza cuando, siendo un joven seminarista, estuvo a punto de morir; y asistió a la primera misa que celebró en 1969. Siempre que regresaba a Flores, primero como jesuita y después como arzobispo, la visitaba en su convento. Estuvo allí en el año 2000, cuando la monja fue renocida por su vida dedicada a la enseñanza, y en aquella ocasión habló de cómo, con sus palabras y su ejemplo, ella enseñaba el valor de la vida interior y el amor fraternal.

En el ocaso de su existencia, ya paralizada físicamente aunque lúcida de mente, el entonces cardenal la llevaba en brazos a su habitación.

—Y decime, ¿cómo era yo de niño? —le preguntaba él, bromeando, mientras la levantaba—. ¡Contalo a las hermanas!

—¡Fuiste terrible, terrible, malísimo! —exclamaba Dolores, y las hermanas se tronchaban de la risa. (Cuando él ya se había ido, ella les contaba, entre risitas, que aquello no era cierto, que «Jorgito» siempre había sido un niño muy bueno, alegre y afectuoso.)

Cuando la hermana Dolores falleció en 2006, Jorge se pasó la noche en vela, rezando junto a sus restos mortales, en la capilla del convento.

Las hermanas enseñaron a Jorge el significado de la misericordia de Dios, y él siempre hablaría de ella, y tomaría como lema de su obispado el relato de Beda el Venerable sobre la captación de Mateo, el recaudador de impuestos, por parte de Jesús: «*miserando atque eligendo*», que podría traducirse, aproximadamente, por «Lo miró con los ojos de misericordia y lo eligió». A Bergoglio le gustaba que, en latín, existiera un verbo que significara «tener misericordia» —*miserando*— y, así, se inventó el equivalente en castellano «misericordiar», una actividad de lo divino, algo que Dios hace a uno. «Dejate misericordiar», les decía a los devorados por la culpa, a los escrupulosos. Esa apropiación de una palabra, esa creación de «bergoglismos», era muy característica en él.[1]

Conversando con los periodistas durante el vuelo de regreso desde Río de Janeiro en julio de 2013, Francisco proclamaría una nueva era, un *kairós*, de misericordia, recordando que, en el Evangelio, en lugar de llamarlo para que contara el dinero que había malgastado, el padre del Hijo Pródigo organizó una fiesta. «No se limitó a esperarlo; salió a su encuentro. Eso es misericordia, eso es *kairós*.»

A lo largo de toda su vida, Bergoglio ha insistido en ese atributo de Dios, que toma la iniciativa, que sale a nuestro encuentro y nos sorprende con su perdón. «Esa es la experiencia religiosa: el asombro de conocer a alguien que nos estaba esperando desde el principio», dijo el cardenal en 2010. «Dios te primerea», añadió. «Primerear» es un término de jerga porteña, un lunfardismo que con el sentido de «anticiparse, adelantarse». En alusión a Dios, se trata de un «bergoglismo» que provoca la sonrisa, pues te imaginas a alguien adelantándote, arrebatándote descaradamente el lugar que creías que era tuyo.

La mayor influencia sobre Jorge Bergoglio durante su infancia la ejerció su abuela Rosa, una mujer formidable de profunda fe y aptitudes políticas, con la que pasó la mayor parte de sus cinco primeros años de vida.

Ya en Turín, Rosa se había implicado profundamente en Acción Católica, un movimiento nacional creado por los obispos italianos que, en la década de 1920, buscaba defender la independencia de la Iglesia respecto del omnipresente Estado del dictador fascista Benito Mussolini. Rosa era oradora habitual y colaboraba estrechamente con las líderes nacionales de Acción Católica de su tiempo. Los temas de sus charlas tal vez no fueran incendiarios —Jorge conservaba uno de sus panfletos, titulado «San José en la vida de las mujeres solteras, viudas y esposas»—, pero como los fascistas veían a Acción Católica como rival del Estado, sus portavoces eran constantemente reprimidos y acosados, lo que, finalmente, acabó provocando, en 1931, la publicación de la poderosa carta antitotalitaria de Pío XI, titulada *Non Abbiamo Bisogno*. Cuando los fascistas clausuraron el local en el que debía intervenir, Rosa se subió a un cajón en plena calle y desafió a los secuaces del fascismo; y, en una ocasión, se subió al púlpito de su iglesia para criticar públicamente a Mussolini. La dictadura fue uno de los factores que la empujaron a emigrar.

«El recuerdo más vívido de mi infancia es esa vida compartida entre la casa de mis padres y la de mis abuelos —recordaría Bergoglio—. La primera parte de mi infancia, desde mi primer año de vida, la pasé con mi abuela.» Rosa empezó a llevarse a Jorge tras el nacimiento de su hermano Oscar; lo recogía todas las mañanas y lo devolvía por la tarde. Rosa y Giovanni hablaban entre ellos en piamontés, que Jorge aprendió de ellos —«Tuve el privilegio de que me hicieran partícipe de la lengua de sus recuerdos»—, hasta el punto de que, incluso en la actualidad, es capaz de recitar la mayor parte de los poemas románticos del gran poeta piamontés Nino Costa. Dado que sus padres deseaban con vehemencia integrarse y, por tanto, minimizar sus orígenes, los abuelos de Jorge fueron fundamentales para que este desarrollara su sentido de identidad en tanto que argentino de ascendencia italiana. Su padre, Mario, por el contrario, solo hablaba español; él era el inmigrante que progresaba, que buscaba la aceptación, que nunca miraba hacia atrás con nostalgia recordando el Piamonte, «lo que implica que debía de sentirla

—recordaría posteriormente Bergoglio—, pues, por algún motivo, la negaba».

Bergoglio siempre ha estado convencido de la importancia capital de los abuelos —y, muy especialmente, de la abuela—, en tanto que guardianes de una reserva preciosa que los padres a menudo ignoran o rechazan. «Yo tuve suerte de conocer a mis cuatro abuelos —declaró en 2011—. La sabiduría de los ancianos me ha ayudado enormemente; por eso los venero.» En 2012 le contó al padre Isasmendi, durante un programa de la radio de la comunidad de la Villa 21:

> La abuela es... en el hogar... el abuelo también, pero sobre todo la abuela. Ella es como una reserva. Es la reserva moral, religiosa y cultural. Es la que te transmite toda la historia. Por ahí, mamá y papá, que trabajan, que esto y que aquello... tienen mil cosas que hacer. La abuela está más en la casa... El abuelo lo mismo, ¿no? Y después que te cuentan cosas de antes. Mi abuelo, que hizo la guerra del 14, me contaba historias de la guerra del 14... Historias vividas... Te van contando la vida como la vivieron, no la historia de los libros, sino la historia de la vida, la de ellos. Y eso es lo que se me ocurre decir a los abuelos. Cuéntenles las cosas de la vida, y que los chicos vean que la vida es así.

Rosa era una magnífica transmisora de fe. Familiarizó a Jorge con los santos y le enseñó a rezar el rosario. En Viernes Santo se llevaba a sus nietos a ver al Cristo crucificado, y les contaba que estaba muerto pero que resucitaría el domingo. Su fe reconocía la bondad humana más allá de los límites de la religión. Si en casa, con sus padres, el catolicismo era bastante puritano («si alguien cercano a la familia se divorciaba o se separaba, ya no podía entrar en casa —recordaba—, y creían que todos los protestantes iban al infierno»), de Rosa aprendió un mensaje distinto. Cuando Jorge tenía unos cinco o seis años, dos mujeres del Ejército de Salvación pasaron por su calle. «Yo le pregunté a mi abuela si eran monjas, porque llevaban aquellos gorritos que antes se ponían. Y ella respondió: "No, pero son buenas personas".» Al volver la vista atrás, se daba cuenta de que esa era «la sabiduría de la verdadera religión. Esas eran mujeres buenas que hacían cosas buenas».

Rosa lo llevaba a misa al oratorio salesiano de San Francisco de Sales, situado en la calle Hipólito Yrigoyen, explicándole que había visitado la iglesia el cardenal Eugenio Pacelli cuando este presidió el Congreso Eucarístico Internacional que se celebró en Buenos Aires en 1934. Le contaba anécdotas de aquel acontecimiento extraordinario, le mostraba recortes de periódicos y le explicaba que aquel 12 de octubre más de un millón de personas había recibido la Comunión, casi la mitad de ellas hombres (algo asombroso para la época, cuando muchas más mujeres que hombres frecuentaban las iglesias), y que centenares de miles de personas habían rezado en las calles de la ciudad, guardando cola en la avenida de Mayo para confesarse. Los Bergoglio sintieron una gran emoción cuando Pacelli fue elegido Papa y se convirtió en Pío XII en 1939. Poco después, Alemania invadió Polonia, estalló la Segunda Guerra Mundial, y los emigrantes de Buenos Aires se pasaron años privados de noticias de sus familiares. Jorge recordó que, cuando él tenía nueve años, los italianos celebraron el fin de la guerra, y, al salir de misa en la basílica de Flores, se apresuraban a intercambiar noticias sobre sus familiares.

Su abuela también le enseñó a amar la literatura italiana, leyéndole, sobre todo, la gran novela de Alessandro Manzoni, *I Promessi Sposi (Los novios)*, cuyo célebre inicio («Ese ramal del lago de Como, que tuerce hacia el Mediodía, entre dos cadenas ininterrumpidas de montañas...») Jorge aprendió de memoria. *I Promessi Sposi*, que se publicó por primera vez en 1827, siempre ocuparía un lugar destacado en sus afectos. Se trata del equivalente italiano de *Guerra y Paz* o *Los miserables*, una novela épica sobre el amor y el perdón entre la guerra y la hambruna, con un elenco inolvidable de amantes piadosos, nobles despiadados, campesinos virtuosos, y un gran abanico de figuras eclesiásticas: un mundano sacerdote rural, un fraile revestido de santidad, y un cardenal austero.

En el centro del relato están los dos amantes, Renzo y Lucía, cuyo deseo de casarse se ve impedido por su párroco, Don Abbondio, al que presiona el noble del lugar, Don Rodrigo, que desea a la muchacha. Los amantes apelan a la santidad de un franciscano capuchino, el padre Cristoforo, que planta cara a Don Rodrigo. Este se enfurece y jura que matará a Renzo y raptará a Lucía. La tensión de la trama aumenta cuando el padre Cristoforo esconde a los amantes, que están separados, al tiempo que Rodrigo, por su parte, contrata los servicios de un barón asesino, el Innominado, para que rapte a Lucía. Entra en escena el austero y pío cardenal Federigo Borromeo, en cuya presencia el Innominado se desmorona y confiesa sus pecados. El desenlace de la novela tiene lugar en un lazareto, un hospital de campaña para las víctimas de la peste que asuela Milán, donde se suceden enternecedoras escenas de perdón y reconciliación en las que víctimas y verdugos se encuentran cara a cara a instancias del fraile.

Los Novios es una novela compleja, de muchas capas, en la que se presentan multitud de temas que interesarían a Bergoglio en tanto que jesuita, obispo y, más tarde, Papa: la misericordia de Dios, ofrecida incluso a los peores pecadores; el contraste entre la cobardía mundana de algunos sacerdotes con la austeridad valerosa de otros; la corrupción que trae la riqueza y el poder, en oposición a la virtud de la gente corriente; la fuerza de la oración y del perdón; la Iglesia entendida como hospital de campaña. La larguísima diatriba del cardenal Borromeo contra la cobardía de Don Abbondio —«Deberías haber amado, hijo mío; amado y orado. Entonces habrías visto que las fuerzas de la iniquidad tienen poder para amenazar y herir, pero no para ordenar»—, podría casi ser un manifiesto de las reformas de Francisco.

Su abuela siguió siendo el gran amor de Bergoglio. En la década de 1970, ya viuda y frágil, cuando la cuidaban unas monjas italianas en San Miguel, la visitaba con frecuencia. «La adoraba, era su debilidad —recuerda una de ellas, la hermana Catalina—. Ella solo hacía caso de lo que él decía.» Cuando estaba a punto de morir, Jorge la veló junto a la cama, abrazándola hasta que la vida abandonó su cuerpo. «Nos dijo: "En este momento mi abuela se encuentra en el punto más importante de su existencia.

Está siendo juzgada por Dios. Este el misterio de la muerte." Minutos después —contaba la hermana Catalina—, se levantó y se fue, con la misma serenidad de siempre.»

Con Rosa y sus abuelos maternos de fondo, con unos padres que se querían y unos hermanos que vivían en casa, Jorge era un niño alegre, centrado, en un hogar italiano estable y conformado. Mario era un hombre esencialmente bienhumorado, que casi nunca se enojaba y, en eso, cuenta María Elena, padre e hijo eran iguales. El sacerdote salesiano de la familia, Don Enrico, constituía, con su presencia, un apoyo, y visitaba habitualmente, sobre todo, la casa de los Sívori, donde el clan al completo se reunía en torno a él a comer ravioli.

En el barrio, Jorge tenía muchos compañeros de juegos, con los que se encontraba en la plaza local. La escuela primaria (Coronel Pedro Cerviño n.º 8, situada en la calle Varela, 358) quedaba cerca. Era un alumno aplicado que aprobaba todas las asignaturas. Con su maestra de primer grado, Estela Quiroga, se carteó toda su vida, y comentaba con ella todas las etapas de su viaje de fe. Ella, por su parte, estuvo presente durante la ceremonia de su ordenación como sacerdote, en 1969.

María Elena —conocida en la familia como Malena— era doce años menor que Jorge. «Yo era "la muñequita", y él era "el viejo"», recuerda entre risas. De lo que guarda más memoria es de los domingos, cuando todos acudían a la parroquia a oír misa y, al regresar a casa, organizaban unos almuerzos que duraban hasta bien entrada la tarde. Materialmente, era una existencia muy simple: «Éramos pobres, con dignidad.» No tenían auto ni iban de vacaciones, a diferencia de otras familias de clase media más acomodadas. Pero había comida en la mesa —los *cappelletti* con ragú de Regina, y su *risotto* piamontés ocupaban puestos destacados en la lista de favoritos de la familia—, y ropa que ponerse, por más que fuera reciclada. «Nuestra mamá conseguía rescatar siempre alguna prenda de ropa para nosotros, incluso de las que tenía mi padre: una camisa rota, unos pantalones desgastados... ella los zurcía y los remendaba, y pasaban a ser nuestros. Tal vez la frugalidad de mi hermano, y la mía propia, tengan su origen ahí.»

La fe era intensa, y convencional. Mario dirigía el rezo del rosario cuando regresaba del trabajo, y todos asistían a misa los domingos. Pero el padre de Jorge, cuya titulación de contable no era reconocida en Argentina, debía aceptar muchos empleos para llegar a fin de mes, y muchas veces, los fines de semana, se veía obligado a quedarse en casa, repasando enormes libros de cuentas, mientras en su fonógrafo Victrola sonaban óperas y discos de cantantes populares italianos. Para divertirse, la familia jugaba a la brisca, un juego de naipes italiano. Uno de los recuerdos más queridos de Jorge es escuchar óperas con su madre y sus hermanos los sábados por la tarde. Según refiere, para mantener la atención de los niños, Regina intercalaba comentarios y susurraba, por ejemplo, durante la reproducción de *Otello*: «Escuchen atentamente: está a punto de matarla.» Entre los diez y los doce años, sus padres lo llevaban a todos los estrenos de películas italianas que se presentaban en Buenos Aires en los que actuaran Anna Magnani y Aldo Fabrizi. *La strada* y *Roma, città aperta* estaban entre sus favoritas.

Y claro, jugaba a fútbol. A Jorge, un muchacho desgarbado, le gustaba dar patadas al balón con sus amigos, aunque no se le diera muy bien; tenía los pies planos. Pero Ernesto Lach, que jugaba con él detrás de la parroquia de la Medalla Milagrosa, asegura que era bueno con la táctica, y que cuando veía la oportunidad chutaba a puerta. Con todo, la mayoría de sus compañeros de juego coincide en que pasaba más tiempo en casa, entre libros. Todo el mundo lo recuerda como un joven estudioso que se pasaba el día leyendo. Sin embargo, ello no impedía que Jorge siguiera obsesivamente el fútbol. De su padre heredó la pasión por el San Lorenzo, el más modesto y valeroso de los tres equipos principales de Buenos Aires, fundado por el padre Lorenzo Massa, misionero salesiano, allá por 1907. Massa había sido cura párroco de San Antonio de Padua, donde se habían conocido Mario y Regina, y el club sigue bajo la protección de la Virgen María. Cuando el equipo alcanzó la primera división, en 1915, el padre Massa consiguió el uso de un estadio, conocido como el Gasómetro, en el barrio de Boedo, donde Mario y sus hijos nunca se perdían un partido. El gran año del club coincidió con los diez de Jorge, cuando el legendario delantero René Pontoni, apodado «el Huevo Pontoni», llevó al San Lorenzo a unas cotas hasta hacía poco tiempo insospechadas. «No me perdí un solo partido del equipo ganador del 46, con el gran Pontoni», explicaría años después Bergoglio al equipo.

Al cabo de poco tiempo de que Jorge iniciara su formación como jesuita, en diciembre de 1961, Mario murió de un infarto mientras asistía a un partido de fútbol en el estadio, con solo cincuenta y un años de edad. Alberto, el hermano menor de Jorge, estaba con él ese día, y ya nunca regresó al campo. Cuando partió hacia Roma en febrero de 2013, el cardenal Bergoglio se llevó consigo una preciada reliquia que todavía lo acompaña en el Vaticano. Ese pedazo de madera del Gasómetro guarda un remolino de recuerdos: de Don Enrico, del Huevo Pontoni, de su padre y su hermano, así como de esa sensación de la multitud que se pone de pie en las gradas y golpea el aire con los puños. Siempre ha sido un hincha fervoroso del San Lorenzo y, ya como Papa Francisco, sigue abonando la cuota de socio. Si uno se acerca a la plaza de San Pedro durante la audiencia de los miércoles y acaba de haber partido, y si uno se viste con la equipación del San Lorenzo, sabe seguro que verá a Francisco esbozar una sonrisa y, al pasar en su papamóvil, indicar con los dedos el resultado.

La Iglesia que Jorge Bergoglio conoció de niño en la Argentina de la década de 1930 era vigorosa, nacionalista y se identificaba fuertemente con la parte de la sociedad que aupó al general Juan Domingo Perón a la presidencia en 1946.

Fue diferente a mediados del siglo XIX, antes de que se iniciara la marea migratoria. La región del Río de la Plata se encontraba en la periferia de la colonia española, y de las batallas internas que siguieron a la independencia, la Iglesia salió debilitada y fuertemente controlada por el Estado. En 1896 contaba con apenas cinco obispos, todos nombrados por el Estado y prácticamente sin contacto con Roma. Ninguno de ellos mostraba gran iniciativa. Los grandes católicos de la época no eran obispos, sino misioneros, como el hombre conocido como el «Cura Gaucho», el padre José Gabriel Brochero (1840-1914), al que Francisco, poco después de su elección, puso en el camino de la santidad. El padre Brochero viajaba a lomos de una mula, se cubría con un poncho, fumaba cigarros de chala, tomaba mate en su yerbera de calabaza, y se dedicaba a construir iglesias, capillas y escuelas, abriendo caminos y pasos en las sierras de Córdoba para atender mejor a los más pobres, viviendo una existencia modélica de abnegación heroica.

Sin embargo, a medida que los inmigrantes iban llegando masivamente a las ciudades, la Iglesia argentina empezó a crecer tanto en capacidad como en independencia respecto del Estado. En ese sentido sobresalen dos fechas. La primera fue 1865, año en que Buenos Aires se convirtió en sede primada, en diócesis matriz, que en 1880 incorporaba ya a 84 sacerdotes. La segunda fue 1899, cuando los obispos latinoamericanos se reunieron en Roma y acordaron poner en marcha una serie de reformas de gran alcance. La Iglesia en Argentina empezó a romanizarse justo en el momento en que el Estado lograba dominar la nación.

A lo largo de las décadas sucesivas, Estado e Iglesia se desarrollaron con vigor simultáneo. Mientras el Estado iniciaba su tarea de construcción institucional —expandiendo el ferrocarril y el telégrafo, creando un ejército regular—, la Iglesia construía seminarios y parroquias, al tiempo que nuevas órdenes religiosas, sobre todo de monjas, surgían para ocuparse de la gestión de hospitales y escuelas. La mayor parte de esas actividades se concentraba en las ciudades, principalmente en Buenos Aires y Córdoba, en fuerte contraste con el interior del país, donde las diócesis seguían siendo inmensas, pobres y remotas, y donde los pobres del mundo rural siguieron, hasta bien entrado el siglo XX, teniendo escaso contacto con la Iglesia. La religión popular —que Bergoglio siempre respetaría y consideraría una cultura evangelizada—, tiene su origen aquí: en la gente del campo desconocedora de la doctrina, pero con una fe profunda que, en ausencia de clero y de iglesias, recurría más a su devoción que a los sacramentos.

Hacia finales del siglo XIX, la Iglesia había crecido en tamaño y en capacidad de influencia, hasta el punto de que los liberales empezaron a considerarla su rival. En la década de 1880, el Gobierno argentino, en una muestra de celo secularizador, imitó a Francia poniendo el matrimonio y la educación bajo el control del Estado. La ley del matrimonio civil convirtió al Estado en el único testigo legal de las bodas, mientras que la Ley de Educación prohibía la enseñanza católica en las escuelas públicas, en favor de una asignatura obligatoria de moral laica que propiciaría la aparición de ciudadanos ilustrados. Durante los encendidos debates que tuvieron lugar en el Congreso —donde el ministro de Educación declaró el triunfo de la ciencia «sobre miles de años de histeria mística»— el Gobierno aplastó con facilidad al puñado de diputados católicos y optó por acallar las objeciones de la Iglesia expulsando al delegado apostólico de la Santa Sede, suspendiendo temporalmente a los obispos (que eran empleados públicos) y despidiendo a los profesores universitarios católicos que hubieran desobedecido las nuevas leyes. En palabras del historiador John Lynch: «Argentina era la refutación viviente de que el liberalismo latinoamericano era una creencia tolerante.»[2]

Con todo, el Gobierno no tenía interés en alentar los disturbios que se habían producido a causa del conflicto, durante el que los francmasones quemaron iglesias y las turbas anticlericales atacaron la Universidad del Salvador, que pertenecía a la Compañía de Jesús. Así, se abandonó el laicismo de corte francés en favor de un modelo conservador, casi inglés, de relaciones entre la Iglesia y el Estado, en el que los gobernantes agnósticos apoyaban a una Iglesia domesticada por considerarla baluarte del orden social. A diferencia de lo que ocurriría en Chile, donde el Estado y la Iglesia se separarían amistosamente en la década de 1920, la católica siguió siendo la religión oficial del Estado argentino, al tiempo que se garantizaba la libertad de culto para las otras confesiones. Los obispos argentinos recibían su salario del Gobierno, y hasta no hace mucho se estipulaba que el presidente del Gobierno debía ser un católico bautizado, y que tenía capacidad de veto en el nombramiento de obispos.

Es así que Iglesia y nación siguen fuertemente interconectadas. Cada día, tras la misa de nueve de la mañana que se celebra en la catedral, unos soldados con uniforme de gala y armados con espadas desfilan frente a las capillas laterales y montan guardia ante el sepulcro del general San Martín, el Libertador, cubierto con la bandera del país. Y una vez al año la Iglesia vuelve a consagrar a la nación en el tradicional servicio del Tedeum que tiene lugar el 25 de mayo, al que asisten el presidente y los principales cargos políticos, en un acto que, hasta que el cardenal Bergoglio lo convirtió en un desafío profético, constituía una ceremonia dócil de reafirmación.

La primera de las muchas encíclicas papales que condenaban las iniquidades del capitalismo moderno —dictada por León XIII en 1891, y que llevaba por título *Rerum Novarum*— tuvo gran resonancia en Argentina, así como sus objeciones a la idolatría del libre mercado que demostraban las clases adineradas. La pobreza de las clases trabajadoras y lo que debía hacerse al respecto —la llamada «cuestión social»— llegó a dominar la política argentina, y estaba detrás de la creciente violencia social: en 1919 el jefe de Policía de Buenos Aires fue asesinado en un atentado anarquista con bomba, y centenares de personas murieron en las acciones de represalia que siguieron. Aun así, y a pesar de aprobar leyes para el control del orden público, los gobiernos se negaban a intervenir en los mercados; el Congreso rechazó los intentos de los diputados católicos y socialistas para introducir las más tímidas reformas sociales.

La Iglesia contaba con el único movimiento sindical no dirigido por comunistas ni anarquistas, y en sus enseñanzas sociales presentaba una clara alternativa a las ideologías de izquierdas y de derechas. Pero los intentos de trasladar dichas enseñanzas a una alternativa política clara que pudiera hacer sombra al Gobierno liberal dominante fracasaron: la defensa del voto femenino, de un salario mínimo y de la aprobación de leyes sindicales que propugnaba la Liga Demócrata Cristiana incomodaba a los obispos.

A principios de la década de 1920, sin embargo, la deferencia de los obispos al Estado liberal recibió un golpe desde Roma.

Cuando el Gobierno intentó nombrar al nuevo arzobispo de Buenos Aires, los cristianodemócratas y los jesuitas recurrieron al Papa, que rechazó el nombramiento: la sede quedaría vacante durante dos años, hasta que se alcanzó un acuerdo sobre otro candidato. En medio de ese pulso entre el Vaticano y la Casa Rosada, la Iglesia argentina iría encontrando, cada vez más, su voz profética, una voz marcadamente crítica con el liberalismo tanto económico como político, y, en términos de Iglesia, ultramontana, pues obedecía a Roma más que al Estado. Dicho en pocas palabras, el catolicismo se convirtió en «antisistema». La Iglesia aportaba la mayor fuente de protestas contra la economía y la política liberales de la época, y bebía de las enseñanzas políticas de los papas, así como de un nuevo pensamiento nacionalista surgido en Argentina que, en ambos casos, ejercerían su influencia en los gobiernos peronistas de las décadas de 1940-1950.

La Iglesia de los años treinta también consiguió un impresionante poder de movilización. El momento simbólico había sido el Congreso Eucarístico Internacional celebrado en Buenos Aires en 1934, dos años antes del nacimiento de Jorge Bergoglio, pero sobre el que este había oído las innumerables anécdotas que le relataba su abuela Rosa. En la historia de la Iglesia argentina, el Congreso marca un antes y un después. Los años siguientes vieron una expansión espectacular, una «primavera católica»: se crearon diez nuevas diócesis; la asistencia a misa creció notablemente, así como el número de bautismos y bodas religiosas; los seminarios estaban llenos, y el número de vocaciones crecía a la par que la expansión demográfica. Las escuelas se multiplicaban, hasta el punto de que tres de cada cuatro alumnos de la enseñanza privada estudiaban en centros católicos.

Se trataba, además, de una Iglesia intelectualmente segura de sí misma, que poseía una red de periódicos, revistas y emisoras radiofónicas, que se sumaban a la principal editorial eclesiástica de su tiempo, la editorial Difusión, que vendía seis millones de libros de un catálogo con centenares de títulos. En las décadas de 1940 y 1950, centenares de miles de católicos —entre ellos el joven Jorge Bergoglio— se unieron a los círculos de estudio de Acción Católica. Se organizaban marchas, se publicaban panfletos y se pronunciaban discursos en los que se culpaba sin ambages al capitalismo liberal de los males de la sociedad y se instaba a los trabajadores a resistirse a las ideas esgrimidas por el socialismo y a abrazar las enseñanzas sociales de la Iglesia. A pesar de ello, católicos y socialistas seguían cooperando en el Congreso, y finalmente consiguieron convencer a los diputados de que aprobaran leyes que sancionaban el descanso dominical y las jornadas laborales de ocho horas.

Esa era la Iglesia —vigorosa, segura de sí misma y algo triunfalista— en la que se crio Jorge Bergoglio. Era antiliberal, en el sentido específico que el término tenía en Argentina. Lo liberal se asociaba a los aspectos de libre mercado, cosmopolitismo, racionalismo y autoritarismo de la *belle époque* argentina. En la década de 1930, ese liberalismo conformaba una visión del mundo considerada, de manera creciente, como antiética y contraria al interés nacional.

La alternativa al liberalismo la constituía una serie de protestas reunidas bajo el paraguas del nacionalismo. El movimiento se había iniciado en los círculos académicos, en las facultades de historia y literatura, pero en la década de 1930 se había convertido ya en una crítica general del orden establecido. Al cerrar los mercados exportadores a los bienes argentinos, la crisis económica mundial había puesto en evidencia la dependencia del país de los extranjeros, y aquella ventaja comparativa empezó a percibirse como sumisión esclavista —defendida por la llamada oligarquía por interés propio, en lugar del interés del conjunto de la nación.

La crisis mundial del orden liberal llevó a los intelectuales nacionalistas a cuestionar el mito del liberalismo según el cual el país había progresado desdeñando la herencia española, colonial; volvieron la mirada hacia una nación más antigua, más auténtica, que había sido reprimida a causa del culto a lo extranjero propio de aquel liberalismo. Así, al rechazar el liberalismo político y económico, los nacionalistas adoptaban aquello que el liberalismo había despreciado: la tradición española y católica se reivindicaba ahora como herencia más «auténtica», y el dictador Rosas llegó a verse como un héroe, cercano a la tierra y a sus gentes.

Los católicos simpatizaban con aquellas ideas nuevas, pues las mismas rescataban la cultura católica por considerarla pieza clave de la historia argentina —una historia enterrada por lo que los nacionalistas denominaban «liberalismo extranjerizante». Algunos de los nacionalistas más aristocráticos se fijaban, irónicamente, en los movimientos de derechas que existían en el extranjero (aquella era la época de Franco y Mussolini), pero el grueso de la Iglesia católica argentina seguía un rumbo intermedio entre el liberalismo y el totalitarismo. Lo que los católicos perseguían era la creación de un Gobierno que diera voz a las nuevas masas urbanas desposeídas por la élite liberal. Querían que el Gobierno fuera nacionalista en el sentido de que fuera fiel a las tradiciones argentinas, y no tanto una copia de Francia o Gran Bretaña. Y querían que el Gobierno aplicara sus políticas económicas y sociales a partir de las enseñanzas sociales de la Iglesia, es decir, un Estado que interviniera para contrarrestar los excesos del mercado y el abismo creciente que existía entre ricos y pobres.

Cuando se produjo el golpe militar de 1930, la democracia republicana liberal en Argentina contaba con pocos amigos. La adopción del sufragio universal masculino en 1916 se había traducido en el monopolio del partido de la clase media, la Unión Cívica Radical (UCR), conocido como «los radicales». A pesar de su nombre, los radicales no cuestionaban los principios básicos del modelo económico, pero ampliaron el gasto estatal para asegurarse el apoyo electoral mediante el paternalismo, lo que les granjeó la enemistad de los conservadores, agrupados ahora en torno al sucesor moderno del PAN, el Partido Democrático Nacional (PDN). En 1930, el ejército maniobró para derrocar a los radicales alegando un rescate de la Constitución, y acabó entregando el poder al PDN, que a lo largo de toda la década de 1930 regresó a su vieja práctica del fraude electoral, al tiempo que privaba a los radicales del derecho a presentarse a los comicios.

Por ello, entre otras razones —entre ellas el monopolio en las concesiones a los británicos, así como la evidencia generalizada de una corrupción que vinculaba las clases gobernantes con intereses comerciales extranjeros—, la década de 1930 sería recordada como «la Década Infame», la de los últimos estertores de la era liberal, enmarcada por dos golpes de Estado. El segundo de ellos tuvo lugar en 1943, en plena Segunda Guerra Mundial, cuando Argentina —que mantenía su proverbial neutralidad, desafiando así la llamada de Estados Unidos para que América Latina se uniera a los Aliados— se hundió en una crisis causada por el embargo estadounidense de armas y bienes industriales. El Ejército se hizo con el poder en medio de crecientes protestas sociales y la ira ante el fraude electoral, a la espera del desenlace de la guerra. En el momento en que la victoria aliada parecía clara, un grupo de militares jóvenes, encabezados por el coronel Juan Domingo Perón, tomó las riendas.

Perón comprendió que Argentina se encontraba al borde de una revolución, que el viejo orden había quedado atrás y que su misión consistía en hacer posible la transición hacia una nueva política de masas sin caer en el comunismo. Si sus colaboradores del Ejército solo pensaban en restaurar el statu quo terminada la guerra, Perón recurrió a sus extraordinarias dotes políticas para construir una nueva y poderosa alianza de intereses y valores. Desplegando los recursos del Estado que tenía a su disposición, empezó a conceder favores a los sindicatos de trabajadores y a llegar, por distintas vías, a la mayoría trabajadora desposeída. En menos de dos años construyó un movimiento formidable que daba voz a los valores nacionalistas y católicos de las clases inmigrantes y que ofrecía unos beneficios concretos a los pobres.

Cuando terminó la guerra y se convocaron elecciones, Perón fue detenido; pero el 17 de octubre de 1945 —fecha canonizada por los peronistas a partir de entonces— miles de peronistas atestaron la plaza de Mayo para exigir su liberación. El Ejército dejó en libertad al coronel, y este consiguió una victoria electoral decisiva en febrero de 1946, cuando Jorge tenía diez años. El movimiento nacionalista de Perón derrotó a una amplia alianza de todos los partidos políticos «liberales» existentes, que cubría la totalidad del espectro, desde la derecha hasta la izquierda, y que había unido a toda prisa el embajador de Estados Unidos en Buenos Aires, Spruille Braden, que, equivocadamente, consideraba a Perón un fascista. Perón obtuvo un segundo mandato en 1952, que concluyó tres años después, cuando Jorge había cumplido ya los diecinueve. El peronismo transformó el paisaje político argentino y dominó la adolescencia del futuro Papa.

La primera crisis verdadera en casa de los Bergoglio se produjo en febrero de 1948, cuando Jorge tenía doce años y Perón llevaba dos en el poder. Como consecuencia de ciertas complicaciones durante el parto de María Elena, Regina llevaba un tiempo postrada en la cama, con una especie de parálisis. Mientras Rosa ayudaba con los dos hijos menores —Alberto y María Elena—, el cura de la familia, Don Enrico Pozzoli, se apresuró a encontrar plaza a los tres mayores en los internados salesianos. Marta se matriculó en la Escuela de María Auxiliadora, de Almagro, mientras que Jorge y Oscar fueron enviados, en 1949, a un colegio de nombre majestuoso: el Wilfrid Barón de los Santos Ángeles, ubicado en Ramos Mejía, a tres kilómetros al oeste de Buenos Aires.

A Jorge, que se incorporó a sexto de primaria, le encantaba el colegio, que llevaba el nombre de un emigrante millonario de origen francés cuya viuda lo fundó en 1925. «El día pasaba como una flecha sin que uno tuviera tiempo de aburrirse», recordaría Bergoglio en 1990 en una carta al padre Cayetano Bruno, provincial de los salesianos. El colegio estaba impregnado de una cultura católica natural, en la que ir a misa resultaba tan normal como estudiar o dedicarse a los juegos. Las horas de estudio en silencio le ayudaron a desarrollar su concentración y su atención, y adquirió una gran cantidad de *hobbies* y aptitudes: el padre Lambruschini le enseñó a cantar, el padre Avilés, a realizar copias usando un gelatógrafo, y un sacerdote ucraniano lo instruyó para que pudiera servir a misa según el rito oriental, un pasatiempo poco habitual para un adolescente, aunque no en el colegio Wilfrid Barón de los Santos Ángeles.

Tanto en el estudio como en los deportes, a los alumnos se les enseñaba a competir «como cristianos», a buscar el éxito pero nunca a despreciar a los que quedaban segundos. Aprendían sobre el pecado, pero también sobre el perdón: «No tenían vergüenza de cachetearnos con el lenguaje de la cruz de Jesús», recordaría en esa misma carta. Jorge aprendió a rezar antes de acostarse, a pedir favores a la Virgen y a respetar la figura del Papa, a la sazón Pío XII. Los salesianos le enseñaron también el amor a la castidad, que Jorge —que había llegado a la escuela cuando se abría a la adolescencia— llegó a ver como algo saludable. «No había obsesión sexual en el Colegio —escribió Bergoglio a Don Bruno—. Más obsesión sexual he encontrado más adelante en otros educadores o psicólogos que hacían ostensiblemente gala de un *laissez-passer* al respecto (pero que en el fondo interpretaban las conductas con una clave freudiana que olfateaba sexo en todas partes).»

La conciencia de Jorge se desarrolló rápidamente ese año: «Yo aprendí allí, inconscientemente casi, a buscar el sentido de las cosas.» Allí se dio cuenta de la verdad como algo exterior a sí mismo, y de la necesidad de los valores y las virtudes, así como de su propia responsabilidad para con el mundo. Los salesianos hablaban a menudo de las necesidades de los pobres, y alentaban a los estudiantes a privarse de cosas para dar a quienes lo necesitaban.

Allí también aprendió sobre la muerte. Una noche, en octubre de 1949, monseñor Miguel Raspanti, uno de los inspectores del colegio, describió a los chicos la muerte de su madre que se había producido unas semanas antes. «Esa noche, sin sustos, sentí que algún día yo iba a morir, y eso me pareció lo más natural», le escribió a Don Bruno. Empezó a interesarse por cómo dejaban este mundo los viejos salesianos, y por saber en qué consistía eso que ellos llamaban una «buena muerte».

Al terminar el curso, los Bergoglio regresaron a casa y se encontraron a su madre —que todavía no podía mantenerse en pie—, sentada en una silla y pelando patatas, con todos los ingredientes necesarios para la comida ya dispuestos. «Entonces nos iba explicando cómo teníamos que mezclarlo todo y cocinarlo, porque nosotros no teníamos ni idea —recordaba Bergoglio—. "Ahora echa eso en la cacerola, y eso otro en la sartén", nos ordenaba. Así es como todos aprendimos a cocinar.»

Jorge sintió los primeros latidos de su vocación a la edad de doce o trece años, aunque a esa edad se le había ocurrido ser cura «como se te ocurre ser ingeniero, médico o músico», le contó al padre Isasmendi. Sin duda lo tenía en mente cuando se enamoró de una chica de su misma edad que vivía junto a su casa, Amalia Damonte, a la que, en un arrebato de pasión pubescente, le hizo una oferta poco romántica: «Si no me hago cura, me casaré contigo», le dijo en una carta en la que, además, dibujó una casita preciosa con tejado de tejas rojas en la que, según decía, vivirían los dos. (El padre de la muchacha se puso furioso: le pegó y le prohibió volver a verlo.) En el colegio, él rezaba intensamente para descubrir su vocación, tras una charla que dio el padre Cantarutti, y habló de la posibilidad de ser cura con otro de los sacerdotes, el padre Martínez, célebre como «pescador de vocaciones». Pero al año siguiente, 1950, empezó la escuela secundaria, y la idea quedó estacionada en un rincón de su mente, hasta que cuatro años después la llama volvió a encenderse para no apagarse más.

Cuando Jorge inició los estudios secundarios, Perón llevaba casi cuatro años como presidente y Argentina había cambiado de arriba abajo. Era el momento álgido del primer mandato peronista, recordado con reverencia aún hoy como época de inmenso gasto público, distribución de la riqueza a favor de la clase trabajadora y de una rápida industrialización, un proyecto nacionalista que, en casi todos los aspectos, constituía el reverso del modelo liberal previo. Eran nuevos tiempos: Gran Bretaña, empobrecida por la guerra, había dejado de ser un socio comercial clave, y si bien Estados Unidos suministraba bienes manufacturados, ya producía en casa lo que Argentina le ofrecía exportar. Hacía falta desarrollar una economía más autosuficiente: la idea de Perón fue la de aumentar los salarios para crear más consumo y animar así a las industrias a satisfacer esa demanda, al tiempo que nacionalizaba todo lo que podía, desde el petróleo hasta el ferrocarril y los tranvías. Como en el caso de las ideas subyacentes al *New Deal* de Roosevelt, el peronismo daba por supuesto que la economía resolvería los problemas sociales, y que el Estado era capaz de conducir la economía.

La discusión sobre lo que era (y es) el peronismo —un populismo autoritario, un nacionalismo de izquierdas— pasa por alto que fue un vehículo para Perón, no una ideología concreta. Y Perón, lejos de ser un ideólogo, era un genio político intuitivo con una habilidad sobrenatural para articular los intereses y las esperanzas de las nuevas clases, los inmigrantes y sus hijos, el pueblo que llegaba a las ciudades en busca de una vida mejor. Entendía sus esperanzas y sus sueños porque era uno de ellos. La historia del apuesto coronel y su hermosa mujer, la actriz radiofónica Evita —ambos habían nacido fuera del matrimonio, en pequeñas ciudades de la provincia de Buenos Aires, y habían tenido que vencer estigmas sociales y desventajas para llegar a lo más alto—, y de cómo construyeron un movimiento político que calaba en los argentinos más pobres, se ha contado muchas veces, en libros, en musicales, en películas. Pero más allá del teatro y el mito, la razón por la que el peronismo ha sobrevivido a la muerte de sus creadores es que, al articular los valores e intereses de esa nueva Argentina, Perón creó algo mucho más grande que él mismo: más que un partido político, un movimiento; más que un grupo de intereses, una cultura; un híbrido político tan popular y absorbente que, durante décadas, ha dominado la Argentina moderna, proyectando su sombra incluso en aquellas elecciones en las que tenía prohibido presentar candidaturas.

Entre las muchas barreras que hubo de derribar Perón para obtener su victoria electoral de 1946 se encontraba el muro levantado por el liberalismo argentino contra la Iglesia. El suyo fue el primer gobierno en la historia moderna de Argentina que obtuvo su legitimidad identificándose con los valores y las prioridades de los católicos, sobre todo con las enseñanzas sociales de la Iglesia, popularizadas en el regreso a las posiciones nacionalistas y católicas de la década precedente. Los primeros años del Gobierno peronista fueron un momento de esplendor para la Iglesia. Por fin había llegado un gobierno que defendería la herencia católica de Argentina, que pondría en práctica las enseñanzas sociales de la Iglesia, y que apoyaría su obra de evangelización.

Posteriormente, tras el Concilio Vaticano II, la Iglesia ya no pretendería —al menos oficialmente— que el Estado fuera un instrumento de su misión evangelizadora. Pero en aquella época se trataba de la posición que por defecto adoptaban los obispos de los países católicos: la Iglesia era la guardiana de los valores morales y espirituales que el Gobierno debía respaldar y aplicar, al tiempo que respetaba la libertad de la Iglesia para cristianizar a la sociedad. Perón, ávido de legitimización —no había dado muestras, al principio de su vida, de ser creyente católico, y son pocos los elementos de su biografía que sugieren un gran contacto con la Iglesia—, abrazó aquella idea y vio en su movimiento la encarnación política de la «nación católica». Esa fue una idea que perduró mucho después de que se produjera el furibundo conflicto entre Perón y la Iglesia, entre 1954 y 1955, y que llevó a que fuera desalojado del poder por medio de otro golpe de Estado.

De la misma manera que concedía beneficios concretos y ganancias reales a los trabajadores y a sus sindicatos, y esperaba lealtad a cambio, así también actuaba Perón con la Iglesia: obispos y clero veían que repentinamente aumentaba su salario, se construían seminarios, se ofrecían becas a sus seminaristas para estudiar en el extranjero, se eximía del pago de impuestos la importación de bienes religiosos, y a las organizaciones religiosas se les ofrecían subsidios estatales. Pero más significativa aún resultaba la apertura a las ideas católicas. Perón identificaba explícitamente su doctrina con la enseñanza social de la Iglesia —hablaba de humanizar el capital y dignificar el trabajo—, y reclutó a dirigentes de Acción Católica para que llevaran a la práctica propuestas en cuestiones que habían reivindicado durante mucho tiempo, tales como el salario familiar y la regulación del trabajo infantil, que no tardaron en convertirse en leyes. Los Perón incluso tenían a un jesuita como asesor, el padre Hernán Benítez, que de manera expresa vinculaba el peronismo al Evangelio y las enseñanzas sociales de la Iglesia.

Sin embargo, la relación se rompió porque la Iglesia se negó a ser comprada. En las negociaciones para la promulgación de una nueva Constitución, Perón rechazó la propuesta de la Santa

Sede de suprimir el Patronato, esto es el derecho del Estado a controlar a la Iglesia de diversas maneras, vigente desde tiempos de la colonia y que la Constitución de 1853 había mantenido. El Vaticano, que acababa de salir de la era del fascismo en Europa, era muy sensible a los peligros de unos estados supuestamente católicos que pretendían usar a la Iglesia como instrumento de control social. Y sabía que mucho después de que el Gobierno peronista hubiera dejado el poder, otro gobierno más hostil podría usar ese poder muy seriamente para ahogar la misión de la Iglesia.

Perón, por su parte, no estaba dispuesto a renunciar a su facultad constitucional de optar por nombramientos políticos de obispos leales: se trataba del corolario lógico del peronismo en tanto que encarnación política de la nación católica.

Las dos partes se atrincheraron. La Santa Sede, cada vez más preocupada ante los intentos de «peronización» de la Iglesia, se negó a ratificar a los nuevos obispos, mientras que, por su parte, Perón, airado ante lo que consideraba ingratitud por parte de la Iglesia, empezó a intentar despegarla del Cristianismo. Una nueva doctrina social, el «justicialismo», apelaba a unos valores cristianos que se identificaban con Perón más que con Jesucristo («Perón es el rostro de Dios en la oscuridad —declaraba Evita en su autobiografía—. Aquí el caso de Belén, de hace 2.000 años, se repetía: los primeros en creer eran los humildes.»). El Estado empezó a crear instituciones paralelas para competir con la Iglesia, privando a las organizaciones católicas de reconocimiento legal. El peronismo ya no aseguraba llevar a la práctica lo que predicaba la Iglesia, sino que pretendía predicar lo que la Iglesia supuestamente no practicaba.

En 1951, mientras el país se preparaba para las elecciones, Evita enfermó de cáncer, y murió en julio del año siguiente. Sus apariciones en el balcón de la Casa Rosada, desde donde pronunciaba apasionados discursos mientras el cáncer minaba su cuerpo, se convertirían en momentos icónicos de la mitología peronista. Montado sobre la oleada de compasión hacia Evita, y apoyado por las mujeres a las que había concedido el derecho a voto en 1947, Perón arrasó en las elecciones de 1952.

Luego llegó el declive. Al tiempo que la economía se encogía, Perón empezó a mostrarse a la defensiva, paranoico, y sucumbió a la locura autoritaria que suele apoderarse de los gobiernos populistas-nacionalistas de América Latina, ya sean de derechas o de izquierdas. Nación, Estado y Gobierno se confundían: a los funcionarios estatales se les exigía que fueran miembros del partido, el desacuerdo fue visto como desobediencia, y los opositores políticos (ya fueran estos radicales, socialistas o católicos) empezaron a ser considerados enemigos del pueblo. Empezó a aparecer un arte oficial que representaba los rasgos cincelados del «hombre nuevo» peronista, y el justicialismo descendió hasta un abismo de banalidades filosóficas y dualidades excéntricas. El funeral de Evita, que tiene su paralelismo moderno en el de Lady Diana, la princesa de Gales, fue un momento extraordinario de dolor colectivo, pero el intento del Gobierno de crear un culto a su memoria —en la edición escolar de su autobiografía aparecía como una Virgen María secular con aureola incorporada— marcó un nadir en las relaciones con la Iglesia.

En 1951 y 1952, los activistas católicos pasaron de la colaboración crítica a la desilusión, y de esta a una oposición abierta. Tras perder a muchos de sus líderes, captados por el peronismo, Acción Católica vivió un momento de rejuvenecimiento cuando estos regresaron. Los periódicos de la Iglesia y las reuniones de Acción Católica informaban de los nuevos partidos cristianodemócratas de Europa y, en su comparación con el Gobierno, este salía malparado. Perón detectó el nacimiento de un rival político apoyado por la Iglesia en su propio patio trasero y ordenó que se tomaran medidas drásticas.

En un discurso pronunciado en noviembre de 1954, Perón denostó a los sacerdotes que se metían en política y posteriormente ordenó la detención de algunos de ellos. Acción Católica quedó legalmente disuelta y las publicaciones y las emisoras de radio de la Iglesia fueron saqueadas y clausuradas. Como en la Revolución mexicana, los actos religiosos públicos fueron prohibidos. A ello siguió la aprobación de una serie de leyes planteadas para limitar el papel de la Iglesia y desdeñar sus preocupaciones morales: la legalización del divorcio y la prostitución, la prohibición de la enseñanza religiosa en las escuelas, y la derogación de las exenciones fiscales a las instituciones religiosas. El gobierno empezó a conceder favores a protestantes y espiritistas, y a llenar las iglesias de carteles en los que se negaba la divinidad de Jesús.

Al tiempo que en las parroquias se leían cartas pastorales de los obispos en las que estos lamentaban la aprobación de dichas medidas y acusaban al Estado de pretender crear un culto paralelo, Acción Católica, que por entonces contaba con setenta mil miembros activos, salió a las calles. Redes de células publicaban y distribuían panfletos con los que contrarrestar la prohibición de divulgar noticias. Se formaban comandos tácticos para defender las iglesias e impedir que secuaces del Gobierno irrumpieran en ellas e interrumpieran las misas. Pero el principal método de resistencia era la organización de actos religiosos públicos lo suficientemente concurridos para que la prohibición del Gobierno de celebrarlos no pudiera ejecutarse.

El 25 de mayo Perón boicoteó el Tedeum de la catedral de Buenos Aires, la ceremonia anual de oración por el país a la que asistían líderes políticos y eclesiásticos. Acción Católica empezó a sacar a la gente a la calle en una serie de protestas que culminaron en el Corpus Christi del 11 de junio de 1955, una procesión eucarística de honda significación para los católicos. A pesar de los esfuerzos desesperados del Gobierno por impedirlo, más de un cuarto de millón de personas desfiló en procesión silenciosa tras banderas vaticanas y nacionales, en una demostración definitiva de desafío.

Perón ordenó la detención de docenas de sacerdotes, así como el saqueo de la sede de Acción Católica. La fuerza aérea naval bombardeó la plaza de Mayo (sus aviones llevaban escrito el lema «Cristo Vence»), matando a centenares de contramanifestantes convocados por los sindicatos. Al recordar ese momento en 2011, el cardenal Bergoglio le contó a su amigo el rabino Abraham Skorka que ese lema «me repugna, me enfada mucho. Me siento indignado porque usa el nombre de Cristo para un acto puramente político. Mezclaba la religión, la política y el nacionalismo puro. Personas inocentes fueron asesinadas a sangre fría».

En represalia, doce iglesias del centro de la ciudad fueron destruidas e incendiadas. Lo que siguieron fueron dos meses de campañas anticlericales y la creciente evidencia de que se estaban gestando diversos planes militares para derrocar a Perón. Una de las intentonas, perpetrada en septiembre de 1955, logró su objetivo. Se conoció como «Revolución Libertadora». El Ejército volvía a tomar las riendas y, desde los cuarteles, llamaba a restaurar el orden y la Constitución.

El conflicto entre Perón y la Iglesia no condujo, como cabría suponer, a que todos los católicos se volvieran antiperonistas. Se trataba de un conflicto de familia, un conflicto que se producía dentro del marco del ideal sagrado de la nación católica. Perón, exiliado en España, acabaría haciendo las paces con la Iglesia, que también se mostró más que dispuesta a cerrar la brecha. Viendo que la gente corriente seguía sintiendo gran devoción por Perón, a finales de la década de 1950, y sobre todo a lo largo de la década siguiente —durante la que Jorge se educaba como jesuita—, muchos católicos, espoleados por la idea de la justicia social, volvieron los ojos hacia el peronismo, exigiendo el retorno de su líder. Bergoglio nunca se mostró activo en relación con ningún partido político y, a partir de 1958, año en que se unió a los jesuitas, jamás votó. Pero siempre mostró una afinidad natural con la tradición cultural y política representada por el peronismo.

Al perseguirlo, el Ejército lo convirtió en mártir y consiguió que la gente corriente sintiera mayor lealtad hacia su líder exiliado. Durante las tres décadas siguientes, entre 1955 y 1983, el partido peronista tuvo prohibido presentarse a todas las elecciones, salvo las de 1973, y fueron 18 los presidentes que ocuparon la Casa Rosada en mandatos que, de promedio, duraron un año y medio. Asimismo, en ese mismo periodo las fuerzas armadas gobernaron durante diecinueve años. A finales de la década de 1960, Argentina contaba con la guerrilla más numerosa de la región, que sería derrotada en la década siguiente a manos de una de las dictaduras militares más brutales del continente.

Para explicar por qué Argentina llegó a ser uno de los países más inestables del Hemisferio Occidental, el relato ha de empezar siempre, inevitablemente, en los años cincuenta con el enfrentamiento entre catolicismo y peronismo, y con el intento del Ejército de que el país volviera a la época anterior a Perón. Entre las décadas de 1950 y 1970 Argentina se vio paralizada por una paradoja política difícil de entender para los extranjeros: los antiliberales (los nacionalistas, los peronistas) eran populares y llegaron al poder mediante victorias electorales, mientras que los liberales —los demócratas, los pluralistas—, recurrieron a la dictadura para expulsar del poder al peronismo.

A partir de 1952, y durante cinco años, mientras asistía a la Escuela Secundaria Industrial y se formaba como técnico en química, Jorge fue miembro de la Acción Católica local en su parroquia de Flores. Acción Católica seguía siendo una parte muy dinámica de la Iglesia —más de cien «aspirantes» (como se conocía a los integrantes de la sección juvenil) se daban cita en la basílica en aquella época—, y vivero de muchas vocaciones sacerdotales. Durante el conflicto de la Iglesia con Perón vivió un incremento de afiliaciones, pero a finales de la década de 1950 estas empezaron a disminuir.

Entre los aspirantes, Jorge destacaba por ser tranquilo, educado e instruido (contribuyó a crear una librería en el deambulatorio de la parroquia, que llevaba él mismo), pero no compartía con nadie su vocación. Durante las tensiones entre Iglesia y Estado de 1954-1955, los aspirantes se concentraban en la celebración de actos benéficos privados; pero en el periodo 1956-1957, Jorge, junto con otros miles, participó en manifestaciones en las que se pedía que se permitiera a la Iglesia dirigir universidades. Simultáneamente, participaba en obras benéficas y visitaba a personas muy pobres en Flores, ofreciéndoles ayuda material y consuelo.

Durante las charlas semanales que pronunciaban los curas, bautizadas como «Tribunas para un Mundo Mejor», Jorge se empapaba de los principios de las enseñanzas sociales de la Iglesia, que, en buena medida, seguían definidos por la última encíclica papal sobre el tema, *Quadragesimo Anno*, que había publicado Pío XI en 1931. Leída a la luz de los acontecimientos políticos contemporáneos, la encíclica proporcionó munición tanto a los defensores del peronismo como a sus detractores: por una parte denostó la economía liberal y pidió la intervención de sindicatos y Estado en la economía; por otra, persiguió poner límites a la pretensión estatal de controlar y modelar la sociedad. Para un Jorge adolescente, que tenía dieciocho años cuando estalló el conflicto entre Iglesia y Estado, ese era un entorno muy fértil para el despertar de su conciencia de fe y de sus ideas políticas.

El hijo del director de la escuela secundaria a la que asistió recuerda a su padre regañando a Jorge por llevar una insignia peronista: los alumnos tenían prohibido asistir a clase con símbolos de cualquier tipo. En cambio, Hugo Morelli, uno de los compañeros de clase de Jorge que lo conocía bien, asegura que este era antiperonista: «Yo era peronista y él no, y discutíamos constantemente sobre ello.» Lo que separa esos dos recuerdos son las tensiones crecientes entre Estado e Iglesia de la década de 1950, durante la cual muchos católicos que habían sido partidarios de Perón se pusieron en su contra; hacia mediados de la década Jorge era uno de ellos: en aquel tiempo se sentía atraído por el socialismo. Posteriormente —en los años sesenta y setenta del siglo XX—, llegaría a respetar el peronismo por considerarlo expresión de los valores de la gente corriente.

Por su parte, el loro que vivía junto a la escuela no tenía la menor duda sobre su propia adscripción: los compañeros de clase de Jorge conservan un recuerdo muy vivo de que, durante la clases, se dedicaba a graznar: «¡Viva Perón, carajo!», provocando la carcajada general. Además de Morelli, los compañeros de clase de Jorge entre 1950 y 1955 eran Alberto D'Arezzo, Abel Sala, Oscar Crespo y Francisco Spinoza; todos trabaron una buena amistad con él, y entre ellos, y en etapas posteriores de su vida, cuando Bergoglio ya era cardenal, organizaron reuniones con cierta regularidad.

La Escuela Industrial n.º 12, que se había inaugurado un año antes en una residencia privada del barrio de Floresta, constituía una iniciativa de vanguardia que formaba parte del empeño del Gobierno peronista en potenciar la capacidad industrial de Argentina. El padre de Jorge, Mario, era presidente de una asociación cívica que se dedicaba a recaudar fondos para el colegio, y reservó allí una plaza para su hijo. En aquella época, la escuela solo contaba con doce alumnos. Aunque en ella se respetaba el programa de asignaturas comunes aprobado a nivel nacional, dedicaba un tiempo extra, y más recursos, a la química alimentaria, lo que capacitaba a quienes se diplomaban allí a trabajar en laboratorios.

Los compañeros de clase de Bergoglio lo describen como un joven corriente de su tiempo, afectuoso, adicto a los libros e implicado con los demás. Se burlaba de ellos cuando el San Lorenzo ganaba a sus equipos, jugaba a baloncesto con ellos en el recreo, y los fines de semana se juntaban para ir a bailar con chicas.

Sus descripciones, sin embargo, revelan dos aspectos en los que Jorge sobresalía. El primero era su aguda inteligencia: asimilaba las ideas e informaciones nuevas a una velocidad que le aseguraba ser invariablemente, y al parecer sin esfuerzo, el primero de la clase. («Siempre fue el número uno —afirma Morelli—. Estaba un paso adelante y tenía una inteligencia superior a la nuestra.») Sus compañeros de clase, que desarrollaron sus respectivas carreras profesionales —como era de esperar— en el ámbito de la química industrial, formaban, sin duda, un grupo hábil, por lo que la admiración que expresan por la capacidad intelectual de Jorge resulta aún más significativa. Asimismo, admiraban sus aptitudes más allá de las asignaturas de química, sobre todo en las que mejor se le daban, que eran literatura, psicología y religión. Pero su inteligencia no despertaba resentimientos, pues él la ponía siempre a disposición de todos. «Nos apoyaba siempre si teníamos problemas en cualquier asignatura; siempre se ofrecía a echarnos una mano», recuerda Crespo. En esos comentarios se vislumbra ya al futuro sacerdote: poseía una capacidad especial para resolver problemas, añade D'Arezzo, «ya tuvieran que ver con nuestros estudios o con nuestra vida personal».

Su segundo rasgo distintivo era su intensa fe. «En aquella época, a los catorce o quince años, él ya era religioso de manera militante», recuerda Néstor Carabajo, que formaba parte de un nutrido grupo de quince o veinte jóvenes, entre los que se encontraba Jorge, que se desplazaban a menudo hasta el delta del Tigre, una zona de islas boscosas a las afueras de la ciudad, donde organizaban picnics. Jorge, «con su cara de niño, manifestaba siempre unas tendencias religiosas muy firmes», coincide Morelli.

Crespo y él recuerdan con precisión una asignatura de educación religiosa, obligatoria desde que el Gobierno militar la introdujo en 1944, y posteriormente ratificada por Perón en su fase favorable a la Iglesia. El profesor preguntó si alguno de los presentes no había recibido la Primera Comunión, requisito para poder matricularse en el curso. Dos alumnos levantaron la mano. «Era evidente que había hablado antes con Jorge —comenta Crespo— porque nos dijo: "El compañero Bergoglio se ha ofrecido a ser el padrino de ustedes en la basílica de San José de Flores."» Una vez que Bergoglio los hubo instruido en la comprensión del sacramento de la Eucaristía, se los llevó a recibir la Primera Comunión en la basílica, y después a almorzar en su casa. Por ese entonces tenía quince años.

Jorge ya trabajaba para ganar algo de dinero. Su padre le había encontrado empleo en su empresa de contabilidad, en la que inicialmente se dedicaba solo a la limpieza, pero en la que poco a poco fue colaborando en tareas administrativas. Siguió desempeñándolas en una fábrica de calcetines que también era cliente de su padre. Sumando sus horas de trabajo y sus estudios, sus jornadas eran sin duda largas, y en muchas ocasiones no regresaba a casa hasta las ocho de la noche. Pero le encantaba trabajar, y su extraordinaria capacidad para hacerlo ha impresionado a los demás en el transcurso de toda su vida. Ya como cardenal no dejaba de predicar la importancia del trabajo para la autoestima de la persona y para su dignidad, y se mostraba decidido en su oposición al azote del desempleo de larga duración.

No se iba de vacaciones, y se dedicaba a descansar, sobre todo en verano, en casa de sus abuelos maternos, donde sus tíos abuelos le enseñaban descaradas rimas genovesas. Salía bastante, como es habitual en la adolescencia. Crespo recuerda que «siempre nos encontrábamos en un bar de Avellaneda y Segurola, donde jugábamos a billar. Los fines de semana quedábamos en casa de uno u otro e íbamos a bailar a un local de Chacarita, porque allí había muchas chicas». Tanto Morelli como él recuerdan que Jorge salía con una de ellas. «Sí, seguro, tenía novia —afirma Morelli—. Era algo cauto, pero bailaba con el resto de nosotros. Pero sí, era cauto. Nosotros lo alentábamos.»

Una vez que vencía su timidez, a Jorge le encantaba bailar, sobre todo la milonga. Entre sus canciones favoritas estaba la versión que Ada Falcón había hecho de *La puñalada*. Anna Colonna, una amiga del círculo de la parroquia, lo recuerda vestido con traje, pidiendo galante a las chicas turno para bailar con ellas. Ella pertenecía a uno de los grupos de amigos de Jorge que organizaban «asaltos», fiestas que se celebraban en casas particulares los sábados y que duraban toda la noche. Los varones se ponían corbata (traje blanco cuando era el cumpleaños de alguien) y llevaban las bebidas, mientras que las chicas se ocupaban de llevar la comida. Al amanecer, ellos las acompañaban a sus casas, con la esperanza de conseguir un beso, si estaban de suerte. Pero eran adolescentes de Acción Católica, y corrían los años cincuenta. «A las ocho en punto del día siguiente —recuerda Colonna—, todos estábamos en misa.»

Colonna, que describe al Jorge de su juventud como a alguien «muy considerado, muy sociable», asegura que su gran amor, musicalmente hablando, era el tango. «Jorge bailaba el tango maravillosamente —afirma—. Le gustaba mucho el tango.»

El tango, declaró Bergoglio en 2010, «me sale de adentro».

El sonido emblemático de Buenos Aires nació como una música de acordeón que acompañaba las luchas ritualizadas de finales del siglo XIX, sobre todo en la zona portuaria de La Boca. Pero con el tiempo se hizo respetable, y en la década de 1920 pasó a ser una música para parejas: había en ella seducción, desafío, altivez. Después se añadieron letras: en las décadas de 1930 y 1940, cuando un Carlos Gardel de voz aterciopelada y aspecto sorprendentemente apuesto cantó *El día que me quieras* en la gran pantalla, el tango se convirtió en un fenómeno de gran popularidad, tanto en la Argentina como en el extranjero;

y la muerte prematura y trágica del intérprete (que en su país se recuerda con la misma intensidad que el asesinato de John F. Kennedy en Estados Unidos) no hizo sino acrecentar su fama.

En los años cincuenta el tango ya se había domesticado y se había convertido en música de baile —a Jorge le gustaba en especial la orquesta de Juan D'Arienzo—, pero era sobre todo una forma musical poética, más apta para escucharse que para bailarse. Los tangos dieron voz al lunfardo, el dialecto de Buenos Aires que mezclaba con gracia el italiano y el español antiguo, creando palabras e imágenes memorables a las que Bergoglio, convertido ya en cardenal, recurriría a menudo. Jorge seguía la obra de compositores como Enrique Santos Discépolo y de cantantes como Julio Sosa y Ada Falcón —los dos contemporáneos a los que más admiraba—, para quienes el tango constituía también una forma de comentario social, un lamento ante la erosión de los valores. El *Cambalache* de Discépolo, por ejemplo, cantado con furia por un Sosa vestido con traje a rayas, con cigarrillo entre los dedos, apoyado en la barra de un bar, recurre a la ingeniosa imagen de la vidriera de una casa de empeños, en la que aparece una Biblia junto a un «calefón», un calentador viejo. En *El Jesuita*, editado en España como *El Papa Francisco: Conversaciones con Jorge Bergoglio*, Ediciones B, Barcelona, 2013, libro de 2010, el cardenal Bergoglio citó el célebre verso de la canción —«Dale nomás, dale que va, que allá en el horno se vamo a encontrar»— para deplorar el relativismo contemporáneo.

Bergoglio siempre escuchó tangos, incluso en el periodo de su resurrección, encabezada por Astor Piazzolla, en los años setenta. Ya como jesuita conoció a Azucena Maizani, la primera gran cantante de tangos argentina, que se vestía de hombre para que se la tomaran en serio. Cuando le administró los últimos sacramentos en 1970, junto a su lecho de muerte tuvo ocasión de conocer al gran artista del tango Hugo del Carril, que también era originario de Flores.

Cuando fue elegido Papa, los medios de comunicación argentinos mencionaron el amor de Bergoglio por el tango como prueba —junto con su devoción por el San Lorenzo y su afición al omnipresente mate— de su cualidad de «tipo de al lado».

Pero en la década de 1950 el tango aún evocaba a mujeres de la calle de labios muy pintados acompañados por rufianes por callejones oscuros. Para un adolescente que pensaba en el sacerdocio, se trataba de una afición atípica, que ya entonces, en la confusión de la adolescencia, indicaba cierta atracción por lo periférico.

Dios «primereó» a Jorge el 21 de septiembre de 1953, cuando le faltaban seis semanas para cumplir los diecisiete. Fue a principios de la primavera, época en que, por todo Buenos Aires, los jacarandás estallan en su floración violácea. Iba al encuentro de su novia junto a sus amigos del colegio y sus compañeros de Acción Católica para celebrar el Día Nacional de los Estudiantes. Bajando por la avenida Rivadavia, al pasar por delante de la basílica de San José, que tan bien conocía, sintió la necesidad de entrar. «Entré. Sentí que tenía que entrar, esas cosas que vos sentís adentro, que no sabés cómo son», le explicó al padre Isasmendi.

Y... Miré, estaba oscurito... una mañana de septiembre, tipo nueve de la mañana, y veo que venía un cura caminando... No lo conocía, no era de la iglesia... Y se sienta en uno de los confesonarios, en el último confesonario a la izquierda, mirando al altar a la izquierda, el último, y ahí, yo no sé qué me pasó, sentí como que alguien me agarró de adentro y me llevó al confesonario. No sé lo que pasó ahí. Evidentemente que yo le conté mis cosas, me confesé... Pero no sé lo que pasó, y...

Cuando terminé de confesarme le pregunté al padre de dónde era, porque no lo conocía, y me dijo: «No, yo soy de Corrientes, y estoy viviendo aquí cerca, en el Hogar Sacerdotal, y vengo a celebrar misa aquí, en la parroquia, de vez en cuando.» Y tenía un cáncer, una leucemia, murió al año siguiente.

Ahí sentí que tenía que ser cura, pero no dudé, no dudé. En vez de ir a pasear me volví a mi casa porque estaba como conmovido. Después seguí la escuela y todo, pero ya orientado a seguir. Terminé el colegio industrial, trabajé de químico y después entré al seminario. Pero como que me agarró ese 21 de septiembre con una gran misericordia Jesús. ¿Qué sentí? Nada, que tenía que ser cura. Punto. Me llamó. En ese momento tenía diecisiete años, esperé tres años más, que terminé, trabajé y después entré al seminario.

La vocación religiosa es «una llamada de Dios ante un corazón que la está esperando consciente o inconscientemente», expuso Bergoglio en una ocasión. La aceptó no tanto como la voluntad de Dios para él, sino como su deseo más hondo, aun cuando Dios, al «primerearlo», lo supiera antes que él. De las tres vías de elección de san Ignacio, ese era sin duda un ejemplo de la primera: cuando, sencillamente, uno lo sabe. En una carta de 1990, dijo que era como «que me voltearon del caballo».

Durante más de un año no se lo comunicó a nadie en casa, mientras se sometía a lo que él mismo describe como una «seria dirección espiritual» con el confesor con el que había topado ese día en la basílica, el padre Duarte Ibarra, hasta la muerte de este, que se produjo al año siguiente en el Hospital Militar.

En aquella época, junto con Crespo, Jorge trabajaba en el laboratorio químico Hickethier-Bachmann, en la esquina de las calles Santa Fe y Azcuénaga, y además, algunas noches, obtenía un sobresueldo ejerciendo de portero en algunos bares de tango. Crespo recuerda que un día le dijo: «Pienso terminar la secundaria con ustedes, pero no voy a ser químico, voy a ser sacerdote. Pero no voy a ser sacerdote en ninguna basílica; voy a ser jesuita, porque voy a querer salir a los barrios, a las *villas*, para estar con la gente.»

El relato da la impresión de una certeza mayor que la que Bergoglio manifiesta en su propio recuerdo. Aunque tenía claro que quería ser cura, «en realidad no tenía bien claro hacia dónde rumbear», contó en 2010. Las declaraciones de Crespo apuntan a que la trayectoria de Bergoglio ya estaba trazada en su mente, pero que su plan aún no se había concretado. No conocía a ningún jesuita hasta que llegó al seminario; sus únicos contactos eran con salesianos y dominicos. Para un joven de clase media baja del barrio de Flores, no era fácil llamar a la puerta de lo que, en aquella época, era una orden imponente con fama de aceptar solo a quienes poseían la mejor educación, en su mayoría producto de sus propias escuelas privadas.

«Pasaron algunos años antes de que esta decisión, esta invitación, llegase a ser concreta y definitiva —expuso el Papa Francisco a los jóvenes, en Cerdeña, en septiembre de 2013—. Después, pasaron muchos años con algunos acontecimientos, de alegría. Fueron años de éxitos y alegrías, pero muchos años de fracasos, de fragilidad, de pecado... Pero incluso en los momentos más oscuros, en los momentos del pecado, en los momentos de la fragilidad, en los momentos del fracaso, miré a Jesús, y me fié de Él, y Él nunca me dejó solo.»

También fueron años de experimentación política. Sus amigos recuerdan su preocupación por las cuestiones sociales y sus visitas a los barrios necesitados. Devoraba con frecuencia alguna publicación comunista, y leía con fruición todos los artículos que cayeran en sus manos de Leónidas Barletta, ensayista y dramaturgo de izquierdas. A Jorge nunca le persuadió el marxismo, pero el contacto con sus teorías rigurosas lo ayudó a afilar sus ideas. Después de realizar, en su primer gran documento como Papa, una crítica implacable al supuesto efecto de filtración en la economía, sería acusado de marxista por algunos conservadores de Estados Unidos. «La ideología marxista está equivocada —declaró a un periodista—, pero a lo largo de mi vida he conocido a muchos marxistas que eran buenas personas, así que no me siento ofendido.»

La buena marxista a la que Jorge conoció en esa época fue Esther Ballestrino de Carreaga, la tercera mujer —tras su abuela Rosa y su hermana Dolores— a la que él mismo se ha referido como influencia principal durante la primera etapa de su vida. Ballestrino era una comunista paraguaya que, en 1949, a los veintinueve años, había huido de la dictadura de su país y se había instalado en Buenos Aires con sus hijas. Durante tres años, Esther fue su «jefa extraordinaria» en el laboratorio Hickethier-Bachmann. Le enseñó a Jorge no solo la importancia de la labor científica rigurosa, la repetición de pruebas para descartar posibilidades —se dedicaban a evaluaciones químicas de nutrientes—, sino también los rudimentos de su lengua, el guaraní. «Le debo mucho a esa gran mujer —manifestó Bergoglio en 2010—. La quería mucho.»

Volvieron a encontrarse al cabo de más de diez años, cuando él era provincial jesuita y ella y su familia se hallaban bajo vigilancia durante la dictadura militar. Aceptó ocultar su colección de libros marxistas y ayudarla a localizar a su hija Ana María, una obrera delegada comunista, después de que fuera capturada y desapareciera (finalmente fue puesta en libertad). Esa búsqueda de su hija hizo que Esther se convirtiera en una de las fundadoras de las Madres de la Plaza de Mayo, el movimiento de derechos humanos contra las desapariciones masivas durante la dictadura militar argentina de finales de la década de 1970. Posteriormente, en junio de 1977, fue secuestrada por aquellos mismos militares junto con otras dos fundadoras de la organización, Azucena Villaflor y María Ponce, y las monjas francesas Alice Domon y Léonie Duquet, en la iglesia de los pasionistas de la Santa Cruz, donde se reunían.

Cuando, muchos años después, en 2005, sus restos mortales se descubrieron e identificaron, la otra hija de Esther, Mabel, pidió con éxito a Bergoglio, a la sazón cardenal arzobispo de Buenos Aires, que su madre fuera enterrada en los jardines de la iglesia de la Santa Cruz porque, según dijo «ese fue el último sitio en el que estuvieron como personas libres». Él, naturalmente, dio el permiso. Y así fue como una mujer paraguaya, atea y comunista a la que el cardenal, en su adolescencia, había querido, llegó a ser enterrada en los jardines de una iglesia de Buenos Aires de la que se la habían llevado para asesinarla.

Una vez aceptado en el seminario diocesano de Buenos Aires, Jorge debía iniciar sus estudios a principios del año académico, en marzo de 1956. Comunicó la noticia a sus familiares en noviembre de 1955, poco después de graduarse como técnico químico, dos años después de su experiencia en el confesonario. La sorpresa fue especialmente acusada en el caso de Regina, que contaba con que siguiera estudiando hasta llegar a médico. Aquello era lo que él le había dicho, y cuando ella le acusó de mentir, él se defendió con una astucia protojesuítica: «No te mentí, mamá —recuerda María Elena que le dijo—. Voy a estudiar medicina del alma.»

Regina no sería la primera madre en intentar impedir que su primogénito abandonara el nido. «Creo que habría tenido la misma reacción si él le hubiera anunciado que se casaba, o que se trasladaba al extranjero», dice María Elena. Aunque su padre, Mario, se mostró comprensivo, apoyó el intento de Regina de convencer a Jorge de que esperara al menos hasta obtener una licenciatura. Jorge se negó, y la tensión en casa se volvió insoportable.

Adivinando que tarde o temprano se llamaría a Don Enrico para que mediara, Jorge organizó una cita con él. El padre Pozzoli le preguntó por su vocación, le dio su bendición y le dijo que rezara y lo dejara todo en manos de Dios. Y, claro está, al cabo de poco alguien en casa sugirió: ¿Por qué no hablamos con el padre Pozzoli? Sin inmutarse, Jorge aceptó la propuesta. La ocasión se presentó el 12 de diciembre de 1955, dos meses después del golpe de Estado que había derrocado a Perón, con motivo del vigésimo aniversario de boda de Mario y Regina. Ese día Don Enrico celebró una misa para la familia en la basílica de San José. Durante el almuerzo que compartieron luego en una cafetería de Flores, salió el tema de la vocación de Jorge. «El padre Pozzoli dijo que la idea de ir la universidad era buena, pero que uno debía tomarse las cosas según las quiere Dios», recordaría Bergoglio.

Y empieza a contar historias diversas de vocaciones (sin tomar partido) y finalmente cuenta su vocación: cuenta cómo le propone un sacerdote ser sacerdote, cómo en poquísimos años lo hacen subdiácono, luego diácono y sacerdote... como se le dio lo que no esperaba. Bueno, a esta altura mis padres «ya» habían aflojado el corazón. Por supuesto que el padre Pozzoli no terminó diciendo que me dejaran ir al seminario, ni exigiéndoles una definición. Simplemente se dio cuenta de que tenía que ablandar, lo hizo... El resto se dio como consecuencia. Eso era muy propio de él, «una de cal y otra de arena», dirían los españoles. Uno no sabía dónde quería llegar, pero él sí, y generalmente no quería llegar a un punto donde se le reconociera que «había ganado». Cuando «olía» que ya lograba lo que quería, se retiraba antes de que los otros se dieran cuenta. Entonces la decisión surgía sola, libremente, de sus interlocutores. No se sentían forzados, pero él les había preparado el corazón... Había sembrado, y bien... Pero les dejaba a los demás el gusto de la cosecha.

Sus padres cedieron, pero Regina tardó algunos años en aceptarlo. No lo visitó hasta que ya era novicio jesuita en Córdoba. En 1969, ya viuda, durante la ceremonia de su ordenación se sintió finalmente orgullosa de la decisión que él había tomado, y se arrodilló para pedirle la bendición.

Rosa, su abuela, había adivinado desde hacía mucho tiempo que era hacia allí adonde se encaminaba Jorge, pero fingió sorpresa. «Bien, si Dios te llama, bendito sea», le dijo, y añadió que sus puertas estarían abiertas si decidía volver, y que nadie le recriminaría el que lo hiciera. Su respuesta fue una lección para él sobre cómo acompañar a la gente que toma una decisión importante en la vida.

Cuando comunicó la noticia a sus amigos, se mostraron contentos por él, pero tristes por perder a un compañero al que apreciaban. Hubo abrazos y promesas de oraciones. Bromearon con él diciéndole lo mucho que se perdía el club de fútbol San Lorenzo. Un par de chicas, tal vez decepcionadas, y tristes por perderlo, sollozaron.

Al llamar a la puerta del seminario, en marzo de 1956, Jorge tenía veinte años, casi la misma edad que tenía su padre, Mario, cuando embarcó en el *Giulio Cesare*.

2

La misión
(1958-1966)

Aquella última semana de julio de 2013, en la playa de Copacabana todavía podía encontrarse alguna agua de coco, alguna caipiriña con azúcar de caña, pero las bellezas en biquini de Río de Janeiro no se veían por ninguna parte, y no solo porque, a pesar de no ser la temporada húmeda, lloviera y hubiera viento. Francisco se encontraba en la ciudad, y Copacabana se había convertido en una playa de piedad, ocupada en sus más de cuatro kilómetros de extensión por jóvenes católicos procedentes de todas las naciones. En tanto que «peregrino en jefe» de la Jornada Mundial de la Juventud, Francisco estaba ahí para ponerse al frente de aquella inmensa multitud. Pero el Papa tenía en mente una misión mayor: estaba ahí para lanzar su pontificado. «Mi papado empieza después de Río», le había confiado anteriormente a un amigo en Buenos Aires.

Francisco había heredado aquel acto, que pertenecía a la agenda de Benedicto XVI desde antes de su renuncia. La Jornada Mundial de la Juventud (JMJ) es la convocatoria más multitudinaria de la Iglesia, en que centenares de miles de jóvenes y exultantes peregrinos de todo el mundo se reúnen para compartir unos días de enseñanzas y oraciones antes de vivir un fin de semana de liturgias masivas dirigidas por el Papa, siendo el último domingo la «Jornada» propiamente dicha. Desde que el Papa Juan Pablo II la instauró en 1984, la Jornada Mundial de la Juventud ha insuflado vigor a la Iglesia católica en todo el mundo. Una generación entera de católicos puede atribuir a su experiencia de la JMJ su primer vínculo emocional con la fe. No es solo la música, o el silencio, o las elevadas enseñanzas, sino el regocijo y el orgullo por las cifras conseguidas. El récord se alcanzó en Manila en 1995, cuando cinco millones de personas asistieron a la misa final, en lo que se consideró la mayor concentración humana de la historia —una cifra superada solo en enero de 2015, cuando Francisco celebró en Manila una misa a la que asistieron 6,5 millones de fieles. La teoría sociológica de la secularización, según la cual los seres humanos, y sobre todo los jóvenes, se vuelven menos religiosos con el tiempo, siempre ha constituido una generalización dudosa, y lo parece aún más durante las JMJ.

La JMJ solo puede llegar al nivel de asistencia de Manila cuando el país anfitrión es, a la vez, muy poblado y muy practicante en su catolicismo. Brasil es el mayor país católico del mundo, y pertenece al continente más católico del mundo; Río de Janeiro es una de las mejores ciudades modernas del planeta, famosa tanto por su glamur como por sus desigualdades sociales: ¿qué mejor plataforma para un Papa que se propone cerrar esas brechas? Además, Río no estaba tan lejos de Aparecida, el santuario nacional de Brasil donde, en 2007, los obispos latinoamericanos se habían reunido en un encuentro continental del que había salido un documento notable alentado por el entonces cardenal Bergoglio, y muy influenciado por su visión. El documento había sido ignorado más allá de América Latina pero, ahora, el Río de la Plata y el Amazonas desembocaban en el Tíber. Francisco no tardó en dejarlo claro: Aparecida era ahora el programa de toda la Iglesia.

Como no podía ser de otro modo, la gigantesca basílica del santuario de la Aparecida, la segunda más grande del mundo por detrás solo de San Pedro del Vaticano, fue la primera etapa de lo que sería una intensa visita de cinco días. Luego el Papa permaneció en Río, y su agenda incluyó la visita a una favela, un estadio de fútbol, un hospital y una catedral, así como la celebración de numerosos encuentros: con drogadictos, con dirigentes de la sociedad civil, con obispos, con presidentes, con

Yadira Winters

18886007658

Take Cruisant
out.
Icemaker
Dry The pifans
Glasses out

delincuentes juveniles, con habitantes de favelas y, por supuesto, con miles y miles de ciudadanos brasileños a los que, desde su papamóvil descubierto, abrazó y estrechó la mano. Todo aquello eran actos previos que condujeron al evento principal, un fin de semana de liturgias masivas en el frente marítimo de Copacabana que, a medida que pasaba los días, iba desapareciendo gradualmente bajo oleadas de entusiastas peregrinos, en una cifra que se estimó en cuatro millones el último día. Río, acostumbrado a las alegres multitudes, nunca había visto cosa parecida. A pesar de lo imprevisto de la meteorología —no suele ser habitual que Río soporte esa lluvia y ese frío—, Copacabana se convirtió en una *praia da fé* (playa de fe), con su fabuloso marco natural presidido en todo momento por el Cristo Redentor con sus brazos abiertos, la estatua del Corcovado que corona la montaña que le sirve de telón de fondo.

Cuando el Papa Francisco aterrizó en Río, parecía que un nuevo viento de Pentecostés soplaba desde el sur. «Esta semana —dijo en la playa de Copacabana—, Río de Janeiro se ha convertido en el centro de la Iglesia.» Las cifras hablaban por sí solas. En 1910, el 70 por ciento de los católicos del mundo vivía en el hemisferio norte (principalmente en Europa), y solo el 30 por ciento vivía en el hemisferio sur, mientras que en 2010 solo el 30 por ciento vivía en el Norte y casi el 70 por ciento en el Sur. Un 40 por ciento de los católicos del mundo era de América Latina, y si se incluía a los latinos que vivían en Norteamérica, la cifra llegaba al 50 por ciento. El castellano era ya la lengua más hablada del mundo católico. Pero lo que más sorprendía de la Iglesia latinoamericana era su demografía. Más de dos tercios de los católicos son menores de veinticinco años, fenómeno exactamente inverso a lo que ocurre en Europa y Norteamérica. En energía, pasión y capacidad misionera, la Iglesia de ese continente va a la cabeza del mundo.

La única duda era, de hecho, saber si Dios era argentino o brasileño. Francisco, en una entrevista concedida a TV Globo, zanjó la cuestión al afirmar que, dado que el Papa era argentino, Dios debía de ser brasileño.

Los cariocas quedaron sobrecogidos. Una oleada de afecto se dirigió hacia Francisco. Los taxistas y los camareros, los presentadores de la televisión y los hombres de negocios, los pobres de las favelas, lo acogieron con el mismo entusiasmo que los romanos en marzo. Adoraban su sencillez, su sinceridad, su humildad, su pasión por la justicia social, su incansable capacidad de abrazar vigorosamente a los ancianos y los discapacitados. Ensalzaban sus acertados discursos de tres puntos, sus referencias inmediatas y sus vívidas metáforas. Su actitud algo descarada, casi cómplice, con los jóvenes, su sentido del humor, su manera de decir las cosas sin tapujos; pero, sobre todo, les encantaba que fuera latinoamericano, que pusiera en primer lugar a las personas, que desvelara la humanidad que había en el interior de las casas más humildes... Y lo adoraron aún más cuando, como pasa a menudo en América Latina, las cosas no salieron como estaban previstas.

Sobre el papel, la visita se parecía a otras: el Airbus A330 de Alitalia que aterrizó en la pista del aeropuerto, con las banderas vaticana y local ondeando en el morro; el comité de bienvenida formado por políticos y obispos; el trayecto en automóvil hasta el centro de la ciudad, donde se montaría en el papamóvil para saludar a las multitudes. Sin embargo, en la práctica, casi todo fue distinto. La primera anécdota del viaje se produjo cuando se vio a Francisco llevando su propio maletín (que, según contó posteriormente a los periodistas, contenía su breviario, su libro de oraciones, su diario, y un libro en italiano sobre santa Teresa de Lisieux), detalle que suponía remachar un clavo más en el ataúd de la monarquía papal: ¿cuándo un sumo pontífice había cargado con algo él mismo? Durante el vuelo, de trece horas de duración, Francisco parecía estar activo en todo momento, celebrando reuniones, revisando textos, y se pasó un rato larguísimo charlando con los pilotos en la cabina. «Este Papa tiene una energía extraordinaria», comentó a los periodistas un agotado padre Federico Lombardi, el portavoz del Vaticano, la noche de su llegada.

La verdadera innovación de aquel vuelo había sido su manera de relacionarse con los *vaticanisti*, los periodistas acreditados en la Santa Sede que acompañan al pontífice en el avión papal. En lugar de responder por escrito a las preguntas previamente entregadas por los profesionales, que era lo que sucedía durante los viajes de Benedicto XVI, Francisco había salido a saludarlos y les había confesado, en tono jocoso, que los periodistas no eran santos de su devoción. A pesar de ello, los atendió uno por uno, les preguntó por su familia y posó con ellos en *selfies*. Los vaticanistas, que por lo general se sentían algo aborregados e ignorados durante aquellos viajes, se vieron cautivados por él. Pero, aun así, necesitaban un artículo de prensa, y el Papa se aseguró de que no les faltara: durante cinco minutos se dedicó a reorientar el marco de la JMJ para que en ella tuvieran cabida los ancianos. «Muchas veces, creo que cometemos una injusticia con los ancianos al dejarlos de lado —dijo Francisco—, como si no tuvieran nada que darnos. Pero ellos pueden darnos la sabiduría de la vida, la sabiduría del pasado, la sabiduría de nuestro país y de nuestra familia. Y eso lo necesitamos.»

Durante el viaje de regreso obsequiaría a la prensa con un regalo que no esperaban: una sesión espontánea, sin filtros, abierta a grabaciones, basada en preguntas y respuestas, que asombrosamente duró una hora y veinte minutos durante los cuales Francisco se mantuvo en todo momento en pie, y durante los que agradeció en varias ocasiones a los periodistas que le formularan la clase de preguntas —sobre homosexualidad en la Curia, sobre corrupción en la banca vaticana— que se supone que los papas intentan evitar responder a toda costa. Sus respuestas fueron tan francas que los periodistas podían elegir entre varios artículos posibles, pero fue su respuesta a una pregunta sobre los gais —«Si una persona es gay, y busca al Señor, y tiene buena voluntad, ¿quién soy yo para juzgarla?»— la que proporcionó los titulares y se convirtió en la frase definitoria del inicio de su papado.

Al llegar al aeropuerto de Galeão, Francisco pidió permiso a los brasileños para cruzar «vuestro gran corazón» y «entrar a pasar esta semana con vosotros». Parafraseando a san Pablo, dijo: «No tengo oro ni plata, pero traigo conmigo lo más precioso que se me ha dado a mí: Jesucristo.» Tras los saludos de rigor con la presidenta del país, Dilma Rousseff, esta subió a un helicóptero, mientras él se sentaba en el asiento trasero de un

Fiat utilitario con la ventanilla bajada y su brazo papal apoyado en ella. Uno de los primeros compañeros de Ignacio de Loyola, Jerónimo Nadal, dijo en una ocasión que los jesuitas vivían en moradas distintas, pero que su casa más agradable era el viaje, «y por este último el mundo entero se convierte en nuestra casa».

Francisco no tardó en verse engullido por el denso tráfico de Río —su chófer consiguió doblar en la calle que la policía había despejado—, y rodeado de personas que le transmitían sus buenos deseos. Algunos de los vaticanistas, que habían sido conducidos hasta una sala de prensa y habían llegado a tiempo para presenciar las escenas por televisión, estaban horrorizados: ¡cualquiera podía atentar contra él! Pero mientras el secretario del Papa vivía la situación con el corazón en un puño, Francisco se mostraba encantado. Después de todo, si había viajado hasta allí era para encontrarse con la gente. «Cuando circulo por la calle bajo la ventanilla y saco la mano para poder saludar a la gente —explicó más tarde en la televisión brasileña—. Las cosas se hacen o no se hacen. O hacés el viaje como tenés que realizarlo, con comunicación humana, o no lo hagas.» Se disculpó ante los equipos de seguridad del Vaticano y de Brasil, a los que sabía que su actitud no había gustado, pero «los dos saben que no es que quiera ser un *enfant terrible*, sino que he venido a visitar a la gente, y quiero tratarlos como a personas... tocarlos». «Pero ¿eso no lo hace vulnerable?», le preguntaron en TV Globo. El Papa respondió con una sonrisa: «No soy consciente de tener miedo.»

Después de un día de descanso, Francisco empezó a impresionar a los habitantes de Río. En la favela de Varginha —conocida en la ciudad como «la Franja de Gaza» por los tiroteos entre bandas rivales de narcotraficantes—, Francisco bendijo el altar de la diminuta y precaria capilla de San Jerónimo Emiliani que, con sus dieciocho sencillos bancos de madera y sus paredes pintadas de colores alegres, con sus perros callejeros entrando y saliendo, podría haber sido Nuestra Señora de Caacupé en la Villa 21 de Buenos Aires o cualquier capilla de cualquier barrio marginal de cualquier ciudad latinoamericana. En condiciones normales, un Papa puesto en un lugar como ese se habría visto como un extraterrestre, pero en el caso de Francisco era todo lo contrario. Allí se sentía en casa y, si había algo fuera de lugar, eran la multitud de periodistas y los centenares de flashes de los smartphones.

Tras un buen rato repartiendo besos y abrazos, bromeando con la gente, despeinando cabezas, riéndose, bendiciendo y jugando con quienes esperaban para tocarlo —entre ellos una anciana tan emocionada que necesitó un desfibrilador—, entró en una construcción de ladrillo nuevo, de una sola habitación, decorada con globos blancos y amarillos, cuyos ocupantes habían sido escogidos como representantes de todas las demás familias de Varginha. Las cámaras estaban vetadas, y una vez en el interior Francisco pudo hacer, por primera vez desde su elección como Papa, lo que se había pasado gran parte de su vida haciendo, primero como jesuita y después como obispo y arzobispo: sentarse con una familia, escuchar a sus distintos miembros, jugar con los niños y dejar tras de sí algo de esperanza en sus corazones reconfortados.

A continuación se desplazó hasta el campo de fútbol de la favela y desde allí pidió al mundo que aprendiera de los pobres y cambiara: «La cultura del egoísmo y el individualismo que a menudo domina en nuestra sociedad no es la que nos lleva a un mundo más habitable —declaró—. Es la cultura de la solidaridad la que nos lleva, el ver a los demás no como rivales, no como estadísticas, sino como hermanos y hermanas.»

El Papa, como misionero, era algo nuevo.

Pablo VI había viajado, un poco, casi siempre para asistir a encuentros pensados para tender puentes con líderes políticos y religiosos. Juan Pablo II, hasta que enfermó, viajó constantemente, como un gran emperador organizando a su pueblo, dirigiéndose a grandes multitudes. Benedicto XVI, viajero asiduo pero reacio, era tímido y se expresaba en voz baja; prefería encontrarse con la gente en audiencias reducidas. Francisco también era distinto en eso: no poseía el aplomo de Juan Pablo II, ni la erudición de Benedicto XVI, pero lo fascinante en su caso era el modo en que, al encontrarse con las multitudes, desplazaba el foco de atención. Con Pablo VI, el foco estaba en los dignatarios con los que se reunía; con Juan Pablo II, inevitablemente, en sí mismo; con Benedicto XVI, en los textos que leía. Pero en el caso de Francisco, la atención se dirigía hacia lo que él llamaba «el santo Pueblo fiel de Dios». Ahí había un Papa que, cuando se encontraba entre la gente corriente, la convertía en protagonista.

Durante su encuentro con peregrinos argentinos en la catedral de Río, que él había añadido a la agenda de actos en el último momento, estaba, una vez más, entre los suyos, y visiblemente relajado. Podía explayarse en el sonoro castellano de Buenos Aires, tras unos días de esforzados intentos de expresarse en portugués. Y podía mostrarse cercano con sus compatriotas, a los que confesó que en el Vaticano, algunas veces, se sentía encerrado. «Quiero decir una cosa —les comunicó, hablando más despacio—. ¿Qué es lo que espero como consecuencia de la Jornada de la Juventud? Espero lío.»

Que acá adentro va a haber lío, va a haber. Que aquí en Río va a haber lío, va a haber. Pero quiero lío en las diócesis, quiero que se salga fuera, quiero que la Iglesia salga a la calle, y quiero que nos defendamos de todo lo que sea mundanidad, de lo que sea instalación, de lo que sea comodidad, de lo que sea clericalismo, de lo que sea estar encerrados en nosotros mismos. Las parroquias, los colegios, las instituciones... son para salir. Si no salen, se convierten en una ONG. ¡Y la Iglesia no puede ser una ONG!

«Hacer lío» es una expresión con un significado muy particular en Argentina, donde salir a la calle a hacer sonar cacerolas y a gritar a voz en cuello indica una pasión vigorosa por una causa. Pero ¿qué significa «hacer lío» en Los Ángeles o en Londres? La confusión fue aún mayor cuando una agencia eclesiástica tradujo, erróneamente, la expresión al inglés por *I want to create a mess* («Quiero desorden»), dejando a los países de habla inglesa perplejos ante lo que el Papa quería que hicieran.

Sin embargo, contemplado desde más cerca, el discurso del Papa a los argentinos demostró el vínculo extraordinario que este creaba con la gente. Lo evidenció incluso durante los actos masivos celebrados en la playa de Copacabana, durante los que ejercía de «evangelizador en jefe»; formulaba a los jóvenes peregrinos preguntas desafiantes, les proponía elecciones descarnadas y los invitaba a convertirse en discípulos misioneros «atentos a las periferias... en el encuentro con Jesucristo». Pero incluso allí, su voz tranquila, firme, creaba una dinámica distinta: lograba entusiasmar no sumándose a la energía de la multitud, sino creando una forma rara de intimidad, como si estuviera dialogando con todas y cada una de las personas presentes.

La evidencia máxima de ello pudo constatarse durante la celebración del Vía Crucis en la playa de Copacabana, el 26 de julio. Esta ceremonia tradicional sigue, figuradamente, a Jesús, en su viaje de humillación y dolor que culmina con su muerte en la cruz; las iglesias católicas cuentan con catorce estaciones en sus paredes, tradicionalmente en forma de imágenes de escayola. Jugando con esa idea, los brasileños contrataron a un actor para que representara a Jesús como estatua de escayola, que revivía en unas escenas modernas de sufrimiento junto a la orilla del mar. En la décima estación del Vía Crucis, Jesús, magullado, golpeado, ascendía con dificultad por una rampa teñida de sangre, con el telón de fondo de varios anuncios de neón de los mejores hoteles de playa de la ciudad —poderoso símbolo de pobreza y sufrimiento en medio de la abundancia. Francisco, invitado a dirigir una meditación a modo de conclusión, habló a los millones de peregrinos como si lo hiciera a un pequeño grupo de jesuitas en pleno retiro espiritual, invitándolos a identificarse con algún personaje del relato de la Pasión —Poncio Pilato, Simón de Cirene, María o las mujeres de Jerusalén—, y formulándoles una serie de preguntas directas, seguidas de largas pausas.

Durante la noche de vigilia y oración de la jornada siguiente, Francisco instó a los jóvenes a convertirse en discípulos misioneros al servicio de la Iglesia, «atletas de Cristo» que se entrenan para algo «mucho mayor que la Copa del Mundo». El entrenamiento, dijo, implicaba oración diaria, sacramentos y amor al prójimo («aprender a escuchar, a comprender, a perdonar, a aceptar y a ayudar a los demás, a todo el mundo, sin que nadie sea excluido, apartado») para construir una sociedad más fraternal que empezara por cada persona. Les preguntó, a la manera de las prédicas evangélicas, que respondieran, que dieran su «sí». Pero a medida que la noche avanzaba, Francisco los calmó, invitándolos a arrodillarse ante lo que según la Iglesia brasileña fue la mayor hostia eucarística de la historia. Allí, consiguió que tres millones de peregrinos entraran en un lugar de profundidad y quietud, enmarcado por el vaivén de las olas del océano Atlántico.

Durante la primera liturgia con los peregrinos, presenció una serie de actuaciones musicales preparadas para darle la bienvenida. El Papa se movía a menudo en su silla; Francisco no es una persona sedentaria, y sufre ciática, por lo que, para él, permanecer sentado largos periodos de tiempo es toda una prueba. Pero, al parecer, hubo una actuación en concreto que disfrutó especialmente: el coro de guaraníes de las selvas lluviosas de Paraguay que interpretaron el *Ave María* de Ennio Morricone, el compositor de la música evocadora de la película *La misión*.

El largometraje, de 1986, dirigido por Roland Joffé, es un claro favorito de los jesuitas, no solo por el guion de Robert Bolt, sino también por la banda sonora de Ennio Morricone y por sus actores —Robert de Niro, Jeremy Irons y Liam Neeson—, que interpretan a unos sacerdotes y hermanos de las famosas misiones jesuíticas, conocidas como «reducciones», en el Paraguay del siglo XVIII. *La misión* cuenta la historia inspiradora y por último trágica de una civilización que duró siglos y que surgió del encuentro entre los jesuitas y los guaraníes, y su destrucción por orden de unos dirigentes lejanos, con la complicidad de avariciosos colonialistas.

La historia de aquellas «reducciones» enseñó a Jorge Bergoglio lecciones importantes y le proporcionó un modelo para la evangelización que, en su condición de jesuita y obispo, él mismo potenciaría. Estas representaban una inmersión radical en la vida de la gente sobre la base de un intercambio de dones —los jesuitas se abrían a la cultura de los guaraníes, y la cultura de estos se abría para recibir la semilla del Evangelio—, al tiempo que le enseñaban a él a «inculturar» el Evangelio y abogar por los pobres. Pensar en el trágico final de las reducciones también le sirvió para asimilar lecciones valiosas que moldearían su conciencia política e histórica.

Jorge solicitó el ingreso en la Compañía de Jesús cuando cursaba el segundo curso del seminario en el barrio de Villa Devoto, donde se forman los sacerdotes de la diócesis de Buenos Aires. Dado que, antes de 1960, eran los jesuitas quienes dirigían el seminario, el futuro Papa se encontraba en contacto permanente con ellos: el rector, su director espiritual y muchos de los profesores eran jesuitas.

El seminario de la arquidiócesis, con sus gruesos muros y sus rejas de hierro forjado, era un imponente edificio que ocupaba una cuadra entera de la calle José Cubas. Allí, en el seminario menor, se aceptaba a jóvenes a partir de los doce años, algunos de los cuales permanecían en el centro para formarse como sacerdotes. A los mayores, como Jorge, los llamaban, coloquialmente, «los viudos», porque se encontraban entre los seminarios menor y mayor. Formalmente, él era un «latinista», uno de los que habían terminado la escuela secundaria pero necesitaban una base sólida de latín y griego para poder cursar los estudios de filosofía y teología en el seminario mayor.

A Jorge, en el seminario, lo apodaban «el Gringo», tal vez por sus rasgos europeos y su considerable estatura. El recuerdo que conservan de él allí es el de un joven estudioso, discreto pero cercano, de buenos modales, respetado por los demás, buen conversador y (como todos los demás en el seminario), jugador de fútbol. Jorge González Manent (cuyo mote era «Goma»), amigo de los círculos de Acción Católica, lo visitaba los domingos y lo veía como a «un tipo normal, feliz en la vida». Los seminaristas salían los fines de semana para ayudar en las parroquias. La de Jorge era San Francisco Solano, situada en Villa Luro. El horario se dividía entre la oración comunitaria (maitines, vísperas y completas), la misa, el estudio, las comidas en silencio y el tiempo libre para deportes organizados, sobre todo fútbol. Entre los que enseñaban allí y sobresalían en el campo de juego se encontraba el apuesto y aristocrático padre Carlos Mugica, punto de referencia para toda una generación de «curas villeros» (sacerdotes que ejercían su misión en las villas miseria) que, a finales de la década de 1960, se comprometerían con la revolución social.

Una de las razones por las que Jorge había tardado tanto en ingresar en el seminario era su reticencia a renunciar al matrimonio. Uno «quiere el pan y la torta, quiere lo bueno de la consagración y lo bueno de la vida laical. Antes de entrar en el seminario, yo iba por ese camino», comentaría en 2011. Ahora, en su primer año en el seminario, se vio obligado a elegir de nuevo, después de conocer, en la boda de un tío suyo, a una joven cuya belleza e inteligencia lo dejaron prendado. Durante días, cada vez que intentaba rezar, ella se le aparecía en la mente. Le asaltaban las dudas: ¿era esa una señal de que no estaba hecho para el celibato? ¿Sería capaz de vivir sin amor sexual, sin la compañía de una mujer, sin la dicha de los hijos? No había tomado los votos y, por lo tanto, era libre de irse. ¿Debía hacerlo?

Finalmente, decidió quedarse, y descubrió que podía volver a rezar. Pero había estado abierto a la alternativa. Cuando se producen esos momentos, diría más tarde, siendo ya cardenal, puede ser signo de que el seminarista es incapaz de comprometerse con el celibato y el sacerdocio, en cuyo caso «yo le ayudo a irse en paz, a que sea un buen cristiano y no un mal cura».

En su segundo año en Villa Devoto, Jorge empezó a planearse en serio la posibilidad de renunciar a seguir formándose para ser sacerdote diocesano y unirse a los jesuitas. Admiraba el espíritu misionero de estos y su disciplina, su austeridad y, sobre todo, su espiritualidad. Como jesuita sería sacerdote, pero no en una parroquia concreta; viviría en comunidad con otros jesuitas y rendiría cuentas a un superior jesuita en lugar de a un obispo. Su decisión también implicaría someterse al periodo de formación más largo de la Iglesia católica. Tardaría al menos un decenio en ordenarse, y trece o catorce años en profesar totalmente como jesuita.

Mientras sopesaba su decisión, le sobrevino una enfermedad que lo puso al borde de la muerte. Todo empezó en agosto de 1957 con una devastadora pleuresía que no remitía con antibióticos. Apenas capaz de respirar, con su vida en peligro, fue trasladado de urgencia al Hospital Sirio Libanés, cercano al seminario, donde los cirujanos le extirparon tres quistes pulmonares y una porción pequeña del pulmón derecho en su parte superior. Pasó cinco días en una cámara de oxígeno, a los que siguió un doloroso periodo postoperatorio de un mes, durante el cual le suministraban una solución salina mediante un catéter conectado al pecho para eliminar la pleura muerta y permitir la cicatrización de los tejidos.

Para Jorge, que entonces tenía veintiún años, aquella fue su primera experiencia de intenso sufrimiento físico. A veces delirando de dolor, suplicaba a quien iba a verlo que le explicase qué estaba sucediendo. Su madre, entre otros, intentaba aliviarlo distrayéndolo: pronto pasará, le decía; todo irá bien, no te darás cuenta y ya estarás en casa. Pero a Jorge no logró convencerlo: el dolor y el peligro del momento eran mucho más reales que cualquier futuro que le pidieran que imaginase.

Como Viktor Frankl —el psiquiatra austriaco superviviente del Holocausto— mostraría posteriormente en sus memorias sobre los campos nazis de exterminio, el secreto para soportar un gran sufrimiento es no intentar imaginar su final, sino hallarle sentido en el presente.[1] Eso fue lo que la hermana Dolores, la monja que le había preparado para recibir la Primera Comunión, le ayudaba a hacer cuando lo visitaba. Sus palabras sencillas —«con tu dolor estás imitando a Cristo»— se repetían en la mente de Jorge y le transmitían paz. Lo que antes había sido absurdo, ahora lo redimía: el dolor no era menor, pero soportarlo parecía posible.

El significado del dolor —como expresaría él mismo más tarde— «solo puede entenderse plenamente a través del dolor de Dios que se hizo Cristo». El sufrimiento de Cristo en la cruz fue intensamente solitario. En todo dolor profundo, físico o espiritual, lo que la persona necesita es gente que la quiera, que respete su silencio y que «rece para que Dios entre en su espacio, que es pura soledad». Dos seminaristas, José Bonet Alcón y José Barbich, asumieron ese papel, turnándose junto a su cama de hospital, donde en ocasiones pasaban toda la noche. Cuando Jorge lo necesitaba, donaban su sangre —hasta un litro y medio—, en transfusiones de persona a persona.

Entre los otros ángeles de aquellos días se encontraba una hermana enfermera que le triplicaba su dosis de penicilina y de estreptomicina porque «era atrevida y astuta. Sabía qué tenía que hacer porque se pasaba el día entre enfermos». Francisco cree que, si está vivo hoy, es gracias a ella. El médico, un buen hombre llamado Deal, «vivía en el laboratorio», según le contó al padre Spadaro, mientras que la hermana «vivía en la frontera y todos los días dialogaba con ella».

Laboratorio o frontera; la elección empezó a tomar forma en su mente. Ya como Papa, Francisco retaría a los jesuitas: «¿Nos consume el fervor? ¿O somos mediocres, nos sentimos satisfechos con nuestros planes apostólicos, sacados del laboratorio?» Allí donde «laboratorio» para Francisco significaba artificio cerebral, «frontera» representaba la inmersión en la realidad humana, preñada de las sorpresas de Dios.

Mientras estaba convaleciente, en septiembre y octubre de ese año, Jorge compartió con Don Enrico Pozzoli, el cura de la familia, su idea de hacerse jesuita. Tras poner a prueba su llamada con algunas preguntas certeras, el salesiano le dio luz verde. En noviembre, el futuro Papa solicitó formalmente el ingreso en la Compañía de Jesús. Fue aceptado, y se programó el inicio de sus estudios para marzo del año siguiente.

A causa de la situación tensa que existía con su madre, a Don Enrico le preocupaba que Jorge regresara a casa durante el largo periodo intermedio, y dispuso por ello que pasara los meses de verano en la casa de retiro que la Orden salesiana poseía en las sierras de Tandil, en el sur de la provincia de Buenos Aires. Allí, en la Villa Don Bosco, en compañía de sacerdotes que pasaban sus vacaciones, y de misioneros, Jorge recobró las fuerzas. Algunos de los hombres que conoció en aquel periodo se convertirían en amigos suyos de por vida.

La deuda de Bergoglio con el padre Pozzoli queda de manifiesto en el homenaje que le rindió en la dedicatoria de su primer libro, *Meditaciones para religiosos,* de 1982. Como Don

Enrico era un relojero excepcional, así como un fotógrafo de gran talento, Jorge lo describe allí como poseedor de «un oído muy fino para el tictac de las conciencias, y una mira muy certera para imprimir el amor de Dios en los corazones», alguien que «sabía acompasar con el tiempo de Dios el intrincado paisaje de un alma. Sabía develar los designios del Señor sobre cada vida». Lo que más admiraba en el salesiano era que tenía los pies en el suelo. Era el «rey del sentido común», escribió Bergoglio en su carta de 1990 al padre Bruno.

Las secuelas de la intervención quirúrgica de Jorge —todavía hoy habla en voz baja, y en ocasiones le falta el resuello— no le han impedido llevar una vida normal. Pero, al extirparle parte del pulmón, los médicos le cortaron las alas: si bien mantuvo su pasión por el fútbol, ya no pudo seguir jugando. Y durante su formación como jesuita estaría exento de las actividades que requirieran esfuerzos físicos. Su capacidad pulmonar fue lo que llevó al prepósito general de la Compañía de Jesús a rechazar su solicitud para ejercer en Japón. Hasta su última misión en Roma, la frontera de Bergoglio estaría siempre cerca de casa.

La decisión de Jorge de integrarse en la Compañía de Jesús mientras se recuperaba de una operación tan invasiva resulta asombrosa, pues la historia de los jesuitas se había iniciado, hacía casi quinientos años, con otro hombre enfrentado a un sufrimiento similar. Íñigo —posteriormente latinizado como Ignacio— era un soldado de una familia noble del País Vasco, al norte de España, que a los treinta años fue herido en una pierna por un cañón durante una batalla contra los franceses. Trasladado, en estado agónico, al otro lado de las montañas de Pamplona hasta su pueblo natal de Loyola, soportó tres intervenciones en la pierna sin anestesia de las que es mejor no dar demasiados detalles, pues implicaron la rotura de huesos para recolocárselos y el corte con sierra de un muñón sobrante. Sobrevivió a duras penas. Y, en algún momento de los nueve meses de su convalecencia en la planta superior del castillo familiar, en 1521, el intenso dolor dio paso al aburrimiento y la desesperación.

Ignacio era el típico soldado al que le gustaba batirse en duelos y cortejar a las mujeres, que vestía con el jubón bicolor de moda cubierto con coraza y cota de malla, y que se cubría con sombrero una cabellera larga, que le llegaba al hombro. Para él la postración era una tortura. Y, lo que era peor, allí no había ni un solo ejemplar de las novelas galantes sobre caballeros que rescataban a damiselas en apuros y que él leía con avidez. Solo tenía a mano los libros piadosos de su cuñada, a destacar los cuatro volúmenes de la *Vida de Cristo* de Ludolfo de Sajonia, y *La Leyenda Dorada,* de Santiago de la Vorágine, una recopilación de leyendas piadosas de los santos.

Su lectura le depararía no pocas sorpresas. Entre santo y santo, y aunque le repugnaban tanta piedad y tantas penalidades, algunas de las historias empezaron a atraerle, sobre todo la de san Francisco de Asís que, antes de su conversión era, como Ignacio, un noble menor que malgastaba el tiempo en asuntos vanos. El joven soldado descubrió que aquellos relatos le elevaban el ánimo y le inculcaban pensamientos nobles y buenos. «¿Y si yo hiciera lo mismo?», se preguntaba, mientras que, si pensaba en los relatos de los caballeros, se sentía seco e insatisfecho. Reflexionando a solas, en silencio, hora tras hora, intensamente concentrado, se perdía en ensoñaciones y fantasías; y, cuando salía de ellas, empezó a detectar sensaciones, mociones del espíritu, que iba aprendiendo a identificar —según lo hicieran sentir— como procedentes de sus propios pensamientos o, si venían desde fuera, bien de Dios, bien de lo que él denominaba «el mal espíritu» y, a veces, «el enemigo de la naturaleza humana». Se inició en la vida contemplativa y tuvo una visión de María que durante horas lo inundó de felicidad, al tiempo que lo disoluto de su vida anterior le causaba repulsión. Finalmente, una noche, solo en el lecho con dosel de aquella cuarta planta, Dios ganó a un seguidor: sin que lo observara la historia, el soldado se rindió incondicionalmente.

A medida que desarrollaba su vida espiritual —pasó los siguientes quince años como pobre, entrando y saliendo de casas religiosas, de viaje por caminos y por mar, leyendo y reflexionando, ayunando y rogando—, Ignacio se zambullía más profundamente en los movimientos del espíritu, y llegó a entender algunas de las maneras sutiles con las que el «mal espíritu» aparece *sub angelo lucis*, bajo el aspecto del bien, tentando con sensaciones que inicialmente parecen ser de Dios, y como, a veces, uno solo puede desvelar lo que él llamaba «la cola de la serpiente» reproduciendo en orden inverso la sucesión de sensaciones hasta el momento en que el espíritu maligno desvió a una persona. Ignacio también llegó a entender que los espíritus actúan de manera distinta en la gente, dependiendo de su disposición. Así, en su famosa séptima regla para el discernimiento de los espíritus, «el buen ángel toca a la tal ánima dulce, leve y suavemente, como gota de agua que entra en una esponja; y el malo toca agudamente y con sonido e inquietud, como cuando la gota de agua cae sobre la piedra»; por el contrario, la persona que no avanza en la vida espiritual experimentará el espíritu bueno como algo que «entra con estrépito y con sentidos, perceptiblemente; y cuando es similar, entra con silencio, como en propia casa a puerta abierta».

Los *Ejercicios Espirituales*, que acabó publicando, tras muchos retoques, en 1548, es un volumen de pocas páginas lleno de consejos y técnicas, un manual de instrucciones más que un libro para ser leído de principio a fin, que permite que un retiro de un mes pueda darse tan fácilmente en medio de una ciudad ruidosa —como hizo Ignacio en París y en Roma— como en un remanso rural. Su flexibilidad lo convertía en un complemento perfecto en una era de viajes y descubrimientos: Ignacio había nacido en 1491, un año antes de que Cristóbal Colón topara con América. De los *Ejercicios* mana la espiritualidad jesuítica: encontrar a Dios en todas las cosas, sin necesidad de retirarse del mundo; ser contemplativos en la acción, llevando una vida activa pero enraizada en la oración; libertad y desapego, aprender a ser libres de ídolos como lo son el estatus, el dinero y el poder, a fin de estar más disponibles para servir a Dios y a los demás. Al llevar a la gente a encuentros emocionales directos con Jesucristo a través de unas contemplaciones gráficas e imaginativas de escenas de las escrituras, los *Ejercicios* ofrecían una nueva manera de evangelizar que se extendió como semillas en una tormenta.[2]

La construcción de los *Ejercicios* resulta significativa: estos siguen una trayectoria modelada en el camino espiritual que Ignacio descubrió en sí mismo y en otros. Bergoglio, en una ocasión, describió esa estructura en un retiro:

El *Principio y Fundamento* nos da la base, la sabiduría de la indiferencia, la metodología del *tanto-cuanto* a la luz del *más*. La *Primera Semana* nos lleva a dos cosas fundamentales: al conocimiento y aborrecimiento de los pecados, de las raíces y del espíritu mundano, y también a hablar de esto con Jesús, *puesto en cruz*. Hay un solo camino seguro para adentrarnos en el laberinto de nuestros pecados: ir agarrados de la mano llagada de Jesús. En la *Segunda Semana* oiremos el llamado a trabajar por el Reino, entenderemos el sentido de la lucha, lo que está en juego, nos adentraremos en el sentido que tiene la única arma que se nos propone para vencer: la humildad, y haremos nuestra elección. En la *Tercera* y *Cuarta Semanas* se medita el Misterio Pascual, y —a través de él— nuestra integración en la comunidad y en la Iglesia. Y también, a su luz, la explicación de que debemos desear y escoger solo lo que más nos conduce para el fin que somos criados.[3]

He aquí el patrón de la conversión cristiana. Empieza con una experiencia la Primera Semana, como la que tuvo Jorge a los diecisiete años, del amor misericordioso de Dios —el descubrimiento de que estamos en relación con Dios, que nos ha creado y nos es fiel, aun cuando nosotros le demos la espalda. Lo que sigue brota de la conciencia de esa verdad.

En tanto que sacerdote y provincial jesuita, y posteriormente cardenal, obispo y, actualmente, Papa, Bergoglio siempre ha insistido en que la Iglesia debía ofrecer a la gente lo que él llamaba su «anuncio primordial» —la experiencia del amor misericordioso de Dios—, por ser este anterior (tanto en el sentido de precedencia como de importancia) al resto de las enseñanzas de la Iglesia. De ahí la controvertida insistencia de Francisco, durante su entrevista con el padre Spadaro en septiembre de 2013, de que la Iglesia no debía obsesionarse con las doctrinas morales, sino ser como un hospital de campaña que atiende a heridos de guerra. Ese, explicó, era el «anuncio en clave misionera»; solo una experiencia del amor de Dios puede preparar la mente y el corazón para todo lo que la Iglesia ofrece y enseña. Es una revelación que brota de la Primera Semana de los *Ejercicios*, de la misma manera en que el principal documento de doctrina de Francisco —*Evangelii Gaudium* (La alegría del Evangelio)— brota de la Cuarta.

Ignacio compartía su desierto portátil tanto con hombres como con mujeres, tanto con casados como con solteros. Entre estos últimos se encontraba un grupo de estudiantes, compañeros suyos de estudios en París, que se convirtieron en los primeros «compañeros de Jesús» (el término «jesuita» llegaría mucho después: se trataba de un epíteto despectivo que acabó imponiéndose). Ellos, a su vez, instruyeron a otros, que a su vez se ofrecieron, y así la Compañía fue extendiéndose a la manera viral que tan familiar nos resulta actualmente en la era de internet. A partir de los diez primeros compañeros de Roma —el preferido de Bergoglio era el menos formado de todos ellos, un astuto campesino francés llamado Pierre Favre (Pedro Fabro) a quien, al año escaso de su elección como Papa, Francisco canonizó—, el crecimiento de la Compañía fue poco menos que meteórico: a la muerte de Ignacio, en 1556, había ya más de mil jesuitas repartidos en 12 provincias. En 1615 los miembros eran 13.112, distribuidos en 32 provincias, cifra que se había duplicado a mediados del siglo XVIII. En 1965 había en todo el mundo 36.000 jesuitas, aunque a lo largo del siglo XX la cifra fue considerablemente menor —23.000 tanto en 1945 como en 1995—. Aun así, y a pesar de esa disminución, la Compañía de Jesús sigue siendo la mayor orden religiosa de la Iglesia, con presencia en 112 naciones de los seis continentes.

Ignacio y sus primeros compañeros se pusieron al servicio del Papa y le prometieron ir adonde él considerara más oportuno enviarlos. Ahí se encuentra el origen del célebre Cuarto Voto que profesan los jesuitas: la especial obediencia al Papa «en lo relativo a las misiones», algo que dio pie a un momento de hilaridad durante la rueda de prensa en el Vaticano, tras la elección de Francisco como sumo pontífice. En tanto que jesuita, ¿seguía debiéndose a él?, le preguntó un periodista. El padre Lombardi, portavoz del Vaticano y jesuita también él, aún impresionado con la reciente noticia, apenas podía contener la risa: «Supongo —consiguió responder al cabo de un rato— que, siendo él mismo el Papa, ya no se le obliga a ese voto.»

Ignacio no fue solo un maestro espiritual. Se le daba muy bien atraer a jóvenes brillantes, formarlos y enviarlos a los confines de la Tierra, sin que por ello dejaran de mantener vínculos con él y entre sí. «El excéntrico caballero armado —escribe su biógrafo, Philip Caraman, SJ— se convirtió en un administrador de gran importancia, en el patriarca ecuánime de una familia cada vez más numerosa.» Lo manejaba todo desde su pequeño escritorio de Roma. Entre 1540, año en que el Papa Pablo III autorizó la Compañía, hasta la muerte de Ignacio dieciséis años más tarde, el fundador de los jesuitas escribió nada menos que 7.000 cartas llenas de mensajes de aliento, de consejos, noticias y promesas sinceras de apoyo y amor.[4] Para Ignacio, la escritura epistolar era tanto un arte como un ministerio, una manera de caminar junto a los demás. En ese sentido, no hay duda de que Jorge Bergoglio es hijo de Ignacio: incluso desde su elección como Papa, sigue escribiendo a mano una ingente cantidad de cartas, anotando en el remite del sobre «F. Casa Santa Marta, 00120, Ciudad del Vaticano», por si hubieran de ser devueltas al remitente.

Ignacio y Francisco también se parecen en que ambos fusionan dos características que rara vez coinciden en la misma persona. Por una parte, Ignacio (al igual que Francisco) poseía una capacidad política innata, que habrá quien llame encanto: la capacidad de «leer» a la gente, de ganarse su confianza, de motivarla, de organizarla para trabajar en aras de ideales elevados; combinada con grandes dotes de líder natural, maestro y negociador. Por otra parte, Ignacio (al igual que Francisco) era un místico que vivía y se regía por el discernimiento espiritual, escogiendo lo que sirviera a un bien mayor, a la mayor gloria de Dios, lo que los jesuitas denominan «*magis*». Los guías espirituales rara vez son buenos gobernantes, y quienes ejercen el poder casi nunca son santos. Ignacio y Francisco se hallan entre los pocos que no se ajustan a la norma.

Además, ambos comparten una atención constante por el discernimiento espiritual —¿adónde nos llama Dios?, ¿cuáles son las tentaciones y las distracciones que nos apartan de su llamada?— tanto en las horas de la oración matutina como en la reflexión sobre las actividades más mundanas. Es una capacidad de concentración que libera considerablemente de los hábitos y las normas del día a día, tanto en la Iglesia como en la sociedad. Y, sin embargo, paradójicamente en el mundo moderno (pero no para un católico), ese discernimiento produce un radicalismo anclado en la obediencia a la Iglesia como instrumento de Dios en la Tierra. Para Ignacio, como para Francisco, la reforma radical tiene que ver, en última instancia, con el valor para apartar las capas acumuladas de distracción y recuperar lo que se ha perdido. Se trata de retroceder para poder seguir avanzando. Por eso los dos son grandes reformadores.

Existe una imagen popular de los jesuitas como ejército obediente de la Contrarreforma, disciplinado y bien formado, ciegamente sumiso al Papa. Y hay algo de verdad en ella: los jesuitas serían durante varios siglos los defensores del universalismo papal contra la tendencia creciente de los estados a asumir el control de la Iglesia. Con todo, una analogía más benévola lleva a entender la Compañía como una especie de corporación dinámica y global en la que se combina, por una parte, un propósito claro, común, más un elemento de lealtad, y, por otra, la confianza en la iniciativa individual. Su propósito, claro está, no es el beneficio de los accionistas sino la construcción del Reino de Dios. Pero, así como las empresas exitosas invierten fuertemente en el desarrollo y la formación de sus dirigentes, los jesuitas sobresalieron, en los albores de la Europa moderna, por el asombroso esfuerzo y la gran cantidad de recursos que destinaron a su formación, y que hasta hoy superan los de cualquier otra orden religiosa.

Un jesuita pasa dos años como novicio —con tiempo para decidir, con ayuda de los *Ejercicios*, de un mes de duración, si Dios lo llama a la Compañía de Jesús—, antes de tomar los primeros votos, los votos «simples» de pobreza, castidad y obediencia. A ello siguen entre diez y trece años (en función de su titulación anterior) de «formación», a cuyo término suele ordenarse como sacerdote. Dicha formación puede incluir unos estudios universitarios iniciales, pero siempre ha de incorporar algunos años de estudios de Filosofía y Teología, interrumpidos por un periodo de dos años de dedicación a la enseñanza (conocido como la «regencia»). Concluirá con una especie de segundo noviciado, la «tercera probación», durante la cual repite el mes de ejercicios espirituales. Posteriormente, el jesuita es invitado a profesar solemnemente, y es durante esa ceremonia cuando hace el Cuarto Voto.

Ignacio veía ese proceso no como un aro por el que pasar para «clasificarse», sino como una oportunidad para que Dios modelara un ser humano maduro; un ser humano que, si todo va bien, sale convertido en un líder espiritual seguro de sí mismo, maduro y espiritualmente sabio, competente y bien formado, susceptible de ser «enviado» donde se lo necesite, ya sea la sala de conferencias de una universidad o la cabaña de una selva lejana. En lugar de controlar férreamente a sus miembros, Ignacio gobernaba suavemente, confiando en la capacidad del discernimiento, y en una brújula interna que él llamaba «nuestro modo de proceder». Los jesuitas se organizan en provincias —una unidad flexible que podría incluir uno o más países, o (allí donde hay muchos jesuitas) una región dentro del país—, dirigidos por un provincial nombrado por un periodo de seis años por el superior general que tiene sede en Roma. Además de las congregaciones generales —reuniones de todos los provinciales que, una vez cada diez años, establece la dirección general—, las provincias gozan de una amplia autonomía.

Los jesuitas son conocidos por su individualismo. El largo periodo de formación crea, por definición, a líderes, y los líderes, por definición, compiten. La Compañía de Jesús, como cruelmente expresó uno de sus miembros, es, sobre todo, «una orquesta de primeros violinistas». Dado que el consenso puede ser difícil —tres jesuitas, cuatro opiniones, dicen los italianos—, aquella confía mucho en el voto de obediencia.

La formación de Jorge implicó dos años de noviciado, uno de «juniorado» (estudio de humanidades a nivel universitario), tres años de filosofía, dos dedicados al magisterio, tres de teología y uno de tercera probación. En su caso, duró trece años, de 1958 a 1971. Exceptuando dos de esos años (cursó el juniorado en Chile y la tercera probación en España), el resto los pasó en Argentina: el noviciado en Córdoba, el magisterio entre Santa Fe y Buenos Aires, y durante seis años (interrumpidos por los dos dedicados a la enseñanza) cursó filosofía y teología en el Colegio Máximo, situado en la localidad bonaerense de San Miguel. Al terminar los estudios de teología, en 1969, se ordenó sacerdote. En 1973, pronunció sus últimos votos.

Su formación coincidió con un periodo de cambios sin precedentes en la Iglesia. Unos meses después de iniciar el noviciado, el Papa Juan XXIII anunció su intención de convocar un Concilio de todos los obispos del mundo en Roma, el primero en casi un siglo. El Concilio Vaticano II (1962-1965) —supervisado primero por el Papa Juan XXIII y, a partir de 1963, por Pablo VI— desencadenó unas reformas que transformaron las relaciones de la Iglesia con el mundo y produjo unos cambios internos de gran alcance. El Concilio sería el principal maestro de Bergoglio, y la principal fuente de la que, más tarde, bebería su pontificado. Entre los cambios que proponía el Concilio estaba el retorno de las órdenes religiosas a los carismas y las actividades iniciales de sus fundadores. Encabezar esa renovación mediante un regreso a los orígenes sería una de sus tareas más importantes en tanto que provincial de los jesuitas argentinos durante la década de 1970.

Su formación llevó a Jorge a beber en las fuentes profundas de la espiritualidad ignaciana, así como en la historia de los jesuitas, lo que a su vez le llevó a desarrollar una visión de la formación que luego pondría en práctica como maestro de novicios y como provincial. En un periodo de crisis de la Compañía, en vísperas del Concilio, cuando muchos estudiantes jesuitas abandonaban la Congregación, Bergoglio descubrió tanto la claridad espiritual como una visión diáfana del futuro de la Compañía, y se vio a sí mismo en ella. Sus ideas eran producto de distintas fuentes: de la espiritualidad y las ideas de los primeros jesuitas, así como de la teología católica, en particular del Concilio Vaticano, pero también de la historia de Argentina y del extraordinario papel que habían desempeñado los jesuitas en su periodo de formación.

Los jesuitas, en la época colonial, habían construido los cimientos de la Argentina moderna. Fueron exploradores, y fundaron asentamientos que con el tiempo se convirtieron en ciudades. Dirigieron las estancias (inmensas fincas) de mayor tamaño y mejor gestionadas de la época, que constituían la base de la economía colonial. Fueron protectores de los nativos y se opusieron al maltrato que les infligían los colonos. Y se convirtieron en los principales educadores de su tiempo, fundadores de los colegios y las universidades del periodo colonial.[5]

Habían llegado al Río de la Plata una generación después de la muerte de Ignacio, y se relacionaban tanto con nativos asimilados como con otros que aún no habían sido conquistados. En la región no había grandes civilizaciones sedentarias, solo grupos dispersos de seminómadas, entre los que, por número, destacaban los guaraníes, que vivían en las selvas húmedas enmarcadas por los ríos que hoy constituyen las fronteras de Argentina, Paraguay y Brasil.

Cuando los jesuitas llegaron a Tucumán desde Perú, en 1585, el corazón de las provincias del Río de la Plata no se hallaba en la costa atlántica, adonde con el tiempo se desplazaría, sino en las montañas de lo que actualmente es el noroeste de Argentina y que entonces formaban parte del Alto Perú, en torno a la grandes minas de plata de Potosí, ciudad que hoy pertenece a Bolivia. Buenos Aires acababa de nacer como puerto franco para el contrabando. Por allí se sacaba ilegalmente la plata, y por allí las importaciones entraban, también ilegalmente, saltándose el monopolio real.

La política colonial española prohibía la esclavización de los nativos: estos debían ser sometidos, llevados a una «reducción» (término derivado del verbo latino *reducere*, «agrupar»), y debía ofrecérseles el bautismo, antes de asignárselos a un colono que podía exigirles trabajar para él. Pero el sistema no tardó en romperse. El colono, impaciente por enriquecerse, explotaba a los nativos a su cargo y los sometía a condiciones brutales, lo que llevaba a estos a huir y a refugiarse en la selva, donde eran capturados y vendidos como esclavos. Por su parte, la misión eclesiástica, sin financiación, se hundió rápidamente.

Escandalizados al constatar la avaricia de los colonos, el infortunio de los nativos y la corrupción de la Iglesia, los jesuitas que llegaban en la década de 1580 pretendían crear un nuevo tipo de reducción en el que se protegiera a los nativos bautizados de la población colonial. Tras ganarse la confianza de los guaraníes —que habían sobrevivido a los peores colonos adentrándose en las espesas selvas situadas al norte de las cataratas de Iguazú—, en 1604 crearon una nueva provincia jesuítica de Paraguay, distinta de la de Perú, que «llevaría la misión a los nativos que se encontraran en la periferia de las ciudades y el límite de los distritos conquistados», según escribió su primer provincial, el padre Diego de Torres.[6]

Los jesuitas llegaron a Guayrá, la tierra de los guaraníes, al mismo tiempo que se producían las primeras incursiones en la región de los colonos portugueses instalados en Brasil, que iban en busca de esclavos para sus plantaciones. El Tratado de Tordesillas, firmado en 1594, que fijaba las fronteras entre los territorios de España y de Portugal era, en el mejor de los casos, una línea arbitraria que separaba lo que actualmente es el sur de Brasil y el norte de Argentina. Inquieta ante las incursiones portuguesas, la Corona española veía ventajas en la existencia de una zona de seguridad, y aceptó la petición de los jesuitas de que, en ella, los indios quedaran exentos de trabajar para terceros y de pagar impuestos —y se les permitiera poseer armas de fuego para repeler a los intrusos, fueran estos esclavistas portugueses o colonizadores españoles—. Los jefes guaraníes, por su parte, conscientes de que estaban rodeados por enemigos, e impresionados por la inteligencia y la comprensión demostrada por los jesuitas, se dejaron «reducir» y aceptaron la autoridad y la protección de la Corona española. Sobre la base de ese equilibrio frágil de alianzas e intereses, y expandiéndose a partir de la primera reducción, bautizada como San Ignacio de Guazú, nació una empresa impresionante.

En su periodo de máximo apogeo, entre 1640 y 1720, llegaron a ser unos ciento cincuenta mil guaraníes en más de cuarenta reducciones, atendidos por unos doscientos jesuitas, la mayoría en un territorio que actualmente forma parte del norte de Argentina. Cada reducción contaba con apenas un grupo pequeño de jesuitas: uno de ellos era el cura de la parroquia y supervisaba, en colaboración con el cacique, unos pueblos el número de cuyos habitantes iba de los dos mil a los diez mil. William Bangert describe uno de esos poblados típicos en el momento de su máximo esplendor:

> Partiendo de una plaza central, señalando a norte, sur, este y oeste y construidas con el material de la zona, incluso en piedra y adobe, se extendían las casas de los habitantes, que podían llegar a ser diez mil. En las inmediaciones se alzaba el conjunto de talleres, con herramientas de carpintería, albañilería y herrería. Más allá de las casas empezaban los huertos de árboles frutales, los pastos para el ganado y las granjas que proporcionaban trigo, arroz, caña de azúcar y algodón. En la iglesia, que era la edificación más noble de todas y ocupaba el centro de la vida comunitaria, los indios, instruidos en la dignidad de la liturgia e inspirados por la belleza del altar, entonaban sus himnos y tocaban instrumentos musicales... Para establecer aquellos centros de fe... los jesuitas llevaban consigo, además de sus sacramentos y las recompensas de Dios, sus conocimientos de metalurgia, ganadería, arquitectura, agricultura y albañilería.[7]

Los jesuitas no solo evangelizaron a los guaraníes, sino que los conformaron como nación moderna. El respeto de los misioneros por su lengua y su cultura era genuino: los libros de gramática guaraní, los catecismos y otros datos que compilaron así lo demuestran. Cuando los hábitos de los nativos entraban en contradicción con el Evangelio, los jesuitas buscaban cambiarlos, pero lo hacían intentando comprender cuál era la lógica de su comportamiento: la costumbre de los guaraníes de matar a los niños discapacitados cuando nacían, por ejemplo, era una exigencia de su estilo de vida nómada, que la existencia estable en las reducciones hacía innecesaria. A fin de combatir su destructivo alcoholismo —los guaraníes eran muy aficionados a una bebida fermentada, de efectos letales, llamada chicha—, los jesuitas alentaban el hábito de consumir una infusión hecha a partir de una hierba verde, ahumada, que se conocía como «mate», se preparaba en una calabaza hueca y se ingería mediante una caña, tal como el Papa Francisco sigue haciendo todas las mañanas.

Jesuitas y nativos compartían su indiferencia por lo que obsesionaba a los colonos —el oro y la plata—, pero no temían la tecnología. Aquellos introdujeron las herramientas de hierro, lo que condujo a una revolución en la productividad que, con el tiempo, produjo excedentes, y una riqueza que se empleaba en beneficio de las reducciones. A medida que el gusto por el mate se extendía a lo largo y ancho de la colonia, las hojas que se usaban para preparar esa infusión, conocidas simplemente como «yerba», se convirtieron en la principal materia de exportación.

La vida era disciplinada, un equilibrio de trabajo y oración, puntuada por festividades en las que se combinaba la religiosidad teatral jesuita con las costumbres locales naturales y tribales. Los guaraníes eran excelentes músicos y artesanos. De sus escuelas y talleres salían famosos instrumentos tallados en madera, y con el tiempo construyeron las iglesias más extraordinarias de la región, que incorporaban motivos y estilos nativos. Las reducciones contaban con grandes coros y compositores de un género muy particular de música sacra, como el *Ave María* en guaraní que había arrebatado al Papa Francisco en la playa de Copacabana.

En la charla que Bergoglio pronunció en Mendoza en el año 1985 para conmemorar el cuatrocientos aniversario de la llegada de los jesuitas a Argentina, alabó aquella «inculturación» como modelo para misioneros y pastores, que deben reconocer la dignidad inherente a cada cultura y fundirse con ella, renunciando a su propia «cultura» en la medida de lo posible, y adoptando la otra. Ese grado de inculturación, añadió, no resultaba fácil, sobre todo cuando a un jesuita lo envían a otra misión y debe iniciar el proceso una vez más. «Cuando lo trasladan, siente dolor —dijo Bergoglio—. Si no le duele, no es jesuita.»[8]

Las reducciones de Paraguay fueron las más conocidas y emblemáticas, pero en absoluto las únicas misiones de los jesuitas en el Río de la Plata. Por toda la colonia estos se convirtieron en defensores de los nativos sometidos, y exigían que fueran remunerados por la mano de obra que brindaban, defensa que no granjeó demasiados amigos a los jesuitas. En una charla pronunciada en Santa Fe en 1977, Bergoglio recordaba que los pueblos abipones y mocovíes se reunían en el colegio jesuita de esa ciudad para abordar con su rector las ventajas de vivir «reducidos», de contar con la ayuda y la protección de los jesuitas. A causa de su mala experiencia con los colonizadores, los nativos más viejos preferían seguir siendo nómadas, pero el cacique (jefe), que confiaba en el rector, fue convencido de que la situación redundaba en su interés. Los jesuitas, en el siglo XVII, actuaban básicamente como organizadores de comunidades entre los pobres.[9]

Con todo, también dirigían cadenas de estancias y plantaciones de gran éxito que se convirtieron en motores de actividad comercial y manufacturera, al igual que había ocurrido con los monasterios de la Europa medieval. Menos de quinientos jesuitas, en el siglo XVIII, manejaban aquellas estancias en calidad de directores, compartiendo con otras estancias de la época a esclavos africanos, práctica que los jesuitas no parecen haber cuestionado.

Los jesuitas se beneficiaban de una administración centralizada, del manejo de grandes capitales y de la exención de impuestos. La riqueza acumulada a partir de su gestión eficiente de aquella economía paralela servía para financiar su gran red educativa: a mediados de la década de 1750 había colegios jesuitas en todas las ciudades, siendo los de Córdoba y Santa Fe los más antiguos e importantes. El objeto de crear colegios jesuitas en el periodo colonial era formar líderes al servicio del rey y de la Iglesia, y uno de ellos, el *collegium maximum*, o Colegio Máximo, se reservaba como casa de formación de los propios jesuitas. El colegio jesuita colonial fue mucho más que aulas: fue una comunidad de eruditos, un lugar para la investigación humanística y el corazón de la vida cultural de la élite criolla. Los jesuitas eran custodios de los conocimientos de la colonia: eran astrónomos, botánicos, farmacéuticos, impresores, zoólogos, cartógrafos, arquitectos, además de teólogos y juristas, admirados no solo por sus saberes y sus logros, sino también por su disciplina y su austeridad personal.

La popularidad de los jesuitas era nula entre los monarcas europeos de mediados del siglo XVIII que perseguían ampliar su control de la sociedad. Fue una época en la que la Iglesia católica se encontraba cada vez más ligada al Estado nacional: los jesuitas, con su riqueza, autonomía y lealtad al Papa, no sintonizaban con esa tendencia, y su independencia se percibía cada vez más como insolente. Resultaban particularmente ofensivos a la nueva generación de absolutistas ilustrados de las cortes de Madrid, Lisboa y París los escritos del teólogo jesuita Francisco Suárez, cuya teoría del origen democrático de la autoridad era un texto de lectura habitual en los colegios de la época.

La teoría de Suárez puede resumirse en cuatro principios: ningún gobernante recibe autoridad directamente de Dios sino a través de la intermediación del pueblo; el pueblo otorga autoridad, y esa es la fuente de la legitimidad de un gobernante; el poder, por el hecho de ser transferido, también puede ser retirado, y por tanto el poder es circunstancial. Aunque esos principios eran poco más que una reformulación de la visión católica clásica del poder, parecían peligrosamente subversivos en la era de los gobernantes absolutistas, como lo era Carlos III de España, que decía gobernar por derecho divino y no aceptaba límites a su soberanía.

Las reducciones se habían creado en una época que se sustentaba en aquellas ideas de Suárez. Los guaraníes se habían integrado hasta convertirse en nación: eran un pueblo, una cultura, con una dignidad y una autonomía que la Corona debería haber protegido y defendido. Pero la nueva ideología del absolutismo no tenía tiempo para tales sutilezas medievales. Y así, las reducciones serían aplastadas por las rúbricas salidas de unas lejanas plumas reales, mediante un tratado que fijaba unas nuevas fronteras sudamericanas entre España y Portugal.

A cambio del puerto de Sacramento, España entregó a los portugueses siete de las reducciones que quedaban al este de la frontera, y con ellas a sus habitantes. Las fuerzas armadas españolas y portuguesas tardaron dieciocho años en desmembrar las misiones guaraníes. Los indios lucharon hasta el final para proteger a sus pueblos. Más de diez mil fueron asesinados en espantosas masacres; otros miles fueron capturados como esclavos, o huyeron a la selva. El general jesuita en Roma ordenó a los misioneros que acataran el tratado y abandonaran el territorio, pero algunos se negaron e incluso tomaron las armas para defenderlo, en unos hechos que se muestran en el trágico final de *La misión*, interpretados por el padre Jeremy Irons (Gabriel) y Robert de Niro (Rodrigo).

El siguiente paso no tardó en llegar. Las coronas de Portugal, Francia y España expulsaron a los jesuitas de sus territorios y se incautaron de sus bienes. Unos años después, en 1773, presionado y amenazado por aquellos mismos monarcas, y políticamente cautivo de Madrid, el Papa Clemente XIV ordenó la supresión y la abolición de la Compañía de Jesús.

La salida de los jesuitas de las colonias españolas fue traumática. El 2 de abril de 1767, unos 5.350 jesuitas de todo el mundo fueron rodeados, detenidos y subidos a unos barcos con destino a los Estados Pontificios, de acuerdo con un decreto firmado por el rey Carlos III de España por causas que «me reservo en mi Real ánimo». Desde el Río de la Plata zarparon 457 jesuitas, de los que 162 eran españoles, 81 lugareños y el resto europeos de distintas procedencias. Poco después, un real decreto ordenaba la supresión de todos los cargos asociados a los jesuitas, así como la destrucción de todos los libros escritos por ellos. Carlos III intentaba eliminar no solo una orden religiosa, sino sus ideas sediciosas.[10]

La expulsión de los jesuitas fue el Tea Party de América Latina, un golpe en toda regla a la economía y al bienestar de la sociedad colonial del que nunca se recuperó, y motivo de un hondo resentimiento en la población criolla. A la expulsión siguieron unas reformas impuestas por el borbón Carlos III, que perseguían fortalecer el control de Madrid sobre los territorios americanos y que no hicieron sino ahondar el resentimiento, socavando los vínculos afectivos y de lealtad entre España y sus territorios. En cuestión de décadas, estos se convertirían en naciones independientes. Los artífices de la nueva nación argentina se habían educado en colegios jesuitas —particularmente en el de Córdoba—, y cuando declararon el autogobierno en 1810, lo hicieron apelando a aquellas mismas ideas de Suárez que las autoridades coloniales habían puesto tanto empeño en erradicar.

En el discurso que en 1988 pronunció en Paraguay sobre los jesuitas mártires, Bergoglio veía en las reducciones una encarnación del ideal de Suárez —el Evangelio, llevado por los jesuitas, la unión de los pueblos, la formación de la nación guaraní—, y el tratado de 1750 que les impuso así como las consecuencias de una ideología brutal, desapegada y racionalista. En Carlos III veía a un rey que olvidaba y traicionaba a su pueblo e imponía una ideología ilustrada en claro divorcio con ese mismo pueblo. Allí donde las reducciones jesuitas habían sido un proyecto del corazón, paternalista en el mejor sentido del término —implicadas, tiernas, planteadas para aportar libertad y bienestar a las personas a su cargo, imbricadas en la realidad cultural de los nativos—, su aniquilación fue producto de una ideología impuesta desde arriba: un proyecto de la mente, que coaccionaba la realidad para hacer encajar una idea, algo que convertía a las personas en instrumentos de esta.

«La universalidad fecunda que integra y respeta las diferencias e idiosincrasias es suplida por una hegemonía metropolitana absorbente, de tipo dominador —dijo Bergoglio de las reformas de los Borbones—. Esas tierras, que eran "provincias" del reino [de España], pasan a ser "Colonias". Aquí no cabía lugar para proyectos de corazones; era la época de la ilustración de la mente.» En la década de 1960, Bergoglio desarrollaría esa dicotomía hasta convertirla en algo parecido a una doctrina según la cual los pobres, el pueblo fiel, son una vacuna contra el efecto destructor de la ideología, sea esta de izquierdas o de derechas, o de las Reformas borbónicas, el liberalismo de libre mercado del siglo XIX o el marxismo del siglo XX.[11]

Cuesta pensar en un rechazo más absoluto del proyecto de la Ilustración que el expuesto por Bergoglio durante un retiro espiritual de la década de 1970: «Lo peor que puede ocurrirle a un ser humano —dijo— es dejarse arrastrar por las "luces" de la razón... Nuestra misión, por el contrario, es descubrir las semillas de la Palabra en la humanidad, el *logo spermatokoi*.»[12] Fue un tema al que el Papa Francisco volvió durante su encuentro en Río con los obispos de América Latina al advertir contra la tentación de convertir el Evangelio en una ideología —ya fuera liberalismo de mercado, marxismo o ciertas formas de «psicologización». Al exponer que el gnosticismo —una herejía de la Iglesia primitiva— había sido la «primera desviación» de la Iglesia que había reaparecido a lo largo de la historia, les dijo a los obispos: «Vulgarmente se los denomina "católicos ilustrados" (por ser actualmente herederos de la Ilustración).»[13]

En la «Declaración de Principios» que escribió como provincial jesuita para la Universidad del Salvador en 1974, retrató el choque de la Compañía de Jesús con el Estado borbónico en términos de nacionalismo católico, por el que se defendía una cultura encarnada en oposición a una ideología desencarnada. Desde el principio, dijo, la Compañía de Jesús ha respetado la diversidad de las culturas («La verdad de Cristo es una, pero muchas y únicas son sus manifestaciones humanas e históricas»). Así pues,

> no es extraño que la Compañía enfrente a la entonces naciente pretensión liberal-burguesa de homogeneizar la realidad histórica y humana del mundo, mediante la acción conjunta del centralismo estatal y el racionalismo iluminista, en

detrimento de la riqueza multifacética de lo creado.... En China como en el Río de la Plata, la Compañía se niega a ser la justificación religiosa de la expansión europea, al brindar a los pueblos misionados los elementos organizativos y sociales que les permitieron el libre desarrollo de su individualidad cultural, integrándolos en lo universal a través de una fe sentida como propia.

La Compañía es fundacionalmente universalista; y por ello contraria a los internacionalismos homogeneizantes que, por «la razón» o por la fuerza, niegan a los pueblos el derecho a ser ellos mismos.[14]

Quince años después de que el Papa Pío VII reinstaurara la Compañía en 1814, los jesuitas regresaron al Río de la Plata —ya independiente de España—, a invitación del dictador Juan Manuel de Rosas. No salió bien. Cuando los religiosos se negaron a colocar su retrato en los altares y a predicar contra sus enemigos políticos, volvieron a ser expulsados, y no regresarían hasta el derrocamiento del dictador. Durante la década de 1850 se les devolvieron algunas iglesias, y hacia 1870 ya habían vuelto a establecerse como educadores en diversas ciudades y fundado, o refundado, prestigiosas escuelas, como el colegio de la Inmaculada Concepción de Santa Fe y el colegio del Salvador, en la capital. Además, se les confió la dirección del Seminario Metropolitano de Buenos Aires, en el que Jorge Bergoglio, en 1956, se unió a ellos.

Para entonces los jesuitas volvían a ser la orden religiosa más numerosa e importante de Argentina. (En 1961, año en que los jesuitas uruguayos se separaron de ellos para crear su propia provincia, el número de sus miembros ascendía a 407, cifra no muy alejada de la existente antes de que Carlos III los expulsara.) Pero, comparada con lo que había sido durante el siglo XVIII, la Compañía de Jesús era en muchos aspectos un animal castrado. Las misiones se orientaban menos a las tierras fronterizas y más a habitar las fortalezas que protegían a la Iglesia del mundo moderno.

En el interior de aquellas fortalezas había poco sitio para la incertidumbre y la innovación. Los *Ejercicios* se practicaban en retiros grupales, combinados con charlas y exhortaciones, y no tanto como los encuentros individuales y personales que había ideado san Ignacio. Los textos fundacionales se hallaban enterrados bajo un montón de comentarios. En contra del espíritu fundacional de la orden, a los aspirantes a jesuita se los infantilizaba con resúmenes y manuales en los que se estipulaba cuántas camisas podía poseer un religioso de la orden, y qué debía desayunar. Durante su entrevista con el padre Spadaro, en septiembre de 2013, Francisco recordaba el entorno en que se había formado como de «pensamiento cerrado y rígido, más instructivo-ascético que místico».

La vocación de Bergoglio sobrevivió a las deficiencias de su formación porque fue capaz de traspasar las capas escolásticas y llegar al «carisma primitivo», del siglo XVI, de los primeros jesuitas, que serían su modelo para la reforma. Hundir profundamente sus raíces en el suelo fértil del Ignacio del siglo XVI le permitió sobrevivir al caos del Concilio Vaticano II sin salir de la Compañía de Jesús. Sobre todo, allí adquirió la capacidad del discernimiento espiritual, que se convertiría en una segunda naturaleza para él.

Este implicaba no solo aprender a distinguir lo bueno de lo malo, sino esforzarse en hacer grandes cosas por Dios —el lema de los jesuitas es «*Ad Maiorem Dei Gloriam*», es decir, «A mayor gloria de Dios»—, aunque, por lo general, de manera humilde y discreta. Lo que Bergoglio aprendió como jesuita fue la capacidad para «hacer las pequeñas cosas de cada día con un gran corazón abierto a Dios», como le contó al padre Spadaro.

Jorge se inició como novicio en Córdoba junto con veinticinco jóvenes de edades comprendidas entre los dieciocho y los veintiséis años. San Ignacio había concebido el noviciado como una serie de seis experiencias profundas conocidas como los «experimentos», basados en las vidas de los primeros jesuitas. El más importante de ellos era el retiro en silencio de un mes de duración, los Ejercicios, durante el que los novicios discernían la presencia de Dios en su vida y confirmaban (o no) su llamada a ser jesuitas. También se trabajaba durante un mes en hospitales, limpiando y vaciando cuñas de cama y pasando tiempo con personas que padecían grandes sufrimientos y dolores severos. El tercer «experimento» consistía en un mes de peregrinación, durante el cual se enviaba a los novicios en grupos de tres, con muy poco dinero, para que tuvieran que depender de la bondad de los extraños. El cuarto fue una experiencia basada en las «tareas poco nobles y humildes», que se programaban en los horarios cotidianos —limpiar, barrer, atender mesas, lavar ropa— y que los familiares aristócratas de la época de san Ignacio habrían visto como gravemente humillantes. Los últimos dos —enseñar fe a los niños en escuelas locales y practicar el arte de dar charlas— ayudaban a los novicios a prepararse para su vida de jesuitas.

Cuando no se encontraban realizando «experimentos» —los retiros, el hospital, las peregrinaciones—, el horario diario era formal, penitencial, y estaba fuertemente regulado. Desde la hora de levantarse (las 6.10 de la mañana), hasta el momento en que se apagaban las luces (a las 22.30), casi cada cuarto de hora estaba asignado a alguna actividad. Las comidas en el exterior, la limpieza, los estudios de latín y griego, el estudio de las Reglas... El tiempo se ocupaba en periodos de oración, bien en grupo, bien en solitario. Además de los Oficios (recitación de salmos cuatro veces al día), estaban las meditaciones, la misa, el ángelus, el rosario, las lecturas espirituales, las vidas de los santos y la adoración eucarística. De todo ello, lo más importante para Ignacio era el Examen que tenía lugar tres veces al día, durante el cual los novicios examinaban sus conciencias. Para alentar la penitencia y la humildad, existía también la Culpa, cuando el maestro de los novicios escogía a uno de ellos e invitaba a los demás a criticarlo.

En común con lo que ocurría con los novicios de otras órdenes religiosas antes del Concilio Vaticano II, a los de la Compañía de Jesús también se los invitaba a mortificarse la carne, a fin —como había expresado san Ignacio— «de que la naturaleza sensual de uno obedezca a la razón, y de que las partes inferiores estén más sujetas a las superiores» (*Ejercicios Espirituales*, 87). A los novicios se los invitaba a usar el cilicio —una banda de metal con púas que se ponía en el muslo varias horas a la semana—, así como la disciplina —un pequeño látigo para la autoflagelación—. Con ellos se pretendía alentar la castidad: la libertad apostólica de amar a los demás sin apegarse a ellos, y de abrazar la pobreza de no poseer a los demás. Pero a principios de 1960 esa idea se confundía por un nerviosismo generalizado ante la sexualidad, reflejado en diversas reglas: los novicios debían dirigirse a los demás usando la forma «usted», y para evitar las llamadas «amistades particulares» los grupos debían estar formados al menos por tres personas (*numquam duo, sempre tre*). Si todo aquello presentaba un aspecto poco saludable —la mortificación de la carne desapareció casi en todas partes tras el Concilio Vaticano II—, también enseñaba una idea importante: que una exclusividad excesiva en la amistad puede causar divisiones y separación en un grupo mayor.

Bergoglio no ha hablado de su noviciado, pero aparecen destellos de su presencia en las memorias de un contemporáneo suyo, Jorge González Manent, apodado Goma. Colega de sus días de Acción Católica en Flores, Goma lo siguió a los jesuitas, pero pasó su primer año como novicio en Montevideo. Cuando se encontró con Jorge en Córdoba para cursar su segundo año, se le hizo raro tener que llamarlo «hermano Bergoglio». González recuerda que el latín de Jorge era mejor que el de los demás, gracias a los dieciocho meses que había pasado en el seminario, y que sus estantes ya revelaban sus futuras pasiones: *El Señor*, de Romano Guardini; una biografía de Pedro Fabro, compañero de Ignacio; la *Historia de un alma*, de Teresa de Lisieux, y un libro sobre san Francisco de Asís. Francisco era lector asiduo, en parte, a causa de su salud. Su lesión de pulmón hacía que estuviera exento de participar en las peregrinaciones, así como en las tareas de limpieza más pesadas. Su devoción enervaba sin duda a algunos de los novicios. Goma recuerda que, en una de las Culpas en las que tocó criticarlo a él, «muchos de los comentarios tenían que ver con los gestos piadosos que pone cuando toma la Comunión, o cuando te lo encuentras por los pasillos con la cabeza ladeada».

En 1959 los novicios recibieron la visita de un personaje ilustre: el padre Pedro Arrupe, a la sazón provincial en Japón, que seis años después sería elegido superior general. Les mostró un documental sobre la explosión de la bomba atómica sobre Hiroshima, que Arrupe había vivido en primera persona, y les describió la extraordinaria historia de los jesuitas en el sureste asiático desde los días de Francisco Javier y Matteo Ricci. Tanto Bergoglio como Goma quedaron fascinados y le pidieron, cada uno por su cuenta, que los tuviera en cuenta para aquella misión. Arrupe respondió que esperaran hasta la conclusión de sus estudios de filosofía, y que escribieran a Roma.[15]

Jorge tomó los votos simples de pobreza, castidad y obediencia el 12 de marzo de 1960 y ya era jesuita, con derecho a estampar las iniciales SJ (*Societas Jesu*) a continuación de su firma. Los votos serían la clave de su llamada. La pobreza significaba no estar controlado por las posesiones e identificarse con la pobreza de Cristo. Para los jesuitas la pobreza aporta flexibilidad y sencillez, disponibilidad para la misión, y que actúa como vacuna contra lo que denominan «riquezas, honores y orgullo» —el deseo de destacar y acumular riquezas que, en los *Ejercicios*, Ignacio imagina que el diablo usa para apartar a la gente de su verdadera llamada. El segundo voto, el de castidad, también tenía que ver con la libertad apostólica: estar disponibles para amar y servir a los demás sin buscar poseerlos. La obediencia, el tercer voto, también estaba vinculado a la libertad para llevar a cabo la misión: ir sin temor allá donde los jesuitas hacían más falta, al servicio de la voluntad de Dios y no de la suya. Implicaba confiar en el superior, y en ocasiones someterse (algo que constituía una mortificación, no de la carne, sino del ego).

Hasta finales de la década de 1960, los jesuitas del Cono Sur de Sudamérica compartían sus centros de formación: aunque cada uno realizaba el noviciado en su país, los estudiantes jesuitas de Chile, Argentina, Uruguay, Paraguay y Bolivia cursaban el juniorado en la capital chilena, Santiago, y sus estudios de filosofía y teología en el Colegio Máximo, situado en la provincia de Buenos Aires. En el caso de Bergoglio —porque se tomó en consideración sus estudios secundarios y el tiempo pasado en el seminario—, el juniorado fue solo de un año. Junto con Goma y otros, viajó en camión hasta Mendoza y desde allí sobrevoló en avión la afilada cumbre del Aconcagua para aterrizar en la delgadísima franja de tierra que, entre los Andes y el Pacífico, ocupa Chile.

La Casa Loyola era un edificio construido con fines educativos situado a unos veinte kilómetros de Santiago, en un pueblo a la sazón llamado Marruecos. El entorno era rural, saludable: vastos campos de almendros y alcachofas daban paso a inmensas plantaciones de perales y manzanos a las que se accedía por caminos flanqueados por rosales. Allí había granjas de ganado, una bodega en la que se elaboraban vinos y huertos de los que se ocupaban los hermanos jesuitas. Igual que el noviciado, fue una existencia monástica: autosuficiente, aislada, marcada por el silencio y la oración, sin acceso a radios ni periódicos. En el interior del edificio se alineaban treinta habitaciones muy sencillas (cama, armario, lavabo, escritorio) a los lados de unos pasillos largos al fondo de los cuales se encontraban los baños comunes, en los que solo había agua caliente dos veces por semana. Los internos vestían con sotana cuando salían al exterior y cuando iban a misa, pero en el recinto llevaban ropa de calle.

Los horarios no estaban tan pautados como en el noviciado, lo que les permitía dedicar más tiempo al estudio. Desde las seis de la mañana hasta las siete y media había un tiempo dedicado a la oración personal, seguido de misa. El desayuno se servía a las ocho, e inmediatamente después se realizaban las tareas de limpieza. Las clases iban de nueve a una del mediodía. Exceptuando los domingos y los días festivos, cuando les estaba permitido hablar, las comidas se tomaban en silencio, en unas mesas largas, mientras alguien leía algún libro edificante, o alguno de los compañeros del juniorado practicaba alguna charla de quince minutos de duración con ruido de platos de fondo. Después del almuerzo se dejaba un tiempo para el descanso, antes de que las clases empezaran de nuevo a las dos y media y hasta las ocho, con una pausa a las cinco, momento en que los alumnos se reunían en grupos bajo los árboles para merendar y conversar un rato, supuestamente en latín, aunque en Chile esa regla casi nunca se cumplía. Por las tardes, dos veces por semana, había un periodo asignado a los deportes —baloncesto y voleibol— y al huerto, a la limpieza de los caminos, o a la recolección de manzanas. Más allá de los breves periodos de recreo, a los alumnos del juniorado se les pedía que se mantuvieran en silencio, que rezaran y meditaran constantemente, y que estudiaran mucho.

Los estudios hacían hincapié en las humanidades: latín, griego, literatura, oratoria, retórica, arte y cultura. Como las notas nunca se colgaban en los tablones de anuncios —el ambiente que se creaba era más proclive a la conformidad que a la competitividad—, era imposible saber quién destacaba académicamente. Las clases eran formales, la asistencia concurrida (había unos cincuenta alumnos por aula), y los estudiantes en general pasivos, pues su planteamiento solía ser de tipo magistral. A pesar de ello, «aunque la época era aún bastante conservadora, había en la provincia chilena una visión del cambio que se desarrollaría durante los años siguientes al Concilio», según recuerda Juan García-Huidobro, contemporáneo de Jorge en la Casa Loyola. Todos los compañeros recuerdan, por ejemplo, al padre José Donoso, SJ, en cuyas clases sobre arte, bastante interactivas, «aprendíamos a saborear la belleza y el misterio del mundo, lo que era ser humano, y la profundidad de Dios», recuerda Francisco López, un alumno uruguayo de juniorado de la época. También Goma recuerda la pizarra de Donoso, cubierta de citas y símbolos que el profesor se pasaba las clases explicando con «asombrosa erudición».

Hubo un aspecto de la formación de júniores que impactó a Jorge más que ningún otro: las visitas apostólicas de fin de semana a los pobres de la zona. La Casa Loyola había sido construida por el padre jesuita Alberto Hurtado —hoy santo—, pionero de proyectos sociales tales como el Hogar del Cristo, todavía existente. Como la mayoría de los jesuitas chilenos de su época, procedía de la clase alta, pero en la década de 1940 había empezado a cuestionarse el lugar de la Iglesia en la sociedad: para el padre Hurtado, la pobreza era un escándalo que socavaba la pretensión de Chile de ser un país católico, y que la caridad solo debe empezar donde termina la justicia.

El padre Hurtado quería que el contacto con los pobres fuera un elemento necesario de la formación jesuítica, y que la Casa Loyola tuviera una misión dedicada al pueblo de Marruecos. Fue un modelo que Bergoglio, cuando llegó a provincial, transcurridos diez años, buscaría emular en Argentina.

El pueblo era el centro de un distrito de arrendatarios pobres que vivían casi en la indigencia. En aquel tiempo Argentina y Uruguay eran mucho más ricos que Chile, y la visión de los muy pobres vagando por las calles era algo nuevo para Jorge y su compañero uruguayo Francisco López. A Jorge le encomendaron la enseñanza religiosa de una pequeña escuela de enseñanza básica de Marruecos, la Escuelita n.º 4, donde los niños llegaban sucios y a menudo descalzos. En una carta que escribió a María Elena en mayo de 1960, Jorge buscó relacionar la pobreza que veía en Chile con las oraciones de la hermana, que por entonces tenía once años. Después de felicitarla por su carta y por lo bien que le iban los estudios, escribió:

¿Por qué no lo intentas? Necesitamos tantos santos.

Te voy a contar algo: yo doy clases de religión en una escuela a tercer y cuarto grado. Los chicos y las chicas son muy pobres; algunos hasta vienen descalzos al colegio. Muchas veces no tienen nada que comer, y en invierno sienten el frío en toda su crudeza. Tú no sabes lo que es eso, pues nunca te faltó comida, y cuando sientes frío te acercas a una estufa. Cuando estás contenta, hay muchos niños que están llorando. Cuando te sientas a la mesa, muchos no tienen más que un pedazo de pan para comer, y cuando llueve y hace frío, muchos están viviendo en cuevas de lata, y a veces no tienen con qué cubrirse. Los otros días me decía una viejita: «Padrecito,[16] si yo pudiera conseguir una frazada [manta], ¡qué bien me vendría! Porque de noche siento mucho frío.»

Y lo peor de todo es que no conocen a Jesús. No lo conocen porque no hay quién se lo enseñe. ¿Comprendes ahora por qué te digo que hacen falta muchos santos? Quisiera que me ayudases en mi apostolado con estos niños; tú bien puedes hacerlo. Por ejemplo, ¿qué te parece si te haces el propósito de rezar todos los días el rosario? Claro que cuesta trabajo, pero tu oración será como una lenta lluvia de invierno, que al caer sobre la tierra la hace fértil, la hace fructificar. Necesito que este, mi campo de apostolado, fructifique, y por eso te pido ayuda.

Me quedo, pues, esperando una pronta carta tuya, en la que me digas cuál es el propósito que has hecho para ayudarme en mi apostolado. No te olvides que de tu «propósito» depende el que algún niño sea feliz.[17]

Sus compañeros recuerdan a Jorge como a alguien callado y estudioso, aunque buen conversador. Sus pulmones seguían excluyéndolo de la práctica del deporte —en la Casa Loyola se practicaba el baloncesto—, y por esa misma razón no acompañó a los demás júniores a una acampada de montaña que se organizó ese verano. Sin embargo, sí que nadaba, costumbre que no abandonaría, pues beneficiaba a su capacidad pulmonar.

A diferencia de sus compañeros chilenos, casi todos ellos salidos de los colegios privados que educaban a las clases altas de Santiago, los procedentes de Argentina presentaban una mayor mezcla social, y se encontraban divididos políticamente. «Los que procedían de las clases populares eran peronistas rematados, mientras que los de clase alta que habían pasado por el colegio del Salvador eran intensamente antiperonistas —recuerda Raúl Vergara, un compañero chileno—. Entre los argentinos esa falta de unión se veía mucho.»

Jorge no provenía del mundo privilegiado, y sus simpatías estaban cada vez más con el peronismo —aunque sus compañeros no lo recuerdan tomando partido en las discusiones—. En 1956, un primo hermano suyo —el teniente coronel Oscar Lorenzo Cogorno— fue uno de los militares ejecutados por un pelotón de fusilamiento tras participar en un levantamiento fallido contra el presidente antiperonista, el general Aramburu, dirigido por los generales Valle y Tanco.[18]

El levantamiento se produjo como protesta contra el «gorilismo», término que en la Argentina se refiere al antiperonismo fanático que dominaba las políticas del Gobierno militar de aquellos años. Bergoglio formaba parte de una generación de jóvenes católicos cada vez más indignados ante el veto que el Ejército ejercía sobre el peronismo, al que prohibía participar en las elecciones y a cuyos partidarios buscaba humillar. Los obispos, que tras el derrocamiento de Perón criticaron lo que llamaron «un régimen totalitario que, invocando a Dios, desorientó y engañó a las masas, y persiguió a la Iglesia con la finalidad de reemplazarla», se había arrojado en brazos del Ejército, al que consideraba garante de la nación cristiana. Por eso la masa de los argentinos asociaba a la Iglesia con el «gorilismo», Cuando Jorge votó en 1958, es muy probable que lo hiciera por Arturo Frondizi, un radical de posiciones próximas a las de los nacionalistas y los cristianodemócratas, que accedió al poder con la promesa de permitir la participación peronista en las elecciones.

Los alumnos jesuitas de Casa Loyola vivían, según el uruguayo Francisco López, entre dos eras: «Por una parte, un modo de vida y una práctica diaria de lo que entendíamos que era la vida diaria de un jesuita, y por otra la sensación de que todo aquello podía hacerse de otro modo.» Las tensiones entre lo que era y lo que podía ser llevarían a casi todos los compañeros argentinos de Bergoglio a abandonar la vida religiosa en esos años. En cambio, a él le suscitó la determinación de permanecer y dirigir ese cambio. Quienes le conocieron en aquel periodo se asombraban de su capacidad de concentración. Ya en aquel estadio incipiente de su formación, Jorge veía con claridad el camino que tenía por delante. Vergara recuerda que durante uno de aquellos recreos de tarde «alguien preguntó a Bergoglio qué futuro veía para sí mismo, y él respondió que "lo que realmente me interesa es estar al mando de la formación de los futuros jesuitas". En otras palabras, se veía a sí mismo como director de novicios o como provincial».

En marzo de 1960, Jorge entró en el Colegio Máximo, a una hora de la capital argentina. Sería su base durante veintitrés de los veintiséis años siguientes. Construido en medio de una finca de 48 hectáreas, contaba con habitaciones para alojar a 180 jesuitas, una iglesia oscura e innumerables capillas para que los sacerdotes dijeran sus propias misas, pues allí residía una numerosa comunidad de curas y hermanos, además de los estudiantes. El colegio también poseía una casa de retiro para huéspedes —conocida como «el Mínimo»—, además de diversas oficinas que coordinaban las iniciativas pastorales y de evangelización a escala local.

Con todo, su propósito principal era el estudio. El Máximo era uno de los centros católicos de enseñanza más importantes de Sudamérica. Había investigadores y doctorandos que acudían a usar su inmensa biblioteca y su gran archivo, ambos de primer nivel. Contiguo al centro educativo se alzaba el Observatorio Nacional y tres edificios dedicados a la investigación científica. Había una atractiva imprenta, de cuyas máquinas salía *Stromata,* la muy respetada revista teológica. Aunque allí solo residían los jesuitas, las aulas estaban llenas de miembros de otras órdenes religiosas que habían abierto centros de formación en las inmediaciones de San Miguel para beneficiarse de los recursos del Máximo. El colegio matriz de los jesuitas se hallaba en el centro de una red de construcciones que pertenecían a diversas órdenes, lo que hacía de San Miguel un núcleo de vida religiosa en Argentina.

A los pocos meses de iniciar su primer año de estudios filosóficos Jorge perdió a sus dos padres, el biológico y el espiritual, con apenas unas semanas de diferencia. Mario murió el 24 de septiembre de 1961, con cincuenta y pocos años, en el estadio del Gasómetro. El padre Enrico Pozzoli, cuya salud era ya muy precaria, asistió al velatorio, y poco después fue trasladado al Hospital Italiano.

Cuando Jorge acudió a verlo, el salesiano estaba dormido, por lo que salió de la habitación y conversó un rato con un sacerdote en el pasillo. Poco después otro religioso salió a decirle que el padre Pozzoli había despertado y lo esperaba. En ese momento Jorge reaccionó de un modo extraño: pidió a aquel sacerdote que le dijera a Don Enrico que ya se había ido. Días después, el salesiano falleció sin despedirse del joven al que había guiado a lo largo de tantos años.

Aquel acto lo atormentó durante mucho tiempo. «Le aseguro, padre Bruno —escribió al director de los salesianos—, que si pudiera "rehacer" ese momento, lo haría.» Incluso veintiocho años después del suceso, la carta muestra que la reacción de Bergoglio le resultaba misteriosa incluso a él: no había querido que despertaran al cura, explicó, porque «me sentía mal, y no sabía qué le diría», y mintió porque «no sé qué me pasó, si era timidez o qué». Sin duda, estaba combatiendo con unas emociones que le resultaban insondables, o que no sabía expresar.

También en la Iglesia se producía una muerte. Soplaban nuevos vientos en la era anterior al Concilio Vaticano II, que se inauguró en Roma en octubre de 1962. Existía una creciente división generacional entre, por una parte, el clero joven y los laicos que habían alcanzado la mayoría de edad durante la década de 1950 y, por otra, los obispos argentinos, que pertenecían a la generación anterior de 1930-1940.

Estos conformaban, en aquella época, el episcopado más numeroso de América Latina —sesenta y seis obispos que representaban a cuarenta y seis diócesis. Argentina sumaba el décimo grupo de obispos del Concilio por número de representantes. Pero, en su mayoría, no estaban preparados para lo que estaba a punto de ocurrir allí y, en gran medida, eran espectadores. Habían mantenido un vínculo muy estrecho con el Papa Pío XII, sus lazos con Italia eran grandes y se identificaban con la Curia romana, que en gran parte se resistía a las reformas del Concilio. A excepción de algunos obispos jóvenes comprometidos con la renovación, la mayoría de los obispos argentinos de más edad compartía la creencia de la Curia de que el Concilio sería un encuentro breve en el que se anatemizaría la modernidad, tras lo cual todos podrían volver a sus casas. Así, cuando las cosas no salieran precisamente así, los obispos argentinos tendrían que cargar con la puesta en marcha de unos cambios que ellos no habían buscado, mientras se aferraban a un modelo de compromiso público que resultaba aún menos creíble a los católicos jóvenes.

Sin embargo, para aquella nueva generación, las expectativas eran grandes. Leían *Criterio*, la revista católica de Buenos Aires, que ahora editaba el padre Jorge Mejía, un sacerdote joven, brillante (nombrado cardenal en 2001, junto con Bergoglio), que en sus páginas aireaba las nuevas corrientes de pensamiento que llegaban desde Francia. Además, en ella se publicaban artículos de dos profesores del seminario que llegarían a ser cardenales e influirían en Bergoglio: Eduardo Pironio (futuro colaborador de Pablo VI) y Antonio Quarracino (que convencería a Juan Pablo II de que nombrara obispo a Bergoglio y sucesor suyo como arzobispo de Buenos Aires). Ellos eran las lumbreras de una nueva generación.

Goma, que se había reencontrado con Jorge tras su estancia en Chile, recuerda que allí el Concilio «era como una devoción personal: había quien apenas sabía que se estaba celebrando, mientras que otros lo seguíamos muy de cerca». Jorge y él, que pertenecían claramente a ese segundo grupo, se encargaban de divulgar el Concilio a las puertas del Colegio Máximo mediante la redacción de unos textos breves que colgaban en los tablones de anuncios y con los que respondían a preguntas sobre qué era el Concilio y qué se proponía conseguir. La exposición tuvo un gran éxito, y empezaron a llegarles peticiones para que colgaran aquellos textos también en capillas y conventos de la zona.

El Concilio también estaba presente en las conversaciones que Jorge mantenía con el futuro provincial de Chile, Fernando Montes. Se encontraban en el patio, tomaban mate siempre en el mismo sitio, bajo unos árboles, mientras otros practicaban deporte. «Él tenía el problema del pulmón y yo no tenía gran afición. Me gustaba conversar», recuerda Montes. Se hicieron amigos. «Mi recuerdo de él es el de una persona muy amable: no lo podría decir en Argentina, pero poco porteño. No era avasallador, como los porteños. En el trato de los porteños se parecía más a un grupo de santafesinos o cordobeses. Lo encontraba un poco más refinado», dice Montes, en referencia a la fama de fanfarrones de los capitalinos. No solo conversaban sobre cuestiones serias. También se reían del caudal interminable de sinsentidos que salían de la boca de un jesuita anciano que había perdido la memoria.

Pero el Concilio ocupaba una parte cada vez mayor de sus charlas. Jorge y él eran muy conscientes, según Montes «de estar del lado de los que querían una Iglesia más abierta, no una Iglesia de resistencia...». Habían comprendido que el objetivo del Concilio era transformar la presencia de la Iglesia en el mundo a fin de hablarlo de manera más eficaz. Como aquellos obispos alineados con los militares antiperonistas, defendiendo el mito de la nación católica, alejados de los pobres, la Iglesia se había vuelto, en sus estructuras, desencarnada, ausente del mundo contemporáneo, y se respondía, sobre todo, a sí misma. Vivía bajo su propia luz, a menudo espléndida —la gloria y la lógica de sus verdades atemporales, la compleja gramática de sus liturgias antiguas—, y no tanto iluminada por la *mysterium lunae*, la luz de Dios.

En ese sentido, se parecía mucho a la filosofía que estudiaban en esa época: comentarios fríos que ofrecían respuestas elaboradas, sofisticadas, a preguntas que nadie formulaba. «Yo estudié filosofía en manuales de tomismo decadente», le contó Francisco al padre Spadaro.

¿Cuándo deja de ser válida una expresión del pensamiento? Cuando el pensamiento pierde de vista lo humano, cuando le da miedo el hombre o cuando se deja engañar sobre sí mismo. Podemos representar el pensamiento engañado en la figura de Ulises ante el canto de las sirenas, o como Tannhäuser, rodeado de una orgía de sátiros y bacantes, o como Parsifal, en el segundo acto de la ópera wagneriana, en el palacio de Klingsor. El pensamiento de la Iglesia debe recuperar genialidad y entender cada vez mejor la manera como el hombre se comprende hoy, para desarrollar y profundizar sus propias enseñanzas.

Para los jesuitas chilenos, acostumbrados al régimen más abierto y afectuoso de la Casa Loyola, el Máximo fue una ducha de agua fría. Las reglas sobre la decencia y las amistades particulares —el pricipio del *numquam duo*— se observaban con mayor rigor, así como la propuesta de que todos hablaran solo en latín durante los recreos. También la clases eran en latín, y en latín debían entregarse los trabajos y las tesis. Pero durante los partidos —siguiendo la tradición argentina, el deporte practicado en el Máximo era el fútbol, y su campo de juego era legendario—, la norma era gritar en castellano.

Había algún incipiente brote de renovación. Jacinto Luzzi daba clases sobre la figura de Pierre Teilhard de Chardin, el jesuita francés autor de *El fenómeno humano* y *El medio divino*, que antes del Concilio era un teólogo prohibido. Teilhard no solo casaba la fe con el mundo natural y la ciencia, sino que propugnaba un tipo de pensamiento optimista, evolutivo, encarnado, que no se llevaba nada bien con la filosofía neoescolástica que se enseñaba en la época. Con todo, para Jorge el profesor más importante en el Colegio Máximo fue el decano de filosofía, Miguel Fiorito, maestro en las reglas de discernimiento de Ignacio. En tanto que director espiritual de Bergoglio, Fiorito fue clave en su desarrollo. «El discernimiento espiritual es una de las grandes dimensiones del Papa Francisco —recuerda el padre Fernando Albistur, coetáneo de Bergoglio—, que en gran parte él aprendió del padre Fiorito en esta casa.»[19]

Sin embargo, se trataba de excepciones. «Fue una época de cambios a los que el Máximo respondió con cierta resistencia y formalismo», recuerda Francisco López, el compañero uruguayo de Jorge. Los profesores, en su mayoría, eran viejos, extranjeros, y no estaban preparados para comprometerse con el mundo de su tiempo —«los gozos y las esperanzas, las tristezas y las angustias de los hombres de nuestro tiempo, sobre todo de los pobres y de cuantos sufren», según constaba en la célebre introducción de la Constitución pastoral de 1965 titulada *Gaudium et Spes*—, sumándose a la invitación que el Concilio hacía a la Iglesia. Lo importante, en el Máximo de aquellos años, tuvo lugar en los pequeños grupos que se formaban para discutir lo que implicaba ser jesuita en aquel tiempo nuevo. Era un proceso de interrogarse uno mismo, y que llevaría a muchos a abandonar la orden. En el caso de Bergoglio, dicho proceso modeló sus ideas sobre la renovación de la Compañía.

El ciclo de estudios filosóficos de Jorge concluyó en 1963, con el *periculum*, la defensa oral de sus tres años de estudio. Era un examen imponente: duraba dos horas, y la exposición se hacía en latín ante un tribunal formado por un mínimo de diez jesuitas. En función de los resultados, a los escolásticos se los dividía en «ovejas» y «cabras». Los más dotados intelectualmente se dedicaban a la enseñanza y la investigación, mientras que los que puntuaban más bajo eran destinados a tareas más prácticas, por ejemplo, las comunicaciones. Jorge accedió al nivel superior.

Al terminar sus estudios de filosofía, Jorge, junto con los demás graduados, recibió las órdenes menores, un paso más hacia el sacerdocio. Le escribió al padre Arrupe, que acababa de ser elegido general, para ofrecerse para su actividad misionera en Japón, pero recibió la respuesta de que su lesión pulmonar le incapacitaba para ello.

Ahora era regente, es decir, un jesuita que debía dedicar los siguientes dos años (o en su caso, tres) a la enseñanza en alguna escuela. A Jorge, así como a Goma, los enviaron a dar clases de literatura en el colegio de la Inmaculada Concepción, en Santa Fe, una de las instituciones de la Compañía más antiguas y queridas de Argentina.

Antes de morir en 1999, Morris West —autor australiano de libros de títulos de gran éxito de ventas como *Las sandalias del pescador*— publicó una última novela que trataba sobre un cardenal argentino que era elegido Papa. Salvo por el apellido italiano, no hay casi nada en común entre Luca Rossini, el protagonista de *Eminencia*, y Jorge Bergoglio.[20] Pero lo que resulta verdaderamente sorprendente es cuán poco de argentino hay en el personaje de Rossini. Tal vez West pensó que resultaría ridículo crear a un Papa de esa nacionalidad al que le encantara el tango, bebiera mate y fuera hincha del San Lorenzo. Sin duda, habría forzado demasiado su credibilidad si hubiera imaginado que su protagonista conocía al gran escritor de cuentos Jorge Luis Borges.

La realidad, sin embargo, supera a la metaficción: Bergoglio sí había conocido a Borges, tras invitarlo, en 1965, a impartir unas clases sobre literatura gauchesca a los alumnos de dieciséis y diecisiete años a los que enseñaba en aquella época. El punto de contacto fue María Esther Vázquez, la secretaria de Borges, que había dado clases de piano a los Bergoglio de niños. Por aquellos años presentaba un programa en Radio del Estado, e invitó a Jorge (que, a su vez, pidió a Goma que lo acompañara) a una entrevista en la que hablarían de jesuitas que daban clases de literatura.[21]

El colegio de la Inmaculada Concepción, que ocupa una cuadra entera de la plaza principal de la ciudad de Santa Fe, es la primera escuela secundaria de Argentina, y la más antigua. Puede atribuirse también el título de la más prestigiosa, el alma máter de muchas de las figuras públicas más conocidas del país. Fue en esa institución —fundada en 1610 para educar a la élite colonial, y devuelta a los jesuitas en 1862— donde el entonces rector había convencido a los caciques de los mocovíes y los abipones de que se dejaran reducir y donde, en 1636, del cuadrito de la Inmaculada Concepción pintado por un hermano jesuita, y expuesto en una de las capillas contiguas al colegio, empezaron a brotar hilos de agua curativa.

Cuando Jorge llegó allí en 1965, franqueó una imponente entrada colonial que se abría a un patio lleno de naranjos. Desde allí, a mano derecha se accedía al colegio, a mano izquierda se encontraba la comunidad jesuita, y enfrente estaba el cine, una enorme platea donde se celebraban las asambleas escolares y que los domingos pasaba a ser el cine Garay. Fue el mejor cine de la ciudad, con capacidad para mil quinientas personas y donde se pasaban los últimos estrenos. En verano se proyectaban en grandes pantallas colgadas entre los naranjos, mientras entre las sillas se colaba el humo de las espirales antimosquitos.

Cuando Jorge enseñaba en la Inmaculada —entre los veintiocho y los veintinueve años—, la mitad de los alumnos eran internos. Era un centro en el que imperaba la disciplina y donde el uniforme era obligatorio —chaqueta y corbata para la misa diaria—, pero mucho menos severo que los internados ingleses de la época. Dos días por semana, los alumnos hacían trabajos para la comunidad, construían casas de madera en la parroquia pobre que los jesuitas llevaban en Alto Verde, o practicaban deportes y acampaban.

«Desde el primer momento parecía maduro», recuerda uno de los jesuitas de aquel tiempo, el padre Carlos Carranza, que describe a Bergoglio como una persona «discreta, serena, pacífica, alguien a quien los alumnos estimaban mucho». Goma, que heredó el curso de literatura de Jorge, también recuerda su «relación muy especial» con los alumnos de la academia de literatura, que recuerdan a su profesor como exigente, generoso y brillante, y al tiempo amable y reservado. Se los ganaba con su sentido del humor y con su estilo directo, les conmovía su empeño, y no les pasaba por alto su alto grado de sofisticación mental. «En la pizarra había siempre fechas que relacionaban ideas y hechos rodeados por círculos —rememora Rogelio Pfirter, que llegaría a ser embajador en Londres—. Nos animaba a formular preguntas de todo tipo, y sus respuestas eran rápidas y precisas. Jamás lo vi dudar.» Eduardo, hermano de Rogelio, recuerda su modestia: «Se conducía con gran sencillez, nunca buscaba dominar ni destacar, algo no muy común entre los jesuitas de aquella época.» Son muchos los que han mencionado la gran calidad de sus charlas, que un antiguo alumno, Guillermo Venturi, recuerda como fascinantes y entretenidas. «A sus aptitudes naturales para la oratoria sumaba unos conocimientos literarios que le permitían explicar las cosas de una manera muy bella», recuerda el padre Carranza.[22]

Pero su popularidad no lo salvó de que lo rebautizaran con los inevitables apodos. Jorge Milia recuerda que lo llamaban «Carucha», a causa de lo triste de su expresión. También era conocido como «Irma la Dulce», por el personaje de prostituta francesa interpretado por Shirley MacLaine en la comedia del mismo título estrenada en 1963, porque, en tanto que subprefecto de disciplina, «dictaba duros castigos con un rostro angelical».

Roberto Poggio, que estudiaba allí, nunca olvidará uno de aquellos castigos. Después de dar una cachetada a un muchacho más joven durante un partido, Bergoglio le pidió que acudiera a un aula a una hora convenida. Cuando llegó, se encontró a diez de sus amigos sentados en círculo, y a Bergoglio a un lado. «Me dijo que debía contar a mis amigos con detalle lo que había ocurrido, y eso llegó a ser algo que me quedó grabado para toda la vida. Ellos fueron comprensivos conmigo, me dieron consejos y, de algún modo, me sentí como si me hubieran sacado un peso de encima. No me hicieron ningún reproche ni me atacaron.» Aquel jurado compuesto por alumnos dictó su castigo: Poggio fue suspendido de la práctica deportiva durante dos semanas, y tuvo que disculparse ante el joven estudiante.[23]

Jorge Milia también recuerda la manera única que tenía Bergoglio de imponer castigos. En una ocasión se presentó a un examen oral de literatura —pues no había entregado a tiempo un trabajo escrito—, como parte de su examen final, en presencia de tres jesuitas, uno de los cuales era Bergoglio. Tras darlo todo, Milia expuso su conclusión y aguardó. Tras un largo silencio, Bergoglio empezó a hablar.

Todos sabemos que no hay nota para un examen así y también sabemos que el señor Milia no debería haber tenido que rendir, que si tuvo que hacerlo es por no haber presentado su trabajo práctico en término, por suponer que para él no existen las reglamentaciones, por hacer su voluntad a cualquier costo, tal como es su costumbre. Por lo tanto, aunque la nota que correspondería es diez, creo que deberíamos ponerle un nueve como último recordatorio de su paso por este colegio. No para amonestarlo sino para que se acuerde siempre que lo que cuenta es el deber cumplido día a día, realizar la labor sistemática sin permitir que se transforme en rutina, construir ladrillo a ladrillo, más que el rapto improvisador que tanto le seduce.

«Nueve», convinieron los demás jesuitas. Milia, abrumado por el sentido de la justicia que encerraba la decisión de su profesor, nunca olvidaría la lección.[24]

Las materias asignadas a Jorge —literatura, psicología, arte— no eran las que de manera evidente habrían correspondido a un técnico en química, pero era típico de los jesuitas poner a prueba a los docentes haciéndoles impartir asignaturas que no eran las suyas. En cualquier caso, Jorge era un ávido lector de autores clásicos, y tenía sentido que lo pusieran al frente de la prestigiosa academia de literatura del colegio. Las academias de la Inmaculada, que se especializaban en distintas asignaturas, formaban parte distintiva de la tradición del centro: los alumnos solicitaban su ingreso y tenían que justificar por qué debían admitirlos en ellas. Los profesores a cargo de dichas academias decidían si los aceptaban o no.

Jorge impartió literatura española durante su primer año en el colegio, y literatura argentina durante el segundo. Detectando el deseo de sus alumnos de pasar directamente a los textos modernos, reorganizó el programa para que pudieran leer *El Cid* en casa, e inició el curso con Federico García Lorca, poeta del siglo XX. A medida que descubrían el gusto por la literatura, los hacía retroceder hasta el Siglo de Oro español, poniéndolos en contacto con autores como Cervantes, Quevedo y Góngora, a fin de que todo, como diría más tarde, «surgiera de manera natural». El experimento funcionó: a medida que los chicos se implicaban cada vez más, los animaba a profundizar en sus pasiones, y se ofrecía a darles tutorías. «Lo bueno de Bergoglio —escribió Milia en las memorias de sus años escolares— era que las puertas no estaban nunca cerradas. Quien quisiera explorar el monumento que es la lengua española podía hacerlo con mayor o menos profundidad, sin condiciones ni eufemismos.»

Milia recuerda que Jorge les dio a conocer la medieval *Danza general de la Muerte*, un diálogo en verso en el que una personificación de la muerte invita a la gente, en distintas etapas de la vida, a bailar alrededor de una tumba, para recordarle, poéticamente, su fin mortal. Para ayudarles a comprenderlo, Jorge organizó en el cine Garay un estreno de *El séptimo sello,* la película de Ingmar Bergman de 1957 que cuenta la historia de la partida de ajedrez que un caballero medieval juega con la Muerte. A Milia y a sus compañeros les pidieron que redactaran críticas al largometraje comentando sobre el uso de la escenografía, los personajes, la música, etcétera.

La intención de Jorge era invitar a escritores al colegio para que sus alumnos pudieran aprender no solo de los frutos de la escritura, sino también de aspectos del hecho de escribir. La primera en participar en aquellas sesiones fue María Esther Vázquez, que a su vez organizó las cinco charlas de Borges en la Inmaculada en agosto de 1965, sobre poesía gauchesca. Fue un golpe de efecto extraordinario, que la universidad local contempló con envidia, recuerda Milia, «como si la Orquesta Filarmónica de Berlín hubiera acudido a tocar el "Cumpleaños feliz" en una fiesta infantil».

El poeta, ensayista y maestro del cuento, precursor de lo que pronto sería el *boom* internacional de la literatura latinoamericana de la década de 1960, tenía ya más de sesenta años. Era un icono en la Argentina, reconocido allá donde fuera, de voz inconfundible y muy imitada. Su creciente fama había coincidido con una ceguera progresiva —como él mismo comentó agudamente en una ocasión, Dios le dio, a la vez, los libros y la noche— y para entonces dependía de su memoria de bibliotecario para documentar aquellas obras de ficción tan suyas, cerebrales y lúdicas.

Bergoglio, en 2010, dijo que Borges «tenía la discreta genialidad de hablar de cualquier cosa sin darse nunca aires». Conocía y adoraba los relatos de Borges, que se desarrollan en una especie de hiperrealidad, donde los personajes se mueven como cifras en un mundo laberíntico de bibliotecas e ideas. Hay mucho en la manera de hablar de Bergoglio, en su propio estilo de escritura —paradojas y juegos de palabras frescos, ingeniosos y lúdicos—, que sugiere una afinidad entre ambos.

Como un Juan Bautista, Jorge preparó la llegada del gran hombre con un curso intensivo sobre su obra, de modo que cuando Borges llegó, en autobús, en pleno invierno austral, aquel mes de agosto de 1965, quedó asombrado al ver a los jóvenes tan familiarizados con su obra. Durante aquellas jornadas, casi ciego y apoyándose en un bastón, fue acogido con entusiasmo, habló ante un público entregado, y disfrutó de la compañía tanto de los alumnos como de los jesuitas. Al volver la vista atrás, Milia se daba cuenta de que el gran regalo de Bergoglio a sus estudiantes fue precisamente el tiempo que habían podido pasar con aquel gurú invidente capaz de convertir el objeto o el hecho más triviales en relatos maravillosos.

Jorge se aseguró de que aquella experiencia diera sus frutos. Llevaba tiempo animando a los chicos a que escribieran, y ahora les pidió que redactaran unos relatos, entre los que escogerían los mejores para enviárselos a Borges. Goma y él seleccionaron los ocho de mayor calidad y se los hicieron llegar en una carpeta etiquetada con el título «Cuentos originales». Poco después, el padre Ricardo O'Farrell recibió una carta del escritor agradeciéndole al rector la hospitalidad de los jesuitas y ofreciéndose a escribir un prólogo para «ese libro», cuyo título, según afirmaba, le había gustado mucho. Era la primera vez que a alguien se le ocurría que aquellos cuentos constituían «un libro», y más aún que pudiera ser publicado. Pero, tras el ofrecimiento del autor, no les costó encontrar editor.

Borges regresó a Santa Fe en noviembre para la presentación de *Cuentos originales*, que, empujado por sus elogios, se convirtió en todo un éxito en la ciudad. Bergoglio envió el libro a una poetisa a la que conocía, Sofía Acosta, para pedirle su opinión, y también, astutamente, envió una carta elogiando los relatos al director de un periódico de la cercana ciudad de Paraná (en la que el antiguo palacio de sus tíos bisabuelos era ahora un restaurante). «Nuestro deseo es hacer destacar los aciertos y valores de esta obra que se ha constituido en un *best seller* en Santa Fe», escribió Jorge, quien le pedía que diera a conocer el libro «por intermedio de su distinguido diario». Fue, sin duda, una manifestación temprana de su pericia política.

En el prólogo de los *Cuentos originales,* Borges escribe: «Es verosímil que alguno de los ocho escritores que aquí se inician llegue a la fama, y entonces los bibliófilos buscarán este breve volumen en busca de tal o cual firma que no me atrevo a profetizar.» Y, en efecto, el libro fue solicitado hasta agotarse, pero no hasta 2013, y quienes mostraron más interés en adquirirlo fueron periodistas, más que bibliófilos, y no por los nombres de los autores que aparecían en él, sino por uno que, precisamente, no figuraba en la edición. A Borges, maestro de la ironía, le hubiera encantado.

Uno de los cuentistas en aquella colección era el periodista Jorge Milia, que cuarenta años después publicó las memorias de sus años de colegio a instancias de Bergoglio, con el que ha mantenido el contacto. Él a la sazón cardenal arzobispo se ofreció a escribir un prólogo a aquellas memorias, que con el título *De la edad feliz* se publicaron en 2006. Milia, que en la actualidad se dedica a publicar columnas online en las que explica los «bergoglismos» de Francisco, puede jactarse de ser el único autor con obras prologadas por dos de los hijos más famosos de Argentina: Jorge Luis Borges y el Papa Francisco.

Borges se consideraba agnóstico, pero su abuela inglesa protestante le había enseñado a leer la Biblia, y rezaba un padrenuestro todas las noches porque se lo había prometido a su madre. Murió en presencia de un sacerdote. Pero también era un apasionado de la sabiduría judía, escribió sobre el budismo y conocía el Corán lo bastante bien para asegurar que, en sus páginas, ni una sola vez aparecía la palabra «camello» (argumento que usó para criticar a cierto tipo de escritor nacionalista, que llena sus libros de «color local»). En su última fantasía, *Los Conjurados,* imagina el milagro fundacional de una nación en la que «se trata de hombres de diversas estirpes, que profesan / diversas religiones y que hablan en diversos idiomas. / Han tomado la extraña resolución de ser razonables. / Han resuelto olvidar sus diferencias y acentuar sus afinidades». Suena muy parecido a lo que el cardenal Bergoglio promovería más tarde como «la cultura del encuentro».

3

Timonel en la tormenta
(1967-1974)

Vocabor Franciscus. «Me llamaré Francisco.» Fue una elección impactante. Dado que ningún otro Papa había llevado ese nombre, no debería ir seguido de números romanos, sino que permanecería ahí tan desnudo y sencillo como *il Poverello* con su camisa de pelo y los ropajes de seda a sus pies.

Nadie había pensado que un Papa pudiera llamarse Francisco: sería algo así como adoptar el nombre de Pedro, o de Jesús. Eran únicos.

«Me asombró su audacia, porque el nombre de Francisco es un programa de Gobierno entero, en miniatura— declaró el vaticanista John Allen a Boston Radio—. Es figura icónica del imaginario católico que despierta imágenes antitéticas a la Iglesia institucional... Es un gran peso que cargar a tus espaldas cuando acaban de elegirte. Si no estás dispuesto a predicar con el ejemplo, te vas a meter en un buen lío.»[1]

Bergoglio había llevado toda la vida predicando con el ejemplo. En ese momento, significaba, sobre todo, decir que no, como su decisión de seguir llevando su viejo par de zapatos negros, o su cruz de plata al pecho (por lo general la de un sumo pontífice es de oro), o su fiable reloj de plástico negro, o la de negarse a usar la limusina que lo esperaba para llevarlo de vuelta a la hospedería para la cena («Que Dios los perdone por lo que me hicieron», bromeó con los cardenales). Después de celebrar misa con estos al día siguiente, salió del Vaticano en un Ford

Focus —los guardias de seguridad viajaban en coches mejores que el suyo—, para rezar en el santuario de Santa María la Mayor, y a su regreso pasó por la Casa Internacional del Clero, donde se había alojado antes del cónclave. Allí recogió su equipaje, pagó la factura a un atónito recepcionista («Me registré con otro nombre», fue el pie de una foto ampliamente retuiteada), y conversó y bromeó con el personal. No había mucho que recoger. Aquella noche había lavado algunas prendas de ropa y las había dejado secándose sobre el radiador.

Durante su encuentro, dos días después, con la prensa acreditada en la moderna Sala de Audiencias construida junto a San Pedro, dejó a un lado el texto que llevaba preparado para contar a los periodistas cómo a algunos cardenales se les habían propuesto otros nombres: Adriano, por ejemplo, por el Papa holandés del siglo XVI («él era reformador, necesitamos una reforma»), o tal vez Clemente XV, para vengarse de aquel Clemente XIV que había suprimido la Compañía de Jesús. Al concluir la audiencia, en la que había hechizado a seis mil periodistas de ochenta y un países, saludó a un grupo representativo de los medios, uno por uno, en el escenario. No los recibió sentado: se levantó y se adelantó para estrecharles la mano. Entre ellos se encontraba un ciego que trabajaba en la oficina de comunicaciones del Vaticano, con su perro-guía sujeto por un arnés. Francisco abrazó al hombre y, mientras conversaban, puso la mano en la cabeza del golden retriever.

Eran muchos los detalles como ese. No se trataba de meros gestos ni mensajes calculados. Surgían de su identificación con el Cristo de los Evangelios.

En las semanas y meses que siguieron, Francisco recurrió a la autoridad heredada de san Pedro para liberarse del papado monárquico, intentando eliminar, en la medida de lo posible, lo que lo separaba de la humanidad corriente. No estaba en contra de aquellas cosas en sí mismas, sino cuando suponían obstáculos o distracciones. Pero, en los medios de comunicación empezó a arraigarse una narrativa de «pauperismo», según la cual todo lo que hacía el Papa era una refutación de la riqueza y el privilegio. Si había optado por permanecer en la Casa Santa Marta, la residencia vaticana en la que los cardenales se habían alojado durante el cónclave, no había sido, como se decía, porque el Palacio Apostólico resultase excesivamente lujoso (no lo es), ni porque la residencia vaticana fuera sencilla y humilde (su construcción costó 25 millones de dólares, y en ella abunda el mármol), sino para que la gente tuviera acceso directo a él: quería evitar los cuellos de botella impuestos por los intermediarios que habían mantenido a Benedicto XVI —a pesar de su propia humildad y accesibilidad— distante y aislado.

En Santa Marta Francisco creó un medio de comunicación papal totalmente novedoso: homilías breves, de tres puntos, improvisadas, pronunciadas en la misa diaria de las siete de la mañana que se celebraba en la moderna capilla, fruto de las reflexiones que, al amanecer, realizaba sobre sus lecturas del día, mate en mano.

«Debemos aprender a ser normales», le dijo al padre Spadaro, su entrevistador jesuita, en agosto de ese mismo año, y él predicaba con el ejemplo recogiendo la bandeja de comida en el comedor de Santa Marta como cualquier otro, realizando sus llamadas telefónicas y concertando muchas de sus citas personalmente, llevando su propia agenda y haciendo visitas —siempre en el Ford Focus azul, sin ninguna clase de séquito—, a las parroquias y organizaciones benéficas de los alrededores de Roma, para pasar ratos con los ancianos, los sin techo y los inmigrantes.

No tardaron en circular anécdotas sobre la bondad de Francisco, imposibles de verificar, como la que se produjo un día en que, al salir de su habitación, se encontró con un guardia suizo montando guardia, de pie, junto a su puerta, y le acercó una silla. «Pero, Santo Padre, yo no puedo sentarme. El jefe no me lo permite», le dijo el guardia. «Bueno, yo soy el jefe de tu jefe, y te digo que no hay problema», respondió Francisco, antes de volver a entrar en su dormitorio para ir a buscarle un bocadillo.

A Francisco no le daba miedo «hacer lío», como cuando, en septiembre de 2013, visitó un centro de refugiados en Roma, donde declaró que los conventos vacíos no debían convertirse en hoteles, sino que debían usarse para albergar a inmigrantes, «la carne de Cristo». O como cuando telefoneó a una mujer en Argentina y pareció sugerirle que debía recibir la Eucaristía, a pesar de que su sacerdote decía que no podía («hay gente más papista que el Papa», aseguró la mujer que le había dicho Francisco). O como cuando declaró, ante los delegados de la Confederación Latinoamericana y Caribeña de Religiosos y Religiosas (CLAR), que no se preocuparan si recibían una carta del Vaticano regañándolos por alguna infracción doctrinal; era mejor tener una Iglesia que cometiera errores y se ensuciara que una que no saliera nunca a la calle.

«Hay que dar vuelta a la tortilla», dijo a los delegados del CLAR. ¿Por qué era noticia que el Dow Jones subiera o bajara unos pocos puntos, pero no que un anciano muriera de frío en la calle? «Hay que darle vuelta —les dijo—. Ese es el Evangelio.»

En sus homilías diarias y en sus discursos, con suavidad pero con un enfoque total, cargaba contra lo que el teólogo Henri de Lubac llamaba «mundanidad espiritual». Se trataba de una enfermedad con muchos síntomas: prelados que gastaban mucho, obispos «de aeropuerto», ausentes con mucha frecuencia de sus diócesis, obispos que iban de una cena de gala a otra, laicos católicos que usaban órdenes de caballería para sus intereses empresariales, diócesis que priorizaban la eficacia y anteponían los planes a la gente, grupos de élite con propósitos teológicos o litúrgicos, autoproclamados inquisidores que peinaban las homilías de los sacerdotes en busca de aspectos heterodoxos, organizaciones eclesiásticas tan profesionales que no se distinguían en nada de las mundanas... La lista era larga. La Iglesia, como Francisco nunca se cansaba de señalar, no era una ONG sino una historia de amor, y los hombres y las mujeres eran eslabones en aquella «cadena de amor». «Y si no comprendemos esto —añadía—, no comprendemos nada de lo que es la Iglesia.»

La elección de su nombre empezaba a adquirir un sentido más profundo, porque Francisco de Asís era el enemigo férreo de la mundanidad espiritual. En 1205 se había convertido en mendigo en nombre de Cristo, renunciando a una vida de comodidad y privilegios para vivir entre leprosos, en contacto con los árboles y los animales silvestres de su querida Umbría. Su alegría contagiosa nacía de hacer sitio, en todo momento, para lo prioritario: Dios, Cristo, Su creación. «Ama la naturaleza, los animales, la brizna de hierba del prado y los pájaros que vuelan en el cielo —dijo el Papa sobre su tocayo en una entrevista concedida en vísperas de su visita a Asís del 4 de octubre de 2013—, pero sobre todo, ama a las personas, a los niños, a los viejos, a las mujeres.»

Al ponerse el nombre del *Poverello*, Francisco no solo se identificaba con un santo, sino con una corriente subterránea que, a lo largo de la historia, había aflorado a menudo en momentos de crisis, pero que se había desvanecido con la misma rapidez con la que había llegado. Los tiempos habían cambiado desde la época del santo de Asís, dijo Francisco, «pero el ideal de una Iglesia misionera y pobre sigue siendo válido. Esta es, por tanto, la Iglesia que predicaron Jesús y sus discípulos». Esa era su visión: una Iglesia conformada por la periferia, que pusiera a los pobres primero, que fuera ambulante, materialmente sencilla, que trascendiera fronteras, que viviera de la dulce alegría de la evangelización. Era una Iglesia que, en palabras de Bergoglio a sus compañeros cardenales antes del cónclave, rechazara la mundanidad espiritual a fin de vivir no solo por su propia luz, sino por el *mysterium lunae*, la luz de la divinidad.

La visita de doce horas que Francisco realizó a Asís el 4 de octubre de 2013 le permitió enseñar aquella visión de la Iglesia en un recorrido por todos los lugares relacionados con la vida del *Poverello*. Tenía discursos que pronunciar, puntos programados en los que detenerse, y, sin embargo, a quienes lo observaban ese día les parecía que lo condujera de un lugar a otro el santo Pueblo fiel de Dios, impaciente por mostrarle su aldea montañosa, recientemente sacudida por un terremoto. «Lo arrastraban a cada cueva, a cada altar, a cada cripta —recordaría más tarde el cardenal Seán O'Malley, de Boston, un capuchino franciscano que lo acompañaba—. Allá donde iba, alguien le salía al paso y le decía: "Esta es la primera vez que un Papa viene hasta aquí." Y yo no dejaba de pensar: "¡No debería estar aquí a estas horas de la tarde! Ya no es un hombre joven.".»

Cuando vivía «en sus pecados», Francesco di Bernardone sentía temor, e incluso repugnancia, de las llagas de los leprosos y, por ende de los leprosos. Pero después, mientras los lavaba y cubría sus heridas en la leprosería, la tortilla se volteó: aquellos que antes le daban asco ahora le proporcionaban dicha y alegría. Fue un renacer, una sanación, una manera nueva de ver el mundo con los ojos de Dios. El Papa Francisco inició su visita a Asís entre los leprosos de hoy, los discapacitados severos, en el Instituto Seraphicum. Durante una hora fue suyo: se aferraban a sus manos, lo apartaban para confiarle sus pensamientos y sus sentimientos, jugaban con la cruz que llevaba al pecho, gritaban, gruñían, chillaban, balbuceaban. «Estamos entre las llagas de Jesús —dijo Francisco en voz baja, visiblemente emocionado—. Y esas llagas deben ser escuchadas, reconocidas.»

Al mes siguiente Francisco asombró al mundo al acariciar los bultos que cubrían el rostro de Vinicio Riva, un hombre de cincuenta y tres años cuya desfiguración facial era tan extrema que mucha gente se bajaba de los autobuses para evitar mirarlo. Cuando Francisco besó aquellas deformidades, síntoma de una enfermedad genética llamada «neurofibromatosis», Riva sintió que su corazón empezaba a latir con tal fuerza que pensó que iba a morir. «Ni siquiera se planteó si debía abrazarme o no —explicó después—. No soy contagioso, pero eso él no lo sabía. Y de todos modos lo hizo: me acarició toda la cara, y mientras lo hacía yo solo sentía amor.»

Francisco era el decimonoveno Papa que visitaba Asís, pero el primero en entrar en la Sala del Expolio que hoy forma parte del palacio episcopal. Ahí Francesco di Bernardone, delante de su familia, se despojó de sus nobles ropajes de seda y renunció a la riqueza y el poder. «Lo mundano nos lleva a la vanidad, a la arrogancia, al orgullo y estos son falsos ídolos —dijo el Papa Francisco—. Todos nosotros tenemos que despojarnos de esta mundanidad», porque, si no, añadió, «nos convertimos en cristianos de pastelería, como los pasteles muy bonitos y dulces, pero no cristianos de verdad».

Aquella tarde, en encuentros al aire libre con clérigos y jóvenes, expresándose en su fluido italiano con acento argentino, dio lo mejor de sí mismo. En la catedral de San Rufino pidió a los sacerdotes que se resistieran a pronunciar «estas homilías interminables, aburridas, de las cuales no se entiende nada», y recordó los días ya lejanos en que los curas de las parroquias se sabían los nombres de todos sus parroquianos «y hasta el nombre del perro de cada familia». Dijo a los clérigos que las parejas que se separan no supieron cómo perdonar a tiempo. «A los recién casados yo les doy este consejo: "Peleen cuanto quieran. Si vuelan los platos, déjenlos. ¡Pero nunca terminen el día sin haber hecho las paces! ¡Nunca!".» Instándolos a llegar a los marginados y a los despreciados, les dijo: «No se dejen bloquear por los prejuicios, las costumbres, por la rigidez mental o pastoral, ¡por el "se ha hecho siempre así!". Se puede ir a las periferias solo si se lleva la Palabra de Dios en el corazón y se camina con la Iglesia, como san Francisco.»

Incluso tras innumerables visitas, una misa y cinco discursos, sacó energía de aquella multitud formada por veinte mil personas que aguardaban en el exterior de la basílica de Santa María de los Ángeles, a media tarde. Al hablar de lo difícil que resultaba casarse en una cultura dominada por lo provisional, les instó a que no tuvieran miedo de dar pasos definitivos en la vida. «Cuántas veces he oído madres que me decían: "Pero, Padre, yo tengo un hijo de treinta años y no se casa: ¡no sé qué cosa hacer! Tiene una bella novia, pero no se decide..." ¡Pero, señora, no le planche más las camisas!»

Los medios de comunicación italianos siguieron de cerca la visita de Francisco. Sabían que era un hombre divertido y sincero, pero resultaba fácil malinterpretarlo, tomarlo por una especie de rebelde, de iconoclasta. Él estaba restaurando lo que se había perdido: no estaba despreciando a la Iglesia ni sus doctrinas, sino buscando restablecer su significado y su propósito, que eran revelar a Cristo. Ello implicaba estar en contra de algunas cosas, y ofender a algunas personas, pero solo a fin de que la Iglesia fuera más como es, no para convertirla en otra cosa.

Lo que la gente adoraba de Francisco —como había adorado del hombre de Asís— era precisamente su «cristianidad»: su autenticidad entre lo falso, su simplicidad en un mundo de materialismo, su espontaneidad entre tantas sotanas almidonadas, su preferencia por los pobres en un mundo que competía por ser rico. Era humilde en un mundo de fama, pecador en un mundo de autojustificación, y besaba a leprosos en un mundo obsesionado con la belleza.

Todo ello hacía de él —aunque no encajara con el discurso rupturista tan querido por los medios— un sucesor directo de Benedicto XVI. Los observadores más atentos podían ver que la frescura, la honestidad y la franqueza de Francisco se basaban en algo sólido e inmutable, que él estaba, en cierto sentido, cambiándolo todo al tiempo que no cambiaba nada. Lo que había conseguido era hacer que el mensaje casara con su contenido. El programa —humildad, oración, confianza en Cristo— era el mismo, pero los textos afinadísimos, cristalinos, de Benedicto XVI, pronunciados con voz queda por una figura remota, ahora los comunicaba un hombre que se levantaba de la silla para convertir sus comentarios improvisados en encuentros físicamente afectuosos. Benedicto aclaraba quién era Cristo, qué significaba vivir en Él y por Él; Francisco recordaba a Cristo. La atracción generalizada que despertaba mostraba que incluso en los agnósticos más redomados de Occidente acecha un recuerdo enterrado del Dios hecho hombre.

Era como los frailes de San Francisco de Asís que, en el siglo XIV, cosecharon lo que los monjes habían sembrado durante los setecientos años anteriores. Tal como describe G. K. Chesterton en su admirada biografía de San Francisco, al referirse al fundador del siglo VI de la tradición monástica occidental: «Lo que san Benito almacenó san Francisco lo prodigó... el grano que se acopió en los graneros se desparramó por el mundo convertido en simiente.»[2]

Ahora, otro Francisco sacaba al camino a otro Benito.

El Concilio Vaticano II, que concluyó en 1965 —año que pasó dando clases en el colegio del Salvador de Buenos Aires—, fue el punto de referencia de Jorge Mario Bergoglio. A finales de la década de 1960 y principios de la siguiente, cuando la Iglesia fue sacudida por los cambios del Concilio, Bergoglio era, primero, un jesuita recién formado y, después, un provincial joven. Fue una época en la que las órdenes religiosas como la suya se sometían a sus propias reformas en torno a debates sobre qué significaba regresar *ad fontes,* a sus orígenes, tal como el Concilio les pedía que hicieran. En el seno de la Compañía de Jesús, que lideraba la aplicación del Concilio en todo el mundo, las turbulencias fueron particularmente intensas, sobre todo en América Latina, pues los cambios postconciliares habían llegado en un momento que no solo era de explosión social, como en Europa y en Estados Unidos, sino de revolución política.

Fue porque Bergoglio se aferraba a la idea de reforma, y no de ruptura —de reforma, y no de revolución— por la que sus compañeros jesuitas instaron a Roma a que lo nombrara provincial, y por lo que pasó a ser impopular entre los intelectuales de vanguardia de su provincia. Fueron ellos, posteriormente, quienes divulgaron la falsa idea de que Bergoglio era conservador, y el mito de que quería hacer retroceder a los jesuitas al momento anterior al Concilio. Sus decisiones y sus escritos revelan una historia contraria a aquel relato.

El Concilio rompió una presa, desencadenando torrentes retenidos de renovación, una renovación necesaria desde hacía mucho tiempo. Los fieles ya podían rezar en su lengua. Las Escrituras podían abordarse directamente. Se tendieron puentes, sobre todo con los judíos, que ahora se veían más como hermanos mayores que como enemigos irreconciliables. Atrás quedaba el modelo monárquico —un Papa y unos obispos gobernando a una gran masa de gente por la mediación de clérigos y religiosos— a ser reemplazado por un modelo centrado en el Pueblo de Dios, en el que las distinciones no eran de rango sino de función. Se establecía un tono nuevo, de diálogo y participación, de compromiso y esperanza. Los católicos ya no se alejarían de la modernidad, sino que serían su comadrona, contribuyendo a dar a luz un mundo más humano. A través de los documentos aprobados durante aquella titánica reunión que duró tres años, fluía un caudal nuevo, casi franciscano. El Concilio comprometía a obispos y clérigos a defender una mayor simplicidad de vida, «a ser pobres, sencillos, humildes y amables, en su discurso y en su actitud», según lo expresó el Papa Pablo VI.

Los dieciséis documentos del Concilio siguen siendo la Carta Magna del catolicismo moderno, rico en ideas sobre la Biblia y las Escrituras, que vuelven a captar la vitalidad y el compromiso de la Iglesia primitiva. Asimilados correctamente, harían a la Iglesia más misionera —más creíble y más convincente—, al purificarla de su mundanidad. Renunciar el apego al poder y al prestigio en favor de una nueva dependencia del Espíritu Santo la llevaría a liberar nuevas energías para la evangelización del mundo.

Pero los documentos no fueron siempre bien asimilados. La finalidad del Concilio era equipar a la Iglesia para transformar el mundo moderno, orientándola hacia el exterior, para la misión. Aun así, la idea misma de que la Iglesia cambiara —después de una resistencia tan larga a la idea de cambio en el mundo— resultó inquietante. El Concilio fue un *aggiornamento*, una puesta al día de la Iglesia para adecuarla a las necesidades de su tiempo, pero a menudo se confundió —tanto por progresistas como por reaccionarios— con un mandato de modernización, es decir, de adaptación de la Iglesia al mundo moderno, con relación al cual debía conformarse.

El problema, como Benedicto XVI señaló en uno de sus últimos discursos como Papa, en febrero de 2013, era que «el Concilio que llegó al pueblo fue el de los medios, no el de los Padres». Los cambios se filtraban a través de una lente política, como una lucha entre distintas facciones, con los medios tomando partido por los que percibía como partidarios de la ruptura. Antes del Concilio, muchos habían tomado lo que era esencial e inalterable —lo que Jesús había encomendado preservar a la Iglesia— por lo que era, en realidad, tradicional, o contingente de una época determinada. Después del Concilio, el peligro fue todo lo contrario: lo que era esencial podía ser visto como una costumbre hueca, y lo que era nuevo podía llegar a considerarse como algo bueno per se. De ahí las disputas: algunos culpaban al Concilio por cambiar demasiado, mientras que otros protestaban porque hubiera cambiado demasiado poco. A medida que la Iglesia se dividía, la autoridad del Papa menguaba. Los grupos de católicos adquirían sus propios magisterios, mediante los que juzgaban a los demás.

A finales de la década de 1960, la crisis cristalizó en torno al tema del control de la natalidad. Cuando el Papa Pablo VI optó por mantener el veto a la anticoncepción artificial, decidiendo ignorar los hallazgos de un comité de expertos que él mismo había nombrado, su encíclica *Humanae Vitae* desencadenó una rebelión y encendidos debates sobre la dicotomía entre autoridad y conciencia individual. Se inició un éxodo, sobre todo entre las clases medias occidentales, por el que un inmenso número de personas se sumaban a una nueva y creciente Congregación conocida como la de los «católicos no practicantes».

La crisis se notaba no solamente en la menor asistencia a las iglesias, sino en la vida religiosa y sacerdotal. Si la cifra de hombres y mujeres que abandonaban las órdenes para casarse acentuaba una tendencia que ya era evidente en la Iglesia preconciliar, el brusco descenso en el número de nuevos ingresos mostraba el daño causado por las turbulencias postconciliares.

La Compañía de Jesús, que fue precursora en la aplicación del Concilio, sufrió con dureza esa reducción de vocaciones. A nivel mundial, los 36.000 jesuitas de 1965 suponían el cuerpo sacerdotal más numeroso y mejor organizado de la Iglesia: un tercio de ellos enseñaban a más de un millón de alumnos en casi cinco mil escuelas, colegios de secundaria y universidades de todo el mundo. Ya entrada la década de 1970, esa cifra se había reducido en un tercio. En algunos lugares las nuevas vocaciones —hombres que se incorporaban a la Compañía—, desaparecieron por completo.

Esa pérdida de vocaciones reflejaba, al menos en parte, la incertidumbre de los jesuitas ante su nueva misión. Como sucedía con otras órdenes, a los miembros de la Compañía de Jesús se los invitaba a beber de nuevo de los pozos de sus fundadores, un proceso descrito como «volver a las fuentes» o *ressourcement*. Pero existían profundos desacuerdos sobre el significado de ese regreso.

La renovación jesuita a nivel mundial la encabezó el padre Pedro Arrupe, elegido superior general vitalicio al término del Concilio, en 1965, en una reunión de las provincias jesuitas de todo el mundo (una mezcla de delegados electos y provinciales) que se celebró en Roma. La XXXI Congregación General (CG31) acordó que «el Gobierno entero de la Compañía debe adaptarse a las necesidades y a las formas de vida modernas», y que los jesuitas debían «ser purificados y enriquecidos de nuevo según las necesidades de nuestro tiempo». El apasionado y visionario Don Pedro era un vasco con formación en medicina, poseía la nariz ganchuda y la sonrisa cálida de Ignacio de Loyola, y, por haber sido testigo de la caída de la bomba atómica sobre Hiroshima, no era ajeno a las crisis.

En vísperas de la conclusión del Concilio, el padre Arrupe pidió a los provinciales que llevaran a cabo una encuesta rigurosa sobre la finalidad de los jesuitas en el mundo moderno. Tres años y cuatrocientas respuestas después, la misión estaba clara: estaban llamados a solidarizarse con el anhelo de justicia y paz de los pobres.

En sus viajes por todo el mundo durante los años siguientes, intentando mantener unida la Compañía en medio de abandonos y amenazas de escisión, sobre todo en España, Arrupe instó a sus hermanos a regresar a las fuentes de la espiritualidad ignaciana. Los *Ejercicios Espirituales* fueron redescubiertos, no como aros a través de los que saltar, sino como una escuela de oración: la *Autobiografía* de Ignacio fue revelada por vez primera en su texto auténtico; y los manuales de reglas del siglo XIX quedaron finalmente archivados, dejando sitio así para las *Constituciones* originales. El discernimiento dejaría de ser algo sobre lo que los jesuitas leían para convertirse en algo que practicaban por sí mismos.

Jorge Bergoglio se implicó profundamente en esa renovación al tiempo que cursaba teología en el Colegio Máximo, entre 1967 y 1970. Allí creó un estrecho vínculo con el padre Miguel Ángel Fiorito, el pionero de la renovación espiritual en la provincia de Argentina, que había regresado al método original de hacer los Ejercicios como retiro individual y guiado. Además de ser decano de filosofía, ese metafísico introvertido y de pelo cano, que a la sazón se acercaba a los cincuenta años, se convirtió en la principal autoridad argentina sobre las reglas de san Ignacio sobre el discernimiento de los espíritus. «En cierto sentido, podía decirse que él era el director espiritual de la provincia argentina», comenta el padre Miguel Yáñez, SJ, que en la actualidad es docente en Roma.

Hombre parco, riguroso, de pocas palabras, Fiorito contaba con el afecto profundo de quienes lograban acercarse a él, entre ellos los futuros provinciales de Argentina y Chile. En tanto que director espiritual suyo, «nos hizo volver a las fuentes ignacianas del discernimiento —recuerda el chileno Fernando Montes—: el primero que nos encendió la chispa fue el padre Fiorito». Los futuros dirigentes de la provincia argentina (maestros de novicios, rectores del Máximo y provinciales) de las décadas de 1970 y 1980 —sobre todo Jorge Bergoglio, Andrés Swinnen y Ernesto López Rosas—, formaron un grupo en torno a Fiorito y le ayudaron a publicar su nuevo *Boletín de Espiritualidad* en la imprenta del centro.

El tercer número del año 1968 contenía el primero de los muchos artículos de Bergoglio, titulado «El significado teológico de la Elección», que trataba sobre la lucha entre la elección de Dios y el elegido. En él mostraba cuánto había asimilado las reglas del discernimiento de Ignacio, así como su implicación con la renovación de la formación jesuítica. Jorge era un alumno de Fiorito plenamente comprometido, que se sentía muy vinculado a él. Su coetáneo uruguayo, Francisco López, recuerda que Bergoglio una vez le comentó que se estaba preparando con él para ser maestro de novicios. Cuando, durante el curso 1968-1969, la casa del noviciado —que por entonces alojaba solo a una o dos nuevas incorporaciones— se trasladó de Córdoba a San Miguel, se instaló en una casa alquilada, Villa Bailari, y Bergoglio pasó a ser asistente del nuevo maestro de novicios, el padre Alfredo Estrella.

El grupo de Fiorito se tomaba muy en serio la idea de *ressourcement*, una renovación que implicaba un retorno al «carisma primitivo» de los primeros jesuitas, adaptándolo a los tiempos modernos. Se trataba de un planteamiento muy distinto a la otra versión de la renovación, según la cual había que rechazar aquella herencia por considerarla obsoleta, que tendía a adaptar acríticamente las ideas contemporáneas. La comprensión de Bergoglio de la diferencia entre ambos planteamientos partía de las tesis del teólogo francés Yves Congar, que había influido en la decisión del Papa Juan XXIII para que convocara el Concilio Vaticano II. El texto clásico de Congar, *Verdaderas y falsas reformas en la Iglesia*, publicado en 1950, repasó la historia de la Iglesia para discernir por qué algunos reformadores que por lo general empezaban con buenas intenciones —para contrarrestar abusos y corrupción, para restaurar la santidad y el celo— acababan propiciando cismas y división, mientras que otros producían grandes frutos en santidad renovada y unidad. ¿Cuál era la diferencia?

Congar consideraba que la verdadera reforma estaba siempre enraizada en la preocupación pastoral por los creyentes corrientes: iba orientada no al centro, sino a la periferia, y esta le daba forma. En otras palabras, tenía en cuenta la tradición —las constantes católicas, como el culto eucarístico, un magisterio de enseñanza, la devoción a los santos, etcétera— más valorada por los fieles corrientes que por las élites de vanguardia. La verdadera reforma buscaba hacer que la Iglesia fuera más fiel a sí misma, y estaba sensible a los intentos de alinearla con movimientos contemporáneos seculares (como el nacionalismo, en el siglo XVI, o el marxismo en el siglo XX). Sus frutos eran un mayor celo y fidelidad, así como un mantenimiento de la unidad. La verdadera reforma atacaba la mundanidad espiritual que impedía que la Iglesia se pareciera a Cristo y actuara como él. Según la lectura de Bergoglio, así fue la historia primitiva de los jesuitas: una reforma que había revitalizado a la Iglesia, haciendo que recuperara su interés por la pobreza, la santidad y la misión, defendiendo la obediencia al Papa y a la unidad. Y esa era la causa a la que se dedicaría a partir de los treinta años, en tanto que dirigente de la Iglesia.

Ello implicaba combatir la falsa reforma, lo contrario de la reforma verdadera, y su constante tentación. La falsa reforma estaba movida por ideas de grupos cerrados distantes de los fieles corrientes. Rechazaba vínculos y tradición, y era vulnerable a las ideologías contemporáneas, o se alineaba con ellas, produciendo reacciones que terminaban en división, y a veces en cismas. Esa era la historia de los vanguardismos: élites ilustradas que se veían a sí mismas con derecho a imponer o encabezar reformas de acuerdo con unas ideas particulares, ideologías, que siempre producían una reacción, bien de aquellos que defendían otras ideas, bien de los defensores del statu quo. Con la falsa reforma, la Iglesia se convertía en un campo de batalla de proyectos de élite enfrentados, y lo que seguía era la desunión y la pérdida de identidad.

Aquella era casi una descripción exacta de la situación de los jesuitas argentinos en las décadas de 1960 y 1970, divididos entre el grupo «progresista» de teólogos que vivían en comunidades de base y estaban comprometidos con las versiones marxistas de la teología de la liberación, cuyas acciones y opiniones horrorizaban a otro grupo de miembros de la provincia (por lo general mayores y más conservadores). Las divisiones eran el reflejo de unos debates más generales de los jesuitas sobre la identidad. Pero también lo eran de las fracturas de la Iglesia argentina, casi siempre a la luz del Concilio, alimentadas por la creciente división política.

La otra fuente de inspiración de Bergoglio fue la aplicación del Concilio Vaticano II en América Latina, a partir de la reunión que sus obispos celebraron en la ciudad colombiana de Medellín en 1968. La declaración del Consejo Episcopal Latinoamericano (CELAM) dio a la Iglesia del continente su propia voz, sobre todo en lo que denominaba la opción preferencial por los pobres.

El documento de Medellín amplió la concepción cristiana de liberación, entendida como libertad no solo respecto del pecado, sino también de unas estructuras sociales pecadoras que mantenían a la mayoría en la pobreza. Ese había sido el origen del término «teología de la liberación». Durante un interrogatorio en 2010, Bergoglio explicó:

La opción por los pobres es desde los primeros siglos del Cristianismo. Es el Evangelio mismo. Si yo hoy en día leyera como sermón alguno de los sermones de los primeros Padres de la Iglesia, siglo II, III, sobre cómo hay que tratar a los pobres, dirían que lo mío sería maoísta o trotskista. Siempre la Iglesia tuvo como una honra en tratar esa opción preferencial por los pobres. Consideraba a los pobres el tesoro de la Iglesia. Cuando en la persecución al diácono Lorenzo, que era el administrador de la Diócesis, le piden que traiga todos los tesoros de la Iglesia en tantos días, aparece con una caterva de pobres y dice: «Estos son los tesoros de la Iglesia.» En el Concilio Vaticano II se reformula la definición de la Iglesia como Pueblo de Dios y de ahí nace con mucha más fuerza esto que en Latinoamérica cobra entidad fuerte en la II Conferencia General del Episcopado Latinoamericano en Medellín.[3]

De aquella nueva postura se derivaban implicaciones políticas. La Iglesia ya no tenía permiso para alinearse con las élites sociales y económicas. Pero si bien deploraba la violencia institucionalizada y las estructuras sociales injustas, el documento de Medellín advertía tanto contra el marxismo como contra el liberalismo, en tanto que contrarios a la dignidad de la persona humana, y se oponía de forma categórica a la revolución armada que, según advertía, «genera más violencia». Medellín, en consonancia con lo expuesto en *Humanae Vitae*, también se oponía con vehemencia al uso de métodos artificiales de control de la natalidad, que el documento veía como un intento neomalthusiano de los ricos de reducir las cifras de pobres.

Los obispos argentinos hicieron suyo el programa de Medellín y lo adaptaron a la realidad argentina en su Declaración de San Miguel, de 1969. La declaración lamentaba la drástica reducción de vocaciones, el cuestionamiento de la autoridad, así como las crecientes protestas sociales, pero asumió la nueva dirección señalada por Medellín, instando a construir una Iglesia que «honra a los pobres, los ama, los defiende, se solidariza con su causa» al tiempo que entonaba un mea culpa porque la Iglesia, a menudo «parece rica».

Una parte del documento, escrito por el padre Lucio Gera, fue la génesis de una versión peculiarmente argentina de la teología post-Medellín que influyó mucho a Bergoglio y a otros jesuitas de su entorno. Al tiempo que pedía justicia, denostaba la opresión y la explotación, y defendía los derechos de los trabajadores, el documento rechazaba el marxismo por considerarlo ajeno «no solo a la visión cristiana sino al sentir de nuestro pueblo». No era, ciertamente, un punto de vista conservador, preconciliar. Pero tampoco enmarcaba a «el pueblo» en términos sociológicos ni marxistas, como por entonces sí hacía la teología de la liberación. La Declaración de San Miguel veía al pueblo como agente activo de su propia historia; afirmaba, en términos contundentes, que «la acción de la Iglesia no debe ser solamente orientada hacia el pueblo, sino también, y principalmente, desde el pueblo mismo». La visión de San Miguel era la de una Iglesia que optaba claramente por los pobres, pero entendidos estos como una identificación radical con la gente corriente en tanto que sujeto de su propia historia, y no tanto como «clase» comprometida en una lucha social contra otras clases. Bergoglio compartía esa visión de San Miguel.

Sin embargo, entre las décadas de 1960 y 1970, la otra versión de la teología de la liberación se reveló atractiva a muchos católicos postconciliares, principalmente en los entornos de las clases medias educadas donde el marxismo era dominante. La teoría marxista de la dependencia explicaba con claridad por qué países como Argentina seguían siendo pobres a pesar de las inversiones extranjeras y las exportaciones: cuanto más estrechamente unidas al capital extranjero están las economías del Tercer Mundo —escribió Eduardo Galeano, autor de *Las venas abiertas de América Latina*, su celebérrimo y épico ensayo anticolonialista aparecido en 1971— más dependientes y empobrecidas se vuelven. La alternativa al modelo de crecimiento desarrollista, basado en las exportaciones, promovido por los gobiernos latinoamericanos, era un socialismo de estilo cubano que, según esa teoría, era capaz de proteger una economía del desarrollo de los fuertes vientos del capitalismo internacional, y de llevar a cabo una distribución de la riqueza en favor de los pobres.

En Argentina, ese discurso lo asumió una nueva izquierda peronista que buscaba fundir ese análisis marxista con la amplia base obrera del peronismo. Todavía el partido más grande, todavía vetado en las elecciones, su líder, Juan Domingo Perón, no tardó en captar el cambio de dirección de los vientos políticos y desde su exilio en España reorientó su movimiento, que pasó a ser una forma de lucha revolucionaria anticolonialista. Aunque, de hecho, nunca avaló la versión revolucionaria del peronismo, Perón no hizo gran cosa por desactivar los intentos de activistas como John William Cooke, líder de la «Resistencia» peronista, en Argentina, de convertir su movimiento en una versión del socialismo cubano.

Mientras socialismo y peronismo se acostaban juntos, un número cada vez mayor de católicos activos se veían seducidos por el marxismo. Un manifiesto de 1967 firmado por un grupo de obispos en países en vías de desarrollo llamaba a la Iglesia a rechazar la economía de mercado, describía la mano de obra asalariada como esclavitud y el socialismo como amor cristiano puesto en práctica. El «Manifiesto de los obispos del Tercer Mundo» fue asumido de inmediato en Argentina, donde lo firmaron 320 sacerdotes, entre ellos nueve jesuitas. De ese fermento surgió el Movimiento de Sacerdotes para el Tercer Mundo (MSTM), que en su momento álgido, a principios de la década de 1970, llegó a incorporar al diez por ciento del clero argentino y, tal vez, hasta una cuarta parte de sus sacerdotes jóvenes, mientras que eran centenares más los que simpatizaban con él sin estar afiliados.

El más conocido de sus miembros fue el padre Carlos Mugica, un cura carismático que provenía de una familia acomodada y conservadora, que oficiaba en una villa miseria junto a la estación de Retiro, en el centro de Buenos Aires. Como muchos católicos ricos de la época, Mugica se adhirió al peronismo a partir de un intenso sentimiento de culpa por los lazos de la Iglesia con los regímenes antiperonistas posteriores a 1955, que llevaron a muchos argentinos de clase obrera a sentir repugnancia por la Iglesia. «Muchos sacerdotes experimentamos que estábamos marginados del pueblo, y entonces asumimos esa decisión de buscar, [...] nuestra realización "desde el pueblo y con el pueblo", acompañando al pueblo —escribió—. El proceso comenzó entonces por allí, por la presencia de sacerdotes en las villas miseria, por la presencia directa del sacerdote con el pueblo.»[4]

Mugica y los sacerdotes del Tercer Mundo tenían una visión mesiánica del peronismo en tanto que fuerza de liberación popular y veían la política a través de una óptica socialista. Para el MSTM, el pueblo era peronista y, por lo tanto, la Iglesia, para estar con el pueblo, también debía serlo. Aun así, la agenda política era más castrista que peronista. El objetivo del MSTM era, según había declarado en 1969, «la socialización de los medios de producción, del poder económico y político, y de la cultura». Dos años después, el MSTM manifestó que el peronismo era el medio para conseguirlo. «El movimiento peronista revolucionario —declaró en 1971— llevará necesariamente a la revolución, que hará posible un socialismo original y latinoamericano.»[5]

El MSTM combinaba ese discurso socialista con una llamada a realizar cambios en las doctrinas y las prácticas de la Iglesia, como el celibato obligatorio de los sacerdotes. Ello los ponía en apuros con la mayoría de los obispos, por ambas razones. La jerarquía eclesiástica, en la década de 1960 se sentía, en todo caso, aún más identificada con las fuerzas armadas que antes, pues ambas instituciones se veían, recíprocamente, como custodias del bien común. Ante protestas tanto en la sociedad como en la Iglesia, tendían a cerrar filas.

La Iglesia argentina no tardó en reproducir en las suyas las divisiones políticas más generales del país. Los católicos se encontraban cada vez más divididos entre los que apoyaban la revolución social y los que veían en un Gobierno militar una defensa contra el comunismo. Esa brecha llevaría, a mediados de la década de 1970, a que un grupo de sacerdotes tranquilizara las conciencias de los guerrilleros que mataban en nombre de la revolución, mientras otro grupo aseguraba a quienes capturaban y torturaban a esos guerrilleros que lo que hacían era defender la civilización cristiana occidental.

El ciclo de violencia del país, que duraría un decenio, empezó en 1969, cuando estudiantes y trabajadores murieron a manos del Ejército durante unas protestas en Córdoba. El «Cordobazo», como pasó a conocerse, fue el catalizador de los grupos guerrilleros, que habían iniciado su actividad dos años antes, tras un encuentro en La Habana. Allí, el Gobierno socialista de Castro aprobó el suministro de fondos, armas, entrenamiento militar y apoyo en tareas de inteligencia a las guerrillas, al tiempo que se ofrecía de refugio a los fugitivos de esos «ejércitos de liberación nacional» de todo el continente. Las cuatro guerrillas argentinas, encabezadas por los cuatro delegados argentinos a aquella reunión en La Habana, acabaron uniéndose en los dos responsables de la mayor parte de las acciones violentas de la década de 1970: el Ejército Revolucionario del Pueblo (ERP), de inspiración trotskista, y el Movimiento Peronista Montonero (MPM), más conocido, simplemente, como «los Montoneros». Entre unos y otros contaban con aproximadamente seis mil miembros activos a mediados de la década, y una estrategia de terrorismo urbano que se hizo cada vez más mortífera. En los diez años transcurridos entre 1969 y 1979, las guerrillas perpetraron más de ochocientos asesinatos y 1.748 secuestros, hicieron explotar centenares de bombas en medio de ciudades y llevaron a cabo gran cantidad de asaltos contra bases del ejército y la policía.

Los Montoneros eran, sobre todo, estudiantes universitarios o licenciados varones pertenecientes a familias de clases altas y medias que se habían radicalizado por el marxismo, pero que habían sido guiados por sacerdotes del MSTM. Los tres fundadores originales, exmilitantes de Acción Católica, habían sido llevados a las llamadas villas miseria por el padre Mugica, que los condujo, vía la teología de la liberación, hasta el peronismo revolucionario.

Mugica, personalmente, se oponía al uso de la violencia, pero fue Juan García Elogio, un exseminarista que había participado como delegado en las reuniones que se celebraron en Cuba en 1967, el que llevó a aquellos jóvenes a dar el siguiente paso. Su publicación *Cristianismo y Revolución* combinaba un análisis del poder de corte marxista —la exclusión que el Ejército hacía del peronismo estaba pensada para que la oligarquía conservara sus privilegios exclusivos—, con la idea nacionalista de una segunda guerra de la Independencia, en esta ocasión contra el capital internacional y sus lacayos locales, la mencionada «oligarquía». Pero el factor clave de la radicalización era la fe. García Elorrio les presentó la figura de Camilo Torres, el exsacerdote y guerrillero colombiano que había muerto en 1966 con un rifle en la mano, como modelo de amor mesiánico, de sacrificio.[6]

El padre Mugica y los sacerdotes del Tercer Mundo no ayudaron a las guerrillas ni dieron apoyo activo a sus actos de violencia, pero los veían como justificados o inevitables. Los Montoneros iniciaron su actividad en 1970, coincidiendo con el aniversario del Cordobazo, con el brutal secuestro y la posterior ejecución del expresidente general Aramburu, que había dirigido la purga contra el peronismo en 1955. Cuando mataron a los primeros montoneros, Mugica desobedeció a su obispo y presidió sus funerales. El padre Hernán Benítez, exjesuita y antiguo confesor de Eva Perón, alabó a los Montoneros desde las páginas de *Cristianismo y Revolución*. La violencia no era, per se, ni buena ni sagrada, escribió Benítez, pero tampoco era antibíblica. «Como cristianos debemos luchar por la liberación de los oprimidos. Y, si para ello, nos es forzoso asumir el pecado de la violencia, como asumió Cristo el pecado del mundo, debemos asumirlo...»

A lo largo de los tres años siguientes, a medida que los secuestros y los asesinatos aumentaban en ritmo y en intensidad, el Ejército inició unas complejas negociaciones con Perón sobre el levantamiento del veto a su partido y la preparación para un Gobierno civil. Cientos de jóvenes militantes de los círculos de Acción Católica y de las distintas ramas de la Juventud Peronista se apuntaron a los Montoneros para recibir adiestramiento, convencidos de que había llegado su hora, al tiempo que otros miles les mostraban su apoyo.

Mientras las fuerzas armadas permanecieran en el poder y el peronismo siguiera prohibido, era posible justificar la violencia de la guerrilla como medio de asegurar unas elecciones democráticas. Pero cuando, finalmente, estas se convocaron en 1973, para la violencia política ya no hacía falta justificación: fue un caballo desbocado.

Poco después del Cordobazo, cuando los guerrilleros y los sacerdotes para el Tercer Mundo iniciaron su periodo de militancia, Jorge Bergoglio fue ordenado sacerdote en la capilla del Colegio Máximo en una ceremonia presidida por un obispo retirado. Era el 13 de diciembre de 1969, cinco días antes de que cumpliera treinta y tres años.

Eran apenas unos pocos los que se ordenaron con él. Casi todos los que lo habían acompañado durante los activos años del noviciado en Córdoba, una década antes, habían quedado por el camino. Solo en 1969, doce de ellos habían abandonado la orden —para casarse, para unirse a la lucha social o para ambas cosas—, y algunos más la abandonarían al año siguiente, cuando la provincia se quedara sin nuevos novicios.

Viéndolo postrarse boca abajo, con su hábito blanco, sobre el suelo de piedra de la capilla, estaban sus hermanos Alberto (que también había intentado seguir una vocación jesuita, pero había abandonado) y Oscar; su hermana María Elena, su maestra de primero, Estela Quiroga; y su madre, Regina, que sorprendió a su hijo al acercarse a él al concluir la misa y arrodillarse para recibir su bendición. También asistió su abuela Rosa, ya muy delgada y frágil, que le entregó una carta que había escrito por si moría sin ver ese momento, y que el Papa Francisco ha conservado hasta hoy doblada en su breviario. «En este hermoso día en el que ya puedes sostener en tu mano consagrada a Cristo nuestro Salvador y en el que un ancho sendero de apostolado más profundo se abre ante ti —le escribía— te dejo este modesto presente, que tiene muy poco valor material pero un gran valor espiritual.» Era su «testamento», escrito en una mezcla de español y piamontés, en uno de cuyos párrafos puede leerse:

Que mis nietos, a quienes he dado lo mejor de mí misma, tengan una vida larga y feliz. Pero si un día el dolor, la enfermedad o la pérdida de una persona querida debieran llenarlos de aflicción, que no olviden nunca que un suspiro hacia el Tabernáculo, donde está guardado el más grande y más venerable de los mártires, y una mirada hacia María al pie de la cruz pueden hacer caer una gota de bálsamo sobre las heridas más profundas y más dolorosas.[7]

Para prepararse para la ordenación, Bergoglio se había sometido a un retiro de ocho días. Fue una ocasión para repasar su vida hasta ese momento y encontrar a Dios oculto en ella, para agradecer las gracias recibidas y pedir perdón por aquellas que había rechazado. Según recordaría más tarde, en una sesión de rezo de «gran intensidad espiritual», escribió un Credo personal:

Quiero creer en Dios Padre, que me ama como un hijo, y en Jesús, el Señor, que me infundió su Espíritu en mi vida para hacerme sonreír y llevarme así al Reino eterno de vida.

Creo en la Iglesia.

Creo en la historia de mi vida, que fue traspasada por la mirada de amor de Dios y que en el día de la primavera, 21 de septiembre, me salió al encuentro para invitarme a seguirle.

Creo en mi dolor, infecundo por el egoísmo, en el que me refugio.

Creo en la mezquindad de mi alma que busca tragar sin dar..., sin dar.

Creo que los demás son buenos y que debo amarlos sin temor y sin traicionarlos nunca buscando una seguridad para mí.

Creo en la vida religiosa.

Creo que quiero amar mucho.

Creo en la muerte cotidiana, quemante, a la que huyo, pero que me sonríe invitándome a aceptarla.

Creo en la paciencia de Dios, acogedora, buena, como una noche de verano.

Creo que papá está en el cielo, junto al Señor.

Creo que el padre Duarte está también allí, intercediendo por mi sacerdocio.

Creo en María, mi Madre, que me ama y nunca me dejará solo.

Y espero en la sorpresa de cada día en que se manifestará el amor, la fuerza, la traición y el pecado, que me acompañarán siempre hasta ese encuentro definitivo con ese rostro maravilloso que no sé cómo es, que le escapo continuamente, pero quiero conocer y amar. Amén.[8]

Ese raro Credo mostraba hasta qué punto tenía integrado ya su sentido de la identidad en tanto que jesuita, una persona, como dicen los jesuitas, «manchada y llamada». En la víspera de su ordenación, Francisco tenía las tres cosas que una persona más necesita: la conciencia de ser querido, una actividad con sentido, y un futuro en el que depositar su esperanza. Se encontraba en un estado que san Ignacio llamaba «de consolación», con un conocimiento directo desde el corazón de la presencia de Dios, y por eso de la bondad esencial del mundo.

La conciencia de Jorge de ser pecador —su egoísmo y su mezquindad— no le llevaba a despreciarse a sí mismo, sino a sentir una confianza profunda en la ternura de Dios hacia él. Tampoco albergaba la menor duda en su mente, quince años después del suceso, de que había sido elegido aquel día de primavera de 1953. A pesar de la pérdida de su padre y de su confesor, no se sentía solo. De una década de oración diaria, asistencia a misa, inmersión en las Escrituras, de examinar su conciencia y sentarse ante la Eucaristía, le había nacido una conciencia creciente de ser conducido por aquellos a quienes ya no podía ver ni tocar. Y había aprendido, en una época de turbulencias en el mundo católico, a confiar en la Iglesia y en la vida religiosa, seguro de que el Espíritu Santo actuaba a través de ellas para llevarlo a casa, finalmente, a Dios.

Después de graduarse en teología a finales del año siguiente (1970), se trasladó a España para completar su tercera probación, la última etapa de su formación como jesuita que lo prepararía para tomar los votos finales. Él pasó la suya, concretamente, en Alcalá de Henares, una ciudad amurallada al este de Madrid en la que san Ignacio había vivido en la década de 1520 mientras estudiaba y daba ejercicios espirituales. Durante cinco meses, entre septiembre de 1970 y abril de 1971, Bergoglio vivió con doce jesuitas recién ordenados procedentes de España, América Latina, Estados Unidos y Japón en un colegio considerado una joya de la primera época de la Compañía. Allí estudió las recientemente redescubiertas *Constituciones*, y por segunda vez en su vida se sumergió, durante un mes, en los *Ejercicios*: habían pasado doce años desde que los había hecho durante su noviciado, pero en esa ocasión él y la Compañía en conjunto comprendían mucho más sobre cómo debían darse. Fuera del retiro, visitaban a los pacientes del pequeño hospital de Antezana, donde san Ignacio había ejercido de cocinero y enfermero, y una cárcel de mujeres conocida como La Galera.

Fue su primera vez en Europa, una oportunidad de ver lugares que conocía por sus lecturas, no solo los que tenían que ver con san Ignacio y los primeros jesuitas, sino también localidades castellanas más alejadas cuyas calles empedradas hacían eco de místicos, santos y dramaturgos del Siglo de Oro. Uno de los compañeros que también cursaban la tercera probación, Jesús María Alemany, lo acompañó en algunas salidas a Madrid, Salamanca, Segovia y Ávila. Al jesuita español le sorprendió la sencillez del argentino, su pasión por el fútbol y su profundidad espiritual, y lo recuerda como a una persona discreta, modesta, afable, austera y a la vez sociable y de firmes convicciones.

Pasó aquellas Navidades en Pamplona, con la familia de uno de sus compañeros de tercera probación, José Enrique Ruiz de Galarreta, que recuerda al argentino como a alguien de gran inteligencia y de trato muy cercano. Desde Pamplona partió a explorar el valle de Roncal, en los Pirineos, cerca de la frontera con Francia. Después, Bergoglio pasó varias semanas en peregrinación a dos de los hitos del viaje de san Ignacio: su lugar de nacimiento en Loyola, y el monasterio benedictino de Montserrat, cerca de Barcelona.

A partir de su regreso a la Argentina, en abril de 1971, se lo consideraba «apto para ser jesuita», pero no hizo su profesión perpetua hasta dos años después, el 22 de abril de 1973. En la capilla del noviciado del Colegio Máximo, en presencia del provincial, el padre Ricardo O'Farrell, renovó los votos de pobreza, castidad y obediencia que había hecho al terminar el noviciado, y prometió permanecer dentro de los jesuitas «según la manera de vivir establecida en las Letras Apostólicas de la Compañía de Jesús». Luego prometió, además, «especial obediencia al sumo pontífice respecto de las misiones». Acto seguido, se retiró a una capilla lateral para profesar unos votos privados añadidos por san Ignacio para evitar el arribismo eclesiástico y la mundanidad espiritual. Bergoglio prometió no enmendar nunca las *Constituciones* en cuanto a la pobreza, salvo para hacerlas más estrictas; no ambicionar nunca ningún alto cargo en la Iglesia ni en los jesuitas; y finalmente hizo la promesa de que, incluso en el caso de ser nombrado obispo, aceptaría los consejos del prepósito general de los jesuitas. Aquellos votos habían sido pensados en el siglo XVI pensando en los siglos venideros, y previendo que los jesuitas pudieran sentir la tentación de ser obispos. Pero ni siquiera el visionario san Ignacio imaginó que uno de ellos llegara a ser nombrado Papa.

Inmediatamente después de volver de España, en abril de 1971, Bergoglio fue nombrado maestro de novicios, un puesto clave en la provincia. Tras el periodo de sequía de 1970, el goteo de vocaciones que siguió —tres en 1971, cuatro al año siguiente— debía alimentarse. Su experiencia como asistente del anterior maestro, así como su trabajo con Fiorito en relación con la renovación espiritual de la provincia, lo convertían en el candidato ideal. Aun así, confiar el cuidado de los novicios a alguien de treinta y cinco años era aún muy poco habitual —y aún más considerando que no había hecho todavía su profesión perpetua—. Fue señal no solo de la crisis que vivía la provincia, sino también de su creciente estatura en ella.

El nuevo noviciado de Bergoglio, a diferencia del que había vivido antes del Concilio, proporcionaba a los novicios espacio para adquirir conciencia de sus propios movimientos espirituales al tiempo que realizaban un fuerte apostolado entre los pobres. Se inspiraba en los místicos jesuitas franceses, sobre todo en Louis Lallemant, que vivió en el siglo XVII y que, como Bergoglio, poseía el don de la dirección y la formación espirituales. Como habían hecho Fiorito y Bergoglio a finales de la década de 1960, Lallemant buscaba, en su tiempo, rescatar el «espíritu interior» de las tensiones de una formación más reglamentada, que fue la que se impuso durante el siglo posterior a la muerte de Ignacio, y que hacía hincapié en la obediencia a las reglas y al esfuerzo humano por cultivar las virtudes. Lallemant veía eso como una distorsión de las enseñanzas de san Ignacio que, según escribe el francés en su *Doctrina Espiritual* de 1665, «hace más hincapié en la ley interior que el Espíritu Santo escribe en el corazón, que en las constituciones y en las reglas externas». Bergoglio creía, como Lallemant, que «la suma de la vida espiritual consiste en observar los modos y los movimientos del Espíritu de Dios en nuestra alma, y en fortalecer nuestra voluntad en la resolución de seguirlos».

La libertad interior que Bergoglio alentaba se veía apoyada en un entorno de austeridad, de humildad: vestir con sotana, trabajar en los huertos, atender a los enfermos, realizar tareas de apostolado entre los pobres, así como la práctica regular del examen, y un horario salpicado de oración. El padre Ángel Rossi recuerda su noviciado de esa época con gran cariño. Era austero, dedicado a la oración y con un propósito, «muy serio, pero no cerrado para nada —dice—. Había cierta disciplina, lo que no significa que fuera conservador».

Bergoglio vivió con los novicios en Villa Bailari hasta su sorpresivo nombramiento como provincial, en julio de 1973. No estaba lejos del Colegio Máximo, donde, por aquella misma época, también fue nombrado vicerrector y profesor de teología pastoral —la más práctica, pensada para formar a los sacerdotes en su ministerio, y que incluía temas como administración de los sacramentos, oratoria sagrada, atención pastoral y ética—. Ya se había convertido, tal como había anticipado hacía tantos años en Chile, en un «formador» de almas jóvenes, con la seria tarea de proyectar una versión idealizada del jesuita.

Junto con el padre Jacinto Luzzi, teólogo y compañero de orden, Bergoglio, en 1971, empezó a brindar apoyo espiritual a los líderes de un movimiento peronista llamado Guardia de Hierro, en la Universidad del Salvador (USAL), perteneciente a la Compañía de Jesús. Cuando ese vínculo salió a la luz tras la elección de Francisco, se dio por hecho que Guardia de Hierro se inspiraba en la organización fascista rumana del mismo nombre. De hecho, se llamaba así por la Puerta de Hierro, el monumento al noroeste de Madrid, en cuyas inmediaciones vivía Perón su exilio. Y, lejos de ser de derechas, estaba comprometida con mantener viva la plataforma original del peronismo en la década de 1940, basada en los obreros y muy comprometida con la justicia social.

Originalmente parte de la resistencia peronista creada a principios de la década de 1960 para coordinar respuestas a las purgas antiperonistas, Guardia de Hierro disentía con el viraje izquierdista de la Resistencia que se había producido en el movimiento desde que lo dirigía John William Cooke. Los líderes de Guardia de Hierro se trasladaron a Madrid en 1967 y 1968 para reunirse con Perón, que los convenció de que se convirtieran en soldados rasos políticos, para que fueran creando cuadros organizativos y dirigentes en los barrios y enseñaran allí la doctrina peronista. En 1973, Guardia de Hierro contaba con unos cuatro mil miembros plenamente formados, así como con unos quince mil activistas, la mayoría en Buenos Aires y en Rosario. Desde 1970, aproximadamente, como parte de la oleada de apoyo de los jóvenes al peronismo en aquellos años, Guardia de Hierro consiguió muchos adeptos en la USAL.

Guardia de Hierro era una de las casi veinte organizaciones distintas que, a finales de la década de 1960, constituían la inmensa red de militantes conocida como Juventud Peronista, que se movilizaba por el retorno de Perón. Dentro de la JP se situaban tanto grupos revolucionarios de izquierdas (domina-dos, en la década siguiente, por los Montoneros), como peque-ñas organizaciones de derechas, así como otros situados en la zona intermedia, «ortodoxa», de la que Guardia de Hierro era el grupo mayor y más importante.

A diferencia de los Montoneros, que en su mayoría prove-nían de la clase media-alta, los miembros de Guardia de Hierro surgían del medio orgánico del peronismo, es decir, de las cla-ses trabajadoras y media-baja, y, por lo tanto, a diferencia de los guerrilleros podían reclamar que ellos eran el movimiento genuino del pueblo. Guardia de Hierro fue extremadamente crítica con las desviaciones marxistas y violentas respecto del peronismo auténtico, que ellos veían no solo como inmorales, sino como constitutivas de un error estratégico que costaría vidas inútilmente. Pero, en 1971, cuando Bergoglio los cono-ció, los «guardianes» empezaban a entender la dolorosa verdad de que la inmensa popularidad de los Montoneros entre la gen-te joven era consecuencia de la bendición estratégica que ha-bían recibido por parte de Perón.

En la Universidad del Salvador existían tres tendencias po-líticas, cada una de ellas con su propio capellán jesuita: la con-servadora, favorable a la dictadura militar de Onganía, vista como un baluarte contra el comunismo y próxima al padre Al-fredo Sáez; una segunda, vinculada al padre Alberto Sily, era el grupo montonero, y defendía la revolución armada; y la terce-ra, que se reflejaba en Bergoglio y Luzzi, estaba formada por los citados guardianes: activistas e intelectuales peronistas tra-dicionales y ortodoxos que preparaban el terreno para el regre-so de Perón.

Julio Bárbaro, uno de los líderes de Guardia de Hierro en la USAL, que llegaría a ser diputado peronista, recuerda que Ber-goglio y Luzzi eran de los pocos sacerdotes que entendían a di-cha agrupación y defendían su compromiso con un peronismo auténtico, no violento y orientado al pueblo. «Frente a los curas del Tercer Mundo, él era otra cosa —rememora—. Ellos pare-cían descubrir en la política un camino para enriquecer la fe. Él se mantenía en la fe para desde ella enriquecer la política. Él decía que lo que importaba no era la ideología, sino el testimonio.» Si bien compartía intereses intelectuales con los guardianes, él siempre fue pastor, añade Bárbaro: «Si eras peronista y te acercabas, él te acompañaba, pero para llevarte a la fe. Su militancia no era política. Él se adscribía al peronismo, pero era cura. Era un cura peronista, no un peronista cura.»

Los guardianes ofrecían a Bergoglio un hogar político e intelectual: influía sobre ellos lo mismo que recibía la influencia de ellos. Él les dio a conocer, por ejemplo, al novelista y ensayista radical francés Léon Bloy, a quien Francisco había citado en su primera homilía («Quien no reza al Señor, reza al Diablo»), y cuyo catolicismo purista, radical y ortodoxo encajaba bien con el peronismo de Guardia de Hierro. Entre otros de los libros que figuraban en la lista de lectura de esta se encontraban clásicos de estrategia política y militar, incluidos los del teórico militar británico Basil Liddell Hart, pionero de la llamada «aproximación indirecta». Algunos de sus preceptos ayudan a explicar las tácticas del propio Bergoglio: evitar la confrontación directa al tiempo que se debilita gradualmente la resistencia del enemigo por vías indirectas, antes de actuar repentinamente, cuando menos se espera.

La intelectual más influyente de Guardia de Hierro en la USAL fue Amelia Podetti, a la que Bergoglio conoció en 1970, y quien le presentó a pensadores nacionalistas de izquierdas como Arturo Jauretche y Raúl Scalabrini Ortiz. Ella enseñaba las ideas de ambos en la universidad y, posteriormente, en el Colegio Máximo, al tiempo que editaba la publicación *Hechos e Ideas*, una revista política peronista que Bergoglio leía. Hasta su prematura muerte en 1981, formó parte del grupo de pensadores —entre los que se encontraba el filósofo uruguayo Alberto Methol Ferré— que veían la Iglesia como instancia clave para el surgimiento de una nueva conciencia continental latinoamericana, la «patria grande», que ocuparía su lugar en el mundo moderno e influiría de manera importante en él. Aquella era la familia intelectual de Bergoglio —un nacionalismo católico que miraba hacia el pueblo, más que hacia el Estado; que lo hacía también más allá de Argentina, hacia toda América Latina, y que veía Medellín como el principio de un viaje que haría que el continente se convirtiera en un faro para la Iglesia y para el mundo.

A Bergoglio le fue encomendada otra gran responsabilidad en 1972 cuando lo nombraron consultor, uno de los cinco jesuitas encargados de asesorar al provincial Ricardo O'Farrell. Apenas un año después, Bergoglio sería nombrado provincial después de que a O'Farrell se le obligara a renunciar antes del fin de su mandato, en plena crisis en la provincia. La crisis abarcaba muchas dimensiones, pero con un síntoma muy claro. A principios de la década de 1960 había más de cuatrocientos jesuitas en la provincia argentina, entre ellos cien en formación, veinticinco de los cuales novicios. En 1973, la provincia contaba con 243 jesuitas, entre ellos nueve en formación, solo dos de los cuales novicios. Aquellas cifras eran malas incluso en relación con otras provincias jesuitas de la época.

La provincia argentina vivía insegura de su identidad, y cada vez más dividida. Los experimentos y reformas progresistas llevados a cabo durante el mandato de O'Farrell habían puesto en evidencia divisiones entre los jesuitas argentinos sobre el modo de aplicar la renovación preconizada tras la reunión de los jesuitas en Roma, la XXXI Congregación General. El padre Orlando Yorio recordó haber asistido a muchas reuniones provinciales entre 1969 y 1972 «durante las que aparecían importantes problemas insolubles derivados de posiciones y expectativas opuestas las unas a las otras».[9] Yorio, amigo del padre Mugica, era el líder oficioso de un grupo de jesuitas adscritos al Movimiento de Sacerdotes para el Tercer Mundo (MSTM). O'Farrell autorizó a Yorio, como así también a Franz Jalics —que se encontraba entre los primeros firmantes de la declaración del MSTM— a vivir en una nueva clase de comunidad de «inserción» en el barrio de Ituzaingó, inicialmente con seis alumnos de teología.

El apoyo de O'Farrell al MSTM resultó escandaloso a una orden religiosa profundamente incrustada en el *establishment* argentino. La Compañía de Jesús llevaba dos de los colegios más prestigiosos del país, cuyos graduados ocupaban posiciones destacadas en la sociedad o se convertían, ellos mismos, en jesuitas; por lazos de sangre o afinidades estaban vinculados a jueces, generales y dirigentes empresariales. Muchos de los jesuitas provenían de familias con miembros en el Ejército, y había cuatro curas castrenses jesuitas residentes en el observatorio que quedaba justo detrás del Colegio Máximo. Estos no se tomaron nada bien la idea de que unos jesuitas residieran en las villas miseria y, desde allí, apoyaran o justificaran teológicamente la guerrilla, y consideraban intolerables las críticas del MSTM a la jerarquía eclesiástica.

Otro punto de fricción era la Universidad del Salvador de Buenos Aires, creada por la Compañía en 1956. O'Farrell había nombrado una comisión de cinco jesuitas para que reformara la administración de la USAL, con poco éxito. Un generoso sistema de becas para permitir estudiar a los pobres había dado como resultado una baja asistencia a clase, y que los profesores cobraran salarios más bajos, lo que suscitaba un dilema ulterior sobre la justicia social de la medida. Además de la hemorragia económica —la universidad acumulaba una deuda de dos millones de dólares—, esta se había vuelto ingobernable. Había quejas sobre su falta de rigor —varios jesuitas habían colgado los hábitos para casarse con alumnas—, al tiempo que su cuerpo de estudiantes estaba dominado por la izquierda marxista y peronista, que organizaba constantes sentadas y huelgas. Varios profesores —entre ellos dos jesuitas liberacionistas, Sily y Norio— se hallaban en posiciones próximas a la MSTM y a las guerrillas, mientras que dos sacerdotes que ejercían de capellanes de los Montoneros —Mugica y Alberto Carbone (con cuya máquina de escribir esta organización había escrito su primer comunicado)— daban clase allí.

La reforma que impulsó O'Farrell sobre el programa de formación jesuita y que confió al grupo encabezado por Yorio (tras nombrarlo vicedecano de teología del Colegio Máximo en 1969) supuso, para muchos, la gota que colmó el vaso. La fusión de los estudios de filosofía y teología, bautizada como «currículum», se orientaba fuertemente hacia la sociología y la dialéctica hegeliana, y suprimía el periodo de estudios de humanidades del juniorado, por considerarlo burgués. Los numerosos críticos de Yorio —entre quienes se contaba Bergoglio— veían esa reforma no como un regreso a las fuentes ignacianas, sino como un asalto ideológico a las mismas.

En 1972, un grupo de jesuitas de alto rango de la provincia argentina solicitó al padre Arrupe que destituyera a O'Farrell como provincial, cosa que hizo: O'Farrell dejaría el puesto en 1973 tras cumplir solo cuatro de los seis años de su mandato. A los asesores se les encomendó la tarea de consensuar una lista de tres nombres con las personas que creían que podían sucederle. Durante los viajes y conversaciones de Bergoglio con 184 sacerdotes y 46 hermanos de más de quince comunidades de jesuitas, muchos de ellos llegaron a la conclusión de que era el joven asesor, precisamente, quien debía ser elegido. El padre Luis Escribano, que era el sucesor natural de O'Farrell, había muerto en accidente de tráfico cuando regresaba de Córdoba, y la generación anterior se encontraba demasiado dividida (de ahí el deseo de saltarse una generación). Entre las mermadas filas de los jesuitas jóvenes, Bergoglio sobresalía como líder.

El padre Fiorito, el sabio de la provincia, fue el promotor clave de Bergoglio. En su obra sobre los *Ejercicios*, Fiorito había defendido una renovación que fuera fiel al carisma original de Jesús, con la que se pudiera unir a la provincia tras años de experimentación y división, y que fuera capaz de atraer nuevas vocaciones. Fiorito no era, él mismo, un líder natural, pero sabía de alguien que sí lo era. Había conocido los dones naturales de Bergoglio —sabiduría, astucia, coraje— de primera mano, así como su contacto con las fuentes primarias jesuíticas y su capacidad para el discernimiento espiritual.

La provincia se fijó en Bergoglio, recuerda el padre Ignacio Pérez del Viso, no fuera a ser que «tanta promoción de la justicia y lo social nos haga olvidar de lo religioso», y porque creía que «sus raíces en la espiritualidad le iban a permitir mantener el equilibrio». Fue su primer mandato para implantar reformas. Aun así, Pérez del Viso no era el único preocupado por la falta de experiencia de Bergoglio. No era solo que fuera joven, sino que no había sido siquiera superior de ninguna casa jesuita. Solo en los territorios de misión nombrarían los jesuitas a un provincial que no hubiera sido superior. Estar a cargo de los novicios era una cosa, pero ¿qué experiencia tenía él con las personas neuróticas, con los enfermos, los alcohólicos o los conflictos de pareja? Era demasiada responsabilidad que cargar sobre alguien tan inexperto. Sin embargo, la gente insistía en que «nos encontrábamos en un momento especial en el que hacía falta un timonel joven y decidido como Bergoglio», recuerda.

Otro jesuita, el padre Fernando Albistur, lo expresó así: «Bergoglio fue nuestro "piloto de tormentas".»

«Yo tenía solo treinta y seis años —le contó el Papa Francisco, posteriormente, a su entrevistador, el padre Spadaro—. Una locura.»[10]

Para decidir la terna, los asesores, en junio de 1973, hicieron un retiro en La Rioja, dirigido por su obispo, Enrique Angelelli.

Unas semanas antes, el 25 de mayo, el régimen militar había dimitido y devuelto el poder a un Gobierno civil, después de que los peronistas obtuvieran más del cincuenta por ciento de los sufragios en las elecciones de marzo. Se allanaba así el camino para el regreso de Perón, que se produjo en junio, y para las elecciones que se celebraron en octubre de ese mismo año, que ganó por mayoría aplastante. Con la devolución del poder por parte de los militares, 370 presos detenidos por acciones terroristas fueron puestos en libertad, como parte de una apuesta infructuosa por poner freno a la creciente violencia guerrillera.

Con el regreso de Perón, los Montoneros abandonaron temporalmente su lucha armada, pero la otra guerrilla, el Ejército Revolucionario del Pueblo (ERP) no hizo sino intensificar su campaña. En el mismo mes que los jesuitas pasaron en su retiro de La Rioja, percibiendo que la situación estaba madura para iniciar la revolución, el ERP perpetró tres asesinatos, llevó a cabo cinco secuestros de empresarios y varias capturas de armas pesadas. Entretanto, el regreso de Perón el día 20 de junio puso en evidencia lo violentamente dividido que estaba su movimiento: peronistas de derechas abrieron fuego contra peronistas de izquierdas en las cercanías del aeropuerto de Ezeiza, causando 16 muertes y 433 heridos. Fue una escaramuza leve comparada con lo que estaba por llegar. A principios de 1974, los escuadrones de la muerte de la Triple A (Alianza Anticomunista Argentina) habían iniciado sus actividades, en un intento encubierto del Gobierno peronista de enfrentarse a la violencia guerrillera con su propia violencia clandestina.

Las tensiones también subían de grado en La Rioja, donde se encontraban varios misioneros jesuitas. Estos se sentían próximos al obispo Angelelli y deseaban apoyarlo en su cada vez más controvertido apoyo a los trabajadores sin tierra. Un día antes de que diera inicio el retiro de los asesores, el obispo había acudido a celebrar una misa para los misioneros y la gente de una de sus parroquias, Anillaco, donde fue recibido por un grupo de granjeros airados enviados por los terratenientes locales. El obispo había apoyado una apuesta de los sindicatos para tomar unos pantanos situados en tierras de una familia que había regresado a Italia, lo que llevó a los terratenientes a denunciarlos por comunistas. Aunque Angelelli logró salir indemne en aquella ocasión, a partir de entonces fue un hombre fichado, y sería asesinado por el Ejército poco después del golpe de Estado de 1976. Al recordar el retiro de los asesores treinta años después de aquel asesinato, el cardenal Bergoglio, en 2006, describió unos «días inolvidables, en los que recibimos la sabiduría de un pastor que dialogaba con su pueblo» durante los que supieron que «el pueblo y su pastor recibían pedradas simplemente por predicar el Evangelio».

Ese mismo año, a principios de octubre de 1973, cuando se encontraba en Roma para asistir a un curso, Bergoglio fue invitado por el Gobierno israelí a peregrinar a Tierra Santa. Pero casi en el mismo momento en que llegó al American Colony Hotel del barrio árabe de Jerusalén, estalló la guerra del Yom Kippur (durante la que Egipto y Siria invadieron Israel). Bergoglio pasó un día y medio visitando la Ciudad Vieja, incluido el Santo Sepulcro y Ein Karem y Belén, pero después quedó confinado en su hotel. Allí pasó seis días leyendo libros sobre las epístolas de san Pablo a los corintios que había tomado en préstamo en la biblioteca del Instituto Bíblico Pontificio de Jerusalén Este, gestionado por los jesuitas, mientras el aire se llenaba del zumbido de los aviones y el aullido de las sirenas. El rector del Instituto, en aquella época, era el padre Carlo Maria Martini, futuro cardenal arzobispo de Milán, a quien, probablemente, Bergoglio conoció allí.[11]

A principios de la década de 1970, Bergoglio comenzó a emplear una expresión que recogía un elemento clave y constante de su pensamiento. En la entrevista de radio que concedió en 2012 al padre Isasmendi, el a la sazón cardenal recordaba que, en los acontecimientos de 1970 y 1971:

> Se hablaba mucho de «el pueblo» en aquella época, pero vos no sabías a qué se refería la gente cuando hablaba de pueblo, porque detrás de eso... los políticos hablaban de «el pueblo», los intelectuales hablaban de «el pueblo»... Pero ¿qué quieren decir? «Pueblo»... «reivindicación del pueblo»... Pero yo digo que los curas tenemos que hablarle al pueblo, pero a un pueblo muy especial. En la Biblia está que nosotros somos un pueblo santo; san Pedro dice: «pueblo santo, rescatado por la sangre de Cristo», y además, se nos invita a ser fieles. [...] La gente que sigue a Jesús, siempre mira a Jesús y a la Virgen, tiene una fidelidad básica direccional... Y poco a poco empecé a hablar del Pueblo santo de Dios, del Pueblo fiel de Dios, y la expresión que más me llena es el «santo Pueblo fiel de Dios».

Mientras leía el *Enchiridion*, de Denzinger —un compendio ampliamente divulgado de tradiciones eclesiásticas—, a Bergoglio le impactó una fórmula de la fe cristiana primitiva: que el pueblo fiel era infalible in crescendo, en su creencia. El documento del Concilio Vaticano II titulado *Lumen Gentium* había replanteado la Iglesia, no tanto como institución sino como pueblo, «el Pueblo de Dios»; Denzinger había comprendido que el «pueblo» también era un depósito de fe. Como escribiría Bergoglio más tarde: «Cuando quieras saber qué es la Madre Iglesia, andá al Magisterio... Pero cuando quieras saber cómo cree la Iglesia, andá al pueblo fiel. El Magisterio te enseñará quién es María, pero nuestro pueblo fiel te enseñará cómo se la quiere a María.»[12]

Durante su primera charla como provincial, Bergoglio recurrió a esa idea para rechazar ideologías. A partir de ese momento, la idea aparecía constantemente en sus escritos. El «pueblo fiel» era a la vez vacuna y antídoto, la hermenéutica de una verdadera reforma.

Aunque ese era su propio pensamiento, recordaba a una vía concreta, específicamente argentina, de la teología de la liberación conocida como «teología del pueblo». Durante muchos años fue poco conocida, y no se veía en absoluto como una teología de la liberación más allá de Argentina, donde se asociaba, sobre todo, con tres sacerdotes: Lucio Gera, Rafael Tello y el jesuita Juan Carlos Scannone.

Gera fue el pionero. Maestro en el seminario de Villa Devoto, en Buenos Aires, fue uno de los teólogos oficialmente invitados a Medellín, y contribuyó de manera decisiva en la declaración de los obispos redactada en San Miguel en 1969. Tello y él formaban parte, inicialmente, de las conversaciones que llevaron a la creación del MSTM, pero las abandonaron por lo que consideraban una adopción inaceptable del marxismo.

En los años 1972 y 1973, antes de ser nombrado provincial, Bergoglio, junto con Scannone, formaba parte del consejo editorial de *Stromata*, la prestigiosa revista de teología que, a principios de aquella década, celebró una serie de importantes simposios en el Colegio Máximo sobre las grandes cuestiones de la época: dependencia, socialización y liberación. Dado que el área de especialización de Bergoglio era más la espiritualidad que la teología, no aportó textos a la publicación ni a las discusiones que siguieron, pero esas dos corrientes de la teología de la liberación lo envolvían constantemente. Ambas partían de las reflexiones que la Iglesia había dado a conocer en Medellín sobre la búsqueda histórica de liberación, pero así como los teólogos de la liberación de la época recurrían a categorías marxistas para analizar y transformar la realidad, los teólogos argentinos en la órbita de Gera partían de la cultura y la religiosidad del «pueblo», que naturalmente se resistía tanto a la ideología marxista como a la liberal.

¿Quién es «el pueblo»? En un artículo de 1973 publicado en *Stromata* al año siguiente, Gera lo definió en términos de la mayoría despreciada y marginada, que anhela la justicia y la paz. Para Gera, el pueblo es un agente activo de la historia, no, como en las visiones liberal y marxista, una masa pasiva que necesita ser conscientizada. «El pueblo posee una racionalidad —escribió Gera—. Tiene su proyecto; no se lo damos nosotros.» El papel de los teólogos no era el de imponer categorías, decía, sino interpretar el proyecto del pueblo a la luz de la historia de salvación: «quien tiene el carisma profético es fundamentalmente y ante todo el Pueblo de Dios», expuso Gera con gran claridad. «La teología o es la expresión del Pueblo de Dios o no es nada.»[13]

Scannone dilucidó otras diferencias clave entre la teología de la liberación, de influencia marxista, y la teología del pueblo. Allí donde aquella veía al pueblo, esencialmente, como una categoría socioeconómica o de clase (el proletariado, los campesinos sin tierra), en oposición a la clase dominante o burguesía, esta consideraba al pueblo como categoría histórica, cultural e incluso simbólica, que incluye a aquellos que comparten el proyecto común de la liberación, sea cual sea su estatus. Aquella veía la historia del pueblo latinoamericano como una historia de opresión hasta que la revolución socialista apareció en escena, mientras que esta ve en su cultura y su historia un proceso de liberación que se inició mucho tiempo atrás, aun cuando esté aguardando su expresión plena. La «racionalidad sapiencial» de esa «cultura popular» no es la de la Ilustración, «ni se corresponde con los cánones del razonamiento moderno tecnológico e instrumental —argumentaba Scannone—. Pero ello no hace que sea menos humana, racional o lógica, ni que pueda usarse menos en teología».

La teología de Scannone y Gera desconfiaba no solo de las élites ilustradas que interpretaban la historia a través del prisma de sus ideologías, sino también de toda clase de elitismo. Ya fuera en el liberalismo, el marxismo o el clericalismo, Gera veía el intento de una élite de arrogarse el poder de determinar cómo debía pensar o actuar «el pueblo» y, por tanto, la negación del «carisma profético» que el pueblo cristiano tiene en virtud de su pertenencia a Cristo. «La renuncia del elitismo en el ámbito de la posesión y la propiedad no basta —escribió Scannone—. Debemos también renunciar al elitismo en el ámbito del conocimiento que ahora encontramos entre las élites ilustradas tanto de izquierdas como de derechas.»[14]

Bergoglio no participó de manera directa en esos debates; él no era teólogo y desconfiaba de que lo etiquetaran. Pero su propia visión de la historia, tanto nacional como cristiana, lo llevaba en la misma dirección. En la idea del «santo Pueblo fiel de Dios», Bergoglio tenía lo que los teólogos llaman una hermenéutica —una clave interpretativa, un criterio, una vara de medir— que le permitiría reformar y unir la provincia, más allá de la ideología, centrándose de manera muy directa en los pobres. Su postura no fue conservadora —no compartía la postura nacional católica partidaria de la élite que defendían los obispos partidarios de Onganía—, ni clerical: no creía que el clero, ni los obispos, ni Roma estuvieran en posesión de una verdad que hubieran de distribuir de arriba hacia abajo, sino que el Espíritu Santo se había revelado a través de un diálogo entre el «pueblo fiel» y la Iglesia universal. Fue, más bien, una postura radical, de una opción por la gente corriente, como los pescadores y los pastores a los que Dios se reveló a sí mismo en Jesucristo hace dos mil años.

Aunque, en teoría, un no-peronista podía apoyar una teología del pueblo, sus seguidores eran, por naturaleza, peronistas. Se identificaban con la tradición popular católica nacionalista, en tanto que opuesta al punto de vista liberal, conservador o socialista, y consideraban que su misión era caminar junto a los peronistas como expresión del pueblo. Un caso típico de jesuita seguidor de la teología del pueblo era Ernesto López Rosas, autor de una obra importante sobre los valores cristianos del peronismo.[15]

Bergoglio no solo se encontraba cercano a Guardia de Hierro, sino que en febrero y marzo de 1974 —a través de un amigo, el coronel Vicente Damasco, que era un estrecho colaborador de Perón—, fue uno de los doce expertos invitados a aportar ideas para la elaboración de un borrador del *Modelo Nacional*, un testamento político que Perón concebía como instrumento para unir a la Argentina tras su muerte. (Se terminó antes de su fallecimiento, pero fue ignorado por su viuda, Isabel, que luego alejó al coronel Damasco.)[16] Cuando Perón murió, en julio, Bergoglio celebró una misa, y envió una carta a la provincia lamentando su fallecimiento en la que señalaba que el general había sido elegido democráticamente en tres ocasiones, y que había sido, por tanto, «ungido» por el pueblo. Aun así, el respeto y la identificación de Bergoglio con el peronismo como vehículo de los valores populares del «pueblo fiel» no lo convertía en activista del partido. El «pueblo fiel» era anterior a Perón y, de hecho, le había dado forma a él y a su movimiento, y había delegado en él la tarea de gobierno; el «pueblo fiel» era, por tanto, una posición desde la que criticar el peronismo —ya se tratara de su versión revolucionaria, creada por la guerrilla de la clase media, ya se tratara de sus encarnaciones posteriores.

Sin embargo, en la Iglesia de principios de la década de 1970, fuertemente politizada, los jesuitas peronistas partidarios de la teología del pueblo chocaban, de manera inevitable, con los liberales y los radicales de la Compañía, así como con los marxistas defensores de la teología de la liberación, como Yorio. En un artículo de 1974 en la revista *Stromata*, este dio por sentado que el socialismo era la expresión política del Evangelio, y el marxismo su socio a la hora de llevarlo a la práctica, mientras que el ERP y los Montoneros —universitarios y licenciados de clase media comprometidos, para entonces, en operaciones terroristas a gran escala— eran los medios con los que los «pobres» se defendían de una opresión injusta. Yorio destacó, en tono elogioso, que «las formaciones especiales del peronismo y otros grupos armados inspirados por el marxismo son un intento de responder a esa necesidad de unas fuerzas armadas que garanticen la realidad de un socialismo popular».[17]

La ironía era que la adopción o justificación de la guerra revolucionaria por parte de los católicos de clase media como Yorio no constituía más que una forma de elitismo. Como Richard Gillespie apunta en su estudio clásico sobre los Montoneros —*Soldados de Perón*—: «La puesta en marcha de las guerrillas urbanas era una iniciativa "desde arriba", la decisión de pequeños grupos de militantes, más que una reacción a una amplia demanda popular.» A pesar de su éxito inicial a la hora de reclutar efectivos a principios de la década de 1970, la guerrilla nunca logró transformar sus «formaciones especiales» en algo parecido a un movimiento de masas, y en cambio sí representó —en una medida mucho mayor que la de las Brigadas Rojas en Italia o Baader Meinhof en Alemania— una grave amenaza para la paz y la estabilidad de la sociedad argentina. Su campaña de terrorismo, y la política genocida con que respondieron las fuerzas armadas a partir de 1976, parecen, desde la óptica de la distancia, como una guerra civil entre dos facciones de la clase media que los pobres, la gente corriente —la mayoría ignorada de Gera, el «pueblo fiel» de Bergoglio— observaban como espectadores desde los márgenes.

Poco después de que el nuevo provincial se mudara a la Curia jesuita, situada en la calle Bogotá, en el centro histórico de Buenos Aires, Bergoglio recibió la visita del prepósito jesuita, el padre Arrupe. En agosto de 1973 se desplazaron hasta La Rioja, donde Bergoglio había estado cuatro meses antes, para encontrarse allí con los misioneros jesuitas que gestionaban cuatro parroquias que se ocupaban de los más pobres en las zonas más remotas. Con todo, acudían con una segunda misión, encomendada por el Papa Pablo VI: mostrar públicamente su apoyo al obispo Angelelli. La llegada de Arrupe, anunciada por la prensa, no resultó fácil: después del vuelo procedente de Córdoba, al piloto y a los pasajeros se les pidió que no abandonaran el avión, que debía permanecer en la pista de aterrizaje. Tras lo que pareció una eternidad, el obispo llegó en un vehículo para sacarlos del aparato y abandonaron el aeropuerto por un acceso lateral. Resultó que los mismos sicarios contratados para apedrear a Angelelli en Anillaco habían sido enviados al aeropuerto para abuchear a Arrupe.[18]

El Papa Francisco —que pasó largo rato rezando frente a la tumba de Arrupe en septiembre de 2013— dijo a su entrevistador, el padre Spadaro, que Don Pedro tenía «las actitudes convenientes [...] y que tomaba las decisiones correctas». Durante largas horas, en aquella visita, crearon un estrecho vínculo que se mantendría durante los años difíciles que les aguardaban. Arrupe lo animó a llevar a cabo la renovación de la formación jesuítica, que se centrara en las prioridades en un momento de recursos menguantes, y que alentara las nuevas vocaciones dando a la provincia un sentido de unidad e identidad.

Carlos Pauli, que por entonces era un joven profesor en la escuela de La Inmaculada, recuerda un fin de semana de 1974 en que Bergoglio acudió para dirigir un retiro al cuerpo docente en una quinta propiedad del colegio. A todos les asombró su juventud, pero también lo vigoroso de su charla, en la que explicó la distinción entre ideología y esperanza cristiana, y en la que expuso que esta se encarnaba en el «pueblo fiel» argentino, corriente, no ilustrado. «Él marcaba mucho la diferencia entre la ideologización y la instrumentalización de la pobreza, las ideologías como un intento de explicar la realidad total, y cómo la esperanza cristiana supera toda ideología —recuerda Pauli—. Era una época muy tensa políticamente, y para nosotros los laicos su lenguaje era un poco raro en alguien que era un jerarca de la Iglesia.»

Ese fue también el mensaje que transmitió en su primera alocución a la provincia, en febrero de 1974, en que Bergoglio invitó a los jesuitas a «superar contradicciones estériles intraeclesiásticas para poder enrolarnos en una real estrategia apostólica». Fue un discurso potente con el que advirtió de los conflictos infructuosos con los obispos, de los enervantes conflictos entre alas «progresista» o «reaccionaria», y de la posibilidad de que los jesuitas persiguieran más sus propias ideas que los planes de Dios. Desplegó los sutiles discernimientos de la Segunda

Semana de los Ejercicios para enseñar que la voluntad de Dios no ha de identificarse con la propia visión o proyecto de alguien de lo que es bueno. «El único real enemigo —les dijo a los jesuitas— es el enemigo del plan de Dios. El verdadero problema es el problema que suscita el enemigo para impedir el plan de Dios. Esta es la hermenéutica para discernir lo principal de lo accesorio, lo auténtico de lo falso. Este es el principio de nuestra unidad y de nuestra disciplina apostólica.»

Bergoglio prosiguió identificando sus tentaciones en tanto que jesuitas: «vanguardismo» y «elitismo», además de «una fascinación por ideologías abstractas que no encajan con nuestra realidad». En referencia velada a la «teología del pueblo» de Gera y Scannone, dio la bienvenida a «una alergia sana» entre los jesuitas argentinos a «teorías que no han surgido de nuestra realidad nacional». Y expuso su hermenéutica del santo Pueblo fiel de Dios como vacuna contra las ideologías del momento y la violencia política, invitando a los jesuitas a ver que, si eran sinceros colocando en primer lugar al pueblo, necesitaban alienarse con sus valores:

> Este pueblo fiel no divorcia su fe cristiana de sus proyectos históricos, ni tampoco los mezcla en un mesianismo revolucionario. Este pueblo cree en la Resurrección y la Vida: bautiza a sus hijos y entierra a sus muertos. Nuestro pueblo reza, y ¿qué pide?: la salud, el trabajo, el pan, el entendimiento familiar; y para la patria, la paz. Algunos piensan que esto no es revolucionario; pero el mismo pueblo que pide paz, sabe de sobra que esa es fruto de la justicia.[19]

La primera reforma de Bergoglio consistió en tres elementos clave: integrar y consolidar personal y propiedad, reenviar a los jesuitas a la periferia, y alentar nuevas vocaciones al tiempo que se renovaba la formación. Todos los objetivos servían, así, a su meta general de despolitizar la provincia y reorientarla hacia la misión pastoral de los jesuitas.

La prioridad fue integrar una provincia dispersa y desunida. Se vendieron valiosas propiedades en Mendoza y Córdoba (incluido el edificio en el que él mismo había cursado el noviciado), para enjugar la deuda de la USAL antes de desprenderse de ella. La decisión de renunciar a la universidad fue apoyada por el padre Arrupe, que creía que en una época de personal menguante, tenía poco sentido gestionar dos universidades católicas en Buenos Aires (los jesuitas contaban también con la Universidad Católica, la UCA), además de las de Córdoba y Salta.

Los laicos a quienes el provincial entregó la USAL eran antiguos líderes de Guardia de Hierro, que habían cesado sus actividades tras el regreso de Perón y su elección como presidente en octubre de 1973, y que se disolverían oficialmente luego de su muerte en julio de 1974. Bergoglio no solo confiaba en ellos —les fue encomendada la tarea de crear una universidad conforme a los principios jesuíticos, en sintonía con los valores populares de Argentina—, sino que su estrecha relación con ellos hizo más fácil la transición. Fue un tiempo de «coraje creativo» y de «sentido común para saber detectar a los enemigos reales y sus planes», dijo a la nueva asociación civil recién establecida en la USAL durante la ceremonia de traspaso de poderes en mayo de 1975, antes de elogiarlos definiéndolos como «única garantía posible para la preservación de la identidad de la Universidad del Salvador».

El traspaso duró hasta marzo de 1975. Los jesuitas seguirían ofreciendo apoyo pastoral, pero ni impartirían materias ni gestionarían la USAL. Pero siguieron proporcionando la visión; a instancias de los nuevos directores, Bergoglio redactó un acta fundacional por la que la universidad se comprometió a cumplir una misión de tres puntos, titulada *Historia y Cambio*. Lleva su sello inconfundible: el principal motor del cambio debe ser la fe popular, «despreciada por la soberbia ilustrada que... la ha calificado sucesivamente de credulidad y alienación», mientras que el futuro se alcanza «profundizando el camino recorrido», y no tanto mediante la «imitación servil de modelos ajenos, o en el abandono de lo propio...».

Sin embargo, lo que Bergoglio veía como una manera de despolitizar la USAL, otros consideraban una politización más. Tanto los jesuitas de izquierdas —sacerdotes como Yorio y Sily—, como los que se adscribían al *establishment* liberal, o como el padre Fernando Storni, simpatizante del Partido Radical, veían la entrega de la USAL a los «amigos de la Guardia de Bergoglio» como una traición por la que nunca lo perdonaron.

Otra decisión que provocó oposición fue el cierre de las comunidades jesuitas de «inserción» que habían proliferado en el periodo de provincial de O'Farrell. Bergoglio deseaba consolidar las residencias existentes, pero también creía en la mezcla de jóvenes y viejos: al disolver las comunidades pequeñas, buscaba insuflar vida a las residencias e incrementar la sensación de pertenencia a la Compañía en una época de escasas vocaciones. Fue, al mismo tiempo, una manera de volver al redil a los partidarios de los Sacerdotes para el Tercer Mundo que criticaban a los obispos y alentaban a la guerrilla, cuyo sacerdocio y vida religiosa corrían peligro. A finales de 1974 había disuelto todas las comunidades salvo la encabezada por Yorio, que desafiaba su decisión.

El segundo objetivo era enviar a jesuitas a las zonas más periféricas de Argentina para evangelizar a los pobres, en consonancia con el planteamiento de Medellín. En ciertos aspectos, la medida constituía un contrapunto al cierre de las comunidades de inserción: enviar a la periferia a aquellos que se habían acomodado demasiado en las residencias. Expandió las misiones en los lugares remotos de pobreza extrema, como las cinco parroquias de La Rioja, y abrió otras en San José del Boquerón y en Santiago del Estero, donde los jesuitas ya habían sido misioneros antes de su expulsión en el siglo XVIII. También envió a hombres a la localidad nativa de Santa Victoria, en Salta, situada en el extremo norte del país, limítrofe con Bolivia, así como a misiones remotas en Jujuy y Tucumán, para, en ambos casos, ocuparse de los más pobres. A fin de llegar al mayor número de lugares, creó un equipo itinerante formado por unos diez curas que se dedicaban todos a la misión en un punto durante unos meses antes de trasladarse al siguiente. A medida que los novicios empezaran a incorporarse, fueron enviados a aquellas misiones para sus «experimentos».

A finales de la década de 1970, envió a jesuitas jóvenes a reforzar la labor apostólica de la Compañía en Ecuador. Cuando se objetó que la provincia argentina andaba escasa de hombres, la respuesta de Bergoglio fue, según recuerda el padre Albistur, que «los jesuitas no estamos para retener a gente; estamos para enviar a gente a la misión, allá donde más se necesite».[20]

Más cerca de casa, Bergoglio creó un nuevo apostolado en los barrios obreros que rodeaban el Colegio Máximo, que se amplió a finales de la década de 1970 a medida que empezaban a llegar nuevas vocaciones. También brindaba su apoyo a la labor de los jesuitas en las villas miseria de Buenos Aires —la de Yorio en Bajo Flores, así como la del padre *Pichi* Meisegeier, que colaboraba con Mugica en la Villa 31, junto a la estación de Retiro, a pesar de que, según referiría durante el interrogatorio de 2010, en aquella época «se daba por hecho que los sacerdotes que trabajaban con los pobres eran zurdos [comunistas]»—. Incluso cuando el escuadrón de la muerte de la Triple A empezó a perseguir a los curas de las villas miseria, Bergoglio no se los llevó de allí. Pero después de que Mugica fuera abatido a tiros en la puerta de una iglesia, en mayo de 1974, les advirtió que no salieran solos, y que no lo hicieran de noche.

La tercera prioridad eran las vocaciones. Bergoglio formó un equipo dirigido por el padre Jorge Camargo para organizar retiros de discernimiento para jóvenes, que iban de escuela en escuela. Los resultados no tardaron en aflorar. La década de 1970 fue una época de crecimiento de vocaciones en la Iglesia argentina en general, a medida que los jóvenes se alejaban de la política, pero los jesuitas se vieron favorecidos de una manera especial de esa tendencia: los cinco novicios de 1975 fueron aumentando hasta alcanzar una cifra de catorce en 1978, año tras el cual el número fluctuó entre los 28 y los 34 anuales, unos niveles que excedían incluso los de principios de la década anterior. Como el aumento era constante, la Curia jesuita de Roma pidió al padre Camargo que compartiera con ella los secretos de la provincia.

La receta, al menos en parte, tenía que ver con la articulación de Bergoglio de una visión renovada de la vida jesuítica, basada en la primera época de la Compañía, en los tiempos de misión. No solo atraía nuevas vocaciones, sino que las mantenía: la cifra de abandonos anuales a finales de la década de 1970 y principios de la siguiente se redujo drásticamente.

Nombró como maestro de novicios a otro estrecho colaborador de Fiorito, el padre Andrés Swinnen, visitaba a los novicios al menos una vez por semana, y los animaba a rezar para pedir vocaciones, algo que luego pidió a toda la provincia. También les pedía que rezaran novenas —un ciclo de oraciones tradicionales católicas— para nuevas vocaciones de hermanos jesuitas (los «coadjutores»), que en aquella época se estaban extinguiendo: había unos treinta, casi todos de más de setenta años. En la década de 1980, en contraste, se produjeron 23 incorporaciones.

Bergoglio confiaba no solo en sus esfuerzos estratégicos, sino en el Señor de los Milagros —una devoción popular católica de Salta— al que prometió que, una vez que las nuevas vocaciones alcanzaran la cifra de 35 anuales, las enviaría en peregrinación al santuario. Cuando, en septiembre de 1975, se alcanzó esa cifra —coincidiendo casi con el momento en el que su mandato como provincial tocaba a su fin—, envió a Salta a un pelotón de jóvenes novicios relucientes.[21]

Bergoglio fue uno de los 237 delegados de noventa provincias de cinco continentes convocados a Roma para participar en la XXXII Congregación General de la Compañía de Jesús. A diferencia de casi todas las asambleas previas, la CG32 —que se prolongó durante trece semanas, entre diciembre de 1974 y marzo de 1975— había sido convocada no para elegir a un nuevo general, sino para consolidar la renovación postconciliar de los jesuitas.

Con ella el padre Arrupe esperaba sofocar las rebeliones en España, donde jesuitas restauracionistas habían ejercido su influencia en Roma para crear una nueva provincia autónoma directamente dependiente de la Santa Sede, que recordaba mucho a la Compañía del siglo XIX. El Papa Pablo VI había rechazado su petición, pero los «ultras» seguían siendo activos, sobre todo en Roma, donde contaban con la atención de curiales de alto rango, así como con una presencia en la Universidad Gregoriana, gestionada por los jesuitas. En la víspera de la Congregación General ya habían creado una red nueva, Jesuitas en Fidelidad, que hacía campaña tanto contra la CG32 como contra Arrupe.

Arrupe eligió a Bergoglio para atajarlos porque, según el derecho canónico, era el superior de su líder, Nicolás Puyadas, un jesuita español que se había unido a la provincia argentina a mediados de la década de 1960. Tan pronto como se convirtió en provincial, Bergoglio, que tenía tan poca paciencia con los restauracionistas como con los marxistas— envió a Puyadas de regreso a Europa donde, a principios de 1974 este publicó un ensayo antiArrupe. En las fechas previas a la celebración del CG32, los Jesuitas en Fidelidad empezaron a distribuir dicho texto con vistas a preparar una protesta planificada. En presencia de dos testigos, Bergoglio ordenó a Puyadas, bajo voto de obediencia, que abandonara Roma, y el español se vio obligado a hacerlo para poder seguir siendo jesuita. Junto con su antiguo colega del Colegio Máximo, a la sazón provincial chileno, el padre Fernando Montes, Bergoglio se trasladó entonces hasta la estación Termini, donde logró convencer a otros «ultras» que llegaban desde España para que regresaran a casa.

Un reto más importante lo planteó el Papa Pablo VI durante la sesión de apertura de la Congregación General el 3 de diciembre de 1974. Se dirigió a los delegados con lo que era, esencialmente, una carta de amor que contenía una enfática advertencia. Pablo VI se sentía próximo a la Compañía, la admiraba y la veía como un elemento clave para aplicar el Concilio Vaticano II. Gran parte de su discurso apasionado es un recordatorio del carisma de los jesuitas. «Donde quiera que en la Iglesia, incluso en los campos más difíciles o de primera línea, ha habido o hay confrontaciones: en los cruces de ideologías y en las trincheras sociales, entre las exigencias del hombre y el mensaje cristiano, allí han estado y están los jesuitas», les dijo. Posteriormente, Bergoglio lo describió como «una de las alocuciones más bellas que Pontífice alguno tuvo para la Compañía».[22]

El discurso del Papa imploró con urgencia a los jesuitas que no abandonaran su misión fundamental en tanto que curas apostólicos bajo obediencia. Deberían adaptarse a los tiempos, les decía, sin sucumbir a sus tentaciones —escepticismo, individualismo, racionalismo, amor a la novedad—, y sin perder su identidad. Al tiempo que expresó su preocupación por la manera en que, en muchos lugares, la reforma jesuita había descarrillado, subrayó con vehemencia la importancia y la prisa de las decisiones que enfrentaban a los jesuitas, y los instó a volver al buen camino.[23]

A algunos de los delegados el discurso los dejó confusos, otros mostraron su preocupación por que, mientras ellos habían llegado a Roma para abordar cuestiones relacionadas con la pobreza y la justicia, el Papa pareciera obsesionado con la disciplina y la doctrina. Pero, para varios de los presentes, entre ellos Bergoglio, las palabras de Pablo VI dieron en el blanco. Reconoció en el análisis del Papa un discernimiento certero de lo que había salido mal en la provincia argentina, así como en otros lugares. En términos de Congar, Pablo VI había expuesto una visión de la verdadera reforma al tiempo que había vislumbrado una versión falsa de la reforma que solo los conduciría a callejones sin salida. El discurso de Pablo VI le «marcó mucho la manera de ver la Compañía a Bergoglio», afirma el padre Swinnen, que por entonces era maestro de novicios.

Las advertencias del Papa Pablo VI resultaron proféticas. Aunque la CG32 sirvió para consolidar la renovación de los jesuitas, llevó a la Compañía a un nuevo camino de división. El Decreto Cuarto incorporó la aspiración a la justicia social como parte clave de todo lo que hicieran los jesuitas. El propósito original de la Compañía de Jesús en el siglo XVI había sido la «defensa y propagación de la fe». Ahora, en la CG32, pasó a ser «el servicio de la fe, del que la promoción de la justicia constituye una exigencia absoluta».

Dicho decreto no había sido promovido, como suponían muchos, por los delegados latinoamericanos, sino por un grupo de europeos y canadienses francófonos para quienes resultaba vital ver la lucha por la justicia no como algo externo a la religión, sino como parte integral de esta. Para los delegados de América Latina, que habían vivido con aquella idea al menos desde el encuentro de Medellín de 1968, el decreto, en ese sentido, ofrecía pocas novedades. Pero, a diferencia de Medellín, el Decreto Cuarto parecía contar con pocas defensas para evitar que se convirtiera en una ideología; era el fruto de una amalgama a última hora de dos textos, y susceptible de una lectura selectiva. Bergoglio vio otros tantos riesgos en él: uno era obligar a los jesuitas a casarse con movimientos políticos que perseguían la justicia (¿con qué otros medios o instancias podían atajarse las «estructuras injustas»?); el segundo era la pérdida de identidad de la que había advertido el Papa Pablo VI. ¿Dónde encajaban la evangelización y el sacerdocio? ¿Qué era primero? ¿Qué impedía a un jesuita ser meramente un activista político o un trabajador social?

«Bergoglio no sentía demasiada simpatía por ese Decreto Cuarto —recuerda el padre Swinnen—. Cuando hablaba con los novicios, no lo citaba.»

Los jesuitas se pasaron los veinte años siguientes aclarando las ambigüedades: en las muertes de jesuitas a manos de dictadores de derechas en América Latina, así como en los cierres repentinos, sobre todo en España y México, de escuelas «privilegiadas». Los jesuitas llegaron a ser vistos como la «oposición leal» en el seno de la Iglesia, como partidarios de la izquierda política y, a menudo, contrarios al Papa Juan Pablo II, siempre en nombre de la justicia.

Tres años después de su elección, Juan Pablo II intervino de manera contundente en la Compañía, suspendiendo temporalmente su Constitución. Tras admitir, en la Congregación General 33 en 1983, que «esta nueva comprensión de nuestra misión desencadenó ciertas tensiones tanto en la Compañía como fuera de ella» ya que había «reducido el concepto de justicia a unas dimensiones demasiado humanas», en la Congregación General 34 de 1995 la Compañía enmendó una vez más su propósito, en esta ocasión para dejar claro que no podía existir promoción de la justicia sin promoción de la fe. Para entonces Bergoglio ya era obispo.

Durante el discurso provincial que pronunció en 1978, Bergoglio hizo numerosas referencias a la CG32, pero ninguna al

Decreto Cuarto. Lo que sí citó fue la histórica exhortación apostólica de Pablo VI sobre la evangelización, titulada *Evangelii Nuntiandi*, que se había hecho pública pocos meses después de la clausura del CG32, en diciembre de 1975. En ella, el Papa deja claro —conforme con Medellín—, que no puede haber proclamación del Evangelio sin atender, también, la liberación del pueblo de «situaciones muy concretas de injusticia». Pero también advierte sobre el peligro de que la Iglesia reduzca su misión a un «proyecto puramente temporal», y se prestaría a ser «acaparado y manipulado por los sistemas ideológicos y los partidos políticos». Ese era el matiz de discernimiento que faltaba en muchas de las aplicaciones del Decreto Cuarto.[24]

La *Evangelii Nuntiandi* fue el documento papal favorito de Bergoglio, el que citaría durante todas sus etapas como provincial, rector y, posteriormente, obispo. Poco después de su elección, Francisco lo describió como «el más grande documento pastoral escrito hasta ahora». Su gran propósito era hacer compatibles las enseñanzas eternas de la Iglesia con la diversidad de culturas.

Considerando algunas manos ocultas encargadas de su redacción, no cuesta ver por qué se identificaba tan estrechamente con la exhortación, tanto en 1975 como desde entonces. Las secciones dedicadas a la fe encarnada en un pueblo (Pablo VI prefería el término «cultura»), así como aquellas que valoraban positivamente la religión popular, eran, efectivamente, una contribución argentina, esbozadas por el padre Gera. Aquellas ideas habían llegado al documento a través de otro argentino, Eduardo Pironio, que había sido obispo de Mar del Plata y que, en tanto que secretario general del CELAM en 1967 y 1968, había sido el promotor de Medellín. Colaborador y confesor de Pablo VI, había presidido recientemente el sínodo de obispos en Roma del que había surgido la *Evangelii Nuntiandi*.

Ese sínodo marcó otro hito para la Iglesia latinoamericana. El profesor Guzmán Carriquiry, futuro colaborador de Bergoglio, ha escrito que supuso el final de la fase «iconoclasta» del postconcilio, que había estado dominada por «una crisis de autoridad en el Atlántico Norte, por un fracaso de la revolución guevarista y por una desorientación creciente de los intelectuales».[25] El momento era propicio para el segundo encuentro del CELAM, que se celebraría en Puebla en 1979 y que tendría a Gera como luz directora. Según lo veían Bergoglio y sus colegas de teología, de la USAL y de la Guardia, el fracaso de la ideología y de los intelectuales había abierto el camino para el advenimiento del «pueblo fiel».

El cardenal Pironio puede considerarse, en ciertos aspectos, como el precursor de Bergoglio. Su misión fue la aplicación del Concilio Vaticano II en América Latina. Su opción por los pobres era clara, pero desconfiaba de la ideología, y creía que el Evangelio ofrecía la base para un nuevo modelo de sociedad que trascendiera el debate capitalismo-comunismo. Como posteriormente también le sucedería a Bergoglio, Pironio disgustaba a los conservadores por su compromiso con la justicia social, y a la izquierda por no avalar las versiones marxistas de la teología de la liberación. Como Bergoglio, Pironio no era un revolucionario, sino algo más profundo: un radical del Evangelio con una estrategia pastoral que daba prioridad a los pobres. En calidad de rector del Colegio Máximo a partir de 1980, y posteriormente como obispo y arzobispo, Bergoglio llevaría aquella estrategia —la visión de Pironio, y la de la *Evangelii Nuntiandi*— a la calle.

Al evocar la figura de Pironio, en 2008, diez años después de su fallecimiento, Bergoglio lo describió como «un hombre de puertas abiertas con el que te daban ganas de estar». Cuando ibas a verlo, «estuviera donde estuviera y con el trabajo que tuviera, te hacía sentir que vos eras el único». Esa sería la descripción que mucha gente haría del propio Bergoglio.[26]

Los dos hombres tenían algo más en común. Cuando Pablo VI murió, en 1978, se habló de la posibilidad de que Pironio —argentino de ascendencia italiana y espiritualidad franciscana— lo sucediera como Papa. Era prácticamente italiano, decían algunos, por lo que, si los cardenales deseaban mirar hacia el mundo en vías de desarrollo, ¿por qué no aquel argentino?

4

El crisol
(1975-1979)

Numerosos comentaristas consideraron que el día en que el Vaticano tuvo que rendir cuentas a las Naciones Unidas por los abusos sexuales del clero fue la primera gran prueba de Francisco como Papa. El hecho se produjo a mediados de enero de 2014, poco antes de que se cumpliera un año de su elección, año durante el que había gozado de extraordinarios índices de popularidad en los medios de comunicación. Pero en las semanas anteriores a la aparición de la Santa Sede ante el Comité para los Derechos del Niño en Ginebra, Suiza, parecía cada vez más claro que el Vaticano no iba a tenerlo nada fácil.

El día de la sesión, en el transcurso de la misa diaria que celebra a las siete de la mañana en la Casa Santa Marta, Francisco habló de «sacerdotes corruptos» que «en vez de dar el Pan de la Vida, dan un alimento envenenado al santo Pueblo de Dios». En ese momento hizo una pausa y meneó la cabeza, incrédulo: «Pero ¿nos avergonzamos? Tantos escándalos... Escándalos, algunos que han costado tanto: ¡está bien! Se debe hacer así.... ¡Pero la vergüenza de la Iglesia!» Prosiguió atribuyendo «aquellas derrotas de sacerdotes, obispos, laicos», a su falta de relación con Dios, a su mundanidad. «Tenían una posición en la Iglesia, una posición de poder, también de comodidad. ¡Pero no la Palabra de Dios!»

Una vez en Ginebra, los delegados de la Santa Sede —el arzobispo Silvano Tomasi y quien había sido el fiscal máximo en la cuestión de los abusos, el obispo Charles Scicluna— se mostraron imperturbables ante el interrogatorio de los dieciocho miembros del comité de la ONU. Si hubo un tiempo en que el Vaticano fue lento para enfrentarse a la realidad de la crisis de los abusos, declaró Scicluna, ahora «lo ha pillado». Durante las horas de preguntas y respuestas, los delegados expusieron con gran detalle la compleja relación jurídica de la Santa Sede con la Iglesia católica global, y describieron la profunda transformación en cuanto a responsabilidad y transparencia que había tenido lugar durante la década anterior tanto a nivel de diócesis como del propio Vaticano.

En ese campo, ninguna otra institución había sido tan criticada y tan denunciada por sus fallos históricos, y ninguna otra organización había llegado tan lejos, ni tan deprisa, para asegurar que no pudieran repetirse. Los fallos eran bien conocidos y estaban bien documentados; habían sido la base de numerosas demandas, que habían costado millones de dólares solo a la Iglesia en Estados Unidos. Entre las décadas de 1960 y 1980, al igual que otras instituciones, la Iglesia católica carecía de los mecanismos adecuados para comprender y abordar los abusos: las víctimas mantenían silencio, o eran silenciadas, y conforme al consenso médico de la época, los agresores fueron enviados a recibir tratamiento, los declararon «curados» y los mandaron otra vez a nuevas parroquias y ministerios, donde, con frecuencia, volvieron a cometer abusos. En la década de 1990, aquellas víctimas —ya adultas y alentadas por psicólogos y abogados— empezaron a querellarse, pero ni siquiera entonces la cuestión afloró como era debido, pues los acuerdos de compensación contenían cláusulas de confidencialidad. Hasta que en 2001se produjo la crisis de Boston, Massachusetts, cuando los expedientes de las diócesis fueron transferidos a los tribunales de justicia, los medios empezaron a documentar de manera exhaustiva sobre la triste historia de conspiración, ocultaciones y ceguera moral.

Lo que siguió supuso un cambio radical: control externo de unas directrices estrictas para impedir que volviera a producirse encubrimiento alguno; pagos masivos a las víctimas; revisión de expedientes de décadas anteriores; apartamiento y laicización de docenas de sacerdotes. Los cambios no eran perfectos, ni universales —seguía habiendo diócesis en África y en Asia que iban muy por detrás de la Iglesia en los EE.UU. y Europa, procesos canónicos que podrían haberse acelerado, obispos a los que no se había obligado a renunciar tras descubrirse sus fallos— y el asunto no estaba en absoluto cerrado. Seguían apareciendo víctimas que denunciaban abusos sufridos hacía décadas, y la cicatrización de heridas profundas infligidas por hombres que se habían aprovechado de su autoridad espiritual para violar a adolescentes tardaría generaciones. Pero en su manera de abordar el asunto, la Iglesia católica era —al menos en los países occidentales— una institución transformada cuyos procedimientos se habían convertido en modelo para otras organizaciones.

El Vaticano también había abandonado su posición defensiva y de negación a finales de la década de 1990. Roma solo tenía el control directo sobre los alrededor de mil clérigos que trabajaban en la ciudad-Estado del Vaticano; la inmensa mayoría de los 410.000 sacerdotes en el mundo dependían del control de sus obispos, o de sus respectivas órdenes religiosas. Pero el Vaticano sí podía reclamar a los obispos que emprendieran acciones. A partir de 2001, el cardenal Joseph Ratzinger, posteriormente Papa Benedicto XVI, había pedido a los obispos locales que le enviaran detalles de todos y cada uno de los casos para cerciorarse de que no los escondían debajo de la alfombra, y de que todos eran trasladados a la policía y a los servicios sociales. Tras su elección en 2005, Benedicto XVI pidió a todas las conferencias episcopales del mundo que introdujeran directrices estrictas que aseguraran que responderían a las alegaciones pasadas y futuras. En el núcleo de aquellas reglas estaba respetar las leyes locales, asegurar que la policía y los servicios sociales intervinieran a partir del momento en que se presentara una denuncia, y poner en primer lugar la seguridad y el bienestar de los menores. Asimismo, el Vaticano enmendó sus propios reglamentos para que el proceso de secularización —despojar a un hombre del sacerdocio, potestad reservada al Vaticano— resultara más rápido y más sencillo. A raíz de los 3.400 casos referidos por las diócesis locales al Vaticano entre 2004 y 2011, 848 sacerdotes fueron secularizados, mientras que 2.572 recibieron otros castigos menores —por lo general se trataba de hombres de edad avanzada que habían cumplido penas de prisión por sus delitos, y a quienes el Vaticano pedía que pasaran el resto de su vida en oración y penitencia.[1]

Sin embargo, cuando el comité de las Naciones Unidas publicó su informe el 5 de febrero, fue como si el Vaticano nunca hubiera estado en Ginebra y nada de todo aquello hubiera ocurrido. El comité caracterizó a la Iglesia como si fuera una institución retrógrada, y a la Santa Sede como una especie de casa central de alguna multinacional que se dedicara a subvertir las leyes locales. En el informe se exigió que el Vaticano «expulsara de inmediato» a todos los sacerdotes condenados por abusos, acusó a la Santa Sede de imponer un «código de silencio» sobre los clérigos para impedir que estos acudieran a la policía, y de trasladar a sacerdotes abusadores de parroquia en parroquia. Además, deploró sus «políticas y prácticas que han llevado a que los abusos se repitan y a la impunidad de quienes los han cometido». Sorprendentemente, el informe prosiguió aleccionando al Vaticano sobre políticas en otros ámbitos, pidiéndole que suprimiera lo que denominó «estereotipos de género» de los currículos de las escuelas católicas, alegando que su enseñanza sexual era homofóbica, y declarando que la idea de la complementariedad entre los sexos masculino y femenino era incompatible con la teoría moderna del género. En él llegaba incluso a instarse a la Iglesia a modificar sus enseñanzas sobre el aborto, algo que, como algunos católicos señalaron, difícilmente podía considerarse un avance en los derechos del niño.

El padre Federico Lombardi, portavoz del Vaticano, no ocultó su asombro, comentando que parecía como si el informe hubiera estado «prácticamente escrito ya, o al menos en gran parte hilvanado, antes de la sesión». En efecto, se parecía mucho a otro informe enviado a los periodistas semanas antes de esta a través de una ONG poco conocida con sede en Londres, la Child Rights International Network (CRIN), que trabajaba estrechamente con el comité de la ONU. Su directora había declarado a los medios de comunicación que «el abuso a menores se da en otras instituciones cerradas, pero lo que resulta único en el caso de la Iglesia católica es que la Santa Sede sea un Estado que se ha adherido voluntariamente a la Convención de la ONU sobre los Derechos del Niño». (No pareció reparar en que era muy poco probable que una «institución cerrada» se prestara a rendir cuentas ante un comité de la ONU.)

En su página web, quedaba claro de dónde partía la CRIN, pues en ella se describían las instituciones religiosas como «arcanas» y con unas «estructuras de poder enquistadas». El informe reformuló una serie fantástica de mitos del estilo *El código Da Vinci*: que los centenares de miles de sacerdotes de todo el mundo eran empleados del Vaticano, y los obispos locales eran sus agentes; y que los curas acusados de abusos estaban siendo ocultados en el Vaticano, fuera del alcance de las leyes locales. Esos mitos, a su vez, descansaban sobre una única gran idea: que la Iglesia seguía siendo una institución sin reformar que, en 2014, no se enfrentaba al tema de los abusos de manera distinta a la década de 1990 —o, incluso, en las de 1960 y 1970, años en los que habían tenido lugar la mayoría de los abusos—, y que la Iglesia ponía su reputación por encima de la justicia, sacrificando, al hacerlo, vidas inocentes, de acuerdo a unas políticas fijadas por el Vaticano.[2]

Un discurso ideológico había atrapado al comité de la ONU, y lo hacía impermeable a la razón y a las pruebas.

Francisco se mantuvo en silencio, pero transcurrido un mes, cuando ya nadie esperaba una reacción, desafió serenamente el asalto de la ONU sin mencionarlo por su nombre. Expuso que las estadísticas demostraban con claridad que la mayoría de los abusos se dan en el seno de las familias, y que dejan heridas profundas. La Iglesia católica era «quizá la institución pública que se ha movido con transparencia y responsabilidad» en relación con este asunto, dijo. «Nadie ha hecho más. Y, sin embargo, la Iglesia es la única atacada.» También alabó al Papa Benedicto XVI, que había sido «muy valiente» al enfrentarse a los escándalos de abusos sexuales en la Iglesia. «Ha abierto un camino», aseveró. «La Iglesia en este camino ha hecho mucho. Quizá más que nadie.»

Francisco había expuesto de manera suave que la Iglesia había sido un chivo expiatorio, y no temió perder popularidad por señalarlo. Entre las numerosas reacciones airadas estuvo la de la SNAP —Survivors' Network of those Abused by Priests [Red de Víctimas de Abusos de Sacerdotes]—, que se había mostrado encantada con el informe de la ONU. Ahora declaró que Francisco tenía una «mentalidad arcaica defensiva, que no redundaría en una mayor seguridad de los niños».

Para entonces, Francisco había nombrado una comisión para que lo asesorara en políticas de protección de menores y, específicamente, en el cuidado pastoral a víctimas de abusos. Entre sus miembros se encontraba el cardenal Seán O'Malley, de Boston, el obispo estadounidense que había llevado a cabo una reforma radical de la Iglesia en su manera de abordar la cuestión, así como Marie Collins, víctima de abusos y defensora de los derechos de los supervivientes irlandeses. De los cinco laicos de la comisión, cuatro eran mujeres, entre ellas una exprimera ministra de Polonia y destacadas psicólogas británicas y francesas. En diciembre de 2014, se sumaron a la comisión ocho víctimas más de abuso y expertos en el tema, de quienes cinco eran laicos y cuatro mujeres.

En abril de 2014, Francisco hizo unos comentarios improvisados, pronunciados en voz baja y en castellano, a un grupo francés de protección de menores, en los que dijo que asumía la responsabilidad personal por «todo el mal que algunos sacerdotes... bastantes, bastantes en número, aunque no en comparación con la totalidad» habían cometido, y prometió ser «fuerte» en las sanciones a imponer. Esos cuantificadores, «bastantes, bastantes», fueron significativos: durante muchos años muchas voces en la Curia se habían centrado en que la cifra de curas que habían abusado de menores era proporcionalmente pequeña, en lugar de fijarse en lo que más asombraba, es decir, en que el número total de estos fuera altísima. La alusión a «sanciones» también comunicó el mensaje de que ya no habría más impunidad episcopal. Durante una rueda de prensa en el vuelo papal a

Roma desde Tel Aviv, Francisco declaró que un cura que abusaba era como otro que celebrara una misa satánica: «Debemos mostrar tolerancia cero», afirmó.

A principios de julio, se reunió con seis víctimas de abusos en una serie de encuentros individuales en el Vaticano. Muchos grupos representantes de víctimas los condenaron como una farsa sin sentido o un mero acto de relaciones públicas, pero no así los que participaron. «Parecía sinceramente exasperado al oír lo que oía. Escuchó, y parecía sincero», declaró una víctima irlandesa, Marie Kane, que añadió: «Hubo mucha empatía. Allí no se fijaba en la hora. Fui yo la que puso fin al encuentro cuando ya había dicho todo lo que quería decir.»

Las víctimas habían pernoctado en la Casa Santa Marta, donde tuvieron un encuentro informal con Francisco durante la cena de la noche anterior. A la mañana siguiente asistieron a misa en la capilla donde, en una homilía desgarradora, Francisco les suplicó el perdón. «Ante Dios y su pueblo, expreso mi dolor por los pecados y crímenes graves de abusos sexuales cometidos por el clero contra ustedes. Y humildemente pido perdón», les dijo, antes de solicitarles que ayudasen a la Iglesia a mejorar su forma de responder al tema.

Una de las personas con las que se reunió era un superviviente de abusos en un colegio jesuita y fundador de una línea telefónica de ayuda para víctimas, la National Association for People Abused in Childhood (NAPAC) [Asociación Nacional para Personas Víctimas de Abusos en la Infancia]. Peter Saunders regaló a Francisco una gorra de ciclista, bromeando que le había costado elegir entre presenciar la salida del Tour de Francia, que ese año partía de Londres, y acudir a conocer al Papa. Mientras el cardenal O'Malley hacía las veces de intérprete, Saunders le expuso a Francisco que la Iglesia, en todo el mundo, debía introducir protocolos del nivel de los que ya existían en el Reino Unido y Estados Unidos, y que debía aportar más recursos para ayudar a curar a los supervivientes. Saunders permaneció con Francisco al menos media hora, y pudo seguir hablando todo el tiempo que consideraba necesario. Francisco asentía continuamente. «Sé que me escuchaba —relató más tarde Saunders—. Me dedicó toda su atención. Nos mirábamos a los ojos. Yo le dije que no me interesaba ningún acto de relaciones públicas, pero fue claro que no se trataba de eso.» A Saunders le llamó la atención la autenticidad del Papa. «No hay astucia en él.»

Después del encuentro, fue bombardeado con numerosos correos electrónicos de supervivientes airados criticándolo por haberse reunido con el Papa. Muchos de ellos le dijeron que Francisco se había implicado con la dictadura argentina y que era cómplice del encubrimiento. «Es duro leer cosas así», dice Saunders.[3]

A mediados de la década de 1980 Bergoglio fue acusado por un grupo de activistas en favor de los derechos humanos de complicidad con la dictadura militar del periodo 1976-1983. Dicha acusación apareció primero en un libro publicado en 1986 por un admirado abogado católico argentino que había sido alto funcionario durante el Gobierno peronista, Emilio Mignone, fundador del Centro de Estudios Sociales y Legales (CELS). En *Iglesia y dictadura* Mignone afirmaba que dos jesuitas habían sido secuestrados de una villa miseria de Buenos Aires después de que Bergoglio hubiera dado «luz verde» a las fuerzas de seguridad para que llevaran a cabo el operativo. Fue una acusación impactante.

Tras la muerte de Mignone en 1998, otro miembro del CELS, Horacio Verbitsky, periodista marxista que había ejercido de jefe de Inteligencia de los Montoneros, habló con uno de aquellos dos jesuitas, Orlando Yorio, antes de que este falleciera en el año 2000. La entrevista con Yorio, que había abandonado la Compañía de Jesús en 1976, llevó a Verbitsky a desarrollar las acusaciones de Mignone en una serie de artículos que provocaron titulares de prensa una vez que, en 1998, Bergoglio se convirtió en arzobispo. Como si de un tamborilero de juguete con pilas de larga duración se tratara, las alegaciones seguían repitiéndose: en un libro de Verbitsky editado en 2005, en un informe enviado a los cardenales del cónclave celebrado ese mismo año, y en una investigación judicial en la que Bergoglio aportó pruebas como cardenal, en 2010. Finalmente, tras su elección como Papa, las acusaciones se propagaron viralmente.

Francisco aún no había acabado de pronunciar su discurso desde el balcón de San Pedro la noche de su elección, el 13 de marzo de 2013, cuando el periódico británico *The Guardian* tuiteó: «¿Fue Francisco cómplice de asesinato y detención ilegal?» Se hizo eco de un artículo de 2011 que contenía diversos errores, de dos de los cuales el periódico se retractó. Pero las acusaciones ya volaban. A medida que los periodistas entraban en su abultado archivo online, Verbitsky, que ya había cumplido setenta y un años, se mostró encantado con la atención. Ofreció su propio veredicto sobre el nuevo Papa. Francisco, sentenció, era «un *ersatz* [...] como el agua con harina que las madres indigentes usan para engañar el hambre de sus hijos». E intentó colgarle la coletilla de «Papa de la dictadura».[4]

El padre Federico Lombardi, portavoz del Vaticano, declaró a la prensa que la acusación provino de «elementos anticlericales de la izquierda». Dado el historial de Verbitsky, el argumento resultaba fidedigno, pero tenía un tono defensivo. Tampoco resultó concluyente la declaración del otro jesuita concernido, el padre Franz Jalics. Desde su casa de retiro en Alemania, Jalics, que seguía perteneciendo a la Compañía de Jesús, dijo que él y su antiguo provincial se habían reconciliado hacía mucho, que consideraba el asunto cerrado, y que se sentía «incapaz de comentar el papel del padre Bergoglio en aquellos hechos». Pero su declaración no hizo más que suscitar preguntas. Si Jalics había perdonado a Bergoglio, ¿qué fue lo que le perdonó... y por qué no pudo comentar sobre el papel de su anterior provincial? Pocos días después, Jalics emitió una segunda declaración: «El hecho es así: Orlando Yorio y yo no fuimos denunciados por el padre Bergoglio.»

Así que una semana después de la elección de Francisco como Papa, los medios de comunicación se encontraban atrapados entre dos narrativas contradictorias: «el Papa de las villas miseria» frente a «el Papa de la dictadura». Dado que las dos historias fueron difíciles de conciliar, empezó a tomar cuerpo otra narrativa mítica: que a principios de la década de 1990 el provincial jesuita «conservador» Bergoglio se había convertido en el «progresista» cardenal Bergoglio. Ese mito permitía, sobre todo, a los católicos liberales a ensalzar con efusividad al Papa Francisco sin perder por ello el derecho a hacer gestos admonitorios sobre su pasado supuestamente dudoso.[5]

En casi todos los reportajes periodísticos después de la elección de Francisco que se referían a las acusaciones de Yorio y Jalics, se dio por sentado que a mediados de la década de 1970 las fuerzas armadas argentinas derrocaron a un Gobierno democrático popular para imponer un régimen de terror en contra de la voluntad del pueblo. La verdad fue muy distinta. El depuesto Gobierno peronista llegó a ser muy impopular, y el golpe de Estado fue ampliamente bienvenido. Si alguna vez existió un mandato claro a las fuerzas armadas para que tomara las riendas, este se dio en marzo de 1976, cuando los argentinos llevaban ya cinco años viviendo con una violencia intestina cada vez mayor.

La fase reciente de aquella violencia se había iniciado con la decisión de los Montoneros de romper con Perón en mayo de 1974 para retomar la lucha armada. El general murió dos meses después, dejando a su tercera esposa, María Estela (conocida como Isabelita), a cargo de lo que sería una presidencia desastrosa. Los Montoneros denunciaron su Gobierno en nombre de la anterior esposa de Perón. «Si Evita viviera, sería montonera», era un eslogan muy coreado de la época.

Ante una oleada de atentados y secuestros, Isabelita declaró el estado de sitio, desencadenando los escuadrones de la muerte secretos que declararon la guerra a la guerrilla. En los primeros meses de 1975, la llamada Triple A (Alianza Anticomunista Argentina) perpetró 450 asesinatos y dos mil «desapariciones». Sin embargo, sus acciones no hacían más que legitimar a la guerrilla, cuyos líderes ya estaban convencidos de que conseguirían apoderarse del Estado. El ERP y los Montoneros empezaron a usar armamento pesado, pagado con los millones de dólares obtenidos de los secuestros de empresarios, contra cuarteles y regimientos del Ejército. El capital extranjero se daba a la fuga, la inflación rozaba el 600 por ciento y el desempleo no paraba de aumentar. En 1975, la política había quedado reducida a un creciente y violento fratricidio entre dos facciones del peronismo. Los medios de comunicación consideraban que el golpe sería, a la vez, inevitable y necesario, y los principales periódicos reclamaban que los tanques salieran de los cuarteles.

Aunque las fuerzas armadas no ocuparan la Casa Rosada hasta marzo de 1976, la llamada guerra sucia se había iniciado un año antes, cuando Isabelita dio carta blanca a los militares para pacificar la provincia de Tucumán, en el noroeste del país. Allí, entre trescientos y cuatrocientos guerrilleros trotskistas del Ejército Revolucionario del Pueblo llevaron a cabo una serie de ataques importantes, combatiendo el Ejército en las montañas y atacando comisarías de policía con el fin de crear un territorio liberado. Bergoglio recordaría en 2010 que aquellos ataques «asustaban y desorientaban a mucha gente». El decreto de Isabelita, que dio a las fuerzas de seguridad el derecho a usar todos los medios para «aniquilar la subversión» en la provincia, estuvo seguido de otro en respuesta al importante ataque montonero que, en octubre de 1975, se produjo en Formosa. Ese segundo decreto creó las bases legales para extender aquellos métodos —secuestro, tortura y ejecuciones sumarias—, a todo el país, métodos que, tras el golpe de Estado, llegarían a resultar demasiado familiares.

Los decretos que autorizaron esos métodos fueron aprobados por un Gobierno democráticamente elegido, y contaron con el apoyo de todos los partidos principales. Esos mismos partidos —radicales, socialistas, conservadores— apoyaron con contundencia el golpe una vez que se produjo. Los políticos aceptaron el análisis de los generales que hacían falta medidas extraordinarias para combatir a la guerrilla, y tenían buenas razones para hacerlo. A mediados de la década de 1970 el ERP y los Montoneros contaban con unos seis mil miembros adiestrados y un apoyo activo de tal vez 150.000. Como proporción de la población total, se trataba de una cifra pequeña; pero eran jóvenes, educados y tecnológicamente capaces además de estar organizados y equipados. Disponían de mucho dinero y armas, tenían el apoyo logístico de La Habana y estaban decididos a tomar el poder. Fue en su momento la mayor guerrilla del hemisferio occidental.

El ataque del ERP en Tucumán, así como la ofensiva de los Montoneros en la provincia de Formosa, formaban parte de una estrategia insurreccional de manual, obra del médico argentino, transformado en revolucionario cubano, Ernesto Guevara, conocido como el Che. Según su teoría, el foquismo, una vez que una sociedad alcanzaba una situación objetivamente revolucionaria, la guerrilla podía obtener el control de un territorio remoto y el pueblo, gradualmente, acudiría en su apoyo; con el tiempo, el territorio liberado se expandiría, alterando el equilibrio de poder. Tras la muerte de Perón, los guerrilleros creían que ese momento había llegado, y las memorias de los generales muestran que ellos también creían que la posibilidad era real. Incluso después del golpe, cuando el Estado pudo declarar la guerra sin traba legal alguna, tardó dos años en derrotar a la guerrilla. Entre 1976 y 1978, los Montoneros y el ERP causaron 748 muertes, y solo la primera de estas organizaciones llevó a cabo más de dos mil «operativos».

Es discutible que tanto la guerrilla como las fuerzas armadas se engañaron al creer que la revolución estaba a la vuelta de la esquina. Pero solo cuando uno entiende que muchos lo creyeron puede explicarse por qué la sociedad civil argentina —partidos políticos, sindicatos, la Iglesia— apoyaron la intervención militar, toleraron un Estado policial y justificaron ante sí mismos y ante otros las medidas extraordinarias desplegadas por las fuerzas armadas. La gente, en su mayoría, no tenía una idea clara de lo que implicaban dichas medidas: el régimen militar era muy eficaz a la hora de ocultar sus métodos. La clandestinidad, en efecto, fue un elemento clave de la estrategia: los jefes militares argentinos habían aprendido la lección del golpe del general Augusto Pinochet al otro lado de los Andes, en Chile, que había provocado la indignación internacional al ejecutar a centenares de supuestos militantes de izquierdas.

La Junta argentina, presidida por el general Jorge Videla, creía que para erradicar la guerrilla sería necesario eliminar al menos cinco mil personas, y que matanzas de civiles a semejante escala resultarían inaceptables para una sociedad cristiana, así como para la opinión pública internacional. Más aún, solo mediante operativos clandestinos se conseguirían el factor sorpresa y el impacto necesarios para quebrar la muy elaborada estructura celular de las guerrillas. La estrategia de la Junta fue entonces aplicar torturas e interrogatorios en centros clandestinos, y luego deshacerse de los prisioneros en secreto, negando todo conocimiento de los mismos: serían «desaparecidos». De ese modo, podrían actuar con tal rapidez que la guerrilla quedaría demasiado desorientada para reagruparse o disimularse entre la población civil. Entretanto, la Junta llevaría a cabo una reforma exhaustiva del Estado y la economía, con la esperanza de que la paz y la prosperidad llevaran a la población, con el tiempo, a ver a las fuerzas armadas como sus salvadores.

La represión fue masiva, rápida y secreta. La mayoría de los argentinos sabía algo —había secuestros en la calle casi a diario—, pero después de años de vivir con la Triple A y la violencia guerrillera, hacía falta tiempo para comprender que se había puesto en marcha una cosa nueva y sistemática. «Yo mismo, como sacerdote, si bien comprendía que la cosa era pesada y habían muchos presos, caí en la cuenta algo después», recordaría Bergoglio en 2010. «La sociedad, en su conjunto, recién tomó conciencia total durante el juicio [de los años 80] a los comandantes... A mí me costó verlo, hasta que me empezaron a traer gente y tuve que esconder al primero.»

Solo tras la caída de la dictadura, en 1983, los argentinos descubrieron la magnitud de lo que se había perpetrado en su nombre: 340 centros de detención clandestinos donde se sometía a los prisioneros a torturas rutinarias mediante picanas eléctricas; presos drogados y asesinados, arrojados al mar desde helicópteros, o enterrados en fosas comunes. El cálculo más aproximado cifra en 7.201 las personas asesinadas por el Estado durante la dictadura (1976-1983), de las cuales todas, salvo 745, lo fueron tras convertirse en «desaparecidas». Si se suman a las 1.167 (la mitad desapariciones, la otra mitad ejecuciones) durante los siete años anteriores a la dictadura, el total es de 8.368 asesinatos perpetrados por el Estado entre 1969 y 1983. Poco más de la mitad de ellos eran guerrilleros activos, los demás civiles desarmados. La mayoría de ellos eran jóvenes de entre quince y treinta y cinco años de edad.[6]

A medida que la cifra de muertos aumentaba, en 1976 y 1977, los familiares desesperados y confundidos de los «desaparecidos» —calificativo fantasmal que la prensa extranjera adoptó en castellano—, se encontraban bloqueados por la policía, y muchos de ellos recurrían a la Iglesia. Al principio los obispos buscaron mantener relaciones con la Junta, pero no tardaron en descubrir que tenían muy poca influencia sobre ella. Si bien consiguieron la liberación de algunos prisioneros, su política de transigencia —nacida de décadas de identificación con el Estado— otorgaba a la Junta legitimidad, y a los obispos fama de pusilánimes: veinticinco años después, usaron la iniciativa de arrepentimiento, con motivo del segundo milenio, que lanzó el Papa Juan Pablo II para pedir perdón por haber sido «indulgentes con posturas totalitarias» y «por los silencios responsables y la participación efectiva de hijos de la Iglesia en atropellos a los derechos humanos, en torturas y violaciones».[7]

Ese reconocimiento llegó con la ventaja que da la perspectiva. En el momento, fue bastante más complicado. Los obispos sabían que se recurría a la tortura, y la condenaron en su declaración de mayo de 1976, aunque en el mismo documento dijeron que no se podía exigir que las fuerzas armadas actuaran con «pureza química» dadas las circunstancias. Jorge Casaretto, a la sazón joven obispo de Rafaela, recuerda que el régimen admitía que «eran excesos que se cometían, pero nunca admitieron que habían montado un aparato de tortura, de desaparición». En mayo de 1977, los obispos se expresaron con mayor descaro y claridad, condenando enfáticamente las atrocidades. Pero al día siguiente de hacer pública esa declaración, la guerrilla asesinó a un almirante mediante la espectacular explosión de su vehículo. «Entonces las fuerzas armadas dicen: "Miren qué ocurre cuando publican una condena" —recuerda Casaretto—. Fue muy fuerte como golpe psicológico.»

Los cincuenta y siete miembros de la Conferencia Episcopal estaban divididos entre derechistas, moderados y progresistas. Los derechistas eran, numéricamente, pocos —media docena—, pero contaban con algunas diócesis de peso, como las de La Plata y Rosario y, más importante aún, incorporaban la Vicaría castrense, una jurisdicción eclesiástica separada en la que servían más de doscientos capellanes de las fuerzas armadas. Los obispos de dicha vicaría, Adolfo Tortolo y Victorio Bonamín, veían la dictadura como la salvación de los horrores de la democracia, y la represión como una guerra santa que libraría a Argentina del comunismo. Ellos sabían lo que estaba ocurriendo, y lo justificaban.

En el extremo opuesto del arco se encontraban diez o doce obispos progresistas, que desde el principio presionaron a la Conferencia Episcopal para que expresara una postura pública más firme en favor de los derechos humanos. Como encabezaban diócesis de las periferias y muchos de sus clérigos pertenecían al Movimiento de Sacerdotes para el Tercer Mundo (MSTM), supieron antes que la mayoría de sus colegas qué implicaba la represión, se manifestaron en contra de ella y pagaron el precio: en 1983, tres de esos obispos murieron en misteriosos accidentes de tráfico. Los tres se habían enfrentado a la creciente hostilidad por parte de las fuerzas de seguridad, y en dos de los casos trasladaban informes sobre las víctimas del régimen que desaparecieron de las escenas de los respectivos siniestros.

El grueso de la Conferencia Episcopal —unos dos tercios— compartía los objetivos de la Junta de restaurar la paz y el orden. «La gente estaba muy cansada con la violencia constante, y cuando asumen los militares, la sociedad de alguna manera complace. Pensamos, se terminó la violencia inorgánica, y ahora vendrá una violencia orgánica, por decirlo de alguna manera», recuerda monseñor Casaretto. «Y se tardó bastante tiempo, incluso en la Iglesia, en tomar conciencia del aparato de represión que habían montado los militares.» La mayoría de los obispos, como la mayoría de los argentinos, se inclinaban a apoyar a la Junta, lo que hizo más difícil que reconocieran lo que estaba pasando. Los obispos condenaron la tortura desde el principio, pero en 1976 y 1977 no rompieron públicamente con el régimen, ni lo denunciaron; en ese sentido, los obispos, más que cómplices, fueron espectadores. Hacia 1980, los obispos favorables a la dictadura se habían alejado del liderazgo y la Conferencia Episcopal pudo trabajar activamente para lograr un retorno a la democracia.

Sin embargo, a mediados de la década de 1970 la Iglesia fue, ella misma, un escenario de guerra. La Rioja, la diócesis pobre del noroeste a la que Bergoglio había viajado con el padre Arrupe, era el ejemplo más claro. Poco después del golpe, el jefe de la base aérea del Chamical acusó al obispo Enrique Angelelli de predicar política, y se negó a permitir que el capellán castrense nombrado por este accediera a la misma. Cuando Angelelli, en señal de protesta, prohibió la celebración de todos los servicios religiosos en dicha base, el vicario castrense, Victorio Bonamín, ignoró su decisión y nombró él mismo a otro capellán. Bonamín era cercano a los mandos militares que organizaron el secuestro de dos de los sacerdotes de Angelelli, Carlos de Dios Murias y Gabriel Longueville, cuyos cadáveres aparecieron días más tarde torturados y acribillados a balazos, junto a una lista de curas «subversivos» a los que se amenazaba con ser los próximos.

Dado que a cualquiera que trabajara con los pobres en las villas miseria se lo consideraba «zurdo», los sacerdotes y las monjas se hallaban aún más expuestos de lo que lo habían estado antes del golpe. Durante la llamada «guerra sucia», unos veinte curas y miembros de órdenes religiosas fueron asesinados, 84 desaparecieron, 77 tuvieron que partir al exilio y centenares de activistas laicos compartieron su destino. En 2010, Bergoglio expuso durante el interrogatorio judicial:

Había algunos que hacían teología con hermenéutica marxista [es decir, que interpretaban con una lente marxista], cosa que la Santa Sede no acepta, y otros que no, que buscaban una presencia pastoral entre los pobres, desde una hermenéutica del Evangelio. Los dirigentes de la dictadura demonizaban toda la teología de la liberación, tanto los curas que estaban en una hermenéutica marxista, que en la Argentina eran pocos en comparación con otros países, como los curas que simplemente vivían por vocación sacerdotal entre los pobres.[8]

Varios de los asesinados tenían relación con Bergoglio. El 4 de junio de 1976, dos estudiantes del Colegio Máximo pertenecientes a la Orden asuncionista desaparecieron de la cercana parroquia de Jesús Obrero, situada en el barrio Manuelita, después de que se los llevaran unos guardias uniformados que buscaban al padre Jorge Adur, sacerdote del MSTM que durante un tiempo fue capellán de los Montoneros. Un mes después, cinco miembros de la rama irlandesa de los Padres Palotinos fueron espantosamente asesinados en la iglesia de San Patricio de Buenos Aires. Uno de ellos, el seminarista Emilio Barletti, era alumno en el Colegio Máximo, y otro, el padre Alfredo Kelly, tenía a Bergoglio como director espiritual.

A causa de la fuerte presencia de los jesuitas en La Rioja, Bergoglio fue informado de inmediato, en ese mismo mes de julio, de que los cadáveres de dos curas de Angelelli habían aparecido con signos de torturas junto a unas vías de tren, y de que un trabajador católico, laico, había sido abatido a tiros delante de sus hijos. Angelelli había comentado a mucha gente que él sería el próximo. Bergoglio se encontraba en el extranjero cuando, el 4 de agosto de 1976, el coche del obispo salió de la carretera en el camino de regreso de la misa funeral que había celebrado por los dos sacerdotes asesinados. En el asiento trasero llevaba un informe con pruebas en el que figuraban los nombres de los responsables, informe que fue sustraído del lugar de los hechos. Aunque estaba claro que la muerte de Angelelli había sido provocada, oficialmente se determinó que se había tratado de un accidente. Bergoglio, que sabía que no era así, regresó a Argentina de inmediato.

Posteriormente, ya como Papa, proporcionó documentos que ayudaron a procesar a dos altos mandos militares por el asesinato de Angelelli.[9]

Como provincial, los objetivos de Bergoglio durante la guerra sucia eran dos, ambos estipulados por el prepósito general desde Roma. El primero consistía en proteger a los jesuitas y, el segundo, en asistir a las víctimas de la represión. Los dos objetivos, obviamente, estaban en tensión mutua: de haberse sabido que su provincial daba cobertura a subversivos buscados por el Estado, todos los jesuitas se habrían encontrado bajo sospecha. Fue una acción de alto riesgo, pero Bergoglio la llevó a cabo. Ni un solo jesuita perdió la vida durante la guerra sucia, y él consiguió salvar a decenas de personas. Lo que no hizo fue declararse públicamente en contra del régimen, lo que difícilmente habría podido hacer sin sacrificar sus objetivos.

Logró sus objetivos por dos razones principales.

La primera era la amplitud y la profundidad de sus relaciones. Sus vínculos básicos eran con los peronistas depuestos, pero mantenía contactos con los Montoneros, así como con integrantes de las fuerzas armadas, y estaba en comunicación con el jefe de la Marina, el almirante Emilio Massera. Más importante aún era que contaba con la confianza de los tres capellanes castrenses que vivían en el Colegio Máximo, así como de la del padre Enrique Laje, jesuita influyente en los círculos militares argentinos. Bergoglio también conservaba vínculos con obispos de los sectores moderado y progresista, y con el representante del Vaticano en Argentina, el nuncio apostólico Pío Laghi. Por último, en tanto que provincial próximo a Arrupe, podía acceder a la Santa Sede a través de la Curia de la Compañía de Jesús.

La segunda razón era su capacidad para jugar sus cartas con gran discreción. Solo alguien tan inescrutable como Bergoglio podía lograr la extraordinaria hazaña de refugiar en el Colegio Máximo a decenas de personas que huían de la dictadura, y de hacerlo en las mismas narices de los capellanes castrenses (que nunca sospecharon nada), y con los soldados en la puerta. Eran conocidos como «estudiantes», o como «gente de retiro», y ni siquiera su secretario, que trasladaba a muchos de los refugiados hasta el aeropuerto, sabía quiénes eran. Por ello, el único que puede decir exactamente a quién, y a cuántos, ayudó a escapar es Francisco. Más allá de unas referencias vagas durante el interrogatorio judicial al que se sometió en calidad de testigo, y de algunos comentarios realizados durante su entrevista *El Jesuita,* de 2010, en el sentido de que había ayudado a gente ofreciéndole cobijo en el Máximo, Bergoglio ha facilitado pocos detalles.

Hasta su elección como Papa, la mayoría de las personas a las que Bergoglio ayudó respetaron su silencio brindándole el suyo. Pero en marzo de 2013, indignados ante la injusticia de las acusaciones de Verbitsky, muchos se sintieron empujados a dar un paso al frente. Entre los más sorprendidos por aquellas historias estaban los propios jesuitas argentinos, sobre todo los que vivían en el Colegio Máximo en aquella época. Bergoglio nunca se había ido de la lengua. No costaba entender dónde se había ganado el apodo con el que era conocido entre sus compañeros de la Compañía de Jesús —la Giaconda—, por la impenetrable expresión del retrato que Leonardo da Vinci pintó de la Mona Lisa.

Aunque no todos han hecho públicas sus historias, los huidos que han hablado bastan para crear, con sus testimonios, el retrato claro de cómo salvó Bergoglio a docenas de personas, sobre todo entre los años 1976 y 1978, alojándolos en el Máximo y enviándolos poco a poco al extranjero a través de una red internacional de rutas de huida gestionada por los jesuitas. La mayoría lo hacían por los países vecinos, Brasil y Uruguay, y desde allí llegaban a Europa. Bergoglio recogía él mismo a muchos de los refugiados, los instalaba, en ocasiones durante semanas o meses enteros en el Máximo, les proporcionaba papeles con una identidad falsa, los conducía al aeropuerto, y los dejaba, sanos y salvos, al pie de los aviones. En un caso «como se parecía un poco a mí», declaró en 2010, entregó a un hombre su carnet de identidad y su sotana, y lo coló por la frontera brasileña en Foz do Iguazú.[10]

Aunque Bergoglio sacó a algunas personas del país por barco hasta Uruguay, la ruta más corriente era a través de la frontera argentino-brasileña —por las antiguas tierras misioneras que corrían paralelas al río Guaraní—. Los huidos llegaban hasta Misiones, en el noreste de Argentina, donde los jesuitas los llevaban hasta las barcas que cruzaban el río Paraná desde Puerto

Iguazú. Al otro lado los refugiados eran recibidos por jesuitas brasileños, que los alojaban en Río de Janeiro, les proporcionaban dinero y billetes de avión para su huida a Europa y hasta se aseguraban de que tomasen el vuelo para garantizar su seguridad. Las personas implicadas en cada etapa del viaje solo conocían la parte que tenían asignada —el trayecto en autobús, o el alojamiento, o los papeles—, por si eran interceptados.

Esa red tan elaborada como audaz resultaba todavía más digna de encomio si se tiene en cuenta que las dictaduras militares de todos los países del Cono Sur —Argentina, Uruguay, Brasil, Paraguay y Chile— habían acordado, a través de la llamada Operación Cóndor, perseguir y entregar a sus respectivos países a los subversivos que huyeran a los países vecinos. El modo en que los jesuitas de Sudamérica replicaron aquel sistema de cooperación de la contrainsurgencia creando su propia red de traslado de refugiados a través de las fronteras es una de las grandes historias de la época que quedan por contar.

El 24 de marzo de 1976, el día en que el Ejército depuso a Isabel Perón, Bergoglio se encontraba en pleno traslado desde la sede de la provincia de la calle Bogotá 327 (a escasas cuadras de la Casa Rosada), al Colegio Máximo, en San Miguel. Ahora que el número de vocaciones iba en aumento, «parecía conveniente que el provincial estuviera cerca de la Casa de Formación», explicó en una carta que, años más tarde, envió al jefe de los salesianos de Argentina, Don Cayetano Bruno. La formación seguía siendo la máxima prioridad de Bergoglio.

Aunque desde hacía tiempo se esperaba el golpe de Estado, los jesuitas no tenían ni idea de que se produciría ese día, y se encontraron de lleno en la mudanza, metiendo muebles y archivos en una camioneta mientras los helicópteros atronaban en el cielo, los tanques bloqueaban las carreteras y los soldados desfilaban a paso ligero por las calles.

El nuevo Gobierno militar anunció lo que denominó «Proceso de Reorganización Nacional», conocido por los argentinos como «el Proceso». Algunos elementos de la partitura eran bien conocidos: se cerraron el Congreso y los tribunales, se suspendió la actividad política y se prohibieron las huelgas. Pero otros elementos eran nuevos. En esa ocasión, el Gobierno lo presidiría una junta integrada por los jefes de los tres brazos de las fuerzas armadas, que se repartirían las carteras del gabinete. Aunque el comandante en jefe del Ejército de Tierra, el general Jorge Videla, era el presidente, no tomaría ninguna decisión ejecutiva sin consultarla con el jefe de la Armada, el almirante Emilio Massera, y con el de Aeronáutica, el brigadier Orlando Agosti. También era nuevo el grado de control social: a los editores de los periódicos se les decía lo que debían publicar, y el Estado se hizo con el control de todos los canales de televisión.

La pretensión del nuevo Gobierno era «Restituir los valores esenciales que sirven de fundamento a la conducción integral del Estado», según el comunicado emitido ese día, para «erradicar la subversión y promover el desarrollo económico». El plan económico pasó por una terapia de choque monetarista: reducción drástica del Estado, congelación de salarios y apertura de mercados a la competitividad extranjera. No funcionó. Tras un impulso inicial de crecimiento e inversión, Argentina se hundió en otra crisis económica, traducida en esta ocasión en un acusado aumento del desempleo.

Pero ya en ese momento el país se encontraba enterrado en un silencio político siniestro. Solo hacia 1978 empezaron algunos a salir de sus sepulcros, alentados por familiares de los desaparecidos, que un año antes habían comenzado sus tristes noches en vela frente a la Casa Rosada. La visión de las Madres de la Plaza de Mayo, con sus pañuelos blancos a la cabeza y los retratos fantasmagóricos de sus hijos esfumados, dando vueltas sin fin a la plaza ante la mirada adusta de los soldados, captó la atención del mundo. Para entonces, la Junta había cambiado de dirigentes, y los nuevos quisieron desviar la atención de lo que ocurría mediante la invasión, en 1982, de las islas de la costa sur de Argentina, ocupadas desde el siglo XIX por los británicos. La derrota de Argentina en la guerra de las Malvinas/Falkland precipitó el hundimiento de la dictadura y el retorno de la democracia en 1983.

Una vez instalado en el Colegio Máximo en 1976, Bergoglio inició la reforma del programa de formación de los alumnos jesuitas, elemento clave de una estrategia más amplia de refundación de la provincia tras años de caos, experimentación y divisiones.

Hablando, ese mismo año, sobre el positivo incremento de nuevos matriculados, el provincial manifestó que era fundamental que encontraran en la provincia un espíritu de consolación resultado de la unión de las almas, la confianza mutua, el celo apostólico y la obediencia. La serpiente en el jardín de los jesuitas, añadió, era «cierto vanguardismo». La táctica más sutil del diablo era hacerles creer que la Iglesia necesitaba salvarse (mediante los jesuitas) a pesar de ella misma. Detrás de esa tentación estaba «la falta de fe en el poder de Dios que siempre habita en la Iglesia». Destacando que «así como puede haber jesuitas tentados, pueden existir comunidades tentadas», se dedicó a enumerar las formas posibles de esta tentación: «privilegian siempre el conflicto a la unidad, la parte al todo, las ideas personales a la realidad».

Para combatir esas tentaciones, Bergoglio contaba con una estrategia de tres puntos. El primero fue una revisión de los programas de estudio. Bergoglio reinstauró el juniorado (el estudio básico, durante uno o dos años, de artes y humanidades), y la separación de filosofía y teología para reemplazar lo que, en su carta de 1990 a Don Bruno, describió como «"mejunje" de filosofía y teología que se había llamado "currículum", en el que se comenzaba estudiando Hegel [*sic*]». El nuevo juniorado de Bergoglio constituía una oportunidad para enraizar a los alumnos en tradiciones jesuíticas y argentinas, más que en modelos foráneos. Los estudios incluían no solo a los clásicos europeos, sino también cursos sobre literatura argentina —de *El gaucho Martín Fierro* a Borges—. La asignatura de historia era revisionista y rescataba elementos católicos, hispánicos y de los primeros jesuitas en el pasado de Argentina, que en el planteamiento liberal de los estudios históricos se ignoraban o despreciaban. Bergoglio deseaba que los jesuitas valoraran las tradiciones religiosas populares junto con la alta cultura —que supieran de gauchos y caudillos, y no solo de trenes y telégrafos.

El segundo elemento era una implicación pastoral entre la población local, empresa que crecería espectacularmente durante los diez años siguientes, durante los cuales el Colegio Máximo se llenó de estudiantes, pero que también le valdría la oposición de algunos jesuitas prominentes en la década de 1980. En la misma carta escrita a Don Bruno, recordó que:

> Estando en San Miguel vi las barriadas sin atención pastoral; eso me inquietó, y comenzamos a atender a los niños. Los sábados a la tarde enseñábamos catecismo, luego jugaban, etcétera. Caí en la cuenta de que los profesos teníamos voto de enseñar la doctrina a niños y rudos, y comencé yo mismo a hacerlo junto a los estudiantes. La cosa fue creciendo; se edificaron 5 iglesias grandes, se movilizó organizadamente a los chicos de la zona... y solamente sábados por la tarde y domingos a la mañana... Entonces vino la acusación de que ese no era apostolado propio de jesuitas, que yo había salesianizado [*sic*] la formación.

El servicio concreto a los pobres en misiones de fines de semana llevado a cabo en los barrios locales relacionaría a los alumnos jesuitas con el «santo Pueblo fiel de Dios» y los mantendría asentados en la realidad. «El pueblo fiel cansa porque pide cosas concretas —comentó en una de sus charlas de entonces—. Dentro de nuestra mente somos reyes y señores, y quien se dedique exclusivamente al cultivo de su fantasía nunca llegará a sentir la urgencia de lo concreto. Pero el trabajo pastoral de las parroquias es otra cosa.»[11]

El tercer brazo de su reforma formativa era la profundización de su espiritualidad ignaciana, siempre bajo la guía del padre Fiorito, que residía en Villa Bailari con los novicios y era director espiritual de muchos de los alumnos de la institución —tanto jesuitas como no jesuitas. Las numerosas charlas y escritos de Bergoglio de esa época, publicadas en el *Boletín de Espiritualidad*, son clases magistrales sobre discernimiento ignaciano, y en muchos casos tienen que ver con las tentaciones sutiles que conducen al rechazo de la autoridad eclesiástica y a divisiones en el seno de la Compañía de Jesús. En ellos hace uso, a menudo, de la *Evangelii Nuntiandi* de Pablo VI, y lamenta la proliferación de ciertas «comunidades de base» que rechazan la autoridad de la Iglesia y se vuelven ideológicas. («Quizá nos haga bien sufrir un poquito delante del Señor —dice Bergoglio—, pidiendo perdón por tantas veces que, en nuestra tarea de pastores, hemos pecado en este campo.»)[12] Pero, en su mayoría, sus referencias son a los escritos del propio san Ignacio —y sobre todo a los *Ejercicios*—, que combaten los muchos y muy sutiles intentos del diablo de dividir a los jesuitas.

En las charlas que daba como provincial a los jesuitas, su diagnóstico de lo que había ido mal en el país y de los retos de la provincia se fundía con su visión de lo que había ido mal en el país y en la Iglesia en general. El catolicismo argentino había sido captado por ideologías violentas. Su generación había sucumbido a las tentaciones del mesianismo revolucionario de la guerrilla, o a la cruzada anticomunista de los hombres de uniforme, y el resultado era diabólico: el Cuerpo de Cristo se había desgarrado según líneas temporales, y en órdenes como la suya los miembros menguaban y se dispersaban. Con la reforma de la Compañía de Jesús en Argentina, Bergoglio quería que los jesuitas renunciaran a sus planteamientos excesivamente mundanos y se dejaran modelar por la «periferia» —las necesidades pastorales de los pobres.

En ello, Bergoglio seguía el criterio del texto *Verdaderas y falsas reformas en la Iglesia,* publicado en 1950 por Ives Congar. La reforma verdadera se producía cuando se permitía que la periferia diera forma al centro; «las reformas que han tenido éxito en el seno de la Iglesia son las que se han llevado a cabo teniendo en cuenta las necesidades concretas de las almas, con una perspectiva pastoral, y apuntando a la santidad», había escrito el dominico francés. Lo que interfería en las reformas y llevaba a la división y el cisma era la ideología —una interpretación parcial en la que ciertos valores se ensalzaban y otros se demonizaban—. Los cambios postconciliares en los jesuitas mostraban todos los signos de una «falsa» reforma, y no en pequeña medida por haber conducido (tanto a izquierda como a derecha) a un mayor alineamiento con ideologías seculares. Una reforma verdadera implicaba retornar a las fuentes, reafirmar unas tradiciones católicas esenciales.

En las charlas de Bergoglio se desarrollaban dos importantes vacunas contra el atractivo de la ideología: la primera era la idea del «santo Pueblo fiel de Dios»: siguiendo a Congar, el poder de Dios debía discernirse no en planes elitistas, sino en los pobres creyentes y corrientes. La segunda era una serie de «principios cristianos» de gobierno, una especie de sabiduría sapiencial capturada en una serie de criterios para el discernimiento. En 1974, en una alocución a la Congregación provincial, enumeró tres: la unidad es superior al conflicto, el todo es superior a la parte, el tiempo es superior al espacio. En 1980 ya había añadido un cuarto principio, antiideológico: la realidad es superior a la idea. Fueron principios tomados de varios de sus héroes —los primeros compañeros de san Ignacio, los misioneros de Paraguay, e incluso de Rosas, el caudillo del siglo XIX— y de una fuente principal: lo que él llamaba «la sabiduría peculiar del pueblo que llamamos fiel, y que es el Pueblo de Dios».[13]

Esos cuatro principios, decía Bergoglio, «son el eje de la reconciliación». A partir de ese momento aparecerían constantemente en sus escritos y sus discursos, y los compartió con el mundo en *Evangelii Gaudium*, primer documento firmado por el Papa Francisco, publicado en noviembre de 2013.

En su discurso de 1980 Bergoglio argumentaba que los proyectos de las élites «niegan a sus propios hermanos y hermanas el poder de tomar decisiones, de avanzar en los procesos, y de organizarse a sí mismos: el derecho a formar su propia institución». «No desean formar un cuerpo», sino que, en cambio, «persiguen aferrarse a un privilegio de poder». Ese poder divide, a diferencia del poder de Dios. El poder unificador de Dios se localiza fuera de los planes de las élites, en el Pueblo fiel de Dios.

Restauracionistas y utópicos lucharán por lograr el poder, la hegemonía, la institución. La disputa queda formulada en términos tales que hay dos alternativas posibles: o nuestras instituciones serán un gran taller de restauraciones o, por el contrario, un gran laboratorio de utopías. Y mientras discutamos esto y gastemos tiempo en estas discusiones, no advertiremos la marcha del pueblo fiel de Dios: con ese pueblo va la fuerza, la sabiduría, van los problemas reales, los que duelen en serio, y también la salvación. Y así sucederá lo de siempre: los ideólogos del restauracionismo y del utopismo, incapaces de oler el sudor de la marcha, quedarán atrás, cercados por su elitismo, preservando su historieta gris para no ser uno más en la marcha de la historia donde Dios nos salva y nos hace cuerpo, institución. El poder de Dios entra en la historia para hacer de los hombres un único cuerpo.[14]

La máxima de san Ignacio de Loyola según la cual el amor se ha de demostrar más en las obras que en las palabras fue especialmente cierta en el caso de Bergoglio durante la guerra sucia. Su silencio no era solo precaución, y no se debía solo a una manifestación de su carácter; resultaba clave para sus objetivos. Los jesuitas estaban siendo observados —tenían pinchados los teléfonos y les registraban el correo— y la provincia reflejaba las divisiones de la Iglesia, y del país. Había jesuitas que simpatizaban con la guerrilla, otros que se identificaban con los militares, y un número sin determinar que se encontraban a medio camino, con preferencias por radicales, liberales o peronistas.

Los tres capellanes castrenses jesuitas que vivían en el Máximo o en sus inmediaciones debían obediencia a Bergoglio en tanto que provincial, y él contaba con su confianza. Sus informaciones, y la influencia que ejercían en círculos militares le concedían cierto espacio de maniobra: podía advertir a quienes estaban en peligro de convertirse en blancos, y obtener información sobre aquellos que ya habían sido detenidos. Tuvo ocasión de avisar, por ejemplo, al jesuita Julio Mérediz, que dormía en una habitación con techo de uralita en un centro juvenil, que su nombre figuraba en una lista de la fuerza aérea como posible subversivo. «Me ordenó que me mudara al Colegio Máximo

—recuerda el padre Mérediz—. Lo hice, me oculté allí, y eso me salvó la vida.»

Bergoglio asumió riesgos considerables. En 1977, por ejemplo, llevó una camioneta hasta la casa de la que había sido su jefa de laboratorio, Esther Ballestrino de Careaga, cuya hija, Ana María, estaba vigilada, y se llevó de allí sus libros marxistas, que escondió en el Colegio. Acudía con regularidad a recoger por su escondite a otra querida amiga, la jueza defensora de los derechos humanos Alicia Oliveira, para que pudiera reunirse con sus hijos pequeños en el colegio del Salvador de Buenos Aires.

Oliveira ofrecía una valiosa ventana abierta a los pensamientos y las acciones de Bergoglio en aquella época. Peronista de izquierdas anticlerical, madre soltera de tres hijos, y primera jueza de lo criminal de Argentina, había conocido a Bergoglio en 1972 cuando el provincial acudió a consultarle una cuestión legal. Allí descubrieron que los unía cierta sintonía, y se hicieron amigos. Oliveira fue una de los miembros —junto con un hombre que se convertiría en el primer acusador de Bergoglio, Emilio Mignone— del Centro de Estudios Sociales y Legales, el CELS, dedicado a la vigilancia de los derechos humanos, que en 1975 incomodaba cada vez más a las fuerzas de seguridad. Con la circulación de los rumores de golpe de Estado, y preocupado por su seguridad, Bergoglio la invitó a vivir en el colegio, invitación que ella rehusó, bromeando que prefería ir a la cárcel que vivir con curas.

Tras el golpe, se la consideró ideológicamente no-apta y fue destituida de su puesto en los tribunales (Bergoglio, de manera anónima, le envió unas flores; ella reconoció su letra en la nota en la que alababa sus aptitudes como jueza). Poco después, la oficina del CELS fue allanada y Oliveira tuvo que ocultarse. Se alojó en casa de una amiga, pero dejó a sus hijos al cuidado de otros. Bergoglio, como hemos visto, la llevaba a encontrarse con sus hijos dos veces por semana en el colegio. Allí hablaban de la escandalosa lógica «amigo o enemigo» de los militares, y de su incapacidad de distinguir entre compromiso político, social y religioso, así como entre las distintas clases de teología de la liberación.

Oliveira también era testigo presencial de la angustia de Bergoglio por la seguridad de los jesuitas, sobre todo de los que vivían en las villas miseria, donde tenían su base la guerrilla y las organizaciones que le daban cobertura. Él le confiaba los esfuerzos que hacía para localizar a los detenidos, tanto antes como después de que, en mayo de 1976, se produjera la desaparición de Yorio y Jalics, y la invitaba a almuerzos de despedida a personas que él ayudaba a escapar, tanto en la casa de retiros espirituales de los jesuitas en San Miguel como en la residencia jesuita de San Ignacio de Loyola, cerca de la plaza de Mayo. «Cuando alguien se tenía que ir del país... se lo despedía con una comida —recuerda—. Y él siempre estaba.»

Rescatar a alguien de las garras de las fuerzas armadas una vez que estas ya se lo habían llevado era casi imposible, pero aun así Bergoglio obtuvo algunos éxitos. Uno de ellos fue un alumno del padre Juan Carlos Scannone. Bergoglio averiguó dónde lo retenían y convenció al comandante de su inocencia. Pero el joven, de apellido Albanesi, había sido torturado; peor aún, había visto el rostro de su torturador. Según informó a Bergoglio el oficial, ello implicaba que no podía ser puesto en libertad. «Bergoglio le dijo que era un pecado grave matar a un hombre inocente —recuerda Scannone—. Le dijo: "Si cree en el infierno, sepa que el pecado es de infierno." Y le salvó la vida.»

Otro éxito lo obtuvo con Sergio Globulin, que había sido alumno laico de teología en el Máximo a finales de la década de 1960. Bergoglio había oficiado su matrimonio en 1975 y en más de una ocasión visitó a Sergio y a su esposa, Ana, en la villa miseria en que ambos impartían clases. Cuando Sergio desapareció, en octubre de 1976, Bergoglio encontró un lugar seguro para Ana y, con gran determinación, al cabo de dieciocho días consiguió la liberación de su esposo. Sergio había recibido tantos golpes que tuvo que pasar un mes en el hospital.

Bergoglio acudió a verlo al hospital, y conminó a la pareja a abandonar el país, cosa que hicieron con la ayuda del vicecónsul italiano. «Nos contó los varios intentos realizados para obtener mi libertad y para demostrar mi inocencia, tentativas que habían requerido encuentros con diversas personalidades de la je-

rarquía de las fuerzas armadas —recuerda Sergio Globulin—.
Por eso nos repitió que nos fuéramos. Sabía que otros grupos
del Ejército me estaban buscando.» Se marcharon a vivir al Friu-
li, en Italia, donde Bergoglio los visitó en 1977 durante un viaje
a Roma.[15]

Miguel La Civita, que por entonces estudiaba teología en el
Colegio Máximo, fue testigo del efecto que causó en Bergoglio
una de aquellas reuniones a las que asistió como provincial para
conseguir la puesta en libertad de Globulin.

Yo estuve presente cuando él se reunió con un militar de
la base aérea de Morón. Yo le fui a llevar la comida para el
milico y para él a su oficina. Él le fue a plantear que aparecie-
ran los chicos. Cuando termina la charla, toca el timbre para
que fuera a buscar las cosas y me pide acompañarlo al comandante. Y cuando vuelvo a buscar las cosas, estaba vomi-
tando. Me dijo: «A veces cuando terminás de hablar con estos tipos tenés que vomitar.» Y me dijo: «Esto es un partido
de ajedrez, movés mal y sos boleta.» Tres días después, apareció Sergio. Bastante golpeado.

Junto con Quique Martínez Ossola y Carlos González, La
Civita era uno de los tres seminaristas de La Rioja que dependían del obispo Angelelli y que estudiaban en el Colegio Máximo. Desde que empezaron a parecer sospechosos a los militares, Bergoglio, en 1975, convino con el obispo en que debían
completar allí sus estudios.

Cuando llegaron las primeras noticias de la muerte sospe-
chosa de Angelelli, Bergoglio interrumpió la reunión con provinciales en Centroamérica y regresó al colegio a altas horas,
días más tarde. Se fue derecho a ver a los tres seminaristas, muy
alterados y temerosos. «Y nosotros nos agarramos un "cagazo",
porque se escuchaban los pasos —recuerda La Civita—. Ya teníamos pensado cómo íbamos a intentar escapar. Nos venía a
dar el pésame. Tocó la puerta y nos dijo, soy Jorge, no se asus-
ten.» Después de consolarlos, les dio una serie de instrucciones:
que anduvieran siempre juntos, que no usaran la escalera princi-

pal sino el ascensor, y que si se encontraban con gente a la que no conocían, se dirigieran a una habitación convenida y le telefonearan.

Por su seguridad, Bergoglio no les permitió unirse a los demás alumnos en las labores apostólicas que llevaban a cabo en los barrios de San Miguel, pero, en cambio, les pidió ayuda en lo que, según fueron dándose cuenta, era una operación de esconder a refugiados. «Ayudábamos a Bergoglio a atender a gente que se presentaba como estudiantes, o como jóvenes de retiro espiritual, pero de los que sospechábamos que huían de la persecución», relata Quique. Recuerda la gran cantidad de personas que llegaron a concentrarse allí, unas treinta en total. Sabían poco de ellos, porque Bergoglio les pedía que no les hicieran preguntas, pero «los riojanos» lo deducían. «Nosotros sabíamos porque nos decían, hay que llevar de comer a tal persona, que está en retiro de silencio absoluto. Era una parte a la que no se entraba, porque había gente que hacía retiro de silencio absoluto —cuenta La Civita—. Era todo un piso: de un lado se hacían retiros y en el otro se escondía a la gente.»

Varios refugiados eran de Paraguay y Uruguay. Cuando Gonzalo Mosca, un militante de izquierdas que huía de la dictadura uruguaya, llegó a Buenos Aires, descubrió que la policía tenía órdenes de detenerlo. Llamó a su hermano, jesuita de la provincia argentina, que se puso en contacto con su provincial. Bergoglio fue a recoger a Mosca al centro de Buenos Aires y lo llevó hasta el Máximo. «Si nos paran, decí que vas a unos retiros espirituales», le indicó. Bergoglio pasaba a verlo todas las tardes, con una radio y los cuentos de Borges. Le organizó un vuelo a Puerto Iguazú. «El padre Jorge no solo me acompañó al aeropuerto; llegó conmigo hasta el pie del avión», recuerda Mosca. Desde allí le ayudaron a pasar a la otra orilla del río Paraná y, ya en Brasil, siguió bajo la protección de los jesuitas, que le facilitaron documentos y le organizaron el viaje a Europa. Al recordar aquella época, a Mosca le asombra la valentía de Bergoglio: «Si nos apresaban, lo habrían acusado de proteger a un subversivo.»[16]

La Civita, por su parte, recuerda que el provincial acogió a un sacerdote amenazado por un grupo de derechas llamado

Tradición, Familia y Propiedad después de que el religioso, durante una homilía, se pronunciara en contra del asesinato de los Padres Palotinos. «Vino Jorge, antes de comer, y nos dice que Vicente se tiene que ir del país, porque hay una orden de detención. Y el que la tiene la puede encajonar por cuarenta y ocho horas, pero había que sacarlo. Había que ponerle las vacunas y pasarlo a Uruguay.»

Los operativos de rescate de Bergoglio tenían lugar delante de las narices no solo de los capellanes castrenses, sino del propio ejército. Cerca del Colegio Máximo había una base militar; a partir de 1977, la Fuerza Aérea era la propietaria del observatorio alojado en el interior de su recinto; y en el exterior de las verjas de hierro patrullaban los soldados. En ocasiones acampaban cerca y llevaban a cabo operaciones en la zona. Ángel Rossi, a la sazón novicio jesuita, recuerda que en 1977 hubo un registro en la casa del noviciado —situada a pocas cuadras del Máximo— por unos soldados que afirmaron haber oído disparos. A los novicios los colocaron contra la pared a punta de pistola mientras pusieron patas arriba las habitaciones.

El Máximo, como tal, no llegó a ser registrado nunca, aunque una noche estuvo a punto. Fue hacia finales de 1977, cuando unos veinte soldados franquearon la verja y rodearon el colegio con camiones. El padre Scannone, considerado teólogo de la liberación y, por tanto, sospechoso, tenía el corazón en un puño mientras oía los pasos resonar en los pasillos. Pero los soldados no entraron en las habitaciones. Bergoglio, amable, pero mostrando una impresionante confianza en sí mismo, les dijo que regresaran a sus cuarteles, que no tenían derecho a estar allí. Y se fueron.

En el interior del colegio había un grupo de unos treinta jesuitas —incluidos los capellanes castrenses— que podían describirse como simpatizantes de la dictadura. Los profesores como Yorio, vinculado a los sacerdotes para el Tercer Mundo, habían sido trasladados, y la facultad, ya en 1976, se alineaba firmemente con la escuela antimarxista de la «teología del pueblo», de los padres Gera y Scannone. Pero las tensiones políticas seguían siendo intensas, y el ambiente de cautela se había filtrado hasta las aulas. A La Civita, una vez, lo llamaron aparte tras una clase de teología en la que había hecho una referencia al parecer marxista al Evangelio de san Juan. «Mirá, Miguel —le comentó el profesor—, cuando quieras hablar de eso, vení a mi habitación: yo opino lo mismo que vos, pero cuidado con lo que decís en clase porque hay "botones" [chivatos].»

La Civita describe a Bergoglio como una «anguila», porque «siempre me llamó la atención su capacidad de moverse... en aquellos ambientes».

En el testimonio judicial que aportó en 2010, Bergoglio dijo que acudía a «personas relacionadas que se podían mover, personas de los derechos humanos», y a «sacerdotes que suponía que tenían acceso a la policía, a las fuerzas armadas». Después de que lo presionaran varias veces para que dijera quiénes eran, el cardenal evitó dar nombres; «amigos, conocidos», dijo, y posteriormente añadió que «algunos eran jesuitas, otros eran laicos, amigos de jesuitas».

El contacto de Bergoglio con el almirante Emilio Massera se produjo a través de los exlíderes de Guardia de Hierro en la Universidad del Salvador. Massera, que había sido nombrado jefe de la Armada por el general Perón antes de la muerte de este, tuvo la ambición política de sucederle como líder del movimiento. En 1976 y 1977 buscó captar a antiguos dirigentes de grupos peronistas para construir una base política y contactó, entre otros, con Francisco *Cacho* Piñón, rector de la USAL. Piñón se aprovechó de aquel contacto para garantizar que Massera protegiera la universidad y a su personal. A cambio, la universidad invitó a Massera a pronunciar un discurso y le concedió un título honorífico. La ceremonia tuvo lugar el 25 de noviembre de 1977, y en ella los jesuitas estuvieron representados por el rector del Colegio Máximo, el padre Víctor Zorzín.

Aunque algunos de los que habían dirigido Guardia de Hierro acabarían seducidos por Massera, Piñón no se encontraba entre ellos: su simpatía por las tediosas teorías políticas del almirante —que expuso con profusión de detalles durante el discurso que él pronunció ese día— no era mayor que la que tenía Bergoglio. El doctorado honoris causa solo se le concedió para proteger a la USAL. Bergoglio entendía plenamente que «el tener una universidad no intervenida en la dictadura no era cosa de niñas», afirma el exdirigente de Guardia de Hierro Julio Bárbaro. Bergoglio hacía lo mismo por los jesuitas. Miguel Mom Debussy, estudiante jesuita en el Máximo durante la década de 1970 que en ocasiones conducía el vehículo de Bergoglio, comenta que el provincial le contó que se había reunido con Massera para abordar la venta del observatorio que los jesuitas poseían en el interior del recinto del colegio, y que se había convertido en una sangría económica. No llegaron a un acuerdo —finalmente fue la Fuerza Aérea la que compró el observatorio—, pero aquel encuentro permitió que se creara un contacto básico. «Quería proteger a los novicios y estudiantes», dice Debussy, que después dejó la Compañía de Jesús.

El papel de Massera en la guerra sucia hizo que, tras la caída de la dictadura, este fuera condenado a cadena perpetua. La izquierda vio en el hecho de que Bergoglio se hubiera reunido con él una prueba de que el exprovincial había sido un «colaborador». Pero, como señalan quienes en aquella época se encontraban próximos a él, como Alicia Oliveira, a él le escandalizaba tanto la ideología de seguridad nacional de la dictadura como la ideología marxista-nacionalista de los Montoneros, a pesar de que ambos se vistieran con los ropajes del catolicismo. Por otra parte, Bergoglio se habría relacionado con cualquiera, sobre todo si, haciéndolo, lograba salvar vidas.

Sin aquellas relaciones no podría haber conseguido ninguno de sus objetivos. Por esa misma razón, el nuncio almorzó con el general Videla, y el presidente de la Conferencia Episcopal organizó, en 1977, la audiencia del general Massera con el Papa Pablo VI. Posteriormente, muchos opinaron que los obispos deberían haber denunciado la situación; los obispos afirman que salvaron más vidas manteniendo aquellos vínculos. Ambas posturas resultan discutibles, pero lo cierto es que en 1976 y 1977 la dictadura tuvo todavía legitimidad popular, y aún se creía que para que te detuvieran debías estar implicado en la guerrilla (la gente decía: «Por algo será»). En aquella época nadie pedía a los obispos que publicaran declaraciones de condena al régimen, y en cambio sí eran centenares los que les suplicaban que intercedieran ante las autoridades, a través de sus canales privados, para salvar vidas. Una condena pública del régimen habría imposibilitado aquella labor de intercesión.

Todas las vidas salvadas eran de incalculable valor, pero, en general, los resultados eran escasos. En conversación con un diplomático estadounidense, el nuncio papal, Pío Laghi, lamentó que los tres ejércitos se pasaran las investigaciones de unos a otros, por lo que resultaba prácticamente imposible encontrar a los responsables de una desaparición. Los obispos, afirmó, habían solicitado explicaciones sobre miles de casos, pero solo habían recibido información sobre unas pocas decenas. Rastrear el paradero de los desaparecidos no era tarea menor. Durante las primeras dos semanas, mientras los prisioneros se encontraban en las comisarías o las bases del Ejército para «distribuirlos» en función de la amenaza que supuestamente representaban, existía una posibilidad de «aparecerlos» —siempre que se pudiera determinar dónde estaban—. Pero una vez que habían entrado en los centros de detención clandestinos, la posibilidad era remota. De los cerca de cinco mil prisioneros que pasaron por el mayor de los centros clandestinos de detención —la Escuela de Mecánica de la Armada, conocida como ESMA—, solo sobrevivieron unos pocos centenares (entre ellos Yorio y Jalics). Cuando, posteriormente, los supervivientes relataron lo que ocurría allí, quedó claro por qué el Ejército no quería dejarlos con vida.

Además de Globulin y Albanesi, de Yorio y Jalics, y tal vez de uno o dos casos más, Bergoglio tuvo pocos éxitos en el rescate de víctimas de aquella carnicería. Su vieja amiga Esther Ballestrino de Careaga le llevó en una ocasión a una mujer cuyos hijos habían sido secuestrados —ambos militantes, como los de Esther, del ERP: «Viuda, los dos chicos eran lo único que tenía en su vida —recordaría Bergoglio en 2010—. ¡Cómo lloraba esa mujer! Esa imagen no la olvidaré nunca. Yo hice algunas averiguaciones que no me llevaron a ninguna parte y, con frecuencia, me reprocho de no haber hecho lo suficiente.»

Bergoglio tampoco pudo salvar a la propia Esther, como hemos visto una de las tres fundadoras de las Madres de la Plaza de Mayo, que organizaron su primera manifestación frente a la Casa Rosada en abril de 1977. En junio, la hija de Esther, Ana María, desapareció, pero asombrosamente regresó con vida en octubre. Esther se la llevó, a ella y a otras dos hijas, a vivir a Suecia. Pero, una vez allí, se sintió culpable por haber abandonado a las Madres y regresó a Buenos Aires, declarando que seguiría luchando hasta que todos los demás regresaran con vida. El grupo de las Madres —que ya era más amplio e incluía a dos monjas francesas y a familiares de desaparecidos, entre ellos un joven llamado Gustavo Niño— se reunía cada semana en la iglesia de Santa Cruz. En diciembre planeaban publicar su primera lista con ochocientos «desaparecidos».

El verdadero nombre de Niño era Alfredo Astiz, y en realidad se trataba de un teniente del Ejército, un matón de Massera que se había infiltrado en el grupo fingiendo tener a un hermano desaparecido. Tras unirse a las Madres en la plaza y asistir a varios encuentros en la iglesia, organizó el escuadrón de la muerte que se las llevó. Fueron cuatro operaciones militares que tuvieron lugar entre el 8 y el 10 de diciembre de 1977, durante las que se perpetró, como también hemos visto, el secuestro de otras dos Madres fundadoras: Azucena Villaflor y María Ponce.

Bergoglio estaba destrozado. Intentó, sin éxito, comunicarse con miembros de la familia de Esther, y buscó desesperadamente la ayuda de organizaciones defensoras de los derechos humanos, así como de la arquidiócesis, que le comunicaron que no tenían noticias. Acompañado de miembros de la Congregación de monjas, acudió a la embajada francesa, que pidió urgentemente explicaciones a la Junta, ya que, recordemos, también habían sido secuestradas las monjas de esa nacionalidad Léonie Duquet y Alice Domon.

Años después supieron que, mientras ellos recibían respuestas evasivas, los cadáveres torturados de quienes acabarían conociéndose como «los doce de Santa Cruz» flotaban en el océano Atlántico.

A diferencia de *Pancho* Jalics, Osvaldo Yorio nunca llegó a un lugar de paz ni de perdón antes de morir de un infarto en Montevideo en el invierno de 2000. Cuando la periodista Olga Wornat entrevistó al exjesuita de sesenta y cinco años apenas unas semanas antes de su fallecimiento, se encontró con un hombre de salud muy precaria cuyo rostro todavía se retorcía de dolor. «No tengo ningún motivo para pensar que hizo algo por nuestra libertad —declaró Yorio a Horacio Verbitsky en 1999—, sino todo lo contrario.» Ante Wornat, Yorio hizo unas declaraciones aún más escandalosas: «Bergoglio nunca nos avisó del peligro que corríamos. Todo lo contrario, estoy seguro de que él mismo le suministró el listado con nuestros nombres a los marinos.»[17]

Yorio seguía destrozado, no solo por los cinco meses que, veinticinco años antes, había pasado encadenado y con los ojos vendados en una celda sin saber si cada día sería el último, sino también por un resentimiento duradero contra el que había sido su provincial, a quien, el año anterior, había visto nombrar arzobispo de Buenos Aires. En conversaciones con amigos católicos de la izquierda del mundo de los derechos humanos, como el profesor Fortunato Mallimaci, Yorio insistió hasta el final en que Bergoglio era taimado, falso y estaba obsesionado con el poder. Se trataba de un relato desarrollado durante veinte años, alentado ahora por Verbitsky, que giraba en torno a la misma premisa: Yorio como víctima inocente y Bergoglio como un reaccionario peligroso metido en un doble juego.

El agravio concreto de Yorio —aireado con entusiasmo por Verbitsky tras la muerte de aquel— era que Bergoglio lo había dejado desprotegido, así como a Jalics, voluntariamente, o al menos a sabiendas, en los meses que siguieron al golpe. Casi nadie sostiene en la actualidad, como Yorio sí hizo ante Olga Wornat, que Bergoglio traicionara de manera activa a los dos sacerdotes. La evidencia, según acabó viendo Jalics, confirmaba que los curas fueron secuestrados el 23 de mayo de 1976 a causa de sus vínculos con una catequista metida a guerrillera que, bajo tortura, dio sus nombres. Aun así, Verbitsky y los parientes de Yorio han insistido en que Bergoglio pecó por omisión. Según ellos, a través de una serie de acciones, el provincial dejó a los jesuitas desprotegidos ante el escuadrón de la ESMA que ese día allanó su casa de Bajo Flores. Entre otros hechos, alegan, Bergoglio no los defendió de las falsas acusaciones que los relacionaban con la guerrilla, y además organizó su salida de los jesuitas en el momento en que estaban más expuestos. «Los puso en situación de riesgo y no trató de evitarlo», asegura el hermano de Yorio, Rodolfo Yorio.[18]

Para los extranjeros todo ello suena, en el peor de los casos, como un delito de negligencia, pero en Argentina la acusación reverbera de manera siniestra. El primer libro que divulgó las acusaciones de Yorio, *Iglesia y dictadura,* de Emilio Mignone, publicado en 1986, emanaba una autoridad que provenía no solo de la respetada labor que el autor desempeñaba en el CELS, sino también de su experiencia personal como padre de una hija desaparecida. Mónica Mignone era catequista en la misma villa que Yorio y Jalics, y fue secuestrada de su casa una semana antes que ellos. Mientras la buscaba, a Emilio Mignone le inquietaba que los muchos obispos a los que conocía de sus días en Acción Católica fueran incapaces de conseguir la liberación de su hija; el libro es una denuncia airada del fracaso de la Iglesia a la hora de denunciar públicamente al régimen en nombre de las víctimas. Mignone halla la razón de la transigencia de la Iglesia en la convivencia cómoda que se había creado entre esta y el Ejército a lo largo de muchos años. El supuesto comportamiento de Bergoglio en relación con los dos jesuitas forma parte, entonces, de una retahíla de pecados de complacencia o complicidad alegados por Mignone para reforzar la acusación central de su libro, a saber, que las fuerzas armadas «se encargaron de cumplir la tarea sucia de limpiar el patio interior de la Iglesia, con la aquiescencia de los prelados».[19]

Esa acusación —que los obispos se aprovecharon de la guerra sucia para extirpar la teología de la liberación, cómplices en las muertes de sus exponentes— ha ofrecido a la izquierda argentina una explicación satisfactoria de por qué los obispos no adoptaron una postura más firme contra la Junta. Como es normal en el relato de la izquierda, coloca a la Iglesia —con la excepción de los obispos «buenos», como Angelelli—, del lado del régimen y contra el pueblo.

Sin embargo, las pruebas no la avalan. Un ala del clero —el Vicariato de capellanes castrenses encabezado por el obispo Tortolo, junto con el obispo Bonamín y otros, como el siniestro Christian von Wernich, posteriormente acusado de asesinato y secuestro— consideraba, sin duda, la erradicación de la teología surgida de Medellín como parte de una cruzada más amplia contra la subversión, y fueron cómplices de ella. Pero no fue el caso de la mayoría de los obispos ni dirigentes laicos de la Iglesia, y no explica su reticencia inicial a romper con el régimen. Las pruebas apuntan, más bien, a un despertar gradual y a una oposición creciente y coherente de los obispos, a finales de la década de 1970, tanto a la ideología como a los métodos de la Junta.

En el caso de Bergoglio, la acusación específica de Mignone/Verbitsky es que él dio «luz verde» a la Marina para que se llevaran a Yorio y a Jalics porque —aunque nunca se ha afirmado directamente— los quería muertos, porque discrepaba de su ideología. La evidencia de dicha acusación, que fue rechazada siempre por Oliveira, colega de Mignone en el CELS, y más tarde por muchos otros en el mundo argentino de los derechos humanos, como Adolfo Pérez Esquivel, fue examinada y descartada en el interrogatorio judicial de 2010. Con posterioridad a la elección de Francisco como Papa, varios periodistas, así como sus biógrafos argentinos, también la examinaron, llegando todos a la conclusión contraria: que las acciones de Bergoglio no incidieron en la detención de Yorio y Jalics, que estos, conscientemente, se habían expuesto a un riesgo considerable, a pesar de las súplicas del provincial y de sus ofertas de protección, y que tras la detención de ambos (entre muchos otros) hizo muchísimo por conseguir su puesta en libertad. Al revisar todos los documentos y testimonios orales relativos al caso, una larga lista de eminentes jueces, juristas y organizaciones en defensa de los derechos humanos, como Amnistía Internacional, han llegado a conclusiones similares.

Entonces, ¿cómo llegó Yorio a considerar que Bergoglio lo había traicionado, y por qué murió creyéndolo?

Bergoglio conocía a Orlando Yorio y a Franz Jalics desde principios de los años 1960. Jalics, nacido en Budapest y nacionalizado argentino, pertenecía a la provincia chilena y a principios de aquella misma década había impartido a Bergoglio clases de teología fundamental. Durante un tiempo había sido su director espiritual, algo que Bergoglio describiría luego como su don especial. Yorio, un porteño, había ingresado en los jesuitas en 1955, se había ordenado tres años antes que Bergoglio, en 1966, a los treinta y cuatro años, y había instruido a este en el *De Trinitate* de san Agustín. Durante el interrogatorio judicial de 2010, Bergoglio dijo de Yorio que poseía una «sensibilidad exquisita pero unida a un intelecto, un intelecto superior a la media», y recordó que sus clases de teología fueron «sabrosas». Definió a los dos hombres como «buenos religiosos», con una posición ortodoxa, equilibrada, respecto a la teología de la liberación, dentro de los parámetros establecidos por la Santa Sede.

Esa, sin embago, no era toda la verdad. Yorio era un teólogo comprometido políticamente, activo en el movimiento de Sacerdotes para el Tercer Mundo, amigo del padre Carlos Mugica y peronista revolucionario que creía en la causa montonera. Bergoglio tampoco mencionó que Yorio formaba parte de un grupo que giraba en torno a la figura del provincial anterior, Ricardo O'Farrell, que había auspiciado experimentos de vida igualitaria. Yorio había sido el responsable directo del replanteamiento de la formación de los jesuitas para que en esta no se incluyeran materias humanísticas «burguesas». Dicho de otro modo, Yorio representaba el caos postconciliar de los jesuitas, un caos para cuya solución, precisamente, había sido elegido Bergoglio.

En 1970, un grupo de alumnos y profesores encabezados por Yorio y Jalics se fue a vivir a una comunidad de base en una zona pobre de Buenos Aires. La comunidad de Ituzaingó era un experimento vanguardista de vida no jerárquica, políticamente comprometida, que resultaba muy controvertido en la provincia argentina de la época: algunos interpretaban de manera subjetiva el voto de celibato, mientras que otros, según se decía, estaban metidos en la guerrilla. En la página veintisiete de la carta que Yorio escribió a la Curia jesuita de Roma para dar cuenta de los años que habían conducido a su secuestro, reconoció que «a algunos teólogos [el experimento de Ituzaingó] les llevó a replantearse su vocación y a dejar la Compañía», pero siempre, según afirmaba, tras una adecuada reflexión y con el visto bueno del provincial.

El provincial, O'Farrell, ordenó el cierre de la comunidad y asignó a Yorio un papel de investigador en teología y política. Yorio se trasladó a la comunidad jesuita del barrio porteño de Belgrano, donde se encontraba el instituto de la Compañía, el Centro de Investigación y Acción Social (CIAS), en el que a menudo se le invitaba a dar charlas sobre teología de la liberación a distintas órdenes religiosas. Sin embargo, descontento con la vida residencial jesuítica, a finales de 1972 Yorio convenció a O'Farrell de que le permitiera crear, en compañía de Jalics, Dourrón, Rastellini y Casalotto, otra comunidad de base, esta vez en un apartamento de la calle Rondeau, en el barrio porteño de Parque Patricios.

Una vez más corrieron rumores en relación con sus vínculos con la guerrilla y su incumplimiento de los votos. Tras su elección como provincial a mediados de 1973, Bergoglio, por el momento, aprobó la misión y les dijo que no se preocuparan por los rumores. En noviembre de 1974, un estudiante jesuita que había convivido con Yorio en la comunidad de Ituzaingó, Juan Luis Moyano, fue detenido y torturado porque se sospechaba que tenía vínculos con la guerrilla, tras ser «desaparecido» de una villa miseria en Mendoza, en el oeste de Argentina. Bergoglio consiguió su puesta en libertad y lo envió a estudiar al extranjero.

A finales de ese mismo año, Bergoglio mantuvo una serie de reuniones con los cuatro jesuitas (ya sin Casalotto, que había dejado la orden para incorporarse al sacerdocio diocesano), incluyendo un retiro de dos días que Yorio, en su carta, recordaba como «muy fructífero». Bergoglio había decidido cerrar la comunidad como parte de su reestructuración provincial, y les preguntó si la aceptarían, en cumplimiento del voto de obediencia. Los jesuitas respondieron que estaban «disponibles» —la palabra posee un significado técnico en la Compañía de Jesús: una disponibilidad interior para la misión, una de las claves de la obediencia—, pero que querían oponerse a la decisión de disolver la comunidad, argumentando que era un éxito apostólico. Se acordó que Bergoglio enviaría a Rastellini de misión a Jujuy, que Yorio iría como representante a Roma para argumentar contra la decisión de disolver la comunidad (el veredicto del general, el padre Arrupe, tardaría más de un año en llegar) y que, entretanto, los tres jesuitas se trasladarían a otras comunidades. Yorio, en ese momento, tomó otra decisión, aceptar la invitación de Bergoglio de tomar los últimos votos (los había postergado), a mediados de 1976.

A principios de 1975, Yorio, Jalics y Dourrón se mudaron a una casa situada en el barrio Rivadavia, junto a la Villa 1-11-14 de Bajo Flores, donde Yorio había empezado a trabajar. Allí, Jalics organizaba retiros, mientras los otros dos jesuitas ejercían de «curas villeros» y dirigían a un grupo de catequistas —una de las cuales era la mujer que posteriormente se unió a la guerrilla—. Para entonces, la violencia de los Montoneros y los escuadrones de la muerte crecía en intensidad, y las villas miseria —la base de la guerrilla— se habían convertido en lugares en los que se vivía una tensión extrema.

En febrero de 1975, los obispos argentinos ordenaron a los profesores partidarios de la teología de la liberación que dejaran de impartir sus enseñanzas en Villa Devoto y en otros seminarios, y el Colegio Máximo hizo lo mismo: en marzo, una carta del rector comunicó a Yorio que se le relevaba como docente, carta que, en 1977, este describió como seca e irrespetuosa.

Había un grupo de jesuitas mayores del Máximo con convicciones políticas de derechas que siguieron mostrándose muy críticos con Yorio y sus colegas. «En el Colegio Máximo se corrían versiones que decían que yo era un jefe montonero y que andaba con mujeres —le contó Yorio a Wornat—. Francisco Jalics fue el primero que varias veces hizo notar el peligro y advirtió por escrito a los jesuitas a lo que la Compañía me estaba exponiendo.» Bergoglio sabía que los rumores no eran ciertos, pero los jesuitas críticos gozaban de la confianza de los obispos y de la Curia romana de la Compañía, y Bergoglio —tal como reconocería Yorio en su carta— recibía presiones de muchas instancias para que disolviera la comunidad y sacara a aquellos jesuitas de la villa.

Sin embargo, Bergoglio siguió apoyando a los jesuitas del barrio Rivadavia. El problema alcanzó su punto crítico con los votos finales de Yorio. A un jesuita se lo invita a hacer la profesión perpetua una vez que Roma ha recibido una recomendación de su provincial con el apoyo de los consultores, que, a su vez, han recibido por escrito evaluaciones favorables (llamadas *informationes*) sobre su idoneidad por jesuitas que lo conocen bien. En julio de 1975, Bergoglio informó a Yorio de que las *informationes* que había recibido habían sido negativas: en la raíz de las objeciones parecía hallarse, según el provincial, la falsa impresión, alojada en la mente de muchos, de lo ocurrido en la época de la comunidad de Ituzaingó. Él mismo había encargado a otros jesuitas que redactaran nuevas *informationes* sobre Yorio, pero estas también habían resultado negativas. Los consultores no podían recomendar al jesuita.

Fue un golpe duro. Si Yorio hubiera tomado los últimos votos, habría resultado mucho más fácil protegerlo, a él y a la comunidad, de las críticas descarnadas. La carta de Yorio, escrita en 1977, muestra a su provincial en esta época sometido a una presión enorme, e inseguro de cómo avanzar.

> El padre Bergoglio nos dice... que las presiones eran muy grandes, que él no puede resistirlas... Nos pide que recemos, que pensemos, que él hará lo mismo, que nos siguiéramos reuniendo. Hicimos dos o tres reuniones. Nos habla de la disolución de la comunidad... Nos dice que no sabe qué hacer, que tiene mucho miedo de hacer una injusticia... Nos pide que, por ahora, no hablemos con ningún jesuita de la provincia (y menos con los consultores) porque la provincia está en una situación muy delicada y esto la alteraría y habría problema de división... [Nos pide] que tengamos paciencia y que por el bien de la provincia, por ahora, guardemos secreto y buscáramos junto con él una solución.

Yorio, Jalics y Dourrón empezaron a ver que iba a ser difícil permanecer, a la vez, en su comunidad de base y en la Compañía de Jesús. Escribieron al obispo (y pronto cardenal) Eduardo Pironio, antes arzobispo de La Plata y en ese momento director de la Congregación pontificia para los Institutos de la Vida Consagrada, en Roma. Yorio le contó de su comunidad, ofreciéndole lo que describió como «un esbozo de estructuración de vida religiosa en caso de que no pudiésemos seguir en la Compañía...». Lo que proponía era un tipo nuevo de instituto ignaciano de vanguardia que rechazara explícitamente la idea de obediencia a los superiores religiosos. Según la declaración de Bergoglio de 2010, los dos jesuitas también enviaron el borrador de las constituciones a tres obispos que creían que podían simpatizar con ellos.

En diciembre de 1975, Yorio recuerda que «las fuerzas de extrema derecha [la Triple A] ya habían ametrallado en su casita a un sacerdote, y habían raptado, torturado y abandonado muerto a otro. Los dos vivían en villas miseria. Nosotros habíamos recibido avisos en el sentido de que nos cuidáramos». Jalics acudió a ver a Bergoglio, quien, según Yorio, le prometió «adelantarse a hablar con gente de las fuerzas armadas para testimoniar sobre nuestra inocencia».

Yorio también buscó apoyo a su posición entre los jesuitas que habían sido colegas suyos en el CIAS de Belgrano, donde algunos compartían sus ideas liberacionistas. Eso era precisamente lo que Bergoglio había intentado evitar —una confrontación entre izquierda y derecha en la Compañía, en un momento de alta tensión política en el país—. En febrero de 1976, durante una tensa reunión, Bergoglio les informó de que el general, el padre Arrupe, deseaba una solución, y que ellos debían decidir si abandonaban la Compañía o si obedecían, lo que implicaba disolver su comunidad y trasladarse a vivir en las residencias. La cuestión no era la labor que desempeñaban en las villas, como algunos más tarde afirmaban; Bergoglio apoyaba su trabajo entre los pobres, tal como apoyaba el trabajo de otro jesuita, el padre *Pichi* Meisegeier, que había sustituido al padre Mugica en la Villa 31, cerca de la estación de Retiro. Bergoglio quería a Yorio y a Jalics en una comunidad residencial jesuita (como el padre Pichi), pero no que renunciaran a su trabajo en las barriadas.[20]

Yorio dijo que necesitaban tiempo para decidirse. Bergoglio le sugirió que solicitara a Roma un permiso temporal de ausencia. Se pusieron de acuerdo, y Yorio le entregó los papeles para que su provincial los diera directamente al padre Arrupe cuando partiera para Roma, días después.

Al cabo de diez días de aquella reunión, Bergoglio regresó de Roma con una carta de Arrupe en la que se ordenaba la disolución de la comunidad en un plazo de quince días, y el traslado de los jesuitas: Jalics a Estados Unidos y Yorio y Dourrón a otra provincia argentina. Fue una orden drástica, que apuntaba a que Arrupe creía los rumores sobre la implicación de los citados con la guerrilla. Bergoglio le dijo a Yorio que «él mismo le había representado al general que darnos esa orden significaba echarnos de la Compañía, pero que el general no quiso cambiar de actitud».

Los jesuitas, que se sintieron agraviados, tardaron tres días en decidir abandonar la Compañía y crear su propia institución religiosa. Su dimisión fue aprobada el 19 de marzo. Con los rumores de un golpe de Estado inminente, Bergoglio los instó a que, por su propia seguridad, abandonaran la villa miseria —estaban «demasiado expuestos a la paranoia de la caza de brujas», según expresó años después—, y les ofreció alojamiento en la Curia provincial de la calle Bogotá hasta que hubieran encontrado a un obispo bajo el que adscribirse. Ellos se lo agradecieron, pero rehusaron el ofrecimiento. «Les dijo que se fueran, que era muy riesgoso —recuerda Alicia Oliveira—. Pero no había forma, se querían quedar.» No era solo Bergoglio quien se lo advirtió, sino también el padre Rodolfo Ricciardielli, que coordinaba a los sacerdotes de la Villa 1-11-14. Hasta él habían llegado los mismos rumores, y pidió a todos los que realizaban labores sociales y pastorales que se fueran de la villa, por su seguridad y por la de las personas que vivían allí. Yorio, Jalics, Dourrón y un grupo de catequistas decidieron quedarse.

Los tres sacerdotes descubrieron de pronto que ningún obispo los quería. Yorio ya le había expuesto su idea de fundar una nueva institución religiosa a un viejo amigo de los jesuitas, el arzobispo de Santa Fe, Vicente Zazpe, pero este no quiso implicarse. Bergoglio le pidió a otro amigo, un obispo salesiano, que los acogiera, pero Miguel Raspanti, de Morón, solo aceptó incorporar a Dourrón.

Ahora cayeron en la cuenta de algo que a otros tal vez les hubiera parecido obvio: que, en vísperas del golpe militar, era poco probable que tres exjesuitas sospechosos —por más que falsamente— de mantener conexiones con la guerrilla, que habían desobedecido a su provincial y que querían crear una nueva comunidad no jerárquica en una villa miseria, fueran a contar con una cola de obispos dándose codazos para ser los primeros en invitarlos a incorporarse a sus diócesis. En palabras de Yorio, «nos dimos cuenta de que sería imposible conseguir obispo si no se aclaraba el problema de las acusaciones secretas, y que nuestro sacerdocio y nuestras vidas corrían mucho peligro».

Y, sin embargo, se quedaron en la villa, aun después de que cuatro mujeres catequistas que trabajaban allí —entre ellas Mónica Mignone, la hija de Emilio— fueran raptadas de sus casas a mediados de mayo para no aparecer nunca más. Se quedaron en la villa incluso cuando el arzobispo Aramburu —que se enteró cuando iba camino de Roma para ser nombrado cardenal de que los tres habían dejado la Compañía de Jesús—, les retiró las licencias para practicar como sacerdotes en su diócesis. (Cuando informaron a Bergoglio, este les dijo que podían seguir oficiando misas en privado con las facultades que él les había dado.) Una semana después, el 23 de mayo, decenas de efectivos de la Marina entraron en la villa y arrestaron a Yorio y a Jalics, así como a ocho catequistas. Dourrón regresaba en bicicleta en ese momento y evitó por los pelos que se lo llevaran.

Las catequistas fueron puestas en libertad después de un interrogatorio, pero a Yorio y a Jalics los llevaron al centro clandestino de la ESMA. Durante varios días los mantuvieron en celdas, encapuchados, con las manos atadas a la espalda y encadenados por los tobillos. No les proporcionaron comida ni agua, ni les facilitaron ningún lugar para hacer sus necesidades fisiológicas, mientras los insultaban, los amenazaban con aplicarles la picana eléctrica y los interrogaban después de inyectarles un suero.

En el exterior, Bergoglio se movió rápidamente. Informó al obispo Tortolo, al cardenal Aramburu, al nuncio y al general en Roma, y a través de sus contactos con su capellán castrense se enteró del lugar donde tenían retenidos a Yorio y a Jalics. Estaba convencido de que el Ejército se percataría de su error y los soltaría: «Nos movimos enseguida, pero no pensé que la cosa durara tanto», recordaría en 2010.

En el interior del ESMA, los militares, en efecto, se habían percatado de su error. Cuando terminó el interrogatorio, el oficial al mando se acercó a hablar con los sacerdotes. Según recuerda Yorio, les dijo que «había habido serias dudas contra mí. Habernos tomado presos para ellos había resultado ahora un gran problema, porque había habido una reacción fortísima de la Iglesia y de muchos sectores en todo el país. Que yo era un buen sacerdote. Pero que tenía una equivocación: haberme ido a vivir junto a los pobres. Que eso era una interpretación materialista del Evangelio. Que Cristo, cuando habla de la pobreza, habla de pobreza espiritual».

Les dijeron que los liberarían pronto, recuerda Jalics en sus memorias, pero «a pesar de este compromiso, de una manera totalmente inexplicable, permanecimos detenidos durante cinco meses con los ojos vendados y maniatados». La repercusión que había tenido su captura hacía imposible que los desaparecieran. A Yorio y a Jalics los trasladaron a la localidad de Don Torcuato, en la provincia de Buenos Aires, donde permanecieron hasta octubre. Allí no los torturaron ni los sometieron a más interrogatorios; podían ir al baño, y les daban de comer. Pero los mantuvieron cinco meses con los ojos vendados y encadenados, sin el menor control sobre su destino.

Una vez que quedó claro que no iban a soltarlos de inmediato, Bergoglio intentó ejercer presión desde muy diversos ámbitos para asegurarse de que no los desaparecieran. Muchas personas fueron testigos de su angustia por ellos y de los esfuerzos que realizó en su nombre. Bergoglio escribió a la familia de Jalics el 15 de septiembre, instándoles a no perder la esperanza. En alusión a sus desacuerdos con Jalics, el provincial les aseguraba que «las dificultades que su hermano y yo hemos tenido entre nosotros sobre la vida religiosa no tienen nada que ver con la situación actual». Y, en alemán, añadía: «Franz es un hermano para mí.»

Cómo se produjo la liberación de Yorio y Jalics es algo que sigue sin aclararse. Mignone aseguró que esta se había producido por las llamadas directas del Papa Pablo VI al comandante en jefe del Ejército, el general Jorge Videla. Es posible, porque el hermano de Jalics, en Estados Unidos, se había puesto en contacto con Jimmy Carter, que en ese momento hacía campaña como candidato a la presidencia de su país, para pedirle que llamara a Videla. O pudo deberse a que el prepósito general de la Compañía de Jesús, el padre Arrupe, con quien Bergoglio se había puesto en contacto tras los secuestros, había solicitado la ayuda de la embajada argentina en la Santa Sede; o a que el cardenal Aramburu había hablado con Videla en tres ocasiones. Lo más probable es que fuera una combinación de todo ello. La investigación judicial de 2010 concluyó que su puesta en libertad fue «consecuencia de los pasos dados por la orden religiosa a la que pertenecían las víctimas y del interés mostrado hacia ellos por miembros dirigentes de la Iglesia católica».

Los esfuerzos de Bergoglio a favor de los dos sacerdotes fueron considerables. Consiguió concertar entrevistas tanto con el jefe de la Armada, el almirante Massera, como con el general Videla. Convencido, a partir de la reconstrucción de distintas pruebas, de que era la Marina la que los retenía, «le dije [a Massera] que esos padres no tenían que ver en nada raro», declararía Bergoglio en 2010 durante el interrogatorio judicial. Pero en esa ocasión el jefe de la Armada no reveló nada y solo le prometió que investigaría el caso. Transcurridos dos meses, como seguía sin noticias, Bergoglio consiguió concertar otra entrevista con él. Esa entrevista duró menos de diez minutos y fue «muy fea», recordaría. Convencido ya de que Massera los retenía y estaba mintiendo, Bergoglio se mostró exasperado. «Mire, Massera, yo quiero que aparezcan», dijo. Y se levantó y se fue. Con Videla las cosas fueron mejor. Se encontraron dos veces, la primera a los dos meses, aproximadamente, del secuestro.

Fue muy formal, tomó nota, y dijo que iba a averiguar. La segunda, me enteré de quién era el capellán militar que le iba a celebrar misa en su casa, a la residencia del comandante en Jefe. Le pedí que dijera que estaba enfermo y que yo lo iba a suplir. Ese sábado, después de la misa, le pedí hablar. Ahí me dio la impresión de que se iba a preocupar más e iba a tomar las cosas más en serio. No fue violenta, como la de Massera.

Finalmente, Yorio y Jalics fueron puestos en libertad en octubre de 1976, después de que los sedaran y los metieran en un helicóptero. Los dejaron, dormidos, en un descampado a las afueras de Buenos Aires. «Nos habían tenido que liberar porque era muy conocido que la Marina nos había secuestrado —recordaría Jalics—. Pero ya liberados podían matarnos en la calle para que no habláramos.»

Cuando Bergoglio recibió la llamada de Yorio, tomó precauciones para asegurarse de que el teléfono no estaba pinchado: les advirtió que no dijeran dónde se encontraban, que enviaran a alguien que supiera cuál era su dirección.

A Jalics lo mandaron con su madre a Estados Unidos. Entretanto, Bergoglio se reunió con Yorio en el apartamento de la madre de este, en compañía del obispo Jorge Novak, de Quilmes, que se avino a aceptar a Yorio como sacerdote de su diócesis. Posteriormente, Bergoglio pagó para que Yorio viajara hasta Roma y siguiera un curso en la Universidad Gregoriana, dirigida por los jesuitas. Todo ello, recordaría Yorio más tarde, el provincial lo hizo «con mucha diligencia y corrección», y su obispo «quedó muy agradecido de ello». Sin embargo, «explicaciones sobre lo ocurrido anteriormente no pudo darme ninguna. Él se adelantó a pedirme por favor que no se las pidiera, porque en ese momento se sentía muy confundido y no sabría dármelas. Tampoco yo le dije nada. ¿Qué podía decirle?».

Si no hubiera sido por la crisis interior de Yorio, la historia podría haber terminado ahí. Pero no fue así, pues el religioso entró en una espiral de dolor postraumático y estrés que fue empeorando con el paso de los años. La larga encarcelación fue la etapa final en un despojamiento gradual de su sentido del yo. Había perdido su identidad como jesuita y teólogo; había perdido la comunidad que encarnaba sus ideales teológicos; había sido obligado, según lo veía él, a dejar la Compañía de Jesús a causa de falsos rumores a los que, al parecer, el general en Roma había dado crédito. También había sido rechazado por obispos y privado de su licencia como sacerdote antes de perder su dignidad humana y su libertad en una celda durante muchos meses, tras lo que se vio exiliado. Fue un caso extremo de «desplazamiento existencial». «La considero condicionada por el sufrimiento que tuvo que pasar», respondió Bergoglio durante el interrogatorio judicial de 2010 cuando le preguntaron sobre la creencia de Yorio de que había sido traicionado.

En Roma, Yorio reconstruyó los hechos para intentar encontrarles sentido, y con el tiempo llegó a concentrar su ira en su provincial. Sin embargo, las críticas que transmite en su larga carta de 1977 al padre Moura, de la Curia jesuita de Roma, están muy lejos de las acusaciones que figuran en el libro de Mignone de 1986. Lo que desespera a Yorio en su carta es la injusticia de ser apartado de la Compañía de Jesús con acusaciones falsas hechas por oponentes sin rostro y, finalmente, por la orden del general, sin posibilidad de defenderse. «El provincial —afirma— no hacía nada por defendernos, y nosotros empezábamos a sospechar de su honestidad. Estábamos cansados de la provincia, y totalmente inseguros.» De Bergoglio, les parecía «totalmente injusto el proceso de las "presiones", sin que hubiese la posibilidad de saber de qué se trataba, sin que el provincial nos acusara de nada y sin que nos hubiese ofrecido una salida concreta». Esas son las peores acusaciones que hace Yorio en la carta, que concluye con una serie de preguntas en un intento de comprender lo ocurrido. Yorio estaba desconcertado, y a esas alturas se veía a sí mismo como una víctima impotente.

Con el tiempo, ese desconcierto se convirtió en ira por el relato que surgió luego desde círculos de derechos humanos. Las investigaciones sobre los desaparecidos ordenadas por el presidente Raúl Alfonsín a mediados de la década de 1980 habían dejado al descubierto la complicidad de algunos obispos y capellanes militares, y en el discurso de la izquierda se había instalado un dualismo simplificador. Ese relato dividía a la Iglesia, y a la sociedad argentina, en corderos y lobos, en ángeles y demonios. Del lado de los «buenos» estaban aquellos bravos mártires como Angelelli y los obispos que habían denunciado públicamente la situación, mientras que los demás obispos estaban manchados, en distintos grados, por el crimen de traición a su rebaño, de aquiescencia, de colaboración. Según ese planteamiento, solo había opositores y espectadores culpables.

Ese discurso permitía a quienes habían sido simpatizantes de la guerrilla mantener viva la ilusión de una revolución popular frustrada por las fuerzas de la reacción, y minimizar su propio papel en el caos y la carnicería. Se trataba de un relato que no dejaba espacio para quienes —como Bergoglio y otros obispos— no eran comprensivos con la dictadura y habían trabajado en silencio, y en ocasiones heroicamente, para salvar vidas. Instalado en Montevideo tras la caída de la dictadura argentina, Yorio vio su propia historia reflejada en el airado relato de traición que hizo Mignone. «¿Qué dirá la historia de estos pastores que entregaron sus ovejas al enemigo sin defenderlas ni rescatarlas?», preguntaba Mignone. Ahora Yorio veía a Bergoglio como un «entregador», un traidor. Como haría después Verbitsky, Mignone jamás cuestionó las pruebas de Yorio para mantener esa afirmación. Y en aquella época Bergoglio nunca buscó defenderse a sí mismo.

El relato de Mignone lo asumieron algunos jesuitas partidarios del liberacionismo, que veían a Bergoglio como a un reaccionario. Juan Luis Moyano, que murió en 2006, había sido alumno de los jesuitas en la comunidad de base de Yorio en Ituzaingó en 1972, y fue torturado y encarcelado en Mendoza dos años después. Bergoglio lo envió a Alemania a estudiar, y de allí pasó a Perú, donde vivió muchos años y fue alimentando el resentimiento hacia su provincial. Se mantuvo en contacto con Yorio y suscribió su relato sobre Bergoglio. Devuelto a Argentina en 1991, pasó a ser uno de los detractores de Bergoglio. Era el «jesuita anónimo» que se dedicó a suministrar citas a Verbitsky avalando las acusaciones de Yorio y citando las reuniones de Bergoglio con Massera como pruebas de su afinidad con la dictadura. A finales de la década de 1990, la demonización de Bergoglio había alcanzado un punto en el que Yorio llegó a creerse algo bastante descabellado: que su provincial, de hecho, había anotado su nombre en una lista que entregó a los torturadores.

Eso no es, ciertamente, lo que creía en su momento. Pero en la carta escrita en 1977 ya se ve que la idea empieza conformarse en su mente. La misiva despierta comprensión, pero también revela el narcisismo a que puede inducir el sufrimiento. Su convicción inquebrantable en el acierto de su comunidad de base y de su trabajo entre los pobres parecía impedirle ver los quebraderos de cabeza que causaba a su provincial. La carta no muestra la menor comprensión hacia los esfuerzos de Bergoglio por hacer lo que era correcto para ellos, a pesar de la gran oposición que suscitaban tanto en el seno de la Compañía como entre los obispos y en Roma. Culpar a su provincial por no ofrecerle una «salida concreta» parece casi cómico cuando la opción de obedecerle existía desde el principio. Para ello habrían debido reconocer que eran jesuitas que le debían obediencia, vivir en residencias compartidas con otros cuyas ideas no coincidían con las suyas... Pero habrían podido seguir con su trabajo en la villa. Incluso cuando esa opción concreta dejó de ser posible, cuando ya habían decidido abandonar la Compañía de Jesús pero aún no tenían obispo, Bergoglio les ofreció refugio y un lugar seguro.

Con todo, pintar a Bergoglio como a un ángel sería revertir el cuadro. Su confusión tanto antes de la detención de Yorio como después de su puesta en libertad muestra a un hombre atacado por la duda y abrumado por grandes conflictos en colisión: está muy lejos de ser la figura autoritaria y decisiva que ha dado de sí mismo. Resultaría extraordinario que, al sortear la compleja maraña de lealtades y fidelidades en conflicto que existían en aquella época en la provincia, no hubiera cometido errores. Pero, fueran cuales fueren, ni traicionó a los dos jesuitas ni hizo nada para facilitar su captura. Más aún, en el relato del propio Yorio aparece como un provincial diligente y preocupado que intenta conducirlos en la mejor dirección sin dejar de respetar su libertad; y como alguien que, tras su captura, removió cielo y tierra para garantizar su puesta en libertad.

Jalics, por su parte, tomó un rumbo distinto del de Yorio. Durante un tiempo, él también se mostró convencido de que había sido víctima de una traición y culpó a Bergoglio por no haberlos defendido. A pesar de su enojo, rezó intensamente para perdonar a los jesuitas que creía que lo habían traicionado. En Estados Unidos decidió que, después de todo, iba a seguir siendo jesuita, y a partir de 1978 se trasladó a vivir a una casa de retiro en Wilhelmsthal, Alemania, donde desde entonces ha impartido los *Ejercicios Espirituales*. En 1980, durante un retiro de treinta días, al darse cuenta de que su curación se veía frenada por un deseo de venganza, quemó una serie de documentos que conservaba de aquella época. Fue un paso importante. Ocho años después, durante una reunión en Roma, se derrumbó y se echó a llorar en presencia de un superior. Liberado al fin del pasado, todo atisbo de amargura abandonó su ser.

Entonces se dio cuenta de algo más: nadie lo había traicionado. Durante algunas visitas a Buenos Aires, donde acudía a ofrecer retiros, se reunió con Bergoglio en varias ocasiones. Para entonces ya estaba claro que Yorio y él fueron secuestrados ese día porque la catequista convertida en guerrillera había revelado sus nombres bajo tortura.

En el año 2000, Jalics y el arzobispo Bergoglio celebraron conjuntamente una misa pública y, según los asistentes, se fundieron en un abrazo en un conmovedor acto de reconciliación. Trece años después, los medios de comunicación de todo el mundo se acercaron hasta Wilhelmsthal en busca del comentario de un jesuita de ochenta y seis años y pelo blanco sobre unos hechos que habían ocurrido en un país lejano hacía casi cuarenta años. Meses después, Jalics se reunió con Francisco en la Casa Santa Marta.

5

El líder, expulsado
(1980-1992)

Eran las 10.15 de la segunda mañana tras la elección de Francisco y Andrea, el joven recepcionista sentado tras el mostrador de la sede romana de los jesuitas, en Borgo Santo Spirito, a escasos centenares de metros de la basílica de San Pedro, se enfrentaba a lo que creía que era otra broma pesada al teléfono. La voz le había anunciado: «Buenos días, soy el Papa Francisco y quisiera hablar con el padre general», y en lugar de responder: «Sí, claro, y yo soy Napoleón», Andrea se había limitado a decir, un poco seco: «¿Puedo preguntarle de parte de quién?»

Desde la elección de Francisco, en palabras del padre Claudio Barriga, SJ, que relató este episodio en un correo electrónico enviado a otros jesuitas, el teléfono no había dejado de sonar, y algunas de las llamadas eran de chiflados. «No hay ningún problema —le aseguró la voz al otro lado de la línea—. En serio, soy el Papa Francisco. ¿Quién es usted?» El recepcionista dio su nombre, y el Papa le preguntó cómo se encontraba esa mañana. «Bien, bien —respondió el joven, sin aliento—, pero, discúlpeme, *un po' confuso.*» En ese momento cayó en la cuenta de que, en efecto, el autor de la llamada era quien decía ser. Cuando Francisco, amablemente, volvió a pedirle que le pasara con el padre general («Quisiera agradecerle la hermosa carta que me ha escrito»), Andrea cedió. «Perdóneme, Santidad, se lo paso ahora mismo.»

El hermano Alfonso, secretario brasileño del padre Adolfo Nicolás, atendió la llamada. «Santo Padre, felicidades por su elección —dijo—. ¡Todos rezamos mucho por usted!» Francisco se rio. «¿Rezando, por qué? ¿Porque siga o porque vuelva?» «¡Porque siga, por supuesto!», respondió el hermano Alfonso mientras entraba en la oficina de Nicolás susurrándole: «¡Es el Papa!» El general, casi tan aturdido como el recepcionista Andrea, pasaba, titubeante, de llamarlo «Papa» a «Santidad» o «Monseñor», al tiempo que Francisco le agradecía su carta, le aseguraba que tenía ganas de reunirse con él y le prometía que volvería a llamarlo para concertar una cita.

Así lo hizo, y ese mismo domingo, a las cinco y media de la tarde, el primer prepósito general jesuita que se ha reunido jamás con un Papa jesuita se encontró con Francisco frente a la puerta de la Casa Santa Marta. Francisco abrazó fraternalmente a Nicolás, insistió en que lo tuteara y, afectuoso, le propuso algo poco probable: que lo tratara como a «cualquier otro jesuita».

«Se dio un entendimiento mutuo con paz y humor hablando del pasado, del presente y de futuro —informó posteriormente el padre Nicolás en un comunicado interno, añadiendo—: Dejé la Casa de Santa Marta persuadido de que el Papa contará con gusto con nuestra colaboración al servicio de la viña del Señor.»[1]

Había empezado la cicatrización de viejas heridas.

En una carta enviada una semana después a los 17.200 miembros de su orden, esparcidos por todo el mundo, Nicolás les dijo que el Papa Francisco «se siente profundamente jesuita» algo que evidenciaba en el escudo pontificio y en su carta a Nicolás. La Compañía de Jesús, prosiguió este, debía afirmar su apoyo al Santo Padre y ofrecerle toda su ayuda. A continuación, seguía un párrafo curioso:

> Somos conscientes de que nuestras fuerzas son limitadas y de que llevamos sobre nosotros el peso de una historia de pecado, común a toda la humanidad (CG 35, D. 1, n.º 15). Pero también sentimos la radicalidad de la llamada de Dios que nos invita a mirar al futuro y a todas las cosas de forma nueva, como san Ignacio en Manresa. Es tiempo de hacer nuestras las palabras de misericordia y bondad que el Papa Francisco repite convincentemente, y de no dejarnos arras-

trar por distracciones del pasado que paralizan nuestros corazones y nos llevan a interpretar la realidad desde valores poco evangélicos.[2]

«¿Distracciones del pasado?» Nicolás sabía bien lo profundas que eran las heridas. Durante todos los años en que había acudido a Roma en calidad de obispo, arzobispo y cardenal, nunca se había alojado en Borgo Santo Spirito, ni siquiera había visitado la sede de la Compañía, como suelen hacer los obispos jesuitas, ni había hablado con el predecesor en el cargo de Nicolás, el padre Peter-Hans Kolvenbach. El general sabía que había jesuitas de cierta edad —tanto dentro como fuera de Argentina— que desconfiaban de Bergoglio, que lo veían como una figura retrógrada, y sabía que eso podía dañar la relación de los jesuitas con el nuevo Papa y proporcionar a los periodistas una historia impactante. Así pues, necesitaba tender puentes con Francisco y curar las heridas, empezando con una carta cálida y efusiva que se aseguró de que recibiera el primer día de su papado. Para evidente regocijo de Nicolás, la respuesta inmediata y personal de Francisco, telefónica y epistolar, y su encuentro del 17 de marzo, mostraban que el Papa deseaba lo mismo.

La oportunidad de reconciliación de Francisco con la Compañía de Jesús se produjo el 31 de julio de 2013, festividad de San Ignacio de Loyola, día en que concelebró una misa junto a doscientos jesuitas en la extraordinaria iglesia barroca del Gesù, en Roma. Nicolás habló después de la «simple realidad de un encuentro de hermanos, "amigos del Señor"», que el acto evocaba. Francisco encendió una vela votiva a san Ignacio y se detuvo frente al altar del gran misionero Francisco Javier. Visitó también la capilla de Nuestra Señora del Camino, patrona de los jesuitas y título de un fresco muy admirado por san Ignacio y sus primeros compañeros. Pero lo que de verdad conmovió a los presentes fue su visita, tras la misa, a la tumba del padre Arrupe, el superior general fallecido en 1991, diez años después de quedar paralizado por una embolia que, a partir de entonces, le impidió hablar. Juan Pablo II había aprovechado la ocasión para intervenir en la Compañía de Jesús, y Francisco era uno de los que sabían hasta qué punto había sufrido Arrupe en los años que siguieron. «Fue un momento intenso de profunda oración y gratitud —escribió Nicolás más tarde a los jesuitas—. Era evidente que al Papa le habría gustado quedarse más tiempo.»[3]

Pero lo que ni él ni la mayoría de los reportajes mencionaron fue el tono penitente de la homilía de Francisco. Rezó porque todos ellos recibieran la «gracia de la vergüenza» por sus errores, y añadió que a los jesuitas se les enseña a contemplar al Cristo crucificado y «a sentir ese sentimiento tan humano y tan noble que es la vergüenza de no estar a la altura». Fue, a la vez, una reflexión personal y un mensaje universal para todos los jesuitas. Pero tal vez hubiera hombres, ancianos ya, a los que ese mensaje estuviera particularmente destinado. Algunos se encontraban en Argentina, otros en Roma, unos pocos más en otros lugares. Algunos ya habían muerto.

En el mes de agosto, después de que el Vaticano quedara vacío tras el «tsunami» turístico, Francisco se reunió con el editor (de cuarenta y siete años) de la prestigiosa publicación jesuita *Civiltà Cattolica*, en la Casa Santa Marta. Al padre Antonio Spadaro lo acompañaron en el ascensor y lo llevaron hasta la habitación 201, una salita con un escritorio y varias mesas, anexa al pequeño dormitorio del Papa. Francisco lo hizo pasar. «Hay que ser normal —le dijo el Papa, sonriendo—. La vida es normal.»

Celebraron tres encuentros que duraron un total de seis horas. Spadaro hubo de renunciar a su cuaderno de notas y fiarse de su grabadora: pasando libremente del italiano al castellano, abordando una enorme variedad de temas, Francisco se mostraba como un volcán de ideas, conceptos y referencias, pero a la vez se mantenía sereno y con los pies en el suelo. Spadaro descubrió que casi todo en él era una sorpresa: «Su manera de hablar, su disponibilidad, su inmediatez, su profundidad, su educación.» Durante uno de aquellos encuentros, mientras repasaban las respuestas y se turnaban en la lectura en voz alta de los párrafos, Francisco le trajo un zumo de albaricoque y se lo sirvió. A Spadaro no le entusiasma el zumo de albaricoque «pero desde ese momento le tengo un cariño especial».[4]

«Un gran corazón abierto a Dios», la entrevista de 12.000 palabras publicada simultáneamente en doce revistas jesuitas de todo el mundo en septiembre de 2013, ha sido, sin duda, la más significativa de todas las que un Papa ha concedido jamás. El único precedente comparable es la extensa entrevista concedida por Benedicto XVI que, con el título «La luz del mundo», dominó brevemente los medios de comunicación cuando se divulgó en noviembre de 2012, pues en ella el Santo Padre había afirmado que el uso del condón «puede ser un primer paso en dirección a una moralización, un primer acto de responsabilidad», en el contexto del sida en África. Pero el resto —incluso su afirmación clara de que renunciaría a su cargo si se sintiera físicamente incapaz de continuar— fue ignorado por considerarse previsible, pues así lo veían los medios de comunicación. La entrevista a Francisco en el medio de los jesuitas, en cambio, cayó como una bomba, en parte porque los medios de comunicación habían decidido que todo lo que decía y hacía equivalía a cambio. El *New York Times*, que publicó un adelanto, destacó el comentario de Francisco de que la Iglesia se había «obsesionado» con «algunas cosas» —los anticonceptivos, la homosexualidad, el aborto—, en un reportaje que se extendió como la pólvora en cuestión de minutos. «Mucha gente creía que la Iglesia se había centrado en aquellas cosas, pero oírselo decir al Papa de manera tan directa y tan sincera fue un verdadero *shock* para la gente», comenta el padre James Martin, jesuita, de la revista *America*, que publicó la entrevista en Estados Unidos.

El Papa quería que la Iglesia presentara más el rostro de madre comprensiva que de juez inflexible. En la parte más citada de la entrevista, Francisco declaraba que «lo que la Iglesia necesita con mayor urgencia hoy es una capacidad de curar heridas y dar calor a los corazones de los fieles, cercanía, proximidad». Y, acto seguido, recurría a una imagen sorprendente.

Veo a la Iglesia como un hospital de campaña tras una batalla. ¡Qué inútil es preguntarle a un herido si tiene altos el colesterol o el azúcar! Hay que curarle las heridas. Ya hablaremos luego del resto. Curar heridas, curar heridas... Y hay que comenzar por lo más elemental.

La Iglesia a veces se ha dejado envolver en pequeñas cosas, en pequeños preceptos. Cuando lo más importante es el anuncio primero: «¡Jesucristo te ha salvado!» Y los ministros de la Iglesia deben ser, ante todo, ministros de misericordia... A las personas hay que acompañarlas, las heridas necesitan curación.

¿Cómo estamos tratando al Pueblo de Dios? Yo sueño con una Iglesia Madre y Pastora. Los ministros de la Iglesia tienen que ser misericordiosos, hacerse cargo de las personas, acompañándolas como el buen samaritano que lava, limpia y consuela a su prójimo. Esto es Evangelio puro. Dios es más grande que el pecado. Las reformas organizativas y estructurales son secundarias, es decir, vienen después. La primera reforma debe ser la de las actitudes. Los ministros del Evangelio deben ser personas capaces de caldear el corazón de las personas, de caminar con ellas en la noche, de saber dialogar e incluso descender a su noche y a su oscuridad sin perderse.

Consciente o inconscientemente, parece ser que Francisco extrajo la metáfora de la Iglesia como un hospital de campaña del lazareto de *Los novios*, de Manzoni, la novela italiana que su abuela Rosa le leía de niño, y que reposaba en el escritorio del Papa mientras Spadaro lo entrevistaba.

El lazareto de Manzoni era un lugar infernal, provisorio, situado a extramuros de la ciudad de Milán, donde miles de pacientes atacados por la peste llegaban para recuperarse o, en la mayoría de los casos, tras la hambruna causada por la guerra, para morir. Gestionado por unos frailes intrépidos y abnegados que se ocupaban de las hordas de enfermos en circunstancias espantosas, Manzoni lo usa con gran efectismo como telón de fondo de las escenas más enternecedoras del relato: es ahí donde se reencuentran los amantes, y donde el padre Cristóforo —un humilde, tierno y valeroso hijo de san Francisco— aparece al final de la novela, debilitado por la peste pero dedicando las pocas energías que le restan al servicio de los demás. Como metáfora de la Iglesia en tanto que vía de misericordia, y no en tanto que reguladora o creadora de reglas, era de una fuerza extraordinaria.[5]

Esas fueron las partes de la entrevista que suscitaron —como era su intención— mayor cobertura por parte de los medios. Pero si bien Francisco era capaz de llegar en los términos más sencillos a un espectro muy amplio de personas, también sabía usar un lenguaje codificado para el consumo interno. Así, otros fragmentos de aquella entrevista estaban pensados específicamente para los lectores de aquellas publicaciones de los jesuitas.

Recalcando que «hoy más que nunca» los jesuitas estaban llamados a trabajar estrechamente junto a toda la Iglesia, transmitió a Spadaro que ello requería de mucha «humildad, sacrificio y valentía, especialmente cuando se viven incomprensiones o cuando se es objeto de equívocos y calumnias». Y prosiguió con algunos ejemplos: «Pensemos en las tensiones del pasado con ocasión de los ritos chinos o los ritos malabares, o lo ocurrido en las reducciones del Paraguay.» Los jesuitas sabían bien a qué se refería; fueron todos ejemplos históricos de misioneros «inculturados» que adoptaban unas prácticas ajenas a Roma, pero a quienes la historia acababa dando la razón. Francisco estaba demostrando que, en tanto que jesuita, entendía el precio que la obediencia a la Iglesia exigía en ocasiones, al tiempo que hacía hincapié en que vivir en esa tensión producía lo que él denominaba «la actitud más fecunda».

La entrevista tendía otra rama de olivo a los jesuitas argentinos que sospechaban de él. Confesaba haber gobernado la provincia argentina de modo autoritario, no haber consultado lo bastante. Pero a la vez rechazaba con firmeza, por injusta, la acusación que muchos jesuitas le habían hecho de ser de derechas. «Mi forma autoritaria y rápida de tomar decisiones me ha llevado a tener problemas serios y a ser acusado de ultraconservador —confió a Spadaro—. Pero jamás he sido de derechas.»

Preguntado por qué aspecto de la espiritualidad ignaciana modelaba su papado, Francisco no vaciló: «El discernimiento.» Pasó a describir la manera jesuita de distinguir los espíritus buenos de los malos como «un instrumento de lucha para conocer mejor al Señor y seguirle más de cerca». El discernimiento, dijo, «me guía en mi modo de gobernar». La toma de decisiones incluía debate y consultas, pero tenía que ver con no «perder de vista los signos, escuchando lo que sucede, el sentir de la gente, sobre todo de los pobres». En ocasiones implicaba esperar y evaluar, tomarse el tiempo necesario para decidir sobre un camino a seguir; o hacer ahora algo que uno había pensado hacer más tarde. Sus decisiones como Papa —residir en la Casa Santa Marta, usar un coche sencillo— eran el resultado de un discernimiento que respondía a las exigencias «que nacen de las cosas, de la gente, de la lectura de los signos de los tiempos». Por lo general, la manera de tomar decisiones era la que san Ignacio, en los *Ejercicios Espirituales,* describía como «Segundo Tiempo», «cuando se obtiene suficiente claridad y conocimiento por experiencia de consolaciones y desolaciones y por experiencia de discreción de varios espíritus».

Spadaro observó que el patrón ignaciano de Francisco lo representaba Pedro Fabro (1506-1546), el primer compañero de san Ignacio, un francés de Saboya que, a diferencia de Ignacio y de Javier, provenía de familia campesina. Bergoglio, que era de clase media-baja del barrio porteño de Flores, mientras que la mayoría de sus compañeros se habían graduado en prestigiosas escuelas privadas de los jesuitas, tal vez se identificara con Fabro por ese motivo. Pero los dos se parecen en otros aspectos. Fabro era amable, de mentalidad abierta, con gran capacidad para el diálogo —se lanzó a una misión particular con los calvinistas—, y a la vez fue un líder y un reformador capaz de gobernar con decisión. En su cumpleaños de ese año, el 17 de diciembre de 2013, Francisco desayunó esa mañana en la Casa Santa Marta con cuatro sin techo y su perro, antes de declarar a Fabro como santo mediante una «canonización equivalente» —consistente en incluir su nombre en el calendario de santos sin el recurso a una ceremonia formal—. Llamó a Nicolás para informarle de ello. «Acabo de firmar el decreto», le dijo.

En Año Nuevo, Francisco celebró la canonización de Fabro con 350 jesuitas en la iglesia del Gesù. En su homilía describió al nuevo santo como un «hombre modesto, sensible, de profunda vida interior y dotado del don de entablar relaciones de amistad con personas de todo tipo», además de ser «un espíritu inquieto, indeciso, jamás satisfecho». El 31 de julio de 2014, festividad de san Ignacio, Francisco almorzó con los jesuitas. Posteriormente se colgaron fotografías en la página web de la Curia ignaciana que mostraban a Francisco riendo a carcajadas, en casa con sus hermanos una vez más.[6]

La relación no solo estaba curada, sino que el deseo de Francisco de ser visto como Papa jesuita significaba que la Compañía se regodeaba con la adulación a este. Desde la época de Pablo VI, en 1974, la relación del Vaticano con los jesuitas había sido gélida. En menos de un año, Francisco había devuelto al redil a la Compañía, modelando una relación papal totalmente nueva con los jesuitas, una relación que era prácticamente lo contrario de lo que había sido con Juan Pablo II. Entretanto, Francisco había emprendido la tarea de tender puentes con los jesuitas argentinos críticos con él, enviándoles afectuosas cartas manuscritas que algunos leyeron con lágrimas en los ojos.[7]

Poco después de dejar el cargo de provincial, en diciembre de 1979, Bergoglio tuvo un segundo roce con la muerte. El doctor Juan Carlos Parodi, que por entonces tenía treinta y siete años y ejercía de cirujano en la clínica San Camilo, de Buenos Aires, recibió el pedido de que visitase a un sacerdote jesuita cuyo apellido, como tardaría años en saber, era Bergoglio. El paciente sufría una colecistitis grangrenosa, es decir, una inflamación aguda que corta el suministro de sangre a la vesícula biliar y que, si no se trata, resulta mortal. El doctor Parodi, que solo recordaba que el paciente estaba «muy enfermo», le extirpó la vesícula y drenó la zona infectada. Bergoglio se recuperó en pocos días y, como el médico no quiso cobrarle, le regaló un libro sobre san Ignacio.[8]

Bergoglio era ahora rector del Colegio Máximo, uno de los tres cargos (junto con el de provincial y el de maestro de novicios) que le había asignado el general desde Roma. Su sucesor como provincial era el padre Andrés Swinnen, que a su vez fue sustituido por el padre Ernesto López Rosas en el cargo de maestro de novicios. Los tres formaban parte del grupo que, durante la década de 1960, giraba en torno al gurú espiritual de la provincia, el padre Miguel Ángel Fiorito. Compartían una visión similar, lo que hizo que la transición resultara tranquila. Swinnen mantuvo las innovaciones de Bergoglio —el equipo de misioneros itinerantes, el grupo de vocaciones, la expansión de los retiros de discernimiento— al tiempo que recaudaba fondos para cubrir los costes de las decenas de nuevas vocaciones.

Como rector, Bergoglio era director de las facultades de Teología y Filosofía, y estaba a cargo, además, de la formación de cerca de un centenar de escolásticos jesuitas, cifra que se habría duplicado cuando dejara el cargo en 1986. Él ya había ejercido, de facto, el papel de *formador* tras su traslado, en calidad de provincial, al Máximo en 1976, pero ahora, a la edad de cuarenta y tres años, podía centrarse plenamente en la llamada que había reconocido por primera vez en Chile hacía veinte años. La institución se llenaba de nuevos jesuitas —jóvenes que necesitaban formarse—, y Bergoglio tenía un modelo atractivo de sacerdocio misionero y espiritualidad ignaciana que impartir. Las políticas de Swinnen suponían una continuidad de las prioridades de Bergoglio: a fin de mejorar la formación, el colegio retenía a los mejores alumnos como profesores en el Máximo, para que estos no acabaran yéndose a universidades extranjeras, como había ocurrido en la década de 1960 y a principios de la siguiente.

Los estudios reorganizados de filosofía y teología formaban el núcleo del ciclo de estudios del Máximo. El *curriculum* era nacional y popular, y los júniores recibían sus buenas dosis de historia y literatura argentinas. Los filósofos y teólogos se empapaban de «teología del pueblo», con el énfasis puesto en la religiosidad popular, dominante tanto en el Máximo de la época como en los seminarios diocesanos del país. Pero no por ello se trataba de un colegio provinciano: allí se celebró, en 1985, una conferencia internacional de cuatro días sobre la evangelización de la cultura y la inculturación, y Bergoglio invitó a Jean-Yves Calvez, el jesuita francés experto en Karl Marx que había sido uno de los cuatro principales consejeros de Arrupe, para que diera un curso anual en el colegio. La espiritualidad seguía siendo clave: los redescubiertos *Ejercicios* y el discernimiento ignaciano conformaban una gran parte de la vida estudiantil, y los artículos (muchos de ellos del propio Bergoglio) publicados en el *Boletín de Espiritualidad* que editaba Fiorito, seguían modelando la reforma de la provincia.

Sin embargo, el programa de formación de Bergoglio incorporaba un elemento extra, radical, que rara vez se encontraba en la formación jesuítica de la época, y que él había tomado de las misiones primitivas que tanto lo inspiraban. Consistía en una opción por los pobres expresada en el trabajo manual, en los cuidados pastorales directos, y en un respeto profundo por la cultura y los valores populares, particularmente por la religiosidad de peregrinaciones, santuarios y devociones. Los invitó a una «enculturación» radical en las vidas del santo Pueblo fiel de Dios.

Con los años, ese formato topó con la creciente oposición de los jesuitas mayores de Argentina, de otros países latinoamericanos y, con el tiempo, de la Curia jesuita en Roma. Dentro del país, la hostilidad provenía de intelectuales de la Compañía que trabajaban en el Centro de Investigación y Acción Social (CIAS), que aprovecharon el cambio de general en Roma, en 1983, para presionar contra el rector y sus seguidores, argumentando que el modelo de formación de Bergoglio resultaba anticuado y no estaba en sintonía con los jesuitas latinoamericanos. Cuando el padre Kolvenbach, nuevo prepósito general, impuso al candidato del CIAS como provincial en 1986, la decisión suscitó la oposición de los jesuitas jóvenes, molestos con lo que consideraban un desmantelamiento del apostolado de Bergoglio. Los jesuitas argentinos iniciaron un periodo tenso que acabó con la división de la provincia y condujo a Bergoglio a un exilio interior.

En el meollo de dichas tensiones resonaban cuestiones sin resolver sobre la identidad y la misión de los jesuitas que tanto habían preocupado a los tres papas de la década de 1970. Poco después de ser elegido en agosto de 1978, Juan Pablo I programó un discurso a la Compañía de Jesús que su súbita muerte cinco semanas después, le impidió pronunciar. Su sucesor, el cardenal Karol Wojtyła, de Cracovia, elegido como Juan Pablo II en octubre de ese mismo año, dio a Arrupe la regañina que su predecesor había preparado, y afirmó estar de acuerdo con ella. Arrupe también dijo suscribirla, al menos en parte. Explicó a los líderes jesuitas en Roma que, tras quince años de búsqueda y experimentación, había llegado el momento de recuperar ciertos valores tradicionales desechados en el camino. Arrupe era viejo y estaba enfermo, y creía que otro debía asumir el mando, así que, en 1980, pidió permiso a Juan Pablo II para renunciar y convocar una nueva Congregación general.

Juan Pablo II le ordenó que esperase; quería reformar la Compañía antes de que esta eligiera un nuevo sucesor. Pero entonces se produjo el atentado contra el Papa en la plaza de San Pedro, y en agosto de 1981 Arrupe sufrió una trombosis cerebral que, como hemos visto, lo dejó hemipléjico y con crecientes limitaciones para hablar. De acuerdo con las constituciones de la Compañía, la responsabilidad del general debería haberse transferido a un administrador interino, que convocaría la Congregación general. Pero el convaleciente Juan Pablo II se saltó aquellos estatutos e impuso a su propio delegado personal, el jesuita octogenario Paolo Dezza, que había sido confesor de Pablo VI.

La intervención papal, que se alargó durante dieciocho meses, indignó a la Compañía e hizo difícil la aceptación de Juan Pablo II por los jesuitas. Otros la vieron como una pausa necesaria después de los embriagadores años de experimentación y cambio. En febrero de 1982, Swinnen y otros 85 provinciales se trasladaron a Roma para oír a Juan Pablo II decir unas cosas con las que Bergoglio estaría de acuerdo: que el Concilio Vaticano II debía ser interpretado auténticamente, que a los jesuitas les hacía falta un compromiso «sacerdotal» claro en pos de la justicia, así como una formación rigurosa que fuera «espiritual, doctrinal, disciplinaria y pastoral». El Papa les pidió que se dedicaran a cuatro tareas: ecumenismo, diálogo interreligioso, diálogo con los ateos y promoción de la justicia. Antes de concluir su intervención, autorizó a la Compañía a elegir al sucesor de Arrupe.

En septiembre del año siguiente, Bergoglio y López Rosas fueron los nombrados para acompañar a Swinnen como delegados de la CG33 en Roma. La elección del prepósito general de la Compañía de Jesús se asemejaba, salvando las distancias, a un cónclave papal. Antes de las votaciones se elaboraba un informe sobre el estado de la orden, y se mantenían conversaciones sobre los requisitos necesarios del futuro general. También se destinaba mucho tiempo de oración a las llamadas *murmurationes*, durante las cuales los doscientos delegados discutían discretamente y podían conocer mejor a los candidatos. Como hacían los cardenales electores en un cónclave, aquellos también sopesaban las habilidades del candidato para la oración, el liderazgo y la organización, así como su capacidad para abordar los retos de cada momento. El que mostrara el mínimo atisbo de ambición resultaba automáticamente descalificado. Tras una oración al Espíritu Santo y un juramento de silencio, tenía lugar la votación, que era anónima y por escrito.

El 13 de septiembre de 1983 el padre Peter-Hans Kolvenbach, un holandés de voz serena, perilla y gran sentido de la diplomacia, algo imprescindible para recomponer las relaciones con la Santa Sede, resultó elegido en la primera ronda. Aunque el propósito principal de la CG33 era su elección, también se hizo pública una declaración en la que se expresaban reservas (compartidas por Bergoglio) respecto al Decreto Cuarto, lamentando «deficiencias... esencialmente relacionadas con la tendencia a reducir el concepto de justicia a unas dimensiones demasiado humanas». El decreto se mantuvo, pero la declaración hacía hincapié en la necesidad de integrar la justicia al servicio de la fe.

Entretanto, en Argentina también tenía lugar un cambio de régimen, desencadenado por la desastrosa invasión que la Junta Militar lanzó en abril de 1983 de unas inhóspitas islas del sur del Atlántico, reclamadas por el país y ocupadas por Gran Bretaña desde el siglo XIX. La guerra de las Malvinas/Falkland, que duró seis semanas, fue devastadora por la cifra de bajas —649 argentinos y 255 británicos murieron luchando por un archipiélago cuya población era de apenas 1.800 habitantes—, pero para los argentinos resultó doblemente traumática por la compleja mezcla de emociones que despertó. Por una parte, creían apasionadamente que la recuperación de las islas era una cuestión de justicia; por otra, se dieron cuenta de que la Junta Militar había usado la invasión como manera de desviar la atención justo en el momento de descubrirse los crímenes de la llamada guerra sucia.

Había muchos jesuitas de familias de militares. En el Máximo se organizaron rezos y se celebraron misas por las tropas asediadas. Durante la guerra, en el mes de mayo, el Papa Juan Pablo II realizó una largamente esperada visita pastoral de dos días al Reino Unido. Para mantener el equilibrio, el 11 de junio de ese mismo año hizo una visita a Argentina de la misma duración, mientras diez mil soldados del país libraban una desesperada batalla en Puerto Argentino/Port Stanley (se rindieron días después). Bergoglio acudió con el personal y los alumnos del Máximo a una multitudinaria misa al aire libre que se celebró cerca del Monumento de los Españoles, en Buenos Aires, donde Juan Pablo II rezó por una pronta conclusión de la guerra, y también a oír hablar al Papa en la catedral de la ciudad, ante una audiencia de religiosos y sacerdotes.

Bergoglio compartía los sentimientos encontrados de sus compatriotas. Como ellos, creía que las islas formaban parte del territorio argentino y que la ocupación británica constituía una injusticia colonial. Lo que declaró durante la guerra no consta en ninguna grabación, pero cuando ya era obispo cardenal a menudo, en misas dedicadas a los veteranos, se expresó empleando el lenguaje cuasimístico del nacionalismo argentino, tan lejos del empeño británico en sostener el derecho de los habitantes de las islas a la autodeterminación. Por ejemplo, al bendecir a los familiares de los soldados caídos antes de que en octubre de 2009 partieran hacia las islas para erigir un cenotafio en el cementerio de Darwin, les dijo que «vayan a besar esa tierra que es nuestra y nos parece lejana», y añadió que sus hijos, esposos y padres «cayeron allá en un gesto religioso, casi, de besar con su sangre el suelo de la patria». En 2012, durante la conmemoración del trigésimo aniversario del conflicto, se refirió a los muertos como «hijos de la Patria que salieron a defender a su madre, la Patria, a reclamar lo que es suyo de la Patria y les fue usurpado».

Aun así, le escandalizaron la invasión y la guerra, que en 2008 describió como «una historia triste, una parte oscura de la historia argentina». Pero estaba decidido a que los veteranos y sus familias no tuvieran que cargar con la vergüenza de la nación, y exigía constantemente que se los honrara y se los recordara, y que se reconociera su sacrificio. «La sociedad está en deuda con ellos», afirmó en su homilía de ese año, destacando sus cicatrices psicológicas, además de las físicas, y los retos enfrentados por los traumatizados veteranos a la hora de encontrar trabajo y establecer relaciones. Entre los asistentes a la misa de ese día se encontró con un grupo de veteranos a quienes el Gobierno no reconocía como tales, y cuya causa Bergoglio había apoyado, argumentando que todos los implicados en la guerra, hubieran participado en los combates o no, llevaban sus cicatrices y merecían reconocimiento.[9]

La derrota de las Malvinas, y las revelaciones de incompetencia y corrupción que siguieron, destruyeron para siempre la fe histórica de los argentinos en las fuerzas armadas. Ya antes de que las tropas regresaran a casa, la dictadura había empezado a deshilacharse. Al tiempo que los periodistas descubrían las primeras fosas comunes de desaparecidos, la Junta empezba a negociar con los partidos políticos una vía para convocar elecciones. La victoria de Raúl Alfonsín, líder del partido Unión Cívica Radical (UCR), en los comicios presidenciales de octubre de 1983, marcó una ruptura decisiva con el pasado. Una de sus primeras decisiones fue la creación de una comisión dirigida por el escritor Ernesto Sábato para investigar los abusos contra los derechos humanos cometidos durante la dictadura. Su informe, titulado *Nunca Más*, condujo a un juicio histórico y al encarcelamiento, entre otros, de los miembros de las juntas militares que gobernaron el país desde el golpe de 1976, un logro extraordinario. Pero a medida que el alcance de los juicios se ampliaba, la inquietud en los altos mandos de las fuerzas armadas llevó a Alfonsín a ponerles fin en aras de una consolidación de la democracia. Durante los veinte años siguientes, Argentina seguiría atrapada entre la necesidad y el deseo de justicia y de reconciliación.

La economía fue más difícil de recuperar que la democracia. Alfonsín no consiguió atajar el altísimo déficit presupuestario ni mejorar la crítica situación económica que había heredado de la dictadura, y a pesar de que se acuñó una nueva moneda, a finales de la década el país se hallaba sumido en una crisis masiva hiperinflacionaria. Para los argentinos de clase obrera que vivían en los barrios cercanos al Colegio Máximo, en San Miguel, la de 1980 fue una década de grandes penalidades, pues los precios subían y el desempleo empujaba a miles de familias a la miseria.

«Cuatro o cinco años después éramos doscientos en el Máximo, todos jesuitas, todos argentinos», recuerda uno de sus exalumnos, Ángel Rossi. El Máximo era «una usina de energía» en aquella época, recuerda otro, Leonardo Nardín. Su crecimiento podía apreciarse en sus edificios: una nueva casa de novicios, muy grande, se había levantado para sustituir Villa Bailari, y en octubre de 1981 abrió sus puertas una nueva biblioteca con una de las mayores colecciones sobre teología de América Latina.

Asimismo, en 1980 se inició la construcción de una nueva iglesia. Desde principios de la década anterior los jesuitas del colegio habían servido a la parroquia de Nuestra Señora del Perpetuo Socorro, así como a sus cinco capillas, tres escuelas y un centro educativo para adultos. Tras su nombramiento como rector, Bergoglio consiguió el permiso del obispo de San Miguel para erigir una nueva iglesia parroquial, la del Patriarca San José, en terrenos donados por el colegio. La parroquia servía a tres barrios pobres, cuyas calles sin asfaltar se convertían en lodazales cuando llovía. El primer bautismo celebrado por Bergoglio en la iglesia —de una niña llamada Griselda, el 24 de febrero de 1980— tuvo lugar un mes antes de la inauguración de la parroquia, coincidiendo con la festividad de San José (el 19 de marzo), el mismo día en que Francisco iniciaría su papado treinta y tres años después. En 1980, la iglesia era poco más que un cobertizo, pero, gracias a los esfuerzos de alumnos y parroquianos, pronto incorporó ladrillos y un techo. En cuestión de dos años se había convertido en una iglesia enorme que constituía el centro de una importante operación pastoral que incluía un comedor para niños y dos escuelas cercanas al Colegio Máximo en las que se ofrecían talleres de formación profesional y educación para adultos. La parroquia del Patriarca San José, con el tiempo, se amplió con otras cuatro capillas distribuidas por los tres barrios.[10]

Un día Bergoglio apareció con cuatro vacas, cuatro cerdos y seis ovejas. Como consecuencia del rápido aumento de vocaciones tenía muchas más bocas que alimentar en una época de subidas constantes de precios y de donaciones menguantes, y poseía diez hectáreas fértiles alrededor del colegio. Se talaron árboles en la zona trasera para levantar cobertizos y graneros. La tierra se valló y se aró para cultivar en ella verduras, y se construyeron establos para los animales. Con el tiempo llegó a haber (según uno de los alumnos, encargado de llevar un inventario) 120 cerdos, 50 ovejas, 20 vacas y varios panales de abejas.[11] Un hermano jesuita se acercaba en un vehículo destartalado hasta el mercado para recoger productos caducados. A su vuelta, los alumnos seleccionaban los que todavía eran aptos para el consumo humano, y el resto se lo daban a los cerdos.

La granja, surgida de la necesidad, servía a un fin más noble: acercaba a alumnos procedentes de la clase media a la vida de los obreros. Según les decía Bergoglio, ellos habían hecho voto de pobreza, y los pobres trabajaban: «Es la ley de todos, que nos hace igual a los otros.» Solo compartiendo la vida de los pobres, les decía, podrían descubrir «las verdaderas posibilidades de la justicia en el mundo», opuestas a «una justicia abstracta que no da vida».[12] Además de las seis horas de clase diarias, y de los estudios, los estudiantes realizaban tareas manuales casi todos los días. Dentro del colegio estaban las cocinas, la lavandería y los interminables pasillos y numerosos baños que debían limpiarse. En el exterior, se ocupaban de los trabajos que supervisaban los hermanos jesuitas encargados de la gestión cotidiana de la granja. Los estudiantes recolectaban miel, ordeñaban las vacas y limpiaban el chiquero, y era allí donde, a menudo, se encontraban con el rector, calzado con sus botas de plástico. «Esa tarea era fea y muchos se quejaban —recuerda Guillermo Ortiz, que actualmente se encarga de la sección de lengua española de la radio vaticana—. Pero no podían dejar de hacerlo, porque el mismo Jorge se metía en la cocina, revolvía las bolsas, se calzaba las botas y se metía en el chiquero.»

Las horas que pasaban trabajando así durante su formación sacerdotal eran muy importantes para su rector, recuerda Gustavo Antico. «Él revisaba todos y cada uno de los trabajos que nos mandaba, y nos ayudaba con ellos, de una manera completamente natural.» Los trabajos físicos ayudaban a los alumnos a desarrollar un principio ignaciano fundamental: «No dejarse limitar por lo más grande y, sin embargo, saberse contener en lo más pequeño, es cosa divina.»[13] Según el Papa Francisco explicaría años después al padre Spadaro, eso significaba «hacer las cosas pequeñas de cada día con el corazón grande y abierto a Dios y a los otros», y «dar su valor a las cosas pequeñas en el marco de los grandes horizontes, los del Reino de Dios». Se trataba de evitar tanto la obsesión pusilánime por el detalle como los proyectos grandiosos y poco realistas.[14]

La granja también era clave para el apostolado local de los jesuitas. Ayudaba a alimentar no solo a los residentes en el colegio, sino a los pobres de los barrios circundantes. A medida que la recesión económica de la década de 1980 minaba empleos y salarios, los estudiantes enviados por el rector a realizar visitas puerta a puerta relataban que numerosas familias comían, apenas, una vez al día. Bergoglio decía «no podemos quedarnos aquí sentados de brazos cruzados mientras la gente pasa hambre y a nosotros no nos falta de nada», recuerda Alejandro Gauffin.[15] Así pues, preparaban un gran puchero, reunían a una legión de voluntarios y encendían un fuego en un campo, bajo una carpa, que con el tiempo se convirtió en la Casa del Niño, desde donde alimentaban a cuatrocientos menores todos los días, al tiempo que llevaban a cabo una operación similar en el cercano barrio de San Alonso. La mayoría de los alimentos provenían de la granja del colegio, y eran los mismos que se servían en los comedores del Máximo. «Nosotros nunca pasamos hambre, porque había mucha, pero era la misma comida, casi siempre algún guiso, que era lo que comía la gente sencilla que vivía a nuestro alrededor», recuerda Miguel Yáñez, que lo veía como algo totalmente coherente con su opción por los pobres. Pero algunos de los profesores protestaban: «Estaban acostumbrados a otro nivel.»

La granja también suponía una ayuda para la contemplación. «Me llevó afuera, donde la comunidad tenía ovejas y chanchos —rememora María Soledad Albisú, que después se haría monja y por entonces tenía a Bergoglio como director espiritual—. Me dijo que ese era un buen lugar para orar, y que Dios se encuentra en los lugares más humildes.»[16] Trabajar con los animales y con la tierra enseñaba paciencia, tenacidad y humildad, y abría la puerta a muchas historias de las Escrituras que hablaban de piaras de cerdos y rebaños de ovejas, mientras que para novicios y docentes —muchos de ellos graduados en prestigiosas escuelas jesuitas— verse hundidos hasta las rodillas en estiércol daba vida a la asombrosa meditación que figuraba al principio de los *Ejercicios Espirituales*: «No queramos de nuestra parte más salud que enfermedad, riqueza que pobreza, honor que deshonor, vida larga que corta... solamente deseando y eligiendo lo que más nos conduce para el fin que somos creados.»

Los días de clase y trabajos físicos estaban enmarcados por la oración. Las horas tempranas de la mañana se reservaban a la contemplación individual, a la que seguía una misa matutina y una oración en comunidad, por las tardes. Dos veces al día, a mediodía y al atardecer, la campana convocaba a todos a la capilla para un examen silencioso de quince minutos, o para repasar las gracias y los pecados de ese día, para ver dónde estaba presente Dios, para dar las gracias y pedir perdón. Como san Ignacio, Bergoglio concedía mucha importancia al examen, que describía como «nuestra manera de buscar la verdad sobre nosotros mismos ante Dios».[17] La espiritualidad de los *Ejercicios* impregnaba la vida de los jesuitas en otros aspectos: en las charlas y retiros que daban Bergoglio, Fiorito y otros, y en las reuniones ordinarias con directores espirituales. «Todos hemos sido formados con la convicción de que en la oración hay una fuerza muy grande y que nosotros los jesuitas podemos ayudar a otros con los ejercicios espirituales», recuerda Ortiz. «Cada decisión u elección había que rezarla y discernirla», coincide otro de los escolásticos jesuitas de esa época, Fernando Cervera.

Fue una espiritualidad misionera, en la que las necesidades concretas de la gente interrumpían con frecuencia los horarios de oración. Un año en que Rossi se encontraba en su retiro anual de ocho días, Bergoglio lo mandó llamar durante la cuarta jornada. Había una mujer fuera con cuatro hijos y sin techo: «No podés estar acá, rezando, durmiendo cómodamente y comiendo comida caliente, cuando alguien afuera está necesitado. Andá, conseguiles techo y comida y volvé a rezar.» Rossi no tenía la menor idea de cómo hacerlo, pero a lo largo de los días siguientes fue aprendiendo, con la ayuda de Bergoglio. «Sabía qué puertas tocar —afirma Rossi, que nunca olvidó la lección—. Regresé una vez terminada la "misión".»

Decenas de estudiantes se repartían por los barrios de la ciudad los sábados por la tarde y los domingos por la mañana, e iban de casa en casa por San Miguel recogiendo a los niños para llevarlos a misa y darles catequesis en las quince capillas gestionadas por los jesuitas. Yáñez recuerda un fin de semana típico:

El sábado a la mañana yo era el encargado de las abejas, otro de la huerta. Cada uno tenía sus tareas. Ovejas, todo lo que se pudiera... eso era a la mañana. A la tarde, almorzábamos y nos íbamos a los barrios a buscar a los chicos a las casas para el catecismo. Después nos fuimos organizando, yo me dediqué a la pastoral juvenil, organizábamos campamentos, el Día del Niño, cuando juntábamos tres mil niños y cada uno se iba con un juguete, la mayoría nuevos. Era una obra impresionante. Éramos muchos, muy bien organizados y muy motivados. Con lo de los juguetes, había dos que durante el año se encargaban de contactar con las fábricas de juguetes, y conseguíamos cantidad de donaciones. Veían la obra y nos ayudaban muchísimo. Llevábamos a los chicos, primero hombres y después también mujeres, cerca de quinientos, a Chapadmalal, después a Mar del Plata, y las pescaderías nos daban cantidad de comida gratis. O sea, colaboraban muchísimo. Los domingos por la mañana, misa en las comunidades, las capillas, catequesis, visitas a las casas, y a la tarde una siesta un poco más larga y estudio. Y a la noche guitarreada, jugábamos a las cartas, y Bergoglio como uno más, ahí con nosotros. Lo pasábamos bárbaro. También había fútbol. Teníamos la semana organizada. Yo la pasé bárbaro.

La parroquia del Patriarca San José encarnaba la visión que Bergoglio tenía de un apostolado radical orientado a las periferias. Más que colocar un cartel con los horarios de las misas en la puerta de la iglesia y esperar a que la gente acudiera, él dividió el área en zonas, asignó a cada una de ellas a estudiantes jesuitas y los envió a recorrer calles polvorientas, o embarradas, para que visitaran las casas («porque no perdonamos un solo rincón», afirma Rossi). «Fue una revolución copernicana —recuerda otro alumno, Renzo De Luca—. Debíamos ir y tocar las puertas de verdad, y decir: "Miren, esto es el Catecismo. Envíenos a sus jóvenes." Había que tener temple para invitarlos a la iglesia cuando era evidente que apenas tenían lo mínimo para comer. Aun así, la gente respondía a nuestra llamada.»[18]

Bergoglio pidió a sus alumnos que «entren en el barrio y camínenlo», empezando por los jóvenes —los otros, les decía, los seguirían a su debido tiempo—, y que pasaran tiempo con los ancianos y los enfermos, que prestaran mucha atención a las necesidades de los más pobres, ya fueran estas alimentos, medicamentos o mantas. Los jesuitas todavía recuerdan las numerosas exhortaciones del rector en ese sentido. «Nuestra vocación nos pide ser pastores de grandes rebaños, no "peinadores" exquisitos de unas pocas ovejas preferidas» era una de ellas. «Será preferible que el día del Señor nos encuentre con heridas de guerra por haber acudido a la frontera, que fofos y anémicos por haber creído que no éramos para tanto y habernos cuidado y medido demasiado», era otra.[19] Los domingos, Bergoglio esperaba a la puerta de la iglesia, saludando a la gente y oyendo sus confesiones antes de misa. Sus homilías eran sencillas, directas, divertidas y cautivadoras; penetrantes, nunca demasiado largas, basadas en tres puntos, y salpicadas de apelaciones directas a los presentes.

Bergoglio creó instituciones para mejorar la vida de la gente de los barrios de Manuelita, Constantini y Don Alfonso. A través de donaciones, la Casa del Niño llegó a ocupar un edificio con capacidad para dar de comer a doscientos niños a la vez en el comedor y acoger a otros cincuenta en la guardería, y proporcionaba alimentos, atención médica y escolarización a más de cuatrocientos menores diariamente. También se construyeron otros edificios: había una escuela nocturna para adultos que no hubieran terminado secundaria, una escuela técnica para aprender distintos oficios y becas que permitían a los jóvenes ir a la universidad. «Era una cosa integral —recuerda Yáñez—. Hoy día son todos maestros, profesores, o han sacado una carrera universitaria y están muy bien ubicados.» Los campamentos de verano para niños cerca de Mar del Plata se pagaban con donaciones que los jesuitas recaudaban durante todo el año. «Llevar a un niño que no ha visto nunca el mar y nunca ha ido de vacaciones era una manera de darles dignidad, de tratarlos como personas —rememora Fernando Albistur—. Incluso hoy hay jóvenes que ya están casados y con hijos que vienen a verte a la parroquia y te dicen: "Gracias a usted vi el mar, vi la playa. Fui de vacaciones una vez en mi vida.".»[20]

Bergoglio decía a los alumnos que, al satisfacer las necesidades concretas de la gente, Cristo les enseñaba algo importante. Eso, les decía, él lo había aprendido de una mujer llamada Marta, que tenía una familia numerosa, no tenía un centavo y sobrevivía pidiendo cosas; era fácil cansarse de sus peticiones. Un domingo por la tarde, cuando se acercó a Bergoglio para decirle que su familia tenía hambre y frío, él le pidió que regresara al día siguiente para ver qué podía hacer. «Pero, padre —le dijo Marta—, tenemos hambre ahora, tenemos frío ahora.» Entró en su habitación, sacó una manta de su cama y fue a buscarle comida. Lo que Bergoglio había aprendido era que Cristo hablaba a través de los pobres, y que satisfacer sus necesidades no era algo que pudiera posponerse a conveniencia.

Cuando los alumnos volvían al colegio, Bergoglio estaba esperándolos (dando golpecitos al reloj de pulsera si llegaban con retraso: valoraba mucho la puntualidad), y se fijaba en las suelas de sus zapatos, para ver si estaban manchadas de barro o de polvo. Los alumnos le informaban de las necesidades de la gente, y él organizaba la ayuda. «Nos usaba de puente —apunta Rossi—. Los otros no se enteraban ni sabían que era Bergoglio a través nuestro.»

Durante la semana, en las clases de teología pastoral y las meditaciones, Bergoglio pedía a los alumnos que reflexionaran sobre sus experiencias. Insistía en que no eran ellos los que enseñaban, sino que aprendían del pueblo fiel; la capacidad de los jesuitas de insertarse en la cultura a la que eran enviados a evangelizar era «la prueba definitiva» de su fe. «Qué difícil, y qué soledad se siente en el corazón, cuando percibo que debo aprender de ellos el lenguaje, las pautas de referencia, las valoraciones... Y eso no como barniz de mi teología, sino como forma nueva que me reordena de nuevo», les decía.[21] La mayor parte de ese aprendizaje pasaba por respetar y comprender las formas populares de la devoción: pedir la intercesión de los santos, rezar el rosario, peregrinar a los santuarios, tocar con reverencia las imágenes de los santos. Bergoglio animaba a los alumnos a hacer lo mismo. Su idea, recuerda Rossi, era que «aquí tenemos a personas pobres, y como son pobres confían en la fe, y como tienen fe son nuestro centro. Su fe, su cultura, su manera de expresar su fe... Eso es lo que debemos valorar».

En octubre y noviembre de 1985 se inauguraron otras dos capillas dependientes de la parroquia del Patriarca San José: una en San Alonso y la otra no lejos del Colegio. Una periodista a la que enviaron para cubrir la inauguración de la segunda —un templo de grandes dimensiones construido en estilo colonial y cuyo nombre era un homenaje a los mártires jesuitas paraguayos— describió las procesiones de personas alegres que llevaban pasos con imágenes decorados con flores y banderas, y que escuchaban los discursos resguardándose de la lluvia bajo sus paraguas. Quedó asombrada ante la transformación en un barrio conocido por su pobreza, por las bandas callejeras y el descuido general. A los forasteros ya no se los recibía a pedradas; los niños estaban bien alimentados y escolarizados; los ancianos y los enfermos recibían atención; las capillas de la parroquia proliferaban; todo estaba limpio y ordenado. En torno a la iglesia, «en lugar de zanjas llenas de basura se veían flores y césped bien recortado, puertas pintadas y cubos en los que depositar las bolsas de basura; no había ni un solo muro con pintadas ni signos de agresión; solo una familia humana y fraternal, orgullosa de sí misma, en celebración». Quedó asombrada ante los «inteligentes y serios» estudiantes jesuitas a los que conoció, catalizadores de aquella transformación y muy distintos a los que había conocido una década atrás, que idolatraban al Che Guevara y despreciaban el pasado de la Iglesia por considerarlo burgués. El artículo tuvo el titular: «Los milagros del padre Bergoglio.»[22]

En un extenso artículo aparecido en 1980 en el que, por primera vez en forma escrita, se refería al Decreto Cuarto de la CG32, Bergoglio trazaba los «criterios de la acción apostólica» para jesuitas empeñados en la promoción de la justicia. La acción, escribió, debía anclarse en demandas concretas, así como en la cultura y los valores del «pueblo fiel» evitando así el enfoque de las clases ilustradas (ya fueran estas liberales, de izquierdas o conservadoras), que eran «para el pueblo, pero nunca con el pueblo». Su acción debía integrarse con la historia y la espiritualidad de los jesuitas. Y debía iniciarse con un contacto directo con los pobres, considerando los actos concretos de misericordia como actos de justicia, a los que debía seguir una reflexión sobre dicho encuentro.

La nueva conciencia resultante, afirmaba Bergoglio, traería con el tiempo cambios estructurales, evitando el estéril «habríaqueísmo»[23] de quienes persiguen la justicia en abstracto. La tarea específica de los jesuitas, según él, consistía en formar y alentar a los laicos a través de los *Ejercicios Espirituales*, y en crear instituciones de pertenencia. Un signo de la vitalidad del proyecto era su capacidad de congregar a laicos comprometidos con él. Sobre todo, creía Bergoglio, los jesuitas debían propiciar los cambios a partir de la inculturación. Ello implicaba no actuar nunca sobre los pobres, como hacían las élites ideológicas;

a la hora de convertir corazones y estructuras, no debían cometer la injusticia de traicionar la cultura de la gente, ni sus valores y aspiraciones legítimos.

El ejemplo del Señor nos salva: Él se encarnó en el pueblo. Los pueblos tienen hábitos, capacidad de valoraciones, contenidos culturales que escapan a toda clasificación; son soberanos a la hora de interpelar... Afinar el oído para oír tales reclamos supone humildad, cariño, hábito de inculturación y, sobre todo, haber rechazado de sí la absurda pretensión de convertirse en «voz» de los pueblos, soñando quizá en que no la tienen... Para un pastor, la pregunta inicial de toda reforma de estructuras debería ser: «¿Qué me pide mi pueblo? ¿Qué reclamo me hace? Y atreverse a escuchar.»[24]

En las ideas de Bergoglio sobre la inculturación reverberaba un tema emergente en la teología latinoamericana. Había participado en los preparativos de la tercera asamblea del Consejo Episcopal Latinoamericano (CELAM) celebrada en Puebla en 1979, cuyo documento conclusivo había afirmado la opción por los pobres al tiempo que rechazaba definitivamente la teología de la liberación de influencia marxista.

Según un relato de lo ocurrido en Puebla, el que llegó a los periodistas, lo que se produjo en Puebla fue un intento de los conservadores, dirigido por Roma (por el Papa Juan Pablo II y su aliado, el secretario general del CELAM, el arzobispo colombiano Alfonso López Trujillo) de suprimir la teología de la liberación, intento al que se oponían los obispos latinoamericanos defensores de Medellín. Pero dicho relato pasó por alto la otra, y más importante, historia de Puebla: el reconocimiento de que la opción por los pobres implicaba una opción por sus formas distintivas de cultura popular y religiosidad.

Bergoglio consideró Puebla como un gran avance. A partir de ese momento sería posible mirar a América Latina a través de su propia tradición cultural, mantenida sobre todo en los recursos espirituales y religiosos del pueblo fiel, y no tanto a través de los lentes de unas ideologías importadas y elitistas. Bergoglio creía que América Latina podría liberarse a sí misma de aquellas ideologías, así como del imperialismo del dinero, pues ambas cosas frenaban al continente y destruían «la originalidad cristiana del encuentro con Jesucristo, que tantos en nuestro pueblo viven todavía con la sencillez de su fe».[25]

Así que la historia de Puebla es, en parte, la del surgimiento de la escuela argentina de la teología posterior a Medellín. Los profundos párrafos del documento de Puebla sobre la evangelización de la cultura y la religiosidad popular fueron redactados por el pionero de la «teología del pueblo», el padre Lucio Gera, así como por un teólogo chileno adscrito a la misma línea de pensamiento, el padre Joaquín Allende. En Puebla, tomaron la encíclica de Pablo VI *Evangelii Nuntiandi* —la misma influenciada también por Gera— y la aplicaron a América Latina, citándola 97 veces en el documento de conclusiones.

Otra aportación clave en la redacción del documento de Puebla vino de Alberto Methol Ferré, pensador uruguayo que formaba parte del personal del CELAM y que ejercería gran influencia en las ideas de Bergoglio sobre el destino histórico de la Iglesia latinoamericana. Bergoglio había conocido a Methol en 1978, durante un almuerzo con el rector de la USAL, Francisco Piñón. Aquellos teólogos e intelectuales del Río de la Plata —incluido quien en la actualidad es el director de la Comisión Pontificia para América Latina en Roma, el uruguayo Guzmán Carriquiry— formaron un grupo puntual llamado Juan Diego de Guadalupe, que se reunió periódicamente en la ciudad del mismo nombre en preparación para la asamblea de Puebla. Carriquiry recuerda que Bergoglio «venía, desaparecía» de aquellas reuniones, pero las seguía con atención.

La teología de la liberación seguía equivaliendo, para mucha gente, a la versión marxista predominante en Centroamérica y los países andinos, que implicaba una «iglesia del pueblo» de comunidades de base que casaba mal con la Iglesia institucional. Pero existían como mínimo dos teologías de la liberación posteriores a Medellín, ambas comprometidas con la liberación y la opción por los pobres, aunque con raíces distintas: una de ellas se nutría del liberalismo post-Ilustración y del marxismo (que los teólogos latinoamericanos habían traído consigo tras estudiar en Europa), y la otra de tradiciones nacionales, populares y católicas. Gustavo Gutiérrez, el sacerdote peruano que en 1971 había escrito el texto fundacional de la teología de la liberación, revisaría su propio pensamiento bajo el influjo de esta última. En la década de 1990 llegó a aceptar que la «fuerza histórica» de los pobres se expresa mediante la cultura y la fe más que por la mera lucha política.

El teólogo alemán al que en 1980 Juan Pablo II nombró guardián de la doctrina de la Iglesia —es decir, el prefecto de la Congregación para la Doctrina de la Fe (CDF)— mostró un gran interés en la distinción entre las dos vías. A partir de 1982, el cardenal Joseph Ratzinger presidió encuentros de teólogos latinoamericanos en el Vaticano para determinar qué había de bueno y de verdadero en la teología de la liberación, y qué era incompatible con las concepciones cristianas básicas. La *Instrucción*, publicada en 1984 por la CDF, condenaba el uso de una hermenéutica marxista en algunas corrientes de la teología de la liberación, así como su intento de reducir el rico concepto bíblico de liberación a categorías políticas. Pero el mismo documento reconocía que existían distintas versiones de la teología de la liberación, y que solo algunas contenían aquellos errores. Dos años después, la CDF emitió una segunda *Instrucción* en la que alababa la teología de la liberación, en particular su afirmación de religiosidad popular y la opción por los pobres —la clave de la visión teológica latinoamericana que Juan Pablo II tanto valoraba—.[26] La primera instrucción apareció en los medios de comunicación como una condena general a la teología de la liberación, pero los mismos medios ignoraron la segunda porque contradecía ese relato. De este modo, se forjaron dos mitos: el de que la teología de la liberación era marxista, y el de que el Vaticano condenaba la teología de la liberación. Pero la «teología del pueblo» argentina desmontaba ambos.

Entre aquellas dos *Instrucciones*, en septiembre de 1985 Bergoglio organizó en el Colegio Máximo una gran conferencia en la que participaron 120 teólogos de 23 países sobre el tema de «la evangelización de la cultura y la inculturación del Evangelio», en conmemoración del cuarto centenario de la llegada de los jesuitas a Argentina. Su discurso de inauguración fue puro Puebla: en él identificó la fe y la cultura como «lugares privilegiados en los que se manifiesta la sabiduría divina». El primero era el Evangelio, que revelaba el plan redentor de Dios a través de Su imagen visible, Jesucristo; el segundo eran «las diferentes culturas, fruto de la sabiduría de los pueblos» que reflejaban «la sabiduría creadora y perfeccionadora de Dios». Al final de su discurso, rendía «homenaje filial» al padre Arrupe, «que en el sínodo de evangelización de 1974 pronunciara la, en aquel momento, novedosa palabra de enculturación».[27]

La conferencia la inauguró el obispo argentino Antonio Quarracino, que llegaba al final de su mandato como presidente del CELAM. Quarracino, que conocía y admiraba a Bergoglio desde que se habían conocido a mediados de 1970, no tardaría en ser nombrado arzobispo de La Plata y, en 1990, de Buenos Aires. Una vez en ese puesto, intentaría que nombraran a Bergoglio su obispo auxiliar.

Dado que ya no volvería a ser tan visible a una distancia tan corta por tantas personas a la vez, los recuerdos que conservan los estudiantes jesuitas del Jorge Bergoglio que se acercaba a los cincuenta años resultan de especial valor. Incluso aquellos que posteriormente criticaron aspectos de la era Bergoglio coinciden en que era una figura paterna exigente pero afectuosa, un profesor brillante, un maestro espiritual y un líder cautivador. Rezaba dos o tres horas al día, llevaba un colegio con más de doscientos alumnos internos y otros centenares externos, además de una parroquia enorme. Impartía clases sobre teología pastoral, dirigía retiros, organizaba conferencias, recaudaba dinero para el colegio y era mentor y director espiritual de decenas de jesuitas. Aun así, los estudiantes recuerdan que siempre estaba por ellos. «Salía de dar dirección espiritual y se iba a hablar por teléfono con algún obispo, y de ahí a lavar ropa a la lavandería, antes de meterse en la cocina, y después en la pocilga, y después volvía a clase —recuerda Cervera—. Se implicaba con todos nosotros, en cada detalle.»

El estilo de liderazgo de Bergoglio, su implicación personal, se extendía a la cocina, de la cual se hacía cargo los domingos, cuando el personal libraba. Su madre le había enseñado bien; era buen cocinero (según su hermana María Elena, su plato estrella eran los calamares rellenos). Un amigo de la época recuerda haber organizado un encuentro con treinta alumnos de teología en el Máximo y que, cuando ya faltaba poco para su llegada, descubrió que no tenía nada que ofrecerles de comer. Bergoglio no se inmutó: «Andá al centro de San Miguel y comprá cuatro pollos al espiedo, cuatro panes de manteca y cuatro cremas de leche», le dijo. Cuando regresó, descubrió que Bergoglio había organizado un equipo de estudiantes, que estaban pelando e hirviendo patatas. Bergoglio le dijo: «Esta es una receta de mi madre; partís el pan de manteca en dos. Con una mitad, embadurnás todo el pollo ya cocido. La otra mitad se la metés adentro. Lo mismo con los cuatro pollos, y los metés al horno bien caliente. Después de unos diez minutos los sacás, les agregás la crema y apagás el horno. Se sirve con las papas, y listo. Todos contentos.» Y así fue.[28]

Bergoglio esperaba mucho, y daba mucho. Siempre estaba ahí, por delante, «primereando». Buscaba la excelencia, y citaba en latín la máxima de san Ignacio: *Age quod agis,* que puede traducirse libremente así: «Haz lo que tengas que hacer y no dejes que otras cosas, aunque sean buenas, te distraigan, porque así es como el demonio se asegura de que te equivoques.» Era sensible a las necesidades de los distintos alumnos. A Tomás Bradley, novicio que había estudiado ingeniería agrónoma y le encantaba estar al aire libre, le encomendó una misión de verano que consistía en ocuparse de la recepción del colegio, para animarlo a encontrar a Dios en el aburrimiento y la calma de aquel trabajo tras el mostrador.[29] En consonancia con hábitos austeros que lo acompañarían toda la vida, Bergoglio no se tomaba vacaciones. Cuando el calor de enero apretaba, enviaba a los alumnos durante dos semanas a las sierras de Córdoba, donde primero los novicios y luego los docentes se alojaban en una vieja cabaña de la escuela.

Era duro y exigente, pero nunca brusco. Cuando Nardín regresó de un campamento de verano con los niños para iniciar el retiro espiritual a que se sometía todos los años, «vio que estaba agotado y me dijo: "Dormí una siesta hasta las cinco, y en vez de cuatro oraciones hacé tres." Tenía esas atenciones personales». Cervera recuerda que a menudo, después de haber estado trabajando duro, «aparecía con una botella de vino y algo de comer, y comíamos juntos en un ambiente familiar».

Bergoglio quería que se desarrollaran como jesuitas maduros, atentos a las tentaciones del ego. Ortiz recuerda haber intentado desesperadamente impresionarlo a lo largo de varias semanas, reuniendo a multitudes cada vez mayores de niños para que asistieran a la misa dominical que el rector celebraba en San José. Pero, semana tras semana, este le decía: «pocos, muy pocos». Cuando, la tercera semana, Ortiz llegó henchido de orgullo en compañía de cincuenta pequeños bulliciosos, y Bergoglio volvió a decirle que eran «muy pocos», el joven jesuita no pudo más y le dijo que se fuera al infierno. Bergoglio lo llevó a un lateral de la iglesia y le dio un abrazo. «Lo mejor que tenés no es tu cara ni lo que hiciste en el trabajo —le dijo Bergoglio a Ortiz—. Lo mejor son los chicos que trajiste. Tu vanidad te impedía verlo. Ahora, por fin te diste cuenta.»

Ortiz aprendió a ser directo con Bergoglio, a expresar sus sentimientos y frustraciones, aunque algunos a quienes el rector ponía a prueba se resentían de ello. «Te trataba como un padre, y como a un padre podías ir a descargarte», afirma Ortiz, y Rossi recuerda:

Quizá cada uno tiene algo de eso, pero lo que es jugarle al buenito, los rigorismos ridículos, los fustiga duramente. En cambio la fragilidad humana la trata con una delicadeza que yo creo no haber visto en nadie. Yo creo que si uno tuviese que buscar una ecuación para Bergoglio sería, a más fragilidad, mejor funciona Bergoglio. Y le digo también a la gente, si tocás fondo, aunque seas su peor enemigo, no dudes en buscarlo. Tendrá tiempo, una casa, comida, trabajo y una moto, por decir, no solo tiempo. En la fragilidad, él saca lo mejor de sí. Quienes más han disfrutado de su pontificado no son los pobres en sí, sino los pobres concretos a los que él ha atendido. Porque ellos saben quién es. Uno es la misericordia en el perdón y el otro la caridad exquisita. Una caridad en la medida del Evangelio que es el derroche en el buen sentido, la desmesura.

A sus alumnos, el planteamiento de Bergoglio les resultaba profundamente atractivo. Ofrecía un modelo de lo que significaba ser un jesuita del siglo XX, basado en lo que veía en la primitiva Compañía de Jesús. Admiraban su honda comprensión de la espiritualidad ignaciana, que sabía comunicar muy bien gracias a su don innato para la enseñanza. Era una persona leída, y poseía un intelecto penetrante y sistemático, pero actuaba tanto a partir de la intuición como de la mente. Si Rossi lo describe como «una mezcla de asceta del desierto y gestor brillante», Nardín dice de él que era «muy vivo, muy hábil, con mucha calle... poco común». Su autoridad era innata. «Es un líder nato —afirma Gómez—. Su pensamiento es de líder.» Y ofrece un ejemplo: la capacidad de Bergoglio para adaptar las características requeridas para llevar a cabo una tarea a las cualidades de las personas que tenía a su disposición, determinando cuáles de sus características y temperamentos podían aportar algo. «Es lo que las personas de gobierno saben hacer», dice Gómez, que había sido provincial de Argentina.

A pesar de su ternura, había en Bergoglio un aspecto inescrutable, desconcertante. Su manera de conocer era de tipo intuitivo, sapiencial; poseía esa capacidad para interpretar el corazón de las personas que los monjes denominan «cardiognosis». «Te cala, te conoce... —recuerda Rossi—. Te pesca por lo que no decís, no por lo que decís.» Rossi, añade de Bergoglio, es «un discernidor intuitivo [...] Te desconcierta... Te puede decidir en dos minutos algo que antes no lo había pensado. No es infalible, pero es probable que lo emboque». Le gustaba salirse de las categorías: Gómez dice que Bergoglio buscaba bien un término medio entre extremos, bien una posición más allá de las dicotomías, y hacía hincapié en las certezas que garantizaran una pertenencia compartida: lo recuerda en una ocasión, tras una conferencia en el Máximo: estaba contento porque había desafiado por igual a la «izquierda» y a la «derecha». Otros aseguran que poseía una vena irreverente y traviesa, limitada siempre por los límites de la tradición eclesiástica, que no traspasaba nunca.

El cuidado de Bergoglio por los jesuitas en formación, así como la devoción que estos, por su parte, le profesaban, le otorgaba un gran ascendiente sobre ellos. Fue un estilo de liderazgo carismático, personalista, al que los hispanos (y muy especialmente los argentinos) responden de manera natural y que, por el contrario, los anglosajones pueden considerar asfixiante y demagógico. Nardín pone un ejemplo del liderazgo carismáticamente autoritario de Bergoglio: «En una ocasión mandó a llamar a unos alumnos que fumaban (Bergoglio, con su mala salud pulmonar, no lo había hecho nunca) y les pidió que lo dejaran en solidaridad con los trabajadores de San Miguel que no podían permitirse comprar cigarrillos. Y les dijo: "Si alguno no va a poder, lo charlamos." No fue una invitación, fue "nosotros como comunidad vamos a hacer eso". Y lo hicimos.»

Bergoglio era decidido. «Discernía mucho, consultaba y buscaba el consenso en algunas cosas —recuerda Cervera—. Pero cuando tenía que decidir, decidía por su cuenta.» Por lo general veía lo que debía hacerse, pero, en las décadas de 1970 y 1980, con frecuencia no dedicaba tiempo a permitir que los demás también llegaran a verlo del mismo modo. En tanto que provincial y rector, «no siempre me he comportado haciendo las necesarias consultas», comentó Francisco al padre Spadaro, volviendo la vista atrás, y añadió: «Mi forma autoritaria y rápida de tomar decisiones me ha llevado a tener problemas serios.»

El éxito espectacular de Bergoglio como provincial y rector resultó ser también su debilidad. A medida que avanzaba rápidamente, transformando tanto a los jesuitas como las vidas de las gentes de San Miguel, iba creando un problema: el mero ritmo y el alcance de las transformaciones provocaría resentimiento; en unos pocos años había creado una institución floreciente, profundamente imbricada en la cultura argentina y en la vida de los pobres, basada en una visión radical y cautivadora de las primitivas misiones jesuitas, así como un liderazgo carismático e inspirador. El aumento rápido de vocaciones, la transformación de los barrios y la seriedad y dedicación de los jóvenes jesuitas hablaban por sí solos. La dificultad estribaba en que se suponía que los provinciales y los rectores debían ocupar sus cargos durante un solo mandato, tras el cual daban un paso atrás y se fundían con el paisaje. Sin embargo, Bergoglio, como rector, se había convertido en un «provincial sin cartera», su autoridad personal excedía la que oficialmente le correspondía, y fue alguien cuyo mandato, en la práctica, no terminó con el nombramiento de su sucesor. Incluso cuando Bergoglio había dejado de ser provincial, Swinnen y López Rosas se veían a sí mismos como ejecutores de sus planes; y, en diversos aspectos, ejercía una mayor influencia hacia el final de ese periodo como rector de la que había tenido como provincial.

Los jesuitas argentinos de hoy comentan, con ironía, que la elección de Bergoglio como Papa era una solución obvia que en aquel momento a nadie se le ocurrió.

Cuando el padre Ignacio Pérez del Viso regresó de realizar estudios en Europa en 1978, se encontró con que casi todo el mundo en la provincia argentina estaba contento con el gobierno de Bergoglio como provincial, y con su posterior gestión como rector del Máximo. La gran excepción la constituía, precisamente, la comunidad del propio Pérez del Viso, situada en el acomodado norte de la ciudad de Buenos Aires, en el barrio de Belgrano, donde los jesuitas trabajaban en el instituto de ciencias sociales de la provincia, el Centro de Investigación y Acción Social (CIAS), que en la década de 1980 se convirtió en la sede de una campaña contra Bergoglio.

El CIAS argentino se había fundado en 1960 después de que el general solicitara a todas las provincias jesuitas la creación de centros de estudios que se valieran de las emergentes ciencias sociales para identificar y analizar injusticias estructurales. En su carta de 1968, los provinciales jesuitas de América Latina definían la misión del CIAS como la de «ayudar a concienciar, estimular y orientar las mentalidades y las acciones, con investigaciones, publicaciones, docencia y asesoría».[30]

Durante las convulsas décadas de 1960 y 1970, muchos de los jesuitas del CIAS argentino se encontraban entre los primeros firmantes del Movimiento de Sacerdotes para el Tercer Mundo en torno al padre Mugica. Al menos un empleado del Centro de Investigación y Acción Social estuvo implicado en la guerrilla y fue posteriormente asesinado por las fuerzas armadas. Muchos de los jesuitas del CIAS se sentían próximos a Ricardo O'Farrell, el provincial anterior a Bergoglio, y apoyaron a Yorio y a Jalics en el conflicto por la comunidad de Bajo Flores. Algunos de ellos —en particular el padre Fernando Storni, uno de los fundadores del CIAS, que llegó a ser asesor religioso del presidente Alfonsín—, no habían olvidado la cesión de la Universidad del Salvador, algo que veían como una traición. Otros, como el padre Eduardo Fabbri, defendían una visión muy avanzada de la sexualidad y el matrimonio, lo que preocupaba a Bergoglio.

Este tipo de desacuerdos son normales, y más entre jesuitas formados y elocuentes, y en sí mismos no dan razón de la animosidad de la comunidad del CIAS hacia Bergoglio. Tampoco basta con mirarla a través de un prisma político. En su libro *Iglesia y dictadura*, de 1986, Emilio Mignone, por ejemplo, dice del CIAS que «la prevalencia del padre Jorge Bergoglio y su grupo dentro de la Compañía de Jesús fue disminuyendo la vitalidad del centro». Esa visión era reflejo de la asumida por la izquierda de la época: que Bergoglio había, de algún modo, amordazado el CIAS, que de no haber sido así habría podido, tal vez, tenido un papel profético durante la guerra sucia. Ese era, por ejemplo, el planteamiento del padre Michael Campbell-Johnston, jesuita inglés liberacionista que servía de enlace entre los diversos institutos CIAS de América Latina por designación del general. A Campbell-Johnston le escandalizó que «nuestro instituto de Buenos Aires fuera capaz de funcionar libremente, porque nunca criticaba ni se oponía al Gobierno», y en 1977 cuestionó con dureza a Bergoglio por no ir «a una con nuestros otros institutos sociales del continente». Al jesuita inglés no le resultaba convincente la explicación de Bergoglio de que Argentina no era Perú ni El Salvador.[31]

Sin embargo, no era esa la visión del CIAS que tenían los jesuitas argentinos, según Pérez del Viso. En primer lugar, estos aceptaban que los provinciales tenían el deber de censurar las publicaciones ignacianas, y, en segundo lugar, que todos los medios de comunicación estaban amordazados por la dictadura. Sabían que el boletín del CIAS nunca habría conseguido un papel destacado criticando las violaciones de los derechos humanos. En diciembre de 1976, tras publicar un artículo que censuraba la tortura, la Junta estuvo a punto de clausurar la publicación, y solo cedió después de que su autor, el padre Vicente Pellegrini, abandonara el país. Cuando el periódico porteño *La Opinión* reprodujo el artículo del CIAS, el Gobierno ordenó su cierre. Solo el *Buenos Aires Herald,* diario en lengua inglesa, contaba con cierta libertad de expresión durante la dictadura y publicaba audazmente una lista diaria de desaparecidos, aunque tanto su director como el jefe de redacción estaban exiliados.[32]

Existía una acusación específica contra el «régimen» de Bergoglio-Swinnen: que se preocupaba demasiado por alimentar a los pobres, y demasiado poco por preguntarse por qué lo eran. De acuerdo con ese planteamiento, la visión de Bergoglio era «sacramentalista, acrítica y asistencialista», según se lo expresaría posteriormente el jesuita Juan Luis Moyano a Horacio Verbitsky; atacar los síntomas de la pobreza, no sus causas; ayudar a los pobres, pero no enfrentarse políticamente a lo que los empobrecían. Pero la mayoría de jesuitas del CIAS no eran partidarios de la teología de la liberación, y las críticas al CIAS no provenían solo de la izquierda.

Las tensiones entre Bergoglio y los jesuitas del CIAS eran más profundas y más viscerales: a estos les dolía lo que consideraban un intento de Bergoglio de apropiarse e imponer una idea particular de san Ignacio y de la identidad jesuítica. Percibían —y no se equivocaban— que Bergoglio había sustituido su propio modelo «progresista» de renovación jesuítica por otro que, según ellos —y ahí se veían constreñidos por sus prejuicios— suponía un retroceso. En palabras de José María Poirier, editor de *Criterio*, «fue criticado por algunos por presentar de una manera muy personal el legado de san Ignacio y no faltaron quienes lo acusaron de tergiversarlo».[33] Se diría que Bergoglio había salido de la nada, que era un provincial juvenil de un entorno de clase media-baja, y que ni siquiera estaba doctorado en teología... y en cambio lo estaba poniendo todo patas arriba. A los jesuitas del CIAS, en su mayoría de cierta edad, académicos y de clase alta, les dolía todo aquello, en gran medida por su éxito al lograr numerosas vocaciones nuevas, con la consiguiente amenaza de que pudiera remodelar de arriba abajo el futuro de la provincia.

Los jesuitas recuerdan una rivalidad tribal que se daba simultáneamente en el Colegio Máximo y en el CIAS, tras la que se desarrollaban dos narrativas contradictorias sobre lo que significaba ser hijo de san Ignacio. Para los jesuitas jóvenes del Colegio Máximo, el CIAS era integrado por izquierdistas bebedores de whisky, socialistas de sillón que predicaban sobre la pobreza pero evitaban el contacto con los pobres («todo para el pueblo, pero sin el pueblo»), según el eslogan paródico de Bergoglio. Antes de dejar de ser provincial, Bergoglio se dirigió por escrito al CIAS y citó el mensaje de 1977 del padre Arrupe en el que este se refería a la importancia del contacto con la realidad y las experiencias vitales de los pobres. «Si eso no ocurre corremos el riesgo de ser ideólogos abstractos o fundamentalistas, lo que no es sano», había escrito Arrupe.[34]

En cambio, visto desde el CIAS, el Máximo de Bergoglio parecía un reformatorio anticuado para sacerdotes de parroquia que desprendía un tufo de antiintelectualismo en línea con uno de los eslóganes peronistas: «Alpargatas, sí; libros, no.» Llama la atención la frecuencia con que la crítica a Bergoglio se ha planteado en términos de progreso-involución, propios de la Ilustración. Consideremos, por ejemplo, la descripción horrorizada que del Colegio Máximo en tiempos de Bergoglio hace un exdirector del CIAS de Buenos Aires y posteriormente provincial:

El régimen fue muy cerrado. No se puede creer, él inventó para los jesuitas de Argentina la religiosidad popular.

A todos los llevó a los barrios, logró que el Máximo fuese una parroquia, hasta el momento teníamos otra. Lo nombraron rector del Máximo, académico y párroco. Creó una cantidad de capillas. Pero el estilo de religiosidad popular lo creó, lo fomentó él. Los estudiantes iban a la capilla a la noche a hacer una visita... ¡Y tocaban las imágenes! Fue algo de los pobres, de la gente del pueblo, algo que la Compañía de Jesús universal no hace. Eso de ir tocando las imágenes es una cosa... ¡Qué es esto! Los chicos grandotes, rezando el rosario en común en el parque. Yo no estoy en contra de eso, pero tampoco a favor. Eso es atípico, no es nuestro. Pero se puso como norma en esa época.

Un jesuita estadounidense afincado en Perú, cuya visión de Bergoglio se basaba en la opinión de jesuitas de izquierdas del CIAS como Juan Luis Moyano (que también había pasado muchos años en Perú) y Oswaldo Yorio, afirmaba en su historia de los jesuitas en América Latina que aquel había llevado a la provincia argentina a abrazar «valores y estilos de vida anteriores al Concilio Vaticano II». Como consecuencia de ello, según el padre Jeffrey Klaiber, SJ, «la provincia argentina no avanzaba al unísono con el resto de la Compañía de Jesús en América Latina». Sin embargo, «no todos los jesuitas compartían las opiniones conservadoras de Bergoglio, proseguía, y mencionaba al CIAS. El comentario es revelador de la fama que en ciertos círculos jesuíticos permaneció fijada mucho después de que Bergoglio hubiera sido nombrado obispo: tanto la provincia como el provincial eran considerados irremediablemente conservadores, y solo el CIAS se significaba, valientemente, en nombre de las fuerzas ilustradas y progresistas.[35]

Era cierto: la provincia argentina no marcaba el mismo paso que el resto de los jesuitas, ni en el mundo ni en América Latina. «Éramos muy conscientes de que en otras partes se vivía de otra manera, más politizado», recuerda Yáñez. Bergoglio enviaba a jesuitas a misiones en el extranjero —entre ellos, por ejemplo, a Renzo De Luca, a quien envió a Japón, y que realizó una visita a Nagasaki—, pero quienes recibían formación permanecían en

San Miguel, y las mentes más privilegiadas se quedaban a enseñar allí, y casi nunca lo hacían en el extranjero. Los júniores argentinos, por ejemplo, no participaron en el encuentro de jesuitas del Cono Sur organizado por el padre Fernando Montes, el provincial chileno que había estudiado con Bergoglio en el Máximo en la década de 1960. La visión de Montes sobre la provincia argentina de la época era muy característica. Como rector, dice el chileno, «Bergoglio privilegió la religiosidad popular y el trabajo de los jóvenes en parroquias populares con descuido, a mi modo de ver, en los centros de investigación, del CIAS en particular... Era un tipo de religiosidad popular muy cercana al pueblo, a los pobres, muy de América Latina, pero más peronista que moderna».

Fuese o no fuese una finalidad expresa, el efecto del provincialato de Bergoglio-Swinnen fue aislar a los argentinos de las turbulencias causadas por el Decreto Cuarto de la CG32, que en América Latina se usó para justificar el apoyo de los jesuitas a los movimientos sociales y la denuncia a las dictaduras que defendían los intereses de los ricos. En Chile, por ejemplo, donde los socialistas de Salvador Allende habían sido desalojados del poder por una dictadura militar conservadora, los jesuitas seguían el ejemplo de la Vicaría de la Solidaridad de los obispos chilenos, y se oponían al régimen del general Augusto Pinochet, en defensa de los derechos humanos —postura que pudieron adoptar, en parte, a causa de la separación constitucional entre Iglesia y Estado—. En Centroamérica, donde los regímenes militares defendían los intereses de los terratenientes, el Decreto Cuarto implicaba que los jesuitas simpatizaban con las luchas revolucionarias que perseguían derrocarlos, y que en algunos casos perdieran la vida en el intento. Pero Argentina, en la década de 1970, no era El Salvador ni Chile; solo un observador dogmático defendería que «el pueblo» estaba representado por la guerrilla, o que la dictadura militar, a pesar de los horrores que cometió, no contaba al principio con un amplio apoyo popular.

Aun así, a mediados de la década de 1980, tras la caída de la Junta Militar y las revelaciones del Informe Sábato, era fácil olvidar aquel contexto. La visión simple, promovida por grupos de defensa de los derechos humanos en Argentina y por los medios de comunicación internacionales, era que la Junta Militar había asesinado a miles de personas inocentes y que la Iglesia había estado de su parte y había permitido que aquello ocurriera, cuando no lo había alentado. Si existía una profunda sensación de vergüenza entre los católicos sobre el papel de la Iglesia argentina durante la dictadura, para los jesuitas de América Latina y de otros lugares, que se veían a sí mismos como la vanguardia profética en cuanto a justicia social y defensa de los derechos humanos, la idea de que sus hermanos argentinos fueran «cómplices» de un régimen genocida resultaba particularmente mortificante. Por eso, las acusaciones específicas contra Bergoglio en el libro de Mignone, *Iglesia y dictadura,* causaban tanto daño. «Las afirmaciones de Mignone sobre Bergoglio tuvieron un gran impacto», coincide Pérez del Viso.

El libro resultaba devastador porque la credibilidad personal y la integridad de Mignone estaban fuera de toda duda. Se trataba de un activista en favor de los derechos humanos profundamente católico y con fuertes lazos internacionales, sobre todo en Estados Unidos, y cuya hija había desaparecido mientras trabajaba como catequista en una villa miseria. Aun así, el *J'accuse* de Mignone, dirigido a la Iglesia en general y a ciertos individuos en particular por no haberse manifestado contra las atrocidades perpetradas por los militares, da por sentado que, de haberlo hecho la Iglesia, las torturas y los secuestros podrían haberse impedido. Se trataba de un relato simple y atractivo que apelaba al momento en que estaba escrito. Pero el libro, en sí mismo, estaba minado por su propia ferocidad y crudeza. El planteamiento de Mignone era más el de un fiscal en un tribunal que el de un historiador; mezclaba medias verdades con hechos, y dividía de manera simplista el mundo en cómplices y héroes. Como consecuencia de ello, su libro alcanzó gran difusión, pero no consiguió suscitar el debate más amplio sobre los vínculos entre Iglesia y Estado que él quería que se diera.[36]

En cualquier caso, sí fue eficaz a la hora de ampliar el oprobio que en su momento se orientó hacia la Iglesia argentina en general y hacia Bergoglio en particular, y ayuda a explicar por qué las críticas del CIAS se aceptaron sin cuestionamientos en Roma y en toda América Latina. La «diferencia» de Argentina era un problema para los jesuitas, y sobre todo para el asistente regional del general para América Latina, un jesuita nacido en España que en la década de 1970 había sido provincial de Perú, el padre José Luis Fernández Castañeda. Los prejuicios de los consejeros de Kolvenbach se hicieron obvios cuando en la década de 1980 visitaron el Colegio Máximo. «Había una dificultad externa en entender el modelo argentino —recuerda Velasco—. Estos tipos son de derecha, por lo que esperaban misa en latín, de espaldas, pero no era así.»

La visión de Roma del régimen de Bergoglio-Swinnen había sido configurada por las quejas constantes de los jesuitas del CIAS —el padre Fabbri, por ejemplo, escribía a menudo a Roma— en el sentido de que el régimen del Máximo era «no-jesuítico», y de que Swinnen era el títere de Bergoglio. En marzo de 1983, Swinnen intentó el traslado de la comunidad del CIAS a la casa que los jesuitas poseían en el centro de Buenos Aires, cerca del Congreso, para que ejercieran mayor presión sobre los políticos, pero los jesuitas del CIAS replicaron que no habían sido consultados y se quejaron a Roma. El recién nombrado general, siguiendo los consejos de Fernández Castañeda, apoyó al CIAS en contra del criterio del provincial. Fue un anticipo de lo que vendría después.

A medida que el periodo de Swinnen como provincial se acercaba a su fin, Kolvenbach decidió intervenir en la provincia argentina para imponer una nueva dirección. Envió a un consejero a supervisar el proceso consultivo que culminaba con la elección de la «terna», la lista de tres nombres con los tres posibles provinciales. Cuando la terna de los consejeros llegó a Kolvenbach, este rechazó los tres nombres. Acto seguido convocó en Roma a Swinnen y al padre Víctor Zorzín, el jesuita que en ese momento presidía la Conferencia Argentina de Religiosos. El nombre de Zorzín no figuraba en la terna, pero los jesuitas del CIAS lo habían hecho llegar a Roma. Cuando ya en Borgo Santo Spirito, Kolvenbach se entrevistó con ellos por separado. Le dijo a Swinnen que Zorzín sería el nuevo provincial. «No se trató de ningún otro tema en especial durante nuestra visita —recuerda Swinnen—. Los dos regresamos juntos. Dos días después de llegar a Buenos Aires, asumió su cargo el padre Zorzín.»

Zorzín, que había sido *socius*, o asistente, del provincial anterior a Bergoglio —el padre O'Farrell—, nombró ahora como *socius* suyo al padre Ignacio García-Mata, director del CIAS hasta que lo destituyó Swinnen y uno de los críticos más acérrimos de Bergoglio. Roma estaba imponiendo el statu quo anterior.

«Es una barbaridad lo que voy a decir —comenta el padre Velasco, hasta hace poco rector de la Universidad Católica de Córdoba, gestionada por jesuitas—, pero se puede leer como peronistas contra antiperonistas: los gorilas [antiperonistas furibundos] estaban en el CIAS, y el pueblo con Bergoglio.» El paralelismo resulta intrigante: cuando Perón fue desalojado del Gobierno en 1955, una élite progresista —mezcla de liberales, conservadores e izquierdistas— echó del poder, en nombre del progreso y la modernidad, a un líder carismático considerado un demagogo. Existe incluso un equivalente entre lo que ocurrió durante el mandato de Zorzín y los gobiernos militares de «gorilas» de finales de la década de 1950: una limpieza de todo lo que se asociaba con el régimen depuesto. «Fue un cambio rotundo —recuerda Nardín—, que por ser inmaduro tiene que destruir lo anterior para instalarse.» Otro coetáneo jesuita explica que la nueva línea pasaba por hacer lo contrario de lo que se hacía antes, y que la misión pastoral en los barrios que llevaba a cabo el Colegio Máximo se fue desmantelando.

Los mensajes desde arriba fueron casi «contra» todo lo que se venía viviendo y haciendo en el Máximo: no más disciplina, no más trabajo manual (libertad que se hizo libertinaje). Ese desorden de la comunidad se trasladó a la parroquia: se dejó de buscar a los niños, se perdió el horizonte apostólico, y comenzaron las salidas de algunos jesuitas en formación con catequistas, etc. Poco a poco se fue abandonando el apostolado, y en pocos años las iglesias quedaron reducidas a un mínimo, entre otras cosas porque hubo una política de «limpieza». Una vez que no había más jesuitas bergoglianos, echaron a los laicos que seguían fieles al proyecto de Bergoglio; fue muy doloroso. ¡Es más, escandaloso!

Esa triste escena evoca otro paralelismo más incómodo aún, de dos siglos atrás. En aquella época también existía un pujante apostolado jesuita enculturado entre los pobres de Argentina que propiciaba más dignidad en las vidas humanas y producía grandes frutos, pero cuya independencia ofendía, y que con el tiempo fue abolido a instancias del general, desde la lejana Roma.

A fin de ceder espacio al nuevo régimen provincial, Bergoglio acordó con Zorzín, en mayo de 1986, tomarse un año sabático en Alemania para preparar un doctorado sobre Romani Guardini. Antes pasó dos meses aprendiendo alemán en el Göethe Institut en la ciudad renana de Boppard, alojado en casa de una pareja ya algo mayor. De allí se trasladó a la facultad jesuita de Teología de Sankt Georgen, cercana a Fráncfort, que albergaba una excelente colección de obras de Guardini. Con los profesores de aquella institución planificó un tema para su tesis.

Guardini (1885-1968) fue una de las mentes católicas más creativas del siglo XX, sacerdote y filósofo alemán con influencia en el Concilio Vaticano II cuyo pensamiento profundo sobre la modernidad había fascinado a Bergoglio desde que, cuando era novicio, había leído *El Señor*. Guardini era una figura importantísima en la década de 1950 e influyó en figuras católicas americanas de la talla del monje poeta Thomas Merton y la escritora Flannery O'Connor, así como en los grandes teólogos germanófonos del siglo XX, como Hans Urs Balthasar, Karl Rahner y Walter Kasper. También lo citaban y lo admiraban el Papa Pablo VI (que intentó nombrarlo cardenal), el Papa Juan Pablo II, y sobre todo el cardenal Ratzinger, compatriota de Guardini y futuro Papa Benedicto XVI, que lo conocía personalmente. Guardini veía el drama de la edad moderna como la oscilación de un péndulo entre la heteronomía (situar la autoridad fuera de uno mismo, en otro ser humano o institución) y la autonomía (situar la autoridad en uno mismo), y proponía que la felicidad y la libertad verdaderas solo eran posibles en la «teonomía» —el reconocimiento de Dios como la autoridad de la vida humana, liberando a todo ser humano para que pudiera convertirse en una persona plena capaz de relacionarse desde el «yo-tú».

Existían, además, afinidades entre ellos: Guardini era hijo de emigrantes italianos, había estudiado química y se había mantenido fiel —a pesar de intensas presiones, especialmente de los nazis— a su «autoridad interna». A Bergoglio le interesaba específicamente un texto temprano de Guardini titulado *Der Gegensatz* (El contraste), una crítica a la dialéctica marxista y hegeliana que, según Bergoglio, podía ser útil para conceptualizar la dinámica del desacuerdo. La discusión de Guardini abrevaba en el trabajo de Johann Adam Möhler, un teólogo del siglo XIX que, desde la Universidad de Tubinga, defendía la tesis de que en la Iglesia los puntos de vista contrastados (*Gegensëtze*) son fructíferos y creativos, pero que pueden convertirse en contradicciones (*Widerspruch*) cuando se apartan de la unidad del todo y se desarrollan en oposición al cuerpo. Esa era precisamente la distinción mencionada por Yves Congar en su discusión sobre las reformas verdaderas y falsas en la Iglesia que tanto había influido en Bergoglio. Dicho de otro modo, su deseo de explorar el *Gegensatz* de Guardini estaba en línea con su interés subyacente en la reforma política y eclesiástica. A largo plazo le ayudó a dar forma a lo que, ya como cardenal, potenciaría como la «cultura del encuentro», y lo que, como Papa, buscaría en su reforma del sínodo de obispos.

Durante tres meses, Bergoglio vivió en la comunidad jesuita de la Universidad de Sankt Georgen, dedicado a las lecturas profundas y amplias a las que no había podido entregarse desde sus tiempos de estudiante. Durante los cuatro meses siguientes se aplicó con asiduidad a unas intensas sesiones de estudio que, posteriormente, darían sus frutos. Pero se sentía desconsolado. Para un hombre de acción, la idea de embarcarse en una investigación doctoral a los cincuenta años era, en cualquier caso, algo peregrina pero es que, más concretamente, Bergoglio era una persona de hondas raíces, muy conectado, y necesitaba de la comunidad. Solo y con añoranza de su país, paseaba por las tardes hasta el cementerio, desde donde divisaba el aeropuerto de Fráncfort, y despedía a los aviones que partían con destino a Argentina. Estaba lleno de *«nostos algos»*, el anhelo de encontrarse en su lugar —no solo en su hogar geográfico de Buenos Aires, sino en su lugar en tanto que líder jesuita y reformador—, y que había sido su vida durante los quince años anteriores. Se sentía profundamente desplazado, y en diciembre de ese mismo año regresaría a su casa.[37]

Una experiencia profunda de oración lo había animado a regresar. Había peregrinado a la ciudad bávara de Augsburgo donde, en la iglesia de San Pedro de Perlach, de los jesuitas, contempló una pintura barroca de principios del siglo XVIII conocida como Maria Knotenlöserin, objeto de una devoción local. La historia del cuadro tiene su origen en un matrimonio mal avenido que se encontraba al borde de la separación. El esposo, Wolfgang Langenmantel, había buscado la ayuda de un cura jesuita del lugar, el padre Jakob Rem, que rezó a la Virgen María para que «desatara todos los nudos» del hogar de los Langenmantel. La paz regresó a este y el matrimonio se salvó; y para dar las gracias por el milagro, su nieto encargó la pintura y la donó a la iglesia.

A primera vista, nada extraordinario. El cuadro muestra a la Virgen rodeada de ángeles y protegida por la luz del Espíritu Santo, de pie sobre una serpiente. Pero el centro del lienzo llama la atención: un ángel, a la izquierda de María, le alarga una cinta de seda llena de nudos que ella va desatando, antes de pasársela al ángel colocado a su derecha.

La oración del padre Rems a la Virgen estaba inspirada en una antigua fórmula de san Ireneo: «El nudo de la desobediencia de Eva fue desatado por la obediencia de María.» La obediencia era, precisamente, el nudo de Bergoglio. Es el voto fundamental de los jesuitas, en el que creía firmemente; era lo que hacía posibles la misión y la unidad. Sin embargo, lo que le habían dado a él no era una misión, sino una manera de alejarlo de Argentina, porque constituía un obstáculo. ¿Qué obediencia debía entonces?

El término «obediencia» proviene del latín *ob audire*, «el que escucha». El voto se refiere sobre todo a liberar el corazón del ego a fin de escuchar a Dios y someterse libremente a Su voluntad: la Virgen es el modelo perfecto de esa obediencia. ¿Cuál era la voluntad de Dios en ese momento para Bergoglio, en la mitad de su vida? Sabía que no era pasarse tres años sentado en una biblioteca, afinando notas a pie de página. Él era un dirigente, un reformador, un pastor, un misionero. Pero ¿cómo podía obedecer esa llamada y, a la vez, mostrar obediencia a sus superiores? En términos de Guardini, aquel era un conflicto entre la heteronomía —situar la autoridad última en la Compañía de Jesús—, y la teonomía: ver a Dios como su superior. El reto, como siempre, estaba en discernir qué había de ego —lo que en 1969 él mismo había denominado aquella parte rota y avariciosa que buscaba controlar y aferrarse a las cosas— y qué había de Dios, en cuya obediencia radicaba la verdadera libertad.

Durante aquellas horas pasadas en la iglesia de piedra desnuda, envuelto en el frío del invierno bávaro ya próximo, pasó, en sus oraciones, su nudo al ángel, que a su vez se lo entregó a la Virgen, y esta, dulcemente, lo desató y se lo dio al otro ángel, que lo llevó a Buenos Aires, hasta donde lo siguió Bergoglio.

Causaría tensiones, sí, pero debía regresar. Más allá de la llamada de ser jesuita existía otra llamada más profunda, aquella obediencia primordial. Dios, como siempre, se le adelantaba, le salía al paso, «primereando», como las flores de los almendros.

Se llevó consigo un cargamento de estampas de Maria Knotenlöserin. En la década de 1990, después de que una copia del cuadro —en castellano, María Desatanudos— se colgara en una iglesia de Buenos Aires, su popularidad llegó a ser inmensa, lo que llevó más tarde a Bergoglio a afirmar que nunca se había sentido tan en manos de Dios.

«Él creía que tenía que servir de otra manera, por más interés que hubiera tenido [en Guardini]», afirma el padre Gómez, que se encontraba en el colegio del Salvador cuando Bergoglio regresó repentinamente ese diciembre, cargado de fotocopias. El *so-*

cius, Ignacio García-Mata, había recibido una llamada en la que se informaba de su llegada. Sorprendido, el provincial, Víctor Zorzín, asignó a Bergoglio una habitación en el colegio del Salvador, la prestigiosa institución que ocupaba una cuadra entera en la avenida Callao, en el bullicioso corazón de Buenos Aires, donde él ya había impartido clases durante un curso al salir de sus dos años en La Inmaculada. Bergoglio enseñaría alguna materia mientras seguía con su investigación doctoral. Guillermo Ortiz, que cuando era novicio había intentado impresionar a Bergoglio con sus dotes para reclutar niños, se encontraba en aquel momento realizando su «regencia» en el colegio del Salvador. Descubrió que se alojaban en la misma planta y que compartía baño con su antiguo rector. «Estaba bien de ánimo, o disimulaba, pero yo sentía que lo estaban castigando por algo», recuerda.

Zorzín había devuelto la Curia provincial del Máximo a la ciudad. López Rosas, perteneciente al grupo de Fiorito y que tras haber sido maestro de novicios durante el mandato de Swinnen era ahora rector del Máximo, invitó a Bergoglio a impartir clases sobre teología pastoral los lunes. Bergoglio se instalaba en el Máximo la noche del domingo y cenaba con los alumnos, para quienes era un personaje imponente. Rafael Velasco, uno de los estudiantes de esa época, recuerda la «inmensa admiración» que sentían por Bergoglio. Sus dos libros con las recopilaciones de sus artículos se consideraban lecturas esenciales para los alumnos, que aguardaban con impaciencia aquellas visitas semanales.

Ese fue el periodo más fértil intelectualmente para Bergoglio. Como rector, había publicado un artículo por año en la revista que había contribuido a fundar en 1968, el *Boletín de Espiritualidad*; pero tras dejar el puesto en 1986, publicó una media de tres artículos por año durante los tres años siguientes. También, esporádicamente, lo hizo en *Stromata*, la revista de teología de los jesuitas. A *Meditaciones para religiosos* (1982), su primera recopilación de artículos y charlas, le siguieron *Reflexiones Espirituales* (1987), y *Reflexiones en Esperanza* (1992).

Nadie, en toda la provincia, tenía unas relaciones tan amplias y tan profundas como Bergoglio, y nadie lo igualaba ni remotamente en cuanto a autoridad. Su tercera recopilación de discursos y artículos, *Reflexiones en Esperanza*, que vio la luz en 1992, muestra que incluso a finales de la década de 1980 lo llamaban para realizar presentaciones en actos relevantes de la provincia; pronunció, por ejemplo, un largo y conmovedor discurso con motivo de la canonización de los mártires jesuitas de Paraguay en mayo de 1988.[38] Por más que oficialmente hubiera sido privado de toda posición de autoridad en la provincia, para la mayoría de los jesuitas argentinos seguía siendo su norte y guía.

El 11 de abril de 1987, a instancias del cardenal curial argentino Eduardo Pironio, la primera Jornada Mundial de la Juventud que se celebraba fuera de Roma tuvo como escenario Buenos Aires. El Papa Juan Pablo II, ataviado con un poncho, fue saludado por vociferantes multitudes y predicó reconciliación entre una tormenta de recriminaciones y acusaciones mutuas respecto de la guerra sucia. Bergoglio se reunió con el Papa por primera vez durante un encuentro organizado por el nuncio con cristianos de distintas procedencias. «Tuve un breve coloquio con el Santo Padre —recordaría en 2005— y me impresionó particularmente esta vez su mirada, que era la de un hombre muy bueno.»[39] Bergoglio fue uno de los centenares de sacerdotes que confesaron y dieron la Comunión en la avenida de Mayo: la ciudad no había visto nada igual desde los imborrables días del Congreso Eucarístico Internacional del que Bergoglio tanto había oído contar a su abuela Rosa.

Sin embargo, a finales de la década de 1980 Argentina estaba más dividida e inquieta que en 1934. Esa Pascua jóvenes oficiales del Ejército protagonizaron diversas rebeliones en protesta por el tratamiento que los tribunales de justicia daban a las fuerzas armadas, y dieciocho meses después un grupo armado encabezado por antiguos miembros del ERP atacó los cuarteles de un regimiento de Infantería en la localidad bonaerense de La Tablada, con el resultado de decenas de muertos. Era evidente, poco antes de las elecciones de mayo de 1989, que el presidente Alfonsín perdía rápidamente el control de la situación: la hiperinflación hacía inservibles los salarios, y las turbas asaltaban los supermercados. El candidato peronista de ese año, Carlos Menem, era hijo de inmigrantes sirios instalados en la empobrecida provincia de La Rioja. Lucía grandes patillas y se paseaba a caballo con la vaga promesa de mejorar las cosas. Tras la victoria de Menem en las elecciones de mayo de 1989, Alfonsín abandonó la presidencia de manera ignominiosa, meses antes de lo estipulado, con la esperanza de evitar un caos mayor.

La víspera de aquellas elecciones Bergoglio pronunció la conferencia inaugural del año académico 1989 en la Universidad del Salvador sobre la necesidad de una nueva «antropología de la política». Era el armazón de lo que habría sido, de haber terminado escribiéndola, su tesis doctoral: una exploración elaborada, si bien a veces impenetrable, del pensamiento de Guardini y san Ignacio. En la conferencia es posible encontrar la base de sus futuras alocuciones como cardenal durante los servicios de Tedeum en la catedral con motivo de la celebración del día nacional, el 25 de mayo, que emplearía para ayudar a construir una nueva cultura cívica.

La ponencia argumentaba que Argentina era un país muy politizado que, sin embargo, carecía de un relato sobre la finalidad de la política —mejorar las vidas de las personas y armonizar distintas visiones e intereses, usando el poder como un servicio para la construcción del bien común al tiempo que se evitaban las tentaciones tanto del utopismo como de la nostalgia—. Su lectura profunda de Guardini —sobre todo de sus obras *Contraste* y *El fin de los tiempos modernos*— había dado sus frutos: la conferencia buscaba reemplazar una dialéctica hegeliana de opuestos en colisión por lo que él denominaba «interacción mutua de realidades». Y terminó con una cita de *Los hermanos Karamazov*, de Fiódor Dostoievski: «El que no cree en Dios, no cree en el Pueblo de Dios. [...] Solo el pueblo y su futura fuerza espiritual convertirá a nuestros ateos, desligados de su propia tierra.»[40]

En la época en la que Bergoglio pronunció la conferencia habían surgido tensiones sobre el intento de Kolvenbach de separar a Bergoglio de la provincia. El problema presentaba dos caras: en primer lugar, Bergoglio seguía siendo un punto de referencia para toda la generación de jesuitas jóvenes; y en segundo lugar, la manera en que la nueva dirección se estaba imponiendo creaba resistencia entre ellos, lo que a su vez no hacía sino aumentar su devoción por Bergoglio —de un modo bastante parecido al del «gorilismo» (o fanatismo antiperonista)—, que había disparado el apoyo a Perón en la década de 1950. En la provincia, afirma Rafael Velasco, ocurría que «había un problema de identificación con un modelo o no, que tenía que ver con una persona, que era Bergoglio». Como la política argentina, reducida a la dicotomía peronistas/antiperonistas, la provincia de los jesuitas argentinos vivía paralizada por una disputa entre dos visiones, y una de ellas la encarnaba una persona.

El reto al que se enfrentaba Zorzín, el provincial, al aplicar las impopulares políticas de Kolvenbach, se manifestó con claridad poco después de que Bergoglio regresara de Alemania.

En septiembre de 1987 se programó una reunión de procuradores jesuitas en Roma. Los procuradores son escogidos por sus provincias con un mandato específico: informar sobre el estado de la provincia, reflexionar con los demás procuradores sobre el estado general de la Compañía, y decidir si se debe convocar una Congregación general. En una elección de procurador no hay comicios, ni siquiera candidatos que postulen (pues se consideraría bastante inadecuado): más bien lo elige la Congregación General, cuyos miembros, a su vez, resultan elegidos por el voto de al menos dos tercios de la provincia.

Para indignación de los jefes provinciales, Bergoglio fue elegido procurador en marzo. Los jesuitas del CIAS sospechaban que había vuelto de Alemania antes de lo previsto precisamente para estar disponible antes de la votación. Fuera cierto o no, la elección demostró que Bergoglio seguía gozando de la popularidad y la estima de la provincia, y apuntaba a la impopularidad de la intervención de Kolvenbach y de las políticas del nuevo provincial. La elección de Bergoglio como nuevo procurador «fue claramente una protesta contra Roma —dice Velasco—. Fue decirles, "ustedes pongan al que quieran, pero nosotros seguimos en la nuestra". Fue una señal clara». En tanto que procurador, a Bergoglio le encomendaron la redacción de un informe sobre el estado de la provincia que debía compartir con la Congregación de procuradores, algo que le proporcionaba una plataforma desde la que criticar a sus oponentes. También habría dispuesto, una vez en Roma, de tiempo con el general comentando el informe. Fue la mejor ocasión que tenían los jesuitas argentinos de intentar cambiar la dirección de su provincia. No tuvieron éxito.

La adopción súbita de modelos de formación foráneos (sobre todo textos y planteamientos de los jesuitas españoles) era una de las fuentes principales del descontento. «Se nos mete mucho el lenguaje del indigenismo, cuando acá prácticamente no hay indígenas —recuerda Nardín—. Ese no es nuestro drama. Nuestro drama es la inclusión de la inmigración del interior.» El «indigenismo» fue una nueva corriente marxista de la teología de la liberación aplicada ahora a los pueblos nativos. Bergoglio lo criticó en su charla de 1988 sobre los mártires jesuitas al referirse al «papel jugado por los marxismos indigenistas que reniegan de la importancia de la fe en el sentido trascendente de la cultura de los pueblos, y reducen la cultura a un campo de confrontación y lucha».[41]

En el enfoque español que ahora se imponía en el Máximo no había tiempo para la teología del pueblo ni para la religiosidad popular. Era foráneo, racionalista y submarxista, lo contrario de lo que representaba Puebla. El hecho de que los materiales no comprendieran la realidad argentina y resultaran paternalistas no hacía sino confirmar, para los jesuitas más jóvenes, las advertencias de Bergoglio sobre las ideologías abstractas.

A pesar de la nueva ortodoxia, en el Gobierno provincial había también una falta de propósito y de claridad. Fueran cuales fuesen las limitaciones del bergogliato, los jesuitas argentinos convienen en que al menos tenía una visión en torno a la cual ellos podían actuar, mientras que lo que vino después resultaba incoherente, inspiraba poco y se aplicaba sin empeño. «Teníamos un mito de provincia —recuerda Velasco—. Se realizó un proyecto, y después no lo hubo... Uno necesita una identidad, un proyecto, saber a dónde se va.»

En septiembre de 1988, el general, el padre Kolvenbach, visitó Argentina para asistir al encuentro de una semana con los provinciales latinoamericanos en San Miguel, a cuyo término celebró sus cuarenta años como jesuita almorzando con la comunidad del CIAS. Aquella tarde concelebró una misa en la iglesia del Salvador, contigua al Colegio, antes de regresar a Roma a la mañana siguiente. Resulta curioso que en ningún momento se viera con Bergoglio. Fuera lo que fuese lo que ocurrió entre Kolvenbach y él durante la reunión de procuradores un año antes, no había servido para acercarlos más.

Durante los dos años siguientes, entre 1988 y 1989, la provincia se fue polarizando cada vez más y se encerró en sí misma. A medida que las tensiones aumentaban en torno al nuevo sistema de formación y al abandono del apostolado, los líderes provinciales frustrados empezaron a ver disidencia en el descontento. Se culpaba con mayor insistencia a Bergoglio por avivar la situación, aunque él hacía y decía poco. Sus defensores afirman que el provincial quería convertirlo en el chivo expiatorio por la insatisfacción generalizada que se vivía en la provincia. Al parecer esa lectura era compartida por el jesuita del CIAS encargado de levantar acta en las reuniones de consultores de la época, que recuerda que «en todas ellas hablábamos de él. Existía una preocupación constante sobre qué íbamos a hacer con aquel hombre». Fue un periodo doloroso, una ruptura del tipo que a veces se da en las familias, incluso en las religiosas. El padre Juan Ochagavía, jesuita chileno y uno de los consejeros clave de Kolvenbach, recuerda que «hubo muchas sensibilidades heridas» en la provincia argentina de la época.

Finalmente, la expulsión de Bergoglio y de los considerados como sus devotos seguidores llegó a ser vista como la solución a aquellas tensiones. En abril de 1990, el rector del Máximo y antiguo colaborador de Bergoglio Ernesto López Rosas —presumiblemente cumpliendo órdenes— le dio la espalda repentinamente y lo apartó de su puesto de docente. A los alumnos de su popular clase de teología pastoral les dijeron que ya no seguiría impartiendo la materia. Se le pidió que devolviera la llave de su habitación en el Colegio. En adelante, no regresaría nunca a la institución que había sido su hogar prácticamente desde hacía veinticinco años.

Los que habían sido identificados como sus estrechos seguidores fueron enviados al extranjero. «Todos los jesuitas que en su momento tuvieron una fuerte vinculación con Bergoglio, que solían ser gente muy capaz, fueron enviados a Europa a cursar, si era posible, una licenciatura o doctorado», recuerda García-Mata, afín a Zorzín. Entre los «exiliados» se encontraba Miguel Yáñez, que actualmente imparte teología moral en la Universidad Gregoriana de Roma y es miembro de la comisión sobre abusos sexuales creada por el Papa Francisco.

El propio Bergoglio fue enviado a la residencia de los jesuitas en el centro de Córdoba. A quienes lo apoyaban les pidieron que no se pusieran en contacto con él. Al hacerle el vacío, los líderes provinciales esperaban unir la provincia, pero no ocurrió así. En la década de 1990, el número de nuevas vocaciones cayó en picado una vez más y no superó la decena. Además, en algunos años los abandonos superaron las dos cifras, como en la época de la crisis de principios de la década de 1970.[42] Las divisiones en la provincia se agudizaron durante el periodo de García-Mata como provincial (1991-1997), de las que Bergoglio, que fue nombrado obispo en 1992, ya no podía ser culpado. Una vez concluido el mandato de García-Mata, un nuevo provincial fue traído desde Colombia en una apuesta por curar las divisiones. Cuando al padre Álvaro Restrepo, SJ, se le preguntó años más tarde qué había fallado, respondió muy diplomáticamente y a la vez de manera certera que «era un problema de liderazgos. El argentino es muy afectivo, se entrega, necesita un líder, y en cierto momento nacieron liderazgos distintos».[43]

Bergoglio pasó dos años —entre junio de 1990 y mayo de 1992— en la habitación 5 de la Residencia Mayor jesuítica, en el corazón de la bella ciudad colonial de Córdoba, al pie de las montañas. Allí decía misa, confesaba, organizaba retiros, leía libros y escribía cartas —algunas de las cuales, como la que envió al salesiano Don Cayetano Bruno, eran largas secuencias de recuerdos—, además de redactar las numerosas meditaciones que, en 1992, se publicaron bajo el título de *Reflexiones en Esperanza*. Su labor cotidiana era la de confesor. Pasaba muchas horas escuchando el dolor y la vergüenza de profesores y alumnos universitarios, así como de la gente de los barrios que acudían al centro de la ciudad porque sus sacerdotes estaban demasiado ocupados diciendo misa los domingos como para oírlos en confesión. Hasta ese momento, Bergoglio no había dedicado tanto tiempo a ser canal de perdón y misericordia. La experiencia lo suavizaba, lo mantenía cerca del pueblo fiel y le servía para poner en perspectiva sus propios problemas.

Con todo, esos fueron tiempos duros, tiempos de purga, según le contó años después al padre Spadaro, «de gran crisis interior». Había entrado en un periodo de sufrimiento intenso, volviendo a las raíces desnudas de su ser. Como diría Carl Jung, su ego se estaba cocinando y debía esperar hasta que hubiera terminado de freírse. San Ignacio lo llama «desolación» y lo describe como la tristeza del abandono, cuando la presencia de Dios es apenas palpable, cuando el alma de uno se halla «toda perezosa, tibia, triste y como separada de su Criador y Señor», según expresa en los *Ejercicios Espirituales*. Durante un tiempo a Bergoglio le costaba dormir y comía poco. Se lo veía más nervioso y frágil, y se pasaba horas mirando por la ventana. «Creíamos que estaba enfermo», recuerda el padre Carlos Carranza. Preocupado, el médico que se ocupaba de los jesuitas le trajo una medalla de la Virgen de Guadalupe de la basílica de Ciudad de México. «Cuando se la di —recuerda Selva Tissera—, Bergoglio se emocionó al punto de que se le empañaron los ojos y se la colgó al cuello.»[44]

A las personas poderosas —líderes como Bergoglio— la desolación les enseña lo que en los *Ejercicios Espirituales* se describe como «vera noticia y cognoscimiento», que por nosotros mismos no podemos hacer nada, sino que «todo es don y gracia de Nuestro Señor». La desolación nos visita, dice san Ignacio, «porque en cosa ajena no pongamos nido».[45] Bergoglio conocía esas reglas mejor que nadie, pero entender el propósito espiritual de lo que estaba soportando no le servía en absoluto para librarse del dolor que le provocaba. No podía hacer nada más que mirar desde afuera cómo se desmantelaba la provincia que tanto amaba, cómo se dividía en facciones, cómo la generación siguiente de sus líderes —a los que él había alimentado y guiado— se dispersaba en todas direcciones. Fue una experiencia de impotencia que, como ninguna otra cosa que hubiera experimentado hasta entonces, lo acercó a la perspectiva de los más pobres.

Como ellos, lo único que podía hacer era tener paciencia, confiar en el Señor y tomarse los días como venían, dejándose moldear, confiando en que algún día todo aquello daría su fruto. En 2003, hablando con un político que debía dejar el cargo y se sentía aterrado ante la decisión, le dijo: «Manuel, viva su propio exilio; yo viví el mío. Y usted va a volver. Cuando vuelva, será más misericordioso, más bondadoso, y va a querer servir más a su pueblo.»[46]

Después de seis meses en Córdoba, escribió una serie de notas que después se publicaron con el título de *Silencio y Palabra*, pensadas para ayudar en el «discernimiento de una comunidad religiosa que estaba pasando por circunstancias difíciles». La comunidad, claro está, era la provincia jesuita argentina, y lo que convierte al discernimiento en algo doblemente fascinante es que las fuerzas espirituales que según él intervenían en su crisis eran las mismas que, años después, el Papa Francisco buscaría para combatir la que afectaba a la Iglesia en su conjunto.

Bergoglio empezaba por reconocer la imposibilidad de recurrir a soluciones humanas ante algunas crisis, el modo en que la «impotencia visceral» imponía la «gracia del silencio». Mencionaba que san Ignacio identificaba las tentaciones de la ambición y la falta de pobreza como las causas principales de división en el seno de la Compañía, la tentación de ser filtros de los planes de Dios a través de los propios planteamientos y métodos predeterminados de cada uno. Esas dos causas, a su vez, se acompañaban de actitudes de desconfianza y sospecha, que desembocaban en el triunfalismo y la mundanidad espiritual. El triunfalismo, escribía Bergoglio, es una manera de evitar la cruz a través del apego al «progreso (o su apariencia), la tecnificación del espíritu, la "coca-colización" de la vida religiosa». Junto con él se daba la tentación identificada por el teólogo Henri de Lubac como «mundanidad espiritual», la más pérfida de todas para los religiosos (más desastrosa, en palabras de Lubac, «que la lepra infame que en ciertos momentos de la historia desfiguró tan cruelmente a la Esposa bienamada»). Mundanidad espiritual era ponerse uno mismo en el centro. Era lo que Jesús vio que hacían los fariseos cuando se glorificaban a sí mismos.

En la segunda parte del artículo, Bergoglio planteó cómo reaccionar ante una tentación que apareciera *sub angelo lucis* —el espíritu maligno que se presentaba bajo apariencia de ángel—. Solo Jesús puede obligar a un ángel malo a revelarse, y hacer sitio a la luz de Dios; y sus medios para hacerlo así son los que él mostraba: «Callar, orar, humillarse.» Fue una reflexión apoyada en la Tercera Semana de los *Ejercicios*, que contempla la pasión de Cristo y, particularmente «cómo la Divinidad se esconde, es a saber, cómo podría destruir a sus enemigos, y no lo hace, y cómo dexa padescer la sacratíssima humanidad tan crudelísimamente».[47]

Bergoglio considera que eso implica soportar el «ensañamiento primordial» desencadenado contra aquellos que son percibidos como débiles, cuando la culpa y los defectos de quienes acusan se descargan sobre un chivo expiatorio; y que eso conlleva cargar la Cruz, como Jesús, asumiéndola voluntariamente y reconociendo nuestros pecados, pero a la vez evitando autocompadecerse, el orgullo del victimismo. La Cruz obligaría finalmente al diablo a revelarse a sí mismo, porque el diablo confunde amabilidad con debilidad. «En momentos de oscuridad y mucha tribulación —escribe Bergoglio— cuando las "galletas" y los "nudos" no pueden desenredarse ni las cosas aclararse, entonces hay que callar; la mansedumbre del silencio nos mostrará aún más débiles, y entonces será el mismo demonio quien, envalentonado, se muestre a la luz, quien muestre sus reales intenciones, no ya disfrazado de ángel de luz, sino desembozadamente.»

La sección final se titulaba «Guerra de Dios». Ahí observaba que a menudo había ocasiones en que Dios entraba en batalla con el enemigo de la humanidad, y era un error implicarse en ella. En esas ocasiones, «en el silencio de una situación de cruz, solo se nos pide que protejamos el trigo, y no que nos ocupemos de andar arrancando plantitas de cizaña». Se refería a una imagen pintada en el techo de la residencia de los jesuitas en Córdoba en la que se mostraba a unos novicios protegidos por el manto de María, bajo la inscripción: «*Monstra te ese matrem*» (Demuestra que eres madre). «Cuando Dios entraba en batalla —escribió Bergoglio—, era importante no interferir, no entrar en "internas" ni dividir el mundo en buenos y malos; en cambio, sí colocarse "bajo el manto de la Santa Madre de Dios", y allí, "vivir en la santa tensión entre la *memoria crucis* (memoria de la Cruz) y la *spes resurrectionis* (esperanza de la Resurrección)".»[48]

Aun cuando la conciencia de su papel como siervo sufriente no le ahorrara dolor, a Bergoglio le servía para abrirse camino entre su angustia, y, quizá, para endurecerse antes de recibir el siguiente golpe. En agosto de 1991, el asistente de Zorzín y exdirector del CIAS, García-Mata, muy crítico con Bergoglio, fue nombrado provincial. Este, a su vez, nombró socio suyo a quien dirigía el CIAS en aquel momento, Juan Luis Moyano, recién llegado de Perú. Moyano sería una de las fuentes clave en la campaña lanzada por Horacio Verbitsky para imputar a Bergoglio por el caso de Yorio y Jalics, proporcionando al periodista citas vehementes. Para el jesuita estadounidense Jeffrey Klaiber, «nombrar para ese cargo a Moyano, un hombre que trabajaba para los pobres y que había sido expulsado por los militares, era una señal clara de que el general deseaba cambios en la provincia».[49] Asimismo, también era claro que Bergoglio tenía poco futuro con los jesuitas.

En diciembre de 1991, Bergoglio dirigió una meditación sobre la Tercera Semana, siguiendo a Jesús desde la Última Cena hasta su crucifixión y sepultura. Al contemplar el cuerpo sin vida de Jesús, Bergoglio identificó la tentación de refugiarse espiritualmente en lo que era o podía haber sido, o exigir una resurrección inmediata, o negarse de diferentes modos a aceptar que el cadáver era, realmente, un cadáver.

Y, sin embargo, es cadáver y la divinidad se esconde en él, y resucitará. Así se entiende que, a lo largo de la historia, las verdaderas reformas de la Iglesia, las que traen vida a sus aspectos muertos, nazcan de las mismas entrañas de la Iglesia, y no de fuera. La reforma de Dios se hace allí donde no queda otra que esperar contra toda esperanza.[50]

6

Un obispo con olor a oveja
(1993-2000)

El Evangelio no lo dice, contó Bergoglio en un retiro de Cáritas en noviembre de 2012, pero es seguro que la adúltera a la que Jesús perdonó no volvió a pecar, «porque quien se encuentra con una misericordia tan grande no puede desviarse de la ley». La verdad, prosiguió, «es como una piedra preciosa, que seduce a quien se la coloca en la mano, pero hiere a quien se la arrojamos en la cara».

Evangelii Gaudium (La alegría del Evangelio), publicada en noviembre de 2013, fue una piedra preciosa que ni adulaba ni regañaba, sino que deslumbraba y seducía. Aun así, la exhortación apostólica era un texto duro que cargaba contra la mundanidad y la corrupción en todas sus formas, al tiempo que instaba a la Iglesia a aprender a vivir de la energía del amor misionero. La evangelización no era una cruzada ni una campaña de mercadotecnia, y no tenía nada que ver con el proselitismo (al que, en el retiro de Cáritas, había definido como un intento de cosechar sin sembrar). Para Francisco, la Iglesia crecía encarnando la amorosa misericordia de Dios.

Fue la primera declaración papal que se disculpó por su tamaño. Dijo Francisco que sabía que la gente ya no leía documentos largos, que a algunos el exceso de detalles les parecería excesivo: con sus doscientas páginas, era mucho más largo que las grandes exhortaciones de Pablo VI —*Gaudete in Domino* (Sobre la alegría cristiana) y *Evangelii Nuntiandi* (Evangelización en el mundo contemporáneo)—, a las que *Evangelii Gaudium*, empezando por su título, rindió homenaje. Pero, a cambio, Francisco incorporó una asombrosa variedad de temas, como si su primer documento magisterial —o, al menos, el primero que había redactado principalmente él mismo— pudiera también ser el último.

Evangelii Gaudium tenía solo una ligera coincidencia con el sínodo de Benedicto XVI sobre la nueva evangelización que se había celebrado el año anterior, y del que, según estaba programado, la encíclica debía ser la respuesta papal. Al mismo tiempo, en todos y cada uno de los párrafos se dedicaba a explicar lo que significaba evangelizar. Si aquel sínodo había estado dominado por el espíritu fatigado, tímido e introspectivo de la Iglesia europea, *Evangelii Gaudium* expresó una erupción de la energía y las perspectivas de América Latina, repleta de referencias al documento de Aparecida de 2007: una Iglesia de y para los pobres, enraizada en el Concilio Vaticano II, orientada a la misión, centrada en los márgenes, en el santo Pueblo fiel de Dios, en diálogo abierto con la cultura y, a la vez, sin reparos en denunciar aquello que perjudicaba a los pobres. Presentaba a una Iglesia tierna y maternal, un lazareto grande, sin fronteras, de sanación y amor.

Francisco había sobresaltado al mundo con su ya célebre pregunta sobre los gais durante el vuelo que lo devolvía a Roma desde Río de Janeiro —«¿Quién soy yo para juzgar a esa persona?»— y había vuelto a hacerlo con su entrevista jesuita, en la que había hablado de hospital de campaña y se había quejado de la «obsesión» con ciertas doctrinas. Muchos daban por hecho que se trataba de comentarios espontáneos en entrevistas, y que un documento papal volvería a poner las cosas en su sitio. Pero *Evangelii Gaudium* demostró que sus comentarios «aéreos» reflejaban un pensamiento profundo sobre el modo en que el énfasis que los medios de comunicación ponían en cuestiones neurálgicas —sobre todo en los así llamados «temas pélvicos»—, con los años había redundado en un exceso de énfasis en los juicios morales. «El problema mayor se produce cuando el mensaje que anunciamos aparece entonces identificado con esos aspectos secundarios que, sin dejar de ser importantes, por sí solos no manifiestan el corazón del mensaje de Jesucristo», observó en *Evangelii Gaudium,* antes de llamar a la Iglesia a no enterrar las noticias sobre el amor salvífico y misericordioso de Dios, sino a colocarlas en la cima de una montaña.

El documento rindió homenaje a los papas modernos de la Iglesia. En ocasiones recordaba el reformismo alegre, lleno de espíritu, de Juan XXIII, otras veces el prudente discernimiento de Pablo VI; a veces reverberaba el ardor profético de Juan Pablo II, o la claridad serena y lírica de Benedicto XVI. Con todo, para cualquier persona conocedora de la voz de Francisco, el documento era inconfundiblemente bergogliano, tratando temas muy propios como la hermenéutica del santo Pueblo fiel de Dios y los peligros de la mundanidad espiritual. Incluso había logrado incluir sus cuatro principios —«el tiempo es superior al espacio», «la unidad es superior al conflicto»; «la realidad es superior a la idea», y «el todo es superior a la parte»—. Tal vez por considerarse que la mera sabiduría sapiencial no era apropiada para un documento papal, *Evangelii Gaudium* vinculó por primera vez esos cuatro puntos con el Evangelio.

También absolutamente bergogliana era su manera de combinar un lenguaje directo y sencillo con expresiones de una enorme complejidad. El lirismo también era muy suyo. Francisco, que leía una y otra vez a los clásicos de la literatura, poseía un don de novelista para relacionar ideas y hacerlas apuntar más allá de ellas mismas: «Por nuestra realidad corpórea —escribía en la encíclica—, Dios nos ha unido tan estrechamente al mundo que nos rodea, que la desertificación del suelo es como una enfermedad para cada uno, y podemos lamentar la extinción de una especie como si fuera una mutilación.» (En enero de 2014 la frase se grabó en una placa y se colocó en el Biopark de Roma, junto a una imagen del Papa Francisco en la plaza de San Pedro con un loro entre las manos abiertas.) O, refiriéndose a la resurrección, escribió que «Cada día en el mundo renace la belleza, que resucita transformada a través de las tormentas de la historia».

La potencia del documento era más evidente cuando expresaba la visión de lo que Francisco denominaba la «Iglesia samaritana», la Iglesia que cura mediante el contacto personal directo. «Jesús quiere que toquemos la miseria humana, que toquemos la carne sufriente de los demás —escribía—. Cuando lo hacemos, la vida siempre se nos complica maravillosamente y vivimos la intensa experiencia de ser pueblo, la experiencia de pertenecer a un pueblo.» Decía que crecer en la vida espiritual era hacerse misionero, salir al encuentro de los demás, y cuando lo hacemos «descubrimos algo nuevo de Dios». Como de costumbre, la invitación venía acompañada de una advertencia sobre la alternativa: «Uno no vive mejor si escapa de los demás, si se esconde, si se niega a compartir, si se resiste a dar, si se encierra en la comodidad. Eso no es más que un lento suicidio.» Y advertía que ser misionero no era una actividad a tiempo parcial sino que implicaba entregarse a una nueva clase de existencia, un centrarse en los demás lleno de alma:

> La misión en el corazón del pueblo no es una parte de mi vida, o un adorno que me puedo quitar; no es un apéndice o un momento más de la existencia. Es algo que yo no puedo arrancar de mi ser si no quiero destruirme. Yo soy una misión en esta tierra, y para eso estoy en este mundo. Hay que reconocerse a sí mismo como marcado a fuego por esa misión de iluminar, bendecir, vivificar, levantar, sanar, liberar. Allí aparece la enfermera de alma, el docente de alma, el político de alma, esos que han decidido a fondo ser con los demás y para los demás.

La parte del documento que suscitó más titulares de prensa era, en realidad, la menos original. Cuando Francisco criticaba las «teorías del derrame» económicas que dejaban en manos del mercado el establecimiento de salarios y condiciones, seguía una larga tradición de enseñanzas papales que en tiempos modernos se remontaba al Papa León XIII, a finales del siglo XIX. En *Rerum Novarum* (1891) el pontífice también había condenado el enriquecimiento de unos pocos a expensas de muchos, así como la idolatría de los mercados que lo justificaba, e instaba a la intervención estatal para proteger y socorrer a sus víctimas. Más recientemente, en 2007, el Papa Benedicto XVI se había basado en esa misma tradición para su elaborada encíclica social *Caritas in Veritate*.

Sin embargo, cuando Francisco, en *Evangelii Gaudium*, afirmó que el «efecto derrame» no funcionaba («los excluidos siguen esperando») y denostó el «juego de la competitividad y de la ley del más fuerte, donde el poderoso se come al más débil», causó asombro en muchos ámbitos, como si lo que estuviera proponiendo fuera la resurrección del socialismo en el momento preciso en que se había demostrado que el capitalismo había creado el mejor de los mundos posibles. La que sería candidata a la vicepresidencia de Estados Unidos por el Partido Republicano, Sarah Palin, se lamentó de que algunas de las afirmaciones del Papa «suenan bastante "izquierdosas"»; Rush Limbaugh, presentador famoso de un programa de radio de entrevistas, las definió como «marxismo puro»; y Stuart Varney, de la cadena Fox, se quejó de que Francisco mezclara religión con política. Manifestó Varney que la Iglesia no tenía competencias para pronunciarse sobre las cuestiones económicas y en cualquier caso, el libre mercado había aportado gran prosperidad al mundo entero. Por el contrario, en los sectores de izquierdas muchos se mostraron encantados, y declararon a Francisco el nuevo icono del anticapitalismo.

Pero Francisco no criticaba el mercado como mecanismo del libre intercambio de bienes y servicios, ni la actividad económica humana como tal, que ciertamente habían generado riqueza desde los albores de los tiempos; y menos aún proponía un «sistema» colectivista ni alternativo de ningún otro modo. Lo que hacía era desenmascarar una mentalidad idólatra que había entregado la soberanía humana a una deidad oculta, un *deus ex machina* que exigía que se le dejara actuar sin trabas. Lo que Francisco cuestionaba eran las «ideologías que defienden la autonomía absoluta de los mercados y la especulación financiera», una actitud que justificaba o toleraba la desigualdad y la pobreza con el argumento de que eran consecuencias necesarias y tolerables del funcionamiento común del mercado. De este modo se creaba «una nueva tiranía... que impone, de forma unilateral e implacable, sus leyes y sus reglas».

Francisco hablaba no desde el punto de vista de una teoría económica alternativa, sino desde el de los pobres y sus necesidades. Si las sociedades eran capaces de considerar las riquezas fabulosas y a la vez una miseria implacable (desempleo de larga duración, salarios insuficientes para mantener a familias, desnutrición) como derivados inevitables de un funcionamiento normal de los mercados, de ahí se deducía que algo se había podrido tanto en las almas como en las mentes humanas.

Así como el mandamiento de «no matar» pone un límite claro para asegurar el valor de la vida humana, hoy tenemos que decir «no a una economía de la exclusión y la inequidad». Esa economía mata. No puede ser que no sea noticia que muere de frío un anciano en situación de calle y que sí lo sea una caída de dos puntos en la bolsa. Eso es exclusión. No se puede tolerar más que se tire comida cuando hay gente que pasa hambre. Eso es inequidad. Hoy todo entra dentro del juego de la competitividad y de la ley del más fuerte, donde el poderoso se come al más débil. Como consecuencia de esta situación, grandes masas de la población se ven excluidas y marginadas: sin trabajo, sin horizontes, sin salida.

Un columnista católico de la revista *Forbes* en su versión digital que se declaró «furibundo» con las declaraciones del Papa ilustraba a la perfección la mentalidad que Francisco había identificado. Tras colgar una serie de tablas estadísticas en las que se demostrara el aburguesamiento de millones de campesinos durante los últimos cien años, Tim Worstall escribía que «todo avanza en la dirección correcta, si bien no tan deprisa como nos gustaría... El sistema económico basado en el mercado del que se queja es exactamente el sistema económico que está en camino de resolver los problemas que él identifica».[1] Imaginar que algún día el mercado erradicará la pobreza por arte de magia justificaba la inacción aquí y ahora. Todo el que conociera a personas pobres, y no se limitara a leer sobre ellas en escritos de teoría econométrica, comprendía de inmediato a qué se refería Francisco: esperar a que los mercados generalizaran la prosperidad era una experiencia muy distinta para los pobres que para los ricos.

Detrás de aquella mentalidad Francisco veía «un rechazo de la ética y un rechazo de Dios», rechazo que, como en el caso de todas las idolatrías, se apoderaba cada vez más de los corazones y las mentes a través de la adicción (el consumismo), al tiempo que exigía un suministro constante de vidas humanas (los empobrecidos, los desempleados) para sacrificarlas en su altar, al tiempo que exigía autonomía a fin de seguir operando sin el impedimento de leyes y regulaciones estatales. Desafiando la idea de que los estados debían interferir lo menos posible en las operaciones del mercado, Francisco pedía un «cambio de actitud enérgico por parte de los dirigentes políticos» con vistas a «una vuelta de la economía y las finanzas a una ética en favor del ser humano».

Los medios de comunicación dedicaron mucho menos espacio a tratar de la parte más asombrosa y original del documento: un ataque sin precedentes de un pontífice a su propia Iglesia. Ningún Papa moderno había enviado tal reprimenda a esta. En una sección anterior titulada «No a la mundanidad espiritual», denostaba las «formas desvirtuadas de Cristianismo» en las que unos católicos piadosos se glorificaban a sí mismos más que a Cristo, y en las que élites eclesiales juzgaban a los mortales corrientes en la Iglesia por ser retrógrados (en el caso de los católicos liberales), o por su falta de pureza doctrinal (en el caso de los conservadores). Francisco cuestionaba tanto a los «oscuros jueces que se ufanan en detectar todo peligro o desviación» como a los «pesimistas quejosos y desencantados» afligidos por «el mal espíritu de la derrota», que es el «producto de una desconfianza ansiosa y egocéntrica». Citando las célebres palabras que el Papa Juan XXIII pronunció durante la apertura del Concilio Vaticano II en las que criticaba a los «profetas de calamidades, avezados a anunciar siempre infaustos acontecimientos», Francisco arremetía ahora contra el «neopelagianismo autorreferencial y prometeico» y el «elitismo narcisista y autoritario» de autoproclamados guardianes de la ortodoxia que dedican el tiempo a «analizar y clasificar» en lugar de evangelizar. También cuestionaba a aquellos con un «cuidado ostentoso de la liturgia, de la doctrina y del prestigio de la Iglesia, pero sin preocuparles que el Evangelio tenga una real inserción en el Pueblo fiel de Dios», y que las liturgias arcanas convirtieran a la Iglesia en una «pieza de museo o en una posesión de pocos».

Costaba no ver en aquellas palabras una respuesta a quienes, el Jueves Santo durante la primera Pascua que celebró como Papa, lo criticaron por lavar los pies de doce menores recluidos en el Casal del Marmo, una institución penal de Roma. Una era una joven serbia que se convirtió en la primera mujer, y en la primera persona de religión musulmana, a la que un Papa lavaba los pies. La incorporación de mujeres en la ceremonia suponía, técnicamente, una violación del edicto de 1988 de la Congregación Vaticana para el Culto Divino y la Disciplina de los Sacramentos, que sostenía que, dado que el rito reproduce el momento en que Jesús lavó los pies a los apóstoles, en él solo debían participar hombres. Con todo, la mayoría de las diócesis (incluida la de Buenos Aires) hacía caso omiso: Francisco, como había hecho siempre en calidad de arzobispo, no hacía sino recuperar una práctica de la Iglesia primitiva en que los obispos lavaban los pies de los pobres.

Su ataque a la mundanidad espiritual iba más allá de mentalidades concretas e incluía (a pesar de no nombrarlos) a obispos y otros personajes prominentes en la Iglesia. Tras cuestionar una «fascinación por mostrar conquistas sociales y políticas» y «un embeleso por las dinámicas de autoayuda y de realización autorreferencial (refiriéndose, seguramente, a esa clase de talleres y terapias centrados en el yo que se organizaban en ciertos centros de retiro), también criticaba las «diversas formas de mostrarse a sí mismo en una densa vida social llena de salidas, reuniones, cenas, recepciones», así como «un funcionalismo empresarial, cargado de estadísticas, planificaciones y evaluaciones, donde el principal beneficiario no es el Pueblo de Dios sino la Iglesia como organización».

De ese modo, Francisco extendía la hermenéutica del santo Pueblo fiel, usándolo ahora no para atacar a los revolucionarios argentinos de salón, sino a dirigentes eclesiásticos autorreferenciales. Los síntomas eran los mismos: «maestros espirituales y sabios pastorales que señalan desde afuera», que cultivan su imaginación sin límites y «pierden contacto con la realidad sufrida de nuestro pueblo fiel». El provincial jesuita que en otro tiempo había cargado contra los ideólogos católicos de izquierdas en Argentina, se oponía ahora, casi con los mismos términos, a obispos y laicos destacados.

Quien ha caído en esta mundanidad mira de arriba y de lejos, rechaza la profecía de los hermanos, descalifica a quien lo cuestione, destaca constantemente los errores ajenos y se obsesiona por la apariencia. Ha replegado la referencia del corazón al horizonte cerrado de su inmanencia y sus intereses y, como consecuencia de esto, no aprende de sus pecados ni está auténticamente abierto al perdón. Es una tremenda corrupción con apariencia de bien. Hay que evitarla poniendo a la Iglesia en movimiento de salida de sí, de misión centrada en Jesucristo, de entrega a los pobres.[2]

La historia de cómo llegó Bergoglio a ser nombrado obispo se remonta al momento en que el Papa Juan Pablo II intentó que Antonio Quarracino, arzobispo de La Plata, sustituyera al cardenal Juan Carlos Aramburu, de Buenos Aires, cuando este llegó a la edad de la jubilación en 1987. Quarracino era un eclesiástico de talento que, tras asistir a las sesiones del Concilio Vaticano II, siguió desempeñando importantes papeles en la Iglesia, tanto en Argentina como en todo el continente latinoamericano. En tanto que presidente del CELAM, había creado un vínculo con el pontífice polaco.

Quarracino era la clase de obispo que le gustaba a Juan Pablo II: cercano a los obreros, sólido en cuestiones de doctrina, pro-vida y pro-justicia social. Polemista elocuente, poseedor de un potente sentido de la ironía, tenía el don de la claridad y una capacidad peronista para conectar con el pueblo común. Pero también podía ser descarnado, y su tendencia a decir lo que pensaba hacía que se lo viese como alguien más reaccionario de lo que era. Crítico acérrimo de los intentos del presidente Alfonsín de establecer la separación entre Iglesia y Estado, aprobar el divorcio y prohibir la enseñanza religiosa en las escuelas, en 1987 Quarracino dio a entender que un discurso del Papa Juan Pablo II al embajador argentino en la Santa Sede constituía una condena a las políticas del Gobierno radical. Alfonsín preguntó al Vaticano si era cierto; el Vaticano lo negó, y el presidente tuvo la excusa perfecta para hacer valer los poderes que, como primer mandatario de su país, le otorgaba el Patronato para vetar el nombramiento de Quarracino como obispo de Buenos Aires. Se le pidió al cardenal Aramburu que no abandonara su puesto, y hasta que, en 1989, Carlos Menem pasó a ocupar la presidencia del país, Quarracino no pudo ocupar la diócesis matriz de Argentina.

Quarracino era cercano al presidente Menem, al que había conocido cuando el, por entonces, gobernador de La Rioja estuvo encarcelado durante la dictadura. Tal como le había instado a hacer Quarracino, y tal vez por orden suya, poco después de asumir la presidencia Menem indultó a los criminales de la guerra sucia que habían sido juzgados y condenados durante el Gobierno de Alfonsín: unos doscientos oficiales del Ejército, entre ellos miembros de la Junta, fueron puestos en libertad junto con setenta civiles, incluidos exlíderes de la guerrilla. Alfonsín había aprobado leyes con las que se limitaba la responsabilidad de la guerra sucia, y según estas las penas de cárcel debían ser solo para quienes hubieran dado órdenes, o bien se hubieran excedido escandalosamente en el cumplimiento de las mismas. Pero ahora Menem ponía en libertad a los presos con el argumento de que era el momento de consumar la reconciliación a la que había llamado Juan Pablo II durante su visita de 1978. Su decisión contaba con el apoyo de los sectores industrial y de exportaciones agrícolas, así como con el de los obispos, pero a ella se oponían las Madres de la Plaza de Mayo. Alfonsín declaró que fue el día más triste de su vida.

Los dos mandatos de Menem (de 1989 a1999) supusieron el regreso del peronismo al poder desde los gobiernos, quince años atrás, del general y su esposa. Combinaba la clásica alianza peronista de los grupos de intereses habituales —pequeños empresarios, sindicatos— con una política económica y unas relaciones exteriores radicalmente neoliberales. Menem creó un vínculo insólito con los sectores de la sociedad argentina que siempre se habían sentido incómodos con el peronismo: el financiero y el de las exportaciones agrícolas. Sus dirigentes más preparados sirvieron en la Administración Menem, orientando su política económica y llevando a cabo sus reformas, convencidos de que solo un Gobierno peronista tenía la legitimidad política para aplicar la terapia de choque necesaria a una economía argentina abotagada y dependiente del Estado.

La terapia llegó en forma de venta masiva de empresas de propiedad pública, así como de la llamada Ley de Convertibilidad, por la que se establecía una relación cambiaria fija de uno a uno entre la divisa nacional, el peso, y el dólar estadounidense. Fue un intento radical de contener la hiperinflación y potenciar el crecimiento económico. Al limitar el suministro de pesos a las reservas en dólares, el Gobierno se negaba a sí mismo el derecho a emitir moneda, lo que llevó a un incremento de la confianza, a la llegada repentina de inversiones extranjeras y a una reducción drástica de la tasa de inflación. Argentina logró, por fin, cierta estabilidad tras las consecuencias devastadoras de la hiperinflación. A principios de 1990 la economía había crecido un tercio y las clases medias argentinas se lanzaron a una etapa de acusado consumo.

Sin embargo, la incapacidad del Gobierno para construir una red de seguridad social paralela al libre mercado dejó a los pobres desprotegidos, y las estadísticas comenzaron a mostrar un alarmante aumento de la pobreza y el desempleo, a pesar de la estabilidad y el crecimiento económico. Los artífices de esas políticas —liderados por Domingo Cavallo, ministro de Economía— depositaban su fe en el funcionamiento de los mercados, convencidos de que las inversiones y el crecimiento acabarían llegando a los pobres; pero al final de la década de Menem estos seguían esperando. En lugar de derramarse el líquido del vaso una vez que se había llenado, el vaso aumentó de tamaño; los ricos se hacían más ricos y los pobres o seguían siendo igual de pobres o se empobrecían aún más. Cuando todo empezó a desintegrarse con la crisis de 1998, lo que enfureció particularmente a los argentinos fueron las revelaciones de una corrupción a gran escala: la fusión de Estado, mercados y poder judicial, así como la impunidad de una clase social de nuevos riquísimos, los millonarios de Menem.

Al mantener su nueva política de distancia respecto al Estado, los obispos argentinos se convirtieron en críticos persistentes de las políticas neoliberales del Gobierno y de sus efectos sociales, sobre todo la corrupción y la impunidad. Sin embargo, Menem había adoptado planteamientos claramente pro-vida, y en la escena mundial defendía con vehemencia a la Iglesia (por ejemplo, Argentina apoyó públicamente a la Santa Sede cuando quedó aislada durante la Conferencia sobre la población, celebrada en El Cairo en 1994). Menem logró desactivar las críticas de los obispos gracias a una buena relación tanto con Quarracino como con la Santa Sede, a lo que contribuía una ayuda financiera tanto directa como indirecta.

Tras ser nombrado cardenal en febrero de 1991, Quarracino se aprovechó de su relación con el Papa para conseguir que nombraran a Bergoglio su obispo auxiliar, el encargado de asistir al obispo metropolitano en una diócesis grande. Ese había sido el deseo de Quarracino al menos desde 1988, cuando comunicó al padre Kolvenbach, prepósito general de la Compañía de Jesús, que «la Iglesia argentina espera grandes cosas del padre Bergoglio». Las expectaticas fueron confirmadas a mediados de 1990, cuando el nuncio apostólico en Argentina, el arzobispo Ubaldo Calabresi, advirtió al provincial, el padre Zorzín —que por entonces había decidido enviar a Bergoglio a Córdoba— de que la Iglesia tenía una misión para el anterior provincial. «Cuando se le asigne la misión, irá donde tenga que ir», respondió Zorzín de manera tajante.

El arzobispo Quarracino invitó a Bergoglio, en enero y abril de 1990, a organizar retiros espirituales para decenas de sus clérigos en La Plata. En el primero de ellos, «Nuestra carne en oración», Bergoglio reflexionó con gran fuerza sobre la parábola del Buen Samaritano, la historia del extranjero que acude en ayuda de un viajero atacado por unos salteadores. Expuso que aquellos que pasaban de largo dando un rodeo al verlo —representados, en el relato de Jesús, por el sacerdote y el levita—, recurrieron a una serie de técnicas de distanciamiento que eran, todas, tentaciones: o bien intelectualizaban el sufrimiento que veían, o bien evadían la responsabilidad asegurándose a sí mismos que así era la vida. El samaritano, en cambio, se arrodilló para acercarse más a la víctima, le abrió su corazón y le vendó las heridas, cargó con él y gastó dinero en sus necesidades. «Nosotros seremos juzgados sobre ese acercarnos bien», dijo Bergoglio a los sacerdotes, y añadió que esa proximidad estaba en el centro de la Encarnación. Jesús, lejos de «dar un rodeo», pagó el precio último sacrificando su propia carne por aquellos que sufren; y la cercanía de Dios a la humanidad es la razón por la cual «la oración toca nuestra carne en su mismo núcleo, nos toca el corazón».

La oración, dijo a los curas, implicaba soportar la posibilidad del cambio; implicaba una disponibilidad a sufrir. Cuando una persona deja de rezar y empieza a autocompadecerse, «entonces deja de ser servidor del Evangelio, se transforma en víctima. Se canoniza a sí mismo». Ponerse a uno mismo como víctima, y no a Cristo, era blasfemia; «y una carne acostumbrada a la blasfemia, que no sabe pedir auxilio para su propia llaga y pecado, es incapaz de auxiliar la llaga ajena». Aunque dedique su vida a Dios, solo conseguirá acercarse a sí mismo. Es la asepsia del fariseo, advertía Bergoglio. «Ni virus ni vitamina.»[3]

Bergoglio estaba inculcando en los sacerdotes de La Plata un modelo de Iglesia que sería clave para sus enseñanzas y su liderazgo como obispo y cardenal; un modelo de intimidad, de proximidad física, que mira a los pobres a la cara y habla al corazón. Mostraba que el catolicismo era una cuestión de carne; así, Dios había salvado a la humanidad acercándose, aceptando la realidad tal como era. Sin embargo, con demasiada frecuencia la Iglesia estaba tentada de huir de esa realidad, refugiándose en la burocracia, la ideología o la racionalidad. La salvación —apuntaba él— solo podía darse de uno en uno, a través de una implicación personal directa. A menos que el amor se encarnara, no era amor; entretanto, los pobres únicamente podían salir de la pobreza si eran tratados y amados como seres humanos individuales.

Los retiros no hicieron sino convencer más a Quarracino de la necesidad de reclutar a Bergoglio para la Iglesia diocesana. Había visto cómo la acción pastoral de este había transformado San Miguel, y le horrorizaba al ostracismo a que lo habían sometido los jesuitas. En lo que a temperamento se refiere, el jesuita y el obispo eran totalmente distintos. Si Bergoglio era callado, discreto y austero, Quarracino era parlanchín, extrovertido, le encantaban la atención mediática y los ropajes de su cargo. Pero existía una afinidad natural en sus antecedentes comunes y en sus inclinaciones políticas y culturales. Ambos eran hijos de emigrantes italianos, ambos habían nacido en la década de 1920 y compartían un perfil teológico similar —pro-Medellín, antimarxista— en la tradición peronista «nacional y popular» de la «teología del pueblo». Ambos eran comprometidos con el CELAM y el sueño de la unidad católica continental latinoamericana, y admiraban al filósofo uruguayo Alberto Methol Ferré. Pero, a un nivel más profundo, Quarracino veía a Bergoglio como a alguien a quien tanto la Iglesia como él necesitaban. A pesar de su fanfarronería, el obispo reconocía humildemente sus carencias. Admiraba la profundidad espiritual de Bergoglio y su capacidad de liderazgo, y reconocía su prudencia y su discernimiento —cariñosamente lo llamaba «el Santito»—, pues precisamente eran las cualidades de las que él carecía.

Poco después del segundo retiro, Bergoglio partió a Córdoba, y Quarracino empezó a mover sus hilos para que lo nombraran obispo. Tardó otros dieciocho meses en conseguirlo. Los nombramientos de los obispos católicos se producen tras largas consultas con la Iglesia local organizadas por el nuncio, que envía una terna a la Congregación de obispos en Roma, que es la que decide si nombrar, rechazar o posponer a la espera de obtener más información. En el caso de Bergoglio, había obstáculos: los reparos hacia su persona del nuevo provincial jesuita, Ignacio García-Mata y de su *socius*, Juan Luis Moyano. Pero Quarracino logró eludir la Congregación vaticana de obispos y contactar directamente con Juan Pablo II, que firmó el nombramiento el 20 de mayo de 1992.

Bergoglio lo supo solo una semana más tarde, cuando el nuncio le pidió una reunión en el aeropuerto de Córdoba en su viaje de regreso de Mendoza, camino de Buenos Aires. El arzobispo Calabresi, que como Quarracino tenía a Bergoglio en gran consideración, lo llamaba con frecuencia por teléfono para consultarle sobre candidatos a obispo. Sin embargo, en esa ocasión el nuncio le pidió un encuentro cara a cara. En el aeropuerto hablaron de «temas serios», según recordaría posteriormente Bergoglio, hasta que al nuncio le llegó la hora de embarcar. «Ah... una última cosa... —dijo Calabresi cuando ya se iba—, fue nombrado obispo auxiliar de Buenos Aires, y la designación se hace pública el 20.»

«Me bloqueé —recordaba Bergoglio en la extensa entrevista publicada en 2010, en formato de libro, bajo el título de *El Jesuita*—. Como consecuencia de un golpe, bueno o malo, siempre me bloqueo.»[4]

Todo sacerdote invitado a ser ordenado obispo tiene derecho a negarse a aceptar el puesto (las ordenaciones son sacramentos, y no pueden ser forzados). Los jesuitas profesos cuentan con un motivo muy concreto para no aceptar: han hecho votos de no aspirar a cargos eclesiásticos. Con todo, cuando un Papa solicita a un jesuita, este suele aceptar, viendo la ordenación episcopal como forma de cumplir con su cuarto voto de emprender misión allá donde el Papa lo necesite, y en cualesquiera circunstancias. Al aceptar, lo mismo que otros obispos jesuitas de la época —notoriamente el arzobispo de Milán, cardenal Carlo Maria Martini—, Bergoglio seguía siendo miembro de la Compañía de Jesús, y, como Martini, siempre añadiría las iniciales SJ a su nombre. En realidad, la pertenencia era nominal. El nombramiento como obispo lo liberaba de sus votos de obediencia y pobreza: del primero porque dejaba de estar a las órdenes del general; del segundo porque, según el derecho canónico, un obispo debe poseer propiedad. Así que, en la práctica, Bergoglio dejaba de ser jesuita.

El nombramiento causó asombro entre los observadores de la Iglesia. El único jesuita que había llegado a obispo en Argentina había sido Joaquín Piña, un misionero español a quien, en 1986, habían pedido que presidiera la diócesis marginal de Puerto Iguazú, en Misiones. La sorpresa se extendía al hecho de que, a partir de ese momento, Quarracino pasaría a contar con seis auxiliares, cuando antes solo habían hecho falta cuatro. Pero lo más llamativo era que, más allá de algunos pequeños círculos, la mayoría de los argentinos no tenían la menor idea de quién era Bergoglio. No fue la primera vez, y no sería la última, en que ante el desconcierto general, apareciera como salido de la nada para asumir un puesto de alta responsabilidad.

Junto con otros veinte que recibían la mitra ese 27 de junio de 1992, Bergoglio fue ordenado obispo a los cincuenta y cinco años en la catedral metropolitana de Buenos Aires por el cardenal Quarracino, en presencia del nuncio y del arzobispo de Luján, Emilio Ogñénovich. Cuando se le pidió que se dirigiera brevemente a la Congregación, el obispo Bergoglio recurrió a su retiro de La Plata. «Hay hermanos y hermanas que con sus vidas nos piden por favor que no hagamos un rodeo y sepamos descubrir en sus llagas las del mismo Jesús.»

Bergoglio se distinguió en dos aspectos de los demás obispos. Al padre Carlos Accaputo, que llegaría a ser uno de los más estrechos colaboradores de Bergoglio, le habían llegado comentarios negativos sobre el nuevo auxiliar. Sin embargo, durante la ceremonia de ordenación, «me llamó la atención cuando, al terminar su ordenación y la gente lo va a saludar, la cantidad de gente humilde que lo va a saludar, era toda la gente de la periferia. Con lo cual yo dije, ah, acá hay que ver qué pasa para que esto suceda». La segunda curiosidad eran las estampas de oración que el obispo Bergoglio entregó a quienes acudían a expresarle sus mejores deseos. Si en las de los demás obispos aparecían imágenes de santos de gran devoción, en la suya se reproducía el cuadro de la Virgen María desatando una cinta de seda. («No teníamos ni idea de qué era», recuerda el padre Guillermo Marcó, otro sacerdote presente.)

Cuando toman posesión de su cargo, los obispos eligen un escudo de armas. El de Bergoglio era un escudo azul sobre el que había impreso el símbolo de los jesuitas —el monograma IHS (las tres primeras letras del nombre de Jesús en griego)— sobre un fondo de sol radiante y debajo una estrella, que representa la Natividad, al lado de una flor de nardo, que representa a san José. En el margen inferior iba el lema que había elegido: «*Miserando atque eligendo*», la expresión usada en una homilía por san Beda el Venerable, con la que describía el momento en que Jesús reclutó a san Mateo: «Y mirándolo con misericordia, y eligiéndolo, le dijo: sígueme.» Dicha homilía forma parte de las oraciones diarias de la Iglesia durante la celebración del 21 de septiembre, festividad de san Mateo —el día de primavera en que el joven Jorge Mario fue «misericordiado» por Dios en el confesonario de la basílica de Flores.

Aquella basílica se encontraba en la zona que Quarracino le había encomendado a Bergoglio, uno de los cuatro distritos que conformaban la inmensa arquidiócesis de Buenos Aires. La arquidiócesis contaba con una población de tres millones de residentes, cifra que se duplicaba con creces durante el día. Comparado con los otros —Belgrano al norte, el Centro, al este de la ciudad, y Devoto, al Oeste—, la vicaría de Flores, situada al sur, era marcadamente la más pobre; incorporaba cuarenta y cinco parroquias pertenecientes a cinco barrios habitados por personas de clase media-baja, o de clase obrera. En ella se encontraba la mayoría de las villas miseria de la ciudad, incluida la que había sido escenario del secuestro de Yorio y Jalics, así como casi todos sus santuarios populares, Quarracino quería que Bergoglio tomara a su cargo, sobre todo, al equipo de diez curas villeros, y que hiciera por Flores lo que él le había visto hacer en San Miguel.

Se le asignaron oficina y residencia en la casa de retiro para el clero de la calle Condarco, a pocas cuadras de la basílica de Flores. Las religiosas de la Divina Misericordia, que habían desempeñado un papel tan importante durante su infancia, estaban cerca, y entre ellas la hermana Dolores. Pero la casa de la calle Membrillar en la que había crecido se había vendido tras la muerte de su madre, en 1981, y sus hermanos y hermanas ya llevaban mucho tiempo casados y con sus propias familias.

Mientras le preparaban sus habitaciones en la calle Condarco, Bergoglio pasó casi tres meses en la casa de la Curia jesuita, Regina Martyrum, situada en el centro de la ciudad, desde la que acudía todos los días a su despacho. El padre Kolvenbach había pedido a García-Mata —el nuevo provincial jesuita— que se pusiera al servicio del obispo Bergoglio, y este lo había invitado a vivir allí después de que, en mayo, se hiciera público su nombramiento. Aun así, la relación no era fácil. Bergoglio culpaba al provincial de difamarlo en un informe que este había enviado a Roma —el documento era secreto, pero uno de los consultores había informado a Bergoglio de su contenido—, y García-Mata, por su parte, se sentía amenazado por la popularidad de Bergoglio entre los jesuitas más jóvenes. A medida que transcurrían las semanas, la irritación del provincial iba en aumento ante la interferencia que, para él, suponía la presencia de Bergoglio. Las cosas llegaron a su punto álgido a finales de julio de 1992, durante la festividad de San Ignacio, cuando García-Mata le preguntó cuándo se iba.

«Yo estoy muy cómodo acá», le dijo Bergoglio.

«Bueno —le respondió el provincial—, pero no está bien que un obispo auxiliar de Buenos Aires viva en una comunidad jesuítica. No hay provincia donde ocurra eso.» Bergoglio le dijo que si quería que se fuera, se lo pusiera por escrito.

De modo que García-Mata escribió a Kolvenbach, que apoyó al provincial. Este dejó la carta del prepósito general en el dormitorio de Bergoglio. García-Mata recibió una respuesta escrita del obispo auxiliar en la que este anunció la fecha de su partida.[5]

Así, dolorosamente, Bergoglio dejó atrás su vida de jesuita.

La mayoría de los jesuitas que llegan a obispos mantienen fuertes vínculos con la Compañía, residen a menudo en residencias jesuíticas cuando viajan y en sus visitas a Roma pasan por Borgo Santo Spirito. Sin embargo, en el transcurso de los veinte años siguientes, durante sus numerosos viajes a Italia, Bergoglio no puso los pies ni una sola vez en la sede de los jesuitas ni habló

Los abuelos de Jorge, Giovanni Bergoglio
y Rosa Margarita Vasallo, con su hijo mayor
Mario, padre de Jorge.

Los padres de Jorge, Mario y Regina,
el día de su boda en 1935.

Jorge de adolescente a finales
de la década de 1940

Jorge *(izquierda)* y su hermano Óscar
vestidos de comunión en la década de 1940.

Jorge con sus compañeros de clase y los curas salesianos que llevaban la escuela primaria Wilfrid Barón de los Santos Ángeles a la que asistió entre 1948 y 1949. Jorge es el cuarto por la izquierda de la segunda fila empezando por abajo.

Jorge desfilando en el colegio. Es el segundo de la fila.
(G. PIKO/ARGENPRESS)

La familia Bergoglio en 1958. Jorge *(con sotana)*, que ese año ingresó en el seminario, con *(fila de atrás, de izquierda a derecha)* sus hermanos y hermanas Alberto, Óscar y Marta, y *(sentada)* María Elena junto a sus padres, Regina y Mario.

Jesuitas argentinos estudiando en la Casa Loyola, a las afueras de Santiago de Chile, en 1960. Casi todos ellos la abandonarían antes de concluir su formación. Bergoglio es el quinto por la derecha de la última fila. Andrés Swinnen, que sucedería a Bergoglio como provincial argentino, aparece en la última fila, el quinto por la izquierda. En la primera fila, en el extremo derecho, se encuentra Jorge González Manent («Goma»), autor de unas memorias sobre su noviciado.

Bergoglio, maestro en 1964. *A la derecha*, con el escritor Jorge Luis Borges en 1965, cuando lo invitó a charlar con sus alumnos en el Colegio de la Inmaculada Concepción en Santa Fe, Argentina.

GETTY

Vista del Colegio Máximo, de 200 habitaciones, situado en la localidad de San Miguel, perteneciente a la provincia de Buenos Aires, donde Jorge Bergoglio pasó la mayor parte de su vida como jesuita: como alumno de filosofía y teología (1966-71), como lector de teología pastoral y maestro de novicios (1971-72), como provincial (1973-79), y como rector (1980-86).

María Desatanudos, la copia argentina de la pintura alemana que Bergoglio introdujo, y que encendió la chispa de una devoción popular.

OSSERVATORE ROMANO

Arriba: Juan Pablo II nombró a Bergoglio cardenal en febrero de 2001 junto con un gran número de arzobispos de diócesis latinoamericanas. Abajo: el cardenal Bergoglio entrando en la Capilla Sixtina por primera vez para participar en el cónclave de 2005. El cardenal Cormac Murphy-O'Connor, por entonces arzobispo de Westminster, aparece a la izquierda de la imagen.

GETTY

El cardenal Bergoglio da la bienvenida al presidente Néstor Kirchner y a la Primera Dama, Cristina Fernández de Kirchner, a la catedral con motivo del tradicional Tedeum, el 25 de mayo de 2006, día Nacional de Argentina. Por sentirse ofendido con el discurso del cardenal, el presidente Kirchner optó en años sucesivos por celebrar el 25 de mayo fuera de Buenos Aires.

GETTY

DIARIO LA NACIÓN /MARIANA ARAUJO

Cuando *La Nación* publicó esta fotografía de Bergoglio, sobre el que rezaban unos pastores evangélicos en un encuentro ecuménico celebrado en 2006, grupos tradicionalistas católicos declararon que había «apostatado». A la izquierda de la imagen, con hábito de monje, aparece el padre Raniero Cantalamessa, predicador de la casa pontificia.

ENRIQUE CANGAS

El cardenal, encendido: predicando en el encuentro de CRECES de 2006.

GETTY

El cardenal Bergoglio era un usuario habitual del metro de Buenos Aires, el subte. La línea A lo llevaba desde la plaza de Mayo, donde residía, hasta Flores, el barrio de su infancia.

Bergoglio, predicador a pie de calle.

Hablando tras una misa celebrada en Villa 21
en diciembre de 2010 para expresar su
agradecimiento al padre Pepe Di Paola,
que tras catorce años de servicio en las villas
miseria, y después de sobrevivir a amenazas de
traficantes de drogas, se tomaba una excedencia.

«Traspaso de poderes.» Con el Papa Benedicto
XVI el 28 de febrero de 2013, el día en que su
histórica renuncia al papado se hizo efectiva y la
diócesis de Roma pasó a estar en sede vacante. El
Papa, que había tomado la decisión de renunciar
cuando se encontraba en México, en marzo
de 2012, veía a América Latina como la nueva
fuente de la Iglesia universal.

Un pensativo cardenal Bergoglio llega para asistir a las congregaciones generales antes del cónclave de marzo de 2013. Su breve pero poderoso discurso convenció a muchos cardenales de que el nuevo Papa ya había sido escogido.

En la Capilla Sixtina, en el cónclave que lo escogió a él Papa. A su izquierda su amigo Claudio Hummes, el cardenal brasileño que le dijo: «No te olvides de los pobres.»

Francisco asombró a los miembros del personal al comer con ellos en su cantina el 25 de julio de 2014. Guardó cola con el resto de los empleados para recibir una bandeja con menú de pasta, bacalao y tomates asados. La cajera no tuvo el valor de cobrarle cuando se presentó ante ella.

Almorzando en la Curia General de los Jesuitas durante la festividad de San Ignacio, 31 de julio de 2014. A la izquierda de la foto, sentado, está el padre Alfredo Nicolás, el superior general de la Compañía de Jesús, que tras la elección de Francisco actuó rápidamente para curar las heridas del pasado. A la derecha del Papa, de pie, está el padre Attilio Sciortino, ministro de la Curia, y a su izquierda, sentado, el padre Joaquín Barrero, superior de la Curia y asistente regional para el Sur de Europa.

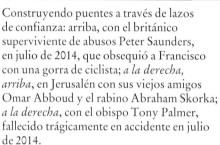

Construyendo puentes a través de lazos de confianza: arriba, con el británico superviviente de abusos Peter Saunders, en julio de 2014, que obsequió a Francisco con una gorra de ciclista; *a la derecha, arriba*, en Jerusalén con sus viejos amigos Omar Abboud y el rabino Abraham Skorka; *a la derecha*, con el obispo Tony Palmer, fallecido trágicamente en accidente en julio de 2014.

«Si la Iglesia está viva, siempre debe ser sorpresa.» Durante su audiencia general en la plaza de San Pedro del Vaticano, 20 de noviembre de 2013.

con el padre Kolvenbach. Además, a pesar de mantener una buena relación con el padre Álvaro Restrepo, el colombiano que sustituyó a García-Mata como provincial argentino en 1997, cortó casi todos sus lazos con los jesuitas argentinos hasta su elección como Papa.

Bergoglio no era la clase de obispo a la que estaba acostumbrado el clero. Era poco burocrático, directo, humilde, austero, y eficaz. Siempre estaba disponible. No tenía secretario, y era fácil contactar con él por teléfono después de sus oraciones matutinas (se levantaba a las cuatro, y se lo podía llamar a partir de las seis); si no podía contestar, devolvía él mismo la llamada en menos de dos horas. Los problemas se resolvían con rapidez, y a menudo los resolvía él directamente. «Era una manera de ser obispo mucho más próxima físicamente de lo que estábamos acostumbrados —recuerda el padre Fernando Giannetti, cura parroquial de Nuestra Señora de la Misericordia, en Mataderos, una parroquia cada vez más extensa en la que, en otro tiempo, las calles apestaban a vísceras, por la proximidad con los mataderos de la ciudad—. Te venía a ver y te escuchaba. Esto marcó un vínculo muy estrecho tanto con los sacerdotes de la zona como con los fieles.»

Al clero le gustaba ese enfoque personal. Cuando el obispo quería hablar con alguien, se tomaba la molestia de ir a visitarlo. Seguía siendo decisivo, pero el sufrimiento de Córdoba lo había ablandado; dialogaba más, y consultaba. Iba de parroquia en parroquia, pasaba tiempo con los religiosos, tomaba mate con ellos, les preguntaba cuánto tiempo dedicaban a la oración, y averiguaba qué necesitaban. Los sacerdotes enfermos lo encontraban junto a su lecho, listo para sustituirlos en las misas y las confesiones. En ocasiones les cocinaba y les limpiaba la casa. Cuando un sacerdote no encontraba a otro que lo reemplazara durante sus vacaciones, Bergoglio —que nunca se las tomaba— ocupaba su puesto, a veces semanas enteras. Existen muchas historias sobre la ayuda que proporcionaba a curas que tenían problemas con sus votos, o con adicciones, o que simplemente se enfrentaban a retos pastorales.

Muchos obispos son maestros o administradores, y su espacio natural es su despacho, pero Bergoglio era un pastor con experiencia. Empezó su labor como la continuaría, convertido ya en arzobispo, y luego en cardenal: sin chófer ni asistente, llevando él mismo su agenda, telefoneando él mismo, moviéndose por la ciudad en autobús y metro, o a pie. Pasaba gran parte de su tiempo en las villas miseria, fomentando el equipo de curas villeros y dotando sus proyectos de fondos y recursos. Los sacerdotes notaban que conocía la vida de parroquia, comenta Giannetti, por su manera tierna y paciente de guiar a los candidatos adolescentes a la confirmación. «Nos fue enseñando un estilo de pastorado cuya misión no es marcarle a la gente lo que hace mal, sino acercarla, propiciar su encuentro con Dios», recuerda. A eso se refería Bergoglio cuando hablaba de que la Iglesia tenía que ser facilitadora de la fe y no reguladora de la fe.

Desde el primer momento, Bergoglio le pidió al padre Guillermo Marcó, a la sazón joven sacerdote auxiliar de una parroquia de Flores, que lo acompañara en sus paseos por la zona. De madre protestante y padre ateo, a Marcó le interesaban el diálogo interreligioso y las comunicaciones: dirigía un programa de radio en una emisora provincial. A Bergoglio le intrigaba, y años después lo reclutaría para que dirigiera sus relaciones con la prensa. A Marcó, por su parte, del nuevo obispo le asombraba la «manera de ser, su simplicidad. Es un hombre que te cautiva».

Otro sacerdote joven que en el futuro acabaría convirtiéndose en unos de sus ayudantes clave era el padre Accaputo, que en Flores enseñaba la doctrina social católica. Impresionado, Bergoglio le pidió que se incorporara a Cáritas —la organización de acción caritativa de la Iglesia— en Flores. Pero antes de aceptar, el cura quiso que el obispo conociera sus opiniones. Accaputo le explicó que era ortodoxo, ni conservador ni progresista, que los conservadores querían encajonar la fe mientras que los progresistas hablaban tanto que terminan vaciando la fe de sus contenido. Y prosiguió compartiendo sus ideas sobre la Iglesia, tanto la universal como la local, incluidas algunas discrepancias con el cardenal Quarracino. «Y él me dice: "Estoy de acuerdo", y empezamos un camino —recuerda Accaputo—.

Cuando me encuentro con él, por primera vez me encontré con un hombre de autoridad en la Iglesia con el que sentí que podía hablar de igual a igual, como persona.»[6]

Transcurridos dieciocho meses, justo antes de la Navidad de 1993, el cardenal Quarracino puso a Bergoglio al frente de la Administración de la arquidiócesis. Nombrarlo vicario general, además de obispo auxiliar de la vicaría de Flores, suponía aumentar su cuota de responsabilidades y un contacto regular con todo el clero de la diócesis.

Pasó a ser la mano derecha del cardenal, su sustituto, y la mano escondida tras muchos de los discursos y homilías de este. Quarracino, que en tanto que presidente de la Conferencia Episcopal hasta 1996 era la cabeza visible de la Iglesia católica argentina, dependía cada vez más de los consejos y la capacidad de trabajo de su vicario general. Pero Bergoglio no siempre era capaz de salvar a Quarracino de sí mismo. Aunque el cardenal fue pionero del diálogo con los judíos, y progresista en muchos aspectos, era visceralmente homófobo y, en 1994, durante su alocución televisiva fija propuso que a los homosexuales se los enviara a vivir a una «zona grande» con sus propios medios de comunicación y sus propias leyes a fin de evitar «una mancha innoble del rostro de la sociedad». El comentario —el peor de varios que había pronunciado a lo largo de los años— condujo a una amenaza de demanda judicial, e hizo falta un ejército de abogados para defenderlo. Bergoglio, horrorizado, intentaría luego, ya como arzobispo, hacer rectificaciones.[7]

A Bergoglio también le desagradaba la cercanía de Quarracino a Menem, y la manera en que permitía que la Iglesia fuera absorbida por la red de intereses creada por el Gobierno. Cuando, en 1996, el cardenal dejó de ser presidente de la Conferencia Episcopal, Bergoglio apoyó los intentos de su sucesor, el arzobispo Estanislao Karlic de Paraná, de marcar claramente la separación entre la Iglesia y el Gobierno. Sobre el terreno, Bergoglio era consciente de hasta qué punto aquella relación podía dar pie a la corrupción. Millones de pesos (por entonces equivalentes a dólares estadounidenses) se usaban para financiar proyectos de la Iglesia a cambio de lealtad, y gran parte se perdía por el camino.

Por esa época, dos funcionarios «que decían ser muy católicos» acudieron a ver a Bergoglio a la vicaría de Flores. Le ofrecieron dinero público para llevar a cabo proyectos de la Iglesia en las villas miseria. Bergoglio, desconfiado, al final logró que confesaran que, de los cuatrocientos mil pesos que querían que firmara haber recibido, solo le entregarían la mitad y se quedarían con el resto. En lugar de rechazar de plano, Bergoglio les dijo que cualquier depósito debía ingresarse en una cuenta corriente bancaria de la Curia de la diócesis, y que debían firmarse recibos de todas las operaciones. Los hombres se esfumaron. Pero el hecho de que llegaran hasta él para proponerle el plan mostraba, según expuso más tarde, «que algún eclesiástico o religioso se prestó antes para esta operación».[8]

Resultaba muy fácil para un obispo aceptar una dádiva, y preferir la compañía —y poco a poco también los intereses— de los ricos, y de ahí pasar a la mundanidad espiritual. Bergoglio se enfrentó a la amenaza recurriendo a la técnica ignaciana del *agere contra*. Ante una tentación, decía el fundador de los jesuitas, hay que redoblar los esfuerzos para dirigirse en la dirección contraria: para combatir la gula, por ejemplo, hay que ayunar; para combatir la pérdida de interés en la oración hay que rezar el doble. En el caso de Bergoglio, significaba pasar más tiempo aún con los jóvenes y los pobres, rehusar todas las invitaciones a cenas y regalos, preferir decir misa para unas prostitutas en la iglesia de San Ignacio y pasar los sábados en las villas miseria. Años después, ya como Papa, Francisco declararía en *Evangelii Gaudium* que la opción por los pobres era un imperativo constante y claro de las Escrituras y de la Iglesia primitiva, que había creado «una resistencia profética contracultural ante el individualismo hedonista pagano».

También políticamente se alineaba con los pobres, apoyando a su equipo de curas villeros en su huelga de hambre en enero de 1996. La protesta tenía que ver con la reanudación de las obras de una gran autopista, la Arturo Illia, que debía pasar por la Villa 31, y concretamente con una salida de la misma para la que había que demoler varias manzanas del barrio. Faltaba poco para las elecciones, y el alcalde de la ciudad, Jorge Domínguez, hacía campaña para la reelección con la promesa de «100 obras públicas en 100 días»: una de ellas fue la mencionada autopista. Tras no alcanzar un acuerdo con los residentes para pagarles las compensaciones que les correspondían, Domínguez —un firme aliado del presidente Menem— ordenó la entrada en la villa miseria de la policía y las topadoras, pero al llegar se encontraron a todo el equipo de curas villeros cortándoles el paso, acompañados de un grupo de periodistas apostados entre ellos, pertrechados con cámaras y micrófonos.

Durante catorce jornadas dramáticas, los diez religiosos, tendidos en su tienda de campaña, soportando el calor húmedo del verano bonaerense, solo ingirieron líquidos. La cobertura informativa fue intensa: había periodistas que acudían diariamente, esperando el momento en que los primeros sacerdotes fueran llevados en ambulancia al hospital.

Furioso, Menem tildó a los curas de «tercermundistas», en referencia al grupo religioso de izquierdas de principios de la década de 1970. El insulto demostró que el presidente estaba desconectado de la realidad. Los tiempos eran otros, y los curas villeros habían cambiado: los jóvenes sacerdotes ya no eran izquierdistas que enfrentaban «la Iglesia de los pobres» a la jerarquía, sino que se veían a sí mismos como no alineados políticamente y exigían al Estado que se responsabilizara de los pobres. Bergoglio había contribuido en aquella transición. Desde el principio de la disputa, se había mantenido en contacto constante con ellos, yendo a la villa para comprobar su estado de salud y para ver qué necesitaban. Trascendental fue que convenciera a Quarracino, que por aquel entonces se encontraba enfermo, de que asistiera con él a un acto de apoyo público a los sacerdotes, lo que forzó al Gobierno —cuya estrategia pasaba por considerarlos como religiosos disidentes— a retractarse. En un pacto sellado por Bergoglio entre bastidores, los sacerdotes desconvocaron la huelga una vez que las autoridades aceptaron ante las cámaras de televisión que construirían la salida de la autopista en otro punto.

El simbolismo de todo ello era aún mayor, pues la Villa 31, próxima a la estación de Retiro, había sido la base del padre Mugica, abatido a tiros por la Triple A en 1974. Mugica era el Che Guevara de la Iglesia: su retrato se encontraba por todas partes en las villas miseria. Su muerte como mártir, y su amor a los pobres, hacían de él un poderoso símbolo. La muerte del marxismo y de la guerrilla hacían que no solo no fuera peligroso, sino que resultara adecuado que Bergoglio le rindiera homenaje. En octubre de 1999, tras ser nombrado arzobispo, Bergoglio aceptó la propuesta de los «curas villeros» de exhumar el cuerpo del aristocrático cementerio de La Recoleta para enterrarlo en la capilla de su vieja parroquia de Cristo Obrero, que para entonces quedaba debajo de la nueva autopista. Bergoglio se ocupó del papeleo y de obtener el permiso del Vaticano, y celebró la misa en la que rezó «por los asesinos materiales, por los ideólogos del crimen del padre Carlos y por los silencios cómplices de gran parte de la sociedad y de la Iglesia». Posteriormente, descubrió una placa conmemorativa: «Aquí desarrolló su labor pastoral el padre Carlos Mugica, honrando con su prédica y su acción el compromiso cristiano con los pobres.»

Como era de prever, hubo quien, desde la izquierda —incluidos algunos curas villeros que habían abandonado el sacerdocio—, vio en el homenaje un cínico intento de la Iglesia de domesticar a Mugica. Sin embargo, los curas villeros en ejercicio se mostraron hondamente impresionados. La opción de Bergoglio por los pobres era real, y se medía no solo en palabras sino también en hechos, entre ellos las decenas de visitas que hacía a las villas para estar con la gente que apoyaba a sus sacerdotes.

Su fama empezaba a propagarse entre el clero de Buenos Aires. El padre Carlos Galli, que con el tiempo se convertiría en su colaborador en temas teológicos, había sido reclutado para sustituir a Bergoglio como profesor de teología pastoral en el Colegio Máximo en 1991, y siendo amigo de Yorio y su círculo, había oído gran número de anécdotas negativas sobre Bergoglio —sobre todo de algunos miembros de la Compañía de Jesús—. Pero, al mismo tiempo, también veía que los jesuitas más jóvenes lo describían en términos muy distintos: los mismos que oía ahora. No era que Bergoglio hubiese cambiado; lo que hacía en Flores era prácticamente lo mismo que había hecho en el Máximo: un intenso interés pastoral en los pobres logrado mediante la movilización de los jóvenes. Pero ahora que la opción por los pobres ya no equivalía al marxismo, había por parte de Bergoglio una mayor apertura hacia dicha opción, cuyo centro de interés se hallaba tanto en las villas miseria como en los santuarios tradicionales. Galli recuerda que

Las historias que oía de la gente que no estaba implicada en las polémicas sobre él decían que era un buen pastor, un sacerdote y un padre para la gente. Y empecé a pensar, ¿puede ser el mismo Bergoglio del que oí hablar a algunos jesuitas? Creo que todo el mundo descubría por aquel entonces su inmensa caridad pastoral. Empecé a oír testimonios por todas partes. Muere la madre de una monja y él acude al velorio, no para oficiar el servicio, sino solo para sentarse ahí y rezar el rosario. A un sacerdote de las villas no le llega un recambio, y él le sustituye durante el verano. Y después estaba un primo mío que dejó el sacerdocio, y él le ayudó a discernir que debía dejarlo, y después le ayuda a agilizar el proceso en Roma, le consigue un trabajo en una escuela y le facilita un dinero equivalente a tres años de alquiler. Hay tantos testimonios como ese de su inmensa caridad pastoral... pero a él no le oirás contar nunca nada de eso.

Por esa época Bergoglio se dedicaba a entregar estampas de Maria Knotenlöserin, sugiriendo su intercesión a todo el que acudía a verlo y le contaba algún problema. Una de esas personas fue Ana María Betta de Berti, que en la década de 1990 trabajaba en el departamento administrativo de la Universidad del Salvador. Después de enamorarse del cuadro realizó una copia al óleo que se colgó en la capilla de la universidad. Como hacen los inmigrantes en la Argentina, Maria Knotenlöserin adoptó una versión criolla de su nombre: María Desatanudos. La gente empezó a acudir a la universidad preguntando por la Virgen, y se llevaba estampas con la imagen. Empezaron a circular historias de favores que concedía, pequeños milagros de curación y reconciliación.

Poco después de convertirse en cura de parroquia, el padre Rodolfo Arroyo recibió la visita de tres devotos de la imagen que le pidieron que colgara el cuadro en su parroquia. Arroyo disponía una gran pared vacía al fondo de la iglesia de San José del Talar, en el barrio de Agronomía, y no se le ocurrió ninguna razón para negarse. Pero no sabía nada de imágenes sagradas, y les dijo que iría a hablar con el arzobispo. Quarracino le comentó que él era devoto de la Virgen de Luján, santuario nacional de Argentina, y que «la Desatanudos es cosa de Bergoglio. Andá a verlo a él». Pero cuando Arroyo telefoneó a Bergoglio, este le dijo: «A mí no me metas, que yo solo traje la estampita. Pero si Quarracino lo autoriza, adelante, es una imagen hermosa.»

El padre Arroyo obtuvo el permiso del cardenal e investigó un poco sobre los ritos de entronización de una imagen sagrada. Cuando llegó el 8 de diciembre de 1996, día de la colocación oficial —fiesta de la Inmaculada Concepción—, el párroco se asombró al ver que cinco mil personas acudían a venerar la imagen, formando largas colas en lo que solía ser una calle tranquila del barrio. Fue solo el comienzo. El padre Arroyo se encontró con que el día 8 de cada mes miles de personas atestaban su iglesia, cifra que se elevaba hasta varias decenas de miles coincidiendo con el día de la Inmaculada (en 1998 fueron setenta mil, y ciento treinta mil en 2011). No resultaba difícil llevar la cuenta, pues todos los visitantes recibían una estampa.

En 2011 el cardenal Bergoglio celebró la misa del 8 de diciembre en San José del Talar. La gracia de la Virgen —manifestó ante la nutrida concurrencia— consistía en desatar los nudos causados por el pecado original. «Nudos en la vida personal, familiar, laboral, comunitaria. Los nudos que impiden fluir libremente la gracia de Dios a través de la cinta de nuestras vidas —explicó, antes de añadir—: María con sus manos bondadosas va soltando los nudos uno a uno, y el ángel nos muestra que la cinta está desanudada, diciéndonos que recemos confiadamente porque somos escuchados.»[9]

Los obispos auxiliares suelen pasar, después de algunos años en su puesto, a ocuparse de alguna diócesis, pero Bergoglio le había pedido al cardenal que, si era posible, prefería permanecer como obispo auxiliar en la capital. «Soy porteño, y fuera de Buenos Aires no sé hacer nada», le dijo a Quarracino.

Coincidiendo con la época de la huelga de hambre de los sacerdotes de principios de 1996, Quarracino había empezado a sufrir problemas cardiovasculares, y en julio de ese año presidió la celebración del Corpus Christi en silla de ruedas. A causa de lo precario de su salud, sabía que al año siguiente, cuando cumpliera setenta y cinco años, era muy probable que se aceptara su renuncia. El plan secreto de Quarracino consistía en nombrar a Bergoglio su obispo coadjutor con derecho a sucesión, lo que significaba que cuando el cardenal muriera o dejara el cargo, Bergoglio se convertiría en arzobispo de Buenos Aires de modo automático, sin que hiciera falta un nombramiento formal por parte de Roma que podía ser bloqueado por el Gobierno.

Quarracino se enfrentó a una férrea oposición a su plan por parte de Esteban *Cacho* Caselli, el poderoso asistente del presidente Menem conocido también como «el Obispo» a causa de sus estrechos vínculos con los más altos niveles del Vaticano. Caselli era el enlace entre el Vaticano y Menem, el que garantizaba el apoyo económico y político a Roma a cambio de influencia política. Para indignación de los obispos, Caselli había convencido al Vaticano, a mediados de la década de 1990, para que Juan Pablo II suavizara sus críticas sobre la situación social en Argentina cuando se dirigió a estos durante su visita a Roma.

Caselli mantenía, sobre todo, vínculos con dos hombres: el todopoderoso secretario de Estado del Vaticano, cardenal Angelo Sodano, descrito en ocasiones como «el vicepapa», y el diplomático argentino que sería su número dos, o *sostituto* a partir de 2000, el arzobispo Leonardo Sandri. Sandri y Caselli estaban unidos por diversos lazos (los tres eran miembros, por ejemplo, de la Orden de Malta) a Héctor Aguer, uno de los auxiliares de Buenos Aires. Era Aguer quien quería sustituir a Quarracino.

La apuesta de este por Bergoglio para que lo sucediera lo llevó a tener que enfrentarse a aquel nexo poderoso. Cuando el cardenal viajó a Roma para convencer a la Congregación del Vaticano a cargo del nombramiento de obispos de que nombrara a Bergoglio su coadjutor, se vio bloqueado. Fue un nudo significativo. Sin embargo, Quarracino pasó por encima de ellos por segunda vez y acudió directamente al Papa, que sentía un gran afecto por él y un profundo desagrado por las componendas entre la Iglesia y el poder político. Según una versión, Quarracino escribió una carta de nombramiento para que el pontífice la firmara y se la entregó al embajador argentino en la Santa Sede, Francisco Javier Trusso, para que fuera este quien se la entregara a Juan Pablo II durante una próxima audiencia ya programada. Cuando Trusso le entregó la carta al Papa, este la firmó allí mismo y se la devolvió al embajador, que a su vez la envió a Quarracino.[10]

No está claro por qué Juan Pablo II aceptó. Una hipótesis parece razonable: Quarracino, en aquella época, era consciente de que la Iglesia en Argentina había llegado a identificarse de manera demasiado estrecha con Menem y su entorno, y que las revelaciones de corrupción, tarde o temprano, pondrían a la Iglesia en el primer plano. Tal vez argumentara ante Juan Pablo II que el austero Bergoglio era la mejor opción para salir del lodazal que se les venía encima.

El nuncio en Argentina, Ubaldo Calabresi, comunicó la noticia a Bergoglio con su malicia habitual. En esa ocasión lo llamó el 17 de mayo de 1997 y lo invitó a almorzar. Cuando llegó la hora del café, los mozos (camareros) aparecieron de pronto con una tarta y una botella de champán. Bergoglio preguntó si era el cumpleaños del nuncio. «No —respondió Calabresi, sonriente—. Lo que pasa es que es usted el nuevo arzobispo coadjutor de Buenos Aires.»

Cuando, en junio, se hizo pública su designación, volvió a causar sorpresa, pues Bergoglio, de sesenta años, apenas si tenía proyección pública. El presidente de la Conferencia Episcopal argentina, arzobispo Karlic, era el rostro más conocido de la Iglesia, y otros obispos conocidos por los medios eran vistos como sucesores naturales de Quarracino. El nombramiento de Bergoglio, según *La Nación,* respondía «a una solicitud dirigida al Papa por el propio cardenal Quarracino para que lo "aliviara de la carga pastoral", dados sus problemas de salud».

Gran parte de la narrativa periodística se centraba en el contraste entre la invisibilidad de Bergoglio y su alto cargo. «Monseñor Bergoglio prefiere no hablar y guardarse en la imagen más difusa de un segundo plano —escribió el veterano comentarista de asuntos religiosos, Bartolomé de Vedia, que añadió—: Hará todo lo posible por eludir la persecución periodística e intentará no abandonar el bajo perfil que cultivó... desde que llegó al arzobispado de Buenos Aires.»

El otro tema del relato era la gran estima de que gozaba entre sus clérigos, que lo consideraban un buen pastor y lo describían como accesible, dispuesto a escuchar, inteligente y piadoso, un hombre humilde de pocas palabras pero de gran lucidez. Es «uno de los auxiliares más queridos por el clero joven», escribió Vedia.[11] El corresponsal religioso del otro gran periódico del país, *Clarín,* vio el nombramiento como la confirmación de las prioridades de Juan Pablo II en cuanto a ortodoxia teológica, preocupación por la justicicia y distancia respecto del poder político. «Bergoglio —escribió Sergio Rubín— es un jesuita sencillo y afable, pero nada propenso a las alfombras del poder que, por ahora, hacen soñar a los menemistas.»[12]

La designación de Bergoglio, que se sumaba a los vientos fríos que soplaban desde la Conferencia Episcopal presidida por el arzobispo Karlic, suponía un gran contratiempo para la estrategia de Menem/Caselli de cooptar la Iglesia. Tras convertirse, a principios de la década de 1990, en la niña bonita de los mercados financieros internacionales, Argentina recibía en ese momento reprimendas por sus niveles de corrupción crónica, por su descontrol en el gasto y por una deuda que alcanzaba los 67.000 millones de dólares, a un ritmo desorbitado de 127.000 millones por década. La Conferencia Episcopal no solo criticó con dureza la incapacidad para atajar la creciente pobreza, el desempleo y las extremas desigualdades sociales, sino la falta de separación de los poderes ejecutivo y judicial que permitía la escandalosa impunidad de los millonarios de Menem. Habiendo perdido el apoyo del cuerpo episcopal, la estrategia del Gobierno pasó por redoblar sus esfuerzos para seguir contando con el apoyo del Vaticano. Poco después de que se hiciera público el nombramiento de Bergoglio, Caselli, el intermediario de Menem en la Santa Sede, sustituyó a Trusso como embajador pontificio.

Aunque Quarracino permaneció técnicamente al frente de la diócesis, tradicionalmente el arzobispo coadjutor iba asumiendo gradualmente los deberes del cardenal. En agosto de 1997 Bergoglio presidió por primera vez una procesión multitudinaria al santuario de San Cayetano, patrón del pan y el trabajo, en el barrio de Liniers. La histórica cifra de asistentes era reflejo de los altísimos niveles de desempleo y del dolor de millones de trabajadores en apuros. En su primera homilía ante una audiencia tan masiva, el arzobispo Bergoglio dijo que el empleo, como la comida, debía compartirse. «Cada uno tiene que trabajar un poco —manifestó—. El trabajo es sagrado porque cuando uno trabaja se va formando a sí mismo. El trabajo enseña y educa, es cultura. Si Dios nos ha dado el don del pan, el don de la vida, nadie nos puede quitar el don de ganarlo trabajando.»[13]

Ese mismo mes celebró una gran misa en la catedral para dar la bienvenida a la Virgen de Caacupé, venerada por los paraguayos. La Virgen había sido traída a Buenos Aires por el padre Pepe Di Paola, un sacerdote joven y carismático a quien Bergoglio había ayudado durante una crisis de vocación. Bergoglio había enviado al padre Pepe ese año a ocuparse de una de las villas miseria más pobres y violentas de la ciudad, la Villa 21, donde más de la mitad de los cuarenta y cinco mil residentes eran inmigrantes paraguayos, y donde las mafias de la droga ejercían su control.

Traer la estatua desde Paraguay había sido idea del padre Pepe. Al término de la misa, miles de personas entraron en la catedral para recoger a la Virgen y llevarla al barrio. «Regresábamos con ella y nos dimos cuenta que Bergoglio caminaba detrás, rezando», recuerda el padre Pepe. Fue una imagen que a lo largo de los quince años siguientes llegaría a resultar muy familiar a los residentes de la villa. Bergoglio se pasaba por allí tan a menudo que al menos la mitad de los villeros, unas veinticinco mil personas, lo conocieron y se hicieron alguna foto con él, y eso solo en ese barrio, asegura el padre Juan Isasmendi, a quien Bergoglio envió a la Villa 21 en 2008 para ayudar al padre Pepe. El obispo, que siempre llegaba en autobús (desde la plaza de Mayo hay que tomar dos), nunca se perdía las grandes celebraciones, y daba él mismo la Confirmación, en una ceremonia que en ocasiones duraba un día entero. Las villas, dice el padre Isasmendi, eran donde Bergoglio «llenaba sus pulmones del oxígeno que necesitaba para guiar a la Iglesia».[14]

Entre mediados y finales de la década de 1990, Bergoglio fue acercándose cada vez más a un mentor intelectual al que había conocido hacía casi veinte años: Alberto Methol Ferré, un intelectual católico, laico, uruguayo, que trabajaba en la Comisión de Teología del CELAM y que había ejercido gran influencia en el documento de Puebla.

Methol Ferré era, posiblemente, el intelectual latinoamericano más significativo y original de finales del siglo XX. Escritor, historiador, periodista, teólogo y autodidacta —se definía a sí mismo como «tomista silvestre, sin seminario ni academia»— se convirtió al catolicismo tras leer los textos de G. K. Chesterton mientras trabajaba en la autoridad portuaria de Montevideo. Seguidor de Étienne Wilson y de Perón, sus dos grandes pasiones eran la Iglesia y la integración latinoamericana, pasiones que se unieron durante su trabajo para el CELAM durante veinte años, entre 1972 y 1992. Bergoglio y él eran aliados naturales: ambos creían en la tradición nacional y popular del peronismo, a ambos les motivaba Medellín pero se oponían al marxismo revolucionario que se había seguido de él, y ambos se sentían profundamente comprometidos con la unidad continental. Tras la muerte de Methol Ferré, en 2009, Bergoglio lo describió como «un amigo querido» y «un gran hombre que tanto bien ha hecho a la conciencia latinoamericana y a la Iglesia».

Aunque para entonces Bergoglio ya estaba familiarizado con los textos de Methol Ferré, su primer encuentro no tuvo lugar hasta 1978, cuando Bergoglio era provincial de los jesuitas y ambos coincidieron en un almuerzo organizado en el Colegio Máximo por el rector del USAL, Francisco Piñón. Este recuerda que la conversación, durante aquella comida, giró en torno al momento histórico para la Iglesia latinoamericana, y al papel de la cultura, que tanto peso tendría en el documento de Puebla. Methol Ferré y el grupo de intelectuales católicos de Gera preveían que la Iglesia latinoamericana sería el catalizador de un destino común para el continente —la «patria grande»—, en un futuro global marcado por estados-continente. Tras los fracasos tanto del modelo del Atlántico Norte de crecimiento económico como del socialismo de estilo cubano, estaban convencidos de que había llegado la hora del Pueblo de Dios. Durante la década de 1980, la revista de Methol Ferré, *Nexo*, fue el manantial del que brotaron aquella ideas, y Bergoglio, lector asiduo, bebió abundantemente de ellas.

Rastreando en la historia del Cristianismo, Methol Ferré constataba que, en cada época, una Iglesia, en una parte del mundo, se convierte en «fuente» para la Iglesia en otras partes, y en gran medida se refleja en ella. Así, la de Alejandría y Siria fue la Iglesia-fuente de la primera era cristiana, como lo fueron España e Italia en el Concilio de Trento del siglo XVI, y como después llegaron a serlo Francia y Alemania en el Concilio Vaticano II. La Iglesia en América Latina había sido un «reflejo» a lo largo del periodo colonial y durante la primera etapa nacional, pero había empezado a avanzar e iba camino de convertirse en fuente a partir de la década de 1950, cuando Pío XII alentó la creación del CELAM, un cuerpo eclesiástico regional con vocación de unificar e integrar América Latina. El CELAM era la primera estructura colegial continental de la Iglesia moderna, concebida para permitir que el catolicismo latinoamericano, por una parte, expresara sus rasgos distintivos y, por otra, decidiera sobre sus propias políticas pastorales. Methol Ferré consideraba que la teología específica emergente del encuentro del CELAM en Medellín era característica de una Iglesia-fuente. El marxismo la había desviado, pero el encuentro del CELAM celebrado en Puebla en 1979 la había rescatado.

Y, sin embargo, aquella confianza en sí misma se había esfumado. En parte, el declive se debía a la muerte de la teología de la liberación durante la década de 1980, pero la causa era, sobre todo, el centralismo del pontificado de Juan Pablo II. La preocupación fundamental del Papa era unir a la Iglesia tras las divisiones de la década de 1970, que la habían debilitado. Ello implicaba no solo afianzar el papado en la escena mundial a través de interminables viajes, mediante un amplio cuerpo de enseñanzas y con un estilo autoritario de Gobierno que llevaba a un marcado aumento del poder de la Curia vaticana , sino también pisar el freno del crecimiento de las conferencias episcopales y otras expresiones de colegialidad. En América Latina, ello se tradujo en promover a posiciones clave a un grupo de obispos conservadores que apoyaban esa visión centralista del papado y que querían que al CELAM se le bajaran un poco los humos. Para ello, el Papa contaba especialmente con tres obispos: dos de ellos colombianos: Alfonso López Trujillo, a quien Juan Pablo II había nombrado cardenal en 1983, cuando todavía era muy joven, y Darío Castrillón Hoyos, presidente del CELAM después de Quarracino. El otro era un chileno, el arzobispo de Valparaíso, Jorge Medina Estévez. Ese triunvirato conservador era el encargado de poner en práctica en América Latina el centralismo de Juan Pablo II.

El CELAM se había convertido en el símbolo de la colegialidad no solo por ser el mayor y más antiguo Consejo Episcopal, sino por estar expresamente comprometido en la reflexión teológica, llegando a referirse a un «magisterio latinoamericano», algo que, para los centralistas, fue una idea herética. Las tensiones alcanzaron su punto álgido en 1992 con el intento del Vaticano de dirigir la Cuarta Asamblea General del CELAM que se celebró en Santo Domingo, capital de la República Dominicana. Roma rechazó el documento de trabajo del CELAM y lo sustituyó por uno propio, salpicado de citas de Juan Pablo II; entonces, cuando el CELAM nombró a veinte *periti* (consejeros teológicos), dieciocho de ellos fueron apartados por el Vaticano y reemplazados por otros nombrados por este. En un ejercicio descarado de la *potestas* papal, Juan Pablo II no solo inauguró la conferencia, sino que se quedó tres días antes de enviar a su secretario de Estado, Angelo Sodano, que había ejercido de nuncio durante el Gobierno del general Pinochet, para que guiara la conferencia con la ayuda del obispo Medina Estévez. Los Legionarios de Cristo —orden conservadora mexicana— contaban con una oficina en el centro en el que se desarrollaba la conferencia con línea directa con Roma, lo que permitía a Sodano mantener informado a Juan Pablo II. Esa microgestión desde Roma del encuentro de la Iglesia latinoamericana era contraria a todo lo que defendía el CELAM.

Hacia el final del encuentro, el CELAM se rebeló. Cuando el Vaticano nombró a cinco miembros para que redactaran la declaración final, los obispos del CELAM votaron a un sexto miembro, el presidente de la Conferencia Episcopal brasileña, Luciano Mendes de Almeida. Cuando la conferencia llegaba a su conclusión, los obispos del CELAM, por mediación del arzobispo Mendes, intentaron contrarrestar la versión de Roma, pero Sodano se lo impedía continuamente. Al final Mendes y los obispos del CELAM pasaron toda la noche redactando su versión alternativa, una defensa del planteamiento que los obispos latinoamericanos habían asumido en Puebla y Medellín. Al día siguiente, este se fue directo al micrófono y la leyó. «Sodano no pudo hacer nada —recuerda un obispo destacado del CELAM, que ahora es uno de los cardenales más cercanos al Papa Francisco—. Estaba ahí sentado, impotente, mientras el auditorio en pleno prorrumpía en aplausos. Fue como si el Espíritu Santo se hubiera impuesto al final de todo, a última hora.»[15]

La declaración final, rescatada por la Iglesia local, incluía una llamada, en línea con Quarracino, Methol Ferré y Bergoglio, a «fomentar y acompañar los esfuerzos en pro de la integración latinoamericana como "Patria Grande"». Pero, en general, Santo Domingo fue pólvora mojada. Las pugnas anteriores a la conferencia y las intervenciones de Roma habían debilitado la participación, y los resultados fueron escasos. Al rememorarlo años después, Methol Ferré destacó que, apenas tres años después de la caída del Muro de Berlín, a la conferencia le faltó la perspectiva necesaria para reflexionar sobre un mundo que ya no era bipolar y en el que el «neoliberalismo» —como llamaba Methol a una creencia en un libre mercado sin controles— aparecía triunfante.[16]

Methol Ferré abandonó el CELAM después de aquella conferencia, y se trasladó a Montevideo, desde donde, cruzando el Río de la Plata, visitaría con regularidad a Bergoglio en Buenos Aires. Pasaban muchas horas conversando sobre el estado del mundo, y sobre el lugar que, en él, ocupaba América Latina, preocupados porque el declive de la teología de la liberación y el auge del neoliberalismo hubieran socavado el compromiso de la Iglesia con los pobres. Methol Ferré estaba convencido de que los enemigos de ese compromiso eran ahora el relativismo y el consumismo, y de que la Iglesia latinoamericana debía recuperar su opción por los pobres, afirmando los sacrificios necesarios para una solidaridad auténtica.

La enfermedad de Quarracino propició que fuera Bergoglio quien recibiera la invitación para asistir, en tanto que delegado de la Iglesia latinoamericana, a Cuba durante la visita histórica que Juan Pablo II realizó a la isla en enero de 1998. La Santa Sede y La Habana llevaban mucho tiempo toreándose mutuamente, preparando visitas que luego se cancelaban. El Papa deseaba hablar de democracia y libertad, e insuflar ánimos a la Iglesia cubana, que llevaba largos años de sufrimiento. Fidel Castro, maestro aún de las oscuras artes de la propaganda, veía la visita como la ocasión de recibir algo de publicidad favorable, y de añadir presión a Estados Unidos para que levantara el embargo comercial contra la isla, que duraba ya cuarenta años, y al que el Vaticano se oponía desde hacía tiempo. La fascinación de los medios de comunicación por el viaje era, claro está, muy intensa: allí se encontrarían dos veteranos, cada uno de ellos un símbolo de sus respectivos credos globales, y durante unos pocos días ocuparían el mismo escenario.

La visita fue un éxito para Juan Pablo II sin representar una humillación para el régimen socialista. El Papa ofreció a los cubanos la perspectiva de una nueva revolución —revolución que devolviera a Cuba a sus raíces cristianas y democráticas—, al tiempo que proporcionaba a los cubanos una experiencia de libertad que no volverían a probar. Tras años de un discurso oficial de oposición dialéctica y confrontación, oían un lenguaje nuevo —de paz, libertad, solidaridad y reconciliación—, y melodías largo tiempo perdidas que les recordaban a su verdadero yo.[17]

Un libro poco conocido de Bergoglio sobre la visita se publicó ese mismo año. En tanto que autor, Bergoglio no podría haberse mostrado más discreto; en ningún momento menciona siquiera que estuvo presente durante el viaje papal, y se describe a sí mismo como «coordinador» del libro. El texto había sido escrito diligentemente por encargo del Vaticano: la segunda mitad contenía los discursos pronunciados por el Papa y por Castro. Pero el principal interés de *Diálogos entre Juan Pablo II y Fidel Castro* es el modo en que sigue un rumbo resueltamente independiente, rechazando tanto el marxismo como el neoliberalismo por considerarlos ajenos al alma del pueblo cubano y, por extensión, de América Latina en su conjunto.

El régimen recibe críticas severas —en unos términos muy similares a los expresados por los obispos cubanos—, por las restricciones totalitarias del Estado a las libertades tanto políticas como religiosas, así como por el «error antropológico» del socialismo y por la miseria que se producía en paralelo a la riqueza de la economía (turística). Bergoglio se mostraba particularmente implacable con la destrucción que el comunismo había perpetrado sobre la cultura popular, que era la que transmitía valores y virtudes de generación en generación, así como con la desmembración de la familia a través de las altísimas tasas de abortos y divorcios, de alcoholismo y promiscuidad, por no mencionar la emigración y el encarcelamiento de presos políticos.

Sin embargo, el libro también cuestiona con vehemencia del neoliberalismo. La Iglesia, señalaba Bergoglio, no tenía problemas con una acumulación del capital que lleva a un aumento de la productividad —lo que él denomina «capitalismo como mero sistema económico»—, sino más bien con «el espíritu que ha movido al capitalismo, usando el capital para oprimir y someter a la gente, ignorando la dignidad humana de los trabajadores y el propósito social de la economía, distorsionando los valores de la justicia social y el bien común». Aunque el neoliberalismo respetaba los valores religiosos, lo hacía relegándolos a la esfera social, proseguía, y añadía que «nadie puede aceptar los preceptos del neoliberalismo y considerarse cristiano». El concepto cristiano nuclear era el de solidaridad, saber compartir lo que Dios ha concedido en abundancia. Lo contrario era el neoliberalismo, que «genera desempleo y margina fríamente a quienes resultan superfluos», que vacía el crecimiento económico de contenido humano, que «solo se preocupa por las cifras que suman» y que «corrompe los valores democráticos al separar de ellos los valores de la igualdad y la justicia social».[18]

El libro fue un intento de imaginar un futuro nuevo para Cuba creado desde el diálogo iniciado por el encuentro entre Castro y el Papa. Ese futuro empezó a hacerse visible cuando, poco antes de la Navidad de 2014, los Estados Unidos y Cuba tomaron la histórica decisión de reanudar relaciones diplomáticas y de avanzar hacia el levantamiento del bloqueo económico. Tanto el presidente Barack Obama como el presidente Raúl Castro destacaron el papel indispensable del Papa Francisco, y del Vaticano, a lo largo de dieciocho meses que culminaron en el anuncio formal.

Poco después de volver de La Habana, el 25 de enero, a Bergoglio le llegó la noticia del fallecimiento del cardenal Eduardo Pironio a causa del cáncer de huesos contra el que llevaba meses batallando. Sus restos mortales fueron trasladados de Roma a Buenos Aires, donde miles de personas le rindieron homenaje en un funeral solemne copresidido por un enfermo cardenal Quarracino y por cuarenta obispos, además de por casi ciento cincuenta sacerdotes. Pironio era el hombre de Iglesia más conocido de Argentina, estrecho colaborador tanto de Pablo VI como de Juan Pablo II, y considerado «papable» en el cónclave de 1978. Con todo, su mayor logro había sido la celebración de la conferencia del CELAM en Medellín, que dio voz a la Iglesia latinoamericana. Como doloroso símbolo de la pérdida de voz que aquella Iglesia había sufrido desde Puebla, entre los veinte nuevos cardenales designados por el Papa inmediatamente después del funeral de Pironio, solo cuatro fueran del continente. Dos de ellos habían encabezado la intervención de Roma en Santo Domingo: Medina Estévez y Castrillón Hoyos.

Días después, Argentina perdió a su otro cardenal. Tras pasar un tiempo hospitalizado y conectado a un respirador, debatiéndose entre la vida y la muerte tras un bloqueo intestinal, Quarracino murió el 28 de febrero. Su amigo, el presidente Menem, pidió a Bergoglio que permitiera que el velatorio tuviera lugar en la Casa Rosada, el palacio presidencial, y no en la catedral, para que el país pudiera rendirle homenaje. Bergoglio se negó. Para indignación de Caselli, tampoco aceptó que Menem pronunciara un discurso allí; Bergoglio fue el único en hacerlo.

Bergoglio pasó tres días en retiro de silencio, preparándose para lo que se le venía encima. Al salir presidió un funeral muy concurrido al que asistieron las élites religiosas y políticas de Argentina y una congregación de tres mil personas. Entre las palabras de homenaje que pronunció, dijo que habían sido pocos los que habían llegado más allá del personaje aparente, hasta un corazón que sabía perdonar, pero que el Pueblo fiel de Dios sí lo había conocido. Quarracino había sido, dijo Bergoglio haciéndole el mejor de los cumplidos, un verdadero pastor.

Bergoglio era ahora arzobispo de Buenos Aires, pero el hecho apenas se evidenciaba; no quiso ceremonia ni recepción para marcar su toma de posesión, y no concedió entrevistas. Ni siquiera aceptó ropa nueva. Pidió a las monjas que cocinaban en la Curia que le estrecharan las túnicas negras ribeteadas de púrpura que habían pertenecido a Quarracino (el cardenal era un hombre corpulento). Su primer acto oficial, el 18 de marzo, fue la asistencia a una celebración organizada por Menem en la Sala Blanca del palacio presidencial para conmemorar el cincuentenario de la ordenación del nuncio papal, Ubaldo Calabresi. Bergoglio, ataviado con un sencillo traje y alzacuello, era un fantasma: muchos de los dignatarios de alto rango no tenían la menor idea de quién era.

Al asumir su nueva misión quiso cambiar lo menos posible de su estilo de vida. Declinó instalarse en la residencia episcopal —un edificio señorial a veinte kilómetros del centro, en la arbolada zona residencial de Olivos, cercano a la mansión del presidente—, así como usar el vehículo oficial con chófer. Lo que sí hizo fue trasladarse al moderno edificio de oficinas de la arquidiócesis contiguo a la catedral, conocido como la Curia, en el lado norte de la plaza de Mayo. (La residencia de Olivos se transformó en albergue para clérigos, y al chófer se le buscó otro empleo.)

En la Curia, rechazó el elegante y espacioso despacho y optó por ocupar uno pequeño, en la misma planta, amueblado con un escritorio y tres sillas. Sobre la mesa colocó imágenes de san José, santa Teresa de Lisieux y María Desatanudos. En la tercera planta se instaló en un dormitorio de reducidas dimensiones con una sencilla cama de madera, sobre la que colgó el crucifijo que había pertenecido a sus abuelos Giovanni y Rosa, y ocupó también el cuarto adyacente, donde tenía el armario ropero y varios estantes para sus libros y sus papeles privados. En la habitación tenía una estufa, que encendía en invierno, cuando el personal se iba a casa, y los fines de semana, cuando la calefacción del edificio se apagaba.

Contaba también con una cocinilla en la que calentaba el agua para prepararse el mate e improvisar algún plato de pasta. Cerca había una capilla con una imagen de la Virgen de Luján, en la que pasaba las primeras horas del día, a partir de las cuatro y media, estudiando las Escrituras del día y tomando decisiones mediante el discernimiento espiritual. A las siete decía misa en la capilla de la Curia (o, en ocasiones, en su capilla privada de la segunda planta). Después de desayunar y leer la prensa, a las ocho y media ya estaba en su despacho, antes de las primeras reuniones de la jornada. Tras un almuerzo ligero, que le preparaban las monjas de la Curia, y una siesta de cuarenta y cinco minutos, regresaba al trabajo por la tarde, y a veces dedicaba la última hora a visitar las parroquias. Solía acostarse a las diez de la noche, hora a la que muchos porteños cenan.

Aunque con el tiempo contaría con dos secretarias que le

ayudarían a organizar su correspondencia y sus llamadas, llevaba él mismo su propia agenda, y solía telefonear directamente. A diferencia de la mayoría de los arzobispos, no contaba con secretario «privado» —normalmente un sacerdote— que lo siguiera como una sombra, y seguía moviéndose por la ciudad en transporte público o a pie. Aparecía en los sitios solo, por lo general vestido sencillamente con traje y alzacuello.

Tener poder significaba capacidad de actuar, de hacer que ocurrieran cosas. Pero el poder conllevaba muchas tentaciones —sobre todo la atracción del dios de la eficacia, que resultaba fatal para un pastor, pues lo distanciaba de sus ovejas y lo volvía ajeno a los pobres. Jesús mostró a sus discípulos cómo actuar contra aquella tentación la noche de la Última Cena, antes de su muerte cuando —según se cuenta en el Evangelio según San Juan— se arrodilló y lavó los pies a sus discípulos.

Poco antes de la Pascua de su primer año como arzobispo, Bergoglio mandó llamar al capellán del Hospital Muñiz de Buenos Aires —el centro nacional para el tratamiento de enfermedades infecciosas— y le pidió si podía decir misa allí el Jueves Santo. «El Jueves Santo quiero ir allá. ¿Puedo?», le preguntó. Cuando llegó el arzobispo, el padre Andrés Tello explicó que ocho de cada diez pacientes tenían sida. Su edad media era de veintiocho años; muchos eran drogadictos o prostitutas; algunos eran travestis. «Cuando llegó, le expliqué que si bien el Evangelio habla de doce apóstoles varones, acá en el hospital tenía varones, mujeres, travestis. Me dijo: a los que vos elijas, yo les lavo los pies», recuerda el sacerdote.

La misa fue muy emocionante, todos lloraban, él les dio la Comunión a todos. Cuando terminó, me dijo: «Ahora quiero llevarles la Comunión a los que no pudieron venir porque están en cama.» Él siempre habló de las periferias existenciales. Quiso ir a un lugar de mucho dolor y el hospital es eso. A los pacientes les impactaba que el obispo les diera un beso, un abrazo. Él siempre insistía: el ser sacerdote es para todos. Nos decía que seamos amplios de criterio para dar los sacramentos.

A partir de entonces, todos los Jueves Santos, Bergoglio acudía a un centro penitenciario, a una residencia de ancianos, a un hospital, a lavar los pies de los pobres.[19]

Para Bergoglio, angustiado por las páginas finales de *Meditación sobre la Iglesia*, de Henri de Lubac, lo peor que podía ocurrirle a la Iglesia era la mundanidad espiritual «infinitamente más desastrosa que cualquiera otra mundanidad simplemente moral». Dirigiéndose a sus sacerdotes en 1999, advirtió: «Un humanismo sutil enemigo del Dios Viviente —y, en secreto no menos enemigo del hombre— puede instalarse en nosotros por mil subterfugios. Aquí ya no habrá fervor, sino simplemente autocomplacencia, autorrealización, autopertenencia, o simplemente aburrimiento. En nuestra evangelización la mundanidad espiritual puede entrar por el desplazamiento de los medios hacia los fines: organizamos, proponemos, somos gestores... pero nos falta la valentía evangelizadora (la parresia paulina) que ordena los medios hacia el fin que se me impone: anunciar lo que me fue revelado.»[20]

Tras la muerte de Quarracino, Bergoglio puso en evidencia una compleja red de mundanidad espiritual que se extendía desde la Iglesia de Buenos Aires hasta el Vaticano a través de la Casa Rosada.

Quarracino había aceptado muchos favores del Gobierno —incluidos fondos para su fundación—, y se esperaba que Bergoglio hiciera lo mismo. Cuando viajó a Roma en junio para recibir, de manos de Juan Pablo II, el palio —una estrecha banda de lana con cruces negras que simboliza el vínculo entre el Papa y las grandes diócesis—, la Casa Rosada le facilitó un billete de avión de primera clase. Bergoglio lo devolvió, hecho pedazos. («No entiendo a Bergoglio —se dice que comentó Caselli—. Uno lo quiere ayudar y él te rechaza.») Menem tuvo una experiencia similar cuando le envió a dos hombres para que lo sondearan ante la apuesta del presidente de modificar la Constitución para poder presentarse a un tercer mandato. Nunca se enteraron, porque el arzobispo no se mostró dispuesto a hablar del tema.

El nexo Caselli-Sandri-Sodano había permitido al Gobierno de Menem compensar la frialdad de las críticas domésticas de los obispos argentinos con algo del calor del Vaticano. Los tres hombres estaban relacionados en una densa red de intereses entrelazados. Caselli, hombre fuerte de Menem con amplios tratos empresariales, había colocado a varios sobrinos de Sandri en los servicios de inteligencia argentinos, y había salvado la empresa de construcción del hermano de Sodano. Dos semanas antes de las elecciones legislativas de octubre de 1997, Caselli, a través de Sodano, organizó un encuentro entre Menem y Juan Pablo II; y el 25 de mayo de 1998, día Nacional de Argentina, Caselli organizó una misa a través del secretario de Estado durante la cual Sodano habló de las «permanentes y cálidas relaciones entre los argentinos y el Papa», comentarios que el Gobierno de Menem se encargó de que se difundieran ampliamente como prueba del apoyo papal a su persona. (Dichos comentarios fueron contrarrestados por un breve comunicado de los obispos en el que deploraban el intento de usar la religión con fines políticos, y concretamente el intento de insinuar que el Papa apoyaba la administración de Menem.)[21]

Otro reto para Bergoglio se encontraba en los estrechos vínculos que se habían ido desarrollando entre la arquidiócesis y una extensa y distinguida familia católica, los Trusso, a quienes Quarracino conocía bien de su diócesis anterior de La Plata. La familia incluía al padre Alfredo Trusso, pionero de la reforma litúrgica tras el Concilio Vaticano II, que había publicado una traducción de la Biblia al argentino para uso popular; y a su hermano, Francisco Trusso (*Paco*), que Quarracino había convencido a Menem para que nombrara embajador en la Santa Sede entre 1992 y 1997. Los hijos de Paco, Francisco Javier y Pablo, eran directores y accionistas del Banco de Crédito Provincial (BCP), con sede en La Plata. Un tercer hermano, Juan Miguel Trusso, era asesor legal del Banco y vicepresidente de la Cáritas Diocesana.

Los Trusso eran generosísimos contribuyentes de la Iglesia, para la que además recaudaban fondos. Canalizaban donaciones y regalos, y daban o prestaban dinero para financiar numerosos proyectos de las diócesis. La arquidiócesis contaba con diversas cuentas corrientes en el banco de los Trusso, así como en otros siete bancos.

Quarracino era muy amigo del director del BPC, Francisco Javier Trusso, con quien mantenía una relación prácticamente paterno-filial. El cardenal confiaba no solo en sus consejos técnicos y su ayuda, sino en la línea de crédito del BCP, que permitía, por ejemplo, a pequeñas organizaciones católicas recibir dinero prestado a través de la diócesis. Como después revelarían los documentos judiciales, el flujo de dinero que llegaba a través de los Trusso servía para pagar vuelos y hoteles de los que hacían uso Quarracino y sus dos asistentes, monseñor Robert Toledo y Norberto Silva, durante sus viajes en el extranjero. También salió a la luz que Quarracino recurría a su autoridad y a sus contactos para ayudar los negocios de los Trusso.

En 1996 Quarracino contribuyó a cerrar un contrato importante para el BCP, un fondo grande de pensiones llamado Sociedad Militar Seguro de Vida (SMSV). Durante una reunión en la Curia, en la que Francisco Javier y monseñor Toledo, secretario privado de Quarracino, también estuvieron presentes, el cardenal aseguró al presidente de la SMSV —el capitán Eduardo Trejo Lema— que los Trusso eran personas honorables y piadosas en las que la Iglesia depositaba una confianza absoluta. Después de que Trejo Lema abriera una cuenta en el BCP, fue agasajado en Roma por el embajador argentino, Francisco Trusso , que lo organizó todo para que pudiera asistir a una misa celebrada por Juan Pablo II y después conociera personalmente al Papa; además, a instancias del cardenal Quarracino, Trejo Lema fue admitido en la prestigiosa Orden de los Caballeros de Malta.

Posteriormente Francisco Javier Trusso, vicepresidente del BCP, se puso en contacto con Trejo Lema y le solicitó un préstamo de 10 millones de dólares a seis meses para la arquidiócesis; su Banco, le expuso, no podía aportar el capital en ese momento, pero avalaría el préstamo. El capitán aceptó, y los fondos se transfirieron a finales de junio de 1997 a una de las cuentas que la diócesis tenía en el BCP. Dicha cuenta, según se supo luego, tenía un descubierto de casi nueve millones de dólares a causa de dos cheques firmados en nombre de la arquidiócesis por monseñor Toledo, que no tenía autorización para hacerlo.

Semanas después, un documental televisivo reveló que el BCP estaba muy endeudado y tenía un inmenso agujero de liquidez. Al negarse el Banco Central a rescatarlo, el Banco se fue a pique, dejando al menos a veinte mil clientes furiosos. El SMSV esperaba que se le devolvieran los diez millones de dólares, porque el préstamo lo había realizado a la diócesis; pero tras ponerse en contacto con la oficina del cardenal, monseñor Toledo dijo que las firmas no eran auténticas, y que no disponían de dinero para devolverlo. Quarracino, que insistía en que nunca había firmado la aceptación de ningún préstamo, estaba horrorizado. El estrés y la notoriedad del caso agravaron su enfermedad, y se cree que aceleraron su muerte poco después.

Se inició una investigación policial en La Plata. Francisco Javier huyó a Brasil, donde posteriormente fue detenido y encarcelado, aunque logró escapar. Pablo Trusso pasó seis meses preso, pero fue excarcelado. Juan Miguel Trusso estuvo tres semanas en la cárcel, pero fue exculpado y quedó libre sin cargos. Monseñor Toledo pasó tres días privado de libertad.

Tras convertirse en arzobispo en 1998, Bergoglio contrató a una consultora internacional para que auditara exhaustivamente las finanzas de la diócesis. Los resultados pusieron en evidencia que esta ignoraba regularmente tanto el derecho canónico como las propias directrices de los obispos argentinos en cuanto a control y autorización de pagos. Como consecuencia de su informe, Bergoglio puso en marcha una limpieza radical. Vendió acciones que la arquidiócesis tenía en otros bancos a fin de seccionar vínculos no deseados, e instauró procedimientos de responsabilidad y transparencia.

Entretanto, la SMSV había demandado a la diócesis para conseguir la devolución de los diez millones de dólares. En diciembre de 1998, la policía realizó un registro en la Curia y se llevó cajas con archivos por orden judicial; el juez instructor había advertido a la prensa para abochornar a la diócesis. El padre Marcó, el joven sacerdote a quien Bergoglio había conocido poco después de ser nombrado obispo auxiliar, recibió una llamada de su arzobispo: «Si tenés un minutito venite para acá que hay un montón de periodistas en la puerta.» Marcó organizó la primera conferencia de prensa en nombre del nuevo arzobispo.

Como consecuencia de la vista que siguió, el SMSV retiró la demanda contra la diócesis y ambas partes emitieron un comunicado conjunto en el que afirmaron haber sido estafados. El informe de la auditoría encargada por Bergoglio era tan exhaustivo que no dejaba temas pendientes y, en todo caso, la fama del arzobispo salió reforzada por su manera de afrontar el caso.

El escándalo, así como otras prácticas que Bergoglio fue descubriendo tras suceder a Quarracino, influyó en muchas de sus alocuciones públicas en ese primer año, que reflejaban su determinación de purificar a su clero de todo intento de usar la Iglesia en beneficio propio. En una charla a sus sacerdotes, los retó a preguntarse si eran mediadores o intermediarios. «El mediador es puente, une a costa suya, en este caso desgastando su vida por el Evangelio que le manifestó su Señor; en cambio el intermediario es aquel que usufructúa con las partes, es el minorista: crece él a costa de las partes.» Mientras el mediador mantiene su vocación de pastor de pueblo, el intermediario se transforma en clérigo de Estado. «¿Soy mediador o intermediario, pastor de pueblo o clérigo de Estado?», les preguntó.[22]

En un artículo que escribió en 1991 pero no publicó hasta mucho más tarde, Bergoglio recurrió una vez más al tratado de Lubac para distinguir entre pecado y corrupción. Mientras que el pecado siempre podía perdonarse, la corrupción no, porque en un alma corrupta no había deseo de perdón. La corrupción crece, infecta a los hombres, y después se justifica a sí misma. Cuando una persona corrupta tiene poder, siempre implicará a otras personas, los hará descender a su nivel y los hará cómplices; y aun así, como los fariseos, será un cumplidor asiduo de las normas y las reglas. La corrupción, según Bergoglio, era intrínsecamente proselitista; genera una cultura, una cultura moralizante, autojustificante, de modales finos, que menosprecia a los demás.[23]

La investigación sobre la quiebra del BCP sigue abierta, pero transcurridos 17 años ha sido incapaz de sustanciar las escabrosas alegaciones que circularon en su momento; casi todos los implicados, o bien han sido exculpados, o bien nunca llegaron a estar imputados. Cuando Francisco Javier Trusso fue detenido tras dos años huido de la justicia, resultó que se ocultaba en una casa de Pinamar que pertenecía a la hermana del arzobispo Leonardo Sandri, de la Secretaría de Estado de la Santa Sede. A Trusso lo condenaron a ocho años de cárcel, pero fue liberado después de obtener una garantía personal del auxiliar de Buenos Aires, Héctor Aguer, que en 1998 fue nombrado arzobispo de La Plata.

En 2000, Sandri se convirtió en el sustituto de Sodano, o número dos, en la Secretaría de Estado del Vaticano. Caselli, uno de los anfitriones más generosos, que no tardaría en iniciar su carrera como senador italiano, se lamentaría con frecuencia, junto a Aguer, el modo en que Bergoglio se centrara más en cuestiones sociales que morales.[24]

En octubre de 1998, justo antes de que la policía procediese al registro de la Curia, Bergoglio convocó a la diócesis para celebrar dos multitudinarias misas al aire libre en un solo día. A las celebraciones, cercanas al zoológico de Palermo, asistieron casi cien mil personas. Se confirmó a un gran número de fieles: quinientos sacerdotes posaron las manos sobre ocho mil niños por la mañana, y sobre doce mil jóvenes y adultos por la tarde; el propio Bergoglio confirmó a docenas de discapacitados. «La suerte de la evangelización está unida al testimonio de unidad dado por la Iglesia», dijo en su homilía.[25]

Suponiendo que fuera a permanecer en su puesto hasta los setenta y cinco años, era probable que a Bergoglio le quedaran doce o trece años de arzobispo. Al tiempo que se dedicaba a establecer sus prioridades estratégicas entre 1999 y 2000, empezó a emerger —con la ayuda del padre Marcó— de la penumbra, y a abrirse a la vida pública, aunque seguiría siendo conocido por su timidez y su reserva. Fue una época de crisis económica y política. En octubre de 1999, un nuevo Gobierno formado por radicales y peronistas disidentes (conocido como la Alianza) llegó al poder. El nuevo presidente, el radical conservador Fernando de la Rúa, propuso en gran parte las mismas políticas neoliberales de Menem, pero prometió limpiar el Gobierno y cuadrar las balanzas. La promesa fue ilusoria: la economía siguió empeorando, y De la Rúa carecía de la visión y del capital político para revertir la situación. Cuando estalló la crisis de diciembre de 2001, se vio forzado a abandonar la Casa Rosada en helicóptero para escaparse de la airada multitud.

Si la prioridad general de Bergoglio era combatir la mundanidad espiritual allí donde se encontrara, había cuatro áreas principales que quería desarrollar: los pobres, la política, la educación y el diálogo con otras Iglesias y confesiones.

La opción por los pobres recorría todas sus políticas pastorales, educativas y políticas, y era clave en sus propias decisiones y testimonios. Pero también se trataba de una prioridad en sí misma. Implicaba concentrar recursos y esfuerzos en áreas empobrecidas. Los curas villeros pasarían de ocho a 26, y él mismo pasaba al menos una tarde a la semana en una de las villas. Pero a medida que la crisis afectaba, sobre todo, a la clase media-baja, especialmente a partir de 2001, movilizaría a los católicos para que aportaran ayuda material a través de comedores populares y asistencia material. Al tiempo que el Estado menguaba, la Iglesia de Buenos Aires expandía enormemente su actividad, construyendo escuelas, clínicas y centros de rehabilitación para toxicómanos. La opción por los pobres también significaba valerse de su autoridad para ayudar a grupos desprotegidos o vulnerables —cartoneros, prostitutas, trabajadores sometidos a tráfico de personas, inmigrantes sin papeles— a organizarse, así como a usar su autoridad, y su acceso a los medios de comunicación, para influir en las políticas públicas: en 2000, por ejemplo, solicitó que se abriera un trámite para la legalización de inmigrantes sin papeles. La misa anual de San Cayetano se convirtió en el punto desde el que lanzaba sus mensajes a obreros y desempleados; durante la misa celebrada en la plaza de la Constitución habló, en su presencia, de tráfico de trabajadores y prostitutas; al tiempo que la misa anual del Jueves Santo se convertía en una ocasión para centrarse en otros grupos vulnerables: presos, ancianos, discapacitados, adictos, enfermos.

Su segunda prioridad era una crítica al poder, y la renovación de la vida pública. Al atenerse a la nueva política de la Conferencia Episcopal, Bergoglio marcó una separación clara entre la Iglesia y el Gobierno, y convirtió el tradicional Tedeum —una oración católica tradicional de acción de gracias— que se celebraba el 25 de mayo, con motivo del día Nacional de Argentina, en una ocasión para desafiar y enseñar a los líderes políticos en nombre del pueblo. Además, el arzobispo puso a la Iglesia al servicio de la renovación política. En 2000, empezó a organizar encuentros entre líderes públicos de todo color político para propiciar la reconstrucción de la confianza y el fortalecimiento de las instituciones, buscando que los políticos se centraran en el bien común, metas, todas ellas, que se auspiciaban bajo el paraguas de la cultura y el encuentro. Se basaba en la enseñanza social católica, en los cuatro principios que había desarrollado para ayudarse en su propio liderazgo, así como en sus hondas reflexiones sobre el concepto guardiniano de contrastes, para ayudar a su país a construir una nueva cultura política basada en el pluralismo, el diálogo y la preocupación por el bien común. En vísperas del colapso de 2001, la Iglesia se convirtió, en la práctica, en espacio anfitrión para la recuperación nacional.

La tercera prioridad era la mejora y el aumento del acceso a la educación ofrecida por la Iglesia a través de sus escuelas, incluida la enseñanza de la fe católica, es decir, de la catequesis. En 1998, Bergoglio creó una Vicaría para la Educación con el objetivo de coordinar dicha expansión. En menos de un decenio, las escuelas de la diócesis pasaron de cuarenta y cuatro a sesenta y seis, y las cifras de alumnos crecieron en un ochenta por ciento, hasta alcanzar casi los cuarenta mil —un aumento cuatro veces mayor que el que se dio en las escuelas privadas y estatales en el mismo periodo—. Bergoglio convirtió en gran prioridad la motivación y la educación de los maestros y catequistas, y sus discursos anuales, muy estudiados, constituían una inmejorable ocasión para desarrollar la cultura del Pueblo de Dios.

Si esas tres prioridades pueden verse como desarrollos de

sus previas preocupaciones o pasiones en sus épocas de provincial y rector de la Compañía de Jesús, la cuarta era del todo nueva pero se convertiría en uno de los logros más destacados de su periodo como arzobispo. A partir de un encuentro inicial y modesto de miembros de otras Iglesias y confesiones celebrado en 2000, durante el que se plantó simbólicamente un olivo en la plaza de Mayo, fue conformándose una impresionante red de relaciones con judíos, musulmanes y cristianos evangélicos que llegó mucho más allá de lo que suele considerarse diálogo interreligioso o ecuménico.

Como el escándalo del BCP había demostrado, a Bergoglio le hacía falta encontrar la manera de llegar a los medios de comunicación: no bastaba con evitar los desastres de comunicación de Quarracino. Así que aceptó la propuesta del padre Marcó y de otro joven experto en el tema, Roberto da Busti, de que creara un departamento profesional de prensa. Fue una operación estratégica centrada en establecer relaciones de confianza con los propietarios de los medios de comunicación y en satisfacer la demanda de noticas al tiempo que buscaba darles forma. Bergoglio apoyaba la estrategia, pero quería permanecer en la sombra. «Quería comunicar, pero no ser él —dice Da Busti—. Le llamábamos el gato porque se escapaba.» Bergoglio hablaba, y dejaba que Marcó respondiera a las preguntas. El trabajo de este, comentaba en tono jocoso José María Poirier, editor de la publicación mensual católica *Criterio*, era interpretar los largos silencios de su jefe.[26]

La estrategia que el arzobispo consensuó con Marcó implicaba que, además de sus homilías y pronunciamientos públicos, Bergoglio se expresaría sobre todo a través de sus acciones y sus gestos, aumentando gradualmente su presencia. Aunque al principio se resistía, Bergoglio permitió que Marcó llevara fotógrafos a las ceremonias anuales de lavado de pies, lo que generaba imágenes en páginas de portada. La prensa también empezó a cubrir el día de San Cayetano, y las visitas pastorales de Bergoglio a centros penitenciarios y hospitales. «Conseguimos algo inédito para la Iglesia, que es justamente difundir las cosas buenas —recuerda Marcó—. De repente, la Semana Santa que era solo noticias por turismo, empezó a ser noticia por cuestiones religiosas.»

Marcó organizaba recepciones navideñas en la Curia con periodistas, para que conocieran a Bergoglio en un ambiente más distendido. La primera de ellas, que se celebró el 18 de diciembre de 1999, consiguió captar más atención de la cuenta: un día antes había circulado la noticia de la muerte del arzobispo basada en un obituario traspapelado. Llegó a varias emisoras de radio antes de ser desmentida. «Es alguien que lo desea mucho y no se aguantó», bromeó Bergoglio con los reporteros.[27]

Marcó también presentó a periodistas influyentes a su jefe, uno a uno, para tender puentes que pudieran ser útiles más tarde. Uno de ellos era Horacio Verbitsky, el guerrillero convertido en periodista que ese mismo año había entrevistado a Yorio. En abril de 1999 había descrito a Bergoglio como «la personalidad más avasalladora y conflictiva de la Iglesia argentina en décadas, amado y execrado por igual» —citando como prueba de esto último las mismas fuentes jesuitas izquierdistas—. Pero no aportó nuevas acusaciones. Ese año Marcó llevó a Verbitsky a conocer a Bergoglio, que dio al periodista acceso a los archivos de la Curia, y le concedió una entrevista en la que le explicó el esfuerzo que había hecho para liberar a los jesuitas. Verbitsky, durante un tiempo, admitió que había aspectos positivos en favor del arzobispo, pero no se retractó de sus acusaciones. «Les he pedido que no entren en este problema, que no se jueguen con esto —respondió Bergoglio a Clelia Podestá cuando esta le preguntó por qué sus clérigos y su portavoz no aclaraban su papel durante la dictadura—. Estas cosas mueren solas.» Y durante un tiempo así fue, hasta que Verbitsky volvió al ataque en 2005.[28]

En 1967 Clelia Luro —por entonces separada y con seis hijos— se había visto envuelta en uno de los mayores escándalos eclesiales de la época cuando salió a la luz su relación con un obispo progresista. Jerónimo Podestá, obispo de Avellaneda, renunció a su cargo, y posteriormente dejó el sacerdocio y se casó con ella. Tanto Clelia como Jerónimo se convirtieron en defensores conocidos (entre otras causas liberales) del matrimonio sacerdotal. Aunque no existe obstáculo doctrinal para ello —hay curas católicos casados exanglicanos, así como en las Iglesias orientales—, Juan Pablo II se oponía con vehemencia a esos matrimonios, y daba un golpe en la mesa cada vez que se sacaba el tema. Cuando Podestá, que no había entrado en la catedral desde hacía más de veinte años, acudió a ver a Bergoglio en el año 2000, conversaron durante dos horas, y cuando, meses después, el primero se encontraba moribundo, el arzobispo le administró el sacramento de la unción de los enfermos. A partir de entonces Clelia y él mantuvieron el contacto (ella falleció en 2013): la mujer le escribía casi todas las semanas, y él le respondía con una llamada telefónica: «Cuando Podestá estaba muriéndose, Bergoglio fue el único clérigo católico que fue a visitarlo al hospital y, cuando murió, el único que reconoció públicamente su gran contribución a la Iglesia argentina», recuerda Margaret Hebblethwaite, que conoció a Luro.[29]

Los medios de comunicación se dieron cuenta de que, a pesar de su alergia a la atención pública, el nuevo arzobispo estaba creando un territorio nuevo para la Iglesia en la vida pública, una postura que no implicara deferencia hacia el Gobierno pero que, al mismo tiempo, no supusiera desentenderse. Hasta qué punto podía resultar «político» el nuevo arzobispo quedó claro en el Tedeum del 25 de mayo de 1999. El tradicional acto de acción de gracias había sido siempre una ceremonia de consenso, en que las instituciones de la Iglesia y del Estado se unían en oración solemne por Argentina; la función del arzobispo no era hablar, sino bendecir al Gobierno de turno en representación del país. Pero Bergoglio le dio la vuelta por completo al sentido de la celebración: el Tedeum se convirtió en un desafío de la Iglesia al Gobierno en nombre del pueblo. El precio de la bendición de Dios fue la necesidad de rendir cuentas a Su Iglesia.

A escasos metros del presidente del momento (Menem) y de quien lo sucedería (De la Rúa), así como de lo más granado de la clase política argentina, Bergoglio pronunció un discurso largo y crítico que combinaba el tono profético del Antiguo

Testamento con la elevada retórica de una toma de posesión de presidente estadounidense. Advirtiendo de una inminente desintegración social «mientras diversos intereses juegan su partida, ajenos a las necesidades de todos», recordaba el genio y la creatividad de la nación argentina, pero también su tendencia al fratricidio. «La silenciosa voz de tantos muertos clama desde el cielo pidiendo no repetir los errores —dijo, en referencia a la guerra sucia—; solo eso dará sentido a sus trágicos destinos.» Exponiendo la crítica de Juan Pablo II a la idolatría del libre mercado —el mito neoliberal según el cual las fuerzas del mercado, por sí solas, podían aportar prosperidad a todos— retó a los políticos a constatar la emergencia social que se estaba construyendo a su alrededor, y a abrir el Estado a la sociedad civil. «Ser ciudadano —dijo— es sentirse citado, convocado a un bien, a una finalidad con sentido, y acudir a la cita.» Sin embargo, «si apostamos a una Argentina donde no estén todos sentados a la mesa, donde solamente unos pocos se benefician», las divisiones sociales aumentarán y, en vez de construir una nación, la gente irá camino del enfrentamiento. «Es hora —prosiguió— de dar la noticia del surgimiento de iniciativas comunitarias y vecinales, "un torbellino de participación sin particularismos pocas veces visto en nuestro país"», que mostraba a un pueblo solidario, empeñado en ponerse de nuevo en pie.

Con palabras prácticamente idénticas a las que había usado para dirigirse a los jesuitas en 1974, se refirió luego a su idea del «pueblo fiel»: «Nuestro pueblo tiene alma —dijo—, y porque podemos hablar del alma de un pueblo, podemos hablar de una hermenéutica, de una manera de ver la realidad, de una conciencia.» Del mismo modo que había instado a los jesuitas a abandonar la ideología y a adoptar los valores del pueblo fiel, llamó ahora a los políticos a no hacer caso «a aquellos que pretenden destilar la realidad en ideas», añadiendo que «no nos sirven los intelectuales sin talento, ni los eticistas sin bondad». Los instó también a beber de las reservas culturales de la sabiduría de la gente corriente. La «verdadera revolución» consistía en recuperar los valores que hacían grande Argentina: su amor a la vida pero aceptando la muerte; su solidaridad ante el dolor y la pobreza, su manera de celebrar, de orar. Volviéndose particularmente hacia los políticos, les pidió que renunciaran a sus intereses individuales y partidistas y que atendieran la llamada de la gente, que les pedía una mayor participación en la vida cívica. «Todos estamos convidados a este encuentro —concluyó—, a realizar y compartir este fermento nuevo que, a la vez, es memoria revivificante de nuestra mejor historia de sacrificio solidario, de lucha libertaria y de integración social.» La homilía terminó con un recordatorio de sus cuatro principios.[30]

Fue una retórica pujante que ya no se oía en boca de estadistas, y mucho menos de obispos. Las críticas no tardaron en llegar: Bergoglio estaba interfiriendo en lo temporal, arrogando a la Iglesia lo que pertenecía al César, etcétera. Pero cualquiera que estuviera familiarizado —como era el caso de Bergoglio— con Francisco Suárez, el teólogo jesuita del siglo XVII, cuyas ideas estaban en la base de la nación y la democracia argentinas, lo vería de otro modo. Ahí estaba la Iglesia asumiendo el papel que le correspondía como conciencia moral de la comunidad, que había delegado (y podía retirar) su consentimiento para que el Gobierno gobernara en nombre de la comunidad. No era a la institución de la Iglesia a la que Bergoglio exigía que el Estado se plegara, sino a la gente corriente, en una cultura imbuida de Evangelio, de cuyos valores la Iglesia era custodia y protectora.

Durante el Tedeum del año siguiente, el Jubileo, fue más breve: llamó a la unión de Argentina en el nuevo milenio para recuperar la «aventura de una nueva nación» y para «renacer en la promesa de los mayores que comenzaron la patria». Ello implicaba restaurar los lazos sociales, implicarse con los jóvenes, los desempleados, los inmigrantes y los ancianos. Una vez más señaló que el crecimiento de las organizaciones comunitarias era señal de esperanza, e instó a los políticos a «ceder el protagonismo a la comunidad». Pero también presentó la imagen siniestra —y profética, según se vio más tarde— de un pueblo profundamente desilusionado con sus políticos autorreferenciales, incapaces de generar la solidaridad que una democracia sana necesitaba.

Debemos reconocer, con humildad, que el sistema ha caído en un amplio cono de sombra, la sombra de la desconfianza, y que algunas promesas y enunciados suenan a cortejo fúnebre: todos consuelan a los deudos pero nadie levanta al muerto. ¡Levántate! es el llamado de Cristo en su Jubileo. ¡Levántate Argentina! como nos dijo en su última visita el Santo Padre, como lo soñaron y realizaron nuestros próceres fundadores. Pero hasta no reconocer nuestras dobles intenciones no habrá confianza ni paz. Hasta que no se efectivice nuestra conversión no tendremos alegría y gozo. Porque la ambición desmedida, ya sea de poder, de dinero o de popularidad, solo expresa un gran vacío interior. Quienes están vacíos no transmiten paz, gozo y esperanza sino sospecha. No crean vínculos.[31]

La tarea de ayudar a crear esos vínculos Bergoglio la asignó a la Oficina Pastoral Social del padre Accaputo, quien se encargó de establecer la red de amistades políticas que sería de tan gran utilidad al arzobispo en los años siguientes. El propósito era reconstruir la vida pública, en parte inspirado en un documento de 1999 de los obispos franceses.[32] La meta era crear lazos de confianza, forjados por personas centradas en el horizonte del bien común, y no por rivales que aspiraban a acceder a los recursos públicos. Un año antes del colapso del Estado argentino, la cultura del encuentro de Bergoglio mostraba ya a los políticos cómo reconstruir la nación.

El primero de los encuentros tuvo lugar en diciembre de 2000: una reunión de ciento cincuenta dirigentes políticos del gobierno municipal de Buenos Aires —entre funcionarios, legisladores y magistrados— para reflexionar sobre la vocación política y los retos planteados. Fue noticia porque el alcalde de la ciudad, Aníbal Ibarra, era un agnóstico declarado, y, sin embargo, mantenía una estrecha relación con el arzobispado por medio de Accaputo. La presencia y el discurso del arzobispo ese día causó un gran impacto entre los presentes. «Bergoglio es un hombre distinto —declaró después uno de los legisladores a un periodista—. Entiende de política. Entiende de lógica de poder, con él se puede hablar.»[33]

Habían notado una paradoja muy bergogliana: el místico austero e incorruptible, en guerra con la mundanidad espiritual —el obispo pastoral con olor a ovejas—, era el argentino políticamente más astuto después de Perón.

7

El cardenal gaucho
(2001-2007)

Los pastores evangélicos de Buenos Aires con los que solía rezar cada mes pudieron encontrarse con su viejo amigo Jorge Bergoglio en el Vaticano unas diez semanas después de su elección como Papa. Sucedió que el pastor Carlos Mraida de la Iglesia Central Baptista, el pastor Norberto Saracco de la Iglesia Evangélica Pentecostal, el pastor Ángel Negro de la Comunidad Cristiana, y el pastor Omar Cabrera de la Iglesia Visión de Futuro, estaban en Europa por las mismas fechas, y era evidente que Dios quería que Jorge Himitian, de la Comunidad Cristiana, se sumara a ellos, porque el pastor consiguió encontrar financiación para su pasaje de avión justo a tiempo.

Los pastores saludaron al Papa Francisco fuera de la Casa Santa Marta, intercambiando abrazos y besos al estilo argentino. Francisco se echó a reír al oír el saludo que le dedicó el pastor Himitian: «¡Así que al final conseguiste traernos al Vaticano!» Una vez dentro, le contaron lo increíble que había sido en Argentina desde su elección: hasta entonces debían pagar para que Jesucristo saliera en antena, pero ahora por Francisco lo mencionan gratis en todos los programas. Le contaron que había empezado a darse una apertura nueva en los medios de comunicación argentinos y cómo, de pronto, estaba bien hablar de valores cristianos, que periodistas que hacía tiempo decían ser ateos o agnósticos hablaban abiertamente de lo que significaba ser católico en la época del Papa argentino.

Francisco era el mismo Jorge de siempre, asegura Himitian, y a la vez no lo era. «Lo que todos habían notado, esa alegría y efusividad, nosotros lo habíamos visto en nuestros retiros carismáticos: él predicaba así. Pero si no, era un hombre serio. Pero ahora, como Papa, estaba exultante todo el tiempo, tal como había estado con nosotros.»

En el interior de Santa Marta rezaron juntos, como solían hacer en Buenos Aires. Según Himitian, el pastor Saracco le dijo a Francisco: «Jorge, dejáme que te cuente una cosa. Anoche estaba rezando por este encuentro y dije: "Señor, si tenés una Palabra para Jorge, decíme cuál es.".» Según la tradición evangélica y carismática, pedir una Palabra durante una oración significa rogar al Espíritu Santo que inspire a una persona a elegir un capítulo o versículo concreto de las Escrituras que posea un significado concreto para ella en ese momento.

Saracco sacó su iPad y leyó unos versículos del capítulo 1 de Jeremías: «Antes que nacieses te conocí, antes que te formases en el vientre de tu madre te santifiqué y te hice profeta de las Naciones... Te he puesto en este día para arrancar, para construir, para derribar, y para plantar y edificar.»

Cuando Saracco —que había acudido a Roma desde Buenos Aires haciendo escala en Estados Unidos— empezó a leer el pasaje de Jeremías, Mraida e Himitian se dieron un codazo a la vez. Asombrosamente, este le había contado a Mraida que había recibido la misma «Palabra» antes de salir de Buenos Aires, y que incluso había impreso en una hoja de papel los mismos versículos. Cuando Saracco terminó de recitarlos, Himitian le alargó la hoja al Papa. «¡Jorge, yo no sabía de él ni él de nosotros pero traje la misma Palabra!»

El Papa se echó a reír: «Les voy a contar ahora lo que me pasó a mí.»

Dos días antes de que Bergoglio saliera de Buenos Aires para reunirse con los demás cardenales y celebrar el cónclave, un hombre que trabajaba en la Curia diocesana fue a verlo. Mario Medina era un evangelista que rezaba regularmente con el arzobispo. «Padre, discúlpeme —le dijo—. Ayer estaba orando por usted y Dios me dio una palabra: Jeremías, capítulo 1.»

«Quedamos maravillados con cómo Dios había confirmado esto —dice Himitian—. Si durante estos diez años en Buenos Aires hubo una voz profética, fue la de Bergoglio.»

La historia de cómo Bergoglio llegó a ser contendiente en el cónclave de 2005 y a ser elegido Papa en el de 2013 se remonta a un lugar muy lejos de Argentina, en una hermosa ciudad del noreste de Suiza muy habituada a la nieve. Su ubicación en el centro exacto de Europa y su población multilingüe de setenta y cinco mil personas hacen de San Galo un lugar idóneo para la sede del Consejo de Conferencias Episcopales de Europa. El CCEE, que incorpora como miembros a treinta y tres conferencias episcopales de cuarenta y cinco países, se creó en los años posteriores al Concilio Vaticano II, en un momento en que el Papa Pablo VI —inspirándose en el CELAM latinoamericano— alentaba colaboraciones continentales similares a fin de devolver la fuerza y la identidad a la Iglesia local. De ahí la intimidatoria declaración de principios del CCEE: «El ejercicio de la colegialidad en comunión jerárquica *cum et sub romano pontefice.*»

«Con y por debajo de Pedro.» Es una frase que se remonta a la primera época de la Iglesia, cuando los sínodos locales eran la norma, cuando la Iglesia, en sus distintos lugares, poseía una identidad peculiar muy marcada, regulada por sus propias leyes y principios. Aun así la de Roma seguía siendo el foco de unidad, «presidiendo en la caridad» sobre las demás Iglesias, tal como reza la fórmula acuñada en el siglo II. La idea que la Iglesia católica tenía de sí misma durante sus primeros siglos fue que a la vez era muchas Iglesias y una sola; plural, y al mismo tiempo unida; local además de ser universal. La Iglesia en su globalidad era más que la suma de sus partes: era un cuerpo universal, anclado en Roma. Sin embargo, la diócesis local no era meramente un departamento o provincia de una Iglesia mundial, sino la Iglesia toda en ese lugar, bajo la autoridad de un obispo.

Esta fue una buena teología —o, más precisamente, eclesiológica—, pero tenía además implicaciones en la manera de gobernar la Iglesia. A menudo, a lo largo de la Edad Media, los papas buscaban ejercer el control sobre las diócesis locales, para liberarlas de príncipes entrometidos o para aplicar reformas; pero encontraban resistencia si intentaban usar ese control en tiempos normales. Siempre existía una tensión saludable entre las pretensiones de autoridad papal y la episcopalidad que insistía en que esa autoridad se ejerciera en colaboración con los obispos. Pero el equilibrio se alteró de manera decisiva con la reforma de Gregorio VII en el siglo XI después de la ruptura con la Iglesia oriental (más tarde conocida como la ortodoxa). El Papa comenzó a ser llamado obispo universal, y a controlar directamente las Iglesias nacionales. Se acentuó el centralismo papal durante los siglos XVIII y XIX, en respuesta a los regímenes absolutistas —fueran estos de reyes o de parlamentos—, que buscaban nacionalizar la Iglesia; el Vicario de Cristo, como ahora se le conocía, empezó a ejercer de hecho lo que había reclamado sobre el papel. El Concilio Vaticano I (1869-1870) adoptó una visión muy distinta de la de los primeros siglos de la Iglesia, proclamando sin ambages que toda la soberanía de la Iglesia derivaba del primado del Papa. Esa idea quedó consagrada en el Código de Derecho Canónico de 1917, que afirmó jurídicamente que el Papa tiene la potestad total, suprema y universal en la Iglesia.

Aquello no se aceptó sin más. Durante la primera mitad del siglo XX, al tiempo que las dictaduras totalitarias combatían unas contra las otras en Europa, los teólogos redescubrían la idea eucarística de la Iglesia como comunión jerárquica. El papado había llegado a parecerse a una monarquía absoluta, con todos los símbolos de ella, pero el Concilio Vaticano II, celebrado en la década de 1960, lo ideó de nuevo en términos de la Iglesia primitiva. La Iglesia, según uno de sus documentos más importantes —*Lumen Gentium* (la Luz de las Naciones)—, está gobernada por sus obispos *cum et sub Petro* (con y por debajo del Papa) que juntos forman un colegio apostólico, un «*collegium*», que gobierna la Iglesia Universal. De «colegio» proviene el nombre de la doctrina que expresa dicha idea: «colegialidad». La idea la rescató y la desarrolló en la década de 1950 Yves Congar, que defendía que Cristo había instituido dos «sucesiones»:

así como el Papa sucede al apóstol Pedro, los obispos suceden al Colegio de Apóstoles.

Una vez que los padres conciliares hubieron terminado su trabajo sobre *Lumen Gentium,* en noviembre de 1964, se lo presentaron al Papa para que este diera su aprobación. En el documento, los obispos habían mantenido la doctrina según la cual el Papa posee el poder pleno, supremo y universal sobre la Iglesia, pero habían añadido la doctrina colegial por la que el Colegio de Obispos ejerce, también, ese mismo poder. El prudente Pablo VI percibió peligro: las dos declaraciones podían llevar a futuros malentendidos, e incluso a rivalidades. Así que con la ayuda de los teólogos redactó una «Nota interpretativa previa» en la que se declaraba que el Papa, en tanto que Vicario de Cristo, tenía derecho a gobernar como monarca, pero que también era cabeza del Colegio Episcopal y, por tanto, tenía la potestad de recurrir a un Gobierno colegial. Dicho de otro modo: aplicar la colegialidad dependía de la decisión del Papa.[1]

Pablo VI introdujo dos reformas colegiales básicas a pesar de la oposición férrea de algunos estamentos de la vieja guardia vaticana. Una era el sínodo de obispos que, desde 1967, se celebra en Roma cada dos o tres años, y durante el que unos doscientos cincuenta delegados de las Iglesias locales deliberan durante tres semanas sobre cuestiones que tienen que ver con una región concreta, o sobre asuntos que afectan a la Iglesia universal. La otra innovación era la creación de agrupaciones colegiales de obispos, tanto a nivel nacional (así, por ejemplo, La Conferencia Episcopal de Obispos Católicos de Estados Unidos, o USCCB) como continental. El CELAM, en América Latina, fue pionero en esa segunda categoría, y desde la década de 1970 ha inspirado la creación de consejos similares en Europa (CCEE), África (Simposio de Conferencias Episcopales de África y Madagascar, o SECAM), y Asia (Federación de Conferencias Episcopales Asiáticas, o FABC). Con todo, de todas ellas, solo el CELAM poseía una identidad marcada, porque sus dos grandes encuentros, celebrados en Medellín (1968) y Puebla (1979) tuvieron lugar antes de la recentralización que Juan Pablo II inició en la década de 1980 y mantuvo a lo largo de la siguiente.

Preocupado por las divisiones en la Iglesia, Juan Pablo II optó por gobernar monárquicamente. Durante los veintisiete años de su pontificado, el Vaticano reinterpretó la colegialidad de manera que se refiriera a los lazos de confianza y hermandad entre los obispos y la Sede de San Pedro, y no tanto a que la Iglesia local participara en el gobierno de la Iglesia universal. Una colegialidad «afectiva» sustituyó a la colegialidad «efectiva». Los sínodos se convirtieron más en círculos de debate que en instrumentos de gobierno, y sus conclusiones controladas por la Curia romana. Simultáneamente, a los nuevos consejos de obispos de alcance continental como el CELAM se los disuadía de improvisar su propia teología: en la Iglesia solo había un «Magisterium», o autoridad doctrinal. En 1992 —el mismo año en que el encuentro del CELAM en Santo Domingo fue intervenido por el Vaticano—, el guardián de la doctrina del Papa adoptó una posición que para algunos críticos suponía un regreso a los tiempos anteriores al Concilio Vaticano II; el prefecto de la Congregación para la Doctrina de la Fe (CDF), Joseph Ratzinger, defendió que la Iglesia universal era «ontológicamente anterior» a la Iglesia local.[2] No fue solo una afirmación teológica. En la década de 1990, de manera creciente, los obispos que visitaban Roma sentían que el Vaticano no los tenía en cuenta, como si fueran meros delegados de la Curia.

Fue la creciente preocupación por el centralismo romano que suscitó los encuentros de San Galo. Su obispo, Ivo Fürer, empezó a organizar, a finales de los noventa, encuentros privados en su residencia de cardenales y arzobispos europeos que, en sí mismos, ya eran expresiones de colegialidad. La figura dominante era el cardenal jesuita Carlo Maria Martini, que hasta 2002 fue arzobispo de Milán. Otro cardenal de peso, el arzobispo de Bruselas, Godfried Danneels, también era una voz significativa en esas reuniones. Por lo general se sumaban seis o siete prelados más, de la Europa central o del norte, alrededor de la mesa en aquellos encuentros de dos días. En 2001, al grupo se unieron tres arzobispos que fueron nombrados cardenales en 2001 a la vez que Bergoglio. Uno de ellos era Walter Kasper, obispo de Rottenburgo-Stuttgart, que en 1999 fue nombrado presidente del departamento vaticano a cargo de las relaciones con cristianos y judíos. Los otros dos presidían las conferencias episcopales de Alemania e Inglaterra y Gales: Karl Lehmann, obispo de Mainz, y Cormac Murphy-O'Connor de Westminster, Inglaterra. Otros participaban más esporádicamente, desde Francia y Centroeuropa, pero aquellos nombres formaban el núcleo del grupo de San Galo.

Martini y Danneels, a quienes los periodistas, en ocasiones, describían como «liberales» o «progresistas», eran más bien «reformistas» (*riformisti*), a diferencia de los «conservadores» (*rigoristi*) que dominaban la Curia de Juan Pablo II. La diferencia entre ambos grupos era una cuestión de énfasis: los *rigoristi* deseaban que la doctrina de la Iglesia fuera, sobre todo, clara y contundente, mientras los *riformisti* querían que fuera creíble en una sociedad plural. Bajo aquellas dos tendencias se ocultaban dos eclesiologías distintas: Los *rigoristi* querían fortalecer el control del Vaticano sobre cuestiones de doctrina y disciplina, mientras que los *riformisti* abogaban por una mayor libertad de acción a la hora de aplicar las normas de la Iglesia a las situaciones locales. Aquellos querían cerrar el debate, poniendo en evidencia que las normas eran claras e inmutables; estos preferían dejar algunas cosas abiertas, creyendo que, en cuestiones de disciplina eclesiástica, más que aplicar doctrinas inmutables de fe y moral, la Iglesia local debía ayudar a la Iglesia universal a discernir la necesidad de cambios en las prácticas pastorales.

En tanto que prelados y teólogos de peso que gobernaban grandes diócesis metropolitanas y que, por tanto, estaban en la frontera de las sociedades europeas cada vez más seculares y plurales, los *riformisti* eran conscientes de la brecha cada vez mayor entre las normas de la Iglesia y la realidad de las vidas de la gente. Para el grupo de San Galo, la falta de colegialidad no era solo una cuestión teológica: también dificultaba a la Iglesia la tarea evangelizadora. Otro factor, para el grupo —que incluía a varios destacados miembros de la Iglesia involucrados en el diálogo con otras Iglesias— era que la falta de colegialidad dificultaba también la búsqueda de unidad ecuménica. Para los líderes de las Iglesias reformadas y ortodoxas, el ejercicio del poder papal en los siglos posteriores a la Reforma fue un gran obstáculo en el camino hacia la unidad cristiana. Juan Pablo II en 1995 había ofrecido a las otras Iglesias que le ayudaran a buscar maneras nuevas de ejercer su primado. Pero costaba tomarse en serio el ofrecimiento en un momento de creciente centralismo papal, y poco se avanzó al respecto.[3]

El grupo de San Galo empezó a reunirse a finales de la década de 1990, al tiempo que la salud de Juan Pablo II iniciaba su rápido declive. Su cabeza más visible, el cardenal Martini, expresó en el sínodo sobre Europa que haría falta convocar otra asamblea de los obispos de todo el mundo para aplicar la colegialidad que el Concilio Vaticano II había proclamado, pero que se había visto frustrada por la Curia vaticana. Sin el menor sentido de la ironía, según se vio, el órgano de la Curia encargado de organizar el sínodo suprimió la publicación del discurso, del que la prensa solo tuvo conocimiento a través de filtraciones.

Además de Martini, en la misma época había otras dos voces fidedignas a favor de la restauración o la aplicación de la colegialidad. Una era la del arzobispo de San Francisco, John R. Quinn, cuyo libro superventas, *La reforma del papado*, se publicó en 1999. La otra era el teólogo y obispo alemán Walter Kasper del Grupo San Galo, que tuvo una disputa teológica amistosa con el cardenal Ratzinger sobre la cuestión de la primacía de las Iglesias universal y local. En un artículo ampliamente divulgado en diciembre de 2000, que cuestionó el documento de Ratzinger de 1992, Kasper afirmó que la fórmula de este resultaba «totalmente problemática si la única Iglesia universal se identifica tácitamente con la Iglesia romana, de facto con el Papa y la Curia», lo que describía como «un intento de restaurar el centralismo romano». Prosiguió argumentando que la colegialidad era vital para resolver cuestiones pastorales como la exclusión absoluta de los sacramentos de las personas divorciadas que habían vuelto a contraer matrimonio, así como para hacer más creíble la búsqueda católica de la unidad cristiana. El avance en la unidad dependía, según Kasper, en recobrar el reconocimiento del valor de la Iglesia local: «El objetivo final no es una Iglesia de la unidad uniforme, sino una Iglesia de diversidad reconciliada.» La expresión «diversidad reconciliada» la adoptó Bergoglio en Buenos Aires cuando abordaba las relaciones con otros cristianos y otros credos.[4]

En sus encuentros durante los años invernales del papado de Juan Pablo II (1999-2005), al grupo de San Galo le preocupaba el deterioro en el Vaticano, que un debilitado Papa se veía incapaz de prevenir. Bajo su secretario de Estado, el cardenal Sodano, la Curia se había vuelto altiva e intransigente. En ocasiones sus fallos estaban vinculados a casos reales de corrupción, el más conocido de ellos el del padre Marcial Maciel, fundador mexicano de una orden conservadora de sacerdotes, los Legionarios de Cristo. Había cada vez más pruebas de que Maciel era un pederasta en serie, además de drogadicto. Sus donaciones periódicas a la Iglesia a través de Sodano coincidían con la inacción vaticana ante las acusaciones públicas de nueve exmiembros de la orden contra Maciel. Ya desde sus días como nuncio en América Latina, Sodano había apoyado a Maciel, y el sobrino de aquel, Andrea, mantenía tratos empresariales con él.[5]

Casos escandalosos aparte, lo más habitual era la ineptitud y la esclerosis. En ocasiones —como, por ejemplo, cuando los cardenales discreparon públicamente entre ellos sobre si era ético el uso del condón en el contexto del sida—, se ponía en evidencia que el modelo de Juan Pablo II de Gobierno centralizado, pensado para imponer claridad, era incapaz de hacer frente a los nuevos retos. Incluso los *rigoristi* criticaban el sínodo por considerarlo aparatoso e improductivo. Como se hizo evidente a partir de la respuesta del Vaticano a la incipiente crisis de abusos sexuales del clero, existía una sordera, una insularidad, una actitud defensiva, que el grupo de San Galo veía como consecuencia de un centralismo excesivo, el síntoma de un Vaticano encerrado en sí mismo, alejado de las realidades y necesidades de la Iglesia local.

El problema se agudizó durante los últimos años de Juan Pablo II, un evangelizador que cautivaba, pero un gobernante poco dotado incluso cuando se encontraba en plenitud de facultades, un forastero para la Curia, que nunca se había mostrado demasiado interesado en su funcionamiento interno. Ahora que ya le fallaban las fuerzas —el diagnóstico de su párkinson se hizo oficial en 2000— seguía siendo el evangelizador en jefe de la Iglesia, que ofrecía un poderoso testimonio a través de las manifestaciones públicas de debilidad y vulnerabilidad. Pero, cada vez más, la Curia actuaba por su cuenta, socavando ese testimonio. Y ahora, con el Papa enfermo, las posibilidades de reformarla disminuían progresivamente.

El grupo de San Galo creía que lo que hacía falta era una reforma profunda de Gobierno eclesial, un regreso al equilibrio entre las Iglesias local y universal, y la implementación de una colegialidad auténtica. No eran los únicos dirigentes eclesiásticos que coincidían en el diagnóstico y el remedio. Su visión reverberaba particularmente entre los arzobispos latinoamericanos, en gran medida por la larga experiencia del CELAM en el ejercicio de la colegialidad, y por la experiencia del centralismo vaticano sufrida en Santo Domingo. Unos nuevos líderes pastorales latinoamericanos, integrantes de otra generación, estaban a punto de ser nombrados cardenales. Entre ellos se contaba el arzobispo de Buenos Aires, que no solo estaba influenciado por Martini, sino que tenía muchas razones propias para identificarse con las preocupaciones del grupo de San Galo.

Saliendo con firmeza a una plaza de San Pedro inundada de un sol cegador, con sus vestiduras doradas resplandecientes, a Juan Pablo II parecían preocuparle muy poco sus achaques físicos: había cumplido ochenta años, le costaba caminar y hablar, estaba sordo de un oído y tenía el rostro paralizado por el párkinson. A pesar de todo ello, infundía la misma autoridad de siempre, como un patriarca bíblico. Tras pronunciar su homilía, en la que declaró «una gran fiesta para la Iglesia universal», creó cuarenta y cuatro nuevos cardenales, con los que se elevaba a 135 (siempre y cuando tuvieran menos de ochenta años) la cifra de electores que votarían a su sucesor. Entregó a cada uno de ellos su birrete cardenalicio de color escarlata, y el *titulus* o credencial con que los ponía nominalmente a cargo de una iglesia de la diócesis de Roma. Sin duda por ser jesuita, a Bergoglio le entregó la parroquia de San Roberto Bellarmino, famoso cardenal jesuita del siglo XVII.

Entre quienes también dieron un paso al frente en el Consistorio aquel febrero de 2001 estaba un diminuto obispo vietnamita de setenta y dos años que moriría al año siguiente. Después de que Pablo VI nombrara a François Xavier Vân Thuân arzobispo coadjutor de Saigón, los comunistas lo enviaron a la selva, donde pasó nueve años en destierro solitario. Fue un duro recordatorio de que las hileras de escarlata en la plaza ese día simbolizaban la sangre de los mártires. *Cinco panes y dos peces*, el libro de meditaciones que el cardenal Vân Thuân escribió en secreto en pedacitos de papel, se encontraba entre las lecturas espirituales favoritas de Bergoglio. (Años después, el Papa Francisco pondría al cardenal en el camino hacia la santidad.)

Los cardenales allí congregados sabían que su más solemne responsabilidad sería, a no mucho tardar, la elección del sucesor de Juan Pablo II. Fue el colegio de cardenales más global de la historia. Los sesenta y cinco europeos (entre los que figuraban veinticuatro italianos) seguían conformando el mayor grupo continental, pero por primera vez los superaban en número los no-europeos. América Latina contaba con veintisiete cardenales, mientras que Norteamérica, África y Asia estaban representados por trece cardenales por continente. Oceanía, por su parte, tenía cuatro.

Entre los otros nuevos cardenales designados ese día había otro argentino, Jorge Mejía, director de la Biblioteca Vaticana, con quien Bergoglio afianzaría su amistad durante sus visitas a Roma, además de diez arzobispos con diócesis en América Latina. De ellos, cuatro se convertirían en estrechos colaboradores de Bergoglio: Óscar Rodríguez de Madariaga, de Tegucigalpa, Honduras, hasta hacía poco presidente del CELAM y que, en 1992, había encabezado la rebelión contra Sodano en Santo Domingo; su sucesor como presidente del CELAM, el arzobispo de Santiago de Chile Francisco Errázuriz; y dos brasileños: el arzobispo de São Paulo, Claudio Hummes, y Geraldo Majella Agnello, de Bahía.[6]

De la multitud bulliciosa que atestaba la plaza de San Pedro podía deducirse que ya había llegado la hora de América Latina. Pero argentinos había pocos, porque Bergoglio había detenido una campaña de recolección de fondos para que sus compatriotas peregrinaran a Roma y había pedido a sus organizadores que distribuyeran lo recaudado entre los pobres. Durante el consistorio, optó por la austeridad y por mantener una presencia discreta. Si los demás se alojaron en sus colegios, o junto a sus familiares en grandes hoteles, él pernoctó, como haría siempre que viajaba a Roma, en un sencillo albergue para sacerdotes situado en la Via della Scrofa 70, cerca de la Piazza Navona, donde rezó a las cuatro y media de la madrugada antes de decir misa en la capilla. Si los demás fueron conducidos hasta el Vaticano por sus secretarios sacerdotes, él cruzó el Tíber a pie, solo; si los otros habían encargado sus vestiduras color escarlata en Gamarelli, el sastre eclesiástico de Roma, las de Bergoglio fueron heredadas de Quarracino, estrechadas por las monjas. Y si otros —entre ellos el energético y comunicativo cardenal Rodríguez de Madariaga, piloto y pianista— organizaban ruedas de prensa y fiestas, Bergoglio se cubría con su habitual capa de invisibilidad.

Con todo, algo raro en él, sí concedió una entrevista a *La Nación*, en la que declaraba que dos birretes eran todo un honor para Argentina, y que compartía el orgullo que sentía su pueblo. «Yo lo vivo religiosamente —dijo a Elisabetta Piqué, que más tarde recordaría su mezcla de timidez y astucia—. Rezo, hablo con el Señor, pido por la diócesis.» No lo tomaba como un ascenso, añadió. «Según los criterios del Evangelio, cada ascenso entraña un descenso: hay que descender para servir mejor.» A la pregunta de si estaba de acuerdo en que lo consideraran conservador en lo doctrinal pero progresista en cuestiones sociales, respondió que aquellas definiciones siempre reducían a las personas. «Yo trato de ser no conservador, sino fiel a la Iglesia, pero siempre abierto al diálogo.»[7]

Juan Pablo II volvió a convocar a los cardenales a Roma a finales de mayo para celebrar un encuentro de tres días a puerta cerrada, conocido como consistorio extraordinario. El tema a tratar era cómo incrementar la *communio* en la Iglesia, término teológico que se refería a los lazos de unidad. Para los cardenales de San Galo, la comunión debía forjarse y expresarse a través de una colegialidad mayor y más eficaz, posición que defendieron ante los medios de comunicación: Lehmann declaró que las conferencias episcopales nacionales debían desempeñar un papel mayor en la toma de decisiones de la Iglesia, mientras que Danneels anticipó a los periodistas que «el tema de la colegialidad será, sin duda, uno de los principales retos del tercer milenio». Rodríguez Madariaga se hizo eco de la propuesta en nombre de los latinoamericanos: «Todos estamos convencidos de que hace falta aumentar la colegialidad», declaró en rueda de prensa. Pero, aunque, según filtraciones periodísticas, los cardenales Martini, Danneels, Lehmann y Murphy-O'Connor realizaron llamadas similares durante el consistorio, la cuestión apenas se trató. La Secretaría de Estado había llenado el orden del día con veintiún puntos extraídos de la reciente encíclica publicada por el Papa. La Curia contraatacaba.[8]

Bergoglio aprovechó para escuchar y estrechar lazos con cardenales hermanos. Volvió a ponerse en contacto con el cardenal Martini, al que conocía desde que ambos habían participado como provinciales en la Congregación general de 1974, y cuyos libros citaba con frecuencia. Martini, a su vez, le presentó al grupo de San Galo, iniciándose así una serie de relaciones que se desarrollarían durante las fugaces visitas de Bergoglio a Roma a lo largo de los años siguientes.

En octubre, regresó a Roma por tercera vez ese año en calidad de vicepresidente del sínodo de obispos. Su papel consistía en asistir al «relator», el cardenal Edward Egan de Nueva York, que llegó a Roma devastado por el horror del 11-S. El tema a tratar, irónicamente, era el papel del obispo, lo que naturalmente suscitó que se abordara la cuestión de las relaciones entre el episcopado y el Vaticano. Aun así, la colegialidad se mencionaba solo en dos ocasiones a lo largo de un documento de trabajo de cuarenta mil palabras. En junio, el miembro de la Curia a cargo del sínodo —el cardenal belga Jan Schotte— insistió en que no existía una verdadera colegialidad más allá de un concilio ecuménico como había sido el Vaticano II, sino solo «expresiones» de ella; era la defensa habitual que la Curia hacía del statu quo.

A los asistentes no les pasaron por alto las implicaciones de aquella postura: allí estaban ellos, celebrando un sínodo de obispos sobre el tema de los obispos en el que se excluía la cuestión de la colegialidad. Solo la mitad de las conferencias episcopales había contribuido al documento de trabajo elevado y abstracto que les había facilitado la Curia, lo que suponía la tasa de respuesta más baja de la historia de los sínodos. Durante la ceremonia de apertura, Juan Pablo II —exhausto por una reciente visita a Azerbayán— permaneció apoltronado en su sillón, bien amodorrado, bien leyendo. En la sala de prensa, los periodistas bromearon que se había quedado adormilado al leer las conclusiones del sínodo.

El discurso de Bergoglio —breve, como siempre— fue una meditación lírica sobre la distinción entre, por una parte, un obispo que supervisa y vigila a su pueblo y, por otra, que vela por él.

> Supervisar hace referencia más al cuidado de la doctrina y de las costumbres, en cambio velar dice más a cuidar que haya sal y luz en los corazones. Vigilar habla de estar alerta al peligro inminente; velar, en cambio, habla de soportar, con paciencia, los procesos en los que el Señor va gestando la salvación de su pueblo. Para vigilar basta con ser despierto, astuto, rápido. Para velar hay que tener además la mansedumbre, la paciencia y la constancia de la caridad probada. Supervisar y vigilar nos hablan de cierto control necesario. Velar, en cambio, nos habla de esperanza. La esperanza del Padre misericordioso que vela el proceso de los corazones de sus hijos.[9]

Tras una primera semana de discursos, cuando el cardenal Egan tuvo que regresar inesperadamente a Nueva York para presidir una liturgia en memoria de las víctimas del 11-S, Bergoglio fue nombrado *relator*, responsable de condensar los discursos de los 247 obispos en un informe o *relatio*, que daría forma a las discusiones de grupo y a las conclusiones. El texto resultante, conciso y de gran elegancia, le valió elogios generalizados. Captó bien los temas clave, e incorporó la visión de Bergoglio de lo que debía ser un obispo, la que incluía la opción por los pobres y por la misión, alguien que «libera valores manchados por falsas ideologías», y que está llamado a ser un «profeta de la justicia», en quien los marginados, decepcionados de sus líderes, depositan su confianza. En la sala de actos, Bergoglio fue ensalzado por su manera de reflejar las preocupaciones de los obispos sin causar desunión. «Lo que la gente admiró en él fue cómo él pudo rescatar lo mejor del debate sinodal a pesar de la estructura y la metodología limitante», recuerda un viejo amigo de Bergoglio en Roma, el profesor Guzmán Carriquiry.

Uno de cada cinco delegados del sínodo, aproximadamente, había abordado de manera directa o indirecta la cuestión del centralismo vaticano, pero el cardenal Schotte quería que esa discusión no constara en la *relatio*. Sentado junto a Schotte, durante su primera rueda de prensa en el Vaticano, Bergoglio se mostró tímido, prefiriendo hablar en castellano para poder expresarse mejor, a pesar de que su italiano era claramente fluido. Preguntado sobre la colegialidad, dijo que «una discusión profunda sobre este tema excede los límites específicos de este sínodo», y que debía ser abordado «en otro ámbito y con la preparación adecuada». Fue una respuesta astuta que dejó claro que la cuestión debía tratarse, pero no en un sínodo controlado por la Curia. A los periodistas les impresionó con su claridad y concisión, aunque no les dio ninguna pista de que fuera un reformista, y lo tomaron por un hombre de confianza del Vaticano.[10]

En retrospectiva parece claro que el sínodo marcó el lanzamiento de Bergoglio a la Iglesia universal, y que con él se ganó a numerosos admiradores: el cardenal Timothy Dolan, nombrado arzobispo de Nueva York después de la renuncia de Egan en 2009, recordó que su predecesor «hablaba a menudo con entusiasmo de aquel arzobispo de Buenos Aires».[11]

Pero Bergoglio estaba impaciente por regresar a Buenos Aires. No solo porque su país estuviera entrando en estado de emergencia. En tanto que cardenal, le habían asignado varios dicasterios (departamentos) vaticanos responsables de la liturgia, el clero, la vida consagrada, la familia y América Latina, pero faltó a muchas reuniones. «No le gustaba venir a Roma, y menos aún con todo lo que estaba pasando, con la manera como se dirigía la Curia —recuerda Carriquiry—. Venía mucho menos de lo que se suponía que debía venir.» Cuando le era posible, se desplazaba solo una vez al año, en febrero —su personal, en broma, decía que fue su penitencia de cuaresma—, y una vez en Roma no pasaba más tiempo del estrictamente necesario: cuando, convertido ya en Papa, declaró que apenas conocía Roma, no exageraba. Su encargado de comunicaciones a partir de 2007, Federico Wals, comenta que Roma, para Bergoglio, representaba «el corazón de todo lo que creía que la Iglesia no debía ser: lujo, ostentación, hipocresía, burocracia; detestaba ir».

A pesar de ello, quienes miraban más allá de Juan Pablo II no se olvidaban de él. En 2002, el vaticanista de renombre, Sandro Magister, escribió de Bergoglio que, desde el sínodo

> la idea de hacer que vuelva a Roma como sucesor de San Pedro ha empezado a propagarse con intensidad creciente. Los cardenales latinoamericanos se orientan cada vez más hacia él, lo mismo que el cardenal Joseph Ratzinger. El único de los curiales de peso que vacila cuando oye su nombre es el secretario de Estado, Angelo Sodano, que tiene fama de promover la idea de un Papa latinoamericano.[12]

A finales de 2001, Bergoglio regresó a un país al borde del abismo. La economía argentina se contraía, los bancos estaban cerca de la quiebra y, como el Estado se había quedado sin dinero, a los funcionarios públicos se les pagaba con bonos sin valor. Después de que el Fondo Monetario Internacional (FMI) retuviera el tramo de un préstamo, se produjo una avalancha de retiradas de los depósitos, lo que llevó al presidente de la Rúa, a principios de diciembre, a congelar las cuentas corrientes y a limitar las retiradas a doscientos cincuenta dólares semanales. El llamado «corralito» supuso una repentina ausencia de liquidez en la economía, y empresas de todo el país suspendieron pagos. En todas las ciudades, las colas en los comedores sociales de las parroquias se triplicaron.

Junto con el Programa de las Naciones Unidas para el Desarrollo (PNUD), los obispos organizaron un encuentro de líderes nacionales el 19 de diciembre en la sede de Cáritas, cerca de la plaza de Mayo. Allí, el cardenal Bergoglio y el arzobispo Estanislao Karlic, presidente de la Conferencia Episcopal, expusieron la gravedad de la situación: si no se hacía efectiva una partida de emergencia para la asistencia social, el país se autodestruiría. El presidente De la Rúa, a quien habían convencido de que asistiera, tachó de exageradas las advertencias, aunque al abandonar el local lo despidieron lanzándole huevos y piedras. La airada multitud que se congregó en la plaza marcó el inicio de una protesta popular multitudinaria. En lo que se conoció como el «cacerolazo», centenares de miles de personas, durante los días siguientes, salieron a las calles a golpear cacerolas y sartenes para exigir la dimisión del Gobierno. De la Rúa declaró el estado de sitio.

Bergoglio, indignado ante las escenas de brutalidad policial en la plaza de Mayo que vio desde su ventana de la tercera planta, llamó al Ministerio del Interior para exigir que se permitieran las protestas pacíficas. En un comunicado, el cardenal valoró positivamente el hecho de un levantamiento popular genuino —en Argentina, casi todas las manifestaciones eran organizadas—, y declaraba que detrás de él solo había la simple exigencia de que se pusiera fin a la corrupción.

Al día siguiente se publicaron noticias de las muertes de decenas de manifestantes —siete de ellos en la plaza de Mayo— y de centenares de heridos. Mientras la multitud intentaba vencer las barreras instaladas alrededor de la Casa Rosada, De la Rúa huyó en helicóptero y formalmente presentó su renuncia al día siguiente. En el transcurso de las dos semanas siguientes se sucedieron cuatro presidentes, y se produjo el mayor impago de deuda soberana de la historia mundial. La deuda extranjera argentina, de noventa y cinco mil millones de dólares, abrumadora para una población de treinta y siete millones de personas, fue consecuencia de una década de despilfarro público y corrupción.

El día de Nochebuena, mientras la economía y el Estado yacían en ruinas, el cardenal Bergoglio invitó a la gente a asistir a la misa del Gallo para contemplar, a través de la oscuridad que los envolvía, la luz del pesebre de Belén. «Esta noche hay muchas cosas que no podemos explicar, y no sabemos qué va a ocurrir —dijo en voz baja—. Hagámonos cargo de la esperanza. Eso es lo que quiero pedir esta noche, así de sencillo.»

El 2 de enero de 2002, después de un acuerdo entre los partidos, el peronista Eduardo Duhalde aceptó ocupar la presidencia durante el resto de la legislatura de De la Rúa, hasta septiembre de 2003, sin adelantar elecciones. La Ley de Convertibilidad —socavada desde hacía mucho tiempo por los gastos públicos desorbitados y la falta de reservas en dólares— se abandonó finalmente, y el peso perdió el cuarenta por ciento de su valor. Los ricos, que tenían su dinero en el extranjero, pasaron a serlo mucho más, mientras que la clase media asalariada y los pobres tuvieron que soportar la peor crisis en tiempos de paz desde la República de Weimar.

Durante los dos años siguientes, la economía siguió contrayéndose: empresas y fábricas quebraron o se trasladaron a Brasil y a Chile; el desempleo se acercó al cincuenta por ciento de la población activa. Unos dieciocho millones de personas pasaron a engrosar las listas de pobres y unos nueve millones cayeron en la indigencia, obligados a vivir con menos de un dólar al día. La nueva desesperación se simbolizaba en los «cartoneros», gente que rebuscaba en los contenedores de basura en busca de papeles y cartones que pudieran vender a cambio de unos pesos. En un país que en otro tiempo había alimentado al mundo, ahora morían niños por desnutrición. En un país nacido de los sueños de los inmigrantes, centenares de miles de jóvenes hacían cola frente a los consulados de España e Italia para solicitar pasaportes, esperando repetir, al revés, los viajes de sus abuelos.

Entre quienes aguardaban su turno para recibir un plato de sopa en los comedores de las parroquias había personas educadas que habían perdido sus hogares tras la quiebra de sus negocios, y a menudo de sus matrimonios. La crisis era, en ciertos aspectos, más devastadora para lo que en otro tiempo había sido la mayor clase media de América Latina. Para una generación de personas de cierta edad, fue una vía rápida hacia la depresión y la desesperación. Sin seguridad social de la que depender, y sin la resistencia adquirida de los pobres de larga duración, para centenares de miles de argentinos desposeídos la red de beneficencia de las diócesis era, literalmente, un salvavidas.

Ya que las parroquias del país contaban con una oficina de Cáritas, existía una infraestructura sobre la que montar una gran operación de emergencia. La Iglesia se convirtió en hospital de campaña. En Buenos Aires, el cardenal Bergoglio movilizó las 186 parroquias de la ciudad, a ochocientos sacerdotes y a mil quinientos miembros de órdenes religiosas, así como a cerca de un millón de católicos practicantes. A todos los instó a salir a la calle, al encuentro de personas necesitadas. Empezó a ser normal que quienes asistían a misa llevaran algo de comida para distribuirla allí mismo. Las iglesias estaban abiertas por las noches para dar cobijo al creciente número de gente sin techo. Bajo los puentes se instalaban hornos con bombonas de gas butano para que la gente pudiera prepararse su propio pan, y aparecieron enfermerías ambulantes que ofrecían medicamentos. Cáritas también ampliaba sus proyectos a nivel local, a medida que llegaban donaciones del extranjero, sobre todo con la construcción de albergues para personas sin techo y la creación de programas de formación profesional para miles de personas que buscaban empleo.

Para Bergoglio fue un tiempo de velar por su pueblo, de ayudar a alimentarlo y darle cobijo hasta que pasara la crisis. Ordenó al personal y a los voluntarios de Cáritas que no se perdieran en protocolos y sutilezas legales, sino que pusieran en marcha proyectos que llegaran de manera rápida y directa a las personas necesitadas. Con todo, la eficacia no puede implicar perder de vista a las personas: la dignidad de estas, les decía, requería de tiempo y de atención. Para la inauguración de un nuevo proyecto en una antigua fábrica de hojas de afeitar, Daniel Gassman, director de Cáritas en Buenos Aires, recuerda que les dijo que su ayuda debía ser «artesanal, no industrial». Para Bergoglio no había números, solo personas; cuando el personal de la organización caritativa diocesana pedía donativos, no eran para camas, sino para las personas que dormían en ellas. La suya, les decía, debía ser una entrega samaritana, que mirara a los ojos, que tocara heridas, que abrazara.

La credibilidad de la Iglesia en esa época era tan alta como baja era la de los políticos. En 1983, la Iglesia era vista como un poderoso cómplice de dictadores, más preocupada en sí misma que en la gente corriente. Ahora, una encuesta de Gallup la colocaba como la institución más valorada por los argentinos, mientras que los políticos y el poder judicial ocupaban las últimas posiciones. Resistiéndose a una tendencia común a todo el continente, el número de argentinos que se definían a sí mismos como católicos había aumentado en los diez años anteriores, pasando del 83 al 89 por ciento. La política Karlic-Bergoglio de mantener una distancia crítica con el Gobierno, la denuncia coherente de los obispos a las políticas neoliberales de endeudamiento y gasto que habían provocado la crisis, eran, en parte, razones que explicaban aquella popularidad a la que se puede sumar la impresionante capacidad de la Iglesia para asistir a la gente. Pero, sobre todo, esta se debía a la coherencia entre lo que la Iglesia predicaba y hacía. La Iglesia vivía para la gente, no para sí misma. El cardenal Bergoglio, en concreto, simbolizaba aquella concepción del poder entendido como servicio. Incluso quienes lo veían como a alguien que guardaba las distancias admiraban su dignidad y su austeridad, características que hacían resaltar aún más la voracidad de los líderes políticos.

El presidente Eduardo Duhalde era una excepción. Católico practicante, con una concepción que no se alejaba demasiado de la de los obispos, buscaba gobernar Argentina durante la crisis sin lucrarse personalmente, y poner en marcha —con los escasos recursos a disposición del Estado— ayuda de emergencia para los pobres. Bergoglio y Karlic fueron a verlo a la Casa Rosada tres días después de su toma de posesión, a principios de enero de 2002. Acordaron formalizar lo que había empezado aquel día de diciembre: la Iglesia se ofrecería como sede de los encuentros, a los que Duhalde vincularía a su Gobierno, al tiempo que la ONU proporcionaría apoyo técnico. Así nació el Diálogo Argentino, un proceso de intenso compromiso social de siete meses de duración que no solo evitó que la sociedad se fracturara por completo, sino que creó el potencial para inaugurar una nueva manera de hacer política. Duhalde escribiría después que Bergoglio había sido uno de los «gigantes» de aquella época, personas que en segundo plano trabajaron para salvar a Argentina del desastre apuntalando a la sociedad civil.[13]

El Diálogo dio voz a la expansión de la sociedad civil de aquellos años, de la que la Iglesia fue el agente principal, pero en absoluto el único. La gente se agrupaba para organizar transportes, alimentación, cuidados infantiles, atención médica y otros aspectos básicos, e intercambiaban bienes y servicios a través del trueque. Las redes y grupos vecinales empezaron a unirse y a exigir voz, ocupando el vacío dejado por un Estado corrupto. En conjunto, unas doscientas organizaciones hallaron voz a través del Diálogo, que se ocupaba tanto de retos inmediatos como de otros más prolongados en el tiempo, creando consensos para llevar a cabo iniciativas urgentes a la vez que elaboraba ideas para reformar las instituciones a largo plazo. «Todos venían a hablar. Era una manera de canalizar la ansiedad de la gente —recuerda el obispo Casaretto, que coordinaba el Diálogo en nombre de la Iglesia—. La gente acudía a pedir cosas, a hacer demandas. Pero aquello era muy importante, porque ayudaba a definir una estrategia nacional.»[14]

Para Bergoglio estaba claro que era Duhalde, no la Iglesia, el que convocaba y encabezaba el Diálogo. «La Iglesia ofrece el espacio para el Diálogo, como quien ofrece su casa para que sus hermanos se encuentren y se reconcilien —explicó a un periodista italiano, Gianni Valente—. Pero no es un sector, ni un *lobby*, no es una parte que participe en el Diálogo junto con otros grupos de interés o de presión.» De la misma manera, su implicación no comprometía la independencia de los obispos respecto del Gobierno, al que seguían criticando en nombre de la sociedad civil. «Nosotros, los obispos, estamos hartos de sistemas que producen pobres para que la Iglesia se ocupe de ellos —manifestó Bergoglio en un documento que hizo llegar al presidente un mes después de que tomara posesión del cargo—. Apenas el 40 por ciento de la asistencia estatal llega a quienes la necesitan, mientras que el resto se esfuma por el camino a causa de la corrupción.» Para Bergoglio la culpa la tenían los izquierdistas que habían deificado el Estado, que luego fue eviscerado por los neoliberales. La única manera de salir de la crisis era reconstruir desde abajo. «Creo en los milagros —le dijo a Valente, antes de citar la frase de un personaje de *Los novios,* de Manzoni—: "No he visto nunca que el señor empiece un milagro sin acabarlo bien.".»[15]

Bergoglio deletreó ese milagro durante el Tedeum del 25 de mayo, al que ese año asistió el presidente Duhalde. Recurriendo a la historia de Zaqueo en el Evangelio de San Lucas, dijo que Argentina era como el publicano bajo y corrupto que se sube a un árbol para ver a Jesús, que lo ve y lo invita a bajar y a seguirlo, lo que lleva a Zaqueo a prometer devolver todo lo que ha robado. Argentina podía recuperar de nuevo su estatura correcta, dijo el cardenal, pero primero tenía que aceptar la invitación de bajarse del árbol: «Ningún proyecto de grandes esperanzas, puede hacerse real si no se construye y se sostiene desde abajo, desde el abajamiento de los propios intereses, desde el abajamiento al trabajo paciente y cotidiano que aniquila toda soberbia.» Al publicano no se le pedía que fuera lo que no era, sino que fuera como los demás, un ciudadano corriente, respetuoso de la ley. Fue una invitación a formar parte del pueblo y a servirlo.

Contemplemos el final de la historia: Un Zaqueo avenido a la ley, viviendo sin complejos ni disfraces junto a sus hermanos, viviendo sentado junto al Señor, deja fluir confiado y perseverante sus iniciativas, capaz de escuchar y dialogar, y sobre todo de ceder y compartir con alegría de ser. La historia nos dice que muchos pueblos se levantaron de sus ruinas y abandonaron sus ruindades como Zaqueo. Hay que dar lugar al tiempo y a la constancia organizativa y creadora, apelar menos al reclamo estéril, a las ilusiones y promesas, y dedicarnos a la acción firme y perseverante. Por este camino florece la esperanza, esa esperanza que no defrauda porque es regalo de Dios al corazón de nuestro pueblo.[16]

La esperanza de Bergoglio era que de la purga de su nación naciera una nueva política democrática y una nueva economía, que estuvieran enraizadas y que sirvieran al pueblo, y de las que las instituciones vigorosas de la sociedad civil pudieran pedir cuentas al Estado. En su Tedeum, y en otros, no dejaba de instar a los argentinos a sacar partido del momento, a ser pacientes, y a construir; era como si —tal como había descrito el papel de un obispo durante el sínodo— estuviera velando por su pueblo, dando a Dios tiempo y espacio para actuar. Aun así, las tentaciones y las presiones para tomar atajos e interrumpir el proceso eran considerables. Su referencia al «reclamo estéril» fue a lo mejor una crítica a los «piqueteros», una nueva forma de protesta social que, a la manera tradicional argentina, reclamaba al Estado.

El cardenal temía que algún populista estatista pudiera capitalizar esa indignación, usándola para polarizar a la sociedad argentina. Sus temores resultaron bien fundados. Néstor Kirchner, gobernador de la provincia petrolera de Santa Cruz, situada en la Patagonia, era una figura poco conocida a nivel nacional, pero con fama de haber puesto en marcha una administración eficiente que gastaba mucho. Junto a su elegante esposa, la senadora Cristina Fernández, habían sido activistas de la izquierda revolucionaria a principios de la década de 1970, y, si no miembros de hecho, cercanos a los Montoneros. Después del golpe de Estado, se habían trasladado al sur, donde crearon un exitoso bufete de abogados antes de entrar en política —Néstor primero como intendente (alcalde) de Río Gallegos, y después como gobernador de Santa Cruz; Cristina como miembro de la Asamblea provincial, y posteriormente del Congreso Nacional.

Incapaz de convencer a sus candidatos preferidos de que se postularan, pero inquieto ante la posibilidad de que Menem se presentara a un tercer mandato presidencial, Duhalde, a regañadientes, dio su apoyo a Kirchner. El resultado de las elecciones obligó a celebrar una segunda vuelta entre dos candidatos, Kirchner y Menem. El primero de ellos era desconocido, y el segundo estaba desacreditado. Cuando Menem retiró su candidatura en el último momento, Kirchner ganó sin oposición, pero con apenas un 22 por ciento de los sufragios, la mayoría de ellos procedentes del apoyo de Duhalde. Su primera tarea, tras asumir la presidencia el 25 de mayo de 2003, era construir una base política, coincidiendo con un incipiente crecimiento económico. En el Tedeum de ese año, Bergoglio advirtió contra «el resentimiento de los internismos estériles, de los enfrentamientos sin fin», e insistió en que «solo la reconciliación reparadora nos resucitará».[17]

Kirchner no escuchaba. En lugar de recurrir al Diálogo Argentino para construir un nuevo consenso político a partir de organizaciones de la sociedad civil, usando sus abundantes recomendaciones como base de su programa, optó por una retórica de los años setenta, la de la lógica amigo-enemigo, y por una prodigalidad del Estado ejercida a través de la técnica del palo y la zanahoria. Cuando le presentaron dos gruesas carpetas con propuestas de la sociedad civil, fruto de siete meses de trabajo del Diálogo, el presidente no mostró interés. «Le ofrecimos lo que teníamos —recuerda el obispo Casaretto—, pero dijeron que no, vamos a gobernar con un plan distinto.»

El plan consistía en resucitar la vieja política binaria que enfrentaba al «pueblo» y a las «corporaciones oligárquicas» —las fuerzas armadas, el sector agrícola importador-exportador, las grandes industrias—, a las que se culpaba de complicidad con la dictadura contra el «pueblo». Kirchner, que se describía a sí mismo como «hijo de las Madres de la Plaza de Mayo», empezó de inmediato a ofrecer cargos políticos a miembros de grupos defensores de los derechos humanos y —para entusiasmo de estos— derogó las leyes de amnistía aprobadas por Alfonsín y Menem para permitir juzgar de nuevo a militares. La línea oficial del Gobierno era la de que en la década de 1970 solo había habido una violencia censurable, la del Ejército (la guerrilla luchaba para «el pueblo») alentado por sus aliados de la derecha, la Iglesia y la oligarquía. Todo intento de expresar algo distinto se consideraba parte de la desacreditada «teoría de los dos demonios».

Aupado por un fuerte crecimiento económico vinculado a condiciones comerciales internacionales favorables, Kirchner reprodujo el modelo de Gobierno que había aplicado en Santa Cruz, canalizando los ingresos de exportaciones para recompensar la lealtad de administraciones públicas famélicas. En poco tiempo contaba ya con una considerable base política, que le otorgó más del 40 por ciento de los votos en las elecciones de mitad de mandato. A pesar de ello, en vez de suavizar la retórica y adoptar una política de inclusión, agudizó la polarización: al no depender ya de Duhalde, y ni siquiera del Partido Justicialista (Peronista), redujo su gabinete a íntimos del kirchnerismo que compartían su visión sectaria. En el transcurso de los años siguientes, con la ayuda de periodistas leales progubernamentales, como Horacio Verbitsky, Kirchner movilizó a defensores lanzando reiterados ataques contra enemigos del régimen claramente definidos, tanto dentro del país como en el extranjero —los generales, los obispos, los banqueros y los exportadores, todos aliados, en la imaginación de Kirchner, con los intereses extranjeros de Estados Unidos, Reino Unido y el Banco Mundial.

Poco después de tomar posesión del cargo, la secretaria de Kirchner llamó al cardenal para invitarlo a un encuentro con el presidente en la Casa Rosada. Bergoglio, sensible a la coreografía Iglesia-Estado, declinó el ofrecimiento, pero manifestó que estaría encantado de recibirlo al otro lado de la plaza, en sus oficinas de la Curia. «Si el presidente quiere verme, viene él a mi despacho. Si quiero verlo yo, voy al suyo», explicó a su personal. El presidente y el cardenal se vieron, finalmente, en agosto de 2003, cuando Bergoglio acudió a la Casa Rosada con el nuevo presidente de la Conferencia Episcopal, el arzobispo Eduardo Mirás, de Rosario, para asistir a un encuentro solicitado por los obispos. Pero pronto quedó claro que Kirchner —al que su colega, el también peronista Julio Bárbaro, describe como carente de toda sensibilidad religiosa— no estaba interesado en escuchar a una Iglesia a la que no podía controlar.

Tras enviar una copia de cortesía a la Casa Rosada de la homilía del 25 de mayo de 2004, Bergoglio recibió, a través de un intermediario del Gobierno, un desdeñoso recordatorio de que el objeto del Tedeum era rezar por la nación dando las gracias por la Revolución de Mayo de 1810.[18] Sin inmutarse, la quinta homilía de Bergoglio como cardenal durante el día Nacional de Argentina fue aún más potente y apasionada, y asombrosamente parecida, incluso en algunas de sus expresiones, a las charlas y artículos de su época de jesuita durante la década de 1970. Había vuelto al combate contra las élites ideológicas, en nombre del pueblo fiel.

Aludió a la historia del Evangelio de San Lucas en la que Jesús regresa a su ciudad natal, Nazaret, y lee un pasaje del profeta Isaías en la sinagoga, provocando asombro y admiración que pronto se convierten en indignación y que terminan en la expulsión de Jesús por su propio pueblo. El título de la homilía fue tomado del propio Evangelio: «Nadie es profeta en su tierra.» Bergoglio sugirió que quienes se habían escandalizado por Jesús eran élites que se bastaban y se justificaban a sí mismas, y que estaban desconectadas de la sabiduría de su pueblo. Al querer lapidar a Jesús, dijo, su «pensamiento débil» y su mediocridad quedaron expuestos. El cardenal prosiguió reformulando la idea de la exclusión social, causada, en sus palabras, no solo por unas estructuras injustas, sino por actitudes de sectarismo e intolerancia que pretenden dividir a la sociedad entre quienes pertenecen y quienes son enemigos. Aun así, el «alma del pueblo» no se dejaba embaucar por estratagemas engañosas y mediocres, ni por riñas partidarias. «Solo desde la pertenencia a un pueblo podemos entender el hondo mensaje de su historia, los rasgos de su identidad. Toda otra maniobra de afuera es nada más que un eslabón de la cadena, en todo caso hay un cambio de amos, pero el estatus es el mismo.»

Acabó con la imagen de Cristo entre su pueblo, proclamando un mensaje que resultaba intolerable para las élites ilustradas, que buscaban apedrearlo y echarlo de la ciudad: «Ese Jesús que pasa en medio de los soberbios, los deja desconcertados en sus propias contradicciones y busca el camino que exalta a los humildes, camino que lleva a la cruz, en la que está crucificado nuestro pueblo, pero que es camino de esperanza cierta de resurrección; esperanza de la que todavía ningún poder o ideología lo ha podido despojar.» Bergoglio invitó al público, a la manera ignaciana, a escoger con quién prefería identificarse.[19]

Kirchner, que ese día tenía fiebre, declaró cuidadosamente a los periodistas que creía que la homilía se había referido a algunas de las realidades del país de manera clara. Argentina, dijo, estaba descubriendo su identidad, y «volver a encontrar la inclusión social es una tarea fundamental».[20]

A principios de 2004, Bergoglio empezó a ser tratado por un practicante de medicina china, un monje taoísta que le había recomendado un sacerdote. Cuando Liu Ming se sentó frente al cardenal en su primer encuentro, en su despacho de la tercera planta, Bergoglio permaneció en silencio, observándolo. «En ese momento tuve la sensación de que me transmitía sus pensamientos», recuerda el monje, que había llegado desde Jiangsu, China, hacía apenas un año. «Y entonces me contó sus problemas de salud.»

Además de diabetes, y de una vesícula biliar maltrecha, el cardenal, que por entonces ya se acercaba a los setenta, sufría de una dolencia cardiaca para la que los médicos le habían recetado gran cantidad de pastillas. Bergoglio había vivido con una inmensa carga de trabajo durante la crisis del país, y la obturación de sus arterias era el precio que había pagado por ello. El monje le dijo que pretendía usar la acupuntura convencional para que la sangre volviera a fluir y se revirtiera el bloqueo: entretanto, le pidió que no tomara las pastillas. El cardenal aceptó.

Cuando Bergoglio se quitó la ropa para someterse a la primera sesión de acupuntura, lo que vio Liu Ming lo dejó atónito. «Tenía agujeros en la ropa, estaba muy vieja y gastada. Pensé: "¿Cómo es posible que una persona tan importante sea tan humilde?".»

Durante los tres años siguientes Ming lo visitó dos veces por semana, hasta que Bergoglio se sintió mejor; a partir de entonces, una vez al mes. El cardenal lo llamaba «mi torturador chino», intentaba convencerlo de que se hiciera hincha del San Lorenzo, le propuso un nombre para su hija (como consecuencia de ello la pequeña se llama María Guadalupe), y le regalaba libros: el *I Ching* en español, la Biblia y otro llamado *Razones para creer*. Liu Ming le contaba que el cuerpo posee en sí mismo la capacidad de curarse, que la medicina occidental tiene en cuenta solo el exterior, no el interior, que con la medicina china se puede llegar a vivir ciento cuarenta años («¿Voy a vivir tanto tiempo?», le preguntó Bergoglio, riéndose), y le hablaba del Tao y de Dios; el cardenal siempre lo escuchaba con atención. A Liu Ming le asombraba su pulso, el más fuerte con el que se había encontrado nunca. Y le impresionaba su espiritualidad, su falta de ego: a Bergoglio «no le preocupaba el exterior, sino el interior», declaró más tarde el monje-médico.[21]

Esta era una lección que el Papa Juan Pablo II daba todos los días por aquella época. En los tres años anteriores su deterioro había sido constante: en julio de 2004, en su última visita apostólica, al santuario francés de Lourdes al pie de los Pirineos, se había convertido en icono del sufrimiento humano. Babeando, encorvado, tembloroso, perdido ya el control sobre su cuerpo, Juan Pablo II enseñaba desde su silla de ruedas algunas de las lecciones más importantes de su pontificado. Hubo un momento en Lourdes que lo resumió todo: al terminar el rezo del Rosario en la famosa gruta, un joven discapacitado, también retorcido y con el cuerpo vuelto a un lado, fue llevado hacia delante para recibir la bendición. Los dos hombres se observaron sin palabras desde sus respectivas sillas de ruedas, iguales en su vulnerabilidad compartida, y así permanecieron una eternidad preñada de oración.[22]

Bergoglio había conocido a Juan Pablo II en 1979, un año después de la elección del cardenal Wojtyła, cuando el provincial jesuita se unió al grupo congregado para el rezo del Rosario dirigido por el Papa en Roma. Allí tuvo una profunda experiencia de la que más tarde, en 2005, tras la muerte del Papa, dejaría constancia como parte de las pruebas que se recogían para la causa de su canonización.

Una tarde fui a rezar el Santo Rosario que dirigía el Santo Padre. Él estaba delante de todos, de rodillas. El grupo era numeroso. Veía al Santo Padre de espaldas y, poco a poco, fui entrando en oración. No estaba solo: rezaba en medio del pueblo de Dios al cual yo y todos los que estábamos allá pertenecíamos, conducidos por nuestro Pastor. En medio de la oración me distraje mirando la figura del Papa: su piedad, su unción era un testimonio. Y el tiempo se me desdibujó; y comencé a imaginarme al joven sacerdote, al seminarista, al poeta, al obrero, al niño de Wadowice... en la misma posición en que estaba ahora: rezando Ave María tras Ave María. Y el testimonio me golpeó. Sentí que ese hombre, elegido para guiar a la Iglesia, recapitulaba un camino recorrido junto a su Madre del cielo, un camino comenzado desde su niñez. Y caí en la cuenta de la densidad que tenían las palabras de la Madre de Guadalupe a san Juan Diego: «No temas. ¿Acaso no soy tu Madre?» Comprendí la presencia de María en la vida del Papa. El testimonio no se perdió en un recuerdo. Desde ese día rezo cotidianamente los 15 misterios del Rosario.[23]

En el mismo testimonio dejó constancia de que después de que lo nombraran arzobispo, en 1998, había mantenido una serie de «encuentros personales privados» con Juan Pablo II, en los que le había impresionado profundamente «la memoria casi infinita» del Papa; recordaba lugares, personas y situaciones que se había encontrado en sus viajes, prueba de que prestaba una atención total en todo momento. Bergoglio recordó cómo el pontífice lo había tranquilizado. «Como yo era algo tímido y reservado, al menos en una ocasión, cuando había terminado de exponerle los temas que habíamos abordado durante la audiencia, hice ademán de irme, para no hacerle perder el tiempo. Él me agarró del brazo y me invitó a sentarme de nuevo, diciéndome: "¡No, no, no! ¡No se vaya!", para que pudiéramos seguir hablando.» Bergoglio no tenía duda, declaró ante el tribunal, de que Juan Pablo II «vivía todas las virtudes de manera heroica».[24]

Cuando el Papa entró en la última etapa de su vida en febrero de 2005, el cardenal Bergoglio se enfrentaba a las consecuencias de un incendio que, semanas antes, había arrasado una discoteca en Buenos Aires, dejando casi doscientos muertos y quinientos heridos. Fue uno de los primeros en presentarse en el lugar de los hechos, el local nocturno llamado República Cromañón. Allí acompañó a los familiares, preparando los restos mortales, rezando con los desamparados, de pie, en silencio, dando apoyo en medio del dolor y el desconcierto. Puso a uno de sus auxiliares, Jorge Lozano, al frente de un equipo encargado de proporcionar asistencia pastoral a heridos y familiares, y ordenó que el día 30 de cada mes se celebrara una misa para conmemorar la fecha de la tragedia.

Su presencia firme pero discreta desde el amanecer hasta última hora de la noche en el hospital y en el depósito de cadáveres le valió ganarse el corazón de los ciudadanos. También dejó en evidencia a los políticos, que parecían ausentes e inseguros. A medida que iban aclarándose las causas de la tragedia —una triste concatenación de incumplimientos en las medidas de seguridad a fin de exceder el aforo— se entendían los motivos de aquella reacción: detrás de todo subyacía una red putrefacta de corrupción, encubrimiento y connivencia en la que estaban implicados altos mandos de la administración y la policía.

«Lo que se reveló fue que existían redes de corrupción que hacían que la gente mirara para otro lado —recuerda el obispo Lozano—. Las salidas de emergencia estaban cerradas con cadenas y candados para que la gente no se colara sin pagar, y había mucha más gente de la permitida en el interior. Lo que Bergoglio destacó de todo ello fue que la sociedad de Buenos Aires organizaba espacios para los jóvenes sin preocuparse por ellos, poniendo en primer lugar el beneficio, y que a aquellos que debían controlar la situación se les pagaba para que no controlaran.» El cardenal, indignado con la inmolación de los jóvenes en el altar de la avaricia, dio voz a los sentimientos de su pueblo: «No somos ni poderosos ni ricos ni importantes —dijo en la catedral el 30 de enero de 2005—. Pero sufrimos... un dolor que no se puede expresar con palabras, un dolor que golpeó a hogares enteros.» Y rezó por la justicia, por «que su pueblo humilde no sea burlado».

En una misa de aniversario un año después, en una de sus homilías más recordadas, en una catedral atestada de cientos de familiares afligidos, encabezó un desahogo extraordinario de emoción. Hablando en voz baja y quebrada, creó la imagen de una ciudad que era a la vez madre doliente y lugar distraído y obsesionado consigo mismo que solo buscaba enterrar su dolor:

> Hoy, estamos aquí adentrándonos en el corazón de esta madre que fue al templo llena de ilusiones y que volvió con la certeza de que esas ilusiones iban a ser segadas, cortadas. Entrando en este corazón acordémonos de estos hijos de la ciudad, de esta ciudad madre, que los reconozca, que se dé cuenta que estos, como el caso de Abraham en la primera lectura, son los hijos de la herencia; y la herencia que nos dan hoy estos hijos que ya no están es una muy dura advertencia: ¡que no se les endurezca el corazón!, nos dice. Sus fotos aquí, sus nombres, sus vidas simbolizadas en estas velas nos están gritando que no se nos endurezca el corazón. Esa es la herencia que nos dan. Son los hijos de la herencia que nos dice: «lloren».
>
> Ciudad distraída, ciudad dispersa, ciudad egoísta: llorá. Te hace falta ser purificada por las lágrimas. Hoy aquí rezando juntos le damos este mensaje a nuestros hermanos de Buenos Aires: lloremos juntos, nos hace falta llanto en Buenos Aires... Rezamos en esta Misa, adentrándonos en el corazón de nuestra Madre Virgen que llevó a su hijo al templo con un sentimiento y lo trajo de vuelta con otro sentimiento. Y lloremos. Lloremos aquí. Lloremos afuera y pidámosle al Señor que toque los corazones de cada uno, de nuestros hermanos de esta ciudad y los haga llorar. Que purifique con el llanto a esta ciudad tan casquivana y superficial.[25]

En febrero, Juan Pablo II fue trasladado de urgencia al hospital con serias dificultades respiratorias. Fue grave, muchos daban por sentado que el Papa plantaría batalla, como había hecho en tantas otras ocasiones. Sin embargo, a finales de marzo, después de que se le practicara una traqueotomía, los indicios apuntaban a que el desenlace era inminente. Juan Pablo II intentó dar la bendición del domingo de Pascua desde sus aposentos del Palacio Apostólico, pero no le salieron las palabras. Se veía derrotado. Un asistente hizo ademán de llevárselo de la ventana, pero él lo apartó; quiso permanecer un momento más, comunicarse con su pueblo, como había hecho el día de su elección, en octubre de 1978, cuando se dirigió a los congregados en la plaza para decirles que los cardenales se habían ido hasta «un país lejano» para buscar al obispo de Roma, y para pedirles que le corrigieran su italiano. Ahora, tras llevarse las manos al cuello, como para explicar que ya no podía hablarles, hizo la señal de la cruz en el aire y después permaneció ahí unos instantes, observándolos. En ese momento, entre la multitud se extendió la certeza: se estaba despidiendo. Miles de personas en la plaza lloraron a lágrima viva.

En la misa celebrada en la catedral el 4 de abril, Bergoglio rindió tributo a un hombre de integridad total, que nunca engañó, mintió ni hizo trampas, que «se comunicó con su pueblo con la coherencia de un hombre de Dios, con la coherencia de aquel que todas las mañanas pasaba largas horas en adoración y que, porque adoraba, se dejaba armonizar por la fuerza de Dios». Juan Pablo II era un «hombre coherente», dijo el cardenal en una frase desconcertante «porque se dejó cincelar por la voluntad de Dios».

Este hombre coherente... nos salvó de una masacre fratricida; este coherente que gozaba tomando a los chicos en brazos porque creía en la ternura. Este coherente que más de una vez hizo traer a los hombres de la calle, acá decimos *linyeras*, de la Plaza Risorgimento para hablarles y darles una nueva condición de vida. Este coherente que cuando se sintió bien de salud pidió permiso para ir a la cárcel a hablar con el hombre que había intentado matarlo. Es un testigo. Termino repitiendo sus palabras: «Lo que necesita este siglo no son maestros, son testigos.» Y en la encarnación del Verbo, Cristo es el testigo fiel. Hoy vemos en Juan Pablo II una imitación de este testigo fiel. Y agradecemos que haya terminado su vida así, coherentemente, que haya terminado su vida siendo simplemente eso: un testigo fiel.[26]

Y partió hacia Roma, que durante las semanas siguientes se convirtió en el eje sobre el cual giraba el mundo. Unos cuatro millones de personas llegaban aquellos días, formando una inmensa marea de humanidad, desde el Tíber hasta San Pedro, cantando, orando, esperando —y haciendo cola, en ocasiones día y noche, para presentar sus respetos—. A medida que iban llegando desde los cinco continentes, los cardenales y dignatarios eran trasladados a la basílica de San Pedro por la Porta de la Morte (de adecuado nombre), y a través de un estrecho pasadizo de mármol y piedra se encontraban con una escena asombrosa que asaltaba sus sentidos.

Arrodillados en sus reclinatorios ante el cadáver empequeñecido y pálido que yacía en un féretro forrado de terciopelo rojo —la cabeza del Papa estaba alzada sobre tres cojines del mismo color, los pies calzados con sus zapatos de piel carmesí—, los cardenales veían pasar tras el catafalco un torrente silencioso de humanidad doliente y orante. Allí, como nunca se había visto en los tiempos modernos, irrumpía el Pueblo fiel de Dios, que llegaba en autobús o en vuelos de bajo coste desde pequeñas localidades de Europa Central, atraído hacia los restos inertes de su Papa por un imán antiguo que a los periodistas internacionales les costaba explicar.

Impresionados por este desahogo, y conscientes de que se les había entregado un legado valioso para conservar, los cardenales se reunían a diario en el salón del sínodo. Salvo por el decano del colegio, Joseph Ratzinger, y el cardenal estadounidense William Baum —los únicos que habían recibido el birrete de Pablo VI— fue una experiencia totalmente nueva para los cardenales: desde la ya lejana fecha de 1978 no había fallecido ningún Papa, y ninguno había sido elegido.

Aun así, mientras los periodistas fuera de la aula del sínodo trazaban el perfil del Papa ideal, los cardenales tenían pocas oportunidades de hacer lo mismo durante sus reuniones, conocidas como congregaciones generales. Durante la *sede vacante* —el tiempo transcurrido entre la muerte de un Papa y la elección de su sucesor— los cardenales gobiernan la Santa Sede, y deben debatir sobre una serie de asuntos a menudo tediosos. La primera semana de Congregación general se dedicó casi en exclusiva a un examen línea por línea del capítulo del Derecho Canónico dedicado a la sede vacante; a lo que siguieron largas discusiones sobre el funeral que se celebraría el 8 de abril, y que sería el acontecimiento más seguido de la historia de la televisión. Solo después de celebrar el funeral, durante las llamadas *novemdiales*, o periodo de luto de nueve días anterior al cónclave, los cardenales tendrían la ocasión de debatir las necesidades de la Iglesia y su dirección futura.

Después de que el consistorio de 2003 hubiera añadido a veintitrés cardenales más, excluyendo a aquellos demasiado viejos para votar, el número de electores era ahora de 115 de docenas de naciones. Varios cardenales disponían de recortes de prensa con los perfiles de todos ellos, para saber quién hablaba en todo momento. Aunque su tarea consistía en elegir a uno de ellos, lo cierto era que apenas se conocían.

El cardenal Ratzinger dirigió esas sesiones de manera impecable. Había llevado veinticuatro años ejerciendo de guardián de la doctrina vaticana como presidente de la Congregación para la Doctrina de la Fe; era el encargado de recibir a los obispos en sus visitas al Vaticano, y poseía una memoria prodigiosa. Ratzinger era una paradoja: el teólogo que justificaba el centralismo romano era también el más colegial de los cardenales de la Curia, y los obispos visitantes lo alababan por la cortesía y atención que les prodigaba. Ahora, durante las congregaciones generales, aquellas cualidades demostraron ser vitales: Los cardenales lo conocían, y él los conocía a ellos; era capaz de llamarlos a todos por su nombre, y con frecuencia de dirigirse a ellos en su misma lengua. Durante más de dos semanas anteriores al cónclave, dirigió y unificó a un colegio de cardenales fragmentado y desorientado.

Sin embargo, las congregaciones generales eran foros poco propicios para discernir quién debía ser el sucesor de Juan Pablo II. Los discursos eran largos y vagos —los cardenales de más de ochenta años, sin derecho a voto, compartían gustosos sus reflexiones en el primer cónclave que se celebraba en treinta años—; a menudo excedían el límite de siete minutos asignado, lo que llevaba a algunos a murmurar que todo se parecía demasiado a un sínodo de obispos. Aproximadamente la mitad de los presentes no hablaba italiano, y los dispositivos de traducción simultánea eran pobres; tampoco podían averiguar gran cosa sobre los demás a través de los medios de comunicación, pues los cardenales se habían autoimpuesto la prohibición de conceder entrevistas después del funeral.

De hecho, las discusiones verdaderas tenían lugar por las noches, cuando los cardenales organizaban discretas reuniones en sus respectivos colegios o —en el caso de los *curiali*—, en sus apartamentos romanos. Allí las conversaciones podían tomar un cariz más íntimo y directo, y en ellas podía apuntarse hacia candidatos específicos. El cardenal Murphy-O'Connor, de Westminster, por ejemplo, dio una cena para el grupo de San Galo y sus invitados en el Colegio Inglés, tras el funeral. Con todo, la mayoría de los cardenales, especialmente los de Asia y África, ignoraban aquellos encuentros, y dependían de las congregaciones generales para su discernimiento.

Los *riformisti* no contaban con un candidato claro: el cardenal Martini ya había cumplido ochenta años y sufría párkinson; caminaba apoyándose en un bastón y, en cualquier caso, se había excluido a sí mismo. Los reformistas confiaban —fatalmente, como se vio—, en que en el proceso previo al cónclave surgiera un candidato. En cambio, el bloque de cardenales de la Curia llevaba algún tiempo avalando al cardenal Ratzinger. Aunque pocos recordaban el último, los *curiali* sabían cómo funcionaba un cónclave, eran conscientes de que lo que contaba era el impulso inicial, de que los votos iban a quien se mostraba con fuerza desde el primer momento, y, en consecuencia, en los días anteriores al cónclave se esforzaron por que Ratzinger contara con una buena parte de ese primer voto.

Promoviendo la candidatura de Ratzinger entre los cardenales de lengua inglesa y alemana estaba Christoph Schönborn, de Viena, mientras que los dos cardenales curiales latinoamericanos —Alfonso López Trujillo y Jorge Medina Estévez— interceptaban a los de lengua española y portuguesa apenas estos llegaban a Roma. Un cardenal brasileño que de manera anónima hizo declaraciones al diario O Globo ese mismo año, explicó que poco después de soltar las valijas, contó cómo los dos curiales latinoamericanos los invitaron a asistir a reuniones y cenas. «En aquellas conversaciones dejaron claro que habían consultado con Ratzinger y que este había dado luz verde a la campaña.» Los rigoristi argumentaban persuasivamente que Ratzinger era un teólogo imponente, el único capaz de sacar adelante el legado de Juan Pablo II, y cuya experiencia en la Curia significaba que también podría hacerse cargo de sus problemas.[27]

Inmediatamente antes del cónclave, los periódicos italianos aseguraban que Ratzinger podía contar, tal vez, con cuarenta votos. Había una larga lista de otros papables potenciales, pero la principal especulación era que el siguiente Papa sería latinoamericano. Bergoglio figuraba en las listas, pero en su mayoría los periodistas apuntaban al telegénico Óscar Rodríguez de Madariaga, o al franciscano Claudio Hummes, de São Paulo, Brasil, ambos de mayor proyección pública. Pero las especulaciones eran solo eso. Además de los curiales López Trujillo y de Medina Estévez en nombre de Ratzinger, los cardenales latinoamericanos ni organizaban ni eran organizados, y Bergoglio mucho menos. Rehusaba todas las invitaciones a cenas, no concedía entrevistas y permanecía discretamente, como siempre, en la Via della Scrofa, donde prefería cenar con sus amigos en Roma que con otros cardenales.

Bergoglio llevaba consigo al padre Marcó, que era el encargado de declinar, en su nombre, las invitaciones a cenas, y que debía abordar las cuestiones que se planteaban en Buenos Aires. Una se apuntó directamente a Bergoglio. Tres días antes del cónclave, un abogado defensor de los derechos humanos presentó una reclamación en un tribunal acusando a Bergoglio de haber sido cómplice del secuestro de Yorio y Jalics. La demanda —que Marcó, respondiendo a las preguntas de la prensa, calificó de «vieja calumnia»— no tuvo recorrido legal, pero generó noticias en los medios de comunicación, tal como seguramente se pretendía, así como la impresión, en vísperas de las votaciones, de que Bergoglio tenía un pasado que se rastrearía si se convertía en Papa.

La querella se basaba en *El silencio*, un libro publicado en febrero de ese año por Horacio Verbitsky, el exmontonero que se había convertido en estrecho aliado de Kirchner. En un capítulo de la obra, que trataba de la supuesta complicidad de la Iglesia con la guerra sucia, se pretendía que existían pruebas que avalaban las viejas acusaciones de Emilio Mignone sobre las acciones de Bergoglio respecto a Yorio y Jalics.

Verbitsky, en el libro, manifestaba que había mantenido una mente abierta en cuanto a las acusaciones, consciente de que dos abogados de su organización de defensa de los derechos humanos, el CELS, Mignone y Alicia Oliveira, no estaban de acuerdo con lo que constaba del arzobispo sobre la guerra sucia. Al entrevistarse con Bergoglio en 1999, proseguía Verbitsky, la versión de los hechos que este le había expuesto le había parecido digna de crédito. Pero desde entonces, escribía, había encontrado nuevas pruebas que lo inducían a dudar del testimonio del cardenal. Sin embargo, antes de llegar a este punto, Verbitsky repasó las viejas alegaciones, incluida la del jesuita anónimo que acusaba a Bergoglio de querer que Yorio y Jalics salieran de la villa miseria «y cuando se negaron hizo saber a los militares que no los protegía más, y con ese guiño los secuestraron». (Verbitsky no identificaba al jesuita anónimo como Juan Luis Moyano, ni mencionaba que este se encontraba en Perú en el momento de los hechos que afirmaba conocer.)

Cuando finalmente la sacó, la pistola humeante de Verbitsky resultó ser un memorándum de 1979 escrito por un funcionario de inmigración que había hablado con Bergoglio en relación con una solicitud de pasaporte a nombre de Francisco

Jalics, que en ese momento, tres años depués de salir, deseaba regresar a Argentina. Según el documento, Bergoglio informó al funcionario de que Jalics había sido detenido por supuestos contactos con la guerrilla, lo que llevó al agente a denegar la solicitud de pasaporte. Aquello demostraba —según la declaración triunfante de Verbitsky— que Bergoglio tenía cara de Jano, que al tiempo que decía ayudar a alguien, por la espalda lo perjudicaba; era el mismo comportamiento de que se lo acusaba en relación con Yorio y Jalics, lo cual demostraba, ipso facto, la veracidad del relato de Mignone.

Verbitsky omitía mencionar que había sido el propio Bergoglio quien había solicitado el pasaporte en nombre de Jalics; que en la solicitud que había tenido que rellenar no decía nada sobre la detención de este, pero que el funcionario al que se la había entregado le había preguntado por qué Jalics había abandonado el país con tanta precipitación. Bergoglio tuvo que darle la razón, pero añadió, haciendo hincapié en ello, que aquello no era cierto, que Jalics no había tenido absolutamente nada que ver con la guerrilla. El funcionario, sin embargo, había omitido en su informe la última parte, en que Bergoglio negaba la acusación.[28]

Las denuncias de Verbitsky, resumidas, fueron enviadas en sobres anónimos y a las cuentas de email de los cardenales de habla española que se encontraban en Roma en los días previos al cónclave.

Siguen sin estar claros dos elementos de esa campaña sucia. El primero es quién estaba detrás de ella. La prensa argentina citó fuentes vaticanas en Roma tras la elección de Francisco, y defendió que había sido obra del Gobierno de Kirchner, organizada por el embajador argentino en la Santa Sede del momento, Juan Pablo Cafiero, con la colaboración de una cardenal amigo. (Cafiero lo negó con vehemencia.) El segundo era saber qué efecto tuvo. Los cardenales detestaban que personas ajenas —sobre todo con intereses políticos— intentaran ejercer su influencia en el cónclave, y es probable que las acusaciones (en el caso de que tuvieran tiempo de leerlas) más que rechazo, les hubieran suscitado comprensión. Un cardenal estadounidense de edad avanzada comentó en 2013 que en 2005 «todos conocíamos las acusaciones, y sabíamos que no eran ciertas».[29]

Los cardenales se trasladaron a la nueva residencia vaticana, la Casa Santa Marta, la noche del domingo 17 de abril, y a la mañana siguiente concelebraron la misa *pro eligiendo papa* —una liturgia especial para la elección del pontífice romano— en San Pedro. Aquella tarde del 18 de abril los 115 cardenales desfilaron hasta la Capilla Sixtina, que Bergoglio veía por primera vez en su vida. Una vez allí prestaron juramento —seguir los procedimientos y no revelar detalles de la elección— antes de que las puertas se cerraran, y una enorme llave hiciera girar la cerradura (cónclave significa «con llave»). La primera ronda de votaciones, o escrutinio, tuvo lugar a las cinco y media de la tarde. Veinticuatro horas después, durante el primer escrutinio de la tarde del día siguiente —y cuarto del cónclave—, Joseph Ratzinger fue elegido Papa Benedicto XVI.

A pesar del voto de confidencialidad, una imagen bastante clara de cómo se habían desarrollado las votaciones fue esbozada en el diario anónimo de uno de los cardenales, que creía que los recuentos debían formar parte de los registros históricos. El relato, base de un artículo publicado en septiembre de 2005 en una revista italiana especializada en temas de asuntos exteriores, no ha sido desmentido, y la mayoría de los vaticanistas lo dan por cierto, entre otras cosas porque incluye pinceladas muy gráficas, como, por ejemplo, que el patriarca de Lisboa, el cardenal José da Cruz Policarpo, salía de Santa Marta a fumar puros.[30]

En la primera votación, la del lunes por la tarde, Ratzinger obtuvo 47 votos, seguido de Bergoglio, que obtuvo 10, y de Martini, que obtuvo 9. Otros también recibieron votos (entre ellos Sodano, cuatro, Rodríguez de Madariaga, tres, y, según el cardenal brasileño anónimo, Hummes también consiguió algunos). Con todo, la verdadera sorpresa la dio Bergoglio, el apoyo al cual indicaba que más de la mitad de los 18 cardenales latinoamericanos residentes (es decir, excluyendo a los curiales) habían votado por él, y la mayoría del resto a Rodríguez y a Hummes.

Los *riformisti* hicieron cálculos: si Bergoglio —arzobispo pastoral latinoamericano, jesuita como Martini, que compartía las preocupaciones de los reformadores respecto a la colegialidad— sumaba los votos de Martini, así como los de Rodriguez y Hummes, a los suyos, podría haber una carrera de dos y de ahí una elección real.

De nuevo en Santa Marta, se pusieron manos a la obra. El autor del diario describe al presidente de la Conferencia Episcopal alemana, Karl Lehmann, y a Godfried Danneels, arzobispo de Bruselas, como los líderes de «un grupo significativo de cardenales estadounidenses y latinoamericanos, además de un par de cardenales de la Curia». Hubo conversaciones animadas en torno a la mesa durante la cena, y reuniones en pequeños grupos de dos o tres personas en los pasillos y las habitaciones. La estrategia de los reformadores pasaba por aumentar el apoyo a Bergoglio hasta conseguir al menos 39 votos mediante una alianza de reformadores europeos y estadounidenses, más los latinoamericanos que estuvieran de acuerdo en la consecución de un Gobierno eclesiástico más colegial y pastoral. Si lo conseguían, Ratzinger no alcanzaría la mayoría de los dos tercios necesaria, es decir, los 77 votos. En tal caso, otros votos irían a parar a Bergoglio o, si el colegio permanecía dividido, surgiría un tercer candidato, como había ocurrido en el segundo cónclave de 1978 que eligió a Juan Pablo II.

A la mañana siguiente hubo dos escrutinios. En el primero, Ratzinger alcanzó los 65 votos, mientras que Bergoglio obtuvo 35. Los 15 votos restantes fueron a parar a otros candidatos dispersos: los cuatro de Sodano se mantuvieron firmes, pero los de Martini, Rodríguez y Hummes habían ido a parar a Bergoglio. En el segundo escrutinio, los reformadores consiguieron su propósito: Ratzinger llegó a los 72 votos, solo cinco menos de la mayoría de los dos tercios requerida, pero Bergoglio obtuvo 40, lo que significaba que, si el apoyo al cardenal argentino se mantenía, Ratzinger no podría resultar elegido. Ambos grupos regresaron a Santa Marta en estado de exaltación.

Pero entonces Bergoglio desactivó la operación. Aunque lo que ocurrió durante la cena no se describe en el diario, otra fuente asegura que Bergoglio suplicó a los demás cardenales, casi con lágrimas en los ojos, que votaran a Ratzinger, aunque no está claro si lo hizo hablando con ellos individualmente o mediante un anuncio general.[31] Aquella tarde, después del primer escrutinio, el apoyo a Bergoglio descendió hasta los 26 votos, y Ratzinger fue elegido con 84.

¿Por qué se había disgustado Bergoglio? El autor del diario explica que acudió a emitir su voto con gesto de sufrimiento en el rostro, y que alzó la vista hacia el *Juicio Final* de Miguel Ángel como implorando: «No me hagas esto.» Sin embargo, después del cónclave, cuando un cardenal le preguntó qué nombre habría tomado de haber sido elegido, Bergoglio no lo dudó: «Habría tomado el nombre de Juan, por *il papa buono* (el «Papa bueno» Juan XXIII), y me habría inspirado totalmente en él», le dijo a Francesco Marchisano, arcipreste de San Pedro.[32] Haber pensado tanto en un nombre como en un programa no son muestras de un hombre inseguro ni asustado. Pero sí se había mostrado preocupado, y hasta disgustado. Cuando se encontró con el padre Marcó le dijo que nunca había necesitado tantas oraciones como en la mañana de ese martes. De regreso en Buenos Aires, le confió a un amigo: «No te imaginás lo que me hicieron.»

Una de sus biógrafas sugiere que Bergoglio se retiró a fin de evitar un cónclave prolongado que habría puesto en evidencia que la Iglesia estaba dividida. Pero ello no explica su gran disgusto. Un comentarista cree que estaba «enojado» porque lo «utilizara» el grupo progresista, que lo había malinterpretado. Bergoglio «era en gran medida parte de la coalición pro-Ratzinger» y «sin duda se sintió escandalizado por todo aquel ejercicio llevado a cabo supuestamente en su nombre», afirma George Weigel.[33] Pero si bien hay algo de cierto en ello —los reformadores cometieron un error en no averiguar si Bergoglio estuviera abierto— su premisa es falsa: Bergoglio estimaba al futuro Benedicto XVI y creía que debía ser Papa, pero no formaba parte de ningún grupo o coalición, y mucho menos del de los *rigoristi*. Del mismo modo, los reformadores sabían que Bergoglio deseaba reformas y colegialidad, pero que no era de ese «partido» en el sentido en que sí lo era el grupo de San Galo.

Ciertamente, su problema era precisamente que existieran «partidos». Lo que disgustaba a Bergoglio era ser el punto focalizado de una fractura destinada a polarizarse, como en la década de 1970, en bloques ideológicos. Le disgustaba a un nivel puramente psicológico, en el sentido de que superar tales divisiones había sido el trabajo de su vida. Pero lo más probable era que hubiese discernido la presencia del mal espíritu. El cónclave debía estar guiado por el Espíritu hacia la convergencia y el consenso. Bergoglio veía que el de 2005 iba en la dirección contraria. «El mal espíritu siempre divide, y divide a Jesús, como expuso ante los obispos españoles a quienes dio un retiro ignaciano en enero de 2006. Así niega la unidad».[34]Por ello se sintió capaz, y en realidad obligado, a poner fin a lo que estaba ocurriendo. Y por ello estaba disgustado: no por sí mismo, sino por la Iglesia. Había visto la cola de la serpiente en la Capilla Sixtina.

Además, creía que no estaba preparado. Y, más importante aún, no lo estaba la Iglesia latinoamericana. Su amigo, el filósofo uruguayo Alberto Methol Ferré, lo expuso en una entrevista concedida apenas días después del fallecimiento de Juan Pablo II. La latinoamericana, que era la más antigua de las Iglesias no europeas, había pasado de ser una «Iglesia de reflexión» a una «Iglesia fuente» que, con el tiempo, infundiría vigor a la Iglesia universal; pero ese proceso se había interrumpido, e incluso se había revertido, durante las décadas de 1980 y 1990. Hasta que los obispos del continente se reunieran en la siguiente Conferencia General del CELAM —habían transcurrido ya trece años desde el desastre de Santo Domingo—, cualquier Papa elegido desde América Latina representaría solo el reflejo de la Iglesia europea en su país.

Methol Ferré estaba convencido de que lo que hacía falta era un papado europeo de transición, y que el cardenal Ratzinger «era el hombre más indicado para ser Papa en estos momentos».[35] Sobre ese punto, las opiniones de Bergoglio y de Methol Ferré coincidían, afirma el uruguayo que en ese momento participaba en el Consejo para los Laicos, Guzmán Carriquiry, que conocía bien a los dos hombres. Como el Papa Francisco explicó a los periodistas que lo acompañaban en el viaje de regreso de Río de Janeiro: «Me alegré muchísimo cuando lo eligieron Papa.»

Ello explica que, cuando Bergoglio regresó a Roma al año siguiente, justo después de la publicación del diario secreto del cardenal anónimo, le disgustara tanto la imagen que daba de él como uno de los contrarios a Ratzinger, o peor, como candidato de división. «Tal vez algunos de quienes votaron por él lo vieran como una alternativa, pero él nunca, jamás, quiso ser visto como alternativa a Ratzinger», afirma Carriquiry, que se vio con él poco después de su regreso. Bergoglio estaba lo bastante enojado como para declarar ante los periodistas que estaba «confundido y algo dolido» por «esas indiscreciones», que, según dijo, habían presentado una imagen falsa. Hacer públicos hechos y anécdotas del cónclave daba a entender que eran los hombres los que tomaban las decisiones —dijo—, cuando «todos éramos conscientes de ser meros instrumentos, de servir a la divina providencia en la elección del próximo sucesor de Juan Pablo II. Eso es lo que ocurrió».[36]

Había regresado a Roma para participar en el sínodo de octubre sobre Eucaristía, el primero que se celebró con Benedicto XVI como Papa. Durante las jornadas se vieron muestras claras, y bien acogidas, de apertura y debate sincero, en no poca medida a causa de la muerte, el año anterior, del secretario general que hasta entonces las controlaba, el cardenal Schotte. La cuestión del acceso a los sacramentos de los católicos que habían contraído segundas nupcias (civiles) surgió como tema importante en los discursos de los obispos. Un delegado de Nueva Zelanda lo describió como «hambre de eucaristía», que podía compararse al hambre física. Pero, igual que ocurría con la colegialidad, la Comunión para las personas divorciadas que habían vuelto a casarse era una cuestión demasiado importante para la estructura del sínodo tal como era, y lo único que se hizo fue reafirmar la práctica eucarística vigente, lo que redundó en la frustración de numerosos obispos. Según filtraciones a la prensa, de los 250 obispos, 50 no votaron a favor de la Proposición 40, según la cual si el matrimonio de una pareja no podía anularse «y condiciones objetivas hacen irreversible la cohabitación», solo podían recibir la eucaristía si eran capaces de transformar su relación en una «amistad leal». Posteriormente, los cardenales Kasper y López Trujillo discreparon en los medios de comunicación: el primero dijo que el asunto no podía considerarse cerrado, y el segundo insistió en que «no había sido motivo de discusión, ni era discutible».[37]

Bergoglio, que reconoció la importancia de debatir ese tema neurálgico pero era consciente de que sería imposible dentro del formato vigente del sínodo, ofreció en cambio una meditación sobre el vínculo entre la Eucaristía, María y el pueblo fiel. Posteriormente, convertido ya en Papa Francisco, pondría en práctica la conclusión a la que había llegado mucho antes: que el tema requería ser tratado en profundidad en otro tipo de sínodo muy distinto, con poderes reales y un discernimiento auténtico, como parte de una reforma colegial de gran alcance.

Poco después de la conclusión del sínodo, fue elegido con el mayor número de votos de los delegados (80) al consejo que supervisaría el desarrollo de sus conclusiones. Al mes siguiente, en Argentina, fue elegido presidente de la Conferencia Episcopal.

El año 2005 había sido para él pródigo en votos a su favor, aunque no todos bien recibidos.

El retiro espiritual que Bergoglio ofreció a los obispos españoles en enero de 2006 mostró que, casi quince años después de apartarse de la Compañía de Jesús, no había perdido sus dotes de director espiritual. Las meditaciones bebían de algunos de sus antiguos retiros y escritos, que complementaba con citas del cardenal Martini —figura controvertida para algunos en la jerarquía española—, así como de su documento eclesial preferido, la exhortación apostólica *Evangelii Nuntiandi* de Pablo VI. Pero lo que proporcionaba tanta riqueza a aquellas meditaciones era la aplicación de las reglas de discernimiento de San Ignacio a su experiencia de gobernar una gran diócesis. El retiro, que abordó una gran serie de luces y sombras de la Iglesia contemporánea, mostró la extraordinaria profundidad de visión de Bergoglio.

Dirigiéndose a obispos de un país europeo donde la Iglesia se sentía acosada por un Estado hostil en el que se había producido un brusco descenso de la práctica religiosa, les invitó a ver la fe no en términos de éxito y fracaso, de avance y declive, porque al hacerlo podían perder de vista algo más profundo. En ese planteamiento de desolación, les dijo, «registramos con amargura el decaimiento de la fe, de la asistencia a misa... y comparamos con tiempos pasados mejores...». Y prosiguió:

Olvidamos que la vida del cristiano es lucha continua contra el poder sugestivo de los ídolos, contra Satanás y su esfuerzo por llevar al hombre a la incredulidad, a la desesperación, al suicidio moral y físico. Olvidamos que el camino cristiano se mide no solo con el metro del trayecto recorrido, sino con el de la magnitud de la lucha, con el de la dificultad de los obstáculos superados, y con el de la ferocidad de los asaltos a los que se ha resistido.

Por eso el juicio sobre la vida de fe de hoy es complejo. No es suficiente valorar las estadísticas sociológicas —el aspecto cuantitativo de cuántos cristianos, cuántos practicantes, etcétera—, sino que hay que tener presente la lucha tal vez dramática por la fe y el Evangelio que un cristiano debe sostener cada día para continuar creyendo, obrando evangélicamente, o al menos resistiendo contra la incredulidad.[38]

Bergoglio en 2006 era cada vez más atrevido, demostrando cada vez más la parresia, o coraje apostólico, del que habló a menudo durante el retiro. De España voló a Roma para asistir a las reuniones postsinodales, donde se reunió con el Papa Benedicto XVI en un intento de liberar a la Iglesia argentina del nexo Sodano-Caselli, que desde 2003 se había fortalecido con el nombramiento de Adriano Bernardini como nuncio en Argentina. Según crónicas periodísticas basadas en fuentes vaticanas, durante algunos años las opiniones del episcopado argentino influían poco en los nuevos nombramientos: los candidatos conservadores eran los preferidos por Caselli y Aguer, no por la Conferencia Episcopal argentina. Pero de regreso en Buenos

Aires, Bergoglio rebajó cualquier sugerencia de conflicto. «No está el Espíritu Santo en quienes hicieron una lectura política de asuntos eclesiásticos», dijo, pero habló con cariño del Papa más que de la Santa Sede. Unos meses después, el asunto quedó resuelto en parte cuando Benedicto XVI sustituyó a Sodano como secretario de Estado, aunque los candidatos de Bergoglio seguirían siendo bloqueados desde Roma.

De nuevo en Buenos Aires, Bergoglio y Kirchner seguían jugando al gato y al ratón. El presidente había evitado asistir al funeral de Juan Pablo II (Duhalde y Menem sí habían acudido), pero había estado presente en la investidura de Benedicto XVI; cuando el embajador de la Santa Sede intentó reunir, antes, al presidente y al cardenal, ambos convinieron en que era innecesario. Aun así, en abril se produjo un breve deshielo con ocasión de la ceremonia de oración organizada para conmemorar la masacre de 1976 de los padres palotinos en la misma iglesia en la que habían sido asesinados, un acontecimiento religioso que Kirchner sí podía asumir políticamente.

No estaba claro que el presidente fuera a asistir, y llegó tarde, pero Bergoglio insistió en esperarle en la escalera de entrada a la parroquia de San Patricio. Cuando llegó, se dieron la mano y accedieron juntos al templo. Kirchner rezó el padrenuestro. «Fue un momento breve —recuerda Marco Gallo, de la comunidad de San Egidio, organizadora del evento—, pero daba a entender que otro tipo de trato era posible.» Al concluir el servicio religioso, Kirchner declaró a la prensa que él nunca había tenido mala relación con la Iglesia. Nadie lo creyó: que se encontrara en el mismo lugar que el cardenal fue considerado noticia.[39]

Tras negarse a asistir al Tedeum del 25 de mayo en la catedral el año anterior (había tensiones Iglesia-Estado provocada por la expulsión unilateral de un capellán castrense por parte del presidente) Kirchner regresó a la catedral para asistir a la ceremonia nacional de 2006. El cardenal predicó sobre las Bienaventuranzas en una homilía que no había sido enviada de antemano a la Casa Rosada. «Felices si nos oponemos al odio y al permanente enfrentamiento, porque no queremos el caos y el desorden que nos deja rehenes de los imperios», fue un dardo que recibió gran difusión, ya que apuntó a la carne tierna del discurso antiimperialista de los Kirchner. Un político más avezado y seguro le habría dado la vuelta al discurso y le habría sacado partido, alineándose con él; pero ello habría implicado reconocer una autoridad espiritual fuera del Estado. Al darse por ofendido —Kirchner no volvería a pisar la catedral—, se presentó como débil y a Bergoglio, paradójicamente, como fuerte.[40]

Ese mismo año las relaciones volvieron a caer en picado cuando el obispo jubilado de Puerto Iguazú se presentó a las elecciones enfrentándose al gobernador del Estado de Misiones, protegido de Kirchner, a fin de impedir su reelección perpetua. Monseñor Joaquín Piña, nacido en España —que ganó con el 60 por ciento de los sufragios—, lo veía como una cuestión de justicia para el pueblo de Misiones; Kirchner, en cambio, lo consideraba un desafío de la Iglesia al Gobierno. Con el argumento de que Bergoglio era presidente de la Conferencia Episcopal, y de que los dos religiosos eran jesuitas, Kirchner acusó públicamente al cardenal de orquestar una campaña en su contra, describiéndolo —para lo que recurrió a una expresión que se hizo famosa— como «el jefe espiritual de la oposición política».

El cardenal, que como siempre evitaba la confrontación directa, permaneció en silencio, pero una semana más tarde, mientras pronunciaba una homilía durante una peregrinación multitudinaria al santuario nacional de Luján —la asistencia, ese año, superó los dos millones de personas— criticó a las élites alejadas del pueblo que fomentan la división entre unos y otros. Rezó a la Virgen para que les permitiera a todos vivir como hermanos y hermanas, libres del diablo, «el padre de la discordia». Aquel día los medios de comunicación llamaron insistentemente al padre Marcó para saber si el cardenal se refería a los Kirchner. «Deciles que me refería a todo el mundo», le dijo Bergoglio. Pero la respuesta no convenció, y en el transcurso de una conversación telefónica Marcó se permitió ofrecer su opinión personal, según la cual no era bueno que los presidentes apuntaran con dedo acusador. En el fragor que se desató a partir de entonces, Kirchner declaró que si perseguir la justicia para su pueblo era sembrar la discordia, entonces él sembraba la discordia. Y añadió, en el lenguaje ácido de un anticlericalismo anticuado, que «el diablo también llega a todos, a los que usamos pantalones y a los que usan sotana».[41]

A modo de los regímenes que tanto admiraba en Cuba y Venezuela, Kirchner empezó a tratar a Bergoglio no solo como enemigo del Gobierno, sino del Estado (para él hubo poca diferencia). Un laico católico destacado que acudió a visitar al cardenal por aquella época se sorprendió al constatar que este tenía música clásica puesta en la radio, a un volumen bastante alto, pero no tanto como para no permitir la conversación. Cuando le preguntó por el motivo, Bergoglio lo llevó junto a la ventana y le mostró una furgoneta blanca con antenas en el techo. El cardenal explicó que el SIDE —el servicio de inteligencia estatal— tenía micrófonos de largo alcance apuntando a su ventana, capaces de captar conversaciones. Pero no había problema, le aclaró, porque en un arrebato de mala conciencia el técnico de sonido de la camioneta le había confesado lo que estaba haciendo. Como no quería que el hombre perdiera su empleo, acordaron que él seguiría con las escuchas, pero con la música al volumen adecuado para impedir que los hombres de Kirchner lo oyeran desde el otro lado de la plaza de Mayo.

La fotografía del cardenal arrodillado, con los ojos cerrados, sobre cuya cabeza gacha se extendían las manos de pastores evangélicos, causó estupor cuando apareció en *La Nación*, y llevó a algunos católicos tradicionalistas a declararlo un apóstata. El atrevido gesto de Bergoglio se produjo durante un encuentro carismático de oración en un estadio de Buenos Aires al que acudieron miles de católicos y evangélicos en junio de 2006. Su creciente apertura, en sus sesenta, hacia la espiritualidad carismática —alabanzas llenas de Espíritu, el rezo en lenguas y la expectativa, muy propia de la Iglesia primitiva, de milagros y maravillas—, fue un cambio significativo respecto a su vida espiritual anterior.

Desde los primeros días de su gestión como arzobispo, sobre la base de unas relaciones ya existentes desde tiempos de

Quarracino, y asesorado por el padre Marcó, implicado en el diálogo antirreligioso, Bergoglio había desarrollado estrechos lazos con los líderes de las Iglesias históricas de protestantes y ortodoxos, así como con los líderes judío y musulmán. Las relaciones se habían forjado durante diversas crisis, entre la causada por la publicación de *Dominus Iesus,* del cardenal Ratzinger, en 2000 —documento vaticano que ofendió a cristianos no católicos— y la que generó la película *La Pasión de Cristo*, de Mel Gibson, en 2004, considerada antisemita. El diálogo dio sus frutos, sobre todo, en la crisis económica de 2001-2002, durante la que se produjeron varios encuentros, y hubo declaraciones y promesas de trabajar conjuntamente para abordar problemas comunes. Como consecuencia de ello, en 2005, en Buenos Aires —con una dimensión que era única en América Latina, y posiblemente en todo el mundo— existía un diálogo interreligioso e intereclesiástico floreciente, en cuyo centro se encontraba la red de amistades de Bergoglio. Marco Gallo, director de la comunidad de San Egidio, en Buenos Aires, recuerda que en un encuentro interreligioso celebrado en 2004 y organizado por la Conferencia Episcopal, «Bergoglio era el que se encontraba más cómodo con los líderes de los distintos credos. Los conocía muy bien a todos».

Pero si las relaciones con las Iglesias históricas eran cálidas, Bergoglio, en aquel momento, tuvo pocos vínculos con los evangélicos. Antes del Concilio Vaticano II, la Iglesia católica los consideraba herejes; después, hermanos separados. Pero a medida que el pentecostalismo fue extendiéndose por América Latina durante las décadas de 1980 y 1990, los documentos católicos se referían a ellos, despectivamente, como «sectas». Bergoglio no se había relacionado con evangélicos antes de ser arzobispo, y no había heredado ningún contacto de Quarracino. La situación solo cambió cuando empezó a conocer a los carismáticos católicos.

El llamado movimiento de renovación carismática se inició, en la Iglesia católica, en la década de 1960, después de que los católicos fueran bendecidos por los pentecostales y llegaran a compartir con ellos la convicción de que la Iglesia estaba llamada a un nuevo bautismo en el Espíritu. Se estima que hay alrededor de ciento veinte millones de católicos carismáticos que constituyen algo así como entre el 20 y el 25 por ciento de toda la población católica practicante del mundo.

Los carismáticos tienen un estilo de oración y alabanza similar al de los evangélicos pentecostales, incorporándolo a sus prácticas plenamente sacramentales y ortodoxas. En tanto que provincial jesuita, Bergoglio, como otros líderes de su época, tenía poca paciencia con el fenómeno, y en la década de 1970 criticó a los carismáticos por «creerse en posesión del Espíritu Santo».[42] Tanto él como el provincial que lo sustituyó, Andrés Swinnen, prohibieron a Alberto Ibáñez Padilla —el jesuita que trajo la renovación a Argentina— que se implicara. Como Francisco explicó en el avión de regreso de Río, él antes pensaba que los carismáticos «confunden una celebración litúrgica con una escuela de samba», pero que cambió de opinión. «Ahora creo que ese movimiento hace mucho bien a la Iglesia.»

Su conversión tuvo lugar en 1999, cuando empezó a celebrar una misa anual para los católicos carismáticos en Buenos Aires. «Vio lo que había de sagrado y profundo en la renovación carismática —recuerda uno de sus líderes de la capital argentina, que posteriormente se convirtió en estrecho colaborador de Bergoglio— y dijo: "Cuando oigo las alabanzas al acercarme al altar, se me llena el corazón." Como hombre de oración profunda, reconocía que era el Espíritu Santo.» Le pidieron si, cuando elevaba la hostia consagrada y el cáliz, les permitiría rezar en lenguas durante quince segundos, y él aceptó.»

En 2000, Bergoglio empezó a pronunciar charlas en la escuela anual de formación de los carismáticos, en la que desarrolló su pensamiento sobre la renovación de la Iglesia: los laicos debían asumir su responsabilidad para evangelizar; la Iglesia debía salir a la calle; él prefería una Iglesia magullada y sucia que otra que permaneciera de puertas adentro. «Todo lo que oímos decir ahora a Francisco —afirma la colaboradora de Bergoglio— ya lo dijo a los renovadores carismáticos en aquellas charlas.»

A partir de una amistad surgida en Italia entre el pastor evangélico de Buenos Aires Jorge Himitian, y un líder de la renovación carismática católica, Matteo Calisi, en Argentina nació una iniciativa ecuménica única, iniciada por cuatro pastores evangélicos y cuatro católicos laicos. La Comunión Renovada de Evangélicos y Católicos en el Espíritu Santo (CRECES) empezó a celebrar encuentros de oración y alabanza a partir de 2003, y creció rápidamente en una época vista por muchos como un nuevo derrame del Espíritu Santo. En 2004 y 2005 el cardenal discretamente asistió a aquellos encuentros de la CRECES, sin implicarse («simplemente estaré allí, como todos los demás», informó a los organizadores). Se sentó, uno más entre los católicos y los evangélicos, con su termo y su mate, observando las invocaciones del Espíritu, la música de alabanza, y la práctica, a primera vista inquietante, de cantar en lenguas, y cómo la gente imponía las manos los unos sobre los otros, confiando en el poder sanador del Espíritu Santo.

En junio de 2006, cuando CRECES invitó al predicador oficial del Papa, el fraile carismático Raniero Cantalamessa, a predicar en Buenos Aires, Bergoglio se ocupó de que el acto se celebrara en el estadio Luna Park, con capacidad para siete mil espectadores, dos tercios de los cuales serían católicos. Un encuentro ecuménico a esa escala era el primero en América Latina. El músico evangélico mexicano Marcos Witt dirigió la alabanza , y además de Cantalamessa participaban cuatro pastores de la CRECES, entre ellos Jorge Himitian.

El cardenal pasó la mañana sentado entre la gente, como de costumbre. En determinado momento, el pastor Witt invitó a los presentes a tomar de la mano a quien tuvieran al lado, y a rezar por ellos. Bergoglio fue captado por la cámara del fotógrafo Enrique Cangas en un acto de intensa oración con un evangélico de cuarenta y dos años: la cabeza del cardenal se apoyaba en el hombro de Edgardo Brezovec, que solo supo quién era cuando la gente sentada detrás le dijo que se traba del arzobispo de Buenos Aires.

Por la tarde, cuando Bergoglio fue invitado a subir al escenario y hablar, pidió primero a los predicadores que rezaran por él, se arrodilló y, bajando la cabeza, dejó que le impusieran las manos. La oración del pastor fue larga a la manera carismática, prolija y urgente. Agradeció al Señor el surgimiento de una voz profética en Argentina, y pidió que el cardenal fuera bendecido con los dones de la sabiduría y el liderazgo. «Señor, nosotros como hermanos en Cristo, sin diferencias, sin barreras, ahora lo bendecimos... y en el nombre de Jesús de Nazaret cancelamos el poder de toda maldición... sobre tu siervo», entonó el pastor Norberto Saracco que, mientras en el estadio crecían los aplausos, terminó con un crescendo su invocación: «¡Llénalo más y más de tu Santo Espíritu, Dios! ¡Inúndalo de tu presencia, Padre! ¡En el nombre de Jesús!»

Cuando Bergoglio tomó el micrófono, habló de la belleza de un pueblo que se convertía en una «diversidad reconciliada», en la que nadie debía dejar de ser lo que era, y que, sin embargo, podían caminar juntos por una senda común. Prosiguió orando sobre tres temas: el viento, el abrazo y la herida. Pero lo más extraordinario, para quienes lo conocían, fue el fervor nuevo —la pasión, la urgencia, la claridad, la fuerza— con el que predicó. Incluso levantó los brazos y los agitaba al aire, en la mejor tradición del renacer espiritual.

El cardenal estaba encendido.

«En él hubo una quiebra a partir de que se arrodilló —afirma la hija del pastor Himitian, la periodista y biógrafa de Bergoglio, Evangelina Himitian—. Él se fue sintiendo cada vez con más libertad. Creo que la clave es su apertura al Espíritu, su dejarse guiar por una nueva experiencia aún a su edad.» A partir de ahí, Bergoglio no solo asistía a los encuentros de la CRECES, sino que subía al escenario, permaneciendo en él durante toda la jornada de oración y alabanza. Enrique Cangas, fotógrafo *free lance* que pasó doce años siguiendo al cardenal, comenta: «La mejor sonrisa que conseguí de él —casi la única durante todo ese tiempo— fue la de CRECES.»

La siguiente sorpresa llegó inmediatamente después de Luna Park. Bergoglio, que no conocía a los pastores, informó a Himitian que le gustaría rezar regularmente con ellos. «Entonces nos encontrábamos una vez por mes, empezamos en el 2006», recuerda el pastor:

Cuatro o cinco pastores nos encontrábamos una hora o una hora y media. Conversábamos un poco de la situación y orábamos juntos por el país y la sociedad. Normalmente no hablábamos de la Escritura, era solo orar. Íbamos orando espontáneamente como solemos orar los evangélicos y él rezaba igual, con mucha sencillez. Desde el primer día nos pidió que habláramos de «vos» y nada de «usted» ni «arzobispo» ni «cardenal»: dijo que somos hermanos o no somos hermanos. Descubrimos un hombre humilde, sencillo, de oración, cercano a la gente.

Los pastores —Himitian, Saracco, Carlos Mraida, Ángel Negro, y posteriormente Omar Cabrera, de la Iglesia Visión de Futuro— se turnaban como anfitriones de aquellos encuentros, a los que Bergoglio siempre llegaba en autobús y subte (metro). Veían aquellas reuniones como un cumplimiento de las palabras de Jesús en San Mateo 18: que cuando dos o tres se reunieran en Su nombre, Él estaría entre ellos. En ese caso, eran dos o tres Iglesias, tradiciones, rivales durante quinientos años, que ahora rezaban juntas, unidas por el mismo Espíritu Santo.

Después de uno de aquellos encuentros, en 2009, Himitian comentó con el cardenal que les preocupaba que la Iglesia católica hablara de una nueva evangelización y, sin embargo, el 95 por ciento de los sacerdotes no tuvieran ninguna experiencia personal de Cristo Resucitado. El cardenal dijo: «Estoy de acuerdo, ¿qué proponen?» Los pastores propusieron un retiro espiritual para clérigos en el que rezaran por la conversión. «Le dijimos: "Vos convocás a los sacerdotes, nosotros a los pastores." Nos dijo: "Sí, no hay problema, eso es fácil. ¿Cuál es la fecha?".»

La actividad se celebró en la casa de retiro de los obispos en Pilar, provincia de Buenos Aires, en 2010. Los pastores predicaron a unos cien sacerdotes durante un día y medio. La experiencia se repitió en 2012, cuando el padre Cantalamessa, después de asistir nuevamente al CRECES de Luna Park, se unió al retiro. Hubo objeciones de ambos lados. A algunos obispos católicos no les complació, y había evangélicos a quienes les costaba entender qué hacían los pastores. Pero a los curas les gustó. Y nadie intentaba convertir a nadie, salvo al único Jesucristo. Para Bergoglio, era ejemplo de «diversidad reconciliada».

El predicador papal no salía de su asombro. En todos los años que llevaba en la frontera espiritual entre católicos y evangélicos, nunca había visto nada igual. «La Iglesia toda observa con mucha atención lo que ocurre y está pasando en Buenos Aires», dijo Cantalamessa ante miles de personas a su regreso al Luna Park en 2012.[43]

La audacia y parresia de Bergoglio en los años posteriores al cónclave de 2005 nacían también de la sensación de que la Iglesia en América Latina estaba volviendo a emprender su viaje histórico hacia la integración, a convertirse en la «patria grande», y en fuente para la Iglesia mundial.

Apenas días después del fallecimiento de Juan Pablo II, Bergoglio terminó el prólogo de un libro escrito por su amigo en el Vaticano, Guzmán Carriquiry. Titulado *Una apuesta por América Latina*, fue un ensayo sobre el destino y los retos históricos del continente, del que el prólogo de Bergoglio se lee como una especie de discurso sobre el estado de la unión (latinoamericana).

«Este es el tiempo de educadores y constructores —declaró—. En las próximas dos décadas América Latina se jugará el protagonismo en las grandes batallas que se perfilan en el siglo XXI y su lugar en el nuevo orden mundial en ciernes.» Ante todo, escribió, «se trata de recorrer las vías de la integración hacia la configuración de la Unión Sudamericana y la Patria Grande Latinoamericana». El viaje implicaría enfrentarse a grandes retos: nuevos modelos de desarrollo económico sostenibles para combatir las desigualdades sociales más acusadas del planeta, así como una reforma de la política y el Estado para asegurar que estos sirvieran al bien común. Con todo, nada de todo ello podría tener lugar sin una «vasta tarea de educación, movilización y participación constructiva de los pueblos», sin una «comunidad organizada» que se basara en una «autoconciencia católica y latinoamericana».

La puerta hacia ese futuro franco era una nueva evangelización que desatara las energías de la solidaridad, la libertad y la esperanza. Lo que cerraría esa puerta sería un regreso a ideologías anacrónicas, o a la cultura decadente del «ultraliberalismo individualista» y del «hedonismo consumista».

Bergoglio veía peligros concretos en dos clases de «pensamiento débil». El primero era una versión imperialista de la globalización, que destruye las identidades particulares (sugirió que la forma idónea de una globalización «verdadera» no es una esfera, sino un poliedro, en la que cada cultura preservara su propia identidad, pero todas estuvieran unidas por un bien común). El segundo era lo que llamaba «progresismo adolescente», basado en un laicismo militante —en mente tenía no solo el kirchnerismo argentino, sino también el chavismo venezolano—, que no dejaba de ser un nuevo imperialismo de ideólogos centrados en el Estado. Ambas presiones amenazaban con debilitar las energías evangelizadoras y con condenar a América Latina a interminables ciclos destructivos.[44]

La tarea ahora pasaba por preparar a la Iglesia latinoamericana para la tarea histórica de la evangelización. Un mes después del cónclave, Bergoglio se encontraba en Lima, Perú, para conmemorar el cincuentenario de la fundación del CELAM. En la ceremonia declaró que había llegado la hora de que la Iglesia latinoamericana asumiera el papel que le correspondía. «El continente que engloba al 50 por ciento de los católicos tiene que prestar un servicio a la Iglesia universal, dar lo que tiene, de los dones que el Espíritu Santo ha derramado en su pueblo. Esta es la dimensión profética que América Latina debe asumir en esta Quinta Conferencia.»[45]

Cuando el padre Carlos Galli, teólogo, de camino a una reunión convocada para planificar la Quinta Conferencia, llamó al cardenal para preguntarle si había algún punto sobre el que quisiera hacer hincapié, Bergoglio le respondió: «Cristo y los pobres.» Galli pensó que aquello era un poco obvio, y le preguntó otras dos veces si había algo más. «Las tres veces me respondió lo mismo: "Cristo y los pobres"», recuerda Galli.

El camino hacia ese nuevo encuentro de alcance continental

—el primero que se celebraba desde 1992— se había encontrado con innumerables trabas en los últimos años de Juan Pablo II, pero uno a uno todos los nudos habían empezado a desatarse. El cardenal Sodano, secretario de Estado de Juan Pablo II, y los *curiali* latinoamericanos que, junto con él, habían intervenido en el CELAM de Santo Domingo, se habían opuesto a la idea de otra asamblea con el argumento de que era más conveniente celebrar un sínodo especial en Roma —parte de su estrategia de reducir al CELAM a un secretariado, en lugar de ser la voz de la Iglesia local—. Pero Benedicto XVI no consintió. Tras su elección, el Papa se reunió con cuatro cardenales latinoamericanos: el nuevo presidente del CELAM, Francisco Errázuriz de Santiago de Chile; Pedro Rubiano Sáenz, arzobispo de Bogotá, Colombia, la sede del CELAM; el brasileño Claudio Hummes, recientemente nombrado prefecto de la Congregación vaticana a cargo de nombrar obispos; y Bergoglio de Buenos Aires. Durante ese encuentro se acordó que la Quinta Conferencia General se celebraría en América Latina, en el santuario de Aparecida, en mayo de 2007.

Alberto Methol Ferré, el visionario que tanto había influido en Bergoglio, estaba demasiado enfermo para asistir a Aparecida, y murió dos años después. Pero como Moisés en el Monte Nebo, contemplando la Tierra Prometida al final de su vida, el profeta uruguayo vivió para verlo. En su testamento intelectual, *La América Latina del siglo XXI,* que Bergoglio haría llegar a numerosos amigos cuando se publicó, Methol Ferré predijo que el compromiso de Benedicto XVI con la Iglesia latinoamericana en la década de 1980 tendría como fruto una nueva primavera de pensamiento católico latinoamericano, fiel al Magisterio.[46] Esa, esencialmente, es la historia de Aparecida.

Hoy parece evidente que Benedicto XVI también creía que América Latina se estaba convirtiendo en fuente para la Iglesia universal. Según Carriquiry, en el vuelo que lo llevaba de San Pablo a Aparecida para inaugurar la asamblea del CELAM, Benedicto XVI declaró: «Estoy convencido de que desde aquí se decidirá —al menos en parte, pero en una parte fundamental—, el futuro de la Iglesia católica. Esto siempre lo he tenido claro.»[47]

Ello explica también la paradoja aparente de que el Papa alemán, que cuando era cardenal había proporcionado la justificación teológica del centralismo vaticano de las décadas de 1980 y 1990, permitiera ahora que el CELAM se preparara para su Quinta Conferencia con absoluta libertad, sin interferencias de Roma, aunque con su apoyo y su bendición —como había ocurrido en Medellín (1968) con Pablo VI—. El teólogo peruano Gustavo Gutiérrez, pionero de la teología de la liberación, diría más tarde que «Aparecida se dio en gran parte gracias a Ratzinger».[48]

El cardenal Bergoglio, que redactó el magnífico documento final que salió de la asamblea, lo describió como «un acto del magisterio de la Iglesia latinoamericana», al que Benedicto XVI había dado luz verde: «el Papa dio indicaciones generales sobre los problemas de América Latina, y luego dejó libertad: ¡les toca a ustedes!», recordó ese mismo año.[49] Benedicto reconocía plenamente ese magisterio —la autoridad para enseñar— de la Iglesia latinoamericana porque se desarrollaba en diálogo con el Papa; era *cum et sub Petro*. El presidente del CELAM, el cardenal Errázuriz, recuerda que «le llevamos las conclusiones al Papa para que las mirara y las aprobara, pero él dijo que no iba a aprobarlas para no confundir al episcopado con el magisterio pontificio». El Papa, a su manera, elogiaría el documento citándolo a menudo a partir de entonces. Según el cardenal Errázuriz, Aparecida fue «una experiencia hermosa de comunión con el Papa».

La asamblea, de tres semanas de duración, de doscientos obispos latinoamericanos en el gran templo mariano situado unos ciento cincuenta kilómetros al norte de São Paulo, se celebró junto a la basílica más grande del mundo. Aunque no tan grande como la de San Pedro en Roma, tiene capacidad para acoger a muchos más fieles (cuarenta y cinco mil), y atrae a doce millones de visitantes al año. Alberga la pequeña y ennegrecida estatua de la Virgen, el origen de todo el alboroto. En 1717, la estatua apareció en las redes de tres pescadores de la cercana localidad de Guaratinguetá, que le habían pedido a la Virgen una buena pesca. Los milagros que se le atribuyeron hicieron que aumentase la dignidad de los pescadores y los esclavos, y son sobre todo los pobres quienes siguen acudiendo multitudinariamente a su santuario.

La tela de fondo constante del santo Pueblo fiel de Dios recordaba lo que Benedicto XVI, en su discurso de inauguración, llamaba «la rica y profunda religiosidad popular» de los pueblos latinoamericanos, que era el «precioso tesoro» de la Iglesia católica. Bergoglio comentaría más tarde que el documento nació de la mezcla entre «los trabajos de pastores y la fe simple de los peregrinos, bajo la maternal protección de María». El tema de la religiosidad popular se convirtió, como consecuencia del contingente argentino en la conferencia, en cuestión central del documento.

El encuentro de Aparecida ofreció una visión de lo que podría ser el sínodo de obispos en Roma. En vez de trabajar a partir de un documento predeterminado, se inició con un diagnóstico de la cultura contemporánea y las tendencias identificadas en cada país, para luego resumirlos en puntos concretos que pudieran ser trabajados. El movimiento era de abajo arriba, y no, como en los sínodos, de arriba abajo. El trabajo se facilitó por las buenas relaciones entre las distintas conferencias episcopales nacionales, y la estrecha amistad entre los dos agentes principales de la conferencia, el presidente del CELAM, el cardenal Errázuriz, y el de la comisión encargada de la redacción, el cardenal Bergoglio. El padre Mariano Fazio, un sacerdote argentino del Opus Dei, enviado desde Roma en calidad de experto teólogo, junto con otros diez, quedó asombrado ante la colegialidad del encuentro. «Había polémicas, como es natural y sano, porque hay diversos puntos de vista, pero había una sustancial unidad. Los que habían estado en Santo Domingo me comentaban, no te imaginas la diferencia que hay en Aparecida. Una expresión colegial. Esa misma unidad la vi también respecto a los representantes de la Curia romana.» Los representantes del Vaticano fueron acogidos cariñosamente, y se expresaron con absoluta libertad. Pero la asamblea fue del CELAM.

Hablando primero como presidente de la Conferencia Episcopal argentina, Bergoglio se refirió a los marginados u oprimidos como «sobrantes», porque resultan superfluos a una economía de mercado que no los necesita. Vinculó esa idea con lo que llamó «la cultura del descarte»: los pobres, los ancianos, los niños, los no-nacidos, los emigrantes... de todos ellos se desprendía la sociedad como si se tratara de aparatos viejos. Durante su homilía, en la misa multitudinaria que se celebró tras la marcha de Benedicto XVI, Bergoglio recurrió a otra metáfora llamativa al hablar por primera vez (al menos en público) de las «periferias existenciales». Casi todos los obispos presentes en Aparecida vivían en ciudades cuyas periferias no dejaban de crecer ante la llegada de inmigrantes, y la expresión evocaba muchas cosas: construcciones precarias, un mundo de vulnerabilidad y fragilidad, un lugar de sufrimiento, anhelo y pobreza, pero también de dicha y esperanza, los lugares que donde Cristo se revelaba a Sí mismo en la América Latina contemporánea.

Fue esa genialidad a la hora de identificar tendencias y expresarlas en un lenguaje nuevo, sorprendente, lo que llevó a los delegados a votar masivamente para que Bergoglio se hiciera cargo de redactar el documento conclusivo. Fue una labor de síntesis épica, que implicaba condensar y hacer converger las propuestas resultantes de un gran número de subcomisiones, y posteriormente obtener la aprobación para realizar modificaciones a medida que el documento se desarrollaba. «Era un espectáculo verlo moverse en Aparecida —recuerda el padre Víctor Manuel Fernández, a la sazón vicedecano de la Universidad Católica de Buenos Aires—, percibir su capacidad para tejer consensos, para crear ambiente, para provocar confianza.»[50] Fazio recuerda que actuó «con un perfil superbajo y muy eficaz. Hablando con todo el mundo, dialogando, llegando a acuerdos, todo con muy buena cara, muy buenas maneras, sin perder la paz, trabajando hasta altísimas horas de la noche, un trabajo de hormigas, tratando de unir». Su desempeño brillante llevó a los asistentes a ponerse en pie y ovacionarlo al final de la conferencia. Bergoglio salió de Aparecida el líder de la Iglesia latinoamericana.

Sin embargo, durante todo ese tiempo había sido casi invisible para el mundo exterior, vislumbrado solo cuando paseaba con otros obispos, enfrascado en conversaciones, bien lejos de los periodistas. «Un hombre alto, delgado, de aspecto serio, siempre se negó a conceder entrevistas a la prensa», se lamentó un corresponsal, que decidió recurrir a un participante centroamericano que acababa de conocerlo para que le describiera al cardenal argentino: «Es muy callado, y solo da su opinión si se la preguntan —respondió el delegado—. Es muy humilde. Pero también muy inteligente. Es un hombre santo.»[51]

Junto con otro teólogo argentino, el padre Carlos Galli, Fernández ayudó a Bergoglio en la tarea final de redactar el borrador. Ambos estaban plenamente imbuidos de la teología del pueblo argentino. Galli era discípulo de su precursor, Lucio Gera. A Bergoglio le interesaba mucho que el documento final destacara la importancia de la religiosidad popular, y pidió a los teólogos que redactaran aquellas secciones, que son entre las más hermosas e impactantes del documento.

Los argentinos eran muy conscientes de que, a pesar de que este era el fruto del consenso —cada párrafo debía ser votado por los delegados—, el énfasis argentino en la religiosidad popular llevaba al documento en una dirección distinta a la planeada. «En un momento complicado, Bergoglio le dijo a Fernández: "Si el documento sale mal, nos echarán la culpa a nosotros, porque aquí estamos tres argentinos trabajando en él"», recuerda Galli. Pero lo consiguieron. El cardenal Errázuriz afirma que esa parte del documento fue en gran medida contribución argentina —«nos asombró hasta qué punto Argentina valoraba la religiosidad popular»—, pero dice que los delegados se mostraron muy agradecidos. «El texto es, probablemente, lo mejor que se ha escrito sobre religiosidad popular. Aplaudimos a los argentinos por cómo la habían reflejado.»

El otro logro de Bergoglio en Aparecida resultó menos visible, pero también era de gran alcance.

Al comienzo del proceso de la redacción, muchos delegados querían que el documento se iniciara con un análisis de las realidades contemporáneas mediante el recurso al método del ver-juzgar-actuar. Bergoglio no tenía el menor problema con el método, pero quería que viniera precedido de un capítulo introductorio sobre «cómo» ver, es decir, como discípulos misioneros movidos sobre todo por «el amor recibido del Padre gracias a Jesucristo por la unción del Espíritu Santo» (n.º 14). Tras un debate y cierta tensión, el planteamiento de Bergoglio salió adelante.[52] Cuando en julio de 2013, después de su elección, Francisco regresó a Brasil, se refirió, ante los líderes del CELAM, a «una tentación que se dio en la Iglesia desde el principio: buscar una hermenéutica de interpretación evangélica fuera del mismo mensaje del Evangelio y fuera de la Iglesia». Puso el ejemplo del encuentro de Aparecida que, en un determinado momento «sufrió esta tentación de... optar por un "ver" totalmente aséptico, un "ver" neutro, lo cual es inviable. Siempre el ver está afectado por la mirada. No existe una hermenéutica aséptica. La pregunta era, entonces: ¿con qué mirada vamos a ver la realidad? Aparecida respondió: Con mirada de discípulo».

Ese ya había sido su argumento ante los jesuitas progresistas en la década de 1970. Al recurrir al análisis científico para considerar los problemas sociales, descartaban los ojos de la fe, lo que los exponía a la ideología, que buscaba convertir la fe en un instrumento: el error de la teología de la liberación marxista.

El documento de Aparecida era fruto de una Iglesia argentina que había preservado encendida la llama de la teología latinoamericana durante más de veinte años, salvaguardando la teología de la liberación de los peligros de los pensamientos liberal y marxista. Lo había hecho aferrándose a los pobres y a su cultura —la hermenéutica del pueblo fiel—, al que el equipo argentino de Bergoglio se había asegurado de asignar un lugar destacado en el documento. Como consecuencia de ello, en mayor medida incluso que Medellín en 1968, Aparecida pudo dar rienda suelta a las riquezas espirituales y teológicas de la Iglesia latinoamericana, y dar cuerpo a su gran aportación, la opción por los pobres, que aparece docenas de veces.

Aparecida expresó una nueva madurez, una Iglesia local que había alcanzado la mayoría de edad, que se había convertido en la «Iglesia-fuente» de Methol Ferré. En su visión y en su vigor, su parresia, su espiritualidad misionera, su feroz defensa de los pobres y en su proclamación atrevida de una nueva primavera de la fe, Aparecida era, ahora, el programa capaz de desencadenar un gran y nuevo esfuerzo de evangelización en América Latina. En ninguna otra parte del mundo existía cosa parecida, lo que señalaba, con la misma claridad, que sería el programa para la Iglesia universal.

Lo único que hacía falta ahora era un Papa latinoamericano que trasladara la llama desde la periferia para encender el centro del catolicismo cada vez más cansado, más desolado.

8

Un hombre para los demás
(2008-2012)

Para encontrar a los críticos del cardenal Bergoglio conviene desplazarse a Barrio Norte, que en realidad no es uno, sino muchos barrios que bordean la orilla del Río de la Plata. En La Recoleta, Palermo, Belgrano y Olivos, las grandes avenidas —Libertador, Santa Fe, Córdoba— se abren en abanico desde la estación de Retiro como los rayos del cubo de una rueda, dejando atrás el Jockey Club, el Aeroparque y el Hipódromo, los museos, las galerías de arte y las embajadas. Las calles están flanqueadas por edificios de apartamentos con fachadas de mármol que dan a mercadillos de artesanía y a puestos de pasta orgánica. Hay mansiones imponentes, y algunos rascacielos, pero en su mayoría estas calles ofrecen una visión fugaz del destino frustrado de Argentina como encrucijada burguesa entre el refinamiento europeo y la ambición energética del Nuevo Mundo. Es aquí donde los porteños aspiran a vivir, y una vez que lo consiguen hacen grandes esfuerzos para permanecer.

Para los católicos de Barrio Norte, Francisco ha sido una revelación, pues apenas conocían al cardenal Bergoglio. Exceptuando el lanzamiento de algún libro cuyo prólogo hubiera escrito, apenas estaba presente en reuniones o en eventos, y la gente se lamenta de que casi nunca asistiera a actos de parroquia ni a cenas. De que cuando lo hacía tuviera siempre prisa por irse, con la excusa de que su cerebro no funcionaba bien después de las nueve de la noche. «No sé si no se sentía cómodo ahí, pero no lo veía como prioridad», afirma Jorge Casaretto, el obispo de San Isidro recientemente jubilado. No fue solo un «descuido» geográfico. Un sacerdote ya mayor que ha dedicado muchos años de trabajo para conciliar el mundo de la empresa con las enseñanzas sociales de la Iglesia dice que Bergoglio «no mostraba el menor interés en el mundo de los católicos de clase media, ni en el mundo de los negocios, de la banca, de las artes, de la universidad».

No fue un descuido pastoral. El Barrio Norte contaba con más de un obispo, y no faltaban sacerdotes para servir a las parroquias. Tampoco fue un prejuicio social inverso: el cardenal Bergoglio se relacionaba con gente de todos los entornos, incluidas personas acomodadas, poderosas y del mundo académico. Pero disponía de poco tiempo fuera del despacho y de la catedral, y prefería pasar el que tenía en las zonas más económicamente deprimidas de la ciudad. Esta opción por los pobres, ejercida de manera constante a lo largo de más de trece años, dejó al cardenal un «problema del hermano mayor». En la parábola bíblica del Hijo Pródigo, un hermano menor, disoluto, regresa a casa de su padre, que lo acoge y lo perdona, mientras su otro hijo, que siempre se había comportado con rectitud —trabajando en los campos mientras su hermano dilapidaba en bebida la herencia familiar— acumulaba resentimiento. El padre se centra en el hermano menor no porque lo quiera más, sino porque el hijo pródigo lo necesita más, y porque su corazón desgarrado de arrepentimiento lo abre más a recibir el amor de su padre. La parábola es el relato evangélico icónico sobre la misericordia desbordante de Dios. Pero también podría ser una descripción de lo que ocurre en una diócesis cuyo obispo toma en serio la opción preferencial por los pobres.

Un grupo distinguido de católicos ilustrados de Barrio Norte se queja —igual que los intelectuales jesuitas de la provincia argentina se quejaron en la década de 1980— de cómo Bergoglio exaltaba la religiosidad popular. Parten del supuesto de que a los pobres habría que persuadirlos de dejar atrás su religiosidad premoderna, no fomentarla como hacía su arzobispo. El fervor por María Desatanudos enfurece a un sacerdote de ese grupo: «¿Qué sentido puede tener, en una ciudad llena de devociones, introducir una más?» Con Bergoglio, se lamenta, «la devoción popular se ha convertido en la piedad paradigmática». Al oírlos desarrollar el tema —sus llamadas a mejorar la catequesis y la comprensión de los sacramentos— cuesta no oír en ellos la voz del hermano mayor: por un lado están los católicos fieles que asisten a misa todos los domingos y respetan las reglas y las pautas del culto; y por otro esa gente que parece asistir poco a misa pero, sin embargo, acude multitudinariamente a las peregrinaciones al santuario de Luján, al que a menudo llega borracha.

Otros grupos en Barrio Norte plantean otras objeciones. Los antiperonistas censuran que el estilo de gobierno del cardenal sea más personalista que republicano, y que su idea de «pueblo» corra el riesgo de confundir una categoría teológica con otra política. Los intelectuales de izquierdas desconfían de él por el asunto de Yorio y Jalics; los de derechas porque dedicó demasiado tiempo a lo social en detrimento de lo moral; los tradicionalistas litúrgicos porque ponía trabas a aquellos católicos que querían celebrar la misa preconciliar; los progresistas porque no cuestionaba las doctrinas y las prácticas impuestas desde Roma. En resumen, en el Barrio Norte son muchos los críticos con Bergoglio, reacios a compartir sus opiniones, pero luego hablan de lo maravilloso que es el Papa Francisco y piden permanecer en el anonimato.

Los católicos de Barrio Norte recibían la misma imagen de la televisión que todos los demás: veían a Bergoglio como una persona distante y adusta. Su *leitmotiv* es que hubo una metamorfosis: dada la imposibilidad de conciliar ese cardenal tan serio de Buenos Aires con el alegre y carismático Papa que ahora ven en Roma, dicen que es un milagro lo mucho que ha cambiado. Juan Martín Ezratty, documentalista que vive en el Barrio Norte, también lo veía así. Pero a fin de buscar material para la elaboración de un documental sobre la vida anterior del Papa, encontró en los archivos grabaciones de Bergoglio en las villas miseria, o en las celebraciones en santuarios como el de San Cayetano, y le asombró descubrir a un hombre muy distinto del que creía conocer, un hombre cuyo rostro estaba igual de iluminado que el del pontífice.

El padre Lorenzo *Toto* de Vedia, que forma parte de un equipo de tres sacerdotes en la Villa 21, dice que Bergoglio prefería el sur de la ciudad porque «él es un hijo de Medellín: esa fue la Iglesia que lo nutrió, una Iglesia pobre y para los pobres». Desde la parroquia del padre Toto, la Virgen de Caacupé, Buenos Aires se ve muy distinta. Allí, en apenas setenta hectáreas viven hacinados cuarenta y cinco mil personas en casas de ladrillo y chapa que se amontonan las unas sobre las otras en callejones estrechos y polvorientos, donde zigzaguean niños asilvestrados y perros abandonados. Mientras hombres de overol (mono de trabajo) taladran y martillean, adolescentes tatuados y con *piercings* en la nariz ocupan las esquinas, y en algún lugar, por encima del estruendo de las herramientas y del ladrido de los perros, se oyen gritos, llanto y los golpazos de una cumbia a través de un altavoz enorme. La gente aquí es más bajita y de piel más oscura y, como la mayoría son paraguayos de habla guaraní a cuyo castellano le falta ese acento porteño teñido de italiano propio de Buenos Aires.

Los habitantes de la Villa 21 están impacientes por contar anécdotas sobre el padre Jorge.

Aquí, como en otras villas miseria y otras parroquias de clase obrera en la parte sur de la ciudad, el *leitmotiv* es precisamente el contrario del propio del Barrio Norte: aquí la gente dice que Bergoglio y Francisco son la misma persona, que como se muestra ahora los miércoles en la plaza de San Pedro es igual al que lo hacía en las villas. Dicen que el padre Jorge se pasaba siempre por allí, al menos una vez al mes, para dar charlas o retiros, para confesarlos, o a veces solo para callejear, para recorrer las calles y charlar con la gente, entrando en las casas para compartir un mate y preguntar por los niños. Casi todo el mundo en las atestadas calles que rodean la parroquia de Caacupé puede demostrar lo que dicen con fotos en sus teléfonos móviles. Dicen que el padre Jorge siempre se quedaba cuando había grandes fiestas, entre ellas la última, la de la Virgen de Caacupé en diciembre de 2012, justo antes de partir hacia Roma, de donde no regresó. Recuerdan que durante las celebraciones le tocó servir el choclo (maíz) y los panecillos de mandioca con queso que llaman *chipás*.

Bergoglio tomó la decisión, desde el principio, de centrarse en esas periferias, optando por pasar siempre parte de su tiempo los fines de semana en los barrios nuevos. No obstante la airada retórica antiestablishment de los Kirchner, sus políticas favorecían a las clases medias urbanas, no a los pobres. La cifra de habitantes de las villas miseria subió, pasando del 10 por ciento en 2004, año en que la economía volvió a crecer, al 17 por ciento en 2010, cuando los obispos calcularon que el 11 por ciento de los niños que vivían en ellas pasaban hambre. Pero la periferia también significaba sufrimiento y vulnerabilidad: pacientes de hospitales y presos, los adictos y los afligidos. Bergoglio pasaba noches enteras escuchando confesiones en los santuarios el día de la festividad del santo correspondiente —la Virgen de Luján, San Cayetano, San Pantaleón, la Medalla Milagrosa—, y cuando no estaba en el confesonario, se pasaba dos o tres horas entre las multitudes, oyendo sus historias y abrazando a la gente. Allí donde él iba, sus sacerdotes lo seguían; algunos de los más jóvenes y capaces eran enviados a trabajar a las villas, o a hospitales y cárceles, o a administrar los sacramentos a las multitudes en los santuarios.

Bergoglio evangelizaba la ciudad desde sus márgenes. «La idea es que la Iglesia está presente primero entre los pobres, y desde allí llega a todo el mundo —dice el padre Gustavo Carrara, a quien Bergoglio colocó como jefe de la vicaría para las villas—. Es lo contrario de lo que en economía se conoce como "efecto derrame"», aunque en realidad nunca se derrama nada. No tiene que ver con los pobres y solo con los pobres. Es «desde los pobres hacia el resto». La Vicaría episcopal para la Pastoral de las Villas de Emergencia, creada por Bergoglio en agosto de 2009, es una manera de incorporar la pastoral «villera» a la estructura oficial de la diócesis, y de reorientar su enfoque. El primer coordinador de la vicaría, el padre Pepe Di Paola, dice que para Bergoglio «el centro de Buenos Aires no es la plaza de Mayo, donde reside el poder, sino las periferias, las afueras de la ciudad».[1]

En América Latina, la mayoría pobre vive su fe de manera distinta a la de la minoría de clase media. La expresión religiosa no se da solo en un momento de la semana, sino a lo largo de esta; lo sagrado forma parte de la cultura de los pobres. Ello da origen, según Carrara, a una cultura organizada en torno a valores trascendentes, más que alrededor de la riqueza y el poder. De ahí la convicción de los veintidós curas villeros con los que trabaja: en las villas reciben más de lo que dan. Y de ahí, también, el respeto que los sacerdotes otorgan a las formas de religiosidad popular —las devociones y las procesiones, las festividades en los santuarios y las ofrendas, las novenas y los rosarios— que se describe tan vívidamente en el documento de Aparecida como lugar en el que los pobres encuentran a Dios, toman decisiones vitales y se convierten. Carrara, un sacerdote inteligente y considerado, discípulo de Bergoglio, acepta que la fe de todos necesita purificarse, pero se muestra cauto a la hora de juzgar a la gente que no va a la Iglesia todos los domingos pero sí acude diariamente durante las festividades. «A fin de cuentas, el único que puede medir la fe es Dios.»

Carrara cree que Bergoglio asistía a las fiestas de las villas pero no a los cócteles del Barrio Norte porque en las primeras los pobres celebran a Cristo, no a sí mismos. «Una fiesta tiene una dimensión distinta: con misa, comida, bailes en honor a la Virgen, a Cristo. Las fiestas tienen lugar porque son celebraciones de Jesucristo y de la Virgen. Están vinculadas con lo religioso, y a la vez con una profunda dimensión humana.» El padre Toto coincide: «Acá se viven valores que se fueron perdiendo en la sociedad: estas cosas de pueblo donde la gente se conoce. El vecino influye mucho en mi villa. Hay un sentido muy fuerte de solidaridad, lo que le pasa al vecino a mí me incumbe. Para tener agua, luz, tengo que interactuar. Se produce un sentido de comunidad muy fuerte, con lo bueno y lo malo. Con el tipo con el que ayer te acuchillaste, hoy te quedás toda la noche despierto para cuidar a la mamá. Y también una capacidad de hacer fiestas, muy propio de los pobres. Se pasa con mucha vertiginosidad de la fiesta al duelo en la villa. Es muy intensa la vida de la villa.»

Bergoglio quería que la ciudad aprendiera de esa solidaridad. Dijo en un retiro con personal de Cáritas en 2010 que las villas podían enseñar a la gente de los edificios altos de departamentos a crear lazos fraternales. A finales de 2012, en una entrevista con el padre Isasmendi concedida a la radio comunitaria de la Villa 21, declaró que de los barrios siempre le habían asombrado dos cosas:

> Un sentido grande de solidaridad. Vos podés estar medio enojado con alguien, qué sé yo, pero hay una necesidad e inmediatamente surge la solidaridad, o sea, me hace bien ver la solidaridad. Hay menos egoísmo que en otros lados, hay más solidaridad. Lo segundo la fe que hay; la fe a la Virgen, la fe a los santos, la fe a Jesús. Acá yo noto que son, no solo este, sino todos son barrios de fe, y es verdad, Jesús siempre hacía notar que donde había humildad era más fácil que Él entrara, ¿no? Él decía, si uno no se hace como un chico no entra en el Reino. Hay que hacerse como chico, humilde, ¿no? Si uno no es puro de corazón, si uno no es pobre de corazón es difícil que entienda el Reino, ¿no? Cuando uno tiene una vida tan humilde y de trabajo, vive de su trabajo; el trabajo es lo que nos da la dignidad, la fe arraiga más. Esas dos cosas me han llamado siempre la atención. La solidaridad y la fe. Juntálas las dos y ¿qué es lo que te da? La capacidad de hacer fiesta. Da gusto en estos barrios cómo se hace fiesta, pero porque la gente es alegre, ¿por qué? Porque es solidaria y porque tiene fe. [...] Pero están esas dos cosas, fe profunda, solidaridad y cuando se te juntan estas dos cosas se arma la alegría, ¿no?

Lo que convenció a Bergoglio a crear la nueva vicaría para las villas en agosto de 2009 fue la noticia que los traficantes de drogas querían asesinar al padre Pepe.

No les había gustado nada la declaración de los curas villeros en marzo de ese año en respuesta a un debate en el Congreso sobre la legalización de las drogas. Los sacerdotes dijeron que estas ya eran, de facto, legales en las villas, donde se compraban y vendían con total impunidad, destrozando la vida de personas vulnerables. Los sacerdotes también discrepaban de la idea difundida por los medios, de que la violencia y la delincuencia vinculadas al tráfico y consumo de drogas eran un problema que nacía en las villas y de ahí se extendía por toda la ciudad. De hecho, observaban, las drogas y cuanto conllevaban venían del exterior, vendidas por traficantes que trabajaban para hombres de trajes elegantes que vivían en el Barrio Norte. Los curas proseguían documentando los efectos del *paco* (pasta a base de cocaína) y la manera diabólica en que el anhelo adolescente de amor y aceptación era explotado y pervertido convirtiéndolo en adicción y esclavización a unas bandas criminales. Finalmente, enumeraban una serie de sugerencias para atacar el problema desde la raíz.[2]

El documento estuvo en primera plana, provocando una discusión mediática durante bastantes días. El predecesor del padre Toto en la Villa 21 era el padre Pepe. El sacerdote, joven y barbudo, que con el apoyo de Bergoglio había llevado la Virgen de Caacupé a la villa en 1997, era el artífice de una operación parroquial que a lo largo de trece años había alumbrado la creación de quince capillas, una escuela secundaria, una escuela de comercio, una residencia de ancianos, varios comedores populares, programas de prevención de la drogadicción, un centro de recuperación, dos granjas de rehabilitación de toxicómanos donde se los devolvía a la vida y al trabajo, un centro de día para niños y una radio y un periódico comunitarios. En tanto que jefe de los curas villeros, con su barba de Jesucristo y su buen aspecto, el padre Pepe, como no podía ser de otro modo, acaparó las entrevistas de prensa en tornó a la declaración de los curas.

La primera advertencia le llegó cuando regresaba en bicicleta a su parroquia una noche de abril. Un hombre trajeado surgió de entre las sombras y le dijo que se largara de allí. «Cuando esto de la droga deje de estar en la televisión, vas a ser boleta —le soltó al padre Pepe—. Te la tienen jurada.»

Al día siguiente, después de una reunión de sacerdotes durante la que recibió más amenazas a través de mensajes de texto y de correos en su teléfono móvil, el padre Pepe se reunió con Bergoglio a solas y le dijo: «Mirá, jefe, amenazaron con matarme, y creo que puede ser serio.» El cardenal permaneció en silencio unos instantes. «Lo primero de todo, tenemos que mantener la calma, porque actuamos de acuerdo al Evangelio —dijo. Y añadió—: Si alguien tiene que morir, debería ser yo. Le pediré a Dios que me lleve a mí, no a vos.»

Convinieron que, como la mafia se refugiaba en las sombras, el foco de los medios de comunicación les ofrecería una mayor protección. Al día siguiente, cuando el cardenal celebraba la misa anual por la educación, en presencia de los medios de comunicación y ante dos mil profesores y cinco mil alumnos, informó de que uno de sus curas había sido amenazado por lo que definió como «mercaderes de las tinieblas». En su homilía aportó más detalles. «Los curas de la Villa 21, allá por Riachuelo, abrieron hace poco tres casas para ayudar a jóvenes drogadictos. A los traficantes no les gustó. Algunos se pusieron nerviosos y amenazaron con matar a un cura —y agregó—: No sabemos cómo esto va a terminar.»

La noticia abrió el noticiario de esa noche. Al día siguiente, 356 sacerdotes de Buenos Aires firmaron una declaración de apoyo a los curas villeros y de condena a la amenaza. El padre Pepe concedió una rueda de prensa en la que respondió a multitud de preguntas, antes de regresar a la villa, donde se encontró con que se había organizado una manifestación en su apoyo. Mientras caminaba entre la multitud, la gente salía de sus casas para unirse a la marcha, lo que dio lugar a extraordinarias imágenes televisivas. Al día siguiente, Bergoglio acudió, como de costumbre, a la Villa 21 a pasar unas horas recorriendo las calles junto al padre Pepe, saludando a la gente, compartiendo un mate aquí, unas galletas allá. El mensaje quedó claro: los pastores se mantenían unidos a su rebaño, y dispuestos a morir por él. La historia seguía viva al día siguiente, cuando en las calles que rodeaban la parroquia de la Virgen de Caacupé se congregaron miles de personas que, con sus cánticos, pedían al padre Pepe que se quedara. Para entonces, la noticia ya se conocía en todo el mundo. Durante los meses siguientes, Bergoglio creó la vicaría para las villas, y designó al padre Pepe para presidirla. La vicaría se convirtió en interlocutora de las autoridades públicas, negociando mejoras. La publicidad en torno a las villas había puesto en evidencia la poca presencia que el Estado tenía en ellas.[3]

La Iglesia, profundamente implicada en las vidas de los villeros, se convertía ahora en su abogado público. Cuando, un año después, Argentina inició una serie de celebraciones del bicentenario del proceso de seis años que la llevó a independizarse de España (que se inició con la declaración del 25 de mayo de 1810 desde el cabildo de Buenos Aires y concluyó con la declaración de independencia el 9 de julio de 1816), la vicaría pidió que la ciudad reconociera a los habitantes de las villas miseria no solo como objetos, sino como sujetos de la historia. Así como el llamado «bajo pueblo» fue agente del cambio en el nacimiento de la nación y, sin embargo, ninguna calle hoy lleva sus nombres —argumentaban—, así la historia en el futuro contemplaría las villas de Buenos Aires.

El documento argumentaba tanto contra los intransigentes de la propiedad privada que veían a los villeros como ocupantes ilegales de tierras que no les pertenecían, como contra los burócratas gubernamentales que veían las villas como un problema a «resolver» desde arriba. Los curas, en cambio, proponían que a los villeros se los considerara un grupo propio de la ciudad, con sus costumbres y sus valores, que debían ser escuchados y con los que se debía dialogar. Durante los seis años de celebraciones conmemorativas de la independencia, argumentaron los sacerdotes, las villas deberían integrarse en la ciudad a través de un nuevo acuerdo social que permitiera a sus habitantes ser escuchados en tanto que ciudadanos. En las villas había juventud, energía, una alta tasa de natalidad, e inmigrantes que imaginaban un futuro mejor para sus hijos. Allí era donde había empezado el sueño argentino, decían, y al aceptar sus villas miseria el país se apoderaría de su futuro.[4]

Alentado por la llamada de Aparecida a trabajar por un nuevo orden de justicia, Bergoglio veía el bicentenario como una oportunidad para propiciar un nuevo proyecto de país que permitiera a la Argentina un nacimiento nuevo. Si hubiese un acuerdo sobre valores esenciales en torno a los que los argentinos pudieran unirse —una serie de valores fundamentales capaces de sobrevivir los cambios de Gobierno—, podría producirse una transformación de la vida pública. En el núcleo de ese acuerdo habría el compromiso de erradicar la pobreza e incluir a los marginados, iniciativas promovidas por una política y una economía basadas en el bien común; la idea la propusieron los obispos argentinos bajo la presidencia de Bergoglio en un documento extraordinariamente ambicioso publicado en diciembre de 2008 titulado *Hacia un Bicentenario en justicia y solidaridad*.[5]

El pensamiento profundo que subyace al documento puede hallarse en un prólogo que Bergoglio escribió para otro libro de Guzmán Carriquiry. En él Bergoglio destacaba el precio que América Latina seguía pagando por las ideas elitistas de libertad, utópicas y descarnadas, distantes tanto de la realidad vivida como de los valores esenciales del pueblo. No era un concepto nuevo: había escrito mucho sobre él en la década de 1970. Pero los tiempos habían cambiado: lo que impedía el avance del pueblo ya no era una ideología marxista mesiánica, sino lo que él denominaba «gnosticismo teísta», un pensamiento nuevo, desencarnado, que en términos de la Iglesia podía expresarse en «Dios sin Iglesia, Iglesia sin Cristo, Cristo sin pueblo». Contra ese «Dios *spray*» elitista Bergoglio planteaba «lo concreto católico», que se hallaba en el corazón de la historia y la cultura del pueblo latinoamericano. La implicación estaba clara: ningún «proyecto de país» en América Latina podía resultar efectivo si no estaba enraizado en ese concreto católico.

Bergoglio prosiguió dibujando la distinción entre país, nación y patria. El primero era un área geográfica, la segunda, el andamiaje institucional, y la tercera la herencia del pasado que toda generación traspasa a la siguiente. Las fronteras de un país pueden modificarse, y una nación podía transformarse, pero la patria «o mantiene su ser fundante o muere. Patria dice a patrimonio, a lo recibido y que hay que entregar acrecentado, pero no adulterado».[6] Esta es la noción clave que sustenta el documento del bicentenario de los obispos argentinos: que los valores cristianos profundamente enraizados en el ADN nacional —el ser fundador anterior al Estado-nación— constituyen la base sobre la que construir un nuevo proyecto nacional.

El documento del bicentenario fue un intento atrevido de trasladar la visión de Aparecida a un nuevo tipo de política. Llamaba a Argentina a «ratificar y potenciar la opción del amor preferencial por los pobres que brota de nuestra fe en Jesucristo», y citó la llamada de Aparecida a crear «nuevas estructuras que promuevan una auténtica convivencia humana, que impidan la prepotencia de algunos y faciliten el diálogo constructivo para los necesarios consensos sociales». Al forjar nuevos lazos de fraternidad y solidaridad, así como un acuerdo para blindar la opción por los pobres en la política del Estado, Bergoglio esperaba que Argentina lograra resistir mejor los impactos negativos de la globalización; la disolución de la comunidad y de los lazos sociales podrían revertirse a través de un fortalecimiento de la familia y la sociedad civil.

En el documento se identificaban defectos estructurales básicos de Argentina: desempleo elevado y persistente a pesar del crecimiento económico, corrupción pública muy arraigada, clientelismo político, crecimiento explosivo del consumo de drogas y del juego, falta de respeto por la vida y por la familia y, por supuesto, una población creciente de «descartables». El nuevo proyecto de país era una invitación a aprender del diálogo y la solidaridad que habían emergido durante la crisis de 2002, y a abordar juntos los fallos de Argentina, movilizando las energías de la sociedad civil y renovando la vida pública. Con espíritu práctico, el documento adjuntaba una lista de sugerencias para el fortalecimiento de las instituciones del país y su democracia.

La Casa Rosada, como de costumbre, no se mostró interesada. Cristina Kirchner, elegida presidenta en diciembre de 2007 tras la retirada de Néstor era, como su esposo, ideológicamente impermeable a la posibilidad de que la Iglesia tuviera algo que enseñar a los políticos. Aceptaba participar en encuentros regulares con estos para escuchar sus preocupaciones, y en general las relaciones eran menos tensas que con Néstor, a pesar de que las políticas y los políticos seguían siendo los mismos, así como la polarizada retórica del «con nosotros o contra nosotros», y las airadas reacciones oficiales cada vez que la Iglesia radiografiaba los males sociales: cada vez que la Iglesia alzaba la voz contra la pobreza recibía una lección sobre su «complicidad» durante la guerra sucia. Aun así, se atisbaban otras posibilidades, como cuando, en 2008, Bergoglio medió con éxito en una disputa entre el sector agrícola y el Gobierno, que hasta ese momento amenazaba con agravarse desastrosamente; o cuando, ese mismo año, Cristina aceptó la invitación del cardenal a asistir a la misa en el santuario de Luján. Sin embargo, los Kirchner estaban demasiado ocupados intentando proteger al Estado de la Iglesia —a la que veían, a través de filtros ideológicos, como una organización retrógrada— para plantearse colaborar con los obispos a fin de reparar el tejido de la nación.

Bergoglio mantenía la presión, indignado por el hecho de que la Iglesia tuviera que ampliar sus provisiones benéficas para ocuparse de la creciente cifra de pobres en un momento de crecimiento económico. Pero se cuidaba mucho de no culpar solo al Gobierno. Durante la misa de San Cayetano que se celebró en agosto de 2009, por ejemplo, Bergoglio condenó como «escándalo» que Argentina no asumiera la responsabilidad de sus pobres, y deploró que «en nuestra ciudad hay gente que tiene sitio, que tiene cabida y gente que "sobra"... y que son dejados de lado como "descarte" en verdaderos volquetes existenciales». Pero dejó claro que estaba criticando a todo el mundo —la responsabilidad es de todos—, y consideró el consumismo frívolo un ejemplo de cómo se desviaba el dinero de lo que en realidad hacía falta. Reescribiendo las palabras de Mateo 25, Bergoglio dijo que Jesús diría a la gente el día del Juicio Final: «Váyanse de acá porque tuve hambre y no me dieron de comer, estaban echándole la culpa al Gobierno.»[7]

Hubo una cuestión sobre la que una confrontación directa con el Gobierno era inevitable. Aunque la presidenta era Cristina, fue Néstor Kirchner —por entonces diputado nacional— quien en 2010 impulsó, sacándola de la nada, la ley que permitía el matrimonio entre personas del mismo sexo, inspirada en la medida que el Gobierno socialista español había aprobado cinco años antes. Aunque nunca había demostrado el menor interés en los derechos de los gais, ni en las personas gay, la medida era el combustible perfecto para la estrategia de polarización de Kirchner. Al plantear el matrimonio homosexual como una cuestión de los derechos civiles de las minorías, podía enmarcar a los defensores de la concepción tradicional del matrimonio como opuestos a la igualdad, y a la Iglesia como una organización que pretendía imponer su moral sobre la ley. Se trataba de la clase de batalla política que tanto quería, pues con ella animaba a la base política del kirchnerismo al tiempo que sembraba la confusión entre sus opositores.

Bergoglio conocía a muchos gais y había acompañado espiritualmente a algunos de ellos. Conocía sus historias, el rechazo de sus familias, lo que era vivir en el temor de ser descubierto y maltratado. Le dijo a Marcelo Márquez —activista católico gay que había sido profesor de teología— que estaba a favor de los derechos de los gais, así como del reconocimiento legal de las uniones civiles, a las que las parejas del mismo sexo también tenían acceso.[8] Pero se oponía radicalmente a cualquier intento de redefinir el matrimonio en la ley. «Quería defender el matrimonio, pero sin herir la dignidad de nadie ni reforzar su exclusión —afirma un estrecho colaborador del cardenal—. Estaba a favor de la mayor inclusión legal posible para los gais, y de que sus derechos humanos tuvieran expresión en la ley, pero nunca renunciaría a que el matrimonio fuera únicamente entre un hombre y una mujer por el bien de los hijos.»

Bergoglio no había planteado grandes objeciones a la Ley de uniones civiles de 2002, vigente solo en Buenos Aires, que garantizaba derechos a dos personas que cohabitaran durante más de dos años independientemente de su sexo y su orientación sexual. Lo veía como un acuerdo puramente cívico y legal que no afectaba al matrimonio; garantizaba ciertos privilegios, pero no el derecho a la adopción ni a la herencia automática. Aun así, Bergoglio fue criticado desde Roma por no oponerse a ella cuando, un año después, el Vaticano publicó un documento instando a obispos y a políticos a expresar «una oposición clara y enfática» a todo reconocimiento legal de las uniones homosexuales.[9]

Al mismo tiempo, Bergoglio reacció con rapidez ante cualquier intento de socavar la concepción de ley conyugal del matrimonio. En 2009 escribió una carta vehemente al jefe del Gobierno municipal de Buenos Aires, Mauricio Macri, cuando este no rechazó automáticamente el intento de un juez de autorizar —en contra de la ley— el «matrimonio» de una pareja del mismo sexo. Fue la primera vez, en dieciocho años como obispo, que criticaba públicamente a un funcionario llamándolo por su nombre.[10]

Federico Wals, jefe de prensa de Bergoglio a partir de 2007, explicó a principios de abril de 2010 que la posición del cardenal era claramente a favor de la ley existente que defendía el matrimonio como la unión entre un hombre y una mujer, y que el «matrimonio entre personas del mismo sexo» era una imposibilidad. Pero, según él, ello no impedía revisar y ampliar el concepto de uniones civiles, siempre y cuando el matrimonio quedara intacto. En la reunión plenaria del centenar de obispos argentinos que se celebró pocas semanas más tarde, esa fue la posición que Bergoglio, como presidente de la Conferencia Episcopal, los instó a adoptar, por considerarla a la vez correcta y estratégicamente inteligente, advirtiéndoles de que si optaban simplemente por oponerse a la ley (sin ofrecer ninguna alternativa que planteara derechos civiles para las personas homosexuales) caerían en el juego de Kirchner y harían que fuese más probable la aprobación de la ley de matrimonio homosexual.

Y eso fue precisamente lo que ocurrió.

Fue la única ocasión en los seis años de su presidencia de la Conferencia Episcopal en que perdió una votación, aunque por un margen relativamente estrecho (60 a 40). Los *rigoristi*, encabezados por el arzobispo Héctor Aguer, de La Plata, defendían la oposición pura y dura a favor del documento del Vaticano de 2003 que prohibía cualquier forma de reconocimiento legal de las uniones de personas del mismo sexo. Que el documento se refiriera a las leyes de unión civil que concedían derechos a todas las parejas que cohabitaban, y no solo a las del mismo sexo, no estaba claro, pero dado que había sido firmado por el hombre que en la actualidad era el Papa Benedicto XVI, a Aguer le resultaba fácil alegar que cualquier apoyo a las uniones civiles iba en contra de los deseos del Papa, y equivalía a una cooperación formal en lo que el documento llamaba unas «leyes gravemente injustas». El documento del Vaticano era un ejemplo clásico de lo que el grupo de cardenales de San Galo llevaba tiempo criticando como la extralimitación romana. El detallismo en las prescripciones del documento dejaba a los obispos locales atados de pies y manos, privándolos del espacio necesario para maniobrar a fin de preservar un bien mayor.

La declaración acordada de los obispos —que no hacía referencia a las uniones civiles— defendía vigorosamente el matrimonio enraizado en la sexualidad complementaria de hombre y mujer, vital para la sociedad y para los hijos, cuyas propiedades esenciales eran fundamentales para su educación. Los obispos rechazaban la idea de que esa concepción resultara discriminatoria, y argumentaban que una ley de matrimonios para personas del mismo sexo reduciría la concepción legal del matrimonio a una mera sociedad, debilitándolo a ojos de las generaciones futuras.[11]

La ley se aprobó por una mayoría ajustada (126 votos a 111) en la Cámara baja, la de Diputados, el 5 de mayo, redefiniendo el matrimonio como unión entre dos personas, con plenos derechos para adoptar hijos. La ley pasó posteriormente a la Cámara alta, el Senado, para su aprobación, pero ahí se manifestó una profunda oposición por parte de la mayoría de los 72 senadores, sobre todo los representantes de las provincias del interior. En las jornadas previas a la votación que a mediados de julio debía tener lugar en el Senado, Bergoglio movilizó a su diócesis, instando a los católicos a dar a conocer su punto de vista, y pidiendo que la declaración de los obispos se leyera en todas las iglesias el 8 de julio.

Pero ese día otra carta, que Bergoglio había enviado quince días antes a los cuatro monasterios carmelitas de Buenos Aires, se filtró a la prensa, no se sabe cómo ni por qué. Lo dramático de su tono hizo que saltase de imediato a las primeras páginas de los medios, eclipsando la declaración pública. La carta a las monjas se ha descrito como una «táctica peligrosa», un «tiro que salió por la culata».[12] Pero no se trataba de ninguna táctica. No formaba parte de ninguna estrategia política ni interna de la Iglesia, y la intención nunca fue que saliera a la luz. Bergoglio sentía una profunda devoción por la santa carmelita Teresa de Lisieux, y se sentía próximo a las monjas carmelitas de Buenos Aires. Confiaba enormemente en el poder de su oración, y a lo largo de los años había enviado cartas a las monjas pidiéndoles que rezaran por esto o por aquello, sobre todo cuando se sentía bajo presión. Y aquella no era ninguna excepción. «Era una carta en la que compartía lo que tenía en el corazón con sus íntimas, intercesoras, en el lenguaje del pueblo espiritual», comenta un estrecho colaborador de Bergoglio.

El cardenal explicó a las carmelitas lo que, según su discernimiento, había en juego en la legislación sobre los matrimonios de personas del mismo sexo: una amenaza grave a la familia que llevaría a los hijos a verse privados de un padre y una madre. Era un «rechazo frontal a la ley de Dios»: no simplemente una batalla política, sino una «"movida" del padre de la mentira que pretende confundir y engañar a los hijos de Dios». Proseguía pidiendo a las monjas que oraran para obtener la ayuda del Espíritu Santo, para que nos «defienda del encantamiento de tantos sofismas con que se busca justificar este proyecto de ley, y que confunden y engañan incluso a personas de buena voluntad». Había detectado la cola de la serpiente, con sus habituales y reveladores signos: histeria, división, confusión, envidia: esa era una «guerra de Dios», como afirmaba en otro punto de la misiva.

Para cualquiera que conozca sus escritos espirituales, esto era el típico lenguaje bergogliano, el mismo que había usado con los jesuitas, un lenguaje que es común entre los contemplativos, en los retiros espirituales o en la dirección espiritual. Él veía, tras la batalla política, otra contienda espiritual, en la que el demonio, movido y provocando rivalidad (el resentimiento recién descubierto de los gais al ser excluidos del matrimonio) aparecía, como de costumbre, *sub angelo lucis,* disfrazado de luz (justicia, igualdad y derechos civiles), y por tanto engañando a personas de buena voluntad.

En el núcleo de la nueva ley había una mentira: el matrimonio de personas del mismo sexo decía sumarse al matrimonio conyugal, o coexistir con él, cuando en realidad lo desmantelaba. Permitir que los homosexuales se casaran implicaba que la institución del matrimonio, antigua, natural, otorgada por Dios, fuera despojada de aquello que precisamente la convertía en un reflejo del plan divino: la unión de un hombre y una mujer, la procreación y el cuidado de los hijos por parte de sus padres naturales en una relación de permanencia y exclusividad sexual. Como lo expresaba Bergoglio en su carta oficial, pública, una ley que reconocía el matrimonio como la unión de un hombre y una mujer no discriminaba, sino que diferenciaba adecuadamente, adecuadamente porque la unión entre un hombre y una mujer, así como la necesidad de un hijo de tener un padre y una madre, eran realidades humanas básicas. Intentar hacer del matrimonio otra cosa era «un real y grave retroceso antropológico».[13]

Sacada del contexto del discernimiento espiritual, y sin su explicación correspondiente, la carta fue un bombazo. Suscitó la indignación de los kirchneristas, y un malestar considerable en la Iglesia, en la que muchos lamentaron el lenguaje utilizado. Dado que los obispos habían vetado la apuesta de Bergoglio a propiciar la inclusión social de los gais, a Kirchner se le había puesto en bandeja un blanco inmenso. Al tiempo que este, triunfante, declaraba que «Argentina debe dejar atrás visiones oscurantistas y discriminatorias», las Madres de la Plaza de Mayo, financiadas con fondos del Gobierno, manifestaban diligentemente que la complicidad de la Iglesia con la dictadura implicaba que «carecía de autoridad moral» para intervenir en el asunto. Desde China, Cristina Kirchner adoptó una actitud presidencial ante la oposición a la ley. Era una lástima, dijo, que el «matrimonio igualitario» se viera como una cuestión de «moral religiosa» cuando «en realidad lo que se está haciendo es mirar una realidad que ya está».

Ahora, todos los ojos estaban puestos en el Senado. Mientras católicos y evangélicos se manifestaban en el exterior del edificio el 15 de julio, los senadores se dividían en tres grupos: los que apoyaban la ley del Gobierno que redefinía el matrimonio como independiente del sexo de los contrayentes, los que se oponían, y los que proponían una especie de *pacte civil* a la francesa (pero que también incluyera el derecho a la adopción). Con el apoyo de Bergoglio, la senadora peronista federal (antikirchnerista) Liliana Negre de Alonso, senadora por la provincia de San Luis, negoció un acuerdo entre el segundo grupo y el tercero para rechazar la ley del Gobierno pero ofreciendo a cambio ampliar la ley de uniones civiles aunque sin el derecho a la adopción de niños. «El hecho de que Bergoglio comprendiera la necesidad de una propuesta alternativa y nos apoyara fue un gran alivio para nosotros —recuerda Negre, miembro de la organización católica Opus Dei—. Con gran esfuerzo logramos conseguir un acuerdo para una ley de unión civil que ofreciera beneficios prácticos [a las personas gay] pero dejara intacta la ley del matrimonio. Yo busqué el consejo de mucha gente en esa época, incluido el del cardenal. Me llamó a casa y me dijo: "Vas por buen camino.".»

Una vez iniciado el debate, la propuesta de Negre obtuvo el apoyo de una clara mayoría del Senado. Pero a lo largo de las veinte horas siguientes, los senadores kirchneristas usaron la carta del cardenal filtrada a la prensa para organizar un ataque feroz y desdeñoso en la tradición del fanatismo anticlerical. «Las cosas que oí sobre el cardenal durante las veinticuatro horas que duró la sesión son irreproducibles», recuerda Negre. Ella misma no pudo reprimir las lágrimas cuando la acusaron de ser una nazi que quería hacer con los gais lo que Hitler había hecho con los judíos. Al final del debate, el presidente del Senado, presionado por los líderes del bloque gubernamental, anuló arbitrariamente la solución de compromiso, obligando a los senadores a votar sí o no a la ley del Gobierno. En medio de la confusión, y entre escenas de indignación durante las que varios senadores abandonaron la sala en protesta por la apisonadora del Gobierno, la ley fue aprobada por apenas seis votos de diferencia. «"Ganamos a Bergoglio" —recuerda Negre que alardeó el jefe del bloque kirchnerista—, como si todo el debate hubiera sido entre él y ellos.»[14]

Tres meses después, a Néstor Kirchner lo encontraron muerto. Tenía sesenta años. Sus problemas cardiacos habían obligado a su hospitalización por segunda vez ese año (Bergoglio había enviado a un sacerdote para que le ofreciera el sacramento de la extremaunción, pero Cristina no le permitió el paso), pero el infarto que sufrió en su casa de Santa Cruz, en la Patagonia, fue inesperado. Hubo un velatorio en la Casa Rosada, seguido de un funeral en el sur del país. Bergoglio dijo una misa de réquiem en la catedral el mismo día que se supo la noticia. Dado todo lo que Kirchner había dicho y hecho contra la Iglesia en general y él en particular, su homilía fue un modelo de gentileza. «Estamos aquí para rezar por un hombre que se llama Néstor —dijo el cardenal— que fue recibido por las manos de Dios y que en su momento fue ungido por su pueblo.»

El discurso de Kirchner había ejemplificado lo que Bergoglio denominaba «progresismo adolescente». Se basaba en la represalia por la dictadura, y en una reivindicación moral y política de la guerrilla, en la que «el pueblo» —en realidad, unos jóvenes progresistas urbanos— se vio enfrentado contra enemigos estereotipados: la Iglesia, el Ejército, los periódicos del *establishment* como *Clarín* y *La Nación*, la banca extranjera, los exportadores agrícolas, Estados Unidos y Gran Bretaña (la lista era larga).

Los aliados clave del gobierno durante los siete años anteriores habían sido las organizaciones defensoras de los derechos humanos, muchas de ellas unidas por lazos de sangre y simpatía con la guerrilla de la generación anterior. El Gobierno había canalizado inmensas sumas hacia estos grupos para financiar investigaciones que después se usaban para formalizar acusaciones. En 2010 ya se habían presentado más de mil cargos, y había centenares de personas cumpliendo penas de prisión. Bergoglio siempre había cooperado en cualquier petición de información, había permitido el acceso a los archivos de la Iglesia y se había expresado a favor de que los familiares de los desaparecidos llegaran a saber la verdad. Le comentó al rabino Skorka que mucha gente seguía sin saber qué había sido de sus familiares. «Perdieron la carne de su carne, y no tienen dónde ir a llorarlos.»

Pero debía darse la curación y la reconciliación. «Con odio no se soluciona», le dijo.[15]

Los esfuerzos de la gran «industria» proderechos humanos, financiada por el estado, habían añadido poca información nueva sobre las desapariciones —la cifra final de desaparecidos era, de hecho, menor que la que la comisión encabezada por Ernesto Sábato había estimado en la década de 1980—, y el revanchismo hacía difícil la reconciliación. Cualquier intento de incluir el papel de la guerrilla en el cuadro general era recibido con estallidos de desprecio por parte del Gobierno, pues, según la versión oficial, solo había un demonio: las fuerzas armadas y los escuadrones de la muerte. Ese dualismo simplista alimentaba una actitud punitiva. Convencidos de que los responsables aún no habían pagado el precio de su iniquidad —las amnistías de Alfonsín y Menem eran continuamente execradas—, los grupos defensores de los derechos humanos recurrían a pruebas de testigos obtenidas en vistas para presentar cada vez más acusaciones.

Todo ello subyacía a la petición que recibió Bergoglio para que declarara, en noviembre de 2010, en el caso sobre Yorio y Jalics, que formaba parte de una investigación de duración épica sobre la Escuela de Mecánica de la Armada, la ESMA, el centro naval de tortura. Como explica Federico Wals, «como él nunca habló sobre ese tema, el mito general era que no hablaba porque tenía cosas por esconder. En realidad, no hablaba porque él no habla de sí mismo».

Dos meses antes, una catequista que se encontraba en la villa miseria de Bajo Flores en el momento del secuestro de los jesuitas aseguró que este se había producido porque Bergoglio les había retirado su licencia para ejercer como sacerdotes, lo que los había dejado expuestos, y que lo había hecho porque censuraba su trabajo con los pobres. Aquello sonaba sospechosamente similar al relato mítico de Verbitsky, pero el abogado que llevaba la investigación, Luis Zamora, político trotskista y colega desde hacía mucho tiempo de Verbitsky en el CELS, la organización proderechos humanos, no iba a ponerlo en cuestión. Su punto de partida, según contó en un programa de televisión, era «una Iglesia cómplice de la acción dictatorial. Creo que no hay voces disidentes en que fue cómplice directo del accionar represivo de la dictadura».[16] Valiéndose de aquel testimonio para llamar a declarar al cardenal, Zamora estaba decidido a demostrar las acusaciones de Verbitsky en dos días de interrogatorio, y a sacarle algo que permitiera iniciar una acusación contra él.

La ley argentina permite que las figuras públicas con cargos de peso puedan ser interrogadas donde estas escojan. Consciente de que Zamora intentaba conseguir una puesta en escena de la declaración con la que se diera a entender que el cardenal estaba acusado de un delito, Bergoglio optó por dar su testimonio en la Curia archidiocesana, y no en un tribunal. («Querían que él fuera parte de un *show* —recuerda Wals—. Y él no iba a permitírselo.») Bergoglio estaba tenso, pero pidió a su personal que actuara como siempre, diciéndolos: «Vienen por mí, no por ustedes.» *El Jesuita*, la extensa entrevista que en formato de libro publicaron Sergio Rubín y Francesca Ambrogetti, había aparecido ese mismo año. Allí habló por primera vez en público sobre la guerra sucia, refiriéndose vagamente a aquellos a quienes había ayudado a escapar. Wals deseaba contactar con ellos para que estos pudieran contar a los periodistas aquellas historias, pero el cardenal se negó: solo ellos podían decidir intervenir si así lo deseaban. «Tranquilo, Federico —le dijo—, llegará el momento.»

Tras la declaración, Zamora insinuó que Bergoglio tenía algo que ocultar. «Fue un testimonio muy reticente —declaró a una periodista televisiva—. A los tres días, él dijo, yo supe que los sacerdotes estaban en la Escuela de Mecánica de la Armada [...] le preguntamos cómo lo había sabido, no pudo decir... Cuando daba precisión de algún nombre y apellido, esa persona ya falleció, entonces ya no se la puede citar.»[17] Tanto el vídeo como la transcripción cuentan una historia muy distinta. En respuesta a un interrogatorio en ocasiones agresivo —el juez debía repetir constantemente a Zamora que el cardenal no estaba siendo juzgado—, Bergoglio aportó información detallada tanto sobre los hechos como su contexto, y así lo hizo durante cuatro horas, tiempo más que suficiente para destruir la versión de Verbitsky. Sí es cierto que calló nombres de jesuitas, a fin de protegerlos de la maquinaria inquisitorial del Gobierno, y evitó pronunciar críticas de Yorio y Jalics, así como de cualquier otra persona. En ningún momento intentó justificarse, y se limitó a los hechos, proporcionando información precisa del contexto para ayudar a la investigación a comprender lo que había ocurrido. Fue un *tour de force* que dejó a Zamora furioso.

Al año siguiente el cardenal aportó más pruebas sobre una mujer que en 1977 había acudido a solicitarle ayuda y a quien él había derivado a un obispo. Las Abuelas de la Plaza de Mayo y Verbitsky asegurarían posteriormente que Bergoglio había mentido en su testimonio al afirmar que solo durante la década de 1980 había tenido conocimiento del robo sistemático de bebés a sus madres en el momento de la detención. Verbitsky declaró que «debía saberlo». Pero ese fue uno de los secretos más sucios de la guerra sucia, y aunque en la época circulaban rumores al respecto, resultaría sorprendente que hubiera sabido algo concreto.[18]

Aunque su reputación en el extranjero se mantenía intacta, en Argentina la credibilidad del grupo paradigmático de la defensa de los derechos humanos, las Madres de la Plaza de Mayo, se había visto gravemente dañada con el transcurso de los años. Además de los escándalos financieros y las interminables disputas internas, la líder de las Madres, Hebe de Bonafini, defendía unas posturas duramente abortistas y anticlericales, y sus simpatías con terroristas —había aplaudido los ataques a las Torres Gemelas, así como las atrocidades cometidas por ETA, en España, y por las FARC, en Colombia— dejó estupefactos incluso a los kirchneristas. A Bergoglio no le resultaba fácil mantener relaciones con grupos que lo acusaban de «entregador» y de cómplice con la tortura, de representante de lo que ellos denominaban «Iglesia de derechas», en contraposición a lo que para ellos era «la Iglesia del pueblo». Pero él nunca respondía a los ataques; y cuando Rubín y Ambrogetti le preguntaron si estaba de acuerdo en que el revanchismo de Bonafini socavaba la reconciliación, Bergoglio centró la atención en el dolor de las Madres: «Me imagino a esas mujeres, que buscaban desesperadamente a sus hijos, y se topaban con el cinismo de las autoridades que las basureaban y las tenían de aquí para allá. ¿Cómo no comprender lo que sienten?»

Lejos del escenario político, el cardenal mantenía numerosas reuniones entre bambalinas con activistas defensores de los derechos humanos y con familiares de desaparecidos. Recibía a cuantos quisieran verlo, que encontraban en él comprensión constante y ayuda en su búsqueda de información. Se encontraban en terreno compartido, pues Bergoglio también había perdido a seres queridos durante la guerra sucia.

La ola de simpatía hacia la presidenta, Cristina Kirchner, tras la muerte de Néstor, le aseguró un segundo mandato a finales de 2011. Su Gobierno se mantenía herméticamente sellado en su propio discurso, e iba haciéndose cada vez más autoritario. Sin embargo, más allá del estrecho mundo gubernamental, la oficina Pastoral Social del padre Accaputo había tejido, a lo largo de muchos años, una red extraordinaria de relaciones entre políticos, empresas y líderes sindicales a pesar de las muchas barreras. Como el Diálogo de 2002, su meta era la reconstrucción de la vida pública argentina, alentando una nueva generación de líderes comprometidos con los grandes temas de Bergoglio: la política entendida como servicio, la opción preferencial por los pobres, la cultura del encuentro contra una cultura del descarte, la solidaridad y el bien común.

La Jornada Pastoral Social, que Bergoglio y Accaputo habían construido a lo largo de más de un decenio, es un fenómeno extraordinario: un encuentro anual auspiciado por la Iglesia en la que se reúnen líderes nacionales de todo los partidos y los principales grupos de interés que se organizan en mesas redondas para abordar los retos y las prioridades del país. El objeto es comprender mejor que los intereses que cada uno representa pueden entenderse como parte de un todo, y que quienes representan otros intereses comparten con los demás una humanidad común. «En el momento en el que descubrís que detrás de un funcionario hay una persona igual que vos, que es una persona, que sufre, que tiene problemas, dudas existenciales, y además es un funcionario, o un dirigente político o empresarial, ayudás a rescatar la persona y no el personaje —explica el padre Accaputo—. Cuando vas haciendo que las personas se encuentren más allá del personaje, generás una relación que permite que los personajes se encuentren.»

Las jornadas eran (y siguen siendo) un intento práctico de Bergoglio de superar el gran pecado de la vida política argentina, el faccionalismo personalista, y de construir una cultura política cuyos frutos tal vez no se cosechen hasta la era postkirchnerista.[19]

El cardenal Bergoglio es un maestro artífice de relaciones transfronterizas, muchas de las cuales acaban convirtiéndose en amistades profundas. Jean-Louis Touran, el cardenal francés que dirige el consejo del Vaticano a cargo de las relaciones con otras religiones, se refiere al «modelo argentino de diálogo interreligioso, único en el mundo». Lo que lo hace especial, comenta el padre Guillermo Marcó, que con el apoyo de Bergoglio creó un instituto de diálogo interreligioso en 2005, es que se basa en la amistad más que en la búsqueda del acuerdo teológico. El diálogo tiene lugar entre instituciones o representantes de religiones, pero a través de la amistad entre líderes de distintas confesiones o denominaciones, que asumen las preocupaciones de los demás sin renunciar nunca a su identidad. El «modelo argentino» refleja, en parte, la manera en que llegó a darse, como consecuencia de la crisis de 2001-2002, cuando la falta de confianza en las instituciones estatales llevó a la gente a volver la vista hacia los líderes religiosos, que hubieron de unirse para responder de manera práctica a las necesidades del momento.

Entre las numerosas relaciones dignas de mención destacan tres en particular: una con un musulmán, otra con un judío y la tercera con un evangélico anglicano.

Del millón aproximado de árabes argentinos de origen sirio y libanés que llegaron al país en la década de 1920, la gran mayoría (como el expresidente Menem) son cristianos. Pero Omar Abboud, cuyo abuelo argentino, un jeque, fue el primer musulmán en traducir el Corán al español, cifra la población musulmana (suní, chií y alauí) alrededor de las trescientas mil personas:

cuesta saberlo con exactitud, porque los censos argentinos no distinguen entre denominaciones no-cristianas.[20] Los musulmanes practicantes son pocos; en Buenos Aires hay solo tres mezquitas. Es una población discreta y bien integrada hasta que los atentados del 11 de septiembre pusieron el foco sobre ella, y Abboud —que a la sazón trabajaba en el Centro Islámico de la República Argentina— se vio en los medios de comunicación explicando la diferencia entre terroristas radicalizados por la ideología islamista y fieles musulmanes corrientes.

Tras unos contactos iniciados por el padre Marcó, en 2004 el cardenal visitó por primera vez el Centro Islámico, que desde su fundación en 1931 no había sido visitado por un obispo, y mucho menos por el primado argentino. «Doy gracias a Dios, el Misericordioso —escribió Bergoglio en el libro de visitas—, por la hospitalidad fraterna, por el espíritu de patriotismo argentino que encontré y por el testimonio de compromiso con los valores históricos de nuestra patria.» Hasta su muerte, un año después, el presidente del Centro Islámico del momento, Adel Made, empezó a reunirse regularmente con el cardenal, que regresó al Centro en agosto de 2005 para rezar en el velatorio del jeque. Para entonces, el instituto interreligioso ya se había puesto en marcha, con el acuerdo de no permitir que las tensiones externas afectaran a las relaciones interconfesionales en Argentina: ello supuso, por ejemplo, que el discurso que Benedicto XVI pronunció en Regensburg en septiembre del año siguiente, y que suscitó la indignación en el mundo musulmán a causa de una frase que se citó fuera de contexto, se tradujera en muy poca fricción entre musulmanes y católicos en Argentina. (Aunque tuvo como consecuencia la dimisión de Marcó como jefe de Comunicaciones del cardenal, después de que criticara el discurso del Papa a título personal pero de un modo que fue tomado como suscrito por el cardenal.)

«La persona que más construyó en términos de diálogo, que más nos mostró y nos enseñó, fue Bergoglio —recuerda Abboud, que relevó a Made como director del centro—. La Argentina es mayormente católica apostólica romana como otros países de Latinoamérica. Pero no hubo un ámbito de tolerancia:

vos tolerás de acá hasta acá. Lo que hizo el cardenal fue generar un ámbito de conveniencia. Gestionó la posibilidad de sentarse a esa mesa, un espacio cívico sin antecedentes.» Bergoglio concedió a Abboud y a otros líderes religiosos el puesto de honor durante la celebración anual del Tedeum, por ejemplo, y velaba por conseguir declaraciones conjuntas, y propuestas, para que en cuestiones sociales se hablara con una sola voz religiosa.

Abboud, de cuarenta y siete años, descendiente de sirios y con gran capacidad de expresión, llegó a trabar amistad con Bergoglio, al que visitaba con regularidad en la Curia. Allí tomaban café con alfajores y hablaban de fútbol y de política, así como de literatura, música y ópera («él escuchaba ópera, empezó a través de su mamá y le gustaba mucho *Parsifal*»). Abboud le hablaba del islam, pero descubría que el cardenal ya estaba bien informado. Bergoglio le prestaba libros que le permitirían hallar paralelismos entre el Cristianismo y el islam, y le enseñaba la importancia de sus cuatro principios cívicos básicos —el todo es más importante que la parte, la unidad es superior al conflicto, la realidad es superior a la idea, el tiempo prevalece sobre el espacio—, que Abboud tradujo a conceptos islámicos y que usa constantemente.

«¿Cómo un musulmán va a aprender de un sacerdote? Yo de él aprendí la dinámica de la misericordia islámica a través de las palabras de Bergoglio.» Sus debates versaban sobre los atributos divinos —la insistencia musulmana en la unicidad divina contra la concepción cristiana de Dios como pluralidad de tres personas en una—, así como sobre lo que Abboud llama «la visión de un Jesús islámico que también es milagroso». Pero las discusiones más enriquecedoras tenían como tema el aspecto común de la misericordia, la cualidad de lo divino. «Fue un aprendizaje en el ejercicio de la misericordia, de mejorar la visión del otro, de ponerte en el lugar del otro», recuerda Abboud, que admiraba la extraordinaria profundidad espiritual de Bergoglio —producto, según él, de una vida dedicada al rigor y a la oración—. «Pocas personas conocí con tan poco apego a lo material. Cero apego. La verdad —dice Abboud—, lo quiero mucho.»

Otro que lo quiere mucho es el rabino Abraham Skorka.

El padre de Bergoglio, Mario, le contaba a su hijo que los judíos habían sido perseguidos a lo largo de los siglos, entre otros por la Iglesia, y que debía saber que Jesús era judío. De niño, Bergoglio conoció en el barrio de Flores a varios «rusos», un término cariñoso empleado en Argentina para referirse a los judíos: la mayoría de estos son o descienden de asquenazíes del este de Europa, que llegaron en barco a partir de la década de 1880 (Buenos Aires era casi siempre su segunda opción, a la que recurrían cuando las cuotas de inmigrantes a Nueva York estaban cubiertas). Los abuelos polacos de Skorka llegaron en los años veinte del pasado siglo, y él hablaba yiddish en casa.

La población judía de Argentina, de alrededor de doscientas mil personas, es menor de lo que fue —la emigración a Israel creció tras el colapso económico del país de 2001-2002— pero sigue siendo la mayor y más importante diáspora judía en América Latina, con más de una docena de sinagogas en Buenos Aires y varias instituciones significativas. A pesar del antisemitismo de los intelectuales católicos nacionalistas de las décadas de 1930 y 1940, que reapareció en los escalafones más altos del Gobierno militar durante la dictadura de los años setenta, los judíos, en general, están a salvo e integrados en Argentina. Pero a principios de la década de 1990 el conflicto del Oriente Próximo se trasladó a Buenos Aires cuando radicales islámicos extranjeros hicieron estallar un coche bomba frente a la Asociación Mutual Israelita-Argentina (AMIA), causando la muerte a 85 personas, apenas dos años después de un atentado contra la embajada israelí en Argentina, en el que la cifra de fallecidos fue de 29. Los ataques dejaron cicatrices: aún hoy hay barrotes en las ventanas, y guardias de seguridad de día y de noche en la sinagoga de Skorka, Benei Tikva, discretamente ubicada en una calle tranquila de Belgrano. Pero el rabino siempre ha creído que la verdadera seguridad significaba no dejar que las puertas trancadas lo dejaran a uno encerrado dentro, y a mediados de esa década empezó a establecer relaciones con sacerdotes y líderes musulmanes locales. También escribía con regularidad sobre cuestiones judías para el periódico que leía Bergoglio, *La Nación*.

Bergoglio heredó las estrechas relaciones de la comunidad judía con el cardenal Quarracino, que en su momento había tomado la decisión sin precedentes de instalar en la catedral un mural conmemorativo que contenía documentos rescatados del Holocausto. Poco después de que fuese nombrado arzobispo, Bergoglio ordenó la ampliación del mural para que incluyera un recordatorio de los atentados de 1992 y 1994, y celebró un servicio religioso allí mismo para rendir tributo a las víctimas de la Shoá. Pero en los años siguientes, Bergoglio fue mucho más allá en las relaciones entre judíos y católicos de Buenos Aires. Participaba con regularidad en la conmemoración anual de uno de los hechos clave de la persecución nazi a los judíos —la Noche de los Cristales Rotos—, y la acogió en más de una ocasión en la catedral, pidiendo perdón en nombre de aquellos que, en la década de 1930, no hicieron nada para impedir que el Holocausto tuviera lugar. Se aseguró de que la Shoá se enseñara en las escuelas y seminarios de la diócesis, y en 2012 envió a tres curas en formación a Yad Vashem, el Museo del Holocausto de Jerusalén. Pidió a sus obispos auxiliares que representaran a la Iglesia en la conmemoración anual de las víctimas del atentado de la AMIA, y en julio de 2010 asistió personalmente y rezó frente al mural, tras lo que declaró a los periodistas congregados que el atentado era «un eslabón más en la cadena de dolor y persecución que el pueblo elegido de Dios ha sufrido en la historia».[21]

Bergoglio también mantuvo una estrecha relación con líderes judíos. Entre ellos se encontraba el rabino Daniel Goldman, que formaba parte del Instituto Interreligioso junto con el padre Marcó y Omar Abboud, y con Sergio Bergman, rabino de la sinagoga principal de Argentina, que también es un político de centro-derecha. Bergoglio y él trabajaron durante muchos años en el desarrollo de virtudes cívicas comunes para rehabilitar la política: el cardenal escribió el prólogo del ensayo que Bergman publicó en 2008 sobre ciudadanía, mientras que Bergman describe a Bergoglio como su «rabino» y líder espiritual de todos los argentinos, no solo de los católicos, el creador de un espacio cívico en el que todos pueden participar y al que todos pueden contribuir sin sacrificar su identidad.[22] Claudio Epelman, director ejecutivo del Congreso Judío Latinoamericano, y Alberto Zimerman, de la Delegación de Asociaciones Israelitas Argentinas (DAIA), también eran amigos a quienes Bergoglio invitaba a cenar comida *kosher* en Nochebuena.

Skorka, diez años menor que Bergoglio, es rector del Seminario Rabínico Latinoamericano de Buenos Aires. Había estudiado química, como su amigo Jorge. Su amistad se afianzó después de que el rabino lo invitara, en septiembre de 2004, a unirse a su comunidad durante el servicio de penitencia del Selijot, donde rezaron y partieron juntos el pan. A partir de ahí, Skorka acudía con regularidad al despacho del cardenal, donde se burlaban del equipo de fútbol del otro (Sorka es del River), y empezaron a cooperar en diversos proyectos. Bergoglio prologó un libro de Skorka, y posteriormente preguntó al rabino si haría él lo mismo con la entrevista que Sergio Rubín y Francesca Ambrogetti publicaron en 2010, un gesto que conmovió profundamente a Skorka («Cuando lo escuché dije, ¿qué es esto, un judío, un rabino?»).

En 2010 Skorka y Bergoglio se reunieron todos los meses en compañía de un periodista que se dedicó a transcribir y editar sus discusiones sobre gran variedad de temas morales y éticos, como la eutanasia, el divorcio, el aborto, la globalización, la pobreza, el matrimonio, y también el Holocausto. Las conversaciones se convirtieron en un libro que se publicó en 2011 con el título de *Sobre el cielo y la tierra*. «Dialogar, en su sentido más profundo, es acercar el alma de uno a la del otro, a fin de revelar e iluminar su interior», escribe Skorka en su introducción. Los tres —el rabino, el cardenal y el periodista— se enfrentaron ese año a la pérdida de un ser querido: Alberto, el hermano de Bergoglio, falleció en junio, y el rabino perdió a su suegra. Skorka acompañó al cardenal en el velatorio de su hermano. «Estuvimos hablando de cosas de la vida, y en un momento dado le pregunté, ¿de qué se puede hablar en un velorio? De los temas profundos de la existencia. Y así, en un momento dado, le pregunté por qué me eligió a mí para que prologue el libro. Y me dijo, sin pensarlo, así me salió del corazón. Fue un acto enorme.»

En octubre de 2010, Bergoglio y Skorka empezaron a participar en un atípico diálogo de a tres en el canal de televisión de la arquidiócesis, el Canal 21. El moderador era Marcelo Figueroa, teólogo protestante que coordinaba lo que acabaron siendo 31 programas de una hora de duración y periodicidad mensual. En cada uno de ellos abordaban una cuestión social —como la solidaridad, la sexualidad, la autoridad, la felicidad— centrando el debate en la Biblia, el libro que las tres tradiciones compartían y que los tres participantes conocían en profundidad.[23] Dos años después, cuando se conmemoraban los veinticinco años del documento *Nostra Aetate* del Concilio Vaticano II, que transformó las relaciones entre católicos y judíos, Bergoglio concedió a Skorka un doctorado honoris causa por la Universidad Católica de Buenos Aires, en un acto sin precedentes en Argentina.

Ambos se profesan un afecto profundo: según Skorka, Bergoglio es «un amigo campechano». Aun así, en su relación hay seriedad, como indica el que los dos se traten recíprocamente de usted. «Es una manera de manifestar, creo, un respeto mutuo con un enorme afecto», dice Skorka, una manera de respetar la tradición del otro. A las bromas y el afecto subyace un propósito serio. «Siempre que nos reunimos nos preguntamos: "¿Qué podemos hacer para que haya algo más de espiritualidad en el mundo?" Siempre nos preguntábamos: "¿Cuál es nuestro nuevo proyecto?".» Querían desarrollar una comprensión más profunda de lo que el judaísmo implica para el Cristianismo y viceversa; si los judíos eran los «hermanos mayores» de los cristianos en la fe —la fórmula católica moderna—, ¿qué apariencia podía o debía adoptar esa hermandad? El foco de Bergoglio en la identificación de Jesús con los pobres y los marginados recuerda a los profetas de Israel y a la Torá, afirma Skorka, y permitía que los dos argentinos se encontraran constantemente en terreno compartido. «Nos siente profundamente como la raíz de su credo.»

En la mejor tradición ignaciana, Bergoglio siguió siendo, como cardenal, un hombre de frontera, llamado a vivir en la tensión de unas identidades en conflicto, y a apoyar a otros que transitaban por caminos igualmente peligrosos. Uno de ellos era Tony Palmer, obispo evangélico anglicano sudafricano nacido en Gran Bretaña. Tony conoció y se casó con su esposa italiana, Emiliana, en Ciudad del Cabo, donde ambos vivían y trabajaban. En aquella época, los dos eran evangélicos, y Tony era predicador. Se fueron de Sudáfrica en 2004 para vivir en Italia, donde Tony empezó a trabajar con Matteo Calisi, el carismático líder católico italiano cuya amistad con el pastor argentino Jorge Himitian propició los encuentros en el Luna Park de Buenos Aires. Palmer y Calisi formaron una fraternidad para promover la unidad con los cristianos de otras denominaciones (dos anglicanos y un ortodoxo), unidos por una convicción común: que el Espíritu Santo estaba acercando las tradiciones cristianas hacia una futura unicidad.

A través del movimiento carismático, Emiliana se reconcilió con la Iglesia católica, al tiempo que Tony era aceptado por la Comunión de Iglesias Episcopales Evangélicas (CEEC), un órgano creado en la década de 1990 por líderes protestantes y anglicanos que se consideraban integrantes de un movimiento de convergencia ecuménica. (Por si no resultara ya lo bastante complejo, la CEEC es anglicana pero no forma parte de la Comunión Anglicana, cuyo máximo representante es el arzobispo de Canterbury.) Por vía de la CEEC, se ordenó sacerdote en 2005, y en 2010 fue nombrado obispo.

Un año después de su ordenación, Palmer se encontraba en Buenos Aires con Calisi y la fraternidad, en una misión que tenía por objeto el acercamiento entre católicos y evangélicos. Los cinco misioneros se reunieron con el cardenal Bergoglio, que se interesó por sus historias personales, en particular en la de Palmer, a causa de su matrimonio ecuménico. Palmer le comentó que, aunque funcionaba muy bien —eran complementarios en su diversidad—, había un problema. «Le dije que desde que mi familia estaba integrada en la Iglesia católica, a mí no se me permite comulgar. Debo permanecer en el banco el domingo por la mañana. Así que mis hijos regresan a su sitio tras recibir la Comunión y me preguntan: "Papá, ¿por qué nos has traído a una Iglesia que separa a la familia?".» Palmer recuerda que, al oír su relato, a Bergoglio «se le rompió el corazón, se le llenaron los ojos de lágrimas». Cuando ya se iban, y el cardenal los acompañó hasta la salida, y en un momento condujo a Palmer a un lado y le preguntó si estaría dispuesto a iniciar una relación con él en la que pudieran estudiar, tal vez, el sacramento del matrimonio. Palmer aceptó, y durante los años siguientes, siempre que viajaba a Buenos Aires para trabajar con jóvenes, se reunían. Entre sus visitas se mantenían en contacto a través del correo electrónico y el teléfono. (Siempre se comunicaban en italiano; Palmer lo llamaba «padre Mario».)

Mantenían conversaciones profundas sobre la cuestión que Palmer había abordado en su primer encuentro —las reglas de la Iglesia que impiden que los cristianos no católicos reciban la eucaristía durante la misa—. Palmer argumentaba apasionadamente que la eucaristía no era una señal de unidad institucional, sino una unidad en Cristo, y que las reglas de la Iglesia católica implicaban que el altar era de Roma, y no el de Cristo, es decir, una blasfemia. «No me basaba en la teología protestante, sino en una concepción sacramental católica pura y dura», insiste Palmer. El cardenal, añade, no intentó defender las reglas de la Iglesia, y de hecho confirmó la teología sacramental de Palmer, empatizando profundamente con él y buscando solo convencer a este de que tuviera paciencia. «Quería calmarme, convertirme en un reformista, no en un rebelde.»

En noviembre de 2009, cuando el Papa Benedicto XVI creó una nueva estructura legal para que los anglicanos se incorporasen a la Iglesia católica, el «ordinariato», Bergoglio llamó al primado anglicano del Cono Sur, con sede en Buenos Aires (en comunión con Canterbury), el obispo Gregory Venables. Mientras desayunaban, «me dijo claramente que el ordinariato era bastante innecesario, y que la Iglesia nos necesita como anglicanos».[24] Ese fue también el mensaje de Bergoglio a Palmer, que estudiaba el ordinariato y se preguntaba si era para él. «Me dijo que necesitamos contar con constructores de puentes. Me aconsejó que no diera el paso, porque podría parecer que estaba tomando partido, y dejaría de ser constructor de puentes.» Palmer afirma que Bergoglio creía que él debía seguir siendo anglicano «por el bien de la misión, esa misión de unidad», y que estaba «privándose a sí mismo» de ser católico «por esta misión, esta misión de unidad». Palmer dice que siempre que acudía a ver al cardenal, no era «en calidad de anglicano, sino de hijo espiritual».

Palmer, que en aquella época tenía poca conciencia de la importancia creciente de Bergoglio en la Iglesia universal, se admiraba al constatar el papel central que Cristo desempeñaba en la vida de este. «Se ha encarnado de Evangelio —dice Palmer—. Vive la vida sacramental al nivel más profundo: ha dejado que el Evangelio se convierta en él.» Añade que la humildad y la simplicidad de Bergoglio engañan. «Si no lo escuchas adecuadamente no oyes la profundidad de lo que dice. No recurre a las emociones para ello; es bastante estoico en ese sentido... Puede estar enfatizando un punto, y tú no te das cuenta. Por eso tienes que escucharlo: estar tranquilo y escucharlo.»

Además de hacer crecer la Iglesia en las villas miseria y de evangelizar desde ellas, y de crear vínculos profundos más allá de las fronteras de la religión y la política, había una tercera dimensión en la misión de Bergoglio durante sus últimos años como cardenal arzobispo. Se trataba de desafiar a las mafias que controlaban el sórdido mundo bonaerense del juego, el tráfico de personas, la prostitución y el trabajo en condiciones infrahumanas. El documento del bicentenario redactado por el cardenal había identificado como un enorme reto social el crecimiento del juego y las drogas, y las adicciones y la violencia que se derivaban de ambas, además de centrarse en la corrupción y en la explotación de los trabajadores más vulnerables, sobre todo los inmigrantes sin papeles. La descomposición se había acelerado tras el colapso del Estado en 2002-2003, corrompiendo a policías, jueces y funcionarios públicos, así como a no pocos altos cargos de los gobiernos municipal y federal.

El crecimiento del juego legal era un síntoma del choque entre Estado y mercado. A medida que a las empresas privadas se les otorgaban cada vez más concesiones a cambio de donaciones y sobornos a partidos políticos, el juego iba desde casinos flotantes hasta diversas loterías, pasando por bingos y salas de juego instaladas en prácticamente todas las esquinas de la ciudad, sobre todo en las zonas pobres, generando de este modo una epidemia de adicción y rupturas familiares. Una empresa en concreto, dirigida por aliados empresariales de Néstor Kirchner y del jefe de Gobierno de la ciudad de Buenos Aires, Mauricio Macri, dominaba a todas las demás, generando no solo inmensos beneficios, sino también millones de dólares de ingresos para los gobiernos federal y municipal.

A partir de 2008, Bergoglio empezó a desafiar ese nexo. Ese año se convocó una huelga de trabajadores del casino flotante de Puerto Madero, cuyo intento de lograr una mejora en sus precarias condiciones laborales (incluida la explotación sexual) hizo que la empresa los despidiera. Los trabajadores despedidos acamparon en la plaza de Mayo en señal de protesta, y el cardenal les expresó su apoyo tanto por escrito como públicamente, lo que llevó a la prensa a plantear preguntas sobre las concesiones a las empresas dedicadas al juego, y también a los vínculos de estas con el Gobierno. Recurriendo a una combinación de exposición mediática, declaraciones vehementes de la Iglesia y presiones ejercidas por políticos afines a Bergoglio, el cardenal se anotó una gran victoria en diciembre, cuando Macri vetó una nueva serie de concesiones de bingos y de máquinas tragaperras.

La Iglesia había persuadido al Estado, al menos en ese caso, a que pusiera el bien común por delante de los intereses financieros. Bergoglio mantuvo la presión. En un documento hecho público en diciembre de 2010, sus obispos y él señalaban que el juego estaba estrechamente relacionado con el blanqueo de dinero procedente del tráfico de drogas, armas y personas, en lo que describían como «un negocio que mueve gran cantidad de dinero para beneficio de unos pocos en detrimento de muchos, especialmente de los más pobres». Tras enumerar las muchas consecuencias graves para las familias pobres de la adicción al juego, instaban al Estado a controlar y regular la industria, y encabezaron una campaña de concienciación nacional que duró hasta la Pascua de 2011.[25]

La aparición de los mencionados cartoneros —hombres, a menudo niños, desnudos de cintura para arriba, que de noche rebuscan en los contenedores de basura de Buenos Aires al encuentro de materiales reciclables que vender— era una de las imágenes más tristes tras la crisis de 2001. Los cerca de tres mil cartoneros de la ciudad habían formado un Movimiento de Trabajadores Excluidos (MTE) con la ayuda de Juan Gravois, abogado e hijo de un correligionario de Bergoglio en Guardia de Hierro durante la década de 1970. El cardenal dio su apoyo a la labor del MTE desde el principio, presentándose en su sede de la plaza Houssay para ayudarles con la estrategia y la planificación, y protegerlos de intentos de burocratizarlos o de adueñarse de ellos. Cada vez que Gravois era detenido o atacado, Bergoglio llamaba para saber en qué podía ayudar. Se convirtió en capellán y amigo de los cartoneros, los apoyaba, oficiaba sus bodas y bautizos. Uno de sus líderes, Sergio Sánchez, dice que fue «la única persona que encontramos a nuestro lado cuando era más dura nuestra lucha».

El MTE trabajaba estrechamente con una cooperativa de trabajadores textiles que había iniciado una campaña contra el tráfico de personas. La Alameda, que así se llamaba, ofrecía una nueva vida y protección a trabajadores y trabajadoras que huían de los talleres y los burdeles donde los explotaban. La existencia de fábricas textiles clandestinas salió a la luz en 2006, cuando un incendio en una de ellas, en el barrio de Caballito, causó la muerte de seis bolivianos víctimas de ese tráfico, cuatro de ellos niños encerrados en una habitación de la planta superior para que no distrajeran a sus madres del trabajo. Un informe de ese año estimaba que existían al menos dos mil fábricas como aquella en las que inmigrantes sin papeles trabajaban en condiciones de esclavitud por un dólar la hora, dieciocho horas al día, y dormían y comían en el suelo, junto a las máquinas de coser. Sus patrones les confiscaban sus documentos de identidad y pagaban a la policía para que hiciera la vista gorda. Sin dinero y sin papeles, las mujeres no tenían adonde ir durante las escasas horas a la semana en que sus jefes les autorizaban a salir.[26]

A medida que se corría la voz sobre la existencia de La Alameda, era mayor el número de mujeres que acudían pidiendo ayuda. Sus vivencias permitieron a su presidente, Gustavo Vera, un profesor simpático, a entender que se trataba de un nexo complexo que implicaba siempre a las mismas personas e intereses, como en el caso de las drogas y del juego. La red llegaba hasta altos mandos de la policía federal y el Gobierno municipal. Al atender las demandas de las mujeres y hacer públicas las pruebas de que disponía, Vera empezó a recibir amenazas de los contratistas. Dado que no podía recurrir a la policía, que cobraba de ellos, finalmente aceptó la sugerencia de Gravois de que se reuniera con el cardenal. Vera era de izquierdas, simpatizante del Che Guevara y ateo, pero le habían impresionado las denuncias de Bergoglio sobre la economía salvaje que convertía a las personas en mercancías. A finales de agosto de 2008, Vera dejó una carta en la Curia solicitando la ayuda del cardenal, y una hora más tarde recibió una llamada de su secretario, que le pedía que acudiese a verlo. Cuando se encontraron, a Vera le asombró lo rápidamente que Bergoglio captó lo que le contaba.

Una semana después, el cardenal celebró una misa en el santuario de Nuestra Señora de los Inmigrantes, en el barrio portuario de La Boca, asistido por una Congregación de cartoneros, costureras explotadas y prostitutas, todos ellos movilizados por La Alameda y el MTE. Les dijo que se había dado cuenta de que lo que le habían enseñado en la escuela —acerca de que la Constitución de 1813 había abolido la esclavitud en Argentina— era mentira, y de que en ese momento había más esclavos en el país que entonces. Unas noches antes había visto un carro lleno de cajas de cartón aplanadas que avanzaba por la calle, y había alzado la vista en busca de un caballo, para descubrir que tiraban de él dos niños menores de doce años. Las leyes municipales habían prohibido hacía tiempo el uso de animales de carga, añadió, pero ¿qué era eso? ¿Acaso un niño valía menos que un caballo?[27]

La misa pasó a ser un acto anual que se celebraba en el mes de julio en la plaza de la Constitución y congregaba a decenas de miles de cartoneros, trabajadores explotados, prostitutas, víctimas del tráfico de personas e inmigrantes. Durante cinco años Bergoglio aprovechó el evento para sacar a la luz a una población oculta. La misa tenía una doble función: infundir ánimos y esperanza a las víctimas del tráfico de personas demostrándoles que la Iglesia era su aliada y trabajaba por su liberación, y desafiar a quienes se beneficiaban de ellas o cerraban los ojos ante aquella industria perniciosa.

Bergoglio iba en el subte (metro) los sábados a la sede de La Alameda, en el parque Avellaneda, para tomar unos mates y charlar con una mezcla ecléctica de personal, voluntarios y supervivientes, ateos, agnósticos y católicos. Lo llamaban Jorge y siempre estaba disponible para ellos. En una ocasión bautizó a las tres hijas de una costurera a la que habían rescatado de uno de aquellos talleres clandestinos, y un ateo y un judío ejercieron de padrinos. Ayudaba a Vera y a otros dirigentes de la organización a tomar decisiones estratégicas sobre cómo y cuándo hacer públicas las acusaciones, y animaba a las mujeres que luchaban por cambiar de vida a seguir por ese camino. Durante los cinco años en que les brindó su apoyo, La Alameda ganó 85 demandas judiciales contra las fábricas clandestinas por incumplir las leyes laborales y normativas de seguridad, y liberó a más de tres mil trabajadores.[28]

Muchas de las mujeres sometidas a tráfico eran vendidas como prostitutas. En su lucha por liberarse, ellas y cualquiera que las ayudara se encontraban en el punto de mira de proxenetas y policías corruptos. Tal como había hecho en el caso del padre Pepe, Bergoglio apoyaba públicamente a las mujeres implicadas, lo que les proporcionaba la protección de la visibilidad, al tiempo que las alojaba en conventos o casas de retiro hasta que hubiera pasado el peligro. Así fue como el cardenal conoció a muchas prostitutas y las ayudó a encontrar alojamiento y a emprender una nueva vida, igual que san Ignacio y sus primeros compañeros habían hecho en Roma.[29] Bergoglio pasó a ser su abogado público, a contar sus historias. En la homilía que pronunció en 2010 en la plaza de la Constitución, dijo:

> Anteanoche una pobre chica sacada de un prostíbulo en el que se la obligaba a someterse, fue internada en terapia intensiva en uno de nuestros hospitales porque para quebrarle la voluntad la emborracharon y le dieron psicofárma-

cos y entró en estado de coma. Esto hacen estas grandes mafias de señores muy elegantes, que quizá comen en restaurantes de Puerto Madero pero su dinero está manchado con la sangre, con la carne del hermano. Son los esclavizadores. Y cuando leemos las historias de civilizaciones antiguas que en cultos paganos se hacían sacrificios humanos, se mataba a la gente y a los chicos, nos horrorizamos. Pero en esta ciudad se hacen sacrificios humanos, se mata la dignidad de estos hombres y mujeres, de estos chicos y chicas sometidos a la trata, a la esclavitud. No podemos quedarnos tranquilos. Esta ciudad está llena de hombres y mujeres, de chicos y chicas apaleados al borde del camino, apaleados por esta organización u organizaciones que los van corrompiendo, quitando la voluntad, destrozando incluso con la droga, y después los dejan tirados al borde del camino.

Por eso digo que esta ciudad es una fábrica de esclavos y picadora de carne; por eso digo que en esta ciudad se ofrecen sacrificios humanos en honor del bienestar de unos pocos que nunca dan la cara y que siempre salvan el pellejo, quizá por esa receta tan porteña y tan nuestra que se llama la coima [soborno]... si no existiera esta no se podrían encubrir estas mafias que sacrifican vidas humanas y que someten a la esclavitud, quitándoles la voluntad a sus hombres, sacrificando a sus hijos.

Hoy vinimos acá a pedir a Dios compasión de sus hijos y a pedir por nosotros para que no nos hagamos los distraídos. Somos campeones en mirar para otro lado y dar un rodeo cuando no nos conviene —¡No te metás!—. No nos hagamos los distraídos y señalemos donde están los focos de sometimiento, de esclavitud, de corrupción, donde están las picadoras de carne, los altares donde se ofrecen esos sacrificios humanos y se les quiebra la voluntad a las personas.

Vera calcula que el cardenal mantuvo más de ochenta encuentros con mujeres víctimas del tráfico de personas. En cada ocasión Bergoglio le preguntaba a él qué ayuda se ofrecía a las mujeres, si tenían trabajo y lugar donde dormir. Nunca tomaba notas, y se limitaba a responder «bueno». Al principio Vera no sabía qué quería decir con eso, pero dos o tres días después recibía la llamada de algún líder sindical, algún empresario, alguna monja amiga del cardenal, ofreciéndole puestos de trabajo o alojamiento para aquellas mujeres. Jorge se acordaba de cada caso, de cada nombre, de cada historia, y quería que Vera le informara de cómo les iba.

Según él, las mujeres salían de esas reuniones con el cardenal «en estado de paz total», diciendo que nadie las había escuchado con tanta atención ni las había mirado con tanto amor. Cuando salía el cardenal, lo hacía siempre con los ojos enrojecidos y llorosos. En una ocasión le dijo a Vera: «Veo en ellas las llagas de Cristo.»

José María Poirier, director del semanario católico *Criterio*, recuerda que la oficina del cardenal era «modesta en exceso, porque resultaba incómoda. Tenías que abrir la puerta, retirar una silla para poder cerrarla, y después volver a colocar la silla en su lugar».[30] En comparación con 1998, año en que se convirtió en arzobispo, poco había cambiado: las prioridades de la diócesis, su opción por los más pobres, su austeridad y humildad. Sobre todo, había una constante: seguía levantándose poco después de las cuatro de la mañana para rezar, y era a esa hora —con la mente alerta y el corazón abierto— cuando tomaba las decisiones más importantes.

Gobernaba, según aquellos que trabajaban con él, según lo que percibía era la voluntad de Dios. Sus discernimientos crepusculares lo convertían en una persona decidida, a veces las luces de la oración lo llevaban a reconsiderar cosas. Sentía una hostilidad instintiva hacia la figura del diácono, que veía como una forma de laicado clerical, pero a tres de ellos, que se habían formado para ejercer el cargo, les dijo: «La verdad es que no me gustan los diáconos. Pero la Virgen María vino a mí anoche y me pidió tres diáconos para Buenos Aires.»[31]

A los otros obispos les asombraba su capacidad de trabajo. «Él es un hombre de trabajo, que trabaja todo el tiempo. Fuera del tiempo que reza, él trabaja», dice monseñor Jorge Casaretto. Dejó de ver la televisión en la década de 1990, tras hacer una promesa a la Virgen, y nunca iba al cine ni al teatro. Cuando el arzobispo José María Arancedo, de Santa Fe, le preguntó en cierta ocasión qué iba a hacer en sus vacaciones de enero, le respondió que se quedaría en la Curia y descansaría rezando y releyendo a los clásicos. Su jefe de prensa, Federico Wals, dice que el cardenal ocupaba casi todo su tiempo libre en las villas miseria y en los santuarios los fines de semana, dedicado a ser un sencillo pastor. «Allí era donde yo lo veía relajarse. Estar con el pueblo lo alimentaba.»

Pasaba mucho tiempo escribiendo. Para las cartas usaba una máquina de escribir Olivetti electrónica con una línea de memoria que había adquirido de segunda mano en Alemania en 1986, pero todo lo demás lo escribía a mano. «Bergoglio escribe muy bien, le gusta escribir y tiene estilo —dice el padre Carlos Galli, que trabajó con él en el documento de Aparecida—. Él corrige todo, le gusta corregir, puliendo, hasta que queda bien.» Publicaciones Claretianas había editado en 2005 y 2006 varias recopilaciones de homilías y discursos, todos cuidadosamente escritos, y en 2011 y 2012 publicó algunas más. También estaban numerosos artículos en revistas, así como prólogos de libros.

El arzobispo Arancedo cree que la familiaridad de Bergoglio con los clásicos ayuda a explicar «su buen manejo del idioma y la belleza de su prosa». Como siempre intenta todo buen escritor, Bergoglio evitaba las frases manidas. Si algo ya se había dicho antes, prefería no decirlo, o buscar una expresión nueva. Ello implicaba (algo poco habitual en un obispo católico) que lograra que las enseñanzas permanentes de la Iglesia sonaran a noticia, a novedad. Parte de aquella capacidad tenía que ver con su estilo directo: intuía lo que importaba a la gente, y apelaba a ello. También era resultado de su sencillez, de un uso del lenguaje que era a la vez lírico y accesible. No le surgía de manera natural: él tenía una mente compleja, de muchas capas, y necesitaba trabajar sus textos para hacerlos accesibles, y para lograr que sus mensajes se transmitieran con facilidad los salpicaban de vivas metáforas.[32]

Bergoglio mantenía sus reticencias con la prensa, concedía pocas entrevistas y prefería que otros obispos dieran la cara ante los medios de comunicación. Pero hablaba *off the record* con periodistas a los que conocía y en quienes confiaba —además de Sergio Rubín, de *Clarín*, estaban Francesca Ambrogetti y Silvina Premat, y también Carlos Pagni y Mariano de Vedia, de *La Nación*; y en Roma Gianni Valente y Elisabetta Piqué— para transmitirles alguna noticia, sugiriéndoles en ocasiones que atribuyeran su opinión a «fuentes cercanas al cardenal». Aunque ya no veía la televisión, estuvo detrás del canal televisivo de la diócesis, Canal 21; y aunque no tenía la menor idea de cómo usar las redes sociales —no usaba ni ordenador ni teléfono móvil— envió a Wals a hacer un curso para que se familiarizara con las nuevas tecnologías, que veía como un medio para llegar a la gente alejada de la Iglesia. «Lo único que te pido es que a mí no me llamen de Roma después porque armamos algún lío», le dijo el cardenal. «Por lo demás, manéjalo como te parezca.» En 2012, en Roma, comentó al periodista Andrea Tornielli, que «intentamos llegar a la gente que está alejada a través de los medios digitales, la Red y los mensajes de texto».[33] Cada vez que Wals colgaba alguna de sus homilías en su sitio web, Bergoglio le decía: «Federico, acordáte de subirlo a estas cosas de internet, eso de los 140 caracteres.»

Se había convertido en un líder firmemente colegial, colaborador, que se reunía con sus seis obispos auxiliares —todos propuestos por él—, cada quince días para dirigir su inmensa diócesis. El obispo Jorge Lozano recuerda que

nos escuchaba, nos respetaba mucho en nuestros pareceres pero seguía siendo el arzobispo. Pero cuando había que hacer cambios en los sacerdotes, funcionábamos como una diócesis, yo no tenía *mi* clero. Nos sentábamos todos y hablábamos de qué parroquia necesitaba un sacerdote, a cuál hacía falta cambiar. Y si había un tema sensible, lo hablaba con el obispo más cercano al tema para no ventilar las cosas. Y después de que cada uno expresara su parecer, él decía, bueno, yo voy a pensar un poco y les aviso. Y tal vez uno o dos días después llamaba al obispo más cercano a la situación antes de tomar la decisión final, y si coincidía con lo que se había conversado, llamaba con la decisión tomada. Entre los obispos auxiliares y él había una relación muy positiva de colegialidad y de comunión.

Se cuentan muchas historias sobre su astucia a la hora de lograr consensos. Otro de sus obispos auxiliares recuerda un encuentro de un día entero que tuvo lugar en una casa de retiro, dedicado a la planificación. Durante las discusiones matutinas, la situación se encalló. A la hora del almuerzo, el cardenal le dijo al obispo: «Voy a presionar un poco y lo voy a arreglar.» Se llevó una manzana a su habitación y se encerró allí para dormir su siesta diaria de cuarenta y cinco minutos y para meditar. Los otros, entre tanto, almorzaron, tomaron un poco de vino, y estaban ya conversando, algo soñolientos, cuando el cardenal reapareció, fresco como una rosa. Se los llevó aparte, uno a uno, para charlar sobre el problema. Cuando todos volvieron a reunirse, la solución ya les parecía obvia, y todos la apoyaron.[34]

Muchos lo describen, como en su momento hicieron los jesuitas, como inescrutable. El obispo Casaretto cree que la personalidad de Bergoglio era «bastante hermética». A pesar de su calidez y de su amor por la gente, era un introvertido que por temperamento procuraba pasar inadvertido. Su punto fuerte eran las relaciones de uno a uno. «Ha creado una red de relaciones que en el cuerpo a cuerpo es imbatible —dice Sergio Rubín—. Cuando él traza una relación personal es fantástico.»

Monseñor Casaretto, que no era amigo de Bergoglio pero se llevaba bien con él, lo describe como «extraordinariamente sabio, una de esas personas que ven más allá de la superficie» y que estaba muy bien informado, con opiniones formadas sobre casi cualquier cosa. Desconcertaba a la gente con sus conocimientos. «No se le podía colar cualquier cosa, porque se daba cuenta enseguida —recuerda el padre Juan Isasmendi, de la Villa 21—. No podías decirle: "Todo está bien, la parroquia va muy bien", porque al poco tiempo te preguntaba algo y ponía en evidencia que sabía perfectamente lo que estaba pasando. No podías colarle ni una y, si lo intentabas, no te lo compraba.» Poirier, director de *Criterio*, escribió a finales de 2005 un perfil de Bergoglio para un periódico inglés que empezaba así: «¿Qué piensa el cardenal Bergoglio? Nadie lo sabe.» En la presentación de un libro, poco después, Bergoglio se acercó a Poirier y, riéndose, le soltó: «¿De modo que nadie sabe qué pienso?»[35]

Poirier había escrito en ese artículo que Bergoglio «es capaz de mover las piezas como el mejor ajedrecista». Es una metáfora a la que muchos recurren. El padre Mariano Fazio, vicario del Opus Dei en Argentina y que había estado con el cardenal en Aparecida, dice: «A veces uno podría correr el riesgo de sentirse una pieza de ajedrez, tenía la visión completa del partido.» La misma analogía la usa el padre Marcó: «Su cabeza es un ajedrez. Ese es el juego. Jamás sabrás las reglas del juego porque no las expresa. Es un jugador de ajedrez silencioso, donde va moviendo las piezas, sabe cómo pararse, qué comentario deslizar.» Bergoglio, añade Poirier, «inspira la confianza de alguien que sabe dónde está, que sabe lo que quiere hacer, a dónde se dirige, aunque no te lo diga explícitamente».

En ese sentido —el de no mostrar sus cartas— seguía siendo el mismo líder que en la década de 1970. Y también lo era en otro sentido. «Escuchaba a todo el mundo, dialogaba con todos, y después se apartaba para discernir la decisión —cuenta Wals—. Pero, una vez la decisión estaba tomada, estaba tomada, y se esperaba que todos la respetaran.» Quienes trabajaban con él dan fe de esa característica pétrea suya: una vez había decidido seguir un rumbo, ya no se lo podía influenciar, presionar ni distraer: había asimilado plenamente la máxima de san Ignacio —*age quod agis*— de mantenerse concentrado. Cuando decide algo, dice el rabino Skorka, «lleva todo hacia delante, abre un camino y *¡bam!* va sacando como una topadora las rocas del camino, tirándolas hacia un lado y hacia el otro».

Su capacidad de concentración y su tenacidad coexistían con un gran tacto y una gran sensibilidad. Las anécdotas favoritas de mucha gente sobre el cardenal Bergoglio tienen que ver con esas cualidades: la breve nota escrita a mano expresando agradecimiento, la llamada telefónica por sorpresa (presentándose como «padre Bergoglio») para felicitar a alguien por su cumpleaños, las expresiones amables de consideración y empatía. Seguía viendo el horizonte amplio en los gestos más mínimos. Como el mundo descubrió después, Bergoglio, al final de cada mes, cruzaba la plaza de Mayo para devolver al dueño del quiosco, Daniel del Regno, las gomas elásticas que este había usado para entregarle los ejemplares de *La Nación*. «Las necesitás para tu trabajo» le respondió el cardenal cuando Daniel le dijo que no hacía falta que se las llevara.[36]

Francesca Ambrogetti, que en colaboración con Sergio Rubín escribió la entrevista-perfil *El Jesuita,* afirma que si tuviera que destacar una sola cualidad en él, esta sería «la atención que dedica a la otra persona, a escuchar, a ser sensible con lo que la otra persona necesita». Casi todos aluden a su memoria prodigiosa —a la que contribuyen sus cuadernos de notas y su agenda— que le permite recordar lo que importa a los demás. Jorge Rouillón, columnista de temas religiosos de *La Nación,* le pidió en una ocasión a Bergoglio que rezara por él, porque debía someterse a unas pruebas médicas. Los resultados fueron buenos, y él no tardó en olvidarse del asunto. Tres meses después, cuando se cruzó por casualidad con el cardenal, este le preguntó: «¿Tengo que seguir rezando?»[37]

Bergoglio vivía en una tensión imposible a la que deben enfrentarse todos los obispos: ser el líder eficaz de una gran institución de la sociedad civil sin dejar de ser un pastor atento a todos y a cada uno de los individuos que acudieran a él para pedirle ayuda. Si Bergoglio se acercó más que otros a la resolución de dicha tensión es porque combatía la tentación de «hacer de Tarzán», como expresó en *El Jesuita,* es decir, de actuar como el ejecutivo que puede con todo y que está demasiado ocupado gestionando el cargo que ocupa como para ver a Cristo en los demás.

En el retiro organizado por Cáritas en 2010, compartió un ejemplo de fracaso en ese sentido que durante mucho tiempo lo había torturado. A su casa, de niño, una mujer llamada Concepción María Minuto venía dos veces por semana a ayudar a su madre. Era siciliana, viuda y con hijos, muy trabajadora, y la familia la adoraba. Después, cuando los hijos se fueron de casa, encontró trabajo en otra parte y Bergoglio no volvió a saber de ella. Décadas después, hacia 1980, cuando era rector del Colegio Máximo, le avisaron de que aquella mujer estaba en la puerta y que quería verlo. Bergoglio estaba muy ocupado ese día, y pidió que le dijeran que volviera al día siguiente. Pero ella no volvió nunca.

Semanas después empezó a sentir profundos remordimientos, y a rezar por ella. Durante más de veinticinco años el sentimiento de culpa no lo abandonó, hasta que el encuentro fortuito de uno de sus sacerdotes con el hijo de la mujer, que era taxista, le permitió dar con ella. En 2006, Concepción, que ya pasaba de los noventa años, fue con su hija a visitar al cardenal. «Ese fue el día más feliz de mi vida», recordó Bergoglio. Supo que aquel día ella había acudido al Colegio Máximo para despedirse, porque regresaba a Italia, pero las cosas no le habían ido bien y había vuelto a Argentina. «Oí, Jorgito —le dijo—. Voy a morir pronto y quiero darte esto.» Le entregó una medalla piadosa, que todavía hoy lleva al cuello. A partir de ese día se vieron varias veces, y conversaron, hasta que ella murió. «Me sentí bendecido —contó Bergoglio en el retiro de Cáritas—. Es asombroso cómo hay cosas que las hacemos sin darnos cuenta, y después el Señor hace que nos demos cuenta. Yo tuve la oportunidad, finalmente, después de muchos años de oración, de arreglarlo. Ella me dio tanto...»[38]

En *El Jesuita*, Bergoglio cuenta que en otra ocasión, cuando era obispo auxiliar, salía de la catedral para tomar un tren, pues debía dar un retiro espiritual a unas monjas. En ese momento un joven se le acercó y le pidió confesión. Él le dijo que esperara hasta que el cura de servicio llegara esa tarde y siguió su camino, pero cuando se alejaba le invadió una vergüenza inmensa, y se volvió para oírlo en confesión. Cuando finalmente llegó a la estación, constató que todavía estaba a tiempo de tomar el tren, por lo que ni siquiera llegó con retraso. Después del retiro, él mismo fue a confesarse, convencido de que si no lo hacía no podría decir misa al día siguiente. Lo que confesó, cree Ambrogetti, fue que durante un momento fugaz se olvidó de su misión.[39]

Aquella misión consistía en ser —como una vez dijo, en frase célebre, el padre Arrupe, el que fuera prepósito general de la Compañía de Jesús— «un hombre para los demás». Durante sus últimos años como cardenal Bergoglio había llegado a ser el icono de esa idea, la personificación de una vida vivida en la *caritas*. Las anécdotas sobre su disponibilidad personal y su generosidad son muchas, aunque la mayoría de ellas se ha conocido solo después de que lo eligieran Papa.

Poirier recuerda un ejemplo notable, por más que bastante característico. El cardenal llegó a conocer a uno de los manifestantes comunistas que acampaban en la plaza de Mayo, y supo que no podía pagar el alquiler de la casa en la que vivía con su esposa y sus hijos. Poirier explica: «Bergoglio se interesó por su caso y le dijo: "Yo puedo ayudarte. Puedo pagarte el alquiler durante tres años, pero durante esos tres años tenés que prometerme que terminarás la secundaria, conseguirás un empleo y mandarás a tus hijos a la escuela. Ese es el trato." Al parecer, lo llamaba por teléfono todos los fines de semana para saber cómo les iba a los chicos en la escuela, cómo le iba a él, si cumplía con su parte. Ese hombre, finalmente, se graduó, consiguió un trabajo y pudo pagar el alquiler.»

A sus setenta y cinco años, Bergoglio era un hombre de enorme espiritualidad. Seguía siendo ignaciano hasta la médula. Los *Ejercicios*, y la lectura contemplativa de las Escrituras —imaginándose a sí mismo como distintos personajes— eran alimento para sus homilías, sus retiros y, por supuesto, su oración diaria, incluido su «examen». Pero también estaba imbuido de la espiritualidad del clero diocesano, que se basaba en el Oficio Divino —los salmos y las lecturas que todo sacerdote debe rezar—, y en la eucaristía diaria. Rezaba el Ángelus diariamente y quince décadas del rosario. También pasaba sentado en la capilla una hora ante la Eucaristía (los católicos llaman esta devoción, «Adoración»), al final de la jornada. Al mismo tiempo, estaba inspirado y se nutría de los llamados nuevos movimientos eclesiásticos de la Iglesia del siglo XX, un grupo diverso, pero en su mayoría asociaciones dirigidas por laicos que se centraban en un carisma central o misión. A menudo eran vistos con desconfianza tanto por las órdenes religiosas como por los obispos diocesanos, y, sin embargo, Bergoglio los ensalzaba por considerarlos «milagros de una nueva vida dentro de la Iglesia».[40]

Además de la Renovación Carismática, Bergoglio se sentía particularmente próximo a tres movimientos que se habían originado en Italia y que contaban con presencia en Argentina: la comunidad de San Egidio, con la que compartía la visión de una Iglesia para los pobres, del diálogo interreligioso y de la justicia; Focolare, cuya llamada a la unidad tenía mucho en común con la «cultura del encuentro», y el movimiento de Comunión y Liberación, los trabajos de cuyo fundador, Luigi Giussani, le habían hecho mucho bien, según afirmaba. Pedía favores a san Josemaría Escrivá de Balaguer, fundador de esa importante organización católica surgida en el siglo XX, el Opus Dei, y en julio de 2003 pasó más de treinta minutos rezando frente a su tumba en Roma, para darle las gracias por un favor concedido.[41]

Pero, en general, Bergoglio recurría sobre todo a un terceto de su confianza. Contaba con una imagen de la Virgen de Luján en la capilla, otra de un san José durmiente en su cuarto, y una pintura de santa Teresa de Lisieux en su biblioteca. Recurría especialmente a santa Teresita cuando se sentía presionado y preocupado por algo, seguro de que la monja carmelita francesa seguía en activo desde las alturas, tal como había prometido en *Historia de un alma.* (Había muerto en 1897, con apenas veinticuatro años, pero se hizo mundialmente famosa gracias a su autobiografía espiritual póstuma.) En Roma, siempre se detenía en una pequeña iglesia franciscana, próxima al Vaticano, La Nunziatina, a rezar ante la imagen de santa Teresa del Niño Jesús que allí se venera.

«Cuando tengo un problema —le contó Bergoglio a Rubín y a Ambrogetti—, le pido a la santa, no que lo resuelva, sino que lo tome en sus manos y me ayude a asumirlo, y, como señal, casi siempre recibo una rosa blanca.» Stefania Falasca recuerda a Bergoglio contándole en Roma que en una oportunidad en que tenía que tomar una decisión importante sobre un asunto complejo, lo dejó en manos de la santa. Transcurrido un tiempo, una mujer desconocida dejó tres rosas blancas junto a la puerta de la sacristía.[42] Sus colaboradores en Buenos Aires confirman que eso ocurría a menudo. Bergoglio encontraba con frecuencia una rosa blanca sobre su escritorio —dejada para él junto a la puerta por alguien desconocido—, y decía: «Veo que santa Teresita estuvo por aquí.» Los repartidores de rosas anónimos le alcanzaban incluso cuando estaba fuera de la Curia. Una estrecha colaboradora de Bergoglio recuerda una ocasión en la que, encontrándose los dos en una reunión en una iglesia, una mujer apareció por la puerta con un gran ramo de rosas blancas en la mano. «¿Son para la Virgen?», le preguntó. «Para el cardenal», respondió, y, tras dejarlas allí, se esfumó.

La anécdota de Federico Wals con las rosas blancas es aún más espectacular. El jefe de Prensa del cardenal lo acompañaba a la fiesta que se celebraba todos los 7 de agosto en el santuario de San Cayetano. Era una jornada agotadora que incluía una misa multitudinaria al aire libre, la lectura de una homilía importante sobre el trabajo y el desempleo, seguida de un paseo intenso de diez cuadras conociendo y saludando a una inmensa cola del santo Pueblo fiel de Dios. A Bergoglio el día le hacía feliz, pero cuando la mañana gélida y lluviosa del 7 de agosto de 2010 llegó para recoger a Wals en un coche conducido por un amigo, tenía un aspecto horrible. Le dijo a Wals que no había dormido en toda la noche por culpa de un dolor de pierna espantoso, y que ninguno de los analgésicos que había tomado se lo había calmado. Pero le había rezado a santa Teresita y, si Dios quería, el dolor desaparecería.

Sin embargo, después de la misa se había agudizado, y el cardenal cojeaba ostensiblemente. Al empezar a caminar las diez cuadras para saludar y abrazar a la gente, su rostro reflejaba un sufrimiento agudo, y Wals estaba seguro de que no podría proseguir. Al principio de la segunda cuadra, Bergoglio envió a Wals a pedir que el coche lo esperara en la siguiente esquina, diciéndolo: «No puedo caminar más.» Wals transmitió el mensaje al chófer y regresó junto al cardenal.

Llegando a la esquina, de golpe se nos aparece un señor de unos cuarenta años, grandote, un ropero como decimos: medía un metro noventa, fácil. El cardenal es alto, pero tenía que alzar la cabeza para verlo. Le corta el paso al cardenal. El cardenal lo mira. El tipo llevaba un sobretodo negro; tenía la mano derecha metida dentro del sobretodo, como Napoleón. Y en un gesto rápido él saca una rosa blanca y se la pone frente a la cara. El cardenal la mira, la bendice y no dice nada. El hombre no se mueve. Yo hice el gesto de esquivar al cardenal hasta el auto, y me dice: «Usted no entendió nada. Este es el mensaje que estaba esperando.» Me dio la rosa, y en ese momento que nos miramos el hombre desaparece. El cardenal me dijo: «Federico, acá está la presencia de santa Teresita. Decile al auto que nos espere en la cancha de Vélez: vamos a llegar hasta el final.» Y llegó: las diez cuadras. No sintió más el dolor.

En septiembre de 2011, Bergoglio completó sus seis años de mandato al frente de la Conferencia Episcopal argentina y cedió la responsabilidad a un aliado, el arzobispo Arancedo, de Santa Fe. Dos meses después, al cumplir los setenta y cinco, entregó su oferta de renuncia al Papa, tal como obliga el derecho canónico. Las cartas de renuncia se ofrecen *nunc pro tunc*, es decir que el Papa puede hacerlas efectivas en un momento indeterminado del futuro, a menos que la salud o alguna otra causa de fuerza mayor exija una aceptación inmediata. En sus condiciones, cabía esperar que el nombre de su sucesor se anunciara a finales de 2012, y que este tomara posesión del cargo a principios de 2013. Sabía que, desde Roma, las instancias de siempre presionaban para que Héctor Aguer, de La Plata, fuera el siguiente primado de Argentina, y que parte del mismo plan pasaba por apartar del camino a Bergoglio nombrándolo prefecto de un departamento del Vaticano. Ese era el destino que temía (bromeaba con Wals que no quería que lo tomaran «prisionero en el Vaticano»), y su intención era resistirse. A medida que los rumores se propagaban, Wals se burlaba de él diciéndole que ya le habían asignado el puesto pero que no se lo comunicaban. «¿Estás loco? —le soltó Bergoglio—. Jamás me arrastrarán hasta Roma. Ya sabés que voy a morir en Buenos Aires.» Tenía reservada una habitación en la planta baja de una residencia para sacerdotes en la calle Condarco, del barrio de Flores. Cuando le preguntaron qué pensaba hacer allí, respondía que «terminar la tesis doctoral que dejé inconclusa, compartir el Hogar con los otros sacerdotes, trabajar en Flores. Claro que —añadió, proféticamente— uno nunca sabe cuál es el rol que Dios le asignará».[43]

A finales de 2011 se puso en contacto con el director de la Editorial Claretiana de Buenos Aires que había publicado las recopilaciones de sus homilías. Explicó al padre Gustavo Larrazábal que estaba revisando sus escritos, previendo su jubilación, y que quería que le asesorara sobre cuáles merecía la pena publicar. A lo largo del año siguiente, Editorial Claretiana editó una serie de colecciones que culminaron en la favorita de Bergoglio, una serie de cuarenta y ocho meditaciones —algunas de ellas de sus días de jesuita— publicadas con el título de *Mente abierta, corazón creyente*, compendio de sabiduría y penetración intelectual de toda una vida. Bergoglio, en su madurez, seguía siendo un agudo discernidor de espíritus, un desenmascarador de engaños y falsos caminos, un maestro de retiros con enorme capacidad de entusiasmar y encender. Pero se notaba ahora una dulzura lírica ausente en el Bergoglio más joven. Al escribir, por ejemplo, sobre la expulsión del Edén de Adán, a quien en una meditación comparaba con el Hijo Pródigo, alcanzaba algo parecido a la poesía:

Y el hombre en camino llevaba en sus huesos esa inquietud memoriosa de la casa del Padre, esa inquietud que lo impulsaba a volver. Era un errante, pero un errante al que le había sido dado el don de la orientación... Y obedeciendo a ese don buscaba, en el reencuentro consigo mismo, un espacio para preguntar, para explicarla, para encontrar el significado de ese norte que lo empujaba desde dentro, pero que bien no sabía qué era. Es decir, oraba... y oraba por su regreso. Toda carne anda su camino, y es precisamente en la oración donde se acrisola el sentido de su existir, ese explicitarse con el corazón el «hacia dónde», ese «de dónde» y ese «qué me pasa ahora».[44]

Las meditaciones finales, acerca del triunfo del poder divino a través del fallo humano, expresan con más claridad que nunca por qué Bergoglio veía la necesidad de estar cerca de los pobres. «Las élites católicas —escribe— están ayunas de la bienaventuranza que Jesús proclamó para el tiempo del fracaso... En este caso era el fracaso porque la predicación de Jesús iba dirigida a los sencillos. Las élites exquisitas saben fruncir la nariz ante el fracaso, se escandalizan.»[45]

Tenía setenta y cinco años y aún trabajaba más intensamente que la mayoría de hombres a quienes doblaba la edad. Pero en 2012, mientras aguardaba su nuevo destino, la gente notaba en él un cansancio nuevo: a veces uno tenía que acercarse para oír lo que decía; y en la catedral, donde la acústica siempre planteaba un reto, a veces había que hacer esfuerzos para entenderlo. Lo que más le pesaba era que se repitiera algo por lo que había pasado en la década de 1980, cuando había asistido impotente a la destrucción de la obra de Dios. La reforma de la arquidiócesis en línea con la visión de Aparecida estaba en marcha, y haría falta al menos otra generación para completarla. Pero sería muy fácil dar marcha atrás. Wals cree que Bergoglio sentía el cansancio que le causaba la sensación de lo que, a aquellas alturas, tal vez no se consiguiera. «Tenía un programa claro para la Iglesia a partir de Aparecida, pero no podía aplicarlo sin reformar la Iglesia universal.»

El teólogo que había asistido a Bergoglio en Aparecida, el arzobispo Víctor Manuel Fernández, ahora rector de la Pontificia Universidad Católica Argentina (UCA), recuerda reuniones de aquella época en las que, anticipándose a la jubilación de Bergoglio, algunos obispos argentinos, junto con «algunos representantes de la Santa Sede» (aunque deja claro que no el nuncio) se sentían ya libres para vituperar a Bergoglio. «Lo criticaban por no ser más exigente con los fieles, por no ser más claro sobre la identidad sacerdotal, por no predicar lo bastante sobre cuestiones de moralidad sexual, etcétera.» A Fernández le asombraba su confianza en que la futura elección les favorecería.

La amistad de Bergoglio con el por entonces arzobispo de Quebec, el cardenal Marc Ouellet, le llevó a aceptar la invitación de este a hablar en el Congreso Eucarístico Internacional, única ocasión —exceptuando los actos de Roma y Aparecida— en que se ausentó de Buenos Aires en aquellos años. Después del nombramiento de Ouellet como presidente de la Congregación de obispos en 2010, Bergoglio pudo conseguir, al fin, que los obispos nominados a propuesta suya fueran aceptados. Un artículo aparecido en la prensa argentina en 2012 aventuraba los nombres de una terna de tres arzobispos propuestos por Bergoglio, y el presidente de la Conferencia Episcopal, Aguer, no estaba entre ellos.[46]

Pero la facción conservadora, anti-Bergoglio, en Roma se mantenía fuerte, y apoyaba en todo momento a los *rigoristi* argentinos. El cardenal había necesitado dieciocho meses para conseguir que Fernández jurara el cargo como rector de la UCA, por ejemplo, porque algunos de los grupos conservadores en Argentina habían planteado dudas sobre su ortodoxia. Con todo, cuando Bergoglio intentaba que Fernández las aclarara en Roma, era constantemente ninguneado. Después de reprogramar las fechas de las reuniones, Fernández llegó a Roma pero le dijeron que no les constaba encuentro alguno. Los intentos posteriores de fijar otras citas se encontraban con una muralla de silencio. Bergoglio instaba a Fernández a tener paciencia, pero el propio cardenal estaba furioso: aquella arrogancia era sintomática de una Curia que no solo no servía, sino que asfixiaba, a la Iglesia local.[47]

El Vaticano, en esa época, estaba implosionando. Cuando Bergoglio viajó a Roma para asistir al consistorio de 2012 que tenía como misión ordenar a 22 nuevos cardenales (la mayoría de ellos *curiali*), en la primera página de los periódicos estaba el escándalo conocido como Vatileaks, que se había iniciado en enero con la emisión de un documental en la televisión italiana, y que alcanzaría un nuevo punto álgido en mayo con la publicación de documentos copiados del escritorio del Papa por el mayordomo de Benedicto XVI, Paolo Gabriele. El hecho extraordinario de la filtración misma —por no hablar de la imagen que daba de un Papa incapaz, en la cúpula de un Vaticano desgarrado por acciones y rivalidades dignas de los Borgia— eclipsaba la difusión de su contenido. Lo que los papeles mostraban era que los intentos de Benedicto XVI de reformar la Curia (especialmente una Banca Vaticana acorralada por el escándalo) y limpiar la corrupción se veían constantemente obstaculizados por poderosas facciones que operaban desde dentro del Vaticano, así como por el secretario de Estado, Tarcisio Bertone. Las cartas también revelaban una frustración creciente ante el hecho de que Benedicto XVI —un gobernante cada vez más remoto e inaccesible— ignorara lo que ocurría delante de sus propias narices. Gabriele había actuado por desesperación: su propósito no había sido perjudicar al Papa, sino hacer sonar la alarma, mostrar al mundo entero lo que estaba ocurriendo para, así, forzar a la acción. La frustración que subyacía al acto desesperado de Gabriele era ampliamente compartido.[48]

En Roma existía la sensación de que una era tocaba a su fin. Los diplomáticos acreditados en la Santa Sede se comparaban a sí mismos con los embajadores de la República de Venecia poco antes del hundimiento de esta en 1797. Aun así, aunque Bergoglio viera lo que ocurría, no decía nada. En una entrevista con el vaticanista Andrea Tornielli, Bergoglio dijo que la Iglesia era su madre, y que debía ver sus defectos como vería los de su propia madre, y que prefería recordar las cosas buenas y hermosas que había hecho por él que sus fallos. Mantuvo la misma línea al responder sobre la Curia vaticana, reconociendo que tenía sus defectos, pero que, en su mayoría, quienes trabajaban allí eran buenos y santos. Aunque criticó la mundanidad espiritual y la vanidad, sus respuestas de ninguna manera sugerían que el Vaticano necesitara una reforma, ni de qué tipo. Parecía más bien irse al extremo contrario, culpando a los medios de comunicación de centrarse solo en el escándalo y la suciedad, lo que le hacía parecerse a un miembro de la vieja guardia vaticana, cuya reacción ante cualquier divulgación de conductas impropias consistía en culpar al mensajero.[49]

En el discurso de Benedicto XVI a los cardenales en febrero de 2012, no hubo indicio de que tenía planes de renunciarse. Les pidió que rezaran «para que pueda ofrecer siempre al Pueblo de Dios el testimonio de la doctrina segura y guiar a la Santa Iglesia con mano firme y humilde». Pero al mes siguiente, al término de un viaje relámpago a México y a Cuba, se dio cuenta de que no podía continuar. Había tropezado en la escalinata de la catedral de León, en el estado mexicano de Guanajuato, y aquella misma noche se había golpeado la cabeza con el lavabo mientras buscaba el camino del baño en el hotel donde se alojaba. El corte no fue profundo, y pocos lo supieron, porque el solideo le cubría la herida, pero como suele ocurrir a la gente anciana tras una caída de esas características, le hizo tomar conciencia de su fragilidad.[50]

Fue eso, y no Vatileaks —por más traumático que le resultara— lo que llevó a Benedicto XVI a diseñar un plan para renunciar. Manteniéndolo en secreto a todos menos a sus consejeros más próximos —lo que, teniendo en cuenta la permeabilidad de la Curia en la época, no era poca hazaña—, acordó con ellos que haría efectiva su decisión un año después, el 28 de febrero de 2013, anunciándola dos semanas antes. De ese modo daría tiempo a que hubiera un nuevo Papa para celebrar la Pascua de ese año, y posteriormente este podría asistir a los actos de la Jornada Mundial de la Juventud que se celebraría en Río de Janeiro en julio.

Dada la confianza de Benedicto XVI en la Iglesia latinoamericana que había demostrado en Aparecida, tiene algo de conmovedor la imagen del viejo Papa alemán, de paso tambaleante en México, pensando ya en Brasil y decidiendo que será el primer Papa en seiscientos años en renunciar al pontificado, adivinando incluso, tal vez, que el cardenal argentino sería elegido su sucesor. Visto en perspectiva, cuesta no ver en su decisión a una Iglesia europea exhausta dando un paso atrás para permitir que la vigorosa Iglesia de América Latina diera un paso al frente.

«Cansancio» fue precisamente el término al que había recurrido para referirse a la Iglesia en Europa otra gran figura del catolicismo del siglo XX, el cardenal Carlo Maria Martini, que murió a los ochenta y cinco años el 31 de agosto de ese año. Había concedido una entrevista semanas antes a un colaborador jesuita, con instrucciones de que se publicara tras su fallecimiento. Cuando así se hizo, entre su muerte y su funeral, sus palabras provocaron un aluvión de titulares de prensa. El testimonio de Martini comenzó así:

> La Iglesia está cansada, en la Europa del bienestar y en América. Nuestra cultura ha envejecido, nuestras iglesias son grandes, nuestras casas religiosas están vacías, el aparato burocrático de la Iglesia aumenta, nuestros ritos y nuestros hábitos son pomposos. Estas cosas, sin embargo, ¿expresan lo que somos nosotros hoy? El bienestar pesa. Nos encontramos allí como el joven rico que, triste, se fue cuando Jesús lo llamó para que se convirtiera en uno de sus discípulos. Sé que no podemos dejar todo con facilidad. Pero por lo menos podríamos buscar hombres que sean libres y más cercanos al prójimo, como lo fueron el obispo Romero y los mártires jesuitas de El Salvador. ¿Dónde están entre nosotros los héroes en los que inspirarnos?... Yo aconsejo al Papa y a los obispos que busquen a doce personas fuera de lo común para los puestos de dirección. Hombres que están cercanos a los más pobres, que estén rodeados de jóvenes y que experimenten cosas nuevas. Necesitamos confrontarnos con hombres que ardan en modo tal que el espíritu pueda difundirse por doquier.[51]

Al tiempo que los cardenales italianos más intelectuales se esforzaban por tapar el mensaje de Martini bajo una espesa capa de teorías elaboradas sobre lo que había querido decir, otros desestimaron sus palabras por considerarlas producto de la demencia senil. Sin embargo, católicos sensatos de todos los ámbitos de la Iglesia reconocieron un discernimiento maduro de luces y sombras, expresado sin temor, que remachaba una verdad: algo había muerto en la rica Iglesia del Norte, mientras la del Sur pobre daba muestras de un vigor y un poder profético impresionantes.[52]

Uno de los síntomas de la fatiga de la Iglesia identificado por Martini era la manera en que los sacramentos habían llegado a ser una barrera en vez de una vía de sanación. «Los sacramentos no son un instrumento disciplinario, sino una ayuda para la gente en momentos de su viaje, ante las debilidades de la vida —afirmaba Martini, antes de añadir—: ¿Estamos llevando los sacramentos a la gente que está necesitada de una nueva fortaleza?»

Parece demasiada coincidencia que solo dos días después de que se publicara esa entrevista, Bergoglio hiciera pública una denuncia implacable de los sacerdotes que se negaban a bautizar a hijos nacidos fuera del matrimonio, definiendo su actitud como «fariseísmo hipócrita». Hacía el retrato de una mujer que había superado la presión de abortar: «Esa pobre chica que, pudiendo haber mandado al hijo al remitente tuvo la valentía de traerlo al mundo, va peregrinando de parroquia en parroquia para que se lo bauticen.» Quienes rechazan a esas mujeres, decía, «son hipócritas que apartan al Pueblo de Dios de la salvación». Para Bergoglio, bautizar a los recién nacidos, vinieran como viniesen a este mundo, formaba parte de lo que significaba ser provida.[53]

Tomando prestada una imagen del teólogo jesuita Karl Rahner, Martini se había referido en su entrevista a la manera de avivar el fuego del Espíritu Santo: «Yo veo en la Iglesia de hoy tanta ceniza por encima del rescoldo que a menudo me surge un sentido de impotencia. ¿Cómo se puede liberar el rescoldo de la ceniza en modo tal que reavive la llama del amor?» Semanas después, Bergoglio recurrió a la misma expresión durante un retiro de Cáritas. La Iglesia, dijo, «debe encontrar el rescoldo de la fe, el rescoldo de la esperanza, el del amor». Lo que mantenía frías las cenizas era lo que él llamaba «la Iglesia desencantada» —una Iglesia autosuficiente de miedo y mundanidad espiritual que mantenía a Jesús atado en la sacristía y no lograba librarlo—. Aquella Iglesia, dijo, estaba distante del «encanto» que el Espíritu Santo trae al santo Pueblo fiel de Dios al preocuparse incansablemente por los demás, «el encanto que el Espíritu Santo da cuando habla en nuestros corazones y reza por nosotros, con esos gemidos que son demasiado profundos para expresarlos con palabras de que nos habla san Pablo».[54]

En ese retiro, Bergoglio se refirió al sínodo de obispos que había concluido unos días antes en Roma. El tema era la «nueva evangelización», un concepto que se había formulado por primera vez en América Latina y al que Juan Pablo II había dado forma en la década de 1980, pero que durante el papado de Benedicto XVI se había usado cada vez más para referirse al rescate de Europa del secularismo. Se había creado un nuevo consejo pontificio para abordar la cuestión; y se pretendía que el sínodo aportara ideas y estrategias a dicho consejo para llevarla a la práctica.

El padre Carlos Galli, asistente teológico de Bergoglio en Aparecida que se encontraba impartiendo clases en Roma a principios de 2012, se alarmó al conocer el documento preparatorio, que sugería que el tema principal del sínodo era la crisis de fe en Europa. Llamó a Bergoglio, que le instó a aclarar ante los organizadores que la nueva evangelización se refería a los cinco continentes, no solo a Europa. El consejo del sínodo confirmó que así era, pero los comentarios de varios cardenales de peso seguían reflejando un planteamiento eurocéntrico; que lo que era bueno o malo para la Iglesia en Europa también lo era para la Iglesia universal; y que la estrategia desarrollada para la nueva evangelización de Europa, en cierto modo, también funcionaría en el caso de las otras Iglesias. Tanto el diagnóstico (el problema es el relativismo y el secularismo) como el remedio percibido (se necesitan estrategias creativas para implicar a la cultura contemporánea occidental, recurriendo como modelos a los nuevos movimientos eclesiásticos) quedaban muy alejados de la visión de Aparecida de una Iglesia misionera concentrada en las periferias. El padre Galli se percató, alarmado, de que aquel modelo eurocéntrico era el que la Curia proyectaba para la Iglesia universal post-Benedicto.[55]

Los delegados latinoamericanos al sínodo coordinaron sus aportes durante el encuentro del CELAM que se celebró en Bogotá en julio de 2012, y volvieron a reunirse en Roma en octubre, inmediatamente después del inicio del sínodo, al que asistieron cuarenta y nueve cardenales, setenta y un arzobispos y ciento veintisiete obispos de todo el mundo. Casi todos los discursos de los obispos latinoamericanos a lo largo de las tres semanas hicieron alguna referencia a Aparecida y a su evangelización misionera, orientada hacia la periferia. Su lenguaje, y en general su actitud —esperanzados, energéticos, pastorales—, tocaron alguna fibra en los demás obispos del mundo en vías de desarrollo que participaban en el sínodo, sobre todo en los asiáticos, que hablaron de esperanza y alegría, frutos del Espíritu, a pesar de las frecuentes persecuciones y desafíos. Los europeos y los estadounidenses, por el contrario, se centraban en sus congregaciones cada vez más chicas y en la amenaza para la Iglesia y la libertad religiosa que representaba una cultura cada vez más hostil. El efecto acumulativo de sus discursos resultaba deprimente: de manera elocuente, el cardenal George Pell, de Sídney, dijo que les faltaba «fuego y energía», mientras que un desanimado cardenal Timothy Dolan, de Nueva York, compartió con los periodistas que «en vez de quejarse [sobre el secularismo] o huir de él, tal vez debamos encontrar la manera de implicarlo mejor». Con todo, como siempre, el modus operandi del sínodo no daba ocasión a examinar ninguna de las normas de la Iglesia que hacían que dicha implicación resultara más difícil.[56]

El padre Galli, que formaba parte de la delegación argentina en el sínodo, comentó posteriormente que las contribuciones más impresionantes habían partido de las Iglesias de los países pobres. «El viento soplaba del sur», fue como lo expresó en Radio Vaticana.

En Buenos Aires, el cardenal Bergoglio también lo vio. El sínodo había puesto en evidencia lo que Alberto Methol Ferré ya había previsto: Europa ya no era una Iglesia-fuente. En términos ignacianos, la Iglesia europea se encontraba en un estado de desolación: autorreferencial, centrada excesivamente en las sombras, con un miedo exagerado a lo que percibía como amenazas. ¿Por qué, si no, un obispo de Asia o de Oriente Próximo, cuyos rebaños se veían privados de las libertades básicas, o que incluso eran asesinados y bombardeados, podía mostrarse tan esperanzado y alegre, y en cambio otro de una Iglesia en la que nadie sufría esa forma tan real de persecución hablaba como si el Cristianismo se enfrentara a la aniquilación?

Bergoglio vio que la Iglesia del mundo rico culpaba a la cultura, más que a sí misma, de su declive. Pero el primer obstáculo no era la cultura, sino la Iglesia misma, que ya no evangelizaba. Había permitido que el agua corriente se estancara. Se había vuelto cómoda, mundana, autosuficiente, «desencantada». El problema era que «tenemos a Jesús atado en la Sacristía», manifestó ante los asistentes al retiro de Cáritas. Citando un verso del libro del Apocalipsis ante la puerta, llamando, Bergoglio dijo que se había dado cuenta de que no era que Jesús llamara para que le dejaran entrar, sino que estaba atrapado dentro y pidiendo que lo dejaran salir.

9
Cónclave
(2013)

Con la vista clavada en el enlace de vídeo del Vaticano, desde la sala de prensa de su agencia, Giovanna Chirri sabía suficiente latín para entender lo que el Papa decía con su voz monocorde: *«Ingravescente aetate non iam aptas esse ad munus Petrinum aeque administrandum.»*... Acababa de anunciar incluso la fecha en que tendría lugar: el 28 de febrero. Pero ¿podía publicar la noticia sin la confirmación oficial? La periodista marcó el número del director de la Oficina de prensa del Vaticano, el padre Federico Lombardi; sin embargo, tras dejarle un mensaje en el contestador entendió que no podía esperar: después de todo, había oído al Papa con sus propios oídos. Dictó la noticia y llamó a su jefe de redacción. «Lo asombroso del caso es que...», comenzó a decir, pero tuvo que cortar porque en ese momento el padre Lombardi le devolvía la llamada. «Lo entendiste bien —le confirmó—. El Papa renuncia.» La primicia de Chirri relampagueó en la web, provocando un tsunami mediático. «Me derrumbé sobre el escritorio —recuerda— y me eché a llorar.»[1]

El 11 de febrero de 2013 es festivo en el Vaticano, en conmemoración del día de 1929 en que el enfrentamiento de 59 años entre Italia y la Santa Sede a propósito de la ocupación de los Estados Pontificios quedó finalmente resuelto. Benedicto había convocado a un consistorio menor en el que solo estaban presentes los cardenales residentes en Roma, para, oficialmente, anunciar la noticia, poco excepcional, de tres nuevas canonizaciones. Uno de los presentes en el salón consistorial ese día era un oficial escocés de la secretaría de Estado, el arzobispo Leo Cushley. Le parecía que Benedicto XVI se veía cansado, pero por lo demás bien, y no tenía la más remota idea de lo que estaba a punto de ocurrir.

Después de que el cardenal Angelo Amato leyera la lista de los tres beatos que iban a ser canonizados, el Papa Benedicto XVI, al que en todo momento acompañaba su secretario, el arzobispo Georg Gänswein, empezó a hablar, leyendo, como siempre hacía, de texto preparado. A Cushley su latín también le permitía entender lo que decía —«he llegado a la certeza de que mis fuerzas, a causa de mi avanzada edad, ya no me capacitan para el adecuado ejercicio del ministerio petrino»—, y a medida que lo asimilaba sintió que le daba un vuelco el corazón. Algo no visto desde hacía seiscientos años, la renuncia voluntaria de un Papa, se estaba produciendo ante sus propios ojos.

Me parecía que, a cámara lenta ante mí, un técnico de televisión se llevaba la mano a la boca en un gesto de asombro propio de un dibujo animado; el monseñor a mi lado comenzó a sollozar, y tuve la impresión de que el arzobispo Gänswein se hundía de hombros. Los cardenales se inclinaron hacia delante para asegurarse de que entendían exactamente lo que se estaba diciendo, y yo me descubrí a mí mismo comprobando no haber quedado boquiabierto. Después vino el silencio.[2]

En Buenos Aires, el cardenal Bergoglio alabó la decisión como un «acto revolucionario» muy meditado en presencia de Dios. Se pasó los quince días siguientes ocupándose de los preparativos para poder ausentarse tres semanas y, tras un vuelo nocturno, aterrizó en Roma el 27 de febrero, un día antes de que se hiciera efectiva la renuncia de Benedicto XVI. El Vaticano le había enviado un pasaje de primera clase, pero él lo había cambiado por otro en turista, aunque, eso sí, había pedido que le asignaran un asiento junto a la salida de emergencia para poder estirar las piernas, pues en los viajes largos le molestaba la ciática. La fecha del cónclave no podría fijarse hasta que los cardenales iniciaran su ronda de reuniones, pero la mayoría suponía que este se celebraría a mediados de marzo, y que la misa inaugural del nuevo pontífice tendría lugar unos días después. El viaje de vuelta de Bergoglio estaba previsto para el 23 de marzo, fecha que le permitiría repasar las homilías que había preparado para las liturgias de la Semana Santa, que ese año coincidía con los últimos días del mes. De algunas de ellas había enviado copia a sus amigos evangélicos y judíos, con la intención de que aportaran sus comentarios. Al quiosquero de la plaza de Mayo, Daniel del Regno, le había anunciado que volvía en doce días, y que, en su ausencia, siguiera haciendo llegar *La Nación* a la Curia.

En esa ocasión —a diferencia de 2005, cuando lo acompañaba Marcó— viajó solo. En el aeropuerto de Fiumicino aguardaban unas limusinas encargadas de recoger a los cardenales que iban llegando, pero tras recuperar su pequeña maleta de la cinta giratoria, él tomó el tren, como hacía siempre, hasta la estación Termini, y después un autobús que lo llevó a Via della Scrofa donde, a 85 euros por noche (en régimen de pensión completa) tomó una habitación en la residencia para clérigos Domus Internationalis Paulus VI. Mientras deshacía el equipaje en aquel palacio del siglo XVII que había sido colegio jesuita, en la otra orilla del Tíber Benedicto XVI concedía su última audiencia general y, dirigiéndose a los miles de fieles congregados en la plaza de San Pedro, hablaba de la paz mental que le había producido su decisión, y de que a lo largo de los ocho años de su papado había habido momentos en los que las aguas habían sido turbulentas y «el Señor parecía dormir».

Durante aquellos extraños días interinos los medios de comunicación volvían la vista atrás para analizar los aciertos y los errores del papado de Benedicto XVI, como también miraban hacia el futuro para aventurar quién podría tomar las riendas de la Iglesia en esa hora de necesidad. Entre los vaticanistas —las docenas de periodistas con acreditación permanente en el Vaticano— existía consenso en que el espectro de candidatos se mantenía muy abierto, y que ninguno partía con una ventaja evidente. Las listas de «papables» —cardenales que cumplían con la exigente serie de requisitos— iban desde las que contenían apenas tres o cuatro nombres hasta las que incluían más de doce. En muy pocas de ellas se encontraba Bergoglio, aunque los más entendidos lo señalaban como *kingmaker,* es decir, un veterano con ascendiente cuyas opiniones ejercerían influencia sobre sus pares latinoamericanos. Pero él mismo quedaba descartado como papable, en parte por su edad —la mayoría de los cardenales opinaba que el futuro Papa debía tener menos de setenta años, o superarlos por poco—, pero, sobre todo, porque como Bergoglio apenas había estado en Roma, y cuando lo había hecho había pasado casi inadvertido, se sabía muy poco de él. Prácticamente ninguno de los cuatro mil periodistas procedentes de 65 países habría podido decir gran cosa del arzobispo de Buenos Aires, más allá de que tenía fama de austero y no concedía entrevistas. Los vaticanistas sabían que había sido papable en 2005, pero creían que su momento había pasado. Nunca, en cónclaves anteriores, un candidato eliminado había sido elegido candidato en el cónclave siguiente y, además, ¿quién había oído hablar de él desde entonces?

El conmovedor drama de la partida de Benedicto XVI a la residencia papal de Castel Gandolfo el 28 de febrero se relató a través de la lente del Centro de la Televisión Vaticana, cuyo director, recientemente nombrado para el cargo, era monseñor Dario Viganò, milanés y exprofesor de cine. Diseñó una puesta en escena con una alta carga elegiaca. Una vez que el helicóptero blanco se hubo elevado —«ascendido» lo expresa mejor—, sobre el Vaticano, rodeó dos veces la cúpula de San Pedro antes de alejarse por el cielo de Roma, proyectando una sombra que se deslizaba sobre los edificios bañados por el sol. Las imágenes rendían homenaje a *La dolce vita* de Federico Fellini, concretamente a la escena en la que una estatua de Jesús, colgada desde un helicóptero para ser trasladada al Vaticano, parecía bendecir las casas de la ciudad con su sombra. Viganò también deseaba hacer de aquel «un viaje de bendición del Papa».[3]

La Iglesia se encontraba ahora en sede vacante, gobernada, en ausencia del pontífice, por el colegio cardenalicio. Las reuniones de sus miembros, las congregaciones generales, se iniciaron el 4 de marzo en el aula del sínodo, al tiempo que los operarios instalaban un falso suelo e inhibidores de teléfonos móviles en la Capilla Sixtina en preparación para el cónclave. La mayoría de cardenales llegaba en vehículo oficial para evitar el enjambre mediático, pero Bergoglio acudía todos los días a pie al Vaticano, pasando inadvertido con su gabardina negra.

Con la llegada del último, la cifra total de cardenales ascendía a 151. De ellos, 115 tenían menos de ochenta años y, por tanto, podían votar. El número era el mismo que en 2005. Pero este cónclave difería del anterior en varios aspectos fundamentales. Ahora no había disposiciones fúnebres que absorbieran el tiempo dedicado a la discusión, y los «peces gordos» del cónclave —el decano, cardenal Angelo Sodano, y el camarlengo, cardenal Tarcisio Bertone— estaban tan asociados a los escándalos vaticanos que no se los consideraba papables. Además, en esta ocasión los cardenales se conocían mejor, pues durante los ocho años de su papado Benedicto XVI los había reunido en cinco ocasiones, y antes de cada encuentro había convocado reuniones que duraban un día entero.

Las congregaciones generales se celebraban a puerta cerrada, pero entre los resúmenes diarios del padre Lombardi, las ruedas de prensa de los cardenales estadounidenses que se organizaban en el Colegio Pontificio Norteamericano (conocido como NAC) y las filtraciones de los traductores a sueldo de los periódicos italianos, llegó a ser ampliamente conocido que la corrupción y el mal funcionamiento del Vaticano eran temas recurrentes de los discursos. Tres de los cardenales nombrados meses antes por el Papa Benedicto XVI para sondear el nivel de descomposición estaban listos para transmitir a sus compañeros el contenido de su informe confidencial de trescientas páginas, que sería el que encontraría el próximo Papa sobre su escritorio.

Los cardenales estadounidenses mostraban un especial interés en abordar la cuestión del mal funcionamiento del Vaticano, pues durante los meses anteriores habían tenido acceso a información muy completa. El arzobispo Carlo Maria Viganò (sin relación alguna con el director de la televisión vaticana), embajador de la Santa Sede en Washington D.C., había advertido a Benedicto XVI de que la secretaría de Estado lo había nombrado para el cargo en octubre de 2011 para alejarlo de Roma, después de que hubiera destapado un caso de corrupción relacionado con unas adjudicaciones de contratos que habían costado millones de euros al Vaticano.

Escandalizados por lo que Viganò les había revelado, los cardenales estadounidenses —la Iglesia norteamericana, junto con la alemana, es una de las principales financiadoras del Vaticano— estaban decididos a que el siguiente Papa trajera consigo una gran escoba. Como afirma el cardenal Timothy Dolan, arzobispo de Nueva York, en sus memorias sobre el cónclave: «Sabíamos que el mundo esperaba la elección de un pontífice capaz de poner en marcha algunas reformas significativas que la Iglesia estaba pidiendo a gritos.»[4]

La disfunción de la Curia iba más allá de la corrupción financiera. También guardaba relación con el «faccionalismo», el modo en que las distintas redes de patrocinio —en italiano se utiliza el término inglés *lobby* para describirlas— hacían que algunos fueran ascendidos por encima de sus capacidades, mientras que otros con las cualificaciones adecuadas quedaban excluidos. El así llamado «lobby gay» era uno de ellos: un grupo de laicos y algunos sacerdotes que recurrían al chantaje y a la promoción para proteger sus intereses. Los cuatro mil laicos y el millar de sacerdotes de la Curia eran, en su inmensa mayoría, competentes y buenos, y en muchos casos su dedicación era extraordinaria, pero debían combatir contra una cultura en la que los burócratas de los niveles medios daban por sentado que sus puestos de trabajo eran vitalicios y la competencia menos importante que los contactos. Lo que hacía falta era un cambio cultural íntegro, una nueva ética de servicio a la misión del Papa.

Se hablaba mucho de la reforma en el modo de gobernar —la necesidad de un pontífice que fuera accesible, estuviera bien informado y contara con libertad para actuar—, y de un contacto más fluido entre Roma y la Iglesia local. La colegialidad había sido «un tema constante en aquellas discusiones», explicó a los periodistas el padre Lombardi el 9 de marzo. «Todos estábamos bastante seguros de que habría cambios bastante radicales y una nueva manera de entender la Curia, con más colegialidad», recuerda el arzobispo de Boston, cardenal Seán O'Malley.[5] El diagnóstico del grupo de San Galo a principios de la década de 2000 era ahora plato de todos los días. Todos podían convenir en que los fallos vaticanos constituían un grave impedimento para la evangelización, y en que el centralismo y altivez romanos eran dos causas principales de la disfunción. Había quien hablaba de reformar el sínodo de obispos para que este pudiera llevar a cabo el cambio real; otros querían abordar el papel del Instituto para las Obras de Religión (IOR), de la llamada Banca Vaticana y el despido de su presidente reformista, Ettore Gotti Tedeschi. Todos coincidían en la necesidad de que la Curia viviera menos para sí misma y sirviera mejor a la Iglesia local. Al menos un cardenal sugirió que la tarea de gobernar la Iglesia universal era demasiado grande para una sola persona, y propuso un consejo cardenalicio de asesores que, venidos desde fuera de Roma, asistieran al Papa.

Entre los más elocuentes sobre ese tema se encontraba el cardenal Francesco Coccopalmerio, un abogado vaticano de derecho canónico que había sido obispo auxiliar del cardenal Martini en Milán. Él hablaba de la necesidad de reestructurar la Curia para agilizar el contacto entre los jefes de los distintos departamentos y el Papa, y entre las diócesis locales y Roma. La implosión del Vaticano había convertido en reformistas incluso a los *rigoristi*. El enérgicamente conservador cardenal George Pell, de Sídney, por ejemplo, se escandalizó al enterarse de nombramientos de personas sin los conocimientos técnicos mínimos y de las constantes filtraciones de información confidencial a los medios de comunicación. Durante las congregaciones generales, Pell se reveló como partidario entusiasta de las reforma curial y de la necesidad de que el Papa realizase consultas fuera de Roma. Los únicos defensores del statu quo, de hecho, eran algunos cardenales curiales convencidos de que solo ellos eran capaces de tratar la enfermedad del Vaticano.[6]

Normalmente, con la ayuda de los cardenales de las diócesis italianas, los *curiali* arreglaban el cónclave antes de que este diera inicio, pero en esta ocasión la oportunidad se les había escapado de las manos. Estos estaban divididos en dos facciones, partidarios de Bertone y partidarios de Sodano, aunque ambos coincidían en querer impedir el paso del cardenal Angelo Scola, el brillante pero tempestuoso arzobispo de Milán a quien muchos, fuera de Italia, veían como el sucesor natural de Benedicto XVI pero al que se oponían las cúpulas de numerosas diócesis italianas. Un intento de organizar una alternativa a Scola surgió de la facción de la Curia congregada en torno al poderoso exsecretario de Estado y a la sazón decano del colegio cardenalicio, Angelo Sodano, que por edad ya no podía votar pero a quien se lo consideraba todavía un *kingmaker*. El plan de su grupo pasaba por promover al cardenal arzobispo de San Pablo, Brasil, Odilo Schrerer, exalto cargo del Vaticano al que consideraban «maleable». La idea era que, una vez escogido Papa, Schrerer daría al argentino Leonardo Sandri, exnúmero dos de Sodano, el puesto de secretario de Estado, asegurándose así el statu quo anterior. Al conseguir que gobernase alguien de fuera, creían que lograrían devolver el poder a los de dentro. Pero dicho plan se vio neutralizado cuando se filtró a la prensa antes incluso de que se iniciaran las congregaciones, lo que contribuyó a potenciar en el colegio el generalizado sentimiento antiitaliano, que se había propagado incluso entre los mismos italianos.[7]

Al advertir que llegaba su momento, los reformistas europeos que en 2005 habían respaldado a Bergoglio tomaron la iniciativa. Algunos, como el cardenal Cormac Murphy-O'Connor, eran demasiado mayores para votar en el cónclave; otros —entre ellos Walter Kasper (a quien le faltaba poco para cumplir los ochenta años cuando la sede quedó vacante), Godfried Danneels y Karl Lehmann— sí eran electores. De acuerdo con las reglas del cónclave, no preguntaron a Bergoglio si estaría dispuesto a ser candidato. Pero creían que, en esa ocasión, la crisis en la Iglesia haría muy difícil que rechazara su elección si esta se producía. (Murphy-O'Connor le advirtió que «tuviera cuidado», que ahora le tocaba a él, y recibió un *«capisco»* [entiendo] por respuesta.) Y entonces se pusieron manos a la obra, recorriendo las cenas de los cardenales para promover a su candidato, argumentando que su edad —tenía setenta y seis años— ya no debía considerarse un obstáculo, dado que los papas podían renunciar a su cargo. Al haber aprendido la dinámica de los cónclaves, sabían que los votos iban a quien sale con fuerza del cajón de salida. Su objetivo era asegurarse desde el principio al menos 25 votos para Bergoglio en la primera ronda. Un cardenal italiano ancianísimo llevaba la cuenta de los votos con que podían contar antes de que comenzara el cónclave.

El equipo de Bergoglio podía contar con el conjunto de los 19 cardenales latinoamericanos, que desde Aparecida veían al argentino como a su líder. Pero necesitaba a un buen número de europeos, que conformaban más de la mitad de los electores. Además de con quienes eran reformistas como ellos —varios alemanes, franceses y centroeuropeos pertenecían a esa categoría—, también podían confiar en algunos cardenales españoles que recordaban con afecto el retiro que les había dado en 2006. El cardenal español Santos Abril y Castelló, arcipreste de Santa Maria Mayor, en Roma, y exnuncio en América Latina, se mostraba entusiasta en su promoción de Bergoglio ante el bloque ibérico. A obtener el apoyo europeo también contribuyó el cardenal Cristoph Schönborn de Viena, uno de los principales promotores de Ratzinger en 2005, que había conocido y admirado a Bergoglio desde los noventa.

Había 11 cardenales africanos y diez asiáticos. Para los de los países históricamente anglófonos, el cardenal británico, Murphy-O'Connor, era un punto de referencia. En un momento dado, a Bergoglio se le acercó el *kingmaker* africano, cardenal Laurent Monsengwo Pasinya, de Kinshasa, Congo, que le preguntó por su pulmón. Bergoglio le respondió que lo habían operado en la década de 1950 y que desde entonces le había funcionado bastante bien.[8]

Los norteamericanos —11 cardenales de Estados Unidos y tres de Canadá— eran el grupo más numeroso después de los europeos y latinoamericanos, y fundamentales para sumar una victoria. Solo a partir del 5 de marzo empezaron a considerar la posibilidad de votar a Bergoglio, al término de la segunda jornada de congregaciones, cuando se celebró una gran cena en el Salón Rojo del Colegio Pontificio Norteamericano (NAC), a la que asistieron, entre otros, Murphy-O'Connor, de Westminster, y Pell, de Sídney.

«Los cardenales norteamericanos estaban bastante divididos sobre el rumbo a seguir», recuerda Murphy-O'Connor. Su *kingmaker* era el arzobispo de Chicago, Francis George, que intentaba escoger entre Scola y el otro papable de gran calibre, el prefecto de la Congregación vaticana para los obispos, el cardenal Marc Ouellet. Murphy-O'Connor arrojó el nombre de Bergoglio sobre la mesa, pero esa noche la idea no prendió. O'Malley, cardenal de Boston (a quien este había regalado un CD de la *Misa Criolla* cuando en 2012 estuvieron juntos en Buenos Aires) era partidario de Bergoglio. Pero para el resto de los norteamericanos el argentino era un desconocido. Al cardenal George, sobre todo, le preocupaba su edad. «La cuestión es: ¿todavía tiene fuerzas?», se preguntaba.[9]

Al día siguiente, miércoles 6 de marzo, O'Malley, de Boston, y Daniel DiNardo, de Galveston-Houston, informaron a los periodistas congregados en el NAC de que los cardenales no estaban preparados para fijar fecha para el cónclave, y que necesitaban más tiempo para discernir qué y a quién necesitaba la Iglesia. Resultó ser su último comunicado hasta después del cónclave. Esa tarde, en las congregaciones se acordó que dejarían de dar sus ruedas de prensa diarias para permitir que las discusiones tuvieran lugar de la manera más privada posible. Los cardenales estadounidenses estaban furiosos. Habían sido escrupulosos respetando la confidencialidad de las discusiones, y consideraban que la atención global de los medios de comunicación sobre su labor era una oportunidad enviada desde el cielo para dirigirse no solo a los católicos de su país, sino para evangelizar a una franja más amplia de la sociedad norteamericana. Varios cardenales, sobre todo el de Nueva York, Timothy Dolan, sintieron que eran chivos expiatorios por las indiscreciones de los cardenales italianos (o de sus traductores).

La consecuencia de la prohibición fue que las filtraciones —pagadas, e interesadas—, de las congregaciones generales a los vaticanistas italianos pasaron a dominar la cobertura anterior al cónclave en los medios de comunicación, generando distorsiones que exageraban la importancia de las tensiones existentes dentro de la Curia y entre los cardenales italianos. Dependientes, a partir de entonces, de la prensa italiana para obtener alguna noticia sobre lo que ocurría en las jornadas anteriores al cónclave, los medios de comunicación de todo el mundo informaban de que empezaba a gestarse una contienda bizantina entre distintas facciones italianas y vaticanas. Por ello, y porque los que estaban tras ella se mantenían fuera del radar mediático, la corriente pro-Bergoglio, que había empezado a acumular ímpetu durante la semana de las congregaciones, pasó casi totalmente inadvertida para los medios de comunicación, y hasta hoy la mayoría de los vaticanistas cree que no existió ningún empeño organizado antes del cónclave para hacer posible la elección de Bergoglio. No fue la primera vez que el argentino aparecía como salido de la nada, como un gaucho que surge de la Pampa al galope con las primeras luces del día.[10]

Bergoglio combinaba dos cualidades que casi nunca se dan juntas, y que surge una vez cada generación: poseía la genialidad política de un líder carismático y el misticismo profético de un santo del desierto. Cuando la mañana del 7 de marzo se puso en pie para dirigirse a la Congregación general, ambas entraron en juego. En su breve pero potente discurso, consiguió retratar precisamente el momento en que se encontraba la Iglesia, y ofrecer tanto el diagnóstico como el remedio.

Habló apenas durante tres minutos y medio, con lo que fue uno de los poquísimos cardenales que en esa semana de discursos no consumieron sus cinco minutos asignados. Poco más extenso que el discurso de Gettysburg —Bergoglio pronunció 363 palabras en castellano, contra las 271 en inglés de Abraham Lincoln—, y comparable a él en su simplicidad y lirismo, recordó a los congregados para qué estaban allí y, en un sentido más amplio, quiénes eran. Su intervención creó un relato nuevo o, mejor dicho, rescató un relato que había quedado sepultado. Entre la espesa niebla de las intervenciones interminables que, a lo largo de aquella semana, se habían dedicado a teorizar y a analizar, la llamada a la acción de Bergoglio resonó con fuerza y claridad, como cuando suena la campana de un monasterio en medio del campo.

No habría quedado constancia de aquel Gettysburg papal si el cardenal de La Habana, Jaime Ortega, no le hubiera pedido después una copia a Bergoglio. El argentino no contaba, en realidad, con ningún discurso como tal —se había expresado en italiano a partir de unos apuntes—, pero posteriormente lo transcribió, con una pluma estilográfica, en castellano y se lo entregó a Ortega a la mañana siguiente. Tras la elección de Francisco, Ortega subió una versión en PDF a la página web de la diócesis de la capital cubana, y así fue como el mundo entero tuvo conocimiento de él.[11]

«Se hizo referencia a la evangelización —empezaba Bergoglio—. Es la razón de ser de la Iglesia. "La dulce y confortadora alegría de evangelizar" (Pablo VI). Es el mismo Jesucristo quien, desde dentro, nos impulsa.» Evangelizar, añadía,

supone celo apostólico. Evangelizar supone en la Iglesia la parresia [el coraje apostólico] de salir de sí misma. La Iglesia está llamada a salir de sí misma e ir hacia las periferias, no solo las geográficas, sino también las periferias existenciales: las del misterio del pecado, las del dolor, las de la injusticia, las de la ignorancia y prescindencia religiosa, las del pensamiento, las de toda miseria.

Cuando la Iglesia no lo hace, advertía, «deviene autorreferencial y entonces se enferma (cfr. La mujer encorvada sobre sí misma del Evangelio)». Luego diagnosticaba lo que había ido mal en la Iglesia, desarrollando una idea que apenas dos meses antes había expuesto durante el retiro de Cáritas en Buenos Aires:

Los males que, a lo largo del tiempo, se dan en las instituciones eclesiales tienen raíz de autorreferencialidad, una suerte de narcisismo teológico. En el Apocalipsis Jesús dice que está a la puerta y llama. Evidentemente, el texto se refiere a que golpea desde fuera la puerta para entrar... Pero pienso en las veces en que Jesús golpea desde dentro para que le dejemos salir. La Iglesia autorreferencial pretende a Jesucristo dentro de sí y no lo deja salir.

Sin darse cuenta de ello, proseguía, la Iglesia se vuelve autorreferencial cuando llega a creer que tiene luz propia, y deja de ser el *mysterium lunae*, el «misterio de la luna». Esa expresión la usaban los Padres de la Iglesia primitiva para explicar que, del mismo modo en que la luna es un astro que no emite luz por sí mismo pero de noche brilla esplendorosamente al reflejar la del sol, así también la Iglesia no tiene más propósito que el de reflejar a Cristo. Cuando deja de hacerlo e intenta vivir de su propia luz, cae en la «mundanidad espiritual», que era, según el teólogo Henri de Lubac «el peor mal que puede sobrevenir a la Iglesia».

Continuaba resumiendo la decisión a la que se enfrentaba la Iglesia: por una parte, una Iglesia evangelizadora que sale de sí, que escucha devotamente y proclama fielmente la Palabra de Dios, o, por otro, la «Iglesia mundana que vive en sí, de sí, para sí». Todo ello, añadía, «debe dar luz a los posibles cambios y reformas que haya que hacer para la salvación de las almas». Y concluía:

> Pensando en el próximo Papa: un hombre que, desde la contemplación de Jesucristo y desde la adoración a Jesucristo ayude a la Iglesia a salir de sí hacia las periferias existenciales, que la ayude a ser la madre fecunda que vive de «la dulce y confortadora alegría de evangelizar».

Los aplausos no eran una práctica aceptada, pero el silencio que siguió a aquellas palabras resultó aún más estridente. El cardenal Schönborn se volvió hacia el cardenal que se sentaba a su lado y le comentó: «Eso es lo que necesitamos.» El cardenal Ortega describió la intervención como «magistral, esclarecedora, comprometedora y cierta». Aquellas palabras bastaron para persuadir al cardenal George, que le dijo a Murphy-O'Connor que ahora sabía a qué se referían cuando hablaban de Bergoglio. Había ofrecido a los cardenales un camino: una reforma más profunda, que no se limitaba a limpiar la Curia de corrupción ni a mejorar el Gobierno, sino que recordaba cuál era el propósito de la Iglesia y la fuente de su vida. Esa tarde, los cardenales votaron a favor de iniciar el cónclave el martes siguiente, 12 de marzo. Al abandonar el salón del sínodo, la expresión radiante del cardenal George lo decía todo. «Estamos listos», comentó a los periodistas.

Durante el fin de semana, Bergoglio se puso la capa de invisibilidad. Mientras los papables mejor posicionados —Scola, Schrerer, Ouellet— celebraban la misa dominical en las iglesias atestadas de periodistas de las que eran titulares, Bergoglio se mantuvo alejado de San Roberto Bellarmino y optó por almorzar tranquilamente con la nonagenaria hermana de un amigo, el exnuncio de Argentina y arzobispo Ubaldo Calabresi, que había fallecido en 2004.

Para entonces ya sabía que era «molto papabile», y sentía el peso de ello. Cuando se tropezó con el sacerdote canadiense y productor de televisión padre Tom Rosica en Piazza Navona, Bergoglio le agarró las manos y le pidió que rezara por él. «¿Está nervioso?», le preguntó Rosica. «Un poco», respondió Bergoglio. Pero cuando Gianni Valente y Stefania Falasca, periodistas católicos y viejos amigos, acudieron al Domus aquella tarde, lo encontraron sereno y relajado. «Duermo como un bebé», les dijo.[12]

A la mañana siguiente, martes 12 de marzo, los cardenales se instalaron en la Casa Santa Marta, el albergue vaticano de ciento veinte habitaciones, en preparación para el inicio del cónclave esa tarde. A los cardenales se les privó del uso de móviles y ordenadores portátiles, y hubieron de pasar sus equipajes por las máquinas de rayos-X. Se cerraron las persianas y se anuló la cobertura de los dispositivos electrónicos.

En la habitación que quedaba frente a la de Bergoglio (la 207) se alojaba el cardenal Kasper. El teólogo alemán había recibido no hacía mucho la traducción al castellano de su última obra teológica: *Barmherzigkeit*. Llevaba un par de ejemplares consigo, y le regaló uno a Bergoglio. «Ah, misericordia —dijo el argentino al leer el título: *La Misericordia*—. Así se llama nuestro Dios.»

De nuevo en su habitación, Bergoglio encontró una rosa blanca sobre la cama.[13]

Al día siguiente, tras la misa *pro eligendo pontifice* en la basílica de San Pedro, los 115 cardenales regresaron a la Casa Santa Marta a almorzar y descansar un rato antes de entrar por la tarde en la Capilla Sixtina para prestar juramento solemne. A continuación, las puertas se cerraron, y ellos procedieron a iniciar la primera votación aislados del mundo, que aguardaba, expectante.

A pesar de la tensión, el cónclave se desarrolla en silencio, con la seriedad de un retiro. Los cardenales visten los hábitos corales, como si asistieran a una liturgia. Los escrutinios, como se denominan las votaciones, llevan su tiempo, no porque nadie se demore, sino porque el procedimiento es laborioso. Los conclavistas se levantan de sus respectivas mesas (hay cuatro hileras largas de ellas, dos a cada lado de la capilla, enfrentadas) uno por uno, en orden de preferencia, para votar. Arrodillándose ante el altar, alzando la vista hacia el *Juicio Final* de Miguel Ángel, declaran que, ante Cristo como testigo y juez, otorgan su voto al hombre que, a ojos de Dios, creen que debe ser elegido. Después se ponen en pie, depositan su papeleta doblada —en la que figura la frase *Eligo in Summum Pontificem* [elijo como sumo pontífice], seguida del nombre que ha escrito— en una patena de plata sobre el altar, y a continuación la echan en el interior de un enorme cáliz de plata antes de regresar a su asiento. Y así 115 veces, hasta que los tres «escrutadores», escogidos por sorteo entre los conclavistas, se llevan el cáliz para contar los votos, pronunciando en voz alta todos los nombres que van leyendo. La acústica de la capilla es mala: en este cónclave los escrutadores solicitaron la ayuda de un cardenal mexicano de voz potente para que repitiera los nombres de los votados.

La negociación y las discusiones necesarias para que un candidato consiga una mayoría de dos tercios tienen lugar en Santa Marta. A diferencia de 2005, en esta ocasión, hasta hoy no ha aparecido el «diario secreto» de ningún cardenal con el relato de los pormenores de la votación, lo que ha obligado a los vaticanistas a atar cabos a partir de los comentarios de los votantes posteriores al cónclave. Existen variaciones significativas entre relatos: el objetivo inicial de 25 sufragios que perseguían los partidarios de Bergoglio se alcanzó sin dificultades, pero no está claro si ello lo colocó como candidato más votado. Scola, Scherer y Ouellet también recibieron votos, como los medios de comunicación italianos habían predicho. Pero en lo que todos se ponen de acuerdo es en que, al día siguiente, el argentino se desmarcó mucho del resto, consiguiendo más de cincuenta votos en el segundo escrutinio de la mañana, la tercera votación del cónclave.

Llegados a ese punto, además de Bergoglio solo Scola seguía manteniendo posibilidades. El almuerzo en Santa Marta fue tenso. El cardenal O'Malley estaba sentado junto a Bergoglio y lo vio sombrío, sin comer apenas. «Parecía muy abrumado por lo que estaba ocurriendo», diría después. Fuera lo que fuese lo que ocurrió durante aquella comida —según algunas versiones, Scola pidió a quienes lo apoyaban que dieran su voto a Bergoglio, en un gesto que recordaba al del argentino en 2005—, todo estuvo a punto de quedar resuelto tras el primer escrutinio del miércoles por la tarde, la cuarta votación del cónclave, cuando Bergoglio quedó muy cerca de los 77 votos que necesitaba. Esa tarde, el cardenal Dolan comentaría: «Había en el cardenal Bergoglio una serenidad y una tranquilidad apreciables... Claramente sentía que era la voluntad de Dios.»[14]

Pero entonces se produjo una sorpresa. El segundo escrutinio de la tarde (la quinta votación del cónclave) quedó anulado cuando los escrutadores descubrieron que había una papeleta más de la cuenta: un voto en blanco se había pegado por error a una papeleta que llevaba un nombre. Aunque su presencia no habría alterado el resultado, las reglas eran claras, y los cardenales tuvieron que votar de nuevo. Ya que las papeletas no se queman hasta el final de las votaciones de la mañana o de la tarde, todo lo que se sabía fuera era que para entonces debían de haber tenido lugar dos votaciones, que la fumata negra o blanca debería haber aparecido hacia las seis de la tarde, y que el retraso implicaba que debía de haber surgido algún problema: una urgencia médica, tal vez, o un defecto en el funcionamiento de la máquina que generaba el humo.[15]

En el rincón de la Capilla Sixtina cercano a la puerta se encontraba el único medio por el que los cardenales podían comunicar al mundo los resultados de cada votación: dos enormes estufas de color bronce, con aspecto de Daleks de película de ciencia-ficción de bajo presupuesto.

La de la derecha, que se usa para quemar las papeletas al término de los escrutinios, se usó por primera vez en 1939, y se siguió usando en los cinco cónclaves siguientes. Para indicar que no se había elegido a ningún Papa, los asistentes añadían paja húmeda a las papeletas, obteniendo así un humo más negro, pero el procedimiento no estaba exento de riesgos. En el cónclave de 1958, que eligió a Juan XXIII, la primera fumata salió blanca por error (la paja se había secado; hasta que consiguieron una segunda fumata, se propagó la noticia de que se había elegido un nuevo Papa tras solo dos votaciones). Posteriormente se añadieron unos polvos especiales para que el humo blanco saliera blanco y el negro, negro, pero en los cónclaves de 1978, en los que se eligió a Juan Pablo I y a Juan Pablo II, se repitieron los problemas: en más de una ocasión la multitud congregada se convenció de que el humo era blanco, y abandonó la plaza, molesta. Y en uno de esos dos mismos cónclaves, una corriente descendiente por culpa de una ráfaga de viento hizo entrar humo en la capilla, y los cardenales tuvieron que abandonarla tosiendo ásperamente.

En 2005 la estufa resultó demasiado pequeña para incinerar las 230 papeletas de las votaciones más todos los demás papeles, por lo que la mañana del 19 de abril hubo dos fumatas negras. Después no hubo problema, porque Benedicto XVI fue elegido tras el primer escrutinio de la tarde, y por ello cupieron todos los papeles; aun así, durante unos momentos no hubo modo de saber si el humo gris era negro o blanco. (Se había informado antes de que sonarían las campanas de San Pedro confirmando la elección, pero tardaron más de diez minutos a causa de una confusión épica con los teléfonos y quién estaba autorizado a dar la orden.)[16]

En 2013 no querían correr ningún riesgo, así que se instaló una segunda estufa cuyo único propósito era generar humo. Junto a ella se depositaron cajas de cartuchos con sus respectivas etiquetas: algunas para el *fumo nero* y una sola para el *fumo bianco*. El martes por la tarde y el miércoles a la hora del almuerzo, el humo negro de los cartuchos explosivos ascendió por el tubo de la estufa auxiliar pegado a la pared de la capilla, dejó atrás el techo abovedado y salió por el pequeño conducto de acero con su caperuza en el tejado de tejas que la mitad del orbe contemplaba. La noche anterior y aquella mañana el humo negro se había desahogado en gran abundancia durante siete largos minutos, con tal ímpetu que se esperaba en cualquier momento un camión de bomberos.

Con las miradas de todos los medios de comunicación puestas en aquella chimenea, la tensión creciente ante la incertidumbre del miércoles por la tarde fue un regalo para los canales de noticias. Sobre las plataformas que daban a la plaza los comentaristas intentaban aventurar explicaciones al retraso, mientras los presentadores bajaban la voz, recurriendo a pausas dramáticas para aumentar la expectación: se estaba haciendo historia. El cónclave era un sistema medieval, pero bien podría haber sido ideado para la era de los canales de información ininterrumpida. ¿Qué otra organización anunciaba de ese modo la elección de un nuevo líder, mediante señales de humo que llegaban a todos, príncipes y pobres por igual, en el mismo instante?

Dentro, mientras se preparaba para lo que posteriormente describiría como su «cambio de diócesis», Bergoglio estaba en paz. «Yo soy más de preocuparme, de ponerme nervioso —explicó después a miembros de órdenes religiosas latinoamericanas—. Pero no perdí la paz en ningún momento. Eso me confirma que esto es de Dios.»[17]

Cuando los escrutadores pronunciaron la frase «*Eminentissimo* Bergoglio», por séptima vez se oyó un suspiro colectivo

—una liberación de las tensiones, algo así como un soplo de aire al abandonar un balón—. Los cardenales se pusieron en pie y aplaudieron. «Creo que a todos se nos humedecieron los ojos», recordaría después el cardenal Dolan. Fue entonces cuando el cardenal brasileño Claudio Hummes, miembro de la orden fundada por san Francisco de Asís, abrazó a Bergoglio, lo besó y le dijo: «No te olvides de los pobres.»

Los cardenales volvieron a sentarse. Hasta que se leyeran en voz alta los nombres que figuraban en las 115 papeletas, no le preguntarían si aceptaba. Le quedaban varios minutos. «No te olvides de los pobres.» La palabra *poveri* resonaba en su mente, como un mantra que se usa para meditar, hasta que el nombre se saltó al corazón: Francisco de Asís, el *poverello*, el hombre de la paz, que amaba y cuidaba el mundo creado, que reparó la Iglesia.

Había terminado el recuento: había obtenido más de noventa y cinco votos. Ahora sí: el cardenal Giovanni Battista Re se acercó a él para formularle la pregunta: ¿acepta su elección canónica como sumo pontífice? Eran las 19 horas cuando Jorge Bergoglio respondió *accepto* en su buen latín, tras lo que añadió: «Aunque soy un gran pecador.»

Un pecador pero, aun así, llamado. Había vuelto a atender la invitación del Buen Rey, eligiendo tal como lo describe san Ignacio en los *Ejercicios*, «*quando Dios nuestro Señor así mueve y atrae la voluntad, que sin dubitar ni poder dubitar, la tal ánima devota sigue a lo que es mostrado; así como San Pablo y San Matheo lo hicieron en seguir a Christo nuestro Señor*». Su primer «sí» lo había dado hacía más de medio siglo, la festividad de San Mateo, en un confesonario de la basílica de San José de Flores. Desde aquel «sí» hasta ese momento los nudos en el hilo de su vida los había desatado un poder grande y delicado.

«*Quo nomine vis vocare?* ("¿Con qué nombre quiere ser llamado?"), le preguntó el cardenal Re. "*Vocabur Franciscus*" (Me llamaré Francisco) —respondió él con voz firme— en honor a san Francisco de Asís.» Los cardenales, asombrados, volvieron a prorrumpir en aplausos.

Francisco fue llevado a la contigua Sala de las Lágrimas para vestirse con la sotana blanca y la banda de seda del mismo color.

Optó por dejarse puestos sus viejos zapatos negros y la cruz de plata que llevaba al pecho. La capilla se abrió para permitir la entrada de los asistentes, que metieron las papeletas en la estufa y añadieron el cartucho de la *fumata bianca*. Era ya noche, oscura y húmeda, cuando el humo blanco empezó a salir de la chimenea de la Capilla Sixtina desatando una ensordecedora aclamación que recorrió la plaza. Pronto las grandes campanas de la basílica empezaron a sonar, sumando a los vítores de la multitud su alegre tañido.

Francisco regresó a la capilla con su sotana blanca, y los cardenales volvieron a aplaudir. Le trajeron una silla muy ornamentada para que se sentara y los recibiera, pero él permaneció en pie mientras, uno a uno, ellos se acercaban a abrazarlo. Después, consciente de que la multitud aguardaba fuera, bajo la lluvia, inició el camino hacia el balcón. Antes de llegar experimentó una gran turbación de espíritu. «Una gran ansiedad se apoderó de mí», recordaría más tarde. Flanqueado por los cardenales Hummes y Agostino Vallini, vicario de Roma, Francisco entró en la Capilla Paulina, tal como exigían las reglas de la elección papal reformadas por Benedicto XVI, y se arrodilló en el reclinatorio del fondo. El miedo a la misión —dijo en una ocasión a un grupo de retiro— puede ser «señal de buen espíritu».

Cuando somos elegidos sentimos que el peso es grande, sentimos miedo (en algunos casos llega el pánico): es el comienzo de la Cruz. Y, sin embargo, conjuntamente, sentimos esa honda atracción del Señor que —por su mismo llamamiento— nos seduce con un fuego abrasador para que le sigamos.[18]

Mientras el mundo contenía la respiración, en el interior de la Capilla Paulina Francisco permanecía inmóvil. Allí, en la antecámara de su nueva existencia, se tomó un momento para dejarse alimentar por una fuerza que no era suya. Finalmente, la turbación lo abandonó, y se sintió inundado de dicha y paz. «Una gran luz me invadió —recordaría más tarde—. Duró un momento pero a mí me pareció larguísimo.»

«*Solo es de Dios nuestro Señor dar consolación al alma sin causa precedente* —escribió san Ignacio en la Segunda Semana de sus reglas de discernimiento—. *Porque es propio del Criador entrar, salir, hacer moción en ella, elevándola toda en amor de su Divina Majestad.*»

Monseñor Dario Viganò, director de la Televisión Vaticana, cuya cámara lo grababa todo para la posteridad en alta definición 4K, describió después lo que veía a medida que las imágenes llegaban a su unidad móvil.

El Papa está cruzando la Capilla Sixtina cabizbajo, acompañado por el cardenal Vallini y por el cardenal Tauran [*sic.*] Baja la mirada. No saluda a los cardenales, como si llevara una inmensa carga. Al entrar en la Capilla Paulina habían preparado un trono, pero él no se sienta en él. Obliga a los cardenales a sentarse a ambos lados de donde se encuentra él, en el último reclinatorio. Reza en silencio. En cierto momento, el Papa se pone en pie. Se vuelve, se dirige a la Sala Regia, y en ese momento es otra persona. Es una persona que sonríe. Es como si hubiera confiado la carga de esa decisión, como si Dios le hubiera dicho personalmente «no te preocupes, estoy aquí contigo». Es una persona que ya no baja la mirada. Su rostro ya no se vuelve hacia abajo. Es un hombre que mira y se pregunta qué hay que hacer.

Desde entonces Francisco ha confirmado esa versión a muchas personas. A un cardenal le contó que había sentido «que una gran sensación de paz interior y libertad acudió a mí, que no me ha dejado nunca». A otro le confió: «Creo que el Espíritu Santo me ha cambiado.»[19]

La nueva era franciscana empezó con un «*buona sera*». En el balcón de San Pedro, a las 20.22, flanqueado por los cardenales Hummes y Vallini, se presentó ante doscientas mil personas empapadas por la lluvia, y ante muchos millones más que lo veían por televisión. Abajo, en la plaza, los *flashes* de los teléfonos móviles y las tabletas destellaban en la oscuridad como estrellas titilantes. Francisco habló tímidamente pero con firmeza en un italiano fluido, a través del micrófono.

Bromeando, dijo que para dar un obispo a Roma sus hermanos cardenales habían ido a buscarlo «casi al fin del mundo». Pidió oraciones para «nuestro obispo emérito Benedicto XVI» y puso al mundo entero a rezar un padrenuestro, un avemaría y un gloria al Padre. Y entonces dijo: «Y ahora empecemos este camino. Obispos y gente. Este viaje de la Iglesia de Roma que preside en la caridad sobre todas las Iglesias. Un viaje de hermandad, de amor, de confianza entre nosotros.» Pocos reconocieron la famosa y antigua fórmula —«preside en la caridad»— que describe la relación de la Iglesia universal con la Iglesia local, ni entendían lo que implicaba: Francisco señalaba que su pontificado implantaría la colegialidad. La Gran Reforma había sido anunciada.

Con todo, lo que la mayoría de la gente recuerda de esa noche es lo que vino a continuación: Francisco pidiendo «la bendición del pueblo para su obispo: la oración de ustedes para mí». El Papa agachó la cabeza en gesto de gran humildad, y se hizo el silencio, creando con ese conmovedor gesto de reciprocidad un vínculo duradero con el santo Pueblo fiel de Dios. El nuevo pontífice buscaba la bendición del pueblo antes de impartir, él mismo, la bendición *urbi et orbi*, a la ciudad de Roma y al mundo entero, y a «toda la gente de buena voluntad».

Regresó con los electores a la Casa Santa Marta, rechazando el vehículo papal para ir en autobús con ellos. Durante la cena les dijo: «Que Dios les perdone por lo que hicieron», lo que los hizo reír a carcajadas. Al día siguiente, el primero de su pontificado, Francisco cruzó Roma en un sencillo coche policial del Vaticano hasta la basílica de Santa Maria Mayor, a la que llegó poco antes de las ocho de la mañana. El templo alberga la imagen mariana de Salus Populi Romani, la protectora del pueblo romano, que según se dice fue pintada por san Lucas. Francisco depositó allí un ramo de flores antes de pasar un rato en la capilla donde san Ignacio de Loyola celebró su primera misa en 1538. A continuación se fue a rezar ante la tumba de san Pío V, el Papa del siglo XVI que con su hábito dominico estableció la tradición de que las sotanas de los papas fueran blancas. De regreso al Vaticano se detuvo en Via della Scrofa para recuperar su maleta —subió a su habitación y recogió él mismo sus pertenencias—, y para asombro del personal, pagó la cuenta, diciéndoles que, como Papa, debía dar ejemplo.

Esa tarde celebró una misa con los cardenales electores, sorprendiéndolos al entrar con ellos a vestirse en la Sala de Bendiciones, como había hecho durante todo el cónclave. Los maestros de ceremonias se agolpaban a su alrededor para darle instrucciones sobre lo que debía hacer, y cuándo debía hacerlo, en su primera misa como Papa, pero los ahuyentó diciéndoles: «Tranquilos, no se preocupen por mí. Llevo cincuenta años diciendo misa. Pero no se vayan muy lejos por si los necesito.»

Durante el oficio predicó de pie desde el púlpito, como hace un cura de parroquia, en lugar de sentarse en una silla, como hacen los papas; y en lugar de leer un texto preparado, habló espontáneamente en un italiano impecable, predicando, como había hecho siempre, durante siete u ocho minutos sobre tres puntos clave: la importancia de caminar, de construir, y de confesarse. «Podemos caminar cuanto queramos, podemos construir tantas cosas, pero si no confesamos a Jesucristo, no vale —les dijo—. Nos convertiríamos en una ONG filantrópica, pero no seríamos la Iglesia, esposa del Señor.» También citó al francés radical converso Léon Bloy, a quien había leído con sus amigos de la Guardia de Hierro en la década de 1970. «Quien no reza al Señor, reza al diablo.»

Aquella noche entró en los aposentos papales —sellados desde la marcha de Benedicto— con el arzobispo Georg Gänswein, prefecto de la Casa Pontificia. Cuando este encendió la luz, Bergoglio descubrió una jaula de oro: habitaciones oscuras, con suelos de mármol y mobiliario pesado, que daban a otras iguales y que parecían no tener fin. Reconociendo una sensación de desolación, en ellas no vio más que soledad y aislamiento, y decidió en ese mismo instante que se quedaría a vivir en Santa Marta y solo usaría los aposentos para las reuniones.

Hizo algunas llamadas: a su dentista de Buenos Aires para cancelar una visita programada; a Daniel del Regno, el vendedor de diarios («En serio, soy Jorge Bergoglio, te estoy llamando desde Roma»), para agradecerle por sus años de servicio, y a la única hermana que le quedaba, María Elena.

«Me dijo: "Mirá, esto se dio así, y acepté" —recuerda ella—. Pero yo le dije: "Pero ¿cómo estás, cómo te sentís?" Él se moría de la risa, y me dijo: "Estoy bien, quedáte tranquila." Yo le dije: "Se te veía muy bien en televisión, tenías una expresión radiante. Ojalá pudiera darte un abrazo." Él me dijo: "Nos estamos abrazando, estamos juntos, te tengo muy cerca del corazón." "No es fácil explicar lo que es hablar con tu hermano, y tu hermano es el Papa", recuerda María Elena entre risas y lágrimas. "Es *muy* complicado.".»

Al día siguiente Francisco se reunió con todo el colegio cardenalicio, incluidos los no electores, en la Sala de las Bendiciones. Cuando el cardenal Murphy-O'Connor se acercó, el Papa lo abrazó y, riéndose, le apuntó con el índice: «¡Es culpa tuya! ¿Qué me has hecho?»[20]

Epílogo
La gran reforma

En el momento en que Francisco apareció en el balcón, vestido de blanco, Liliana Negre de Alonso —la política hostigada en 2010 por defenderlo en el caso de los matrimonios de personas del mismo sexo— se encontraba pronunciando un discurso en el Senado y se peleaba con su teléfono móvil, que no dejaba de sonar y vibrar, transmitiéndole la noticia. Cuando un asistente le mostró en su iPad la imagen de un Francisco radiante y un titular que rezaba: BERGOGLIO PAPA, la senadora por la provincia de San Luis se rindió y pidió permiso para interrumpir su intervención: «Se me hincha el corazón de orgullo porque un hermano argentino ha llegado a ocupar el lugar del sucesor de Pedro.»[1]

Por todo el país, en cada pueblo, en cada barrio, en cada villa miseria, la noticia de esa tarde sacó a las calles al santo Pueblo fiel de Dios, sobre todo en las zonas de clase trabajadora de Buenos Aires, donde la gente salía a la calle gritando: «¡Hicieron Papa al padre Jorge!» Sus amigos estaban entre los más sorprendidos. Alicia Oliveira, la jueza defensora de los derechos humanos que siempre lo había apoyado contra Verbitsky, se encontraba en un restaurante cuando el televisor del local dio la noticia. Se echó a llorar. «Señora, ¿qué le ocurre? —le preguntó un hombre sentado a una mesa cercana—. ¿Tan malo es ese Bergoglio?» «No —repuso ella entre sollozos—. Es que es amigo mío, y ya no lo volveré a ver más.»

A medida que la euforia y el asombro se propagaban, los asesores de la presidenta Kirchner la persuadieron de que aquello era muchísimo más importante que el triunfo de Argentina en el mundial de fútbol de 1978, que Francisco llegaría a ser mucho más famoso que Carlos Gardel, y que si la presidenta no cambiaba de actitud, su popularidad caería en picado. Tras un primer mensaje frío y reacio de felicitación, Cristina Fernández de Kirchner dio no ya un giro brusco, sino que, en una maniobra de cambio de sentido con frenazo, derrape y quemadura de rueda incluidos, se volvió «más papista que el Papa». Sus seguidores, obedientes, hicieron lo propio. Incluso la corrosiva Hebe de Bonafini, presidenta de las Madres de la Plaza de Mayo, captó el mensaje. En una carta en son de paz le hablaba a Francisco (al que llamaba «Don Francisco») de su sorpresa al descubrir su maravillosa labor en los barrios pobres.

La presidenta Kirchner fue la primera dignataria en ser recibida por el nuevo pontífice, un día antes de la misa de inauguración de su papado, el 19 de marzo, en un acto durante el cual ella le regaló el característico equipo de mate, con su bombilla, su yerbera, su termo e incluso su azucarero («Yo lo tomo amargo», le dijo él). Ella soltó una risita y dijo que nunca la había besado un Papa. Se había roto el hielo.[2]

A primerísima hora del día de la misa de inauguración del papado de Francisco, la multitud que, en vela, aguardaba en la plaza de Mayo frente a la catedral, recibió de repente una llamada suya, emitida por los altavoces. El Papa se dirigió a ellos en un lenguaje directo, con gran ternura, como si lo hiciera a su propia familia, pidiéndoles que cuidaran los unos de los otros, de los ancianos y de los jóvenes, del mundo que los rodeaba. «No le saquen el cuero a nadie», les dijo, usando una vieja expresión gaucha. El Papa no solo les hablaba en su propia lengua, sino valiéndose de sus propios giros idiomáticos, de su misma entonación. Ahora ya era otro, y, sin embargo, seguía siendo el mismo: un *Pontifex Maximus* porteño.[3]

«Vamos a tener que acostumbrarnos a una nueva manera de hacer las cosas», advirtió el padre Lombardi, en Roma, a los periodistas, que intentaban adaptarse a la franqueza y la libertad de Francisco. En su primer domingo como Papa, celebró misa en la pequeña iglesia vaticana de Santa Ana, revestido con una casulla tan fina que los policías romanos temblaron al verlo. Una vez fuera, se dedicó a saludar uno por uno a los asistentes a medida que iban saliendo, lo que llevó a algunos medios de comunicación a bautizarlo como «el párroco del mundo».

Después de vestirse de nuevo con sus hábitos papales, salió por la puerta de Santa Ana, abandonando por unos minutos territorio vaticano para estrechar la mano de quienes se agolpaban tras las vallas de la calle que conducía a la plaza de San Pedro. Su equipo de seguridad estaba en alerta máxima, mientras que había quien murmuraba que aquel acto voluntario de rebajamiento no era digno de un pontífice, que aquella informalidad, aquel estilo directo, equivalían a desmantelar el papado monárquico. En *La Stampa* el monje Enzo Bianchi se mostraba encantado. Francisco, escribió, es «el pontífice que se ha convertido en hombre».[4]

Francisco aprovechó la misa y el Ángelus del domingo siguiente para anunciar un *kairós*, un tiempo reservado a propósito de Dios, un tiempo en que Dios actúa de un modo nuevo y espectacular: una llamada a la acción, al arrepentimiento, a la renovación. «La misericordia es el mensaje más grande del Señor», anunció a las multitudes congregadas bajo el balcón del palacio apostólico, citando a una anciana de Buenos Aires que le había dicho que sin misericordia el mundo no existiría. «Quise preguntarle si había estudiado teología en la Gregoriana», añadió, en broma, refiriéndose a la célebre universidad de los jesuitas en Roma. Estaba entusiasmado, y llegaba con un mensaje de dicha que repetía una y otra vez: que Dios nunca se cansa de perdonarnos, pero que nosotros sí nos cansamos de pedir perdón. Combinaba el humor con las anécdotas, y finalmente deseó a los presentes un *buon pranzo* (buen almuerzo), no sin antes ensalzar al cardenal Kasper (cuyo libro *Misericordia* había leído durante el cónclave) definiéndolo como «un teólogo inteligente, un buen teólogo», y comentando, en tono jocoso, que no era su intención hacer publicidad del libro del alemán.

Bajo un cielo radiante, a la misa de inauguración de su papado —que tuvo lugar dos días después, el 19 de marzo, festividad de San José— asistieron delegados de 132 estados, una gran concentración de líderes religiosos y doscientas mil personas. Entre los dirigentes religiosos se encontraba, por vez primera en un acto de inauguración papal (al menos desde el Gran Cisma del siglo XI), el patriarca ortodoxo de Constantinopla, Bartolomeo, atraído por la referencia de Francisco a sí mismo como obispo de Roma presidiendo en caridad. Igual que en 2001, cuando se convirtió en cardenal, Francisco había enviado un mensaje a los suyos (en esta ocasión a través del nuncio) comunicándoles que no quería que la gente gastara dinero en vuelos para asistir a la misa, y que prefería que lo dieran a los pobres. Pero entre sus invitados personales se encontraba el líder de los cartoneros, Sergio Sánchez. El tema que Francisco desarrolló durante el sermón fue el del liderazgo protector y tierno de san José:

Nunca olvidemos que el verdadero poder es el servicio, y que también el Papa, para ejercer el poder, debe entrar cada vez más en ese servicio que tiene su culmen luminoso en la cruz; debe poner sus ojos en el servicio humilde, concreto, rico de fe, de san José y, como él, abrir los brazos para custodiar a todo el Pueblo de Dios y acoger con afecto y ternura a toda la humanidad, especialmente a los más pobres, los más débiles, los más pequeños; eso que Mateo describe en el Juicio Final sobre la caridad: al hambriento, al sediento, al forastero, al desnudo, al enfermo, al encarcelado (cf. Mt 25,31-46). Solo el que sirve con amor sabe custodiar.

El cardenal Christoph Schönborn, de Viena, que conocía a Jorge Bergoglio desde que este era obispo auxiliar de Buenos Aires, no podía contener las lágrimas durante la ceremonia. «Tim, habla como Jesús», le susurró en un momento a Timothy Dolan, cardenal de Nueva York, que repuso: «Cris, diría que eso va con el cargo.»[5]

Después de la misa, Francisco penetró en la multitud en un todoterreno blanco descapotable (técnicamente, también, un papamóvil), desprendiendo energía y dicha. En la plaza había pancartas con las palabras que Dios le dijo a san Francisco de Asís («Repara mi Iglesia»), y muchísimas banderas de países latinoamericanos mezcladas con otras europeas. La nueva Iglesia-fuente había llegado.

Francisco pasó largo rato entre la gente, besando, abrazando y estrechando manos, deteniéndose de vez en cuando para darle un sorbo a un mate que le ofrecían, algo que se convertiría en tradición en sus audiencias de los miércoles. Ese día dio inicio a algo que también se convertiría en un hábito: bajar del vehículo para abrazar, con gran ternura, a un hombre con discapacidad grave.

Ese tiempo semanal pasado en la plaza, concentrado en los enfermos y los discapacitados, y en su charla informal con la multitud, sería clave para la Gran Reforma: volvía a conectar al obispo de Roma con el santo Pueblo fiel de Dios, sanando las heridas del clericalismo, que en su peor momento había permitido o encubierto los abusos sexuales. Francisco no quería que se olvidara nunca que el pueblo fiel era el que importaba, aquel al que el clero debía servir, el que debía construir, sanar y alimentar.

«La Iglesia —había declarado ante la prensa el sábado anterior— es el santo Pueblo de Dios que va al encuentro de Jesucristo. Solo desde esta perspectiva puede explicarse satisfactoriamente la vida y la actividad de la Iglesia.» Se trataba de la hermenéutica —la clave para entender a la Iglesia— que había instado a seguir a los jesuitas en las décadas de 1970 y 1980, y a su clero en las de 1990 y 2000. Y esa era ahora una lección que ofrecía a la Iglesia universal.

Al término de aquella audiencia en la Sala Pablo VI para agradecer a los medios de comunicación su labor durante el cónclave —tradición iniciada por Benedicto XVI en 2005—, Francisco no se conformó con dar la habitual bendición apostólica, y destacó que muchos de ellos no eran católicos, ni siquiera creyentes. «Os doy cordialmente esta bendición en silencio, a cada uno de vosotros, respetando la conciencia de cada uno, pero en el conocimiento de que cada uno de vosotros es hijo de Dios», les dijo. A ellos les había sorprendido la delicadeza de aquel gesto y ahora, mientras hacían el equipaje para regresar a sus países, concluida ya la misa de inauguración, algunos de aquellos periodistas —sobre todo los ateos o agnósticos, que habían llegado a Roma escépticos por lo que se contaba sobre la corrupción y la hipocresía vaticanas— confesaban su asombro ante lo que había tenido lugar en el transcurso de las dos semanas anteriores: un barco varado volvía a surcar las olas, una vez más, movido por un viento fuerte y nuevo que parecía surgido de la nada.

Y eso era lo maravilloso del caso: que todo aquello pudiera suceder precisamente en el instante en que la larga noche del fracaso institucional era más oscura, cuando todo parecía viejo, gastado y desolado. Tal como Bergoglio había escrito veinte años atrás, en la tristeza de los días pasados en Córdoba: «Y, sin embargo, es cadáver y la divinidad se esconde en él, y resucitará... La reforma de Dios se hace allí donde no queda otra que esperar contra toda esperanza.»[6]

Desde esa primera semana extraordinaria, Francisco se ha dedicado a desmontar el modelo centralista y monárquico del Vaticano y a crear estructuras que, por seguir con la misma metáfora inexacta, solo pueden ser descritas como «republicanas». No se trata de una labor rápida. «Cuando el cardenal Martini habló de centrarse en los consejos y los sínodos, sabía lo largo y difícil que resultaría ir en esa dirección», declaró Francisco en octubre de 2013. «Él quería proceder —añadió— suavemente pero con firmeza y tenacidad» por esa ruta de colegialidad y «sinodialidad».[7]

Menos de un mes después de su elección ya había creado un consejo de ocho arzobispos cardenales de todo el mundo para que lo asesoraran en el Gobierno de la Iglesia universal y planificaran la reforma de la Curia romana. Describió ese C8 —que posteriormente pasaría a ser C9— como «el principio de una Iglesia con una organización que no va solo de arriba abajo, sino que también es horizontal». Ese gabinete interno se reúne aproximadamente cada dos meses en el Vaticano. «Y siempre estoy presente en esos encuentros —contó Francisco a *La Stampa*—. Pero no hablo, solo escucho, y me hace bien.» Los cardenales proceden de Alemania, Congo, Estados Unidos, Australia, Honduras e Italia, por lo que, de un plumazo, la periferia —los continentes del mundo— se llevan al centro y ofrecen «unas perspectivas distintas de las que llegan a la Santa Sede», en palabras del cardenal Óscar Rodríguez de Madariaga, arzobispo de Tegucigalpa, Honduras, que preside el C9. De ese modo, Francisco ha creado un mecanismo para evitar aquel peligro identificado por Congar: que cuando el personal de la Iglesia se escoge entre un cierto perfil de persona —normalmente alguien fiable y previsible, que defiende la fidelidad y la tradición pero no asume riesgos y no causa sorpresas— la institución acaba levantando una barrera entre el centro y la periferia al convertir ese centro en una especie de partido.[8]

De manera análoga, Francisco había pedido a los cardenales que asumieran un papel mayor en el Gobierno de la Iglesia universal, como en los días anteriores a la Reforma, cuando estos actuaban como algo equivalente a un Senado. El nombramiento de nuevos cardenales en los consistorios de febrero de 2014 y 2015 revela la orientación futura que desea imprimir al colegio: aumentar la voz de los países pobres, corregir el desequilibrio eurocéntrico de este y reducir el número de cardenales de la Curia. Durante la ceremonia pidió a los 185 cardenales que renunciaran a ser príncipes de la Iglesia, que desterraran la «mentalidad mundana» de «rivalidad, celos y facciones», así como de «intriga, habladurías, camarillas, favoritismos y preferencias». «Un cardenal —dijo— entra en la Iglesia de Roma, no en una corte real.» Y añadió que Jesús no había venido para enseñar buenas maneras, sino para «mostrarnos la única manera de salir de las arenas movedizas del pecado, y esa manera es la misericordia». Les dijo que debían «oponerse a la arrogancia con mansedumbre», y usar «el lenguaje del Evangelio: sí cuando queremos decir que sí; no cuando queremos decir que no».[9]

Siempre que es posible, los cardenales consejeros del C9 también están o han estado al frente de sus respectivos órganos obispales supranacionales: el cardenal Reinhard Marx, de Múnich, Alemania, y Oswald Gracias, de Bombay, India, son presidentes, respectivamente, de la COMECE (Comisión de Conferencias Episcopales de la Comunidad Europea) y de la FABC asiática, mientras que Laurent Monsengwo Pasinya de Kinshasa (Congo) y Francisco Errázuriz Ossa, emérito de Santiago (Chile) habían sido presidentes de la africana SECAM y de la latinoamericana CELAM.

Así, sin gran fanfarria, Francisco está revirtiendo el viejo orden. En lugar de hacer que la Iglesia local deba responder ante el Vaticano, está haciendo que este sirva a la Iglesia local. Ello implica un reconocimiento de las expresiones colegiales de esa Iglesia, que con tanta frecuencia el Vaticano ha ignorado, cuando no ha visto como una amenaza. *Evangelii Gaudium* manifiesta con claridad su intención de otorgar a las conferencias episcopales (incluidos los órganos supranacionales como el CELAM y la CCEE), una «autoridad doctrinal genuina», abriendo la puerta a restaurar el equilibrio, existente en la Iglesia primitiva, entre las Iglesias universal y local. Esas reformas implican que lo ocurrido en Santo Domingo en 1992 no debería repetirse, mientras que futuras «Aparecidas» proliferarán en otros continentes, cuando llegue el momento de que las otras Iglesias se conviertan en fuente. Resulta incluso posible imaginar patriarcados regionales autogobernados que nombren a sus propios obispos y decidan sobre cuestiones litúrgicas y pastorales, como apunta el arzobispo John R. Quinn en su conocido libro sobre colegialidad. (Cuando Quinn se encontró con el cardenal Bergoglio en Roma en abril de 2012, este le dijo que había leído su libro y que rezaba para que sus propuestas llegaran a aplicarse.)[10]

La colegialidad implica una limitación autoimpuesta en el ejercicio del poder papal. Cuando en mayo de 2013 se publicó la edición correspondiente del Anuario Pontificio, a Francisco se lo describía simplemente como «obispo de Roma», mientras que los títulos más elaborados adoptados en el momento álgido del centralismo papal se consignaban en una página posterior. Tras hacer notar en el *Evangelii Gaudium* que «una excesiva centralización... complica la vida de la Iglesia y su dinámica misionera», Francisco había ordenado una reducción en el número de documentos y conferencias que habían de salir de las agencias vaticanas: su opinión era que el exceso de teología y derecho romano habían asfixiado iniciativas de las Iglesias locales y habían restado libertad de acción (como en el caso de su propia batalla respecto a los matrimonios entre personas del mismo sexo, en 2010). Parte de la labor de un Papa y de su guardián doctrinal es mantener los límites del consenso católico, sin el cual la unidad resulta imposible, pero se trata de un papel que ha de ejercerse con cautela. En enero de 2014 Francisco advirtió a la Congregación para la Doctrina de la Fe (CDF) contra la tentación de «entender la doctrina en sentido ideológico» o de reducirla a un conjunto de teorías abstractas y cristalizadas. «En realidad, la doctrina tiene el único propósito de servir para la vida del Pueblo de Dios, y busca asentar nuestra fe sobre unos cimientos sólidos.»[11]

Para evitar una pérdida de importancia del papel de las conferencias episcopales causada por la presencia de un Papa viajero e «imperial», Francisco, durante su primer año, limitó sus viajes apostólicos —exceptuando la Jornada Mundial de la Juventud en Río de Janeiro— a Italia. En 2014, estuvo en Tierra Santa en mayo y en Corea del Sur en agosto, viajes a los que sumó una visita a la ciudad de Estrasburgo en noviembre y un viaje a Turquía en ese mismo mes. En 2015, los viajes programados incluyen Sri Lanka y Filipinas, así como América Latina, África y Estados Unidos. Francisco recurre a los viajes para tender puentes más allá de las fronteras, promoviendo una cultura del encuentro o, en el caso de Estrasburgo, a fin de intentar que las instituciones políticas vuelvan a conectar con el pueblo. Evita referirse a la legislación de los países que visita, y deja que sean los obispos de estos quienes emitan declaraciones y elaboren políticas eclesiásticas específicas: en *Evangelii Gaudium*, Francisco cita a Pablo VI, para el que no era ni la ambición ni la misión del Papa proporcionar respuestas únicas a problemas amplios y variados, y para el que «incumbe a las comunidades cristianas analizar con objetividad la situación propia de su país». Aun así, apoya con gusto a los obispos locales a la hora de avanzar por nuevos territorios políticos, como cuando, en julio de 2014, apeló a la protección de los inmigrantes jóvenes que cruzaban la frontera mexicana camino de Estados Unidos.[12]

Un lugar muy destacado de la agenda del Papa lo ha ocupado la reforma del sínodo, que de ser un encuentro predecible y sin demasiado interés en Roma cada tres años ha pasado a convertirse en un reconocido y poderoso instrumento de Gobierno colegial. Francisco ve un sínodo reformado como parte esencial para superar el centralismo vaticano y para volver a conectar el centro con la periferia, desde la que cree —de acuerdo con Yves Congar— que llega el cambio profético. («Si existe un pecado por parte del movimiento de reforma al rechazar o malinterpretar la exigencia de unidad eclesiástica —escribió Congar—, existe un pecado paralelo de la institución que consiste en entender mal, o asfixiar, los impulsos periféricos», a lo que añadía que la obligación del centro pasa por atender a la periferia «cuando la savia bulle en un árbol que tiene dolores de crecimiento».) El cardenal Lorenzo Baldisseri, a quien Francisco nombró secretario general del sínodo no mucho tiempo después de su elección, declaró en junio de 2013 que el Papa quería «un sínodo dinámico, permanente, no como un organismo estructurado, sino como una acción, como una ósmosis entre el centro y la periferia».[13]

Los planes de Francisco pudieron intuirse en una carta que el 1 de abril de 2014 escribió a Baldisseri en la que describía el sínodo en unos términos legales que apenas se habían oído desde la década de 1960. Traducidos al lenguaje del seglar, muestran que Francisco pretende que el sínodo reformado cuente con poder real para deliberar sobre cuestiones principales que afectan a la Iglesia, tal como ya hizo durante los primeros siglos del Cristianismo; y para ser un organismo que exista fuera y por encima de la propia Curia, y que rinda cuentas al Papa, pero también a los obispos. El máximo responsable del derecho canónico del Vaticano, el cardenal Francesco Coccopalmerio (uno de los que contribuyó a la elección de Francisco), se encuentra actualmente trabajando en los detalles.[14]

A principios de octubre de 2013, después de que Francisco se reuniera durante dos días con el consejo de Baldisseri, se anunció que el sínodo abordaría un amplio abanico de espinosas cuestiones pastorales relacionadas con el matrimonio y la familia, incluido el asunto que se había enquistado en el sínodo de 2005: el acceso a los sacramentos de personas divorciadas, y de personas casadas de nuevo. Se recurriría a un método totalmente distinto, que se iniciaría con una encuesta y seguiría con tres asambleas en un periodo de dieciocho meses. Así, durante un encuentro de dos días celebrado en febrero de 2014, el colegio cardenalicio abordó la presentación del cardenal Walter Kasper y los desafíos que esta planteaba. En el mes de octubre siguiente, los presidentes de las conferencias episcopales, así como los cardenales de la Curia, dedicaron dos semanas en un «sínodo extraordinario» a formular un informe que conduciría a la votación, el año siguiente, de propuestas concretas en un sínodo «ordinario» de tres semanas.

El sínodo extraordinario de octubre de 2014 fue tormentoso, y las crónicas periodísticas trazaron en ocasiones un cuadro lúgubre de divisiones y politiqueo. Sin embargo, quienes lo vivieron desde dentro informaron de un ambiente similar al del Concilio Vaticano II. «La visión misionera del Vaticano II de Juan XXIII y del papa Pablo VI la vivíamos, en cierta manera, nosotros —comentó el cardenal de Manila, Chito Tagle—. Los que no pudimos participar en el Concilio Vaticano II tuvimos un pedacito allí, una especie de degustación.»

A pesar de informes según los cuales el sínodo conducía a una «suavización» de las enseñanzas de la Iglesia, las doctrinas básicas permanecieron intactas: el sexo era para practicarlo dentro del matrimonio, el matrimonio era la unión indisoluble de un hombre y una mujer, fiel y abierta a la vida. Pero los padres del sínodo dejaron claro, en el transcurso de aquella semana, que no estaban allí para repetir lo que enseñaba la Iglesia, sino para pensar de manera creativa nuevas manera de caminar junto a la gente que estaba lejos de vivir según la doctrina de la Iglesia en relación con el matrimonio. Los participantes vinculaban de manera expresa ese nuevo enfoque a dos documentos conciliares: *Lumen Gentium*, con su reconocimiento de que las semillas de la verdad existían fuera de la Iglesia, y *Gaudium et Spes*, con su conmovedora apelación a caminar con la humanidad en sus pruebas y en sus sueños.

Francisco pidió a los participantes que se expresaran sin temor y escucharan con humildad: esas son las condiciones que, según la concepción que Francisco tiene de la dinámica espiritual de la toma de decisiones, crean un espacio para que el Espíritu Santo actúe. A partir de ahí fue muy poco lo que añadió, aunque estuvo presente en todo momento. Llegaba temprano todos los días para dar la bienvenida a los delegados, se mostraba accesible a todos ellos a la hora del café, y ofrecía bombones a los traductores. Había tensiones y desacuerdos sobre cuestiones de procedimiento, así como sobre asuntos específicos, y un grupo de cardenales conservadores expresó públicamente su consternación. Aun así, el documento que se dio a conocer finalmente a partir de los debates mantenidos por pequeños grupos reflejaba un amplio consenso, con la excepción de tres párrafos sobre la homosexualidad y la cuestión del acceso a los sacramentos, sobre los que no se consiguió alcanzar la mayoría habitual de los dos tercios. Francisco no se arredró. Manifestó que ese no era el documento final, sino la base para el siguiente sínodo, y ordenó que se publicara junto con el cómputo de votos: «Hemos emprendido un camino de apertura —les dijo—. Quiero que todo el mundo sepa a qué nos dedicamos.»

A continuación pronunció uno de los discursos más significativos de su pontificado. A la manera del maestro jesuita de retiros espirituales que había sido en otro tiempo, enumeró las luces y las sombras de las dos semanas anteriores, identificó los movimientos de espíritus, y advirtió contra las «tentaciones» de huir de la tensión, ya fuera a través de la rigidez doctrinal o de una tendencia liberal a amoldarse al mundo. Y les pidió que no se preocuparan, que quienes veían solo una «iglesia en disputa» debían darse cuenta de que se habían reunido *sub et cum Petro*: con y bajo el Papa. El Papa era «el garante de la obediencia y la conformidad de la Iglesia a la voluntad de Dios, al Evangelio de Cristo y a la Tradición de la Iglesia», les dijo.

Francisco, en ese caso, recurría a sus muchos años dedicados al estudio profundo de la actuación del Espíritu Santo sobre el cuerpo cristiano —el tema de la tesis doctoral que había empezado y había dejado inconclusa durante la década de 1980—. Se había propuesto comprender de qué modo las visiones divergentes en la Iglesia, expresadas libremente y canalizadas con propiedad, abrían espacios para que el Espíritu Santo aportara nuevas soluciones creativas, tal como había hecho en los concilios de la Iglesia primitiva. Sin embargo, esas mismas divergencias también son las que destruyen el camino hacia la convergencia —las tentaciones que convierten los desacuerdos en contradicciones—, cuando las opiniones se alejan de la unidad del todo y se desarrollan en oposición al cuerpo generando rivalidad, conflicto y cisma.

Francisco se mostraba tranquilo tras el sínodo porque, por más intensos que hubieran sido los desacuerdos, veía en él un proceso de discernimiento eclesiástico auténtico, una reforma verdadera en el sentido de Congar: pastoral, anclado en las doctrinas fundamentales de la Iglesia, y orientado a aligerar las cargas del santo Pueblo fiel de Dios. Expresando su satisfacción con dicho proceso, manifestó a *La Nación* en diciembre de 2014 que lo que se había creado en el sínodo era «un espacio cubierto, protegido, para que el Espíritu Santo trabaje».[15]

El consistorio de cardenales de finales de febrero de 2014 ofreció un mirador privilegiado desde el que presenciar el nuevo y asombroso grado de actividad en el Vaticano generado por la Gran Reforma. Un comentarista veterano llegado a Roma esos días describió la Santa Sede como «prácticamente un atasco de comisiones, consejos y consistorios».[16] Allí había consultores internacionales y empresas auditoras entrando y saliendo; McKinsey dedicado a revisar las comunicaciones, KPMG, a elevar los estándares contables, Ernst & Young, a actualizar las finanzas del Gobierno de Ciudad del Vaticano, y el Promontory Financial Group, con sede en Washington, a cribar las operaciones de la IOR (la llamada Banca Vaticana), así como las de la

APSA (Administración del Patrimonio de la Sede Apostólica), que gestiona los *holdings* de la Santa Sede.[17]

En efecto, a los pocos meses de su elección como Papa, Francisco invitó a siete financieros a un encuentro en la Casa Santa Marta. Entre ellos se encontraban Jean-Baptiste Franssu, exjefe del gigante de la gestión de inversiones INVESCO; George Yeo, exministro de Asuntos Exteriores de Singapur; y Jochen Messemer, alto ejecutivo de una compañía de seguros alemana, ERGO. Francisco les expuso que para que el mensaje espiritual de la Iglesia resultara creíble, las finanzas vaticanas también debían serlo. Les informó de que había llegado el momento de contar con reglas y protocolos estrictos, de una transparencia completa, y de una gestión financiera sensata, así como de aplicar una reducción de costos a fin de liberar más dinero con el que ayudar a los pobres. «Cuando la administración es gorda, no es saludable —les dijo, y añadió—: Ustedes son los expertos, y confío en ustedes. Quiero soluciones a estos problemas, tan pronto como sea posible.»

El grupo, conocido como la COSEA (Organización de la Estructura Económica-Administrativa de la Santa Sede), estaba dirigido por Joseph Zahra, banquero maltés. Sin cobrar nada por sus servicios, aquellos altos ejecutivos se reunieron con regularidad durante diez meses para establecer reformas en la gestión económica del Vaticano, regidos por tres principios básicos: que este debía adoptar los estándares financieros internacionales actuales, que sus políticas y procedimientos debían ser transparentes, con declaraciones financieras anuales revisadas por una de las cuatro grandes auditoras, y que debían existir múltiples fuentes de autoridad, cada una de ellas bajo el control de un dirigente laico, de un experto internacional reconocido. La coordinación de todo ello correría a cargo del Secretariado de Economía, cuya creación Francisco anunció inmediatamente después del consistorio de febrero de 2014. Está dirigido por el cardenal australiano George Pell, que a su vez rinde cuentas ante un nuevo Consejo para la Economía constituido por expertos profesionales seglares, así como por obispos con experiencia financiera. Pell trata directamente con el Papa.

En julio de 2014, el cardenal Pell —hombre sin pelos en la lengua—, anunció una serie de reformas en la llamada Banca Vaticana que pasaban por la supresión de la cartera de inversiones y la conversión de esta en una cuenta de ahorro y préstamo para las congregaciones religiosas. El Instituto para las Obras de Religión (IOR), ya había reducido su hoja de balances tras cerrar aproximadamente tres mil cuentas que no encajaban con ese nuevo perfil. El cardenal Pell dijo que, a partir de entonces, el propósito era ser modelos de buenas prácticas y administración: es decir, ser «anodinamente exitosos». «Una Iglesia para los pobres —dijo—, no tiene por qué estar pobremente gestionada.» Pell también anunció la creación de una comisión de once miembros dirigida por el expresidente de la BBC lord Patten, que recomendó racionalizar unos centros de comunicación vaticanos que se solapaban unos con otros.[18]

Entretanto, el consejo de cardenales de Francisco, el C9, ha seguido trabajando para poner al día la Curia romana. Su noveno miembro es el secretario de Estado de Francisco, el cardenal Pietro Parolin, un diplomático de carrera italiano de sesenta años que constituye la antítesis de sus predecesores, un reformista humilde y de mentalidad evangélica parecido a Francisco. (Su austeridad contrasta aún más con la de sus predecesores tras las revelaciones de mayo de 2014 según las cuales las obras realizadas en los aposentos destinados al retiro del cardenal Bertone, en un edificio contiguo a la Casa Santa Marta, habían supuesto la unión de dos apartamentos y una terraza, dando como resultado una vivienda que multiplica por diez los metros cuadrados de la vivienda de Francisco, de solo dos habitaciones.) El secretario de Estado ha ejercido tradicionalmente un papel dual: es el primer diplomático vaticano, responsable de las relaciones exteriores de la Santa Sede, y jefe de personal a cargo de la Curia. Es probable que en el futuro se concentre en la primera de sus dos atribuciones, y que se cree un nuevo puesto para el segundo, un *moderator curiae*, para que se ocupe de la burocracia vaticana.[19]

La tarea del C9 consiste en simplificar y actualizar las colapsadas, complejas y a menudo duplicadas jurisdicciones de las nueve congregaciones vaticanas (que son potentes organismos legislativos), los nueve consejos pontificios y las siete comisiones pontificias (todas de carácter principalmente consultivo), así como los tres tribunales. La propuesta es crear dos nuevas congregaciones, una para Laicidad y otra para Justicia y Caridad, que absorberán los consejos pontificios existentes. Otras congregaciones se cerrarán o se unificarán.

Las nuevas congregaciones envían poderosas señales: que el santo Pueblo fiel de Dios es tan importante como los obispos y el clero, y que la justicia y la caridad están en el corazón de la misión del Papa.

Entretanto, Francisco lleva un tiempo persiguiendo un cambio en la cultura vaticana. La mayoría de los puestos de la Curia sigue sin confirmar. Ha retirado bonificaciones y ha ordenado que los menores de sesenta y cinco años renuncien al título de monseñor y, a partir de febrero de 2014, a los jefes de los departamentos vaticanos se les ha pedido que suspendan las nuevas contrataciones, los incrementos salariales y las horas extras, en un intento urgente de reducir costes y neutralizar las carencias presupuestarias. Al mismo tiempo, Francisco ha introducido la práctica obligatoria de los retiros espirituales para todos los que trabajan en la Curia, y está buscando otras maneras de alimentar y apoyar a las cuatro mil personas, aproximadamente, que conforman la plantilla. Pero está decidido a cambiar sus valores para que sea el Vaticano el que modele la cultura que Francisco desea ver en toda la Iglesia. Inmediatamente antes de la Navidad de 2014, enumeró quince tentaciones, o enfermedades, que el Vaticano debía evitar, entre ellas el arribismo profesional, el egoísmo, la rivalidad, el chismorreo y la arrogancia. El discurso alcanzó notoriedad, entre otras cosas, por su referencia a enfermedades modernas —habló de «alzhéimer espiritual» y de «esquizofrenia existencial»— para ilustrar sus argumentos.

Francisco se ha convertido en el más accesible de los papas modernos, y casi siempre se lo encuentra a la hora del almuerzo en el restaurante de Santa Marta, donde dispone de una mesa reservada pero deja a los visitantes boquiabiertos cuando se pone a la cola con su bandeja, como todos los demás, para servirse del bufé. Sale a recibir personalmente a sus visitas a las puertas de la Casa Santa Marta, y asombra a la gente montándose con ella en el ascensor. («No muerdo», los tranquiliza él.) Ya no hay cuellos de botella alrededor del secretario de Estado, que también vive en Santa Marta, y las filtraciones han dejado de existir.

Sin embargo, en otro sentido, Francisco se ha vuelto menos accesible. Durante los papados de Juan Pablo II y Benedicto XVI, el recorrido hasta el Papa estaba claro y se realizaba a través de una serie de intermediarios, en cuya cúspide se encontraba el secretario de Estado. Ahora todo es más difuso: la manera más fácil de contactar con él no es a través de los intermediarios vaticanos, sino de sus personas de confianza. Como consecuencia de ello, muchos se han visto desplazados. La extraordinaria popularidad de Francisco más allá de los límites de la Iglesia contrasta notablemente con la imagen que se tiene de él en el Vaticano, donde las quejas son considerables. La vieja guardia ha perdido el control: funcionarios poderosos hasta hace poco tiempo se sienten excluidos, y expresan su resistencia trabajando como siempre han hecho. Otros se muestran furiosos ante el desprecio aparente de Francisco por el decoro y la tradición. También están quienes cuestionan la dureza de su lenguaje para describir las maneras cortesanas de la Curia, y sienten que no está de su parte. El problema del «hijo mayor» expuesto por Francisco también se da en el Vaticano. «Entiendo que el Papa quiera que vivamos de acuerdo con nuestros ideales, pero uno a veces se pregunta si tiene algo positivo que decir sobre nosotros», se dice que dijo un funcionario después del tirón de orejas prenavideño de Francisco. Con todo, sería erróneo considerar que las tensiones son entre la Curia y los asesores de Francisco. «Hay muchos miembros del personal de la Curia que están de acuerdo en que las cosas no pueden seguir como están y nos apoyan», comenta el cardenal Rodríguez.[20] La línea sigue siendo muy fina: Francisco no puede enemistarse por completo con aquellos a quienes desea cambiar.

Francisco y el cardenal Parolin han dado pasos para romper el círculo de poder que existe alrededor del cardenal Bertone, degradando a sus aliados clave, así como cortando la cómoda vía de contacto entre Bertone y el *establishment* político conservador italiano. Los partidarios de la línea dura han sido sustituidos por figuras de perfil más moderado y pastoral. Dos congregaciones en concreto son las que han sufrido una remodelación más profunda: la de Educación (que retrasó la confirmación de Fernández como rector de la Universidad Católica de Buenos Aires) y la de los obispos (en la que los partidarios de la línea dura bloqueaban las decisiones de los obispos argentinos). En este último caso, Francisco ha relevado a varios poderosos *rigoristi* —entre ellos a los cardenales Raymond Burke y Justin Rigali— a fin de permitir la elección de obispos más pastorales. (El cardenal Burke había comentado que no creía que *Evangelii Gaudium* estuviera destinada a incorporarse a la doctrina papal; posteriormente, durante el sínodo de octubre de 2014, declaró a los medios que la Iglesia era «como un barco sin timón».)[21]

Una prueba del éxito de la campaña de Francisco contra la mundanidad espiritual —tema recurrente en sus sermones y discursos— la da el hecho de que los excesos vaticanos sean hoy noticia en la prensa. El Papa Francisco, por ejemplo, se mostró indignado con la celebración de un banquete ofrecido a 150 empresarios y periodistas en la terraza de la Prefectura Vaticana para Asuntos Económicos el 27 de abril de 2014, coincidiendo con la ceremonia de canonización de Juan XXIII y Juan Pablo II, que supuestamente costó a los patrocinadores —una compañía de seguros y una petrolera— veinticinco mil dólares. La mera idea de que a Francisco ese tipo de cosas le parezcan mal ya ha tenido un efecto disuasorio: los observadores informan de que se ha producido una reducción drástica de los coches oficiales en los estacionamientos del Vaticano, así como una mayor vacilación a la hora de lucir vestimentas clericales extravagantes. Apenas un mes después de la elección de Francisco como Papa, un veterano cardenal italiano con debilidad por los hábitos corales, la púrpura cardenalicia y las intrincadas insignias propias de su cargo apareció en su restaurante habitual vestido con una discreta sotana negra. Preguntado por su nueva imagen, respondió: «Con este Papa, ahora lo chic es lo sencillo.»[22]

Bañado por una oleada de popularidad sin precedentes, hacia el final de su primer año como Papa Francisco parecía figurar en todas las portadas de todas las revistas y encabezar todas las listas de personajes del año, considerado como líder modélico que había revertido la suerte de su maltrecha institución, convirtiéndola de nuevo en una fuerza en el mundo. *Vanity Fair* dio el pistoletazo de salida cuando, en julio de 2013, declaró que «sus primeros cien días ya lo han situado en la categoría de los líderes mundiales que hacen historia». Antes de la Navidad de 2013 fue declarado «personaje del año» por la revista *Time*, así como por el *Times* de Londres y por la publicación gay *Advocate*. Fue tema de largos reportajes en *Rolling Stone* y *New Yorker*, encabezó la lista de los líderes mundiales más destacados de la revista *Fortune*, y *Forbes* lo consideró «la cuarta persona más poderosa del mundo» (por detrás de los presidentes de Estados Unidos, Rusia y China), al tiempo que *Prospect* lo incluía entre los cinco pensadores más influyentes del mundo, junto con economistas y filósofos como Amaryta Sen. *The Economist* publicó que la Escuela de Negocios de Harvard debería estudiar a Francisco, junto a Lou Gerstner y Steve Jobs (el presidente de Apple) como ejemplo de «nuevos directivos» que insuflaban nueva vida a organizaciones moribundas, describiéndolo como «el hombre que en apenas un año ha relanzado la Iglesia católica global». El británico *The Guardian* llegó a la conclusión de que Francisco era «la voz mundial más alta y más clara contra el statu quo», y el *Financial Times* dijo de él que era «el principal símbolo global de compasión y humildad».[23]

Sin modificar ni un solo punto central de la doctrina de la Iglesia —algo que un Papa no tiene autoridad para llevar a cabo—, Francisco había conseguido lo que parecía imposible solo un año antes: hablar al corazón de la cultura occidental contemporánea Los católicos ya no tenían que mantenerse a la defensiva; como dijo un periodista, «el efecto general ha sido el de devolver a la Iglesia su admirable y amorosa presencia en la escena mundial».[24] Sin embargo, explicar exactamente qué era lo que había hecho Francisco no resultaba tan sencillo. *Time* lo nombró «personaje del año» por «sacar el papado del palacio y llevarlo a las calles», y por «lograr un equilibrio entre sensatez y misericordia». Aun así, en el anuncio publicitario previo a la salida del número (que posteriormente corrigieron) se decía que el Papa «se ha ganado corazones y titulares con su toque de hombre corriente, y con su rechazo a los dogmas y a los lujos de la Iglesia». Aquella «canonización» de *Time* era, en palabras de un observador, un intento de convertir a Francisco en un «cruzado del humanismo». Y, sin embargo, el artículo se esforzaba por comprender cómo era posible que un Papa lo cambiara todo sin cambiar en absoluto la doctrina, y llegaba a la conclusión de que el sumo pontífice era un maestro de las relaciones públicas.

Pero aquella idea no resultaba convincente. Lo que atraía a la gente de Francisco era que era él mismo, por completo, que actuaba con total libertad y honestidad, indiferente a los titulares de prensa. Como destacó el *Financial Times*, Francisco «posee una sinceridad y una autenticidad que ningún otro líder mundial es capaz de igualar».[25]

Lo que había cautivado al mundo —aunque eran pocos los que se atrevían a expresarlo con la sencillez del cardenal Schönborn durante la misa de inauguración— era que las acciones, las palabras y los gestos de Francisco habían despertado en la cultura occidental un tenue recuerdo, a menudo inconsciente pero aun así poderoso, de alguien amado pero perdido desde hacía mucho tiempo.

«Algunos dicen de usted que es un revolucionario», le dijo un periodista del periódico barcelonés *La Vanguardia* en junio de 2014. Francisco respondió:

> Para mí, la gran revolución es ir a las raíces, reconocerlas y ver lo que esas raíces tienen que decir el día de hoy. No hay contradicción entre revolucionario e ir a las raíces. Más aún, creo que la manera para hacer verdaderos cambios es la identidad. Nunca se puede dar un paso en la vida si no es desde atrás, sin saber de dónde vengo, qué apellido tengo, qué apellido cultural o religioso tengo.[26]

El que recurre a las raíces es un radical (del latín *radicalis*, que forma la raíz). El radicalismo de Francisco nace de su extraordinaria identificación con Jesús tras una vida de inmersión total en el Evangelio y en la oración mística. Esa identificación le lleva a querer simplificar, centrar, aumentar las ocasiones de despejar el camino para que Dios actúe. Ello conduce a un tipo de liderazgo dinámico, desconcertante, que si bien hace las delicias de la mayoría de los católicos y atrae a las personas más allá de las fronteras de la fe, ha escandalizado y desconcertado a diversos «partidos» dentro de la Iglesia. En eso, Bergoglio y Francisco han mantenido la coherencia: un radical puede resultar profundamente atractivo, pero jamás podrá gustar a todo el mundo.

La proclamación de Francisco de un *kairós* de misericordia nace de su convicción de que un mundo que está siendo transformado por la tecnología y la riqueza es proclive, sobre todo, a la ilusión de que son los seres humanos, y no Dios, los soberanos. La misericordia es el gran antídoto tanto contra el optimismo progresista como contra el pesimismo conservador, pues entronca su esperanza en el perdón de Dios de nuestros pecados, más que en nuestra creencia en nuestros propios recursos. Por eso los pobres tardan menos en entender a Francisco que los ricos y los educados, y por eso la oposición a Francisco ha llegado desde élites investidas de discursos concretos.

Uno de esos discursos, sobre todo en Europa y Estados Unidos, era que la Iglesia se halla en declive como consecuencia de una cultura hostil contra la que la reacción necesaria es una postura defensiva que haga hincapié en la pureza y la lealtad. Al demostrar que, inconscientemente, la cultura occidental se siente atraída por el modelo de Cristo, Francisco le ha dado la vuelta a esa idea. El discurso del declive y la actitud defensiva era «como un abrigo de invierno, que protege del frío —observa Michael Sean Winters—. Francisco ha tomado ese abrigo y ha animado a todos a reconocer que ya no hace frío. El efecto desorienta a quienes de pronto se ven sin abrigo y, lo que es peor, se preguntan por qué lo llevaban puesto».[27]

Lo espontáneo de su estilo comunicativo y su proclamación en clave misionera —es decir, poniendo el amor, la misericordia y la sanación en primer lugar, por delante de reglas y doctrinas—, han ofendido particularmente a algunas personas situadas en primera línea de fuego de las guerras culturales en Estados Unidos. Hay quien considera que los comentarios improvisados de Francisco durante sus homilías y en las frecuentes entrevistas que concede crean ambigüedades susceptibles de ser explotadas y malinterpretadas por los enemigos de la Iglesia. Lo que les había dado «la confianza, el fundamento doctrinal sólido que necesitaban para combatir en la lucha por el bien —en palabras de una autora provida— era un sistema en el que todas y cada una de las palabras pronunciadas o escritas por un papa, o para el caso por cualquier instancia del Vaticano, habían sido cuidadosamente examinadas y aprobadas. Ahora —añadía ácidamente— parece que no haya nadie que se encargue de vigilar la tienda».[28]

Un ejemplo temprano de ello se produjo en mayo de 2013, cuando Francisco, en el transcurso de una homilía, dijo que Jesucristo había redimido a todo el mundo, «incluidos los ateos», lo que parecía dar a entender que los ateos podían salvarse sin convertirse. Ese y otros comentarios le valieron críticas de «ingenuidad» e «imprudencia», y alimentaron a aquellos (liberales) que atacaban la Iglesia. La inquietud conservadora aumentó en otoño de 2013 con la muy difundida entrevista a la publicación jesuita, que dio pie a lo que para ellos eran espantosos titulares de prensa: «El Papa critica abiertamente la obsesión de la Iglesia por gais y aborto» (*New York Times*); «Papa Francisco: la Iglesia no puede "interferir" en los gais» (*CNN*); y «Papa Francisco: La Iglesia tiene que suavizar su posición sobre el aborto» (*San Francisco Chronicle*). Muchos se convencieron de que Francisco se entregaba a la modernidad secular, convicción reforzada a partir de los elogios que recibió de estandartes del progresismo tales como *Time* y *Advocate*. Cuando el *New York Times* publicó durante el sínodo de octubre de 2014 que el Vaticano estaba «suavizando su línea» sobre los gais, varios *rigoristi* empezaron a criticar abiertamente al Papa.

La alarma por la entrevista concedida al medio jesuita no hizo más que incrementarse con la publicación de otra aún más explosiva, aparecida pocas semanas después en *La Repubblica*, resultado de un encuentro entre Francisco y el fundador del rotativo, un católico de noventa años convertido en intelectual ateo llamado Eugenio Scalfari.

El diálogo Scalfari-Francisco mostraba la gran habilidad del Papa para atraer a los no-creyentes. Se iniciaba en el verano de 2013, en las páginas de *La Repubblica*, y proseguía en la entrevista que Scalfari transcribió en el mismo diario a principios de octubre. Cuando se encontraron en Santa Marta, Scalfari compartió con él su viaje a la incredulidad, en el clásico relato moderno de un adolescente creyente que, en la escuela secundaria, descubre a Descartes y termina creyendo que el individuo, «la sede del pensamiento», es la base de toda existencia. Mediante unas preguntas indagatorias planteadas con tacto, y con una sinceridad pasmosa sobre los fallos de la Iglesia, Francisco consiguió que Scalfari volviera a fijarse en la Iglesia que en otro tiempo había amado, y que admitiera la dolorosa insuficiencia de su filosofía humanista, que resultaba demasiado etérea para ser capaz de asumir los retos de la humanidad. Se despidieron no solo como amigos, sino como colaboradores, coincidiendo en que el egoísmo había aumentado a expensas del amor, y en que los hombres y mujeres de buena voluntad debían revertir esa tendencia. Su diálogo fue cálido, respetuoso e interesante, además de servir para clarificar sus diferencias, y dejó afectado a Scalfari.

Posteriormente este transcribió de memoria su encuentro. (Le ofreció a Francisco mostrarle la transcripción antes de publicarla, pero el Papa respondió que sería una pérdida de tiempo, y añadió: «Confío en usted.») La entrevista estaba llena de cosas que Francisco, claramente, había dicho y que creía, pero incluía frases que no eran propias de él, así como detalles que eran obviamente erróneos, como la afirmación de Scalfari de que Francisco había dudado antes de aceptar su elección como Papa, o la de que este ya no creía en la existencia del pecado porque la misericordia y el perdón de Dios eran «eternos». Tras varias semanas de preguntas y clarificaciones, el Vaticano retiró el artículo de su página web, afirmando que era inexacto en puntos concretos, aunque digno de crédito en su conjunto. Todo aquel episodio dejó asombrados a los observadores. ¿Cómo podía un Papa aceptar una entrevista que no fuera grabada y de la que no existiera transcripción? ¿Es que no sabía que era Papa?

Y, sin embargo, lo mismo volvió a ocurrir en julio de 2014, cuando otro encuentro entre Francisco y Scalfari (en el que abordaron la cuestión de los abusos sexuales en la Iglesia y la de la mafia) llevó a este a poner en boca de Francisco palabras que, como el padre Lombardi aclaró más tarde, él no había dicho. Era evidente que para el Papa, el mal uso o la mala interpretación de lo que pudiera decir pesaba menos que la relación que había establecido con Scalfari, y que la difusión más allá de los límites de la Iglesia que la entrevista le proporcionaba. Ese enfoque misionero, pastoral, cuyo objeto es hablar al corazón del otro, está profundamente arraigado en el alma jesuita de Bergoglio, y choca directamente con la visión monárquica del papado según la cual la tarea de la comunicación papal es la claridad, la coherencia y la dignidad.[29]

El padre Lombardi lleva tiempo instando a los periodistas y comentaristas a aceptar la aparición de un género de discurso papal totalmente novedoso: informal, espontáneo y en ocasiones dependiendo de otros en cuanto a su articulado final, un tipo de discurso que, según él, requiere de una «hermenéutica nueva» en la que «lo que debe interpretarse, más que los términos concretos, es el significado general». Aun así, los críticos aseguran que la gente, en su mayoría, no es capaz de realizar tales distinciones, y solo le preocupa lo que ha dicho el Papa. Acusando a Francisco de crear «confusión, consternación y desconcierto entre los fieles», a un comentarista conservador le preocupaba que «ese método informal y a menudo ambiguo de comunicación no puede sino contribuir a erosionar la autoridad doctrinal más solemne de papado», y añadía que «un Papa, como un monarca, debería darse cuenta de que cuando se trata de manifestaciones públicas, menos es más».[30]

Sin embargo, Francisco no se ve a sí mismo como un rey, sino como un pescador.

La gota que colmó el vaso llegó cuando, a finales de abril de 2014, una mujer, en Argentina, casada por lo civil con un hombre divorciado, dijo que había recibido una llamada telefónica de Francisco en la que este le decía que no hiciera caso de su sacerdote y acudiera a otra parroquia para recibir la Comunión. El padre Lombardi declinó hacer comentarios, y dijo que la llamada telefónica del Papa no formaba parte del magisterio más de lo que formaban parte de él sus homilías diarias en la capilla de Santa Marta. No estaba claro que el Papa hubiera dicho lo que aquella mujer aseguraba que le había dicho: el jefe de Prensa del cardenal Bergoglio, Federico Wals, afirma que este realizaba con frecuencia esa clase de llamadas, pero que nunca recomendaría a nadie que desobedeciera una doctrina de la Iglesia. Sin embargo, a muchos, en la Curia y fuera de ella, les parecía irresponsable que el Papa realizara esa clase de llamadas, y no solo porque pudieran usarse para pasar por encima de curas locales y obispos.[31]

Francisco ha escuchado esas críticas y ha reaccionado templando algunos de sus hábitos, pero las tensiones no van a desaparecer: insiste en la libertad de establecer un contacto personal directo con el mundo más allá del Vaticano. Esa es una de las paradojas de Bergoglio: el Papa de la colegialidad ejerce su autoridad soberana de maneras que pueden parecer altivas. Sobre todo, Francisco entiende a la gente: ejerce un gobierno altamente personalista, que esquiva sistemas, depende de relaciones estrechas y mantiene un control estricto. Entiende el poder y su uso. «Lo irónico del caso —opina un jesuita bien posicionado en el Vaticano— es que este Papa, gran agente de la descentralización en la Iglesia, es, a nivel personal, el Papa más centralizado desde Pío IX. Todo tiene que pasar por su escritorio.»[32]

Si los católicos conservadores se sienten huérfanos —Benedicto XVI era una figura paterna para ellos—, los católicos liberales o progresistas se sienten de nuevo como en casa. El padre Thomas Reese, SJ, del *National Catholic Reporter*, cree que «estamos regresando donde estábamos después del Concilio Vaticano II, antes de que las cosas se cerraran», y añade que «no había habido tanta esperanza sobre la Iglesia desde hacía décadas... Vuelve a ser divertido ser católico». George Weigel, colega suyo conservador y contrincante frecuente en debates, se preguntó, al respecto, «qué diantres había estado mirando en la Iglesia católica de Estados Unidos para haberse pasado "décadas" descontento». Pero lo que Reese expresaba era un sentimiento muy extendido entre católicos progresistas, a quienes durante décadas se les había hecho sentir que eran herejes o nada bienvenidos. Como expone sin ambages William Donohue, presidente de la Catholic League for Religious and Civil Rights: «La izquierda huele una victoria clara en ese momento.»[33]

Y, sin embargo, muchos católicos liberales han malinterpretado la libertad y la espontaneidad comunicativa de Francisco, identificándolas con una mayor flexibilidad doctrinal. Los *lobbies* partidarios de la reforma liberal que existen en el norte de Europa han mostrado su perplejidad ante la insistencia del Papa en la integridad de la doctrina católica, así como en su disposición a disciplinar al clero por su fracaso a la hora de enseñarla. En ese sentido, ha aprobado la excomunión de un sacerdote de Melbourne, Australia, que defendía la ordenación de mujeres, y ha criticado los intentos de seleccionar «a la carta» los aspectos de la doctrina que pueden interesar más en cada caso, afirmando que la fidelidad a la doctrina de la Iglesia constituye una parte fundamental de la pertenencia a la Iglesia. También dejó claro, en una carta enviada en noviembre de 2013 al arzobispo Agostino Marchetto, que apoya la visión más conservadora del Concilio Vaticano II, la abrazada por Benedicto XVI. Tal vez Francisco sea un reformista radical, pero parte de la idea de que la tarea del papado es la preservación de la doctrina entregada por Jesucristo, y que a fin de predicar el Evangelio los católicos deben mantenerse enraizados en un unas concepciones básicas, compartidas, de esa doctrina.[34]

Poco después de la entrevista concedida al medio jesuita en la que declaró que no era necesario manifestarse constantemente sobre temas como el aborto, pronunció un desgarrador discurso ante médicos católicos precisamente sobre esa cuestión, en el que vinculaba el aborto con la cultura de usar y tirar y afirmaba que «todo niño que no nace y es injustamente condenado a ser abortado, lleva el rostro de Jesucristo... que ya antes de nacer, y después, poco después de su nacimiento, experimentó el rechazo del mundo». En *Evangelii Gaudium* ha mostrado que ser provida debe integrarse en un discurso más amplio vinculado a los derechos humanos. «Un ser humano... es un fin en sí mismo, y nunca un medio para resolver otras dificultades —dice—. Si esta convicción cae, no quedan fundamentos sólidos y permanentes para defender los derechos humanos, que siempre estarían sometidos a conveniencias circunstanciales de los poderosos de turno.»[35]

Francisco ha adoptado una línea similar, en su claridad, respecto a su apoyo a la prohibición que en la encíclica *Humanae Vitae*, de1968, Pablo VI dictó sobre la anticoncepción artificial, en una cuestión que supone una vara de medir para muchos católicos liberales y sus publicaciones, y que durante años ha hecho que muchos se disgusten con el papado. En su entrevista concedida a *Corriere della Sera* un año después de su elección, Francisco ensalzó la genialidad profética de Pablo VI al rechazar la recomendación del cuadro de expertos que él mismo había nombrado, asegurando que «tuvo el coraje de ir contra la mayoría, de defender la disciplina moral, de aplicar un freno cultural, de oponerse al neomalthusianismo presente y futuro». (El término «neomalthusianismo» —una referencia a las aspiraciones de control de la población del movimiento eugenésico— era como describía el documento del CELAM aprobado en Medellín los valores subyacentes a la contracepción artificial.) Aunque el sínodo pudiera abordar cuestiones relativas a quienes vivían fuera de la doctrina, «el tema no es cambiar la doctrina», declaró Francisco.[36]

En efecto, la creciente oposición conservadora a Francisco, que empezó a manifestarse públicamente tras el sínodo de octubre de 2014, puede ser uno de los rasgos más extraños de su pontificado. Este es un Papa que se ha pasado la vida oponiéndose a los discursos liberal e izquierdista y cuyo pensamiento se ha modelado a partir del populismo conservador y la doctrina tradicional social-católica. Las constantes interpretaciones erróneas sobre él en el seno de la Iglesia indican que no es lo que dice ni lo que piensa lo que los molesta, sino más bien la libertad con la que actúa.

El radicalismo de Francisco no debe confundirse con una doctrina o una ideología progresistas. Es radical porque es misionero, y místico. Francisco se opone de manera instintiva y visceral a los «partidos» dentro de la Iglesia. Entronca su papado con el catolicismo tradicional del santo Pueblo fiel de Dios, sobre todo de los pobres. No cede en las cuestiones más sensibles que separan a la Iglesia del Occidente secular —una brecha que a los liberales les gustaría cerrar mediante una modernización de la doctrina—. Con todo, también está claro que este Papa no es solo el pontífice de la derecha católica: no usa el papado para librar batallas políticas y culturales que cree que deben librarse a nivel diocesano, sino para atraer y enseñar; tampoco siente la necesidad de repetir hasta la saciedad lo que ya es bien conocido, y lo que quiere es hacer hincapié en lo que se ha visto oscurecido —la bondad amorosa de Dios, y su misericordia y perdón—. Y allí donde los católicos conservadores prefieren hablar más de moral y cuestiones sociales, Francisco opta por hacer lo contrario, por rescatar el catolicismo como «túnica sin costuras».

Francisco persigue la unión de la Iglesia universal, como hizo con los jesuitas en la década de 1970, anclándola en los fieles corrientes y en los pobres al tiempo que llama la atención de los mil doscientos millones de católicos del mundo sobre la misión y la evangelización. Invita a los «partidos» a renunciar a su fe en sus propios planteamientos e ideas sobre la Iglesia. En tanto que primer Papa que, más que formar parte del Concilio Vaticano II, es un producto de este, y en tanto que alguien que, ya desde el principio, detectó la tentación de hacerlo avanzar por un camino equivocado, Francisco constituye la mayor oportunidad en generaciones de sanar la división que existe entre católicos liberales y conservadores. Que lo consiga o no dependerá en gran medida del proceso sinodal que él mismo ha puesto en marcha. Si tiene razón en que el Espíritu Santo, presente durante dicho proceso, unirá a la Iglesia en torno a nuevas posibilidades pastorales, la tarea resultará mucho más sencilla. Pero si las divisiones se agudizan y el proceso termina en disputas y parálisis, será prácticamente imposible.

La canonización conjunta, en abril de 2014, de Juan XXIII y Juan Pablo II, iconos de ambos «bandos» de esa división a partir del Concilio Vaticano II, constituyó un momento importante en esa tarea unificadora. En Estados Unidos, la canonización llevó a un destacado republicano y a un destacado demócrata a realizar una declaración conjunta en la que llamaban a sus hermanos católicos a salir de sus búnkeres y a unirse en una plataforma común que vea el aborto y la inmigración como cuestiones ambas relacionadas con la defensa de la vida, en la que «defender la santidad de la vida y luchar por la justicia social no sean programas políticos enfrentados, sino parte del mismo marco moral para la construcción de una sociedad justa».[37]

Para Francisco, como para su generación, la luz verde fue Pablo VI, al que ha puesto camino a la santidad.[38] Otro momento para ayudar a los católicos a reconciliarse con el legado del Concilio será el funeral —cuando este se produzca— de Benedicto XVI, la primera vez en que un Papa habrá enterrado a otro. Benedicto, una figura paterna que aporta seguridad a los católicos conservadores, ha sido, sin embargo, quien ha posibilitado, en gran medida, el papado de Francisco, quien ha discernido el fin de una era y ha alimentado el surgimiento de otra, alentando a la Iglesia latinoamericana a asumir su puesto como fuente para una Iglesia universal.

Sin embargo, es posible que Francisco no sobreviva muchos años a su predecesor. Durante el vuelo de regreso desde Corea del Sur, en agosto de 2014, Francisco declaró a los periodistas que no creía que su pontificado fuera a ser largo. «Dos o tres años —les dijo, señalando hacia arriba—, y después a la casa del Padre.» Ha hablado en más de una ocasión de tener que decidir si renuncia («Haré lo que el Señor me pida», declaró a *La Vanguardia*), pero muchos creen que es improbable, que Francisco lo dará todo en su puesto antes de que le llegue la fragilidad.

«Seamos sinceros, a mi edad no tengo mucho que perder», le confió a un periodista que le preguntó por la vulnerabilidad a la que se exponía todas semanas en la Plaza. Pero su carga de trabajo constituye la mayor amenaza para él: a menudo se salta su siesta de cuarenta minutos, y es habitual verlo con catarro o infección de pecho. La ciática lo visita con cierta frecuencia, y los medicamentos que toma para combatirla le han causado un aumento brusco de peso. Con todo, su estado de salud es básicamente correcto, y teniendo en cuenta su edad puede decirse que se conserva bien.

Si renunciara al papado, alguien que lo conoce bien en Buenos Aires opina que, por más improbable que parezca, Francisco regresaría a su amada ciudad, a la casa de retiro para clérigos de la calle Condarco, tal como siempre planeó. Se trata de una perspectiva nada común.

Y si no lo hiciera y se instalara en la Mater Ecclesiae, ¿cómo se lo tomaría el nuevo ocupante de la silla pontificia? Porque una cosa es tener al Papa emérito Benedicto XVI en lo alto de la colina, y otra muy distinta —los jesuitas en Argentina podrían dar fe de ello— convivir con un Francisco emérito.

El radicalismo de Jorge Bergoglio nace de su disposición a llegar a lo esencial, a despojarse de todo para llegar al Evangelio: a pesar de su poderoso intelecto, de su mentalidad política y de su sofisticación teológica, su creencia es primitiva, concentrada: Dios es soberano, el demonio está activo, debemos discernir y escoger. Tras cincuenta años discerniendo espíritus, Francisco ve al demonio no como un mito ni como una proposición teológica, sino como una realidad diaria, el «príncipe de este mundo» que odia la santidad y tienta mediante la riqueza, el poder y el orgullo para convencernos de que confiemos en nuestros propios medios, y no en los de Dios. «El origen del odio es este: somos salvados, y el príncipe del mundo, que no quiere que nos salvemos, nos odia y da origen a la persecución que se mantiene hoy y que dura desde los primeros tiempos de Jesús», dijo en una de las homilías que pronunció en mayo de 2013, en la que advirtió que «con ese príncipe no se puede dialogar».[39] Cuando reunió al presidente israelí Shimon Peres y al presidente palestino Mahmoud Abbas en el Vaticano para rezar por la paz el 8 de junio de 2014, les dijo: «Más de una vez hemos estado al borde de la paz, pero el maligno, recurriendo a una serie de medios, ha conseguido impedirla. Por eso estamos aquí.»

Francisco mantiene la poderosa creencia de que la oración y la amistad crean espacios para que el Espíritu Santo abra nuevas posibilidades, desatando incluso los nudos más trabados. Así, el 8 de septiembre de 2013, Francisco se arrodilló frente a un icono de la Virgen en la plaza de San Pedro mientras dirigía una vigilia de plegaria por Siria, de tres horas de duración, acompañado de decenas de miles de personas en la misma plaza, y de otros centenares de miles en todo el mundo, que imploraban a Dios que pusiera fin a la bárbara y desgarradora carnicería que se estaba llevando a cabo en ese país. «En el silencio de la cruz, el estruendo de las armas cesa y se habla el lenguaje de la reconciliación, el perdón, el diablo y la paz.» Entre las oraciones de esa noche hubo muchas dirigidas a santa Teresa de Lisieux. Al día siguiente, domingo, mientras paseaba por los Jardines Vaticanos, un jardinero le ofreció una rosa blanca. Un día después, el plan del presidente ruso de destruir el arsenal de armas químicas de Siria impidió un bombardeo estadounidense.[40]

En mayo de 2014, Francisco se llevó en su viaje a Oriente Próximo a sus buenos amigos judío y musulmán de Buenos Aires, Abraham Skorka y Omar Abboud. Fue el cumplimiento de una ambición largamente albergada: cuando los tres se abrazaron frente al Muro de las Lamentaciones de Jerusalén, no reprimieron el llanto. El acto tuvo lugar al término de un viaje de extraordinaria intensidad con escala en tres países, durante las que pronunció quince discursos y mantuvo innumerables encuentros. Entre los muchos momentos destacados se produjo la inesperada invitación del Papa, al final de la misa celebrada en Belén, a los presidentes israelí y palestino, a acudir al Vaticano a rezar y dialogar. En menos de una hora, ambos mandatarios habían aceptado, a pesar de meses de esfuerzos internacionales fallidos para reunirlos.

La cumbre de oración no tuvo una repercusión inmediata —Francisco comentó posteriormente que había abierto una puerta que el humo y las bombas habían oscurecido—, pero subrayó el hecho de que el papado volvía a ser una fuerza geopolítica. La comunidad de San Egidio, con sede en Roma, una organización católica muy activa en la promoción de la paz en zonas en conflicto de todo el mundo declaró «una nueva era de audacia política en la Santa Sede», simbolizada por la decisión de Francisco, comunicada en Belén, de rezar junto al muro de seguridad israelí.

El concepto «artesanal» de diplomacia de Francisco —la paz, dijo durante una audiencia celebrada en la plaza de San Pedro en mayo de 2014, no se producía en cadena sino que la hacían posible los artesanos de manera individual— obtuvo su recompensa de manera espectacular con la asombrosa noticia, hecha pública el día del cumpleaños del Papa de ese mismo año, del restablecimiento de las relaciones diplomáticas entre Estados Unidos y Cuba como consecuencia de sus pacientes intervenciones y sus hábiles movimientos. A medida que los detalles de un año de discretos contactos para poner fin a uno de los conflictos más enquistados del mundo salían a la luz, se iba desvelando que Francisco y sus diplomáticos habían jugado un papel fundamental, sobre todo en las cartas que había enviado a los presidentes Obama y Raúl Castro, que abrieron la puerta a un acuerdo histórico. Obama agradeció a Francisco que mostrara al mundo «la importancia de ir en busca del mundo que debería ser, en lugar de conformarse simplemente con el mundo tal como es».[41]

Lo que hizo Francisco en el caso de Estados Unidos y Cuba, y lo que sigue intentando en el caso de Israel y Palestina, es eliminar barreras y abrir puertas para permitir que el Espíritu Santo cree nuevas posibilidades. Ese es el trabajo al que lleva dedicándose toda su vida.

Y lo mismo ha estado haciendo en el caso de las relaciones entre cristianos, con la esperanza de reparar la reforma que salió mal: la Reforma. Cuando su amigo el obispo Tony Palmer —el evangélico pentecostal que llegó a conocer al cardenal Bergoglio en Buenos Aires—, fue a ver a Francisco en la Casa Santa Marta en enero de 2014, le contó que una semana después debía hablar ante un público formado por cientos de pastores y líderes evangélicos de grandes iglesias en Texas. El Papa le sugirió que grabara un mensaje en su iPhone. En el vídeo, de imagen algo granulada, Francisco, sentado en un sillón de terciopelo verde con una poinsettia (flor de Navidad) de fondo, hablaba de su anhelo de que la separación entre cristianos terminara, y hablaba de un «milagro de unidad» que había empezado. Cuando el vídeo fue propagándose de forma viral, Palmer se vio inundado de mensajes de los líderes evangélicos de todo el mundo que le preguntaban cómo podían formar parte de él.

En junio de 2014, un mes antes de morir trágicamente en un accidente de circulación, Palmer llevó a varios de aquellos líderes —que, en conjunto, representaban tal vez a ochocientos millones de cristianos— a conocer a Francisco, y estos, en su presencia, propusieron firmar, durante el quinto centenario de la publicación de las Noventa y cinco Tesis de Martín Lutero —que se conmemorará en 2017—, una «declaración conjunta de fe en la unidad para la misión». La declaración abrirá una nueva era para los cristianos, alentándolos a actuar y a rezar unidos en todo el mundo, a pesar de sus diferencias.[42]

Esas son sus iniciativas propias. El Consejo Vaticano para la Unidad Cristiana se mantiene informado de dichos encuentros, pero no participa en ellos. Se trata de reuniones cordiales, en las que se reza conjuntamente, se comparten comidas y se ríe mucho. Francisco les cuenta que su bautismo compartido y su apertura al Espíritu Santo bastan; que se está abriendo una nueva era de relaciones entre católicos y evangélicos; y que no deberían esperar a que los teólogos se pusieran de acuerdo antes de actuar y ser testigos juntos. «A mí no me interesa convertir a los evangélicos al catolicismo —uno de ellos dijo que había declarado el Papa—. Yo quiero que la gente encuentre a Jesús en su propia comunidad.»

No se trata de un diálogo teológico, ni institucional, como los que han dominado el ecumenismo desde la década de 1960, sino de amistad espiritual: de tender puentes de confianza y reciprocidad que abran nuevos espacios que permitan la intervención del Espíritu Santo. Francisco les ha dicho que el bautismo que comparten y la apertura de todos al Espíritu Santo bastan; que no deben esperar a que los teólogos se pongan de acuerdo antes de actuar y ser testigos juntos.

En esto se dedica a aplicar lecciones aprendidas hace mucho tiempo, en sus tiempos de alumno jesuita de Congar, y también más tarde, cuando era provincial de una Iglesia ideológicamente dividida. «Cuando intentamos crear unidad mediante nuestros propios planes humanos —declaró en Estambul en noviembre de 2014— acabamos consiguiendo uniformidad y homogeneización.» Dirigiéndose a los asistentes a una misa a la que asistió el patriarca ortodoxo Bartolomeo, además de católicos sirios, armenios y caldeos, les dijo que cuando los puntos de vista se convierten en constructos humanos cerrados, o en ideologías, lo que sigue es rivalidad, conflicto y cisma. Con todo, «si nos dejamos guiar por el Espíritu, la riqueza, la variedad y la diversidad nunca crearán conflicto, porque el Espíritu nos alienta a experimentar la variedad en la comunión de la Iglesia». Esa es la historia de la post-Reforma a la que, según Francisco, la Iglesia cristiana está llamada. Y está convencido de que los evangélicos —que suman tres cuartas partes de los protestantes del mundo— son capaces de responder tanto institucional como espiritualmente.

A instancias del Papa, Palmer fue enterrado según el rito funerario de un obispo católico. En un mensaje a Emiliana que esta leyó durante su misa de réquiem, Francisco dijo que él y su íntimo amigo habían «rezado a menudo en el mismo Espíritu»; que Palmer había entregado su vida, en amor, a la causa de la unidad cristiana; y que su dedicación había abierto espacios nuevos para que el Espíritu Santo actuara.

Los periodistas vaticanos están muy atareados. Lejos quedan los días en los que podían preparar sus reportajes recurriendo a párrafos cuidadosamente elaborados a partir de homilías y declaraciones tomadas en préstamo. Actualmente, en cualquier acto se respira tensión por lo que Francisco pueda decir o hacer. Los directores de sus medios quieren historias frescas. Francisco vende. Los reporteros recurren a menudo a expresiones como «sin precedentes», «atípico» o «histórico» en sus encabezados. Alrededor del Papa giran torbellinos de noticias.

Francisco ha concedido más entrevistas en dos años, como Papa, que en los doce en que fue cardenal arzobispo («lo mataría», dice riéndose Federico Wals, el que fuera su encargado de comunicaciones), además de sus ruedas de prensa «aéreas» en las que ninguna pregunta está vetada. El efecto ha sido que, paulatinamente, se ha convertido en alguien más cercano. En una entrevista concedida a finales de junio de 2014 al diario romano *Il Messagero*, la periodista se sintió con la suficiente confianza para preguntarle si le permitía hacerle una crítica. «Por supuesto», respondió Francisco, y ella reprobó el que solo hablase de las mujeres como esposas y madres, y no como presidentas de Estados y grandes empresas. Él entendió la crítica y dijo que estaban trabajando en una nueva teología para las mujeres. Posteriormente, en la misma entrevista, declaró que había mantenido más o menos el mismo estilo de vida que seguía en Buenos Aires, con algunas modificaciones necesarias: «A mi edad, cambiar sería ridículo», dijo. Cuenta a sus amigos que hay algunas cosas que echa de menos: no poder salir, tomar un autobús. Pero ellos dicen verlo contento y relajado, más expresivo, más alegre: disfruta siendo Papa.

Partió de Buenos Aires con la promesa de volver, pero no ha regresado. Actualmente, en su ciudad natal Francisco es un fantasma bondadoso que sonríe beatíficamente desde los carteles instalados en las villas miseria, un icono de alegría, un tesoro nacional y tema de un «tour papal de tres horas» organizado por el Gobierno municipal de Buenos Aires, que promociona la ciudad como lugar de peregrinación. El autobús turístico te lleva desde una casita moderna construida sobre la «casa chorizo» de sus padres en el barrio de Flores hasta la iglesia en la que fue bautizado, pasando por el convento en el que asistió a la escuela y la basílica en cuyo confesonario oyó por vez primera la llamada en torno a la cual ha construido su vida. El vehículo se dirige también hasta la escuela secundaria en la que estudió, pasa por delante de la casa de retiro para clérigos de la calle Condarco, del seminario en el que le extirparon parte de un pulmón, de la parroquia en la que María Desatanudos sigue desanudando los de las vidas de las personas, y por último llega junto a la Curia y la catedral de la plaza de Mayo, donde te muestran el quiosco que todos los días le hacía llegar su periódico, y el barbero que le cortaba el pelo. Ahora, a él todo eso le queda lejos, aunque no lo abandone nunca.

Ahora la frontera es nueva, la misión es el mundo entero. Y, sin embargo, algunas cosas no cambian. El Papa se levanta todos los días al amanecer para escuchar, y después sale a proclamar el *kairós*, entrando en los corazones del santo Pueblo fiel de Dios. Cada día trae novedad, y así es como ha de ser cuando al Espíritu Santo se le deja sitio para actuar.

«Escuchad —dijo Francisco ante miles de personas en la plaza de San Pedro el domingo de Pentecostés de 2014—: Si la Iglesia está viva, siempre debe ser sorpresa.» Y esbozando una sonrisa traviesa, añadió: «Una Iglesia que no tenga la capacidad de sorprender es una Iglesia débil, enferma y muriente, y debe ser llevada cuanto antes a la sala de reanimación.»

Notas

1. Allá lejos y hace tiempo (1936-1957)

1. El término «bergoglismo» fue acuñado por un amigo y exalumno de Bergoglio, el periodista Jorge Milia, en la página web Terre d'America. Véase, por ejemplo, «La Jerga de Francisco/8: "Misericordiando." Diálogo con el Papa sobre un Genundio Curioso», *www.terredeamerica.com* (20 de noviembre de 2013).
2. John Lynch, *Massacre in the Pampas, 1872: Britain and Argentina in the Age of Migration* (University of Oklahoma Press, Norman, 1998), p. 108. Véase también Austen Ivereigh, «The Shape of the State: Liberals and Catholics in the Dispute over Law 1420 of 1884 in Argentina», en Austen Ivereigh (editor), *The Politics of Religion in an Age of Revival* (Institute of Latin American Studies, Londres, 2000).

2. La misión (1958-1966)

1. Viktor Frankl, *Man's Search for Meaning* (Beacon Press, Londres, 1959) [ed. en castellano, *El hombre en busca de sentido*, Herder, Barcelona, 2010].
2. La mejor panorámica de todo lo que tiene que ver con los jesuitas está en James Martin, SJ, *The Jesuit Guide to (Almost) Everything: A Spirituality for Real Life* (HarperCollins, Nueva York, 2010).
3. Jorge Mario Bergoglio (papa Francisco*), Open Mind, Faithful Heart: Reflections on Following Jesus* (Crossroad, Nueva York, 2013, trad. de Joseph V. Owen), p. 113, originalmente en *Medi-*

taciones para religiosos (Ediciones Diego de Torres, Buenos Aires, 1982).

4. Philip Caraman, SJ, *Ignatius Loyola* (Harper & Row, San Francisco, 1990), cap.17.

5. Para la historia de los jesuitas en el Río de la Plata colonial, véase Guillermo Furlong Cardiff, SJ, particularmente *Los jesuitas y la cultura rioplatense* (Huarpes, Buenos Aires, 1946), así como Roberto di Stefano, *Historia de la Iglesia argentina* (Sudamericana, Buenos Aires, 2009), Jean Lacoutoure, *Jesuits: A Multibiography* (Counterpoint, Berkeley, CA, 1995), y otras fuentes que se citan en mi *Catholicism and Politics in Argentina, 1810-1960* (Macmillan, Basingstoke, GB; St. Martin's Press, Nueva York, 1993).

6. La carta del padre Diego contiene el término «periferia». «Estoy convencido —declaró Francisco a miembros de las órdenes religiosas en noviembre de 2013— que se produjeron grandes cambios en la historia a partir del momento en que las cosas se vieron, no desde el centro, sino desde la periferia.»

7. William Bangert, *A History of the Society of Jesus* (Institute of Jesuit Sources, San Luis, MO, 1986).

8. Jorge Mario Bergoglio, «¿Qué son los jesuitas? Origen, espiritualidad, características propias», en *Reflexiones de esperanza* (Ediciones de la Universidad del Salvador, Buenos Aires, 1992).

9. Jorge Mario Bergoglio, «Historia y Presencia de la Compañía de Jesús en Nuestra Tierra», en *Reflexiones espirituales sobre la vida apostólica* (Ediciones Diego de Torres, Buenos Aires, 1987).

10. Después de que los votos favorecieran a Bergoglio en el cónclave de 2013, un cardenal, con gran agudeza, sugirió que este tal vez pudiera vengarse de tan notoria decisión adoptando el nombre de Clemente XV. Para ensayos sobre la expulsión, véase Magnus Mörner (editor) *The Expulsion of the Jesuits from Latin America* (Knopf, Nueva York, 1965).

11. Bergoglio, «Proyección cultural y evangelizadora de los mártires rioplatenses», discurso pronunciado en el colegio del Salvador el 27 de mayo de 1988, en *Reflexiones de esperanza, op. cit.*

12. Bergoglio, «Nuestra Fe», en *Mente abierta, corazón creyente*, p. 28, originalmente en *Meditaciones para religiosos, op. cit.*

13. Papa Francisco, Comité de coordinación del CELAM, 28 de julio de 2013.

14. Bergoglio, «Principios», Universidad del Salvador, 27 de agosto de 1994, en *http://www.usal.edu.ar/principios*

15. Jorge González Manent, *Jesuitas éramos los de antes: Impresiones de un novicio de los años cincuenta* (Dunken, Buenos Aires, 2012).
16. Término afectuoso usado por los latinoamericanos para dirigirse a sus sacerdotes. Aunque los júniores como Jorge no habían sido ordenados, los residentes de la zona no veían la diferencia.
17. Reproducido en Mariano de Vedia, *Francisco, el papa del pueblo* (Planeta, Buenos Aires, 2013).
18. Armando Rubén Puente, *La vida oculta de Bergoglio* (Libros Libres, Madrid, 2014), p. 145.
19. En Alejandro Bermúdez (ed., trad.), *Pope Francis: Our Brother, Our Friend* (Ignatius Press, San Francisco, 2013).
20. Morris West, *Eminence*, Houghton Mifflin Harcourt, Boston, 1998 [ed. en castellano, *Eminencia*, Ediciones B, Barcelona, 2013].
21. Si todavía existe, la cinta magnética contendría la primera entrevista de radio realizada al hombre que llegaría a ser el Papa Francisco.
22. Los hermanos Pfirter citados en Elisabetta Piqué, *Francisco, vida y revolución* (El Ateneo, Buenos Aires, 2013), pp. 70-71. Carranza citado en Alejandro Bermúdez (ed., trad.), *Pope Francis: Our Brother, Our Friend* (Ignatius Press, San Francisco, 2013).
23. La historia se cuenta en Chris Lowney, *Pope Francis: Why He Leads the Way He Leads* (Loyola Press, Chicago, 2013), p. 42.
24. J. Milia, *De la edad feliz* (Maktub, Salta, 2006,) actualizado en una edición italiana, *Maestro Francesco: Gli allievi del Papa cocordano il loro profesore* (Mondadori, Milán, 2014).

3. *Timonel en la tormenta (1967-1974)*

1. John Allen, «On Pope Francis's First Year», Radio Boston, 25 de marzo, 2014.
2. G. K. Chesterton, *St. Francis of Assisi* [San Francisco de Asís], George H. Doran, Nueva York, 1924.
3. Transcripción del interrogatorio judicial de 2010: Bergoglio declara ante el TOF, *http://www.abuelas.org.ar/material/documentos/BERGOGLIO2.pdf*
4. Carlos Mugica, *Peronismo y Cristianismo* (Merlín, Buenos Aires, 1973).
5. «Documento de Carlos Paz», julio de 1971, en el Archivo del MSTM de la Universidad Católica de Córdoba, y online.

6. Gustavo Morello, *Cristianismo y revolución: los orígenes intelectuales de la guerrilla argentina* (EDUCC, Córdoba, 2003); Richard Gillespie, *Soldiers of Peron, Argentina's Montoneros* (Clarendon Press, Oxford, GB; Oxford University Press, Nueva York, 1982); María José Moyano, *Argentina's Lost Patrol, Armed Struggle 1969-1979* (University Press, New Heaven, CT, 1995).

7. Citado en Sergio Rubín y Francesca Ambrogetti, *El Jesuita* (Vergara, Buenos Aires, 2010; editado en España como *Papa Francisco: Conversaciones con Jorge Bergoglio*, Ediciones B, Barcelona, 2013).

8. «Credo de Jorge Mario Bergoglio», Papa Francisco, 18 de septiembre 2013, *http://www.revistaecclesia.com/*

9. Orlando Yorio, Carta al padre Moura, 24 de noviembre de 1977.

10. Citado en Lowney, *Pope Fracis: Why He Leads the Way He Leads*, *op. cit.*, p. 120.

11. Estoy en deuda con el escritor Paul Elie por haberme señalado que es probable que los dos jesuitas hubieran coincidido allí.

12. Bergoglio, «Una institución que vive su carisma: Apertura de la Congregación Provincial XV», 2 de agosto de 1972, en *Meditaciones para religiosos, op. cit.*

13. Lucio Gera, «Cultura y dependencia a la luz de la reflexión teológica», *Stromata*, año XXX (enero-junio de 1974), n.os 1-2.

14. Juan Carlos Scannone, «Theology, Popular Culture and Discernment», en Rosino Gibellini (ed.), *Frontiers of Theology in Latin America,* trad. John Drury, Mary Knoll, NY., Orbis Books, 1979; y «Aportaciones a la teología latinoamericana», *Vida Nueva* (edición Cono Sur), parte I, año 2, n.º 21 (3-16 de noviembre de 2013), y parte II, año 2, n.º 22 (17-23 de noviembre de 2013).

15. Ernesto López Rosas, «Valores cristianos del peronismo», Revista *CIAS*, n.º 234 (agosto de 1975), pp. 7-30.

16. Sobre Damasco y el Modelo Nacional, véase Puente, *La vida oculta de Bergoglio, op. cit.*

17. Orlando Yorio, «Reflexión crítica desde la teología», *Stromata*, año XXIX (enero-junio de 1973), 1-2, p. 166.

18. Sin duda por ser esa la fecha que el cardenal Bergoglio dio por error en su comparecencia judicial como testigo en 2010, los biógrafos (por ejemplo, Paul Vallely y Elisabetta Piqué) han fijado la visita de Arrupe en agosto de 1974, un año después. La homilía

pronunciada por Bergoglio en 2006 sobre el aniversario de la muerte de Angelelli contiene la fecha correcta, agosto de 1973, extremo confirmado por la Curia jesuita de Roma.

19. Bergoglio, «Apertura de la Congregación Provincial XIV (18/2/74)», en *Meditaciones para religiosos, op. cit.*

20. Citado en Paul Lowney, *Pope Francis: Why He Leads the Way He Leads* (Bloomsbury, Londres-Nueva York, 2013), p. 114.

21. Estadísticas sobre las vocaciones proporcionadas por la Curia provincial jesuita de Buenos Aires. Bergoglio aportó detalles sobre sus esfuerzos por garantizar las vocaciones de hermanos coadjutores en su carta al padre Cayetano Bruno del 18 de mayo de 1986.

22. Bergoglio, «¿Qué son los jesuitas?», en *Reflexiones espirituales sobre la vida apostólica, op. cit.*

23. «Discorso del Santo Padre Paolo VI in ocasione della XXXII Congregazione Generale della Compagnia di Gesù», 3 de diciembre de 1974, en *www.vatican.va*

24. Bergoglio, «Una institución que vive su carisma», en *Meditaciones para religiosos, op. cit.*

25. Guzmán Carriquiry, *En camino hacia la V Conferencia de la Iglesia latinoamericana* (Editorial Claretiana, Buenos Aires, 2006.

26. Entrevista concedida a Radio María (Argentina) después de un encuentro nacional del clero en la Villa Cura Brochero, 9-11 de septiembre de 2008.

4. El crisol (1975-1979)

1. John Heilprin y Nicole Winfield, «Vatican has defrocked 848 priests for abuse charges since 2004», Associated Press, 6 de mayo de 2014.

2. Austen Ivereigh, «The UN and the Vatican: Understanding What Went Wrong», *CV Comment*, 8 de febrero de 2014.

3. Inés San Martín, «Pope Francis Meets Sex Abuse Victims, Vows Zero Tolerance», *Boston Globe*, 7 de julio de 2014, y Michael Kelly, «Irish Abuse Victim Who Met with Pope Calls It a 'Huge Vindication'», Catholic News Service, 7 de julio de 2014. Las citas de Peter Saunders están extraídas de una entrevista con el autor. Véase también su entrevista con Inés San Martín, «Abuse

Victim Calls Meeting Pope Francis a Life-changing Experience», *Boston Globe*, 7 de julio de 2014.

4. Horacio Verbitsky, «El Ersatz», *Página 12* (14 de marzo de 2013). El artículo reimpreso por *The Guardian* era, «The Sins of the Argentinean Church», de Hugh O'Shaughnessy en el sitio web de *The Guardian* Comment Is Free (4 de enero de 2011).

5. Esta es la tesis de Paul Vallely, *Pope Francis: Untying the Knots* (Bloomsbury, Londres-Nueva York, 2013).

6. Estas son cifras dadas por el Gobierno a finales de 2013. El informe oficial de la CONADEP de 1984 cifra las desapariciones en 8.961, pero posteriormente se comprobó que muchos nombres correspondían a personas que habían huido al extranjero. El informe fue reabierto durante el Gobierno de Néstor Kirchner (2003-2007), en esta ocasión para añadir las víctimas de ejecuciones sumarias. La cifra de «30.000 desaparecidos» es un mito creado por los medios de comunicación a partir de especulaciones, sin base firme, hechas a finales de los años setenta por organizaciones defensoras de los derechos humanos. Cabe señalar que durante el periodo 1969-1983, los grupos guerrilleros asesinaron a 800 personas y secuestraron a 1.748. El informe de la CONADEP (*Nunca Más*) puede encontrarse en *www.desaparecidos.org*. Para actualizar las cifras, véase Ceferino Reato, «Hablan de 30.000 desaparecidos y saben que es falso», *La Nación*, 20 de septiembre de 2013.

7. Jorge Rouillón, «Histórico pedido de perdón de la Iglesia argentina», *La Nación*, 9 de septiembre de 2000.

8. «Bergoglio declara ante el TOF», transcripción del interrogatorio judicial de 2010 en *www.abuelas.org.ar*

9. «Argentina Military Officers Convicted of Bishop's Murder» [Mandos militares en Argentina condenados por asesinato de opispo], BBC News, 5 de julio de 2014.

10. Véase Nello Scavo, *La lista de Bergoglio: Los salvados por Francisco durante la dictadura* (Editorial Claretiana, Madrid, 2013).

11. Bergoglio, «El reino de Cristo», en *Meditaciones para religiosos, op. cit.*

12. Bergoglio, «El espíritu del mundo», en *Meditaciones para religiosos, op. cit.*

13. Bergoglio, «Una institución que vive su carisma,», contiene tres de los principios en su primera charla (1974); pero estos ya son cuatro en «Formación permanente y reconciliación» (1980), ambas en *Meditaciones para religiosos, op. cit.*

14. Bergoglio, «Formación permanente y reconciliación», en *Meditaciones para religiosos, op. cit.*
15. Scavo, *La lista de Bergoglio, op. cit.*, pp. 103-112.
16. Scavo, *La lista de Bergoglio, op. cit.*, pp. 47-53, y Puente, *La vida oculta de Bergoglio, op. cit.*, pp. 173-174.
17. Olga Wornat, *Nuestra santa madre: Historia pública y privada de la Iglesia católica argentina*, Ediciones B, Buenos Aires, 2002.
18. Ana Delicado, «Mi hermano fue un canje entre la Iglesia y la dictadura», *El Público*, 19 de marzo de 2013.
19. Emilio Mignone, *Iglesia y dictadura* (Ediciones del Pensamiento Nacional, Buenos Aires, 1986). También Mario del Carril, *La vida de Emilio Mignone* (Emecé, Buenos Aires, 2011).
20. Vallely, *Pope Francis: Untying the Knots, op. cit.*, p. 73, asegura que Bergoglio «le dijo a los cuatro sacerdotes que dejaran su trabajo en la villa miseria».

5. El líder, expulsado (1980-1992)

1. «Visita a Papa Francesco il 17 Marzo 2013», Servizio Digitale d'Informazione SJ, vol. 17, n.º 7 (20 de marzo de 2013).
2. Adolfo Nicolás, SJ, «Con el Papa Francisco al inicio de su Pontificado», carta a toda la Compañía, 24 de marzo de 2013.
3. Adolfo Nicolás, SJ, «A Toda la Compañía», 31 de julio de 2013. Francisco respondió el 16 de marzo a la carta de Nicolás del 14 de marzo.
4. Spadaro escribe sobre su entrevista en la versión ampliada en formato libro, publicada en inglés como *My Door Is Always Open: A Conversation on Faith, Hope and the Church in a Time of Change* [Mi puerta siempre está abierta] (HarperOne, Nueva York, 2013).
5. La similitud la sugiere Francis J. Manion en «Echoes from the Pages of a Book: Reading Francis Through Manzoni», *New Oxford Review* 81, n.º 2, marzo de 2014. El comentario del padre Martin está en el documental de 2014 *The Francis Effect*, de Salt & Light TV.
6. «Francisco: El Evangelio no se predica con bastonazos inquisitoriales, sino con dulzura», *Vatican Insider*, 3 de enero de 2014.
7. Eso lo presencié yo mismo cuando entrevistaba a jesuitas en Argentina entre los meses de octubre y noviembre de 2013. Algunos

de ellos me mostraban orgullosos las cartas con la dirección «F., Casa Santa Marta, Città del Vaticano» anotada a mano en el remite. Uno de sus críticos más severos, que vivía en una residencia para jesuitas instalada en el recinto del Colegio Máximo, me mostró la suya con los ojos arrasados en lágrimas; otros me contaron lo conmovidos que se habían sentido al recibirlas.

8. «Juan Carlos Parodi: El Papa me dijo que le salvé la vida», *La Nación*, 21 de mayo de 2014.

9. El 16 de abril de 2010, el cardenal Bergoglio escribió al brigadier general Jorge Chevalier con documentos del grupo del Teatro de Operaciones del Atlántico Sur (TOAS) afirmando que no veía motivo por el que no pudieran recibir un reconocimiento pleno. Los veteranos del TOAS que en 2008 iniciaron una acampada de protesta en la plaza de Mayo que seguía activa en 2013, me entregaron una copia de la carta de Bergoglio. Dos de las tres homilías citadas aquí las pronunció durante las misas de aniversario para los veteranos y sus familias, el 2 de abril de 2008, y el 4 de abril de 2012. La homilía pronunciada durante la misa por los familiares camino de las islas la pronunció el 2 de octubre de 2009.

10. Patricio Downes, «Recordaron a Bergoglio en la parroquia que él fundó y dirigió en los ochenta», *Clarín*, 23 de marzo de 2014.

11. Hernán Paredes citado en Lowney, *Pope Francis: Why He Leads the Way He Leads, op. cit.*, p. 57.

12. Bergoglio, «El Reino de Cristo», en *Meditaciones para religiosos, op. cit.*

13. Según Spadaro en «Mi puerta está siempre abierta», la frase latina *«non coerceri a maximo, contineri tamen a minimo, divinum est»* forma parte de un largo epitafio literario compuesto por un jesuita en honor a san Ignacio de Loyola. La máxima la cita Bergoglio en un ensayo temprano: «Conducir en lo Grande y lo Pequeño», en *Meditaciones para religiosos, op. cit.*

14. Bergoglio, «Magnanimidad y Mezquindad», en *Reflexiones Espirituales, op. cit.* Antico citado en Hugo Alconada Mon, «Soy Bergoglio, cura», *La Nación*, 17 de marzo de 2013.

15. Gauffin citado en Lowney, *Pope Francis: Why He Leads the Way He Leads, op. cit.*, p. 63.

16. Hermana María Soledad Albisú, CJ, «He Taught Me That Love Shows Itself...», *The Tablet*, 23 de marzo de 2013.

17. Bergoglio, «Examen», en *Reflexiones Espirituales, op. cit.*

18. Padre Renzo De Luca, SJ, entrevista en el *Osservatore Romano*, 26 de octubre de 2013.

19. Bergoglio, «El Magis y el Movimiento de Espíritus», en *Reflexiones Espirituales, op. cit.*

20. Albistur citado en Bermúdez (ed., trad.), *Pope Francis: Our Brother, Our Friend, op. cit.*

21. Bergoglio, «La encarnación y el nacimiento», en *Meditaciones para religiosos, op. cit.*

22. Virginia Carreño, «Los milagros del padre Bergoglio», *El Litoral*, 19 de diciembre de 1985.

23. «Habríaqueísmo» es otro de los neologismos de Bergoglio.

24. Bergoglio, «Criterios de acción apostólica», *Boletín de Espiritualidad*, n.º 64, enero de 1980, y en *Reflexiones Espirituales, op. cit.*

25. Bergoglio, entrevista de 2002 con Gianni Valente: «El imperialismo internacional del dinero», en Gianni Valente, Francesco: *Un Papa dalla fine del mondo* (EMI, Boloña, 2013).

26. El primer documento, «Instrucción sobre ciertos aspectos de la Teología de la Liberación», se publicó en agosto de 1984, y el segundo, «Instrucción sobre libertad cristiana y liberación», en marzo de 1986. Ambos en *www.vatican.va*

27. Los procedimientos del Congreso (2-6 de septiembre de 1985) se publicaron en *Stromata 41*, julio-diciembre de 1985.

28. La historia se cuenta en Evangelina Himitian, *Francisco: El Papa de la gente* (Aguilar, Buenos Aires, 2013. No intentar esta receta si se sigue una dieta baja en hidratos de carbono.

29. Lowney, *Pope Francis: Why He Leads the Way He Leads, op. cit.*

30. «Reunión de los provinciales jesuitas de América Latina con el P. General, Pedro Arrupe, Río de Janeiro, Casa da Gávea», 6-14 de mayo de 1968.

31. Campbell-Johnston realiza estos comentarios en Vallely, *Pope Francis: Untying the Knots, op. cit.*

32. Jimmy Burns, *The Land That Lost Its Heroes: The Falklands, the Post-war, and Alfonsín* (Bloomsbury, Londres, 1987), p. 99: «Al dejar operativo el periódico, la Junta asumía una apuesta calculada. La tirada era pequeña, y sus lectores angloargentinos, afines a la dictadura.»

33. José María Poirier, «El caso del jesuita risueño», *La Nación*, 24 de mayo de 2013.

34. El Papa Francisco se refirió a la carta en un encuentro con líderes religiosos. Antonio Spadaro, «¡Despierten al mundo! Diálogo del

Papa Francisco sobre la vida religiosa», noviembre de 2013, en *www.laciviltacattolica.it*

35. Jeffrey L. Klaiber, *The Jesuits in Latin America, 1549-2000* (Institute of Jesuit Sources, San Luis, MO, 2009).

36. Véase la biografía escrita por el yerno de Mignone, Mario del Carril, *La vida de Emilio Mignone* (Emecé, Buenos Aires, 2011). También le agradezco a su hijo, el padre Fernando Mignone, la esclarecedora conversación que mantuvimos en Vancouver, Canadá, en junio de 2014.

37. Bergoglio recuerda saludar a los aviones en Rubín y Ambrogetti, *El Jesuita, op. cit.*, cap. 12.

38. Jorge Mario Bergoglio, «Proyección cultural y evangelizadora de los mártires rioplatenses», en *Reflexiones en Esperanza* (Ediciones de la Universidad del Salvador, Buenos Aires, 1992).

39. Ese fue uno de los varios recuerdos sobre Juan Pablo II que Bergoglio compartió con el tribunal diocesano de Roma que preparaba la defensa de la canonización del Papa en 2005. Stefania Falasca, «Bergoglio: "Io, Testimone di Virtù Eroiche di Wojtyla"», *Avvenire*, 17 de abril de 2014.

40. Bergoglio, «Necesidad de una antropología política: Un problema pastoral», en *Reflexiones en esperanza, op. cit.*

41. Bergoglio, «Proyección cultural y evangelizadora de los mártires rioplatenses», en *Reflexiones en esperanza, op. cit.*

42. Entre 1990 y 2000, se integraron 64 y abandonaron 92. En comparación, entre 1975 y 1989, se integraron 333 y abandonaron 67. Estadística proporcionada al autor por la Curia provincial argentina.

43. «Entrevista al padre Álvaro Restrepo S.J. sobre el Papa Francisco», *Religión Digital*, 18 de marzo de 2013.

44. Puente, *La vida oculta de Bergoglio, op. cit.*, p. 228; y Wornat, *Nuestra santa madre, op. cit.*, p. 301. Carranza citado en Bermúdez (ed., trad.), Pope Francis: *Our Brother, Our Friend, op. cit.*

45. San Ignacio, *Ejercicios Espirituales*, reglas de discernimiento [327-322].

46. Citado en Piqué, *Francisco: Vida y revolución, op. cit.*, p. 135.

47. San Ignacio, *Ejercicios Espirituales*, Tercera Semana [195].

48. Bergoglio, «Silencio y Palabra», en *Reflexiones en esperanza, op. cit.*

49. Klaiber, *The Jesuits in Latin America*. Tras la muerte de Moyano, ocurrida en 2006, Verbitsky lo identificó como el «jesuita anónimo» al que había citado anteriormente, y en 2014 lo describió

como una «fuente privilegiada» en su investigación sobre Bergoglio.

50. Bergoglio, «En Él solo poner la esperanza», en *Reflexiones en esperanza, op. cit.*

6. Un obispo con olor a oveja (1993-2000)

1. Tim Worstall, «In Which a Good Catholic Boy Starts Shouting at the Pope», Forbes website, 26 de noviembre de 2013.
2. *Evangelii Gaudium*, párrafo 97.
3. Bergoglio, «Nuestra carne en oración», en *Reflexiones en esperanza, op. cit.*
4. Rubin y Ambrogetti, *El Jesuita, op. cit.*, cap. 12.
5. Este relato figura en Marcelo Larraquy, *Recen por él* (Sudamericana, Buenos Aires, 2013), pp. 167-168, y ha sido confirmado al autor por el padre García-Mata.
6. Citado en Piqué, *Francisco: Vida y revolución, op. cit.*, pp. 115-116.
7. En la entrevista con el padre Spadaro, Bergoglio recuerda una conversación que mantuvieron cuando él era obispo. Cuando, desafiante, le preguntó si aprobaba la homosexualidad, él respondió: «Dime, Dios, cuando mira a una persona homosexual, ¿aprueba su existencia con afecto o la rechaza y la condena?»
8. Esto lo recuerda en su diálogo de 2011 con el rabino Skorka en Jorge Mario Bergoglio y Abraham Skorka, *Sobre el Cielo y la Tierra* (Sudamericana, Buenos Aires, 2010), cap. 9.
9. La historia de la Virgen Desatanudos la cuenta Carmelo López-Arias, «La devoción personal del Papa», página web *Religión en Libertad*, 23 de junio de 2013; Himitian, *Francisco: El Papa de la gente, op. cit.*, cap. 6; y Puente, *La vida oculta de Bergoglio, op. cit.*, pp. 122-123.
10. Vallely, *Pope Francis: Untying the Knots, op. cit.*, p. 102.
11. Bartolomé de Vedia, «Bergoglio será el sucesor de Quarracino», *La Nación*, 4 de junio de 1997.
12. Sergio Rubín, «La Iglesia que busca Menem», *Clarín*, 22 de junio de 1997.
13. «Una multitud oró ante San Cayetano», *La Nación*, 8 de agosto de 1997.
14. John Allen, «Pope Francis Gets His Oxygen from the Slums», *National Catholic Reporter*, 7 de abril de 2013.

15. Esta versión está tomada de explicaciones *off the record* proporcionadas al autor durante las entrevistas celebradas con participantes en el CELAM, en 2003 en Madrid y en Bogotá en 2005.

16. Alberto Methol Ferré y Alver Metalli, *El Papa y el filósofo* (Biblos, Buenos Aires, 2013).

17. Sobre la visita a Cuba, véase George Weigel, *Witness to Hope* (Cliff Street Books, Nueva York, 1999), pp. 790-792 [ed. en castellano, *Biografía de Juan Pablo II: Testigo de esperanza*, Plaza y Janés, Barcelona, 2000].

18. Grupo de Reflexión «Centesimus Annus», *Diálogos entre Juan Pablo II y Fidel Castro* (Editorial de Ciencia y Cultura, Buenos Aires, 1998). En la cubierta, Bergoglio figura como el coordinador.

19. Tello citado en un artículo de la revista chilena: «El Papa villero», *Qué Pasa*, 20 de febrero de 2014.

20. Henri de Lubac, *The Splendor of the Church* (Ignatius Press, San Francisco, 1986) [ed. en castellano, *Meditación sobre la Iglesia*, Encuentro, Madrid, 1988].

21. «Obispos argentinos piden que no se utilice a la Iglesia con fines políticos», *Noticias Eclesiales*, 5 de agosto de 1998; Carlos Pagni, «De pronto, todo ha cambiado», *La Nación*, 18 de marzo de 2013.

22. Jorge Mario Bergoglio, «Fervor apostólico», en *Cuadernos de Pastores*, año 5, n.º 15, septiembre de 1999, en *www.cuadernos-pastores.org.ar*

23. Jorge Mario Bergoglio, *Corrupción y pecado. Algunas reflexiones en torno al tema de la corrupción* (Editorial Claretiana, Buenos Aires, 2013).

24. Sobre el asunto del BCP véase Wornat, *Nuestra santa madre, op. cit.*, pp. 225-273; Larraquy, *Recen por él, op. cit.*, pp. 175-179; Puente, *La vida oculta de Bergoglio, op. cit.*, pp. 267-268, así como otras biografías y reportajes de prensa de la época. Los resultados de la investigación en curso me han sido resumidos por un abogado conocedor de los hechos.

25. «Palermo, escenario de la Fe», *La Nación*, 13 de octubre de 1998.

26. José María Poirier, «Quiet Thunder in Argentina», *Catholic Herald*, 7 de octubre de 2005.

27. «Bergoglio rescata la mirada de los niños», 17 de diciembre de 1999.

28. En Horacio Verbitsky, *El silencio: De Pablo VI a Bergoglio. Las relaciones secretas de la Iglesia con la ESMA* (Sudamericana, Bue-

nos Aires, 2.ª ed., 2005), menciona la entrevista con Bergoglio y extrae citas de ella.

29. Margaret Hebblethwaite, «The Pope Francis I Know», *Guardian Comment Is Free* website, 14 de marzo de 2013.
30. «Tedeum, 25 de mayo de 1999», en Bergoglio, *La patria es un don, la nación una tarea. Refundar con esperanza nuestros vínculos sociales* (Editorial Claretiana, Buenos Aires, 2013).
31. «Tedeum, 25 de mayo de 2000», ibíd.
32. *Commission Sociale de l'Episcopat Français, Réhabiliter la Politique* (febrero de 1999), en *w ww.cef.fr*. El padre Accaputo afirma que Bergoglio conocía bien el documento. Se cita a pie de página, en el párrafo 205, en *Evangelii Gaudium*, y en la entrevista al Papa Francisco publicada en *La Vanguardia* el 12 de junio de 2014, se describe como «un texto precioso».
33. «Ibarra, el agnóstico, coincidió con Bergoglio, el arzobispo», *Página 12*, 2 de diciembre de 2000.

7. El cardenal gaucho (2001-2007)

1. Rembert Weakland, «Images of the Church from "Perfect Society" to "God's People on Pilgrimage"» en Austen Ivereigh (ed.), *Unfinished Journey: The Church 40 Years After Vatican II* (Continuum, Nueva York, 2003), pp. 78-90; Ladislas Orsy, SJ, «The Church of the Third Millennium: An Exercise in Theological and Canonical Imagination: In Praise of Communio», *Studia Canonica* 38 (2004): 5-36; John R. Quinn, *The Reform of the Papacy: The Costly Call to Christian Unity* (Crossroad, Nueva York, 1999).
2. Congregación para la Doctrina de la Fe, «Carta a los obispos de la Iglesia católica sobre algunos aspectos de la Iglesia considerada como comunión» (28 de mayo de 1992) en *www.vatican.va*
3. En su encíclica *Ut Unum Sint* (1995), el Papa Juan Pablo II pedía ayuda para «encontrar una forma de ejercicio del primado que, sin renunciar de ningún modo a lo esencial de su misión, se abra a una situación nueva».
4. Quinn, *La reforma del papado*. El artículo de Kasper se publicó originalmente en *Stimmen der Zeit* 219 (diciembre de 2000), y en inglés como «The Universal Church and the Local Church: A Friendly Rejoinder» en Walter Kasper, *Leadership in the*

Church (Crossroad, Nueva York, 2003). El cardenal Ratzinger respondió en el *Frankfurter Allgemeine Zeitung*, 22 de diciembre de 2000, defendiendo el primado de lo universal sobre lo local.

5. Las relaciones económicas de Sodano con Maciel se detallan en la investigación de Jason Berry aparecida en 2010 «How Fr. Maciel Built His Empire», *National Catholic Reporter*, 12 de abril de 1990. John Cornwell, *The Pontiff in Winter: Triumph and Conflict in the Reign of John Paul II* (Doubleday, Nueva York, 2004), retrata el Vaticano durante los años finales de Juan Pablo II.

6. Austen Ivereigh, «Streams of Scarlet as Pope Appoints New Cardinals», *The Tablet*, 24 de febrero de 2001.

7. «Bergoglio: El país debe apelar a sus reservas morales», *La Nación*, 18 de febrero de 2001.

8. Véanse las crónicas de Robert Mickens en *The Tablet*: «Extraordinary Rome Meeting Brings Ordinary Results», 26 de mayo de 2001; «Cardinals Press for More Sharing in Church Government», 2 de junio de 2001.

9. 2 de octubre de 2001. Bergoglio se dirigió en español a los obispos.

10. Crónicas sobre el sínodo de Robert Mickens en *The Tablet*: «Synod of Bishops to Meet Without Benefit of Reforms», 9 de junio de 2001; «Bishops in a Think Tank», 13 de octubre de 2001. Yo asistí a la rueda de prensa de Bergoglio.

11. Cardenal Timothy M. Dolan, *Praying in Rome: Reflections on the Conclave and Electing Pope Francis, op. cit.*

12. Sandro Magister, *L'Espresso*, n.° 49 (28 de noviembre-5 de diciembre de 2002), en *www.chiesa.espresso.repubblica.it*

13. Eduardo Duhalde, «Aquel hombre que estuvo en las horas más difíciles», *La Nación*, 18 de marzo de 2013.

14. Austen Ivereigh, «Argentina's New Riches», *The Tablet*, 15 de febrero de 2003. Este artículo es inmediatamente posterior a un periodo que pasé en Buenos Aires a finales de 2002.

15. Gianni Valente, entrevista de 2002 en *30 Giorni*, reeditada en Valente, *Francesco: Un Papa dalla fine del mondo, op. cit.*

16. Homilía del Tedeum del 25 de mayo de 2002: «La historia del publicano Zaqueo», en Bergoglio, *La Patria es un don, la Nación una tarea* (Editorial Claretiana, Buenos Aires, 2013), pp. 57-66.

17. Homilía del Tedeum del 25 de mayo de 2003: «La narración del buen samaritano», en Bergoglio, *La Patria es un don, la Nación una tarea, op. cit.*, pp. 69-79.

18. El intermediario fue entrevistado por Larraquy en *Recen por él, op. cit.*

19. Homilía del Tedeum, 25 de mayo de 2004: «Jesús en la sinagoga de Nazaret: Nadie es profeta en su tierra», en Bergoglio, *La patria es un don, la nación una tarea, op. cit.*, pp. 81-93.

20. «Bergoglio tiró palos, pero en Gobierno los esquivaron», *Página 12*, 26 de mayo de 2004.

21. «Francisco va a vivir hasta los 140 años, dice su médico chino», revista *Perfil*, 30 de octubre de 2013; «El médico chino del Papa», página web de *Religión Digital*, 21 de agosto de 2003.

22. Austen Ivereigh, «Pope in Lourdes Speaks of "The End of My Pilgrimage"», *The Tablet*, 21 de agosto de 2004.

23. Jorge Mario Bergoglio, «La presencia de María en la vida del Papa», *30 Giorni,* edición especial dedicada a Juan Pablo II, n.º 4, abril de 2005.

24. Testimonio de Bergoglio en 2005: Stefania Falasca, «Bergoglio: "Io, testimone di virtù eroiche di Wojtyła"», *Avvenire*, 17 de abril de 2014.

25. «Homilía del arzobispo de Buenos Aires en ocasión de la misa por el primer aniversario de la tragedia de Cromañón» (30 de diciembre de 2005).

26. «Juan Pablo II fue simplemente un coherente», homilía (4 de abril de 2005).

27. Gerson Camarotti, «Cartas quase marcadas no vaticano», *O Globo*, 25 de diciembre de 2005.

28. Verbitsky, *El silencio, op. cit.*, pp. 51-61, 101-115. El relato de Bergoglio en Rubín y Ambrogetti, *El Jesuita, op. cit.*, cap. 14.

29. El cardenal Francis George, de Chicago, me lo dijo en el Aeropuerto de Fiumicino después del cónclave de 2013. La acusación la hizo Román Lejtman, «Exclusivo: por qué fracasó un informe secreto K para bloquear la elección de Bergoglio», *El Cronista*, 28 de marzo de 2013; la negación, en Elisabetta Piqué, «Cafiero negó que haya emitido un dossier contra Bergoglio», *La Nación*, 20 de marzo de 2013.

30. Lucio Brunelli, «Cosi eleggemmo Papa Ratzinger», *Limes*, 23 de septiembre de 2005.

31. Marco Tosatti, «Ecco come andò davvero il Conclave del 2005», *Vatican Insider*, 3 de octubre de 2013.

32. Marchisano se lo contó a Gianluca Barile, *Diario di un papista* (Segno, Tavagnacco, 2013).

33. Piqué, *Francisco: Vida y revolución,* p. 144; George Weigel, «The First American Pope», *National Review Online,* 14 de marzo de 2013.

34. *Meditation on the Two Standards,* de una traducción del retiro publicado como *En Él solo la esperanza* (Ignatius Press, San Francisco, 2013), cap. 7.

35. Carmen María Ramos, «No es tiempo de un Papa latinoamericano», entrevista con Methol Ferré en *La Nación,* 6 de abril de 2005.

36. Los comentarios en *L'Indipendente* los reprodujo *Catholic World News,* 13 de octubre de 2005: *«Argentine cardinal refuses to discuss conclave support.»*

37. Robert Mickens, «Rome Synod: The Inside Story», *The Tablet,* 29 de octubre de 2005; y «Curial Cardinals at Odds over Remarried Divorcees», *The Tablet,* 5 de noviembre de 2005. «Debate la Iglesia la comunión a los divorciados vueltos a casar», *La Nación,* 6 de octubre de 2005.

38. El retiro se publicó en español con el título *En Él solo la esperanza* (Biblioteca de Autores Cristianos, Madrid, 2013).

39. «Kirchner y Bergoglio, juntos en una misa de homenaje a sacerdotes palotinos», *Clarín,* 11 de abril de 2006.

40. «En el Tedeum, Bergoglio criticó la manipulación y la prepotencia», *Clarín,* 26 de mayo de 2006. Homilía del Tedeum, 25 de mayo de 2006: «Las Bienaventuranzas», en Bergoglio, *La patria es un don, op. cit.,* pp. 97-108.

41. «Bergoglio y los Kirchner: Seis años de una relación gélida», *La Nación,* 8 de noviembre de 2011; «Guillermo Marcó ya no será vocero del cardenal Bergoglio», *La Nación,* 14 de diciembre de 2006.

42. Bergoglio, «Sentido Eclesial», en *Meditaciones para religiosos, op. cit.*

43. Raniero Cantalamessa, rueda de prensa posterior al encuentro de la CRECES, 13 de octubre de 2012, en *www.infocreces.com.ar*

44. El prólogo de Bergoglio está fechado el 4 de abril de 2005, en Guzmán Carriquiry, *Una apuesta por América Latina* (Sudamericana, Buenos Aires, 2005).

45. En su prólogo a Carriquiry, *En camino hacia La V Conferencia de la Iglesia latinoamericana: Memoria de los cincuenta años del CELAM.*

46. Alberto Methol Ferré, *La América Latina del siglo XXI* (Edhasa, Buenos Aires, 2006).

47. Guzmán Carriquiry, «La revolución de la Gracia», página web *Tierras de América*, 18 de febrero de 2014.

48. Gutiérrez lo dijo durante la presentación de libro escrito a cuatro manos con el cardenal Gerhard Müller, actual jefe de la CDF, en Roma. Véase Joshua McElwee, «With Vatican doctrinal czar, liberation theology pioneer reflects on troubles», *National Catholic Reporter*, 28 de febrero de 2014.

49. Entrevista con Stefania Falasca, «What I would have said at the Consistory», *30 Days*, n.° 11 (noviembre de 2007).

50. Entrevista en *Clarín*, 27 de octubre de 2013.

51. *The Tablet*, 2 de junio de 2007.

52. Este debate lo describe el entonces obispo de Petrópolis, Filippo Santoro, en Sandro Magister, «Cuando Bergoglio derrotó a los teólogos de la liberación», blog de *Chiesa*, 1 de octubre de 2013.

8. Un hombre para los demás (2008-2012)

1. Padre Pepe Di Paola en Bermúdez, *Papa Francisco: Nuestro hermano, nuestro amigo, op. cit.*

2. Equipo de sacerdotes para las villas de emergencia, Ciudad Autónoma de Buenos Aires, «La droga en las Villas: Despenalizada de hecho», 25 de marzo de 2009.

3. Estas historias aparecen en Silvina Premat, *Curas villeros: De Mugica al padre Pepe* (Sudamericana, Buenos Aires, 2010), y *Pepe: El cura de la villa* (Sudamericana, Buenos Aires, 2013), de la misma autora.

4. Equipo de Sacerdotes para las Villas de Emergencia, Ciudad Autónoma de Buenos Aires, «Celebrar el Bicentenario en la Ciudad de Buenos Aires, 2010-2016», 11 de mayo de 2010.

5. Conferencia Episcopal Argentina, «Hacia un Bicentenario en Justicia y Solidaridad, 2010-2016», diciembre de 2008.

6. Jorge Mario Bergoglio, Prólogo a Guzmán Carriquiry, *El Bicentenario de la independencia de los países latinoamericanos* (Encuentro, Madrid, 2011).

7. «Hace años que no se ocupan de la gente», *La Nación*, 8 de agosto de 2009.

8. «Activista gay dice que el Papa Francisco apoyaba las uniones civiles homosexuales», CNN, 20 de marzo de 2013. El titular puede llevar a engaño. El cardenal Bergoglio apoyaba unas uniones civiles a cuyos derechos y privilegios legales las personas homosexua-

les pudieran acogerse, más que unas uniones civiles exclusivas para los gais.

9. Congregación para la Doctrina de la Fe, «Consideraciones sobre las propuestas para dar reconocimiento legal a las uniones entre personas homosexuales», 28 de marzo de 2003. Las «objeciones de Roma» fueron expresadas por Esteban Caselli, que concedió una entrevista radiofónica en agosto de 2003 en la que expresaba su sorpresa por que Bergoglio no hubiera criticado la ley de Buenos Aires del año anterior. Pero, dada la proximidad de Caselli con los cardenales Sodano y Sandri, nadie dudó del origen de aquella crítica. Véase Sergio Rubín, «Una ofensiva dentro de la Iglesia», *Clarín*, 10 de agosto de 2003.

10. Véanse los comentarios de Bergoglio en Bergoglio y Skorka, *Sobre el Cielo y la Tierra, op. cit.*, cap. 16.

11. Declaración de la Asamblea Plenaria del Episcopado Argentino, «Sobre el bien inalterable del matrimonio y de la familia», 20 de abril de 2010. La postura de Bergoglio en el plenario la reveló meses después Sergio Rubín en «La Iglesia puso todo en juego», *Clarín* (14 de julio de 2010), y la confirmaron después varias fuentes.

12. Vallely, *Pope Francis: Untying the Knots, op. cit.* Vallely cita al padre Marcó especulando que esa era una «estrategia» en la que Bergoglio enviaría copia de la carta a Roma «para demostrar que hacía lo que se le solicitaba». Marcó no formaba parte del personal de Bergoglio en aquella época, ni estaba próximo a él, y su interpretación se contradecía con las de quienes sí lo estaban.

13. Carta de Bergoglio al doctor Justo Cabrajales, director del Departamento de Laicos de la Conferencia Episcopal Argentina, 5 de julio 2010.

14. El relato de la senadora Negre está en Bermúdez, *Papa Francisco, nuestro hermano, nuestro amigo, op. cit.*, y en «El Papa Francisco nunca impulsó uniones civiles», ACI/EWTN Noticias, 24 de abril de 2013, así como en correos electrónicos intercambiados con el autor.

15. Bergoglio y Skorka, *Sobre el Cielo y la Tierra, op. cit.*, cap. 25.

16. Luis Zamora aparece en el programa televisivo *Palabras más, palabras menos*, 19 de marzo de 2013, en YouTube.

17. «Luis Zamora, declaración de Bergoglio», Canal de Política Provincia, 9 de noviembre de 2010, en YouTube.

18. Las preguntas y las respuestas por escrito de Bergoglio se encuen-

tran en la página web de las Abuelas de la Plaza de Mayo, *www. abuelas.org.ar*

19. Asistí a la Jornada de noviembre de 2013. Entre los asistentes se encuentra, normalmente, el presidente de la Asociación de Industriales, los líderes sindicales, el presidente de la Federación Agraria, así como los dirigentes de los partidos peronistas no kirchneristas, y de partidos no peronistas. La expresión más plena del trabajo desarrollado en las Jornadas fue el documento, hecho público en septiembre de 2007, que se considera casi una carta de refundación de la vida política argentina. Pastoral Social de la Arquidiócesis de Buenos Aires, «Hacia una cultura de encuentro: La política, mediadora del bien común», 15 de septiembre de 2007.

20. Véase Fortunato Mallimaci, *Atlas de las creencias religiosas en la Argentina* (Biblos, Buenos Aires, 2013).

21. Véase Marco Gallo, «El Papa Francisco y la Shoá», en la revista del Museo de la Shoá de Buenos Aires, *Nuestra Memoria,* 19, n.º 37, mayo de 2013.

22. Sergio Bergman, *Un Evangelio según Francisco: Maestro, líder y estadista* (Ediciones B, Buenos Aires, 2013).

23. Publicados como *Biblia, diálogo vigente* (Planeta, Buenos Aires, 2013).

24. El comentario del obispo Venables se publicó sin su consentimiento en la página web de la Comunión Anglicana tras la elección de Francisco, pero él mismo ha confirmado su veracidad. El Ordinariato, que se creó en respuesta a peticiones de anglicanos, permite a los sacerdotes anglicanos convertirse en católicos junto con sus congregaciones, y preservar tradiciones clave en liturgia y costumbres.

25. Comisión Permanente del Episcopado Argentino, «El juego se torna peligroso», 20 de diciembre de 2010.

26. «Informe sobre talleres clandestinos en la Ciudad de Buenos Aires», 29 de agosto de 2006, encargo de la diputada nacional Elisa Carrió, y en su página web.

27. Homilía «Misa por las víctimas de la trata y el tráfico de personas» (23 de septiembre de 2011).

28. Puente, *La vida oculta de Bergoglio, op. cit.*, pp. 289-300.

29. San Ignacio, hacia 1540, fundó un hogar en Roma para mujeres que huían de la prostitución. Lo llamó Casa Santa Marta, el mismo nombre de la hospedería vaticana en la que, actualmente, reside el Papa Francisco.

30. En Bermúdez, *Papa Francisco, nuestro hermano, nuestro amigo, op. cit.*

31. La historia la cuenta uno de ellos en Piqué, *Francisco: Vida y revolución, op. cit.*, cap. 11. Los diáconos son clérigos que pueden ser célibes o estar casados, pueden oficiar en bautismos, bodas y funerales; y pueden asistir en misa rezando. Pero no son sacerdotes.

32. Arancedo, prefacio a Jorge Mario Bergoglio, *Mente abierta, corazón creyente*. Bergoglio describe su máquina de escribir en una entrevista de 2011 con la Agencia de Información Católica Argentina (AICA).

33. Andrea Tornielli, «Careerism and Vanity: Sins of the Church», *Vatican Insider*, 24 de febrero de 2012.

34. Esta historia me la contó María Lía Zervino, que por entonces trabajaba en la diócesis.

35. El artículo de José María Poirier era «Quiet Thunder in Argentina», *Catholic Herald*, 7 de octubre de 2005. Isasmendi citado en Allen, «Pope Francis Gets His Oxygen from the Slums».

36. Se cuenta la anécdota en el documental de Juan Martín Ezratty, *Francis: The People's Pope* (2013).

37. Jorge Rouillón, «Mis días con Bergoglio», *Diario Los Andes*, 12 de mayo de 2013.

38. DVD Cáritas Argentina (Buenos Aires), Retiro Anual 2010.

39. Rubín y Ambrogetti, *El Jesuita, op. cit.*, cap. 6. La especulación de Ambrogetti aparece en el documental *Francis: The People's Pope* (2013).

40. Véase el ensayo de Bergoglio *«For Man»*, en Elisa Buzzi (ed.), *A Generative Thought: An Introduction to the Works of Luigi Giussani* (McGill-Queen's University Press, Montreal, 2003).

41. Bergoglio habló durante la presentación de los dos libros de Giussani, alabando «el bien que este hombre me ha hecho, en mi vida como sacerdote, a través de la lectura de sus libros y artículos». Silvina Premat, «The Attraction of the Cardinal», en *Traces*, julio de 2001. El rezo de Bergoglio frente a la tumba de San Josemaría Escrivá la recuerda el prelado del Opus Dei Javier Echevarría, en una entrevista con José Beltrán, «El Papa sentirá la fuerza y la compañía espiritual de Benedicto XVI», *La Razón*, 24 de marzo de 2013.

42. Rubín y Ambrogetti, *El Jesuita, op. cit.*, cap. 12; Stefania Falasca, «Una rosa bianca da Santa Teresa», *Avvenire*, 24 de marzo de 2013. Bergoglio le contó que la tradición de pedir una flor a

Santa Teresa a modo de señal de que una oración ha sido atendida la inició el padre Putigan, jesuita, en 1925.

43. «Bergoglio, el cardenal que marcó una época y será difícil de reemplazar», *Perfil*, 7 de agosto de 2012.

44. «Camino a casa», en Bergoglio, *Mente abierta, corazón creyente*.

45. «El fracaso de Jesús», en Bergoglio, *Mente abierta, corazón creyente*.

46. «Bergoglio comenzó a negociar en el Vaticano el nombre de su sucesor», *Tiempo Argentino*, 25 de febrero de 2012.

47. Fernández ofrece un relato detallado del trato que recibió en «Bergoglio, a secas», *Vida Pastoral*, junio de 2013.

48. Uno de los mejores resúmenes de Vatileaks es de Jason Horowitz, «Pope Benedict XVI's Leaked Documents Show Fractured Vatican Full of Rivalries», *Washington Post*, 16 de febrero de 2013.

49. Véase Massimo Franco, *The Crisis in the Vatican Empire* (Mondadori, Milán 2013), y Tornielli, *«Careerism and Vanity: Sins of the Church»*.

50. La caída en el baño la publicó *La Stampa* tras el anuncio de la renuncia de Benedicto. Tanto la noticia como la decisión de dejar el papado tras el viaje fueron confirmadas posteriormente por el periódico vaticano y por su portavoz. Véase Andrea Tornielli, «El Papa decidió renunciar después de una caída en León, México», *Vatican Insider*, 14 de febrero de 2013.

51. «L'Ultima Intervista», *Corriere della Sera*, 1 de septiembre de 2012.

52. Andrea Tornielli aborda las reacciones a la entrevista por parte de los cardenales Gianfranco Ravasi y Angelo Scola en *Carlo Maria Martini: Il Profeta del Dialogo* (Piemme, Milán, 2012), cap. 18.

53. «Bergoglio les exigió a los curas que bauticen a hijos de madres solteras», *Clarín*, 4 de septiembre de 2012.

54. Jorge Mario Bergoglio, segunda reflexión del retiro de Cáritas, en DVD, 3 de noviembre de 2012.

55. Carlos Galli, «Una nueva hora de la Iglesia latinoamericana, y el icono pastoral de Francisco», *Vida Nueva* (edición española), n.º 2864, 2013, pp. 23-30; edición para el Cono Sur, n.º 24, 2013, pp. 8-13.

56. Austen Ivereigh, «Synod of Bishops Ends with Far-reaching Goals», *Our Sunday Visitor*, 31 de octubre de 2012.

9. Cónclave (2013)

1. Entrevista con Giovanna Chirri de ANSA en varios, *Benedict XVI: The Resignation of a Pope* (La Stampa, Turín, 2013).
2. Arzobispo Leo Cushley, «A Monsignor Sobbed, Then Silence Fell», *Catholic Herald,* 7 de febrero de 2014. Cushley es en la actualidad arzobispo de San Andrés y Edimburgo.
3. Entrevista de monseñor Viganò con el padre Thomas Rosica, Salt & Light TV, 4 de octubre de 2013
4. Dolan, *Praying in Rome: Reflections on the Conclave and Electing Pope Francis.*
5. Entrevista del Cardinal O'Malley con el padre Thomas Rosica, Salt & Light TV, 4 de octubre de 2013.
6. Tuve ocasión de conversar con el cardenal Pell sobre estas cuestiones durante mi estancia en Sídney, Australia, en mayo de 2013. Véase también «Cardinal Pell Hopes for a Pope Who Knows How to Govern», *Vatican Insider,* 4 de marzo de 2013. Sobre Coccopalmerio, véase Andrea Tornielli, «Curia Is in the Firing Line», *Vatican Insider,* 6 de marzo de 2013.
7. La estrategia de la Curia la reveló el *Vatican Insider* el 2 de marzo de 2013: «A ticket to vote for the first latin-american Pope.» El cardenal peruano Juan Luis Cipriani se refirió al sentimiento anti-italiano durante una entrevista al *Vatican Insider* del 27 de marzo de 2013: «Papa Francisco: Un místico con capacidad de gobierno.»
8. Estas anécdotas proceden tanto de fuentes del cónclave como de amigos del Papa Francisco, y han sido reveladas a cambio de mantener el anonimato.
9. El relato de la cena es del personal del *Wall Street Journal, Pope Francis: From the End of the Earth to Rome* (HarperCollins, Nueva York, 2013), cap. 8. Véase también la entrevista a Cormac Murphy-O 'Connor en *The Catholic Herald*, «When Pope Francis First Stepped...», 13 de septiembre de 2013. Sobre el papel de Santos Abril y Castelló: Giacamo Galeazzi, «Operación Santa María Mayor», *Vatican Insider,* 15 de marzo de 2013.
10. En su *Francis: Pope of a New World* (Ignatius Press, San Francisco, 2013), cap. 3, el prestigioso comentarista vaticano Andrea Tornielli afirma que no hubo «campañas organizadas de antemano» en el cónclave de Bergoglio. Hubo una. El único vaticanista que notó la corriente pro-Bergoglio fue el norteamericano John Thavis, que escribió el día anterior al cónclave que «algunas voces

serias» habían empezado a mencionar su nombre. John Thavis, «An Argentine cardinal who's quietly drawing attention again», *www.johnthavis.com*, 11 de marzo de 2013.

11. «Cardenal Ortega revela palabras del cardenal Bergoglio», *www.palabranueva.net.*, 25 de marzo de 2013.

12. Valente se lo contó a Andrea Tornielli, *Francis: Pope of a New Worl, op. cit.*

13. El cardenal Kasper contó esta anécdota en Nueva York, en mayo de 2014. David Gibson, «Cardinal Kasper Is the Pope's Theologian», *National Catholic Reporter*, 6-19, junio de 2014. Francisco le explicó a un amigo argentino la historia de la rosa.

14. Véase crónica de Associated Press «So What Really Happened Inside the Papal Conclave?», 14 de marzo de 2013; y memorias de Dolan, *Praying in Rome.*

15. La quinta votación anulada la reveló Piqué, *Francisco: Vida y revolución, op. cit.*, cap. 3. Entre los analistas que mencionaron la votación en los días posteriores al cónclave están Andrea Tornielli (*La Stampa*), Carlo Marroni (*Il Sole*), Andrés Beltramo (*Sacro y Profano*), David Gibson (*Religion News Service*) y Giacomo Galeazzi (*Vatican Insider*).

16. Véase la historia clásica de los cónclaves de Francis Burkle-Young, *Passing the Keys* (Madison Books, Lanham, 2001). Sobre los dramas con las fumatas en el cónclave de 2005, véase John L. Allen, *The Rise of Benedict XVI* (Doubleday, Nueva York, 2005), y John Thavis, *The Vatican Diaries* (Penguin, Londres, 2013), cap. 1.

17. «Papa Francisco dialoga como un hermano más con la CLAR», subido originalmente a la página web chilena *Reflexión y Liberación* (26 de junio de 2013) y posteriormente eliminado.

18. «Cruz y misión», en Bergoglio, *Mente abierta, corazón creyente, op. cit.*, cap. 8.

19. La entrevista de Monsignor Viganò fue con el padre Thomas Rosica de Salt & Light TV, 4 de octubre de 2013. De hecho, los cardenales eran Vallini y Hummes, no Vallini y Tauran, como Viganò le cuenta a Rosica en la entrevista. En la que concedió a *La Stampa,* el 14 de diciembre de 2013, Francisco recuerda que, «poco antes de asomarme, me arrodillé para rezar durante algunos minutos en compañía de los cardenales Vallini y Hummes en la capilla Paulina», algo que el padre Rosica me ha confirmado vía e-mail. Los recuerdos de Francisco sobre su ansiedad y, después,

la «gran luz» los compartió con Eugenio Scalfari de *La Repubblica* en una entrevista publicada el 1 de octubre de 2013. Como dicha entrevista no fue grabada, Scalfari reprodujo el encuentro de memoria, y muchos detalles resultan cuestionables. Pero la experiencia que describe Francisco la ha comentado a menudo. Véase, por ejemplo, la entrevista de Inés San Martín con el cardenal Francisco Errázuriz, «Confidant Calls Pope Francis a Changed Man», *Boston Globe,* 4 de julio de 2014.

20. Murphy-O'Connor, entrevista en *Catholic Herald,* 13 de septiembre de 2013. María Elena Bergoglio y Daniel del Regno en el documental de Juan Martín Ezratty, *Francis: The People's Pope* (2013).

Epílogo

1. Vídeo en YouTube. La senadora se refiere a ese día en Alejandro Bermúdez (ed.) *Francisco, nuestro hermano, nuestro amigo, op. cit.*

2. «Hebe de Bonafini le escribió una carta al Papa Francisco», *La Nación,* 21 de marzo de 2013. Carlos Pagni, «Una distancia ideológica menor que la que presentía el kirchnerismo», *La Nación,* 13 de marzo de 2014.

3. Alicia Oliveira en el documental *Francis: A Pope for Everyone* (2013).

4. Enzo Bianchi, «Il Pontefice che si é fatto uomo», *La Stampa,* 17 de marzo de 2013; Austen Ivereigh, «Pope Francis Takes Fresh Approach to Papacy», *Our Sunday Visitor Newsweekly,* 31 de marzo de 2013; Philip Pulella (Reuters), «By-the-book Vatican Braces for Unscripted Papacy», 14 de marzo de 2013. Relato de Lombardi, 14 de marzo de 2013.

5. Timothy M. Dolan, *Praying in Rome: Reflections on the Conclave and Electing Pope Francis* (Image Books, Nueva York, 2013).

6. Jorge Mario Bergoglio, «En Él solo poner la esperanza», en *Reflexiones en esperanza, op. cit.* Mantuve varias conversaciones ese día con productores y corerresponsales de BBC y Sky, entre otros medios.

7. Papa Francisco, entrevista en *La Repubblica,* 1 de octubre de 2013.

8. Papa Francisco, entrevista en *La Stampa,* 14 de diciembre de 2013; «Pope Francis to revolutionise running of church with

new advisory panel», *The Guardian*, 14 de abril de 2013; Yves Congar, *Eglise et Papauté* (Les Editions du Cerf, París, 1994).

9. Austen Ivereigh, «Pope Francis Takes Fresh Approach to Papacy», *OSV Newsweekly,* 31 de marzo de 2013.

10. Alberto Melloni, «La Riforma di Francesco» *Corriere della Sera,* 14 de abril de 2013. Con «siempre que es posible» me refiero a que ni la Iglesia australiana ni la estadounidenses son miembros de ningún organismo episcopal supranacional. Sobre los patriarcados, véase arzobispo John R. Quinn, *Ever Ancient, Ever New: Structures of Communion in the Church* (Paulist Press, Nueva York, 2013). Quinn recordó que Bergoglio se lo dijo en un discurso a los sacerdotes en San Luis, MO, el 25 de junio de 2014. Véase Thomas Fox, «Quinn to Priest Group», *National Catholic Reporter,* 7 de julio de 2014.

11. Discurso de Francisco a la Congregación para La Doctrina de la Fe, *www.vatican.va* (31 de enero de 2014).

12. *Evangelii Gaudium* 32, 184. La cita de Pablo VI es de su encíclica de 1971, *Octogesima Adveniens.* Inés San Martín, «Pope urges protection for minors crossing the US border», *Boston Globe,* 15 de julio de 2014.

13. «Pope says structures for collaboration, collegiality need strengthening», *Catholic News Service,* 13 de junio de 2013; Andrea Tornielli, «La comunione ai divorziati va affrontata con approccio nuovo», *Vatican Insider,* 30 de noviembre de 2013. Yves Congar, *True and False Reform in the Church* (trad. Paul Philibert OP (Liturgical Press, Collegeville, MD, 2011), p. 262. [Verdadera y falsa reforma en la Iglesia] Cardenal Rodríguez citado en Jonathan Luxmoore, «Church Entering "New Era" Under Pope Francis, Top Papal Adviser Says», *Catholic Herald,* 23 de enero de 2014.

14. «Letter of Pope Francis to Card. Lorenzo Baldisseri... », 1 de abril de 2014; Ladislas Orsy, SJ, «Francis's New Order», *Tablet,* 21 de junio de 2014. Robert Mickens, «The Benedict Protégé in Francis' Vatican», *National Catholic Reporter,* 2 de junio de 2014.

15. «El sínodo sobre la familia: "Los divorciados vueltos a casar parecen excomulgados"», entrevista de Francisco con Elisabetta Piqué, *La Nación,* 7 de diciembre de 2014.

16. John Thavis, «Decision Time on Vatican Reforms?» Blog de John Thavis, 18 de febrero de 2014.

17. Sandro Magister, «The Curia of Francis: Paradise of the Multinationals», blog *Chiesa,* 17 de enero de 2014.

18. John Allen e Inés San Martín en *Boston Globe,* 9 de julio de 2014: «After scandals, Vatican aims to be model on finances» y «Finance czar aims to steer Vatican 'off the gossip pages». Sobre COSEA, véanse Shawn Tully, «Holy Reformer», *Fortune,* 1de septiembre de 2014, y George Pell, «The days of ripping off the Vatican are over», *Catholic Herald,* 4 de diciembre de 2014.

19. Ingrid D. Roland, «The Fall of the Vice-Pope», *New York Review of Books,* 16 de junio de 2014. Entrevista con el cardenal Óscar Rodríguez de Maradiaga en *La Croix,* 17 de febrero de 2014. Entrevista con el cardenal Pietro Parolin en *Avvenire,* 9 de febrero de 2014. Cindy Wooden, «Pope, Cardinal Council Begin Work on Reorganizing Roman Curia», *Catholic News Service,* 4 de diciembre de 2013.

20. Joshua McElwee, «Francis encountering curial opposition, cardinal says», *National Catholic Reporter,* 21 de abril de 2014; Jason Horowitz y Jim Yardley, «Pope with the humble touch Is firm in reshaping the Vatican», *New York Times,* 13 de enero de 2014. Jonathan Luxmoore, «Church entering new era under Pope Francis», *Catholic Herald,* 23 de enero de 2014. John Allen, «Pope Francis' risky love/hate relationship with the Vatican», *www.cruxnow.com,* 22 de diciembre de 2014.

21. Entrevistas de Burke con Raymond Arroyo, «The World Over», EWTN, 12 de diciembre de 2013; y con *Vida Nueva,* 30 de octubre de 2014.

22. «Pope reportedly displeased by sumptuous canonization banquet» (Catholic News Agency, 23 de mayo de 2014); John Allen, «Francis at 100 Days: "The World's Parish Priest"», *National Catholic Reporter,* 17 de junio de 2013.

23. Edición italiana de *Vanity Fair,* 17 de julio de 2013; *Economist,* 19 de abril de 2014; *Prospect,* 23 de abril de 2014; *Fortune,* 20 de marzo de 2014; *Time,* 11 de diciembre de 2013; *New Yorker,* 23/30 de diciembre de 2013; *Advocate,* diciembre de 2013; *Financial Times,* 29 de diciembre de 2013; *Guardian,* 17 de noviembre de 2013.

24. Cristina Odone, «Pope Francis Tames the Wolf of Wall Street», *Catholic Herald,* 26 de septiembre de 2013.

25. «The Remarkable Figure of Pope Francis», *Financial Times,* 29 de diciembre de 2013. Tim Stanley, «Time Magazine's Man of the Year Is Pope Francis. Alas, it's not the real Pope Francis», *Daily Telegraph,* 12 de diciembre de 2013.

26. Entrevista al Papa Francisco en *La Vanguardia,* 14 de junio de 2014.

27. Michael Sean Winters, «Pope Francis's First Year: The Reaction», *National Catholic Reporter,* 10 de marzo de 2014.

28. Hilary White, «There Is Something Strange Going On in the Vatican», *LifeSite News,* 3 de octubre de 2013.

29. Austen Ivereigh, «Francis-Scalfari: A Model of the Culture of Encounter», *Catholic Voices Comment,* 2 de octubre de 2013. La entrevista está en *La Repubblica,* 1 de octubre de 2013. «Vatican Website Removes Pope's Interview...» *Vatican Insider,* 15 de noviembre de 2013. Eugenio Scalfari, «Il Papa: 'Come Gesù userò il bastone contro i preti pedofili'», *La Repubblica,* 13 de julio de 2014. Andrea Tornielli, «The pope's conversation with Scalfari and the words Francis never pronounced», *Vatican Insider,* 13 de julio de 2014.

30. Dwight Longenecker, «Should the Pope Tweet?», website *Aleteia,* 30 de mayo de 2014.

31. John Thavis, «Curia Rumblings About a Pope Who Won't Be Filtered», *www.johnthavis.com,* 2 de mayo de 2014.

32. Paul Elie, «The Pope in the attic: Benedict in the time of Francis», *The Atlantic,* 16 de abril de 2014.

33. Reese citado en Sally Quinn, «Pope Francis and the Church's New Attitude», *Washington Post,* 7 de septiembre de 2013; respuesta de Weigel en «It's Fun to Be Catholic Again», *National Review Online,* 30 de septiembre de 2013; Donohue citado en Sara Miller Llana, «Pope Francis: Is the People's Pontiff Really a Revolutionary?», *Christian Science Monitor,* 6 de noviembre de 2013.

34. Texto de la carta a Marchetto en *Zenit,* 15 de noviembre de 2013, en la que Francisco le decía: «Lo considero a usted el mejor intérprete del Concilio Vaticano II.»

35. Francis X. Rocca, «With few words on abortion, Pope Francis shows a new way to be pro-life», *Catholic News Service,* 10 de enero de 2014; Edward Pentin, «Pope's strong words in defense of the unborn», *National Catholic Register,* 20 de septiembre de 2013; «Pope support hermeneutic of continuity,», *Zenit,* 15 de noviembre de 2013.

36. Entrevista al Papa Francisco en *Corriere della Sera,* 5 de marzo de 2014.

37. John Gehring y Kim Daniels, «Joint canonization encourages politicized catholics to bridge divides», *National Catholic Reporter,* 24 de abril de 2014.

38. Francisco se refiere a Pablo VI en esos términos en una entrevista en *Il Messagero,* 29 de junio de 2014.

39. Papa Francisco, homilía de Santa Marta para mayo de 2013 en Papa Francisco, *La Verità è un Incontro: Omelie da Santa Marta* (Milán, Rizzoli, 2014).
40. Andrea Tornielli, «Pope Francis' white rose», *Vatican Insider*, 26 de septiembre de 2013. Francisco se lo contó al arzobispo de Ancona, Edoardo Menichelli, que a su vez, con su permiso, lo contó durante la presentación de un libro sobre santa Teresa de Lisieux.
41. James Politi, «How Pope Francis helped melt the US-Cuba freeze», *Financial Times* (19 de diciembre de 2014).
42. Austen Ivereigh, «Pope's protestant friend dies, but push for unity lives», *Boston Globe*, 7 de agosto de 2014.

Nota sobre las fuentes

El Gran Reformador se nutre de cuatro fuentes principales: 1) las entrevistas que mantuve en Argentina y Chile entre octubre y noviembre de 2013 y, posteriormente, en Roma en febrero y abril de 2014; 2) los escritos y las declaraciones de Jorge Mario Bergoglio; 3) los libros y documentales existentes sobre él, así como otros sobre Argentina, la historia de los jesuitas y de los católicos; y 4) los medios de comunicación, principalmente de Argentina, Italia, Francia, España, Reino Unido y Estados Unidos.

ENTREVISTAS

Capítulos 1 a 5

Los recuerdos sobre el Bergoglio joven, así como la historia de sus antepasados, están tomados sobre todo de entrevistas y remembranzas aparecidos en la prensa argentina tras la elección de Francisco como Papa, aunque las monjas del convento de la Misericordia, en Flores (Buenos Aires) compartieron sus recuerdos conmigo.

Respecto al periodo jesuita (1960-1992), los siguientes sacerdotes jesuitas (todos los «padres» que añaden las iniciales SJ a sus nombres), que conocieron bien a Bergoglio han sido fuentes valiosísimas de ideas y recuerdos. En Argentina: Ignacio Pérez del Viso, Ignacio García-Mata, Juan Carlos Scannone, Enrique Fabbri, Fernando Cervera, Ángel Rossi, Alfonso Gómez, Andrés Swinnen, Rafael Velasco y Leonardo Nardín; en Chile: Juan Valdés y Fernando Montes; y en Roma: Guillermo Ortiz y Miguel Yáñez. Los siguientes exjesuitas, que se formaron junto a Bergoglio, también compartieron sus recuerdos: Jorge González Manent (Argentina) ; Raúl Vergara, Juan Eduardo García-Huidobro (Chile); Francisco López (Uruguay). El padre Bill Ryan, SJ, en Canadá y el padre Juan Ochagavía, SJ, en Chile, respondieron a preguntas específicas a través del correo electrónico y por teléfono. También realicé entrevistas en relación con estos capítulos con el político peronista Julio Bárbaro, con el profesor Carlos Pauli, de la escuela de La Inmaculada, con el padre Miguel de la Civita de la diócesis de Santa Fe, y con Peter Saunders, fundador y director ejecutivo de la institución benéfica británica National Association for People Abused in Childhood (NAPAC).

En el texto, he indicado los puntos en los que también me he basado en entrevistas con jesuitas tomadas de Alejandro Bermúdez, *Francisco, nuestro hermano, nuestro amigo* (Ediciones Cristiandad, Madrid 2014); Chris Lowney, *Pope Francis: Why He Leads the Way He Leads* (Loyola Press, Chicago, 2013), y de las biografías que se enumeran más abajo.

Los siguientes jesuitas también me han sido de ayuda a la hora de clarificar aspectos de la Compañía de Jesús, así como para la comprensión de cuestiones complejas, aunque no pueda culpárseles de mis conclusiones ni de mis malas interpretaciones (una vez más, todos sus nombres van precedidos de «padre» y seguidos de «SJ»): en Roma, Michael Czerny; en Canadá, Bill Ryan; en Estados Unidos, Jack O'Callaghan, y en Reino Unido, James Hanvey.

Capítulos 6-9 y epílogo

Las siguientes personas aceptaron, amablemente que las entrevistase: cardenales: Francisco Errázuriz (emérito, Santiago de Chile), Cormac Murphy-O'Connor (emérito, Westminster). Obispos argentinos: Jorge Casaretto (emérito, San Isidro), Jorge Lozano (Gualeguaychú). Clérigos de Buenos Aires: Carlos Accaputo, Guillermo Marcó, Carlos Galli, Fernando Giannetti, Gabriel Maronetti, Mariano Fazio, Lorenzo *Toto* de Vedia, Gustavo Carrara. Colaboradores seglares de Bergoglio: Federico Wals, Roberto Da Busti, Daniel Gassman (en Roma), profesor Guzmán Carriquiry. Periodistas: José María Poirier, Sergio Rubín, Mariano de Vedia, Evangelina Himitian, José Ignacio López, Enrique Cangas. Académicos: Fortunato Mallimaci, Roberto Bosca. Ecuménicos interreligiosos: pastor Jorge Himitian, Marco Gallo, Omar Abboud, rabino Abraham Skorka, obispo Tony Palmer, Ricardo Elías. La senadora Liliana Negre respondió preguntas a través de correo electrónico.

BERGOGLIO/FRANCISCO

1. Escritos

Como jesuita, Bergoglio escribió sobre todo en dos publicaciones argentinas de la Compañía de Jesús: *Boletín de Espiritualidad* y *Stromata*. Sus artículos, así como sus alocuciones y otras mediaciones, se recogen en tres libros: *Meditaciones para religiosos* (Ediciones Diego de Torres, Buenos Aires, 1982), *Reflexiones espirituales sobre la vida apostólica* (Diego de Torres, Buenos Aires, 1987) y *Reflexiones en Esperanza* (Ediciones de la Universidad del Salvador, Buenos Aires, 1992).

Durante su exilio en Córdoba, Bergoglio escribió dos cartas largas, detalladas (una fechada el 20 de octubre de 1990 y la otra el 20 de diciembre del mismo año), llenas de recuerdos de infancia, al historiador salesiano Don Cayetano Bruno. También existe una carta anterior (fechada el 18 de mayo de 1986) que le escribió sobre el tema de las vocaciones. Las tres pueden consultarse por internet.

En tanto que obispo coadjutor (véase capítulo 6) escribió un libro sobre la visita a Cuba de Juan Pablo II: *Diálogos entre Juan Pablo II y Fidel Castro* (Editorial de Ciencia y Cultura, Buenos Aires, 1998). Su retiro de 2006 con los obispos españoles (véase capítulo 7) se ha publicado en español con el título *En Él solo la esperanza* (Biblioteca de Autores Cristianos, Madrid, 2013).

A partir de 1998, sus escritos se presentan principalmente en forma de homilías, disponibles (entre 1999 y 2013) en la página web de la archidiócesis de Buenos Aires, mientras que otros documentos (cartas, alocuciones, etcétera) pueden consultarse en la página web *AICA. org.ar*. La bonaerense Editorial Claretiana ha publicado un gran número de recopilaciones: *Educar: Testimonio de la Verdad* (2013) contiene sus conferencias a docentes entre 2006 y 2012; *¡Salgan a buscar corazones!* (2013), sus mensajes a catequistas y peregrinos; mientras que sus homilías de Tedeum se recogen en *La Patria es un don, la Nación una tarea* (2013). Una recopilación excelente es la de Virginia Bonard, *Nuestra fe es revolucionaria* (Planeta, Buenos Aires, 2013).

En colaboración con el rabino Abraham Skorka publicó *Sobre el Cielo y la Tierra* (Editorial Sudamericana, Buenos Aires, 2011). Con Skorka y el pastor Marcelo Figueroa publicó *Biblia, diálogo vigente: la fe en tiempos modernos* (Planeta, Buenos Aires, 2013). También escribió un gran número de prólogos.

Ya como Papa Francisco ha habido un goteo constante de recopilatorios de sus homilías y escritos. Entre los mejores se cuentan *Mente abierta, corazón creyente* (Ediciones Claretianas, Madrid, 2013) y *A Church of Mercy* (Darton, Longman & Todd, Londres, 2014). Su obra principal ha sido su encíclica apostólica, *Evangelii Gaudium* (noviembre de 2013, varias ediciones). Sus homilías diarias desde Santa Marta, transcritas por Radio Vaticana, se han recogido en *Papa Francesco, La Verità è un Incontro* (Libreria Editrice Vaticana, Roma, 2014).

2. Entrevistas

BERGOGLIO

La entrevista con extensión de libro (véase capítulo 8) de Sergio Rubín y Francesca Ambrogetti *El Jesuita* (Barcelona, Vergara, Grupo Z, 2010) sigue siendo la fuente prepapal más exhaustiva, y contiene sobre todo documentos que compartió con los autores. Bergoglio no concedió entrevistas antes de ser nombrado cardenal en 2001, y salvo por la de Radio María de 2008, antes de 2010 solo concedió entrevistas en Roma: a *La Nación* (18 de febrero de 2001), y varias a Gianni Valente en *30 Giorni* recopiladas en *Francesco: Un Papa dalla Fine del Mondo* (EMI, Bolonia, 2013). En 2011 concedió una entrevista a la Agencia Informativa Católica Argentina (AICA); en 2012, concedió tres: en febrero a Andrea Tornielli (*Vatican Insider*, 24 de febrero), en noviembre a EWTN Español, y en diciembre a la Radio comunitaria de la Villa 21, la 96 Voz de Caacupé.

FRANCISCO

Como Papa, la entrevista más significativa (véase capítulo 5) es la que le realizó el padre Antonio Spadaro para *Civiltà Cattolica*, publicada en español como *Papa Francisco: Mi puerta siempre está abierta* (conversación con Antonio Spadaro) (Planeta, Barcelona, 2014). Spadaro también dejó constancia de una conversación que Francisco mantuvo con religiosos y religiosas, disponible en la página web de

Civiltà Cattolica con el título de «¡Despierten al mundo» (noviembre de 2013). Otras entrevistas incluyen la realizada por el canal de televisión brasileño Globo (28 de julio de 2013), *La Stampa* (14 de diciembre de 2013), *Corriere della Sera/La Nación* (5 de marzo de 2014), *La Vanguardia* (12 de junio de 2014) e *Il Messagero* (29 de junio de 2014). Aunque técnicamente no son entrevistas, a pesar de poner palabras en boca de Francisco, Eugenio Scalfari ha escrito en dos ocasiones sobre sus encuentros con el Papa Francisco en *La Repubblica* (1 de octubre de 2013 y 13 de julio de 2014). Francisco también ha concedido tres largas ruedas de prensa a bordo del avión papal, una a su regreso de Río de Janeiro (28 de julio de 2013), otra a su regreso de Tel Aviv (27 de mayo de 2014) y una tercera a su regreso de Seúl (18 de agosto de 2014).

SOBRE BERGOGLIO/FRANCISCO

Biografías

Se han publicado cinco biografías escritas por periodistas argentinos. Las dos primeras, elaboradas durante las semanas posteriores a la elección de Francisco como Papa, las escribieron profesionales de *La Nación*: Mariano de Vedia, *El Papa del Pueblo* (Planeta, Buenos Aires, 2013), y Evangelina Himitian, *Francisco, el Papa de la gente* (Aguilar, Buenos Aires, 2013). Ese mismo año, más tarde, el periodista de *Clarín* Marcelo Larraquy publicó *Recen por él* (Sudamericana, Buenos Aires, 2013), y Elisabetta Piqué, corresponsal de *La Nación* en Roma, *Francisco: Vida y revolución* (El Ateneo, Buenos Aires, 2013). En 2014 se publicó *La vida oculta de Bergoglio*, de Armando Rubén Puente (Libros Libres, Madrid, 2014). Entre las obras biográficas escritas por no argentinos dignas de mención se encuentran la de Andrea Tornielli, *Francis: Pope of a New World* (Ignatius Press, San Francisco, 2013), la del personal de *The Wall Street Journal*, *Pope Francis: From the End of the Earth to Rome* (HarperCollins, Nueva York, 2013), la de Paul Vallely, *Pope Francis: Untying the Knots* (Bloomsbury, Londres-Nueva York, 2013), y la de Marcelo López Cambronero y Feliciana Merino Escalera, *Francisco: El Papa manso* (Planeta, Buenos Aires, 2013).

Memorias

Jorge *Goma* González Manent, compañero de noviciado y de escolástica de Bergoglio en los jesuitas, ha escrito dos textos de memorias de sus días en la Compañía de Jesús: *Jesuitas éramos los de antes: Impresiones de un novicio de los años '50* (Dunken, Buenos Aires, 2012) y el a día de hoy inédito *Bergoglio y yo: Vidas casi paralelas* (2013). La memoria de los días escolares de Jorge Milia, con Bergoglio como maestro, que lleva por título *De la edad feliz* (Maktub, Salta, 2006) e incluye un prólogo de este, se publicó en italiano como *Maestro Francesco: Gli allievi del Papa ricordano il loro professore* (Mondadori, Milán, 2014). El cardenal Timothy M. Dolan es autor de *Praying in Rome: Reflections on the Conclave and Electing Pope Francis* (Image Books, Nueva York, 2013), un testimonio muy útil sobre el cónclave.

Otros

Chris Lowney, *Pope Francis: Why He Leads the Way He Leads* (Loyola Press, Chicago, 2013), vincula el liderazgo de Francisco con su formación y espiritualidad jesuíticas; Robert Moynihan, *Pray for Me: The Life and Spiritual Vision of Pope Francis* (Random House, Nueva York, 2013), es un relato de sus primeros días como Papa; Andrea Riccardi, *La sorpresa di Papa Francesco: Crisi e futuro della Chiesa* (Mondadori, Milán, 2013), es un análisis de la elección de Francisco y de su importancia histórica; y Mariano Fazio, *Pope Francis: Keys to His Thought* (Scepter, Nueva York, 2013), es una introducción a sus ideas más relevantes. En cuatro documentales se incluyen entrevistas valiosas: Juan Martín Ezratty (dirección), *Francis: The People's Pope* (Rome Reports, 2013); Music Brokers (dirección), *Pope Francis: A Pope for Everyone* (2013); Knights of Columbus, *Francis: The Pope from the New World* (2014), y Salt & Light TV, *The Francis Effect* (2014).

FUENTES SECUNDARIAS

Jesuitas

He manejado la traducción inglesa de Michael Ivens, SJ, *The Spiritual Exercices of Saint Ignatius of Loyola* (Gracewing, Leominster, GB, 2004).

La mejor introducción a los jesuitas es la de James Martin, SJ, *The Jesuit Guide to (Almost) Everything: A Spirituality for Real Life* (HarperCollins, Nueva York, 2010). He recurrido a la biografía escrita por Philip Caraman, *Ignatius Loyola* (Collins, Nueva York, 1990), así como a las de Jean Lacoutoure, *Jesuits: A Multibiography* (Counterpoint, Washington, DC, 1995), Malachi Martin, *The Jesuits* (Simon & Schuster, Nueva York, 1998), y Alain Woodrow, *The Jesuits: A Story of Power* (Geoffrey Chapman, Londres-Nueva York, 1995).

Para la historia de los jesuitas en Argentina durante el siglo XVIII, me he basado en numerosos libros y artículos de Guillermo Furlong, SJ, sobre todo en *Los jesuitas y la cultura rioplatense* (Huarpes, Buenos Aires, 1946) y *Nacimiento y desarrollo de la filosofía en el Río de la Plata* (Kraft, Buenos Aires, 1952). También en William Bangert, *A History of the Society of Jesus* (Institute of Jesuit Sources, San Luis, MO, 1986), Philip Caraman, *The Lost Paradise: The Jesuit Republic in South America* (Seabury Press, Nueva York, 1976), y Magnus Mörner (ed.), *The Expulsion of the Jesuits from Latin America* (Knopf, Nueva York,1965).

Jeffrey Klaiber, *The Jesuits in Latin America, 1549-2000: 450 Years of Inculturation, Defense of Human Rights, and Prophetic Witness* (Institute of Jesuit Sources, San Luis, MO, 2009), presenta el caso contra Bergoglio. Sobre la Congregación General de 1974 véase Peter Hebblethwaite, *Paul VI: The First Modern Pope* (HarperCollins, Nueva York, 1993). Sobre (san) Pedro Fabro: Mary Purcell, *The Quiet Companion* (Loyola Press, Chicago, 1970).

Historia de Argentina anterior a 1960

Para los primeros capítulos me he basado en mi *Catholicism and Politics in Argentina, 1810-1960* (Palgrave Macmillan, Basingstoke, 1995), así como en mi ensayo sobre la batalla catolicismo/laicismo respecto de la educación que se libró en la década de 1880 en Ivereigh (ed.), *The Politics of Religion in an Age of Revival* (ILAS, Londres, 2000). La historia indispensable de la Iglesia argentina es la de Roberto Di Stefano y Loris Zanatta, *Historia de la Iglesia argentina* (Sudamericana, Buenos Aires, 2009). Sobre Iglesia y Estado, véase M. A. Burdick, *For God and the Fatherland: Religion and Politics in Argentina* (State University of New York, Albany, 1995),

G. T. Farrell, *Iglesia y Pueblo en la Argentina: Cien años de pastoral, 1860-1974* (Patria Grande, Buenos Aires, 1976), y Lila Caimari, *Perón y la Iglesia Católica: Religión, Estado y sociedad en la Argentina, 1943-1955* (Ariel, Buenos Aires, 1995). El profesor John Lynch cuenta con buenas obras sobre la Argentina del siglo XIX, entre ellas *Argentine Dictator: Juan Manuel de Rosas, 1829-1852* (Clarendon Press, Oxford, GB; Oxford University Press, Nueva York, 1981) y *Massacre in the Pampas, 1872: Britain and Argentina in the Age of Migration* (University of Oklahoma Press, Norman, 1998). Entre las numerosas historias de la Argentina del siglo XX conviene destacar las de José Luis Romero, *Breve historia de la Argentina* (Huemel, Buenos Aires, 1978), Tulio Halperín Donghi, *Argentina en el callejón* (ARCA, Montevideo, 1964), y Daniel James, *Resistance and Integration: Peronism and the Argentine Working Class, 1946-1976* (Cambridge University Press, Cambridge-Nueva York,1988).

1970-1990

Tres obras indispensables: Donald C. Hodges, *Argentina's «Dirty War»: An Intellectual Biography* (University of Texas Press, Austin, 1991), Richard Gillespie, *Soldiers of Perón-Argentina's Montoneros* (Clarendon Press, Oxford, GB; University Press, Nueva York, 1982), y María José Moyano, *Argentina's Lost Patrol: Armed Struggle, 1969-1979* (Yale University Press, New Haven, CT, 1995). Gustavo Morello, *Cristianismo y Revolución: Los orígenes intelectuales de la guerrilla argentina* (EDUCC, Córdoba, 2003), traza el viaje de los católicos jóvenes hacia la violencia. Véase también Carlos Mugica, *Peronismo y Cristianismo* (1973, diversas ediciones). El Movimiento de Sacerdotes para el Tercer Mundo (MSTM) cuenta con un nutrido archivo online, y he tenido acceso a ejemplares de principios de la década de 1970 de la revista de teología jesuítica *Stromata* en la Biblioteca del Centro Latinoamericano de Oxford.

Sobre la Iglesia y la guerra sucia de la década de 1970: Martín Obregón, *Entre la Cruz y la Espada: La Iglesia católica durante los primeros años del Proceso* (Universidad Nacional de Quilmes, Buenos Aires, 2005), es un análisis equilibrado y basado en documentos de las relaciones Iglesia-Estado durante los primeros años de la Junta. Véase también, Emilio Mignone *Iglesia y dictadura* (Ediciones del Pensamiento Nacional, Buenos Aires, 1986). Una visión equilibrada de Mignone y del libro la ofrece su yerno Mario Carril, *La vida de Emilio Mignone: Justicia, catolicismo y derechos humanos* (Emecé, Buenos Aires, 2011). Horacio Verbitsky, *El silencio: De Pablo VI a Bergoglio. Las relaciones secretas de la Iglesia con la ESMA* (Sudamericana, Buenos Aires, 2005) es un intento de sustanciar las alegaciones de Mignone, y su *Doble juego: La Argentina católica y militar* (Sudamericana, Buenos Aires, 2006) constituye un intento marxista, pero exhaustivo de hacer lo mismo. Olga Wornat, *Nuestra santa madre: Historia pública y privada de la Iglesia católica argentina* (Ediciones B, Buenos Aires, 2002), resulta útil para la controversia Yorio-Jalics, y Francisco Jalics recuerda su secuestro y tortura en *El camino de la contemplación* (Ediciones Paulinas, Buenos Aires, 2006). De la carta de veintisiete páginas que Yorio escribió a la Curia de los jesuitas, existe una copia en la biblioteca del CONICET (Consejo Nacional de Investigaciones Científicas y Técnicas) de Buenos Aires. Publicado originalmente en italiano, Nello Scavo, *La lista de Bergoglio: Los salvados por Francisco durante la dictadura* (Editorial Claretiana, Madrid, 2013), reúne los relatos de las personas a las que Bergoglio rescató de la dictadura en sus tiempos de provincial. Los recuerdos del propio Bergoglio en relación con la guerra sucia pueden encontrarse en el citado *El Jesuita,* así como en su testimonio durante el interrogatorio de 2010 en relación con la ESMA, que en internet figura como «Bergoglio declara ante el TOF», en la página *www.abuelas.org.ar.* Un buen retrato de Argentina durante la década de 1980 lo hace Jimmy Burns, *The Land That Lost Its Heroes: How Argentina Lost the Falklands War* (Bloomsbury, Londres, 1987).

1991-2000

Luis Alberto Romero, *A History of Argentina in the Twentieth Century* (Pennsylvania State University Press, University Park, PA, 2002), y *La larga crisis argentina: Del siglo XX al siglo XXI* (Siglo XXI, Buenos Aires, 2013) son análisis útiles, como lo es el de Jill Hedges, *Argentina: A Modern History* (IB Tauris, Londres, 2011). La obra de Silvina Premat sobre los curas villeros y su biografía del padre Pepe Di Paola están salpicados de anécdotas: *Curas villeros: De Mugica al padre Pepe* (Random House Mondadori, Buenos Aires, 2012) y *Pepe: El cura de la villa* (Sudamericana, Buenos Aires,

2013). Sobre Juan Pablo II y el cónclave de 2005: George Weigel, *Witness to Hope: The Biography of Pope John Paul II* (HarperCollins, Londres, 2001); John Cornwell, *The Pope in Winter: The Dark Face of John Paul II's Papacy* (Viking, Londres, 2005); John L. Allen, *The Rise of Benedict XVI: The Inside Story of How the Pope Was Elected* (Penguin, Londres, 2005). Para información general sobre los cónclaves: Francis A. Burkle-Young, *Passing the Keys: Modern Cardinals, Conclaves and the Election of the Next Pope* (Madison Books, Nueva York, 1999). Sobre Methol Ferré y el futuro de la Iglesia en América Latina (véanse los capítulos 7 y 8): Alberto Methol Ferré y Alver Metalli, *El Papa y el filósofo* (Biblos, Buenos Aires, 2013); además de Guzmán Carriquiry Lecour: *Una apuesta por América Latina* (Sudamericana, Buenos Aires, 2005); *En camino hacia la V Conferencia de la Iglesia latinoamericana: Memoria de los cincuenta años del CELAM* (Editorial Claretiana, Buenos Aires, 2006, con un prólogo de Bergoglio), *El Bicentenario de la independencia de los países latinoamericanos* (Encuentro, Madrid, 2011). Los archivos de *La Nación*, *Clarín* y *Página 12* han resultado indispensables para la redacción de los capítulos 7 y 8.

Cónclave de 2013 y papado de Francisco

Existe buena información general en Massimo Franco, *La crisi dell'Impero Vaticano* (Mondadori, Roma, 2013), Varios, *Benedict XVI: The Resignation of a Pope* (*La Stampa*, Roma, 2013), y Andrea Tornielli, *Francis: Pope of a New World* (Ignatius Press, San Francisco, 2013). Las siguientes fuentes y análisis han resultado valiosísimas. Medios de comunicación católicos: Catholic News Service, Religion News Service, Radio Vaticana, Vatican Insider de *La Stampa*, National Catholic Reporter, National Catholic Register, America Magazine, Our Sunday Visitor, The Tablet, Catholic Herald, La Croix, Criterio, Terre d'America, Religión Digital, National Review Online, First Things, Aleteia, LifeSite News, Zenit, ABC Religion & Ethics, Salt & Light TV, EWTN, Rome Reports. Blogs: John Thavis, Sandro Magister (Chiesa), Catholic Voices Comment. Periódicos: (EE.UU.) *Boston Globe, Washington Post, New York Times, Time Magazine, USA Today, Atlantic Monthly, Christian Science Monitor, New York Review of Books;* (Reino Unido) *The Guardian, Times, Financial Times, Economist; Daily Tele- graph;* (Argentina) *La Na-*

ción, *Clarín, Página 12;* (España) *La Vanguardia, La Razón, Abc;* (Italia) *La Repubblica, La Stampa, Corriere della Sera, Il Messagero.* Agencias: Reuters, Associated Press, Agence France Presse.

BIBLIOTECA DE BERGOGLIO: UNA SELECCIÓN

Teólogos/Escritores sobre Espiritualidad

Congar, Yves, *Vraie et Fausse Réforme dans l'Eglise*, Éditions du Cerf, París, 1950 [ed. en castellano, *Verdadera y falsa reforma en la Iglesia*, Ediciones Sígueme, Salamanca, 2014].

De Lubac, Henri, *Méditation sur l'Eglise*, Aubier, París, 2ª ed. 1953 [ed. en castellano, *Meditación sobre la Iglesia*, Ediciones Encuentro, Madrid, 1988].

Gennari, Gianni, *Teresa di Lisieux. Il Fascino della Santità. I Segreti di una «Dottrina» Ritrovata*, Lindau, Turín, 2012.

Guardini, Romano, *Der Gegensatz*, Matthias-Grünewald, Mainz, 1925; *The Lord,* Longmans, Green, Londres-Nueva York, 1956; *The End of the Modern World*, Sheed & Ward, Nueva York, 1956.

Kasper, Walter, *Leadership in the Church* (Crossroad, Nueva York, 2003) [ed. en castellano, *La misericordia: Clave del Evangelio y de la vida cristiana*, Sal Terrae, Meliaño, 2012] y *Mercy: The Essence of the Gospel and the Key to Christian Life* (City, Paulist Press, 2014).

Martini, cardenal Carlo Maria (con Georg Sporschill), *Night Conversations with Cardinal Martini: The Relevance of the Church for Tomorrow* (Paulist Press, Mahwah, NJ, 2013).

Quinn, John R. *The Reform of the Papacy: The Costly Call to Christian Unity* (Crossroad, Nueva York, 1999).

Nguyen, cardenal Van Thuan. *Five Loaves and Two Fish* (Morley Books, Washington, 2000 —1969—) [ed. en castellano, *Cinco panes y dos peces: Testimonio de fe de un obispo vietnamita en la cárcel,* Ciudad Nueva, Madrid, 2012].

Teresa del Niño Jesús (santa Teresa de Lisieux), *Historia de un alma.*

Literatura

Benson, Robert Hugh. *The Lord of the World* (1907).
Borges, Jorge Luis. *El Martín Fierro* (1953), *El Aleph* (1949), *Ficciones* (1951).
Dostoievski, Fiodor. *Los hermanos Karamazov* (1880).
Hernández, José. *Martín Fierro* (1879).
Manzoni, Alessandro. *Los novios* (1827).
Marechal, Leopoldo. *Adán Buenosayres* (1948).

Poetas

Friedrich Hölderlin, Rainer Maria Rilke, Gerard Manley Hopkins.

Índice temático

Angelelli, obispo Enrique, 158-159, 165-166, 192-193, 213
asesinato de, 159, 193, 205, 226
anglicanos, 436-438
Antico, Gustavo, 246
antisemitismo, 391, 432
Anuario Pontificio (directorio anual del Vaticano), 496
Aparecida, santuario de, 70, 398
Apocalipsis, 464
APSA. *Véase* Administración del Patrimonio de la Sede Apostólica
Apuesta por América Latina, Una, Carraquiry, 396
Aramburu, cardenal Juan Carlos, 21, 221-223, 295-296
Aramburu, Pedro Eugenio (general), 109, 145
Arancedo, arzobispo José María, 445, 454
araucano, pueblo, 26
Argentina. *Véanse también líderes específicos*
golpe de 1930, 45
golpe de 1943, 46
golpe de 1955, 51, 55
golpe de 1976, 159, 186-188, 196
historia antigua de, 13-14, 20-27, 45-47
historia de los jesuitas en, 91-99, 101-102
independencia de 1810, 99, 414-417
inmigración de la familia Bergoglio a, 19-21
Junta de 1976-83, 188-191, 197, 211, 213-214, 241-243, 263, 266-267, 296
levantamiento de 1956, 109
relaciones Iglesia-Estado en, 13, 53-54, 296

argentinos libaneses, 429
Arroyo, padre Rodolfo, 312
Arrupe, padre Pedro
Angelelli y, 165-166, 192
Bergoglio como provincial y, 157, 165-166
contacto con pobres y, 264
Francisco visita la tumba de, 231
GC32 y ultras *vs.,* 172
«homenaje filial» de Bergoglio a, 256
idea del «hombre para los demás» y, 451
Japón y, 104, 116
Juan Pablo II y, 231-232, 240
jubilación de, 240
renovación jesuita dirigida por, 136
Yorio y Jalics y, 217, 219-220
Arturo Illia, autopista
huelga de hambre de sacerdotes en contra de la, 308
Asamblea General de Aparecida (2007), 70, 288, 398-403, 410, 414, 416, 445, 448, 456-457, 459, 462-463, 473, 511
CELAM documento de (2007), 70, 288-289, 401-402, 445
Asociación Mutual Israelita-Argentina (AMIA), 432-433
Asociación Nacional para Personas Víctimas de Abusos en la Infancia (NAPAC), 183
Astiz, Alfredo, («Gustavo Niño») (teniente coronel), 211
ataque a la embajada israelí, 432
ataques a los derechos humanos, 226, 263, 266-267
investigación de 2010 sobre, 424-428
atentados del 11 de Septiembre, 2001, 355-356, 430

amor por la literatura, 24, 35-38, 198

amor por la música, 38, 61

año sabático en Alemania de 1986 y estudios sobre Guardini, 270-273, 276

apartado de las enseñanzas en el Máximo en 1990, 279

apodos de, 118

arzobispo coadjutor, nombramiento de, y derecho de sucesión, 313-317

asesinato de Angelelli y, 159, 193

auditoría a las finanzas de la archidiócesis de Buenos Aires, 331

austeridad y perfil bajo de, como cardenal, 354

bautismo de hijos nacidos fuera del matrimonio y, 461

bautismo de, 29

Benedicto XVI y, 387-388, 398

bergoglismos y, 32, 123

bicentenarios de Argentina y nuevo «proyecto de país», 414-417

biografías de, 12, 557

Borges y, 116-117, 121-123

Buenos Aires, distritos pobres favorecidos por, 405-412

CELAM y, Aparecida, 70, 398-404

CELAM y, Lima 50.º aniversario, 397-398

CELAM y, Medellín, 139

CELAM y, Puebla, 253-256

CELAM y, Santo Domingo, 320, 353

CELAM y, vínculo con Quarracino, 295-296, 300

ceremonias de lavado de pies y, 294, 326-327, 335

CIAS y oposición a, 261-270, 277, 284

colegialidad y, 350, 355-357, 382-385, 400, 447, 486, 496, 513

Colegio Máximo y, como provincial, 196

como arzobispo, 184, 212, 228, 324-341, 444-448

como cardenal, 12, 348, 352-404

como cardenal, nombramiento de, 348, 352-354

como maestro de novicios jesuitas, 150-152

como novicio jesuita en Córdoba, 91, 102-105

como obispo auxiliar de Quarracino, 298

como obispo, 32, 304-312

como obispo, camino para convertirse en, 279-280, 295, 298-304

como posible sucesor de Juan Pablo II, 358

como presidente de la conferencia episcopal en 2005, 386

como procurador en 1987, 277-279

como provincial de Argentina, en, 165-171

como provincial jesuita, 133, 151, 161, 165-174, 194-200, 215-224, 235, 262-264

como rector del Colegio Máximo, 237-265

como vicario general de la archidiócesis con Quarracino, 307

como vicerrector y profesor de teología pastoral en el Máximo, 151

comunidades de inserción cerradas por, 169

comunidades de inserción, 155, 169

Comunión de Iglesias Evangélicas Episcopales (CEEC), 436

Comunión Renovada de Evangélicos y Católicos (CRECES), 393-395

Comunión y Liberación, movimiento, 452

comunistas y comunismo, 42, 46, 64-65, 143, 153, 159, 170, 176, 191, 322, 353, 451. *Véase también* marxistas

concepto de contraste, 334

Concilio de Trento, 318

Concilio Vaticano Primero (1869-70), 346

Concilio Vaticano Segundo (Vaticano II, 1962-65), 14, 51, 91-92, 102-104, 112, 132, 138-139, 140, 160, 172, 176, 240, 265, 270, 288, 295, 318, 328, 345-346, 348, 350, 435, 499, 513-514, 516-517

cónclave de 2005, 380-385, 481

cónclave de 2013, 465-488
fumata negra *vs.* blanca y, 481-484
Operación Cóndor, 196

Confederación Latinoamericana y Caribeña de Religiosos y Religiosas (CLAR), 128

Conferencia Argentina de Religiosos, 268

Conferencia Episcopal de Obispos Católicos de Estados Unidos (USCCB), 347

Conferencia sobre la población de El Cairo (1994), 298

Congar, Yves, 15, 138, 173, 200, 201, 271, 495, 498, 501, 522

Congregación de obispos (Roma), 300, 314, 457

Congregación para el Culto Divino y la Disciplina de los Sacramentos, 294

Congregación para la Doctrina de la Fe (CDF), 348, 497
Instrucción de 1984, 255
Instrucción de 1986, 255
teología marxista *vs.* teología de la liberación popular y, 255

Congregación para la Laicidad, 504

Congregación para la Vida Consagrada, 219

Congregaciones Generales de cardenales, 376

Congregaciones Generales. *Véase* Compañía de Jesús, Congregaciones Generales

Congreso de Argentina, 35, 41-44, 365, 411

Congreso Eucarístico Internacional 1934, 35, 43, 275
2008, 457

Congreso Judío Latinoamericano, 434

Conjurados, Los (Borges), 123

Conquista del Desierto, 25-26

Consejo de las Conferencias Episcopales de Europa (CCEE), 345, 347, 396

Consejo de ocho cardenales arzobispos (C8), 494

Consejo Episcopal Latinoamericano (CELAM), 295, 345-348, 496
Asamblea General de Aparecida (2007), 70, 288, 397-404, 416, 445, 448, 456-457, 459, 462-463, 473, 496
Asamblea General de Medellín (1968), 139-141, 155, 161, 169, 174-175, 214, 253-254, 300, 317-318, 320, 323, 347, 399, 403, 408, 515

Asamblea General de Puebla (1979), 176, 253-254, 256, 278, 317-320, 324, 347
Asamblea General de Santo Domingo (1992), 319-320, 324, 348, 352-353, 384, 398, 400, 496
encuentro de Bogotá (2012), 462
encuentro de Lima en el 50.º aniversario (2006), 397
Consejo para la Economía, 502
Consejo para los Laicos, 384
conservadores, 45, 64, 176, 187, 265, 269, 293, 306, 349, 387, 500, 513, 516-517. *Véase también rigoristi*
consistorio de cardenales, 457
extraordinario, sobre la unidad (2001), 354-355
Francisco y, 13, 495, 501-502
Juan Pablo II y, 352-353
renuncia de Benedicto XVI y, 465-467
consistorio extraordinario sobre la *communio* (unidad), (2001), 355
Constitución de Argentina, 51-52
Constituciones (san Ignacio), 136, 149-150
consumismo, 293, 321, 417
Contraste (*Der Gegensatz*, Guardini), 276
control de natalidad, 135, 140, 233
controversia sobre los ritos chinos, 235
convento de las Hermanas de la Misericordia, 31
Cooke, John William, 142, 152
Copello, arzobispo de Argentina, 21
Corán, 123, 429
Corintios, 160
«corredor humanitario», 19

Corriere della Sera, 515
corrupción, 36, 45, 73, 93, 138, 243, 287, 295, 298, 307, 314-315, 331, 351, 359-360, 364, 372, 416, 438, 443, 469-470, 494
escándalo vaticano y, 458, 478
Costa, Nino, 33
CRECES. *Véase* Comunión Renovada de Evangélicos y Católicos
Crespo, Oscar, 57-59, 63
CRIN. *Véase* Child Rights International Network
crisis de 2001-3, 28, 333, 358, 391, 416, 429, 440
crisis de la deuda, 315, 359
crisis económica
1976-78, 197
años 1980, 244
1998-99, 298, 315, 332
2001-3, 333-334, 358-367, 391, 416, 432
Cristianismo y Revolución (revista), 144-145
cristianos evangélicos, 15, 231, 335, 343, 390-393, 395-396, 406, 422, 429, 435-436, 467, 520-522, 565
Criterio (semanario católico), 112, 264, 335, 444, 448
«Criterios de Acción Apostólica» (Bergoglio), 253
Cruz Policarpo, José da, cardenal, 381
Cuarto voto (obediencia al Papa para emprender misión), 87, 90, 301
Cuatro Principios (de Bergoglio), 201, 289, 334, 339, 431
el tiempo es antes que el espacio, 201, 289, 431
el todo es antes que la parte, 201, 289, 431

Diálogo Argentino (2002), 363, 366
diálogo interreligioso, 240, 306, 335, 391, 429, 452
Diálogos entre Juan Pablo II y Fidel Castro (Bergoglio), 322
DiNardo, Daniel, cardenal, 474
discernimiento espiritual, 88-89, 102, 115, 157, 325, 422
disturbios de Córdoba (Cordobazo, 1969), 144-146
divorcio, 34, 54, 99, 167, 296, 322, 434
   comunión para divorciados vueltos a casar, 350, 385, 499, 513
doce de Santa Cruz, asesinato de los, 211
Doctrina Espiritual (Lallemant), 151
Dolan, Timothy, cardenal, 357, 463, 470, 474, 480, 483, 492
dolce vita, La (film), 468
Domínguez, Jorge, 309
Dominus Iesus (Ratzinger), 391
Donohue, William, 514
Donoso, José, padre, 107
Dorrego, Manuel, 30
Dostoievski, Fiódor, 276
Dourrón, padre, 216-217, 219-221
drogas, 411-413, 416, 438-439, 441, 443
   amenazas contra el padre Pepe y, 411-413
Duhalde, Eduardo, 360, 362-364, 366-367, 388

economía del derrame, 290-291, 409
Economist, 507
Ecuador, 169
Editorial Difusión, 43

Egan, Edward, cardenal, 355-357
Egipto, 159
Ejercicios Espirituales (San Ignacio), 14, 18, 85-87, 90, 101-103, 105, 136, 149, 157, 167, 200, 228, 236, 239, 247, 252, 281, 283, 451, 483,
   Primera Semana, 86-87
   Segunda Semana, 86, 167, 485
   Tercera Semana, 86, 283-284
   Cuarta Semana, 86-87
Ejército Revolucionario del Pueblo (ERP), 144, 158, 164, 186-188, 210, 275
El Salvador, 263, 266, 460
Elecciones en Argentina
   1880, 25
   años 1930, 45
   1946, 50
   1952, 52
   1958, 110
   1973, 55, 146, 158, 168
   1983, 243
   1989, 275
   1996, 309
   1997, 328
   2003, 360, 366
   2005, 367
   2006, 389
   2007, 416
   2011, 428
   peronismo y, 50, 55, 110, 158, 168
elitismo, 163, 165, 167, 202, 293
Eminencia (West), 116
Enchiridion (Denzinger), 160
enseñanza social, 42, 44, 45, 50-51, 56, 334, 406
Entre Ríos, 12, 21-22
Epelman, Claudio, 433
Ernst & Young, 501
ERP. *Véase* Ejército Revolucionario del Pueblo

Errázuriz Ossa, Francisco, cardenal, 353, 398-400, 402, 496
escándalos de abusos sexuales, 177-178, 280, 351, 493, 512
esclavos africanos, 96
Escribano, Luis, padre, 157
Escrivá, san Josemaría, tumba de, 452
escuadrones de la muerte, 159, 170, 186, 211, 217, 425
Escuela de Mecánica de la Armada (ESMA), 210, 213, 221-222, 425
ESMA. *Véase* Escuela de Mecánica de la Armada
España, 22, 55, 61, 83, 91, 93, 97-101, 136, 142, 148-150, 171-172, 174, 268, 318, 360, 387, 389, 414, 427
espiritistas, 54
Estados Unidos, 17, 24, 27, 46, 49, 61, 64, 133, 149, 178, 183, 220, 223-224, 228, 233, 267, 291, 321, 344, 347, 367, 424, 473, 495, 497-498, 507, 509-510, 514, 517, 520. *Véase también* cardenales norteamericanos
Estrella, Alfredo, padre, 137
ETA, 427
Eucaristía (comunión), 451
  cristianos no-católicos y, 436-437
  divorciados que han vuelto a casarse y, 350, 386, 499, 513
eutanasia, 434
evangélicos anglicanos, 429, 435
Evangelii Gaudium («La alegría del Evangelio», Francisco), 87, 201, 287-289, 291, 308, 496-497, 506, 515
Evangelii Nuntiandi (Pablo VI), 175-176, 200, 254, 287, 386

Evangelio
  Evangelii Gaudium y, 87, 201, 287-289, 291, 308, 496-497, 506, 515
  Evangelio de Lucas, 364, 368
  expulsión de Jesús de la sinagoga, 368
  historia de Zaqueo, 364
  Jesús lavando pies de apóstoles, 326
  nuevo modelo de sociedad y, 176
evangelización, 50-51, 77-78, 85, 94, 111, 129, 134, 169, 174-175, 251, 256, 287, 287-288, 293, 327, 332, 349, 351-352, 392, 395, 397, 404, 409, 438
  discurso de Bergoglio sobre la, 476-477
  Francisco revive la, 516
  mal funcionamiento del Vaticano como impedimento para la, 471
  sínodo de 2012 y la, 462-464
evangelización de la cultura, 40, 238, 254, 256
examen (revisión de gracias y pecados), 103, 151, 247, 451

Fabbri, Eduardo, padre, 262, 268
FABC. *Véase* Federación de Conferencias Episcopales Asiáticas
Fabrizi, Aldo, 38
Fabro, san Pedro, 87, 104, 236
Facultad de Teología Compañía de Jesús (Sankt Georgen), 270-271
Falasca, Stefania, 452, 478
Falcon, Ada, 60-61
Falkland (Guerra de las Malvinas), 197, 241-243

familia y matrimonio, sínodo de obispos y cardenales sobre, 499

FARC (Grupo guerrillero colombiano), 427

fariseos, 283, 299, 331

fascistas italianos, 33

Favre, Pierre, 87

Fazio, Mariano, padre, 400-401, 448

Federación de Conferencias Episcopales Asiáticas (FABC), 347, 496

Fellini, Federico, 468

fenómeno humano, El (Teilhard de Chardin), 115

Fernández Castañeda, padre José Luis, 268

Fernández, Victor Manuel, padre, 402, 456-457

Figueroa, Marcelo, 435

fin de los tiempos modernos, El (Guardini), 276

Financial Times, 507-508

Fiorito, Miguel Angel, padre, 115, 136-137, 150-151, 157, 171, 199, 238-239, 247, 274

Flores, vicariato de
Bergoglio como obispo, y pobres, 303-312

FMI. *Véase* Fondo Monetario Internacional (FMI)

Focolare, movimiento, 452

Fondo Monetario Internacional (FMI), 358

Forbes, 292, 507

Formosa, asalto montonero a (1975), 187-188

Fortune, 507

Francia, 23, 41, 45, 98, 113, 149, 183, 318, 349

Francisco, Papa. *Véase también* Bergoglio, Jorge Mario
aborto y, 510, 514

advertencia contra convertir Evangelio en ideología, 100

anticonceptivos y, 515

ateos y, 510

audiencias de los miércoles y, 493

Benedicto XVI y, 493

Buenos Aires y recuerdos de, 518, 523

canonización de Juan XXIII y Juan Pablo II, 506, 517

carta de la abuela Rosa y, 147

católicos liberales y, 513-516

colegialidad y, 486, 494-496

comunicación papal y, 127

Congar y De Lubac como influencias sobre, 15

consistorio de cardenales y, 495, 501-502

críticas conservadoras a, 510, 513

cuatro principios de, 289

cuestiones sociales *vs.* moralidad y, 64, 516

cultura contemporánea y, 507

derechos humanos y, 515

Dios *vs.* demonio y, 518

discernimiento espiritual y, 88-89, 102, 115, 157, 325

doctrina católica preservada por, 514

doctrinas morales y, 87

elección de, 62, 185, 195, 214, 229-231, 482-484

elección del nombre de «Francisco» y, 125-129, 483-485

encuentro de junio de 2013 con, 9

encuentro Peres-Abbas y, 519

entrevista con Scalfari, 511-512

entrevista con Spadaro, 232-236, 246, 260, 281

entrevista con TV Globo, 71, 74

justicialismo (doctrina estatal peronista), 52-53
Juventud Peronista, 145, 152

Kane, Marie, 183
Karlic, Estanislao, arzobispo, 307, 314-315, 359, 362
Kasper, Walter, cardenal, 270, 348, 350, 386, 472, 478, 491, 499
Kelly, Alfredo, padre, 193
Kirchner, Cristina Fernández, 365, 409, 416, 417, 422, 424, 428, 489-490
Kirchner, Néstor, 365-367, 369, 379-380, 388-390, 409, 417-419, 422, 424, 439
muerte de, 24, 428
Klaiber, Jeffrey, padre, 265, 284
Kolvenbach, Peter-Hans, padre, 231, 239, 241, 268, 276-277, 279, 298, 304-305
KPMG (empresa), 501

La América Latina del siglo XXI (Methol Ferré), 398
La Civita, Miguel, 205-206, 208
Lach, Ernesto, 38
Laghi, 194, 210
laicización, 179
Laje, Enrique, padre, 194
Lallemant, Louis, 151
Lambruschini, padre, 47
Lampedusa, Francisco visita, 17-20
Langenmantel, Wolfgang, 272
Larrazábal, Gustavo, padre, 455
Las venas abiertas de América Latina (Galeano), 141
Legionarios de Cristo, 320, 351
Lehmann, Karl, cardenal, obispo de Mainz, 349, 355, 382, 472

León XIII, 42, 290
Ley de Convertibilidad, 297, 360
leyes de amnistía, 366, 425
liberales y liberalismo, 23-25, 41-46, 50, 56-57, 100, 140, 162-164, 168, 186, 198, 202, 252, 255, 269, 293, 336, 349, 403, 500, 510, 513-516. *Véase también* neoliberalismo económico, como ideología, 44, 57, 100
Liga Demócrata Cristiana de Argentina, 42, 110
Limbaugh, Rush, 291
literatura italiana, 35
Liu Ming, monje taoísta, 369-370
Lombardi, Federico, padre, 72, 88, 180, 185, 465, 469, 471, 490, 512-513
López Rosas, Ernesto, 137, 163, 237, 241, 261, 274, 279
López Trujillo, cardenal Alfonso, 253, 319, 378, 386
López, Estanislao, 22
López, Francisco, 107-108, 110, 115, 137
Los novios (Manzoni), 17, 35-36, 234, 364
Lourdes
visita de Juan Pablo II a, 370
Lozano, Jorge, obispo, 372, 446
Lubac, Henri de, 15, 128, 283, 327, 331, 477
Luca, Renzo De, 249, 265
Lucas, evangelio de, 364, 368
Lucas, san, 486
Ludolfo de Sajonia, 84
Luján, santuario nacional, peregrinación a, 302, 312, 325, 389, 407, 409, 417, 452
Lumen Gentium (Luz de las Naciones, Vaticano II), 160, 346-347, 500
Lunfardo (dialecto), 61

salarios pagados por el estado, 112

uniones civiles y, 418-420

obispos franceses, documento de 1999, 340

Observatorio Nacional de Argentina, 111

Ochagavía, Juan, padre, 279

Oficio Divino, 451

Ogñénovich, Emilo, arzobispo, 302

oligarquía, 27, 44, 145, 367

Oliveira, Alicia, 203-204, 209, 214, 220, 379, 489

Onganía, Juan Carlos, 153, 163

ONU. *Véase* Naciones Unidas (ONU)

Opinión, La (periódico), 263

Opus Dei, 400, 423, 448, 452

orden dominica, 63

ordenación de mujeres, 514

Ortega, Jaime, cardenal, 476

Ortiz, Guillermo, 246, 274

Otello (Rossini), 38

Ouellet, Marc, cardenal, 457, 474, 478, 480

Pablo III, Papa, 88

Pablo VI, Papa, 75-76, 113, 165, 171-176, 209, 223, 237, 240, 270, 289, 323, 345, 353, 375, 399, 476, 493, 497, 499

control de natalidad y, 135, 515

Evangelii Nuntiandi, 175, 200, 254, 287, 386

Gaudete in Domino, 287

muerte de, 176

reformas colegiales y, 347

santidad y, 517

Vaticano II y, 91, 134

Pablo, san, 73, 160, 461, 472, 483

padres pallotinos, asesinato de los, 193, 207, 388

Pagni, Carlos, 446

Palin, Sarah, 291

Palmer, Emiliana, 436, 522

Palmer, Tony, obispo anglicano, 15, 435-438, 520-522

PAN. *Véase* Partido Autonomista Nacional (PAN)

parábola del Buen Samaritano, 17, 298-299

Paraguay, 23, 78, 92-93, 96, 99, 105, 196, 201, 206, 235, 275, 316

Parodi, Juan Carlos, Dr., 237, 264

Parolin, Pietro, cardenal, 503, 505

Parsifal (Wagner), 114, 431

Partido Autonomista Nacional (PAN), 25, 45

Partido Democrático Nacional (PDN), 45

Partido Justicialista, 367

Partido Peronista Federal, 423

partidos cristianodemócratas de Europa, 53

Pasinya, Laurent Monsengwo, cardenal, 473, 496

Pasión de Cristo, La (film), 391

pasionistas de Santa Cruz, iglesia de los, 65

Patten, lord, 503

Pauli, Carlos, 166

PDN. *Véase* Partido Democrático Nacional (PDN)

Pedro, san, 126, 160

Pell, George, cardenal, 463, 471, 474, 502-503

Pellegrini, Vicente, padre, 263

pentecostalismo, 391

Peres, Shimon, 519

Pérez del Viso, Ignacio, padre, 157, 261, 263, 267

Pérez Esquivel, Adolfo, 214

periferias, las, 17, 19, 39, 77, 93,

Promontory Financial Group, 501
Prospect, 507
prostitución, 54, 438
protestantes, 23-24, 26, 34, 54, 123, 391, 435-437, 522
Publicaciones Claretianas, 445, 455
Puebla, documento (CELAM, 1979), 176, 253-254, 256, 258, 317-320, 324, 347. *Véase* Consejo Episcopal Latinoamericano (CELAM)
pueblo fiel. *Véase* Santo pueblo fiel de Dios; teología del pueblo
pueblo guaraní, 92-99, 195, 408
lengua, 64
música y, 78, 95
Puyadas, Nicolás, 172

Quadragesimo Anno (Pío XI), 57
Quarracino, Antonio, cardenal, 21, 113, 256, 295-296, 298, 300-303, 306-307, 309, 312-316, 319-321, 323-324, 327-331, 335, 354, 391, 433
Quevedo, Francisco de, 120
Quinn, John R., arzobispo, 350, 496
Quiroga, Estela, 37, 146
Quiroga, Facundo, 22-23

Radio del Estado, 117
Rahner, Karl, 270, 461
Raspanti, monseñor, u obispo Miguel, 48, 221
Rastellini, padre, 216-217
Ratzinger, Joseph, cardenal, 179, 255, 270, 348, 350, 358, 391, 399, 473. *Véase también* Benedicto XVI, Papa
elección de, como Papa, 11, 375-378, 381-385

Re, Giovanni Battista, cardenal, 483
red de Jesuitas en Fidelidad, 172
reducciones de los jesuitas y, 93-98
reducciones, 78-79, 94-96, 98-99, 235
Reese, Thomas, padre, 513-514
Reflexiones en Esperanza (Bergoglio), 274-275, 281
Reflexiones Espirituales (Bergoglio), 274
reforma del papado, La (Quinn), 350
Reforma, 350
reforma. *Véase también* riformisti
radical, 15, 89
verdad *vs.* mentira, 138-139, 161, 173, 200-201, 271, 285
Reformas borbónicas, 100
Regno, Daniel del, 449, 467, 488
relaciones «yo-tú», 271
relativismo, 61, 321, 462
religiosidad popular, 238, 254-255, 264-266, 278, 400, 402, 406, 410
Rem, Jakob, padre, 272
renovación carismática, 390-396
Repubblica, La, 511
Rerum Novarum (León XIII), 42, 290
Rerum Novarum, 42, 290
ressourcement, 135, 137
restauracionistas, 171-172, 201
Restrepo, Alvaro, padre, 280, 305
Revolución de mayo 1810, 368
Revolución Libertadora (golpe de 1955), 55
Revolución mexicana, 53
Ricci, Matteo, 105
Ricciardelli, Rodolfo, padre, 220
riformisti (reformadores de la Iglesia), 349, 377, 382

Agradecimientos

Han sido muchos los que, a ambos lados del Atlántico, han contribuido a hacer posible *El Gran Reformador*. En Argentina, donde tengo la suerte de contar con amigos sensatos y bien relacionados, le debo mucho a Inés San Martín, en la actualidad corresponsal en Roma del *Boston Globe*, por las semanas que dedicó a transcribir las entrevistas, por su ayuda sin límites y por sus sugerencias. Juan Pablo Cannata ha sido un amigo en todo momento, y me ha abierto muchas puertas, lo mismo que Roberto Bosca y Federico Wals. La junta de *Criterio* (a la que me honra pertenecer) me ofreció un hogar lejos del hogar, y su redactor jefe, otro viejo amigo, José María Poirier, compartió conmigo su sentido del humor, ideas, contactos y anécdotas. El padre Carlos Galli, en más de un encuentro, me ayudó a entender la teología del pueblo, mientras que los padres Ignacio Pérez del Viso, SJ, Alfonso Gómez, SJ, Fernando Cervera, SJ, Juan Carlos Scannone, SJ, Leonardo Nárdin, SJ, y Rafael Velasco, SJ, me ayudaron aportando materiales, concediéndome entrevistas y prestándose a aclaraciones posteriores. También estoy en deuda con el fotógrafo Enrique Cangas, por llevarme a Villa 21 el primer día de mi estancia en el país, con Marco Gallo de Sant'Egidio, por ayudarme con la dimensión interreligiosa, con Daniel Gassman de Cáritas, por sus valiosas revelaciones sobre el mundo de los pobres, con Evangelina Himitian por ser un puente hacia los evangélicos, y con Jorge Milia, en Salta, y Ana y Walter Albornoz, en Santa Fe, por ayudarme de distintas maneras. Por proporcionarme material y estadísticas, gracias a la biblioteca del CONICET y a la Curia provincial de los jesuitas, a Gustavo Vittori de *El Litoral* por exhumar un viejo artículo, a Jorge González Manent por dejarme usar sus memorias inéditas, y a Andrés Esteban Bayo por su ayuda con las fotografías.

En Río de Janeiro, mi viejo amigo Einardo Bingemer me acogió cuando Francisco estuvo en la ciudad, y me abrió las puertas de los jesuitas en su Argentina natal. En Santiago de Chile, Sofia Wulf de *Voces Católicas*, y el padre Antonio Delfau, SJ, de *Mensaje* se mostraron amables y me brindaron su ayuda, lo mismo que Juan Valdés, SJ. A todos ustedes, y a los que no han querido ser mencionados, un cálido «abrazo criollo» de agradecimiento.

En Roma, debo dar las *grazie* a un amigo, el padre Michael Czerny, SJ, por su ayuda paciente y sus valiosísimos consejos; a María Lía Zervino por sus anécdotas sobre Bergoglio; a Paolo Rodari por aclararme aspectos de la Curia; al padre Federico Lombardi y al personal de la Oficina de Prensa del Vaticano; al padre Thomas Rosica de Salt & Light, así como a Marco Caroggio y al departamento de comunicaciones de Santa Croce; y no poco a Greg Burke, de la Secretaría de Estado. Estoy en deuda, como el texto deja claro, a numerosos, infatigables, recolectores de noticias y analistas vaticanos que siempre me ayudan cuando estoy en Roma, entre ellos a John Allen, Cindy Wooden, Frank Rocca, Philip Pulella, Nicole Winfield, Andrea Tornielli, Robert Mickens, Gerard O'Connell, y Alessandro Speciale.

En Nueva York, mi infatigable agente Bill Barry me allanó el camino hasta Henry Holt, donde Steve Rubin, editor, y Serena Jones, jefa de producción, forman el equipo de ensueño de todo escritor. En Washington, un agradecimiento muy sentido a George Weigel, Kathryn Lopez, y Paul Elie.

Y de ahí a Inglaterra, donde mi más cálido agradecimiento es para el padre James Hanvey, SJ, maestro de Campion Hall, Oxford, por sus sugerencias, sabia guía, hospitalidad, y por permitirme usar la biblioteca. Gracias también al personal de la biblioteca Bodleiana, y al Centro Latinoamericano de Oxford. Y un agradecimiento especial a mis colegas y a la junta de *Catholic*

Voices, por llevar la carga extra que he puesto sobre sus hombros durante mi ausencia, sobre todo a Jack Valero, Kathleen Griffin, Eileen Cole, Christopher Morgan, e Isabel Errington. Pero mi mayor deuda la tengo contraída con mi esposa, Linda, que con amor me ha proporcionado todo lo que he podido necesitar, me sacaba de la cama al amanecer, me ha recordado las fechas de entrega, y cuando todo ha terminado me ha puesto a dieta estricta. Ni ella ni los perros se han quejado una sola vez por tener que compartir nuestra casa de campo con un Papa argentino durante tanto tiempo. Por último, *merci beaucoup* y muchísimas gracias a mis compañeras de escritorio, santa Teresa de Lisieux y María Desatanudos, por la ayuda extra que solo ellas y yo sabemos.

Oxfordshire, Inglaterra
Julio de 2014

Índice